中国人民大学“统筹支持一流大学和一流学科建设”经费支持

地球的转型

在现代世界形成和解体中自然的作用

〔美〕杰森·摩尔 著
赵秀荣 译

商务印书馆
创于1897 The Commercial Press
2015年·北京

Jason W. Moor

TRANSFORMATION OF THE EARTH:

How Nature Matters in the Making & Re-making of the Modern World

译者序

杰森·摩尔（Jason W. Moore）是美国环境史学界新锐学者，现任教于纽约州立大学宾汉姆顿分校社会学系、费尔南·布罗代尔中心。主要研究方向是从"漫长的16世纪"（1450—1640年）到新自由主义时代的欧洲、拉美及美国的资本主义史，在当今国际环境史研究领域极具影响力。他的学术视野开阔，研究内容在全球政治经济学、世界现代史与环境史的领域交叉展开。他致力于用一种跨学科的、以历史为基础的方法构建新的生态理论，并努力将理论建构与实证研究相结合。摩尔2007年以"生态与资本主义的兴起"一文获加州大学伯克利分校地理学博士学位。他在《每月评论》、《农民研究杂志》、《评论：费尔南·布罗代尔中心杂志》、《组织与环境》、《理论与社会》、《农业变化杂志》、《批判社会学》、《世界体系研究杂志》等国际一流期刊上发表了一系列高水准的学术论文，内容涉及资本主义史、环境史、政治经济学以及全球化等。许多论文目前已被译成西班牙语、葡萄牙语、德语、土耳其语、韩语以及中文等多种语言。

他的论文屡次获奖，代表作"世界—历史视角下的环境危机和新陈代谢断裂"于2002年获得美国社会学协会世界—体系政治经济学部授予的杰出学术论文奖，2004年获得美国环境史协会爱丽丝·汉密尔顿奖；代表作"阿姆斯特丹立于挪威之上"的第一部分："1545—1648年白银流散中的资本、帝国与自然的魔力"与第二部分："漫长的17世纪生态革命中的整个北大西洋地区"于2011年获英国《农业变化杂志》的伯恩斯坦与拜尔斯奖。

《地球的转型》辑录了摩尔所发表的重要论文。在书中作者对作为环境史的现代性提出了一系列相互关联的、历史的调查和理论的解释，目的是重塑人类在生命之网中象征性的和物质性的关系。这个现代世界体系，从漫长的16世纪起就是资本主义的世界—生态（体系）。摩尔认为资本积累和生命的商品化就是现代性战略的轴点和不可简化的社会—生态关系；资本主义反复的扩张和危机浪潮应该被理解为环境史。这种视角，作者称之为作为世界—生态的资本主义的视角，它把资本积累、权力追求和自然生产辩证统一地联系在一起。

在《地球的转型》中，作者提出了一个环境史的新视角及生态史研究的新方法。这个视角从重视生物物理和景观变化的环境史转到作为环境史的现代性及其社会—生态变化的主要矢量（帝国主义、商业化、工业化）的历史。大约20多年前，唐纳德·沃斯特（Donald Worster）提出一种环境史的研究方法，基于地区的“生产模式”——这种模式把一个地区的环境条件与权力和生产的社会关系联系起来。世界—生态的视角继续了沃斯特对文明史的论述逻辑，首先是对过去6个世纪现代世界—体系的论述。文明也是人与自然的其余部分共同生产的强有力的历史结构；换一句话说，世界—生态是社会—生态权力和过程的具体化，其再生产的规律在漫长的时间和广阔的空间起支配作用。从这个视角来看，世界—生态不是“世界的生态”，而是一种定义支配特定文明的特定模式和关系的方式，可以被理解为人类与人类之外的自然的一系列关系。

在此论文集中，作者把资本主义兴起的经验论的、丰富的历史调查与以超越笛卡尔的二元论为前提的、应用于生态历史研究的、方法论的观点结合在一起。事实上，笛卡尔的二元论把人与人之间的关系（与自然无关的社会）置于一个盒子里，自然之中的关系（与人类无关的环境）置于另外一个盒子里。这里，作者坚持一种超越笛卡尔的二元论：所有人与人之间的关系同时也是人与自然的其余部分之间的关系。人类的历史是人与自然其余部分的共同产物。

在第一章至第五章，作者提出一个以历史为基础的世界—生态的现代性的理论，一个调查现代世界—体系历史变化的方法。作者从生态（生态是一种“看问题的方法”）入手，如自然、环境等（通常这并不包括人的活动；对人的活动我们有我们熟悉的一些其他术语，如文化、经济、社会或独立于生物和地理物理关系独立运行的政治）。他认为两个因素，人类与人类之外自然的关系和行动，孕育了生命之网。这包括我们自己的身体与其他人关联的方式。因此，这里就有一个概念词汇的问题。我们如何才能发明一种新的语言，可以把生命之网中人的关系在长时段上统一起来，包括目前的危机？

作者的“生态”一词的结构就是对这个概念词汇问题的反应。如果自然和社会产生于人与自然其余部分之间复杂的一系列关系，我们称这些关系本身为什么？作者的术语是奥伊寇斯（oikeios），从希腊哲学家、植物学家泰奥弗拉斯托斯（Theophrastus）那里借用，“表明植物物种与其环境的关系”。这是一种积极的关系，凭借它，多种环境通过生命之网创造和被创造。把奥伊寇斯作为起点，使人们注意那些建设性的关系——它们将会带来预先概念化的自然和社会的分类及它们的同源词。这样，奥伊寇斯就重新定义生态为整体的关系。接下来，生态及其同义词就是人类与人类之外自然，以及统治现代世界的再生产战略原则和关系的背景的简称。

如果创造性地正确使用泰奥弗拉斯托斯的术语，*奥伊寇斯*就成为一种创造性的关系，这种关系带来（也使我们关注）特定的生物及特定的环境。环境和生物体，包括人在内，既是彼此（也是*奥伊寇斯*）的生产者，也是彼此（也是*奥伊寇斯*）的产品。这种创造性的关系被笛卡尔预先概念化的自然、社会概念所遮蔽，他的观点几乎是自动承认，类似于失业保险是社会问题，类似于气候变化的问题是环境问题。但是，这是非常武断的。它阻止我们看到权力、财富和自然的配置镌刻在人类从事的所有事情中。

作为世界—生态的资本主义努力关联那些通常被认为没有关系的事情：资本积累、权力追求和自然生产。简而言之，世界—生态的视角认为，现代世界历史的伟大运动——帝国主义、家庭和性别关系转型、商品化、金融扩张，等等，都是人类与人类之外自然的种种关系。正如不可能把人类和人类之外的自然作为不相关的分析对象，也同样不可能完全把表征性的事物与物质分开。失业和气候变化、金融化和工厂，最好解释为人类和人类之外自然的一系列关系。世界—生态的观点从一个简单的命题逃离，例如认为农场是一种组织自然的方法，同样市场、金融中心、工厂或帝国也都是组织自然的方式。自然的生产很大程度上是关于股票交易和购物中心的，正如其也是关于土壤流失和物种入侵的。

在第六章，作者提供了一系列关于现代世界兴起的历史调查，从漫长的 14 世纪封建主义危机到 1450—1750 年跨大西洋世界经济体的形成。作者从导致封建主义危机的社会—生态冲突开始，解释了这场危机如何有助于一种资本主义的而不是封建主义的解决危机的方法——这是世界史中最不寻常的转折。资本主义的兴起在其鲁莽、残忍转型人类之外的自然方面非常典型，这对人类也有决定性的意义，特别是对那些被强迫进入波托西（Potosi）煤矿或巴西东北部甘蔗地的劳工而言。资本的无休止积累以及对地球及其居民无休止的征服从漫长的 16 世纪开始最典型。这个过程的核心是商品边疆。

商品边疆的兴起不是资本主义兴起的后果，而是其诞生的条件。中世纪欧洲用了数个世纪的时间完成的，定居者的扩张、煤矿的繁荣、森林砍伐，早期资本主义仅在几十年间就完成了。资源边疆让位于商品边疆。这是商品—生产复合体穿越欧洲和大西洋的鲁莽运动，这些行动非常有组织，目的是强迫以一种使再次扩张成为必要的方式快速吞并（耗尽）生态财富，典型的周期是 50—75 年。1450 年以后，一切运作得更快。老生产区的社会—生态枯竭——首先是冶金业、森林业和甘蔗种植业——在快速的地理更替中被克服。弗莱贝格（Freiberg）让位于波托西（银），诺伊索尔（Neusohl）让位于法伦（Falun）（铜），马德拉（Madeira）和圣多美（Sāt Toné）让位于伯南布哥（Pernambuco）和巴伊亚（Bahia）（糖），斯塔万格（Stavanger）让位于但泽广大内陆的丰富森林（这仅仅是开始）。在帝国主义间的对抗、阶级冲突和资本主义竞争不稳定的合力驱动下，早期资本主义的商品边疆战略在抽象社会劳动的祭坛上牺牲了人类之外的自然。其目标是通过把非资本化的自然作为机器的替代品来提高劳动生产力。在每个转折时期，土地（森林、银矿、肥沃的土壤）都被帝国、种植园主、领主、约曼农和许多其他人组织，土地是一种生产力，服务于商品形式。自此以后，是劳动生产力而非土地生产力来塑造积累的生物节奏。到 1492 年，欧洲人发现的似乎不仅仅是新大陆，而且是一种新的划时代的政治生态。

在第七章及第八章，作者重建并考察了漫长 17 世纪（1557—1763 年）的世界生态革命。16 世纪中叶，荷兰正在成为现代世界第一个伟大的强国，它处在这个生态革命的中心。荷兰或者是直接冲锋陷阵，或者是被卷入那个世纪或 1568 年后的环境转型的潮流中：（1）巴西东北部崛起，占据世界蔗糖经济的统治地位，在 17 世纪的最后 30 年取代了圣多美；（2）从几内亚湾到安哥拉和刚果兴起非洲“奴隶边疆”运动；（3）紧跟萨克森和波西米亚银矿枯竭的步伐，1545 年以后波托西上升，1571 年以后激烈地重建；（4）在东南亚，丁香树 、肉豆蔻和肉豆蔻皮被破坏，荷兰东印度公司在 17 世纪最初几十年在控制有利可图的香料贸易战争中受到损失；（5）英格兰沼泽以及跨大西洋湿地被排干，从伯南布哥到华沙，从罗马到哥德堡；（6）西班牙舰队转移到古巴，到 1700 年，1/3 的舰队在那里建造；（7）森林产品边疆的运动在 16 世纪 70 年代从波兰和立陶宛转移到挪威南部，后来又深入但泽（再一次）、柯尼斯堡、里加和维堡的新的运动；（8）16 世纪 60 年代维斯瓦作为粮仓兴起；（9）欧洲铜铁产品在瑞典重新集中，始于 16 世纪后期，取代了匈牙利和德国的中心；（10）猎捕鲱鱼、鳕鱼和鲸鱼的舰队在跨北部大西洋进行更广泛的作业。

这次革命的成功，以及最终枯竭，为漫长 19 世纪的另一轮世界生态革命铺设了舞台。绿色历史倾向于把今天社会—生态危机定位于英国引导的工业革命时代。但如果我们更仔细地考察，这个时代表现为由生产不足的倾向引起的早期资本主义的发展危机，此时已经解决。早期英国工业化未被理解的因素是英国农业革命在 1763—1815 年的逐渐枯竭。其与农业的减缓相连——标志是停滞的劳动生产力，抬高的谷物价格和新的农业阶级结构的分化——影响了从墨西哥山谷到斯堪的纳维亚半岛的地区。对一个生态体制来说，这是一种发展的危机，它威胁到另一个生态体制的兴起。里卡多（Ricardo）担心粮食价格的上升会扼杀工业化并不是没有根据的。在欧洲18世纪的粮仓英格兰，18世纪晚期粮食价格上涨了200%，是工业价格指数的4倍——这是当时“廉价粮食的终结”和发展中的世界—生态危机的关键因素。即使有当时最好的耕作条件，土地的生产力本可以增加，但这也只有通过劳动力集中才能实现，它将在工业和帝国最需要劳动力的时候减少劳动力储备大军。解决办法最终在两个伟大的吞并边疆运动中找到，这是带来两个意外利润的源泉。第一个边疆是垂直的，深入地球内部去开采煤。第二个是水平的，跨越地球去生产小麦，特别是在北美。19世纪70年代，当另一个“大萧条”到来时，那个时代快速的工业化是可能的，因其基于廉价粮食和廉价能源。

在第九章和结语，作者用这些理论的和历史的观点论证了新自由主义的历史和其目前的危机。作者用“危机”一词指战略上不可逆转的衰落，即是指20世纪80年代早期使世界积累复兴的战略。作者的注意力是作为世界资本主义历史的一个阶段——新自由主义阶段，因此也是现代世界—体系演进、循环的一个特殊阶段。新自由主义的独特之处在于其强调夺取第一，建设第二。这是新自由主义“反罗宾汉”的特点——劫贫济富。新自由主义与资本主义所有发展阶段一样，重新分配了财富；不像资本主义以前的各阶段，那时还没有产生新一轮经济增长和新的生产力革命的条件。虽然人们已经普遍理解了新自由主义逆转的、重新分配的动力，“通过夺取进行积累”的条件却还没被理解。这些条件转向了劳动生产力中科学—技术革命不明显的一面，体现在20世纪70年代以来工农业劳动生产力的减缓或停滞，相对于战后的黄金时代而言，这是一个剧烈的下降。这是从技术革命到技术重新分配的转型。技术发展当然首先发生在军事、监测、运输和信息技术方面。但是，对所有增值的利润来说，如工业、农业或开采业，20世纪70年代以来没有划时代的进步。这种从技术革命到技术重新分配的转型在世界农业中表现得最明显。近60年的转基因实验把财富和权力从农民手中转移到大资本手里，但对于提高粮食产量却作为不大。

对这个划时代的转型，简要解释的是商品边疆战略已经黔驴技穷。现代大边疆的开发提供了令人震惊的自然财富，降低了生产成本、增加了生产、便利了几个世纪以来的资本积累。边疆的枯竭是资本主义历史的一个转折点。新自由主义出现，并通过吞并20世纪70年代还存在的无偿馈赠维持其自身。包括北海、阿拉斯加、西非和墨西哥湾的石油边疆；南亚农业绿色革命的高峰期吞并枯竭了肥沃的土壤和廉价的水；把苏联的成员国整合进世界市场；国有和半国有的公司、公共服务的私有化。这些馈赠不会再有。

大边疆的结束使得资本主义几个世纪以来对付生产成本的上升办法失灵。虽然也许还有一些森林和一些“未被使用”的土地可供圈占和开发，但今天的边疆相对于价值积累的巨大需求而言是杯水车薪。一系列生态革命得以实现的历史条件——每次都在可用于商品生产的大量的“物理体”(physical bodies) 中带来巨大的跃进——或许可以被理解为本质上不可替换的，或在最好的情况下只是在有限的范围内可持续的。资本主义不得不从煤泥和煤炭转到煤和石油，从维斯瓦河的粮仓转到英格兰南部和美国的西部，从欧洲和非洲的劳动力边疆转到拉丁美洲和东南亚。这是不可重复的事件。

如果资本主义面临目前积累配置的局限，这并不新鲜。事实上，资本主义的历史揭露了一系列的革命——资产阶级的、工业的、农业的和其他的革命，这些革命似乎超越了不可逾越的限制。(对资本主义一个阶段的限制显然对另一个阶段不构成限制) 从这个视角来说，我们可以正确地提问，是否生物技术构成新的农业革命的基础? 就其重新分配收入而言 (进一步分化了农民阶级)，适合农业革命古典模式的生物技术，被所有权保护，被国家、类似国家的能力所促动，并会为积累带来一个富有前景的机会 (由积累的某些部门带来)。但就其还没有带来产量的增加 (与廉价能源与廉价投入一样) ——增加到足以为新一轮积累创造条件——而言，它不适合古典农业的模式。

新自由主义的反罗宾汉式的重新分配以努力圈占最后剩余的边疆为支柱，特别是水、能源、粮食和其他社会—生态再生产的重要条件。粮食特别重要，对任何工人阶级家庭而言，最低工资的最主要的决定门槛都是粮食价格。这些边疆的枯竭都基于各种矛盾的集中。这些矛盾有政治的 (从上和从下)、文化的、技术的和经济的，所有这一切都是 21 世纪早期资本主义奥伊寇斯表现的不同因素。因此，与其说政治或经济的因素被生物物理的后果补充，不如说其由人类和人类之外自然独特的配置构成。通过吞并进行积累的枯竭在其解决危机的长期过程中找到了根源——解决危机是通过吞并能源、原材料、土地和居民的粮食生产能力来实现的。不仅是石油开发和钻取成本的增加，而且还有商品市场的金融化，都削弱了可能仍旧存在的恢复“廉价石油”和“廉价粮食”的各种可能性。在这种情况下，新自由主义的相关危机是信号危机，始于 2008 年，当能源、粮食和原材料的价格在维持一段低成本投入之后，变得更加昂贵。相反，在资本主义的黄金时代，积累的核心区依赖于能源、粮食和原材料价格的急剧降低。

摩尔擅长提出宏大的理论，他关于世界—生态的观点，作为环境史的资本主义的观点，封建主义向资本主义转型的原因的论述，以及对资本主义的深刻批评，都是学界新声，难能可贵。但不可避免的是，其理论还有不足之处。由于他的思想还处在发展之中，我们不宜过早对其下结论，我们应该注意到由于自身的限制，他的理论不可避免地带有欧洲中心论的味道，这既是可以理解的，也是我们应该加以注意的。

我们正处于一个全球环境迅速恶化的时代，全球气候变暖、臭氧层损耗、大气污染、水污染、生物多样性减少、森林锐减、土地荒漠化、有毒废弃物污染等生态危机已经关乎人类存亡。环境问题不再是一个国家的问题，而是全人类的问题。摩尔著作有助于我们更深入地思考人类与自然的其余部分如何实现和谐相处。

此书的翻译工作历时三年，一直得到夏明方老师的支持与鼓励。全书译完后，夏老师进行了审阅，并提出一些修改建议，在此表示感谢。我的研究生伍学东帮助翻译了第二章、第七章及第八章的初稿，在此也一并致谢。由于时间及水平的限制，错误肯定难免，欢迎读者批评指正。

目　录

第一章　华尔街是组织自然的一种方式：杰森·摩尔访谈录

以下是杰森·摩尔于2011年2月接受汤姆·基弗采访时的谈话内容。

你曾经挑战过传统环境史问题和环境危机问题，带有许多激进的观点。你怎样理解当下危机的生态因素？

我喜欢你这样问问题，当下危机的生态因素。但即使这样，这个问题还是不够深入。"生态"不是一个特别的部分或危机的形式。它是一种观察当下危机的主要表现方式的一种重要方法——从气候变化到金融化再到粮食至上，正如观察人类的和人之外自然的危机。10亿饥饿人口的现实是社会问题还是生态问题？社会问题在哪里结束，生态问题从哪里开始？2008年以来的金融化和全球金融危机又是怎么一回事？最近一波的金融风暴（源于20世纪70年代的积累危机）是以把各种可以想象的收入转化为对这种收入的一种安全的拥有、一种要求为前提的。举例来说，就像一个城市发行债券去建设一个新的下水道系统。城市的税收直接与世界金融体系交织在一起，这是社会问题还是环境问题？

我的观点很简单。没有社会的因素，就没有环境的因素。至少不是这些简单的形容词能描述的。市政债券的证券化是一种组织人类与自然的其余部分之间关系的方法。同样意义上，10亿人口的粮食短缺（这是马克思理论的一部分，指资本主义生产的本质需要减少实际工资、恶化无产阶级的工作条件——译者注）是自由主义者的粮食政策和压力的后果，这是重塑自然庞大方案的一部分。

我认为生态是一种"看问题的方式"。生态可以与一系列我们熟悉的术语——自然、环境等等——互换。通常不包括人类的行动，对人类的活动我们有其他的一系列熟悉的术语——文化、经济、社会以及政治。同时，我们中的大多数人认为没有离开生物和地球物理关系而独立运行的文化、经济、社会或者政治，这就是生命之网。也就是说，我们的身体与其他人的身体以及自然的循环方式是一样的。

困难是我们现在还没有足够的语言谈论、行动、分析人与自然的其他部分之间的彼此构建（也就是说人与自然紧密相连，但我们对其的关注、分析还远远不够——译者注）。现代性的一大成就是训练我们忽略这些关系的杂乱状况。这种训练、这种错误的认识是勒内·笛卡尔的二元论。这一术语源于笛卡尔著名的关于意识与身体分离的论断，其后引申为自然与社会的分离。笛卡尔在荷兰居住期间写下了他主要著作的大部分，马克思称荷兰共和国为“17世纪资本主义的典范”。那里也是从东南亚延伸到北大西洋的生态革命的中心。笛卡尔与荷兰资本主义之间的关系很重要，因为新的自然观与资本主义物质转换紧密相关。“物质的”和“形式的”构成一个有机整体。作为环境史的资本主义不仅涉及大量的森林砍伐、污染、粮食不安全以及资源耗竭，而且涉及一种看世界的新方法。笛卡尔强调了一个方面。我们也应该看到文艺复兴时期透视法（绘画方法）的出现，对绘制地图有直接的意义；同样，一种新的、机械钟的时间方式，其直接的含义是控制劳动过程；以一种新的、数量的方法把人和自然编目，从人口统计到全球植物的编目。这些转型的每一次都鼓励（并且使得）把人和自然的其余部分（the rest of nature）看作可供资本剥削的毫无区别的资源。

笛卡尔的二元论认为——或多或少是自动地——像失业保险这样的问题是社会问题，而诸如气候变化之类的问题是环境问题。但这是非常武断的。它使我们无法了解权力、财富以及自然的配置是如何对人类所做的每一件事产生影响的。从世界生态的角度来看，失业和气候变化最好解释为是人类和人之外自然的一捆捆关系（bundles，原意是“捆”，这里表示联系在一起——译者注）。

正如我提到的，困难是我们缺少一种概念性的语言谈论这“一捆捆关系”。激进者总是强调需要“命名这个体系”。这也就是说我们需要概念和词汇把被资产阶级或现代主义思想所掩盖的现实的各方面联系在一起。资本主义、父权制以及帝国主义的概念使我们能够把主流话语中不相关的事情联系起来。绿党成员为此已经奋斗了很久。我们怎样才可以学习一种可以把人类与自然其余部分连接起来的新语言？

我描述世界生态的方法是对这个问题的一个回应。生态这个术语是我从希腊哲学家、植物学家泰奥弗拉斯托斯使用的*奥伊寇斯*一词借用并发展而来的。对泰奥弗拉斯托斯来说，奥伊寇斯一词表明植物物种与其环境的关系。正是在这种创造性的关系中产生了特定的生物和特定的环境，这当然包括很多活着的生物。左派需要一种概念可以使这种创造性的关系处于最重要的地位。危险的是我们今天依旧依赖一种思考的方式和一些资本主义兴起时形成的概念来思考今天的问题——例如社会（没有自然的人类组织）和自然（没有人类的自然）。对这种创造性的关系而言，也许有更好的术语，但我认为奥伊寇斯可能是开启这个讨论的有用方法。

这种思路使我关注作为“世界—生态”的资本主义。资本主义首先是世界—历史的。马克思和恩格斯在19世纪40年代写下的名篇中说到，在资本主义条件下，日常生活愈来愈与世界转型的流向和流量交织在一起。我们今天也是如此。从奥伊寇斯的意义上说，资本主义是一种生态关系，它是一种控制那种创造关系以服务于无休止的资本积累的方法。世界—生态视角认为，近现代世界史的伟大运动——帝国主义、家庭与性别关系、商品化、金融扩张以及更多的方面——都是人与自然复杂混乱的各种关系。资本主义是一种世界—生态的理论源于简单的命题，正如一个农场是一种组织自然的方法，市场、金融中心、工厂或帝国也是。自然的生产与工厂、股票交易市场、购物中心、贫民窟、郊区扩张有很大的关系，正如其与土壤枯竭、物种灭绝存在同样的关系。作为世界—生态的资本主义寻求把不相关的事情关联起来（虽然这样做有点激进）：如资本积累、权力追逐和自然生产。

资本主义的世界—生态是一个引力场。它的中心是商品。资本主义的基本趋势——万物的商品化，经常被看作一个社会过程；事实上，它也是一个强有力的生态过程。万物商品化的观点认为人类的自然力（作为劳动生产力）是真正起作用的。人之外自然是没有价值的，只是用来支持提高劳动生产力。资本主义是一个引力场，在过去5个世纪的历史运动的“巨画”中展开。金融化、家庭结构的转型、新种族秩序的出现、殖民主义和帝国主义、工业化、社会运动以及工人运动，都是世界—生态的过程和方案，都有宏伟的计划重新组织人类和人之外自然。换言之，资本主义不是有一种生态体制，资本主义就是一种生态体制。

用普通术语来讲，比根本性重新讲述（narratives）要容易得多，这些讲述指引我们对现代社会——民族主义和国家建设、商业化、帝国主义、工业化、家庭构成以及不平等——进行思考。除了几个例外，这些讲述认为这样的“巨画”过程似乎是在社会实验室里编造，然后应用于自然。有时，我们会得到一个危机聚集的理论，此理论认为目前全球的衰退——正如一场经济危机——强化了生态危机。但当我们仔细考察这些所谓的经济问题时，我们发现所有这些问题都与人类与自然的关系相连。新自由主义时代的金融化以前所未有的方式侵入了日常生活，例如通过养老金、消费信誉和学校财政。

我用生态作为一种方法谈论整体的关系，用一种特殊的方法证明人类与自然的其余部分的关系，如美国二战后的郊区化、新自由主义时代股东的价值运动，或者说 17 世纪荷兰世界权力的上升。这些都是通过这种奥伊寇斯出现的“包裹”。我们的目的是翻越这道迫使我们认为社会和环境是彼此孤立的奇怪的防火墙。“社会的”和“环境”的历史看起来会有很大的不同，如果按独特关系的统一体来理解。如果我们把生物物理与人类自然的关系联系起来考察，土住人争取自治的历史、劳工运动的历史，以及金融危机的历史看起来都会大不一样。

这种对生态的理解怎样与当下的金融危机关联？

我要说两件大事。第一，没有单独的生态危机。其二，金融危机按我讲的术语而言是生态危机。我的观点简单来说就是：华尔街是一种组织自然的方式，虽然与组织农场的方式不同，但却直接相关，正如管理一片森林或一个工厂。2003 年和 2008 年加剧了粮食、能源和矿产品生产中潜在矛盾的金融投机——20 世纪最长的、最动荡的、范围最广的商品繁荣——是世界—生态危机的决定性因素。

这一点很重要，因为关于资本主义的本质有很多困惑。资本主义通常被理解为商品生产和交换的范围；但这忽略了维持商品化必要的更广泛的*再生产关系*。所以作为生态的资本主义是掠夺与生产力的辩证关系——掠夺商品体系之外的自然的无偿馈赠，为了最大化内部的劳动生产率。掠夺，或者吞并，耗尽了使资本积累得以进行的非商品化关系。金融化，与帝国主义国家的军事能力最紧密的可能方式一道，加速了这一进程。

金融化现在似乎积极地驱动廉价粮食、资源、水和许多其他东西走向“终结”。金融资本大规模地进入全球人类和人之外自然的再生产代表了资本主义自然—社会关系的新时代。从农业部门到靠信用卡支付日常支出和医疗账单的工人阶级家庭，全球的自然越来越依赖以积累为前提的资本循环，这种积累是以金融手段而不是工农业生产为手段。在新自由主义阶段，金融资本前所未有地进入了人们的日常生活，在这个过程中，它力图以自己的方式重塑人与自然的关系。20 世纪 70 年代以来，金融资本决定性地重塑了整个自然—社会关系的再生产原则，可怕地影响到了生命本身的分子关系。

你对资本主义历史的分析考察了资本为确保资本主义发展是如何吞并新的资源边疆的。这些资源边疆是什么？资本主义是怎样利用它们的？

资本主义之前很久的文明，通过空间扩张吸收重要的资源用于战争、商业和文化。资源边疆是人类文明的一个持久部分。即使有变化，但总有一个共同的动力。一个特定定居地的人口增长导致人口向新边疆的各处流动。商业紧跟这些定居边疆。但随着 1450 年以后资本主义的兴起，我们看到了极大的不同。我们看到从资源边疆到商品边疆的转移。全球商品形式的扩展——体现在 16、17 世纪甘蔗种植园和拉丁美洲大银矿中心中——成为人口变化的一个有力杠杆。与前现代文明时期商业追随人的情形相反，今天人们追随商品。

这种世界—历史性的人口与商品化关系的倒置并不简单是一个以市场为基础的过程。相反，这些商品边疆在工业革命以前很久就以一种强烈预兆的方式体现了资本主义生产的动力。这种生产动力就是以使资本主义带来的自然特有的重新配置为前提。这种重新配置的核心就是劳动生产力优先于土地生产力。在那些通过这些商品边疆合并到资本主义世界—生态中的地区，景观转变的规模和速度都是人类历史上从未有过的。

这是众所周知的，但是并没有被深入理解。资本主义条件下的景观转变如此迅速，如此全球化，因为这一体系是以迅速消耗人之外自然来最大化劳动生产力为前提的。正如我们所知道的，这几乎没有使那些被耗尽的、被资本具体化的大多数人受益。这就是为何*奥伊寇斯*一词如此重要，其表达了人类与人之外自然不同的但又统一的关系。从历史上来讲，只是当这些人和生物物理自然开始严重束缚劳动生产力时，它的耗尽才变得如此重要。而此时，地区竞争力衰退，资本家和帝国开始寻找新的边疆。

这就是 17 世纪甘蔗种植园从巴西转移到加勒比地区时发生的情况。随着一个又一个地区被掠夺耗尽，结果是一系列的商品边疆运动的出现。这些地区事实上被掠夺，正如第三世界的激进者们长期争论的那样。但是资本主义的动力来自运用掠夺的果实服务于生产力最大化的革新。这种掠夺与生产力的辩证关系是资本主义周期性地理扩张浪潮的核心；20 世纪 70 年代以来新自由主义取代和重新分配的凶残特性主要是由于向边疆扩张的机会相对较少。

商品边疆的理论第一次成型于我对始于 15 世纪的甘蔗种植园历史的研究。甘蔗以惊人的速度消耗森林、土壤和劳动力（通常是奴隶）。结果，1450 年至 1800 年，主要的甘蔗生产商每半个世纪左右就要转移一次。这段历史是深深的地理躁动期。1450 年以后，甘蔗生产大体半个世纪左右就需要进行跨大西洋的转移，从马德拉到圣多美，在连续的转移中圈占了巴西的伯南布哥和巴伊亚，然后是巴巴多斯，再后来是更广的加勒比地区，如牙买加和古巴。

并不是说甘蔗在这一方面是例外。银矿开采 15 世纪晚期在中欧地区繁荣，此后无休止地从一个地点转到另一个地点，最终在 16 世纪 40 年代穿过半个地球重新在安第斯山区的波托西落地。紧接着，波托西在 18 世纪让位于墨西哥的大银矿。基于商品边疆的森林产品、鱼、铁、铜也沿着同样的节奏移动：占领、生产、枯竭北大西洋地区的生态构成。资本主义的兴起是以这种周期性的边疆运动为前提的。资本持续搜寻未开发地区，那里的商品化或者不存在（例如在新大陆）或者程度非常低（例如在斯堪的纳维亚）。在这些地区，少量的资本可以吞并大量自然的馈赠：廉价的森林、肥沃的土壤、不能进行有效抵抗的工人，等等。

1450年以后，商品边疆驱动了与前现代文明的两大断裂。第一，生物和地理剩余以可能的最快的方法被抽取。只要不削弱利润率，消耗、浪费和污染就无人问津。但是资本主义生产的动力意味着种植园主、矿主、殖民体制和许多其他人被迫消耗维持地区商品繁荣的生命之网。迟早，易于牟利的时代会结束，银矿脉枯竭，树木被砍伐，土壤肥力耗尽，农业被迫转型。这导致劳动生产力的下降，同时地区的竞争力也下降。现代早期这一故事的表现形式经常是滥伐森林。巴西大西洋沿岸的热带雨林，以及波兰维斯瓦河盆地的森林大面积减少——并且减少的速度史无前例。这也是从下层发动的阶级斗争的故事：德国1525年的农民战争部分原因是反抗冶金资本主义圈占森林。长话短说，快速吞并商品边疆削弱了利润率的社会—生态条件，任何地区基本用时50—75年。正如我所说，这些条件并不简单是生物物理的；与劳动阶级的抵抗纠缠在一起的匮乏、景观的变化、市场的波动——都是人类与自然的其余部分交织在一起的特定关系，即奥伊寇斯的特殊形式。

资本主义有什么样的机会逃离当下的危机？生物科技、纳米技术或转而利用太阳能，是否可以为资本和自然面对的危机提供一个解决方案？

对资本主义技术动力的信心还很强。与“资本主义”一样，“发展”、“自然”、“科技”是现代词汇最复杂的单词。资本主义的世界—历史的天赋（与以往世界—生态相比）是它有能力通过吸收大量自然的“免费馈赠”，来最大化劳动生产力。这就是马克思所说的资本主义吞并自然并不能生产的财富，例如古代的原始森林与人类种植的树木是有区别的。这些馈赠既包括如木材和煤炭这样的自然资源，也包括以劳动力形式出现的人，我认为还包括劳动力的再生产。

大量的馈赠为资本主义的技术动力提供原料，这导致新机器的生产，这些新机器使人类对人之外自然（的攫取量）成几何级数增长。更短的时间可以生产更多的产品。一个好的例子是20世纪福特制的大生产体系以及连续的农业革命——几个世纪以来从英格兰转到美洲的中西部，再到印度旁遮普省。对资本家而言，技术革新的历史应该是巨大的飞跃，而不是递增的变化。虽然20世纪70年代这一点被普遍接受，但是生产力的新技术革命并没有挽救当时的危机。

新自由资本主义的一个典型特点就是科学—技术发展不平衡的模式。一方面监测和制图、运输和通讯，以及数据测评和计算技术发展迅速，这些技术对金融化、“实时管理”生产体系，以及监视和压制对新自由主义方案的反对意见有重要意义。另一方面，在工农业中，技术与商品生产联系在一起，并没有产生带来资本主义发展伟大时代的生产力的革命。这一点很重要，因为劳动生产力是资本主义财富的度量衡。没能开启劳动生产力的新革命是今天资本主义技术枯竭的核心，也就使得在现代社会—生态剩余上连续跃进的关系走向枯竭。

与衰落的生态剩余紧密联系在一起，这种技术耗竭在新自由主义众所周知的对剥夺和日益不平等的偏见中特别醒目。财富的重新分配不仅限于人本身——它也不仅是日益增长的“社会”不平等问题。新自由主义方案重要的内容是为“四个廉价”创造新条件：廉价劳动力、廉价能源、廉价粮食和廉价资源。总之，金融化（包括新的债务体制）、帝国主义的逆向革命，以及强加于边缘区的“自由贸易”都是使自由主义创造这四个“廉价”的决定性因素。粮食价格从20世纪70年代急剧下跌，直到2003—2008年的商品繁荣期；石油价格在1983年以后的20年稳定在一个相对低的水平（有阶段性的波动）。所以新自由主义的伟大成就是在没有生产力革命的情况下降低商品生产的战略投入。

新自由主义没能开始一场科学—技术革命的原因是因为金融资本对整个资本的霸权。金融资本的没有耐心是臭名昭著的。它不能容忍正在进行的、可以带来生产力革命的、必要的投资。今天这种不耐心与吞并边疆逐渐加深的枯竭融合在一起。以前，这些边疆是划时代革新的重要地点——蒸汽机就是在煤炭最便宜的矿井发明的。结果是生产力最大化的革新机会越来越少。

技术枯竭与商品边疆战略的枯竭紧密相关。世界粮食价格体系是一个很好的例子。廉价粮食和廉价石油的时代现在已经结束。经济合作和发展组织预计在下一个10年粮食商品的实际价格将上涨10%—35%。这个预测是基于盲目乐观地期待农业产量增长会遵循1960—2000年的“历史趋势”。但是产量增长在过去的25年间已经放缓。所谓的生物技术革命并没有逆转这种衰落。就其对农业生产的影响而言，全球变暖是最近卷进的一个因素。但它已经对植物生态学家所谓的所有主要谷类作物的“产量缩减”产生影响。

2009年联合国环境规划部门发表了一份报告，其中很好地总结了最近资本主义世界—生态中一些多少可以看得出的粮食问题：到2050年全球可耕地将减少8%—20%，蓄水层和冰山将承受压力，预示着迫在眉睫的水短缺；侵略性物

从全球抵制资本主义的视角考察当下的危机？

我们可以做的其中第一件事就是放弃这样一个观点——一些是社会运动的、“环境的”问题，一些不是。这是一个武断的划分。我总是感到很震惊，很奇怪，人们认为寻求保护猫头鹰或熊的栖息地的运动就是“环境的”，而保护人类的栖息地（例如美国抵制房子抵押赎回权的汹涌运动）就是“社会的”。一个家庭、一幢公寓、一个工厂、一间办公室、一家快餐店，都是“环境的”。人类所有的活动都与自然，也包括人本身，相互作用、相互影响。

在我思想形成的早期，我受到美国环境公平运动的影响。这些运动把种族秩序与毒化相关联。种族秩序和种族主义与环境史密切相关。“种族”和生态并不是独立、偶尔才相关的过程，它们创造彼此。20 世纪 90 年代，在大西洋西北部时，我从把劳动组织与绿色运动联合起来的倡议中学到很多。虽然在实践中这段时间并不容易，但它打开了一片新的天地（我有了一些新的想法），阶级关系通过人之外自然转型而出现。正如西北部强大的木材边疆（以及后来的枯竭）是一个阶级方案一样，它的解决之道也是。最近我为围绕人与粮食关系的进步的和激进的提议所沉迷。组织在“农民之路”下的家庭运动，例如，它对粮食至上的要求，不仅是对廉价粮食的正面攻击——这是资本主义每个时代的基石——也是对使人类和人之外自然贬值的廉价粮食体制的攻击。

我的目的是从奥伊寇斯的视角，通过视资本积累的动力为一种引力中心（它通过把其余的世界变成商品而存在），证明资本主义危机的形式是一个可以转型的巨大仓库。这样做的时候，资本很明显削弱了维持其存在的生命之网。资本的积累并不能解释一切，但如果不了解过去 5 个世纪积累的矛盾，很难对这段历史做出更多的解释。

虽然积累本身并不足以解释阶级斗争，但确实是理解这一问题必不可少的条件。约瑟夫·熊彼特（Joseph Schumpeter）指出，马克思的一个突出贡献是把劳动的“经济的”问题与无产阶级的“社会的”问题辩证地联系在一起。同样地，世界—生态视角的目标是把资本积累、自然生产与阶级斗争自上而下统一起来。积累过程出现的冲突为这个大方案提供了解释的出发点。我的希望是把资本的历史、人类、生物自然和阶级斗争统一在一起，把这些因素作为构成因素，它们构造彼此。

我对目前危机的分析可以为世界的反体系运动提供什么？我指出了一种观察目前危机的方法，这种危机的根源是演进的长期模式和资本主义世界生态的反复出现。但是，首先，我的一个观察是：与重要的环境史研究相比，“危机”研究很少缺少历史的和概念的准确性。部分原因是因为对危机的争论经常基于环境问题，而一些人认为环境问题的吸引力不应高估。我们非常需要世界—生态危机的理论，但是我们目前还没有。

第二，一种区别产生了重要问题：我们可以观察到世界—生态危机的两种主要形式：划时代的和发展的。资本主义从 16 世纪就是从划时代的生态危机中起源的。这次危机是标志着 14、15 世纪欧洲封建主义结束的危机。欧洲封建主义的支柱——教会、国家、城市—国家资本主义、领主—农民关系都开始动摇，并且不能重建。这四个支柱都是社会—生态的；也就是说都暗含在物质关系的再生产中，这种物质关系统治着人和人之外自然的封建主义秩序。土壤枯竭事实上是封建主义社会—生态冲突的结果，越来越多的农民起义、日益增加的战争也是这种冲突的结果。这些也是社会—生态的进程。自 1492 年起，资本主义通过连续的发展的生态危机而获得发展。资本主义在循环的生态危机中发展，而不是避免了这些危机。几个世纪的积累通过新的自然—社会关系的具体化成为可能，这种自然—社会关系的具体化从农业革命扩展到世界金融新的中心。所以我们一定要问：目前的情况表明的是资本主义可以通过进一步商品化和大量吞并自然的馈赠得到解决的发展的危机，还是我们正在经历的一场划时代的资本主义危机？

第二章　生态、资本及我们时代的自然：资本主义世界—生态中的积累与危机

导言

乔万尼·阿瑞基（Giovanni Arrighi）在1972年的春天写道："资本主义的历史表明，周期性复发的危机并非经济管理上'错误'的一种结果……危机的趋势与资本主义本身的存在密不可分"（1978a：3）。如今，我们发现自己身处全球危机的时刻，此次危机甚至超过20世纪70年代转折时期的危机，从那时起新自由主义开始出现。正是这一全球危机的时刻带来了——左翼阵营的一部分——对危机的解释，以新自由主义要求放松政府管制的"错误"为前提，并呼吁政府对世界经济进行更有效的管理，最重要的是，呼吁一种修正的凯恩斯主义，能够管制金融资本（e. g. Mason，2009）。阿瑞基的历史资本主义方法为这些解释和建议提供了不可或缺的选择。从20世纪70年代他提出对资本积累危机的阐述到2009年他去世为止，阿瑞基发展了这个时代对长时段整个体系范围资本积累危机的最成熟的分析（大部分是与贝弗里·西尔弗［Beverly Silver］合作完成的）。本章将阿瑞基关于长时段中资本主义的论述作为一条引线来阐述世界—历史危机理论的下一次浪潮——这一理论在人类与自然的其余部分的物质和象征关系中找到了其出发点。

阿瑞基思想的核心是资本主义具有非凡的适应力。他竭力反对将资本主义视作一系列"结构不变"之过程的倾向（2004），有力地把时空动力内化于资本主义发展理论。资本主义并不作用于时间与空间，而是积极地产生了时间与空间。[①] 除了《漫长的20世纪》（*The Long Twenty Century*）一书，我们没有在其他地方找到比这一观点更引人注目的世界—历史阐述（Arrighi，1994）。

---

① 是的，有一种独立于人们所认为的自然而存在的"自然"。当然，思想本身是一个"自然"的过程。自然只有通过人类在连续的历史时代创造和超越的概念框架和调查模式才是可知的（Young，1985）。对能指（自然）和所指（生物的、地理的，等等），最好的引线是以历史为基础的理论（Moore，2011a）。

有鉴于此，笔者着重阐释了建构一个历史资本主义统一理论的概念和方法的可能性——视资本积累与全部自然（包括人类）的生产为辩证的建构。此论与笔者在其他文章中提出的观点紧密相关，但在叙事结构上有所不同（Moore，2000b；2002a；2003b；2007a；2007b；2009；2010a；2010b；2010d；2010e）。

在世界体系分析中，把“环境因素”加入阶级、资本、帝国和文明因素中的工作已经基本上完成了，并且与历史社会科学交叉在一起。现在是时候超越这种将生物物理变化移植于历史社会科学的作法了。在下文中，笔者将展示阿瑞基对资本主义相关的和偶然的建构是如何为作为生态体制的现代世界—体系理论打开大门的。因此，“资本主义生产的真正障碍是资本本身”的观点（Marx，1967，III，p. 250）——这是阿瑞基很喜欢引用的一句话——成为一种超越笛卡尔“资本主义和自然”（capitalism and nature）的思考、支持“资本主义在自然中”（capitalism in nature）的论断。①

这种重构强调资本主义价值形式的社会—生态构成既是主观方案也是客观过程。当劳动生产率高于土地生产率时，资本便重新配置人类与自然的其余部分的关系（Marx，1967）。马克思认为，价值通过把人类劳动力提到首位而内化了自然。劳动力，作为抽象的社会劳动（可能被认为是每个商品所花费的平均劳动时间），成为资本主义财富的决定性的衡量标准。同时，资本又通过吞并作为“无偿馈赠”的人之外自然而外化为自然（Marx，1967，III，p. 745）。自然的无偿馈赠并不仅限于矿物、土壤等，还包括人类劳动力在资本循环之外的再生产（Marx，1976，pp. 377—378）。

从历史上来说，价值通过布罗代尔所说的“市场经济”而产生（1982）。它把金融资本飘渺不定的价态与日常生活平淡无奇的日程交织在以商品为中心的权力与利益的新结晶中。从这个角度看，对自然而言，很明显的资本主义的外部关系——见于新陈代谢断裂、生态不平等交换和生态足迹这些流行的概念中——被揭示为内部关系，是新的、基本上无休止的社会—生态结构的构成（Moore，2011a）。

当我们从资本的逻辑转移到资本主义的历史，自然的内化与外化之间各种形式的张力开始涌现出来。资本的逻辑迫使它无视自然作为历史上生命变化的网络；资本主义时代的历史揭示了镌刻在这一逻辑中的活力与退化，因其重组了人类与人之外自然，在各个阶段释放和限制资本积累。资本的活力耗尽了维持资本

① 引自阿瑞基关于自然中的劳力（Labor-in-Nature）那篇重要的文章（2009）。

积累所必需的生命之网；资本主义的历史是一种为克服这种耗竭而进行的周期性的边疆运动，方式是吞并迄今资本力所不能及的自然的无偿馈赠。

价值崛起为近代早期世界经济体系的制高点，这是与新自由主义全球化联系在一起的时空的不断革命化同时进行的。“时空压缩”（time-space compression）远非 20 世纪的发明，从资本主义起源之时便成为其核心（Harvey，1989；Moore，2003b，2007a）。这些革命根本上是社会—生态的，这一点很容易被忽略。然而，作为一种价值宝库的货币资本的普遍化是不可想象的，除非其作为世界—生态革命的一部分，这一革命使得欧洲各国及其资本将时间视为线性的，空间视为平面与同质的，“自然”被视为外在于人类关系的（Cosgrove，1985；Crosby，1997；Moore，2007，2010a，2010b；Merchant，1980；Mumford，1934）。

绝非巧合的是，新自由主义时代最强有力的资本主义危机的激进理论，认为时空的生产是一个既统一又有差别的过程。从阿瑞基与大卫·哈维（David Harvey）的冗长对话中我们可以看到非常相似的情况。需要加快周转时间是哈维空间修复理论的核心（1982），不仅塑造了人工环境和商业组织，而且形成了资本主义发展的整个体系范围的节奏。（每个阶段，资本主义的移动速度都比前一个阶段要快）创新的驱动力——这是阿瑞基论述资本主义活力的核心——不仅产生了新市场、新商品、新的国家建设和资本积累能力，而且带来了地理重组的周期性浪潮、全球扩张以及霸权空间范围的不断扩大，这种霸权引领和协调着经济增长的大潮（在每个阶段，资本主义的范围都比前一个阶段要大）。

因此，笔者的论述以两个前提开始。首先是哈维的观点，即所有的社会方案都是生态方案，反之亦然（1993）。所有的空间修复及其必然结果都是不可简化的社会—生态。其次是阿瑞基关于结构多样性的资本主义固有的、开放的、方法论的视角，不过，其特征在于循环、演化与破裂的固定模式。

笔者运用这些观点是为了提出转型时代世界—历史视角下未曾提出过的大问题：当我们谈到资本主义的历史时，生态带来什么不同呢？为把调查的体系现象概念化并对其进行界定，当我们说所有的社会方案都是生态方案，反之亦然时，这意味着什么呢？如果时间与空间通过历史资本主义的作用自我生成，那么在何种意义上世界体系分析被定位为超越自然/社会的二元论？

这些问题与解释现存的新自由主义危机的任务紧密相关。世界体系中主要的国家和资本主义强国为新的长期的资本积累重新创造条件是很有可能的、可能的，还是不可能的？阿瑞基的三个问题为探究和回答这个问题提供了一个必不可少的手段。人类与自然的其余部分之间关系的创新可能带来新的物质扩张的长期趋势是什么？社会—生态创新的周期性运动是什么？尤其在表明这种新一轮扩张的可能性和制约性的农业和能源方面。最近关于社会—生态革新的历史以何种方式表明了旧模式的延续，以及以何种方式见证了与长期的周期性和累积运动的断裂？

笔者对这些问题的回应强调资本主义理论本体论的、方法论的和概念—历史的因素，这一理论把资本积累与自然生产统一在一起。本文的观点由三大部分组成。首先，笔者考察了对环境变化所做的世界体系研究，指出了超越笛卡尔“世界体系与环境”二元论的可能性。这一不同的观点把“社会”变化的元概念视为社会—生态的。目的在于重新思考作为世界—生态的资本主义，而非仅仅是资本主义。笔者意在暗示，现代世界范围最广的元过程是社会—生态的，从家庭的形成到种族秩序，再到工业化、帝国主义和无产阶级化。从这一角度来看，资本主义并不是在全部自然的基础上发展起来的，它的兴起更多地是通过人类与自然的其余部分散乱和偶然的关系而建立的。

第二部分加入了阿瑞基在《漫长的20世纪》一书中对时间、空间与资本积累的巧妙处理。笔者从世界—生态角度阅读阿瑞基所讲的资本主义历史，强调其方法论意义。特别相关的是他的“结构上多变的”资本主义、组织革命与耗竭的理论，为建构作为生态体制的资本主义理论提供了富有成效的方式。

在最后一部分，笔者把积累及其危机概念化为世界—生态进程。① 这一危机理论的轮廓是通过马克思对生产不足危机的阐述而形成的（1967，III）。笔者认为，历史上资本主义被生产不足（投入太少）与生产过剩（商品过多）的辩证关系所塑造。如今，资本主义为生产不足危机——早期资本主义主要的危机趋势——的再度出现做好了准备，其特征表现为廉价粮食、燃料、劳动力和能源，以及生产性资本循环（M-C-M＋）的流动不足（Moore，2010c；2011a；2011b）。远非“超越”（overshoot）和“一切极限”这样的直接表现，生产不足危机可能再次出现是资本主义破坏其生产条件的长时段趋势的一种表现。② 看来，资本的生态限制是资本自身。

---

① 在相关的文章中，笔者把资本主义世界—生态中的积累和危机模式置于新自由主义信号危机出现和发展的对话中（Moore，2011b；2009a；2010c）。

② 除了马克思，这个视角的最初来源还包括波拉尼（Polanyi，1957）、沃斯特（Worster，1990；1992）和奥康纳（O'Connor，1998）。

作为奥伊寇斯的资本主义：概念—语言学的挑战

这样的辩证方法提出了两大挑战，既是概念—语言学的也是方法论的。第一大挑战是全球环境研究中的概念语言问题。从一开始，概念性语言就是世界—体系分析的核心。学者们经常讨论“世界—体系理论”，好像它就是关于这个世界最主要的理论主张。常被人们忽视的是，通过一种分析模式出现的世界—历史的理论化，一种旨在辨明“在人文科学”（事实上远远超越这一范围）标签下整体性的“知识运动” （Wallerstein，2004a；2004b，p. 62）。沃勒斯坦（Wallerstein）正确地坚持，“我们必须发明新的语言”，来超越社会/经济/政治这“三个所谓的独特领域”的错觉（1991，p. 14）。这种三位一体的知识结构基于另一种更宏大的现代建筑——将生物物理世界（包括身体内部的）从社会世界中分离。“因此，问题是我们能否在21世纪证明所谓的社会科学是独立的知识领域”（Wallerstein，1995，p. 855）。

我们可以立即在重要的环境研究中发现两个概念—语言学上的困难。第一个困难是一种把“生态”、“环境”和“自然”（以及形形色色的同源词）进行互换的倾向。雷蒙·威廉斯（Raymond Williams）把自然说成“可能是语言中最复杂的一个词”并不是没有道理的（1985，p. 219）。（人们可能加上，在任何语言中）

毋庸置疑，“在社会科学、生物/物理科学方面，我们需要一种比目前所拥有的更加统一的语言”（Harvey，1993，p. 38）。笔者很惊讶，过去20年环境研究在这个方向上进展甚微。但是，如果说新术语是需要的，那么忽视旧术语也将是不切实际的。目前，笔者保留了自然/社会、“社会—生态”这样的语言，但笔者从一开始就强调，这些术语代表了一种潜在关系的结果——遵循泰奥弗拉斯托斯（Hughes，1994，p. 4）的用法，笔者称之为奥伊寇斯。这意味着产生各种各样的环境和生物的关系是不可简化的多元的抽象。把自然/社会的二元论作为出发点混淆了一个过程的起源与结果。人类与生物物理自然在各个层面交织在一起的多种方式——从身体到世界市场——被掩盖到这样的程度：我们把自然与社会当作纯化的本质，而非人与人之以外自然相互交织的一团。

封建主义、资本主义与其他历史体系的兴起与发展都是通过奥伊寇斯。世界—生态意味着自然—社会关系持续不断的调整，其中人类经验的任何方面都不例外。远非东拉西扯的重组，世界—生态视角力求阐明环境研究中经常看不见的那些方面。在“经济”独立于（或相对独立于）“环境”的思想结构中，将金融化、工业化、帝国主义（包括旧的和新的）与商业化以及其他许多方面视为社会—生态方案和过程，难道不是更富有成效吗？

在下文中，“生态”的简略表达指从整体视角来看社会—环境关系。每个辩证运动都是被另一个辩证运动（并通过其）积极地建构。如果社会和环境构成了许多部分，那么生态就意味着通过这些关系而出现的整体（Levins and Lewontin，1985）。因此，较之环境危机，笔者更青睐生态转型这一用语。笔者这样做是因为，一个单一的对象——环境——“是不存在的……因为每一个物种，不仅仅是人类，无时无刻不在建造和破坏着它所居住的世界”（Lewontin and Levins，1997，p. 98）。

全球环境研究中的第二个概念—语言学困难指当今环境危机的“常识”。“危机”这一信号物的使用更多地体现了历史与概念上的精确性，而没有在重要的环境研究中使用得更多。关于危机的争论往往来自一系列环境问题，其重要性不能高估（e. g. Foster，2009）。遗憾的是，一种经验主义反对这样一种理论，这一理论包含了环境史中非传统的场所——比如金融中心、工厂或郊区蔓延，这些都是环境史。这不利于从世界—生态角度重新思考现代最主要的矛盾——强国与弱国之间，资本与直接生产者之间，城市与乡村之间。

作为世界—生态的资本主义：概念—方法论的视角

我们已经习惯于把资本主义看作一种社会体系，甚至是经济体系。这种特性描述有一定道理，但它基于一种深刻的歪曲。以一种非任意的方式，我们不可能区分出资本主义、社会体系与“环境”之间的界限。这些现实是如此紧密地交织在一起，正如威廉斯（Williams）所说的，以至于我们不可能“取出或把其中任一方面分离出来”（1980，p. 83）。

本章的观点并不是要取消这种差别，而是为了强调差别形成于其中，却往往被忽视的框架。形成“经济/社会”与“环境”差别的笛卡尔的本体论，其启发式的优势正在迅速丧失。这些抽象概念——自然/社会——是漫长的现代思想史的产物，这些概念的前提是寻求“基本单位”，这些基本单位可以从本质上而非关系上进行定义。这样带来的基本问题就是，“所有先前提出的不可分解的‘基本单位’如今都被证明是可分解的”（Levins and Lewontin，1985，p. 278）。还有一个更深层的问题。在历史上以及当前的危机中，把“自然”（不包括人类的自然）和“社会”（不包括自然的人类）象征性地圈占和简化，是物质上划定实际存在的资本主义的具体实例。[①]

正如莱文斯（Levins）和列万廷（Lewontin）所强调的，基本单位的经验的和概念的分解——这里指自然/社会——招致了很多批评。分析性的分解（揭示了形成基本单位的关系）也是重构。这种解构必然会“为研究与实践开拓新领域”（Levins and Lewontin，1985，p. 278）。这就带来一个转移，从注重研究基本单位转移到研究形成它们的关系。这就是世界—体系分析的方法论核心（Hopkins，1982；McMichael，1990；Tomich，1990），它强调一种关系型方法，通过这种方法，现代性的“主要过程”展现为“许多结论的整体性”（Marx，1973，p. 100）。

传统上长期存在的对社会发展是社会变化的基本单位的批判——认为国家单位之间真正的关系通过多层次的地方—全球的辩证关系运作——现在可以从根本上扩展了。现在，自然/社会的基本单位在世界历史领域里可能会被超越。如果资本主义是人类与人之外自然的一种基体，以永无止境的商品化为前提，那么没有哪个人类经验可以免除社会—生态的分析。然后，现代世界历史可能会被重新想象，远离笛卡尔的基本单位——自然/社会——朝现代性战略关系的社会—生态构成的方向发展。这种建构的辩证关系范围远远超出了挖土掘地（earth-moving）式的初级模式，包括以商品为中心的资源开采、经济作物种植业、能源复合体和污染，等等。自然生产从头至尾都是关于工厂，也是关于森林，是关于证券交易所与证券化、购物中心、贫民窟和郊区蔓延，也是关于土壤耗竭与物种灭绝的。[②]

理论上争论是一回事，运用这一理论重构这些历史上的主要进程为自然—社会关系是另外一回事。马克思也提醒我们，把“绿色”社会理论与“绿色”世界史相连无捷径可走。毫无疑问，我们现在有大量的文献：关于环境的社会理论、区域政治生态学、环境史、环境变化的全球政治经济。虽然它们都具有开创性的贡献，但是，从世界—历史视角出发，通过把社会—生态工程和过程相连而构成

① 似乎可能把物质和象征性分开。即使马克思把理论比作“一种物质力量”（1926，p. 17）。

② “自然生产绝不是自然的一种社会建构论的同义语。虽然最好的建构论强调了自然相关的物质和不相关的结构，并且经常讨论与自然有关的种族、性别、性和社会不同的其他形式，但物质与过程之间的联系经常很模糊，过程的社会起源也没有明确，在自然的某个社会结构中变化的源泉也很隐蔽。”（Smith，2006，p. 25）

的历史资本主义的理论研究进展甚微。①

如今不引入“环境”就很难了解社会理论，然而，“绿色”社会理论的光谱（还）没有产生一部“资本主义”的绿色史。诚然，有关世界环境史的文献资料浩如烟海。但是，主要进程仍然主要是社会的——工业化殖民主义，商业化的动力，大的、小的文明化方案（e. g. Ponting，1991；McNeill，2000；Richards，2003；Hughes，2001）。这些过程不是讲述作为环境史的殖民主义，或商业化，或资本主义，而是陷入了笛卡尔的二元论。它们被当作纯粹的社会实体，对自然的其余部分或多或少造成了令人厌恶的影响。② 以大致相同的方式，世界—体系的视角带来了一批出色的研究成果，阐明资本主义造成了多种形式的环境恶化（Clark and York，2005；Goldfrank et al.，1999；Hornborg et al.，2007；Jorgenson and Clark，2009a）。然而，如环境史一样，人们很少关注这些主要进程本身既是人类与人之外自然之间广泛和难以驾驭的关系的生产者，自身也是其产品。

然而，这种“社会”与“环境”变化的移植已经成就斐然，并且笔者正是在环境中解释资本主义兴起的。1999 年，笔者负笈约翰·霍普金斯大学师从阿瑞基，那时已经确信，环境转型在资本主义的兴起中起着重要作用（Moore，2000b）。现代早期蔗糖“商品边疆”的环境史不仅表明主要物产重塑了环境（Innis，1956），也表明环境恶化在推动地理扩张成为一个周期性的全球生态修复方面也起了关键作用。笔者对《漫长的 20 世纪》一书已经非常熟悉（Moore，1997）。然而，直到笔者有机会与阿瑞基接触探讨，才开始真正领会他的概念—方法论所具有的不寻常的活力（Arrighi and Moore，2001）。即使那样，也需要花时间。起初，笔者误解了他如何运用“视角”（angles of vision）在《现代世界—体系的混沌与治理》（*Chaos and Governance in the Modern World-System*）一书中形成的蔚为壮观的叙事（Arrighi and Silver，1999）。阿瑞基、西尔弗及其同事们把帝国冲突、阶级斗争、商业公司竞争与文明的冲突视作独特的、部分重合在一起的光谱，他们揭示出这些因素是相互构成的。阿瑞基和西尔弗关于资本主义的这方面叙述仍然没有受到足够重视，甚至在世界—体系分析中也是如此。笔者自己对这一问题不重视，移植了两个联系不太紧密的知识传统（当

---

① 我们看到的最接近的一个是国家形成历史学（Scott，1998；Foucault，2003；Appuhn，2009）。但从地区的政治生态“提高”到国家（政治生态）是一回事，从一部分到另一部分是另一回事。把国家形成看作一种世界—历史和世界—生态过程是不同的计划。

② 一个极好的例外是怀特（White，1995）的研究。

时）——世界—体系分析与环境史。借鉴了马克思、福斯特（Foster）和沃勒斯坦的观点，笔者（2000a）认为，“农业—生态转型的体系周期”补充了阿瑞基关于积累的体系循环。这是一个非常有用的切入点。在接下来的十年里，笔者渐渐对这一移植过程感到不太满意。

学界已有大量的理论贡献，即使是区域性的实证研究，认为所有的社会方案都是生态方案，反之亦然（e. g. Harvey，1993，1996；Braun and Castree，1998）。但笔者从未弄清楚——笔者猜测左翼生态学派（Left Ecology）[①] 也没有弄清楚——相关的本体论（ontology）在理论上如何解释为世界—历史实践。在某些方面，笛卡尔确定社会原因和环境后果的方法掩盖的事实将比它阐明的要多。诚然，资本主义已经对生物及其所居住的环境做了很多坏事，我们可以通过收集和分析证据来证明这些破坏。毫无疑问，这已经产生了大量的实证研究，尤其是那些围绕“生态足迹”的研究。但是，只要这些研究在笛卡尔的框架内进行，那么现代世界形成中的自然的所有积极关系仍旧是未经探索的、未见天日的。资本主义时代令人印象深刻的环境问题资料，在理论上是没有说服力的，结果也就无法在现代的战略关系中定位自然的生产。

我们确实需要对影响做一番分析。困难在于笛卡尔的方案使研究的经验现象变窄。自然/社会的二元论认为自然是完全排除人类的——“生态”压力可能包括北极熊栖息地的消失，但不包括上百万美国人居住地的消失，他们在“次贷危机”中（目前还在不断发展）被赶出了自己的家园。正是这种自然观把挖土掘地的几个具体片段混淆为整部环境史。诚然，农业、采矿业和毒化作用（toxification）的确是环境史的核心内容，但住房问题、金融化、国家主权与家庭政策亦然。如果我们采用新陈代谢断裂理论——当今批判环境研究中最有活力的视角之一，包括农业、全球变暖和资源消耗在内的主题便赫然出现（Foster，2000，2009）。这些重点本身并不存在什么问题。但若止步于此，把资本积累与资本主义重塑人性（human natures）视作外源性的，那就错失了新陈代谢断裂视角最

---

① 左派生态学的主要参考文献包括阿尔特瓦特（Altrater）（1993）、本顿（Benton）（1989）、布莱基（Blaikie）和布鲁克菲尔德（Brookfield）（1987）、布劳恩（Braun）和卡斯垂（Castree）（1998）、邦克（Bunker）（1984，1985）、伯克特（Burkett）（1999，2006）、恩岑斯伯格（Bnzensberger）（1974）、福斯特（2000）、哈维（1974，1993，1996）、莱文斯和列万廷（1985）、马丁内兹—爱丽尔（Martinez-Alier）（1987）、奥康纳（1998）、皮特（Peet）和瓦茨（Watts）（1996）、佩鲁索（Peluso）（1992）、佩鲁索（Peluso）和瓦茨（2001）、施奈贝格（Schnaiberg）（1980）、史密斯（Smith）（1984）、瓦茨（1983）、威廉姆斯（1980，1985）、沃斯特（1990）。最近，派尼茨和利斯（Leys）（2006）、赫南（Heynen）（编辑）（2007），以及福斯特、克拉克（Clark）及约克（York）（2008a，2008b），在此潮流中提出许多重要的视角。

大的期望（Moore，2011a）——从资本主义的环境史（environmental histories of）向作为环境史的资本主义（capitalism as environmental history）的转型。

从世界—生态的角度出发，我们可以揭示通常被笛卡尔的二元论忽略的东西。比如，甚至一位有远见的思想家沙列（Salleh）近来提出，“这一［代谢］断裂的标志是森林砍伐、土壤养分流失、空气质量不良、水体污染与水土流失、有毒废物、海洋生物减少，等等”（2010，p. 206）。但是，“等等”中并不包括房产抵押、工业生产的全球化，或者“日常生活的金融化”（Martin，2002）。对新陈代谢断裂的世界—生态解读——通过新陈代谢断裂，以城市为中心的资本耗尽了农业空间的剩余生产能力——使人力流动的重新配置成为关键。早期资本主义侵占并快速耗尽非洲和美洲印第安人的劳动力，这就是新大陆森林滥伐和土壤耗竭的直接动因（Moore，2007；2010a；2010e）。漫长的20世纪之资本主义的大规模生产建立在“维多利亚时代晚期的浩劫”之上，在这场浩劫的东亚和南亚爆发点，数以百万计的工人流入美洲（Davis，2001；Northrup，1995）。在地球的另一端，我们发现数以千万计的移民向同一个目的地移动，因为欧洲的农民在农业自由贸易和廉价的美洲粮食的冲击下已然全面崩溃（Wolf，1982）。

如今是否已经大不一样了？既是又不是。一波又一波的新自由主义农业—粮食结构调整已经吞食了这个世界的劳动力后备军，但却没有了以往时代的生产活力。新自由主义资本积累的动力取决于“剩余人类”（surplus humanity）的产生，资本主义文明却没有什么能提供给他们（Davis，2004）。我们的时代是否会有一个更基础性的社会—生态类别？从美国城市的牺牲区域（sacrifice zones）到南半球的大型贫民窟，新自由主义时期人的本质的重构与其重新分配的推动力是一致的，都受到金融化和资本（再）生产活力的蚕食的推动（Moore，2010c；Soederbergh，2010）。笔者把新陈代谢断裂理论解读为包含而非排除资本再生产的机制——这种机制不仅仅是数量上的调整，而且连续几个世纪里是质量上的重塑（Arrighi，1994）。这包括最近历史上的金融资本循环，从债务抵押债券到私人股本公司，再到“股东价值”革命，这是资本主义支配人与生物物理自然的重要时刻。

在资本主义部分及整体和带来资本主义的主要进程之间存在着一个建设性的张力。我们的主要任务是找到一种方法能把新陈代谢断裂方法（Foster，2000；2009）、农业—粮食体制理论（Friedmann，1993；Friedmann and McMichael，1989）、能源与资源体制研究（Bunker and Ciccantell，2005；Podobnik，2006）以及其他更多的东西，与资本主义世界—生态下循环与演进的长时段运动联系起来。笔者认为，这些方法的最大优点很少被注意到。就其核心，它们认为，人类与除人之外的自然之间的关系经历了周期性和革命性的转变，这对于世界体系中权力、资本与帝国的重组的影响是根本性的。同时它们是部分整体性的，是整体繁荣与危机的表现。我们是否在处理一系列体制（积累、能源、人口等），这些体制以一种本质上非常松散的方式相互作用，或者说是否有明确“运动定律”影响它们的运动呢？笔者认为，价值规律、主要的劳动生产率是衡量财富的标准，有助于解释这些体制所反映的现实与其他体制概念之间的模式化关系。

这里就涉及一个“叠加”(adding up）问题。一方面，我们通过在部分与整体之间连续不断的“粘贴”行动建构整体性（Moore，2007；2010b)。这需要一种灵活的方法，超越霍布森对地方特殊性与全球命运（determination）的选择，特别是当前现实情况是两者都构成世界—历史进程——世界—体系与世界级规模的关系是截然不同的。(这一点常常被遗忘!）另一方面，各部分“相加”不一定等于整体。出于这个原因，笔者的方法有别于经验主义分析生态体制的方法，它把多重长期趋势拼凑在一起（e. g. Costanza et al.，2007)。

那么，生态学与生态（如奥伊寇斯）意味着整体的关系。这些都是通过资本积累的部分整体性与自然—社会关系的不断变化（“主要进程”）调节的。这就提出了一组不同于笛卡尔模式的问题。与资本主义的环境史不同——在环境史中，景观变化（挖土掘地式的）是关注的中心，现在，重点转向更多地把挖土掘地与更广泛的社会—生态变化相联接。这些广泛的内容包括明显的，如植物和遗传知识的产生，以及不那么明显的，如新金融技术的引进。这抓住了“资本主义和自然”与资本主义在自然中的不同点，据此资本积累与自然生产相互交织在一起，以至于没有任何一方都是不可想象的。“自然”不再是一个被动的物质，人类在它的上面留下足迹。相反，它成为了一系列包容的和积极的关系，通过人类与自然其余部分之间历史的和地理的特定运动形成和重塑。

因此，作为世界—生态的资本主义观点，既是对笛卡尔自然与社会二分法的世界观的反驳，也是替代它的选择。笛卡尔的世界观把自然放进一个盒子、社会放进另外一个盒子。这一替代观点把现代世界史的伟大运动——工业与农业革命、连续不断的“新”帝国主义、社会革命、世界市场——视为社会—生态工程与过程。这些过程的目标都是在其各自的重心领域重建自然—生态关系。在这一大胆重构的关系的核心，我们发现了商品。

如果生物物理和人类的本性是辩证统一中的独特因素，那么什么样的概念框架和方法论前提对于阐明这些关系是必需的呢？这将成为我们下文讨论的重点。

时间/空间/危机：阿瑞基“结构性上多变的”资本主义理论与方法

《漫长的20世纪》的开篇是一组定向的概念，许多从事环境研究的学者会对这些概念感到陌生。阿瑞基断定资本主义是阴暗的全球区域的货币交易，而不是商品生产与交换。他特别注意全球空间的关系，他强调积累的长波段以及统治地区、国家和帝国短期的世界权力。此外，阿瑞基不仅对环境变化言之甚少，他特有的元理论（meta-theory）似乎排除了环境史的内源性，或者甚至排除了环境史与资本主义的历史的关系。在这方面，《漫长的20世纪》重复了布罗代尔关于资本主义与物质生活分离的论述（Moore，2003c）。很难看出阿瑞基如何能引导我们理解作为世界—生态的资本主义。

然而，这恰恰是《漫长的20世纪》做到的。阿瑞基关于资本主义的与领土国家的统治结构中连续不断的“组织变革”理论尤为重要。阿瑞基在各种机构和霸权联盟中定位了资本的时空矛盾，这些机构和联盟推动、重现并最终破坏连续的“物质扩张”。这样，他就打开了一种危机理论的概念空间，这一理论认为自然—社会关系是内源性的，这对历史资本主义而言确实是举足轻重的。

世界—历史的方法：联接结构上多变的资本主义过程中的概念形成

《漫长的20世纪》是世界—历史方法综合的关键环节。以挑选相关的“视角”——这些视角源于观察循环和演进的长时段模式——为前提，并把时空定位于资本主义的发展，阿瑞基提供了生态史方法的各要素。他的三个问题——什么是累积的？什么是周期的？什么是新的？——与一个关系的和建构主义者的时空相联，在这些方法中提出当今全球环境研究的重大方法论问题：我们如何把生物物理和人类本性结合起来，以及当我们将二者结合之时我们正在做什么？

笔者建议，我们通过摒弃理想类型的自然/社会，即摒弃通过元理论来回答问题的二元论来对这一问题做出回应。沃勒斯坦坚持认为，*历史*资本主义带来对资本主义理想定义来说一个类似的异议，既来自左派也来自右派（1983）。（请注意，*历史*并不是指过去/现在的二分法，而是一种研究确定模式关系时出现的方式）这种理想类型的概念是有问题的，因为它们简化了必要的研究，这种研究对于理解散乱和不断演进的关系网络——我们称之为资本主义——是十分必要的。同样，自然/社会二元论把研究简化为长时段中人类与人之外自然累积性和周期性地不断演进的配置，包括当前的危机运动。

认真对待历史的态度是了解它“不断地打乱简单划一的概念框架以及比较精制的理论思考”——这是我们辛辛苦苦构建出来的（Arrighi，2000，p. 117）。理论和历史的关系当然是历史社会学卷帙浩繁的文献争论的中心，在此笔者不重复这些辩论。[①] 然而，笔者多么希望把阿瑞基关于历史资本主义论述的方法论和理论意义，发展成一个重新思考现代性为一个社会—生态过程与工程的挑战的对话。

如果历史用其自身的方式“打乱”我们的模式，我们该如何应对？我们可以用直接的方法研究特殊性，主要有两种方式。第一种方式涉及概念—历史的任务；第二种方式是历史—概念的挑战。我们将依次探讨这两种方式。

概念—历史的任务意味着直接探寻资本主义发展各阶段理论与历史的关系。帝国主义的概念适合对 17 世纪世界大国的分析，但不足以解释随后各时期的“新帝国主义”。[②] 阿瑞基经常提醒学生们，“帝国主义”这一旗手（signifer）在整个 20 世纪一直保持不变，但它所体现的一系列关系已经发生了重大变化。[③] 这种感觉使他得出了关于历史资本主义的概念定义的第一个规则：

在世界—体系分析中仍占主导地位的观点——数量上扩大但结构上不变的世界资本主义体系——必须被摒弃，包括（尤其是）一些概念，如康德拉季耶夫周期、霸权周期，以及作为结构不变性的经验表现的逻辑（2004，p. 38）。

“结构不变性”的吸引力找到了超越世界体系分析的牵引力。在与世界环境史密切相关的领域，商业化经常以结构不变性的主要形式出现，市场力量借此对景观造成极大的损害（e. g. Richards，2003；Hughes，2001）。但这种观点忘记了世界市场并不创造平等。漫长的 16 世纪的世界市场与今天的世界市场不仅在数量上大相径庭，在质量上也非同日而语。概念上的特殊性与经验上的特殊性是辩证地联系在一起的。然后我们也有很好的理由——无论是对环境史学家还是世界体系分析家——去重新审视马克思在论及“每一个特定历史时期的生产方式都有其自身特殊的人口规律”时表现出的那种概念—历史的敏感性（1976，p. 784）。除了人口，我们能在资本主义各时代中不考虑市场交换、工业、商业

---

① 经典的文本是艾布拉姆斯（Abrams，1982）、伯克（Burke，1980），以及斯科克波（Skocpol，1984）的研究。

② 这并不排除概念的文化交汇。我们可以看一下蔡斯—邓恩（chase-Dunn）和霍尔（Hall）关于长时段文明史上比较世界—体系的经典著作（1997）。

③ 此观点是阿瑞基终其一生所使用的（1978b，2007，2009）。

公司、阶级结构、帝国主义国家、城市化的特殊的社会—生态配置吗？这一意见提出了新的问题，即关于资本主义在其发展各阶段中的战略性社会—生态关系的建立、再生与最终的危机。

第二个问题是历史—概念的任务。一种历史批判法不仅可以考察我们的分类法在何种程度上似乎可以解释社会—生态变化，这样一种直接的和批判的方法也可以询问（如果运气好的话，揭示）我们的概念框架和当代权力结构之间不平衡、多变的一致及破裂（Bourdieu and Wacquant，1992）关系。

这种本能反应的历史社会科学的不平衡发展对重要的环境研究的意义不亚于对政治学的意义，并且对两者的关系也有重要意义。在环境史与世界史中，不可否认，在关于市场首要地位的元理论的坚持（Cronon，1991）和新自由主义之间，或在资源限制方法（Pomeranz，2000）和石油极限的新马尔萨斯主义概念之间，都存在一种简单的一致性。在注意到这种一致性以后，笔者打算重点关注布迪厄（Bourdieu）意义上的概念使用的“反应”之特殊性。此即笔者所谓的历史—概念因素，同时交织着正统和非正统的因素。从这个角度来看，“生态的足迹”（ecological footprint）方法（Wackernagel and Rees，1996）——把人类例外论作为一种机械地和单向地加诸一个外部构成的、独特的“环境”——可能是这种直接（本能反应）考察的沃土。

组织革命的理论：生态局限的一种形式——组织耗竭

这种方法论上的重新思考可能会卓有成效地与阿瑞基的历史资本主义理论相得益彰。其总体框架沿着以下这些思路展开。创新，以新兴霸权联合体为核心并受其影响，导致了物质扩张的各阶段。这些扩张阶段既包括商品有形产出的增加，也表现在整个体系的地理扩张上。以“实体”经济中资本回报率的上升为特征，这些物质扩张时期标志着每一次资本积累的体系循环的开始。随着时间的推移，物质扩张带来了霸权中心以外的新的竞争对手，它们蚕食着后者的超额利润，平衡着整个核心区的利润率，消耗着生产循环内的营利机会（M-C-M+）。在霸权中心，资本回报率的减少导致了不能在物质扩张中再投资来盈利的剩余资本量的增加。由于盈利能力日渐式微，资本家很敏感地将资本从生产领域重新分配至金融领域（M-M+）。正是这一重新分配导致了金融的扩张，这种扩张由带来物质枯竭的、加剧的国家内部竞争维持。这些金融扩张为新一轮的革新创造了条件，这些创新是在地域更广阔的霸权中心，由领土的和资本家机构的新联盟所带来的。

这一理论的两个要素与目前的探讨尤为相关。在这两种情况里，时空通过世界大国和世界资本积累的辩证关系得到重塑。阿瑞基的第一个贡献在于从世界规模考量权力与资本积累的社会学。这绝不是“结构主义”的说法——如果我们说的结构是指结构、机构（structure/agency）二元中的一极。《漫长的20世纪》主要讨论那些几百年的资本主义发展并不只是发生的（happen），而是被促成的（made）。通过世界领导和商业组织的新形式的创新和推广，体系周期出现并稳固下来，被特定的国家—资本家联盟彻底革新，之后阿瑞基命名了每一个体系周期（伊比利亚—热那亚、荷兰、英国和美国。）从一个周期过渡到下一个周期是偶然的——“混乱的”——伴随着不确定的结果（Arrighi and Silver，1999）。导致这些过渡的危机并不是外部的限制所引发的，或由外部力量造成。相反，这些体系危机是通过特有的“组织结构”——最初释放了“物质”积累——的耗竭而周期性地、不断累积地出现的（1994，p. 226）。

这些组织结构的耗尽为阶级、国家和商业组织对其所处时代的巨大危机做出创造性反应（“组织革命”）创造了新的空间。在新自由主义时代，我们已经看到了各种大量的创造性反应，虽然没有看到资本主义历史上五个世纪的发展使我们所期望的劳动生产率革命（Balakrishnan，2009；Moore，2010c）的发生。在引导我们关注连续不断的霸权联合体时，阿瑞基扩展了葛兰西（Gramsci）关于强迫（coercion）与同意（consent）进入世界—历史舞台的辩证论述（1994，pp. 27—84）。这些霸权组织革命具有两面性。一方面，它们在行使政治—军事和经济力量方面产生了竞争优势。另一方面，它们创造了一种被竞争对手所效仿的发展模式。这样一来，这些霸权革命就在连续数个漫长世纪中更新并扩大了资本积累，也产生了更新和扩大的矛盾。当一个霸权通过组织革命获得回报，其巨大成功使得竞争对手争相效仿，然后创新，并取得越来越大的成就。正是最初的革命所带来的成功变成了一个铁笼，使得霸主无法从中逃脱。青年的灵活变成了老年的僵化。体系危机的决定性因素——从开始到结束的时刻——是霸权中心在维持自身霸权的权力、继续向整个体系“交付货物”的能力逐渐衰弱的冲击下导致的。（这里有至关重要的生态史的影响，笔者将在下一节中予以概述）

阿瑞基的第二个贡献是把时空转换内化为体系周期形成与毁灭的关键。这揭示了一个核心的长时段矛盾——在无止境的资本积累（可能在资本的逻辑中）和无休止的空间征服（不可能在自然与社会的辩证关系中）之间。因此，长时段重点围绕中期危机，来阐明体系的结构调整既是累积性的，也是周期性的。创新和组织革命在整个体系累积发展的制约因素和可能性中展开。商品化的新形式，比如近代早期的蔗糖种植园或新自由主义时代生物技术产权，再次产生了长期趋势。每一个体系周期都由世界—历史创新的诸多变量开启，

都在以下两个主要方面不同于前一个周期：霸权国家所掌握的与其继任者相比更为集中的组织能力，以及霸权国家正在重组的容量和动态密度更大的体系。（Arrighi and Silver，1999，p. 34）

因此，世界—历史创新的质的维度不会消除发展的趋势。换言之，创新无法无限期地进行下去。首先，资本自我扩张的限制体现在地域上，并且这些地域限制是资本积累制度本身所造成的。大都市的竞争对手通过仿效霸权的发展模式“后来居上”。其次，在现有的劳动分工中缩减的投资机会标志着积累过剩。这两个因素通过市场的深化与扩大都给结构重建带来压力。为了克服暗含于体系内不断增加的“动态密集”（dynamic density）危机，受持续的霸权联合体影响的组织革命，在组织的中心开创了一个质的飞跃——从热那亚到联合省，再到英国，最后到美国。[①]

这些组织革命带来了新的积累体制，通过物质扩张和金融扩张长期的、交叉的体系周期运行。这样的革命实现了其性质上的转变，也是对以往时代累积（数量上）矛盾的反应，并以此为基础。我们是如何在此过程中引入了自然生产的视角？对初学者而言，我们可能会看到资本的金融循环和人类与人之外自然其余部分以商品为中心的转变，这两者之间的联系比阿瑞基所认为的更为紧密。然而，这几乎没有贬低这一观点的活力。

在把资本主义描绘为货币交易与世界强国交织时，阿瑞基在《漫长的20世纪》中实施了一种必要的关联策略。如果没有这种关联，想要明确指出长时段中物质扩张与金融扩张的更迭是不可能的。但笔者想告诫大家不要把这种暂时概念化的资本主义——比如“阴暗的区域”，其中“货币持有者满足的不是劳动力的需要，而是拥有政治权力者的需要”（1994，p. 25）——拔高为一个普遍原则。阿瑞基对周期性金融扩张的解释让我们看到了金融化与物质生活之间周期性深化的关系。比如，布罗代尔（Braudel）所说的“热那亚时代”（1984）与安第斯山区生活以商品为中心的重塑有着直接关系，并且与17世纪的世界生态革命——从巴西扩展至波兰，再到东南亚——密切相关（Moore，2010a；2010b）。同样

① 所以这种假设的转型到中国领导的资本主义发展阶段由于其实现所需规模而成为一个问题（Gulick，2011）。

地，新自由主义时期的资本主义通过一场规模和范围都无与伦比的社会—生态关系革命实现了金融化。“南半球转变为‘世界农场’”（McMichael，2009），南半球的工业化（Arrighi，Silver，and Brewer，2003），以及生物物理成本的彻底外化，引发了从癌症流行病到全球变暖的所有这一切（Davis，2007；Monbiot，2006）——所有这一切在新自由主义时代金融资本吞并奥伊寇斯过程中的异常扩张中表现显著。

这种关于金融化与物质生活之间关系的看法仅仅是一个开始。我们可能会考虑一个进一步的、生态史的、与阿瑞基卓有成效之概念结合的概念——阿瑞基的观点认为体系积累周期以“特定的组织结构”的活力为支点，这种活力由于扩张本身而逐渐衰弱（1994，p. 226）。一旦我们把自然的生产放入这样一个世界—历史的框架，情况就变得明朗了，不只是竞争和反体系运动的东西削减了物质扩张逐渐衰退之时的高收益率。的确，竞争、国家间的角逐、反体系斗争都被揭示为社会—生态的较量。用阿瑞基的经典提法来讲就是，并非一个抽象的、非历史的自然的绝对耗竭“导致了”这种利润危机，无论是由于过度竞争导致的利润率下降，还是由于过度开发引起的危机（1978a）。相反，是自然—社会关系的特殊复合体的枯竭——包括过度竞争和过度开发的倾向——引起了一个体系循环向下一个循环的过渡。简言之，同时存在着对体系周期而言特定的组织结构的绝对枯竭，以及统治生物物理自然与人的本质（旧有资本积累体制带来）再生产关系的相对枯竭。

这就使得一种关于积累危机的理论在特殊的资本主义奥伊寇斯中过渡。导致这些过渡的世界—生态的限制是历史的和内源的。从广义上讲，危机表现为一个体系维持平衡的能力丧失。在重要的环境研究中，这一丧失的因素往往用“自然限制”之语来表示（e. g. Clark and York，2008）。可以推测，这也伴随着“社会限制”，但我们如何以一种非任意的方式辨别二者则尚不清楚。这对于农业史而言千真万确，在农业史上，挖土掘地的伟大革命与阶级结构调整、世界市场形成的激烈角逐因素联系在一起（Moore，2008；2010c）。农民道德经济与资本家政治经济之间持久的“社会”冲突，实际上是一场关于谁的自然价值——包括人的本质——能够支配社会—生物的再生产以及剩余物的分配的争论。这岂不是当今一个民主和多中心的“粮食至上”的宣传与市场参与定义的“粮食安全”倡议之间的全球冲突的核心吗（McMichael，2005）？

笛卡尔二元论的局限性存在着一个更大的问题。如果说“自然限制”经常被概念化为资本主义倾向于“超越”某些类似于地球承载能力的局限（Catton，

1980）——其本身就是一个存在严重问题的概念（Sayre，2008）——那么“社会限制”则被概念化为内部的问题。这在笔者看来也是武断的。从世界—生态的角度来看，所有“社会”和“自然”的限制都是不可简化的社会—生态的。这些限制表现为多种形式，从国家调控与反体系运动到森林砍伐和气候变化。需要指出的一点是——而这一点正是马克思在指出资本的限制就是资本本身时所要强调的[①]——所有限制都是通过人类与除人之外自然之间的关系历史地构成的。问题不在于把人类从除人之外自然中“分离”出来，而在于两者如何实现天人合一。这些分化组合是通过特定的人类工程改造全部自然而出现的。若说这些工程不可避免地会遇到限制——这些限制通过这些工程的内在矛盾显现——这和使用“自然的需要”与“绝对限制”有着很大的不同（Foster，2008，p. 125，p. 129）。

让我们回想一下，阿瑞基认为，当形成于体系周期开始时的组织结构无力为资本带来增加的收益之时，资本积累危机就发生了。问题是周期一开始，作为其中之一的组织在一起的关系业已耗尽。然而，阿瑞基的阐释绝对是社会学的，有理由重新定位他所偏爱的变换轴——地缘政治对抗、资本家内部竞争以及阶级冲突——历史资本主义奥伊寇斯中的部分整体。这与环境因素“叠加”相去甚远。世界霸权并不只是组织资源和粮食体制；历史资本主义霸权是众多的社会—生态方案。荷兰霸权的兴起依靠从加拿大延伸至东南亚香料群岛的世界—生态革命；英国霸权的崛起依靠煤、蒸汽动力和种植园革命；美国的霸权则有赖于石油边疆及其开启的农业产业化。在每一个时代，旧的限制都被超越。本顿（Benton）提醒我们，一个文明或一个资本主义阶段所面临的社会—生态限制“可能不会对另一个文明或阶段构成限制”（1989，p. 79）。

这是受到阿瑞基启发的历史性思考。笔者讶异于人们精力充沛地频繁宣称“生态危机”却很少将其历史化。阿瑞基的三个问题与此密切相关：什么是累积的？什么是周期的？什么是新的？目前的局面与先前的社会—生态危机有何不同？对这种思维方式的排斥破坏了重要的环境研究中以历史为基础的资本主义危机理论的发展。很多时候，社会—生态的危机理论的领域已经向诸如戴蒙德（Diamond）这样的新马尔萨斯主义者投降（2004；e. g. George，2010）。

世界—历史的视角确定了从漫长的14世纪（1290—1450年）以来两种我们

---

① 马克思的确使用过“自然的局限”（1973，p. 399）和“自然障碍”（1976，p. 785）这样的语言。有趣的是，马克思在指人时经常使用这种语言。例如，资本的自我扩张（资本主义生产的婴儿期）遇到了可剥削的劳动人口自然的障碍；这种障碍不能用我们稍后要讨论的暴力手段扫除，也就是说，通过原始积累（1976，p. 785）。这里，马克思把“自然的障碍”外化于资本的自我扩张，同时，内化于资本主义。

已知的主要类型的生态危机。一方面，在中世纪晚期的欧洲，我们看到了一场具有划时代意义的生态危机——这场危机是如此严重，以至于它被一种全新的人类与自然的其余部分关系的安排所取代。另一方面，我们看到自16世纪以来一系列回应积累危机的世界—生态革命。这些是发展的生态危机，从这些危机中出现了奥伊寇斯商品化的新方式。

政治经济学家非常重视比较当今的危机与20世纪70年代的危机以及20世纪30年代的危机（Eichengreen and O'Rourke，2009；McNally，2009；Harman，2009）。笔者并不认为这些是最有用的比较，主要因为他们的前提是认为我们正在处理相对独立于生命之网的经济危机。世界—生态的视角引导我们关注19世纪晚期发生的危机，以及18世纪后半叶的荷兰霸权危机，后者尤其值得关注。彼时，以横向边疆为前提的早期资本主义让位于工业资本主义的纵向边疆，其最突出的表现就是煤层。1763—1815年，英国农业革命的逐步衰竭威胁到了工业资本的崛起。英国，这个18世纪初欧洲的粮仓，到该世纪末成了一个主要的粮食进口国。粮食价格上涨了200%，比工业价格指数上涨的速度快四倍（O'Brien，1985，p. 776）。而且，英国的农业生态灾难与从墨西哥到斯堪的纳维亚半岛整个体系范围的农业萧条联系起来。

农业萧条是酝酿中的生态危机的关键因素；也就是说，资本主义奥伊寇斯的危机能够通过进一步的商品化和新的商品战略得到解决。那个时候，正如今天，农业生产率的增长已经放缓或停滞。如果采取那个时期的最佳做法，农业生产率可能增长，但那只能是通过强化劳动。但这种转变无法被容忍。这样的强化劳动会降低劳动生产率，并缩减劳动后备军，而这时正是工业与帝国最需要他们之时（Moore 2010c）。解决之道最终在吞并两大边疆中找到，这是产生暴利的两大来源。第一个边疆是纵向的，深入地层开采煤炭。第二个边疆是横向的，横跨整个地球生产小麦，尤其是在北美。当19世纪70年代另一场大萧条再次降临时，两大边疆合作提供的廉价粮食，使随之而来的快速工业化成为可能。

另一个与当今危机相比更加重要的是中世纪晚期欧洲的危机。这是一次具有划时代意义的生态危机。今天的世界体系与14世纪伊始广义上的封建欧洲有着惊人的相似——农业，一度生产率非常高，现在停滞不前；越来越多的人口居住在城市；庞大的贸易网络连接着遥远的经济中心（流行病在它们之间相互流动）；气候变化开始限制过度扩张的农业人口；资源开采面临着新技术的挑战、缩减的利润率和投资。经过了大约六个世纪的持续扩张，到了14世纪，事实已经很明显了：封建欧洲已经达到了其发展的极限（Moore，2003b）。

今天的资本主义是面临着一个发展的危机还是划时代的生态危机？

生产不足的产生

以前笔者对这一问题的回应源于一个双重循环的方法，即资本主义的与环境的（Moore，2000a）。笔者的“农业—生态转型的体系周期”吸收了阿瑞基所说的积累的体系循环观点。最终，笔者开始明白这两者是同一个过程——即使有区别——的两个独特的视角。阿瑞基既帮助又阻碍了发展出资本积累与自然生产之统一的理论。一方面，阿瑞基的元理论与方法直指一种统一理论。另一方面，他对价值的笛卡尔式的理解却走向了相反的方向。阿瑞基反对马克思的价值理论——其前提是人类与人之外自然之间既积极又疏离的关系，他支持投资于特定的“投入—产出组合”为前提的资本主义模式（1994，p.5，p.252，p.284）。正是价值理论，看起来似乎接近于资本把大自然的一切仅仅视为生产要素的思考方式。借用布迪厄（Bourdieu）的语言，这就是阿瑞基少有的“信念”（doxic）因素之一（Bourdieu and Wacquant，1992）。这一价值理论与他的本体论观点存在着分歧，他的本体论认为资本主义的历史可以理解为一种自我形成的整体，这个整体通过连续的分析视角浮现，这些视角证明在现代性的形成中有新的相互构成的因素。[①]

阿瑞基与马克思价值理论的决裂限制而非扩展了其理论的解释潜力。这表现在以下两个主要方面。其一，马克思的价值理论基于社会必要劳动时间，提供了一种把“万物商品化”置于人类与人之外自然之间积极关系中的非任意方法。因此，它提供了一种演绎的方法，引出并阐明了资本主义奥伊寇斯 的复杂性，同时没有忽视作为其重心的价值关系。[②] 其二，马克思的价值理论指出了一个可以详细说明资本主义世界—生态中危机性质的历史命题。这就是资本主义生产过剩与生产不足之间辨证对立的世界—历史张力。

价值积累——马克思称其实质为抽象社会劳动（1976）——并不是一切。然而，它是建构资本主义世界—生态累积与循环运动必要的出发点。但笔者发现，我们不可能通过理论上的认可得出这一结论。相反，研究资本主义的兴起引导笔者研究商品化的历史，进而研究自然的生产。自然的生产首先是一个劳动过程；

---

① 这里，阿瑞基强调他选择的视角并不是唯一可能的，其他人的观点可能会更重要。

② 笔者把全球价值关系作为一种方法论主张的做法主要归功于麦克迈克尔（1999）和阿瑞基做出的巨大突破（2003）。

它包括知识生产与直接的商品生产。因此，笔者无法看到劳动过程的“社会”因素终止于何处，其“环境”因素又从何处开始。

例如，现代奴隶制——大量社会史的主题，从蔗糖边疆的挖土掘地活动中抽象出来，并无太大意义（Moore，2000b）。事实上，这种劳动动员的形式与随之而来的劳动过程创造了种植园景观。正是通过这种历史关系，笔者开始明白现代性的一个关键事实：人之外自然的退化是高的、低的劳动生产率的基础，对世界市场上的竞争适应性而言是决定性的。作为历史事实，这不是森林滥伐或地力耗竭导致了一个大商品生产区让位于另一个——比如，17世纪巴西的蔗糖输给了加勒比地区。相反，决定性的关系是劳动生产率，它通过自然生产与资本积累调节（Moore，2007，chapter six；2009；2010d）。

蔗糖边疆也不例外。人类劳动与人之外的财富在资本主义的历史上并没有显现出是可以互换的。（即使笔者承认土地和劳动力是财富的“原始资料”[Marx，1976，pp. 636—638]）。资本主义从16世纪起源之时起，它的历史就是不间断的商品化过程之一，通过商品化，劳动生产率系统地凌驾于人之外自然的福祉之上。（这是一种谋杀的逻辑，同时也耗尽了劳动力。）所有针对马克思的价值理论提出的绿色异议，是把对资本主义价值形式的批判误解为一种支持（e. g. Bunker，1984），自20世纪70年代以来绿色思想的核心是批判工业社会极低效的能源利用率。这在农业上表现得最为明显。作为世界—历史过程的绿色革命，从20世纪30年代自美国发端，到60年代的旁遮普，通过恣意挥霍地消耗能源、水、化肥与其他投入，在劳动生产率上取得了划时代的飞跃（Bairoch，1989；Pimentel et al.，1973，2008）。劳动力的“效率”与投入的“低效”是环境批判的主题；由于资本主义的价值关系，它们是辩证地相互依存的。从早期资本主义的蔗糖和木材边疆，到漫长的19世纪的煤炭和小麦边疆，资本主义的生态革命不仅是圈占与掠夺自然的“无偿馈赠”的事实，也动员这些无偿馈赠服务于劳动生产率的最大化。

正如我们已经看到的，早期资本主义被18世纪晚期的一场发展中的生态危机所笼罩。虽然阿瑞基关于积累过剩与“资本回报率下降”的概念是一个准确的描述，但它基本上没有谈及这一过程的机制。可以肯定地说，这是一场积累过剩的危机，但由生产不足推动。请允许笔者稍作解释。

发展中的生态危机在资本主义时代呈现为两种主要形式（Moore，2010c；2011a）：生产过剩危机和生产不足危机。自19世纪30年代以来，生产过剩危机——商品过多而消费者太少——已经成为资本积累危机的主要形式。对阿瑞基而言，这些是“积累过剩”的危机（1994，p. 94）：过多的资本寻求过少的投资机会。然而，把积累过剩和生产过剩联系得太紧密是错误的。在早期资本主义阶段，主要的危机趋势是生产不足。虽然确实存在实现问题（realization problem）（商品销售），但那个时代最大的挑战是把劳动力和原材料运进“工厂大门”。例如，热能的运输（主要是木炭）特别重要，但又尤为困难。这个时代燃料密集型产业的历史——特别是制糖和冶金这些商品生产的先锋——是不断寻找廉价能源的地理运动之一（Moore，2007，2010a，2010b；Williams，2003）。

1830年左右的某个时候，煤炭—蒸汽动力的关系达到一定程度，主要的危机趋势便从生产不足转向了生产过剩。1837—1842年的英美经济萧条就明确说明了这一点（Lloyd-Jones and Lewis，1998；Post，1995）。煤炭—蒸汽动力关系创造了英国的帝国力量与金融力量的合理化和重新定位，实现了双重转型——这是劳动生产率质的飞跃，也是全部自然的质的飞跃（包括人类），自然现在能够以最低的成本免费吞并。煤炭、蒸汽动力和资本、帝国联系在一起，从根本上扩大了对边疆的吞并，从而确保了从根本上增加生态剩余（廉价粮食、劳力与投入）。结果，消费市场经历了一次重要的长期扩张。廉价煤炭使得“消费水平的不断提高”成为可能，其方式大致类似于1945年以后资本主义史上的廉价石油（Araghi，2009）。

真正值得注意的故事是煤炭革命的普遍化如何使陷入绝境的生产不足的趋势持续到目前的局面。“矿物资本主义”在克服早期的生产不足问题上是如此成功，以至于大多数马克思主义者认为从生产不足向生产过剩的过渡是昔日的遗迹，而非资本主义历史上一个周期性的张力（e. g. Foster，2009；Burkett，2006）。此外，这种方法把不足的领域让与新马尔萨斯主义的“一切极限”理论（Heinberg，2007）。

生产不足的一般规律与自然的资本化

马克思关于生产不足的“一般规律”认为资本循环是一种社会—生态关系，虽然其实质价值必然对“自然的独特性”视而不见（1967，III，p. 111；1973，p. 141）。在这一模式中，“利润率与原材料的价值成反比”（1967，III，p. 111）。原材料与能源的价格越低，利润率就越高，因为不变资本不仅包括固定资本（寿命比生产周期更长的机器），也包括投入。这些投入，即在生产周期中耗尽的原材料和能源就是马克思所说的流动资本（不要跟资本流通的货币形式混淆）。资本主义生产的活力导致了“不变资本中由固定资本组成的那部分的使用遥遥领先于由有机原料组成的那部分，以至于对这些原材料的需求远远超过了它们的供应”（ibid，pp. 118—119）。这里，机器（固定资本）的“生产过剩”与原材料（流动资本）的“生产不足”构成了一种辨证的对立（Marx，1967，III，p. 119）。这一规律（就像利润率的下跌趋势一样）是一种趋势与反趋势的辩证关系（a dialectic of tendencies and counter-tendencies）。（相反的倾向对于规律的运作并不是外源的）问题不在于生产过剩或生产不足，而在于这两种运动在连续的资本积累时期如何结合在一起。

自 19 世纪以来大都市资本已经在获取廉价投入方面取得了巨大成功。这与廉价的煤炭推动的生产和运输效率有很大关系。矿物资本主义虽然对吞并自然的无偿馈赠功不可没，但只是缓和，并没有解决基本矛盾。马克思的生产不足理论基本上说了两件事。第一，资本寻求降低原材料（流动资本）的价值构成——相对于机器与厂房（固定资本）而言，[①] 它几何级数地扩大了商品生产的物质量。第二，资本的内在活力破坏了再生产的条件，这种条件使它能提供廉价的投入。这就是为什么吞并新边疆成为开启并维持一波又一波的资本积累的核心。

在阿瑞基的帮助下，马克思的生产不足理论可以置于资本主义奥伊寇斯的转型配置中。阿瑞基以最令人信服的方式揭示了新的资本积累的漫长世纪是如何在商业组织和领土权力中、在质的创新的基础上形成的。正如 17 世纪的帝国主义和大公司不等同于 21 世纪的帝国主义和大公司，我们应对的也不是一个结构不变的自然。有一个定量的因素值得我们仔细推敲：20 世纪资源使用的指数增长曲线是一个强有力的例证（e. g. McNeill，2000；Costanza et al.，2007）。总之，资本不仅在廉价投入（定量时刻）的基础上维持着资本自身，它也彻底改变了生产的社会—生态关系（定性时刻）。霸权联盟以这种方式在相对的生态剩余上发动了一系列的“大跃进”。笔者想强调的一点是，原材料产量呈几何级数增长的累积性因素被融入带来奥伊寇斯新配置的周期性因素中。“自然”是一个随着历史而变化的范畴。工业资本主义带给我们达尔文与英国皇家植物园；新自由资本主义则带给了我们古尔德与生物技术公司。

世界生态革命带来了一个相对的生态剩余。“剩余”代表着吞并的与资本化的自然之间的空白。这一剩余成为“革命性”的，即通过吞并带来的积累在粮食、劳动力和投入的价值构成上出现了一个显著的长期的（40—60 年）下降。

① 下降的投入价格通常也减少固定资本的价值构成。

正如资本通过雇用来自半无产者家庭的工人获益一样，在这些家庭中，决定性的收入份额来自工资关系之外（Wallerstein，1983），因此资本更倾向使用人之外自然，能够相对自主地从资本循环中实现资本的再生产。每当相对适中的资本金额动用非常巨大的使用价值时，一种大型的生态盈余就会出现。当人类占有的自然量足够大时，就减少整个体系内依赖资本循环为其提供日常和代际再生产的*奥伊寇斯*份额。当再生产*奥伊寇斯*的资本份额在其领域内显著而迅速地下降时，生态革命就发生了。这就产生了一个廉价粮食、能源和投入的"黄金时代"。这些总是涉及挖土掘地方面的技术创新，但带来全面的影响取决于体系形成中的组织革命。

我们可以看到生态盈余中的这些革命在现代性伟大的能源演变中发挥的效能：从泥炭、木炭到煤炭（18 世纪 50 年代至 19 世纪 50 年代），再从煤炭到石油（1900—1950 年）。通过这些转型实现生态剩余革命性的增加主要不是"能源投资获得能量回报"（energy returned on enery invested），而是"资本投资获得能量回报"（Moore，2011a）之一。在获取廉价能源时，资本能够提高劳动生产率而无需相应地增加资本密度，马克思称之为资本有机构成的增加（1967）。换言之，廉价能源能够有力地抑制利润率的下降。

在讨论下降的利润率成为世界—生态动力之前，让我们花一点时间来考虑一下资本化与对自然的吞并。资本化的自然依赖于资本循环——大致来说，就是M-C-M＋或者 M-M＋——用于其日常与代际的再生产。对这些自然而言——包括人类，资本循环直接决定了再生产的规则。一个恰当的例子是，首先在 1865 年以后的美国发展起来资本密集型的家庭农场，并在二战后逐步全球化，成为绿色革命的模式。一座为乙醇精炼厂提供生产原料的爱荷华州玉米农场就是高度资本化的生物物理自然。至于高度资本化的人，也能在大都市资本积累下的无产阶级家庭中发现——这些家庭的大部分收入依赖于工资。

通过吞并实现的资本积累意味着一系列过程，籍此资本吞并*奥伊寇斯*，最大化劳动生产率，但无须为这些生命之网资本化再生产关系。就其核心而言，吞并很少是关于抽取机制的——新自由主义的私有化、殖民地的税收、新旧形式的圈地，更多的是关于资本主义如何降低基本的生产成本：粮食、能源与原材料、劳动力。那么，吞并和资本化并不直接卷入生产中相对于劳动力的机器份额（马克思所说的资本的技术构成）。美国中西部的资本密集型农业是通过划时代地吞并廉价的水、廉价的土地和廉价的石油而发展起来。这些占有现在即将结束（Weis，2010），因为获取这些重要投入的成本越来越接近整个体系的平均水平。

成本上升的原因在于，吞并给自然强加了一种特殊的时间逻辑（temporal logic）。这一时间规则，与把大自然的空间重造紧密相连，形成各部分可以互换的仓库，通过执行“社会必要周转时间”这样的体系规则，破坏了日常和代际的再生产条件（Harvey，2001，p. 327）。价值规律的时空推动力驱动资本加速获取使用价值，却以牺牲维持价值生产必要的关系之网为代价。这种时间上的革命从资本主义起源之日便出现，在快速和大规模的景观变化中表现出来——比如森林砍伐，这些变化只需几十年而非几百年的时间，就像封建主义的情况那样（Moore，2007；2010b）。有趣的是，正如马克思在讨论工作日时谈到的（1976，pp. 377—378），占有这些边疆对劳动力而言已经变得与能源、粮食和原材料一样必要。

通过减少资本化的那部分自然，并增加能够自由占有的自然份额，生态革命主要以两种方式起作用。首先，它们扩大对持续进行的生产转型有特殊意义的相对生态盈余——（比如煤炭之于蒸汽机）。其次，它们带来对大自然新的配置，正如早期资本主义“大量的（生物）分类学工作”——在林奈（Linnaeus）那里达到顶峰（Richards，2003，p. 19）。这些分类的与其他象征性的革命，对于把大自然持续地重新设想为一个无偿馈赠的宝库十分关键。通过识别与量化人之外自然财富的新源泉，这些持续的、科学的、绘图的与测量的革命使世界—生态革命的关键成就得以实现：相对于资本化的自然（大自然的资本化构成）而言，吞并的自然份额增加了。通过全球性吞并减少体系范围的生产的资本化——允许自然把越来越多的赠礼附加至一个特定的单位资本，这些革命直接或间接地抑制了资本有机构成增加的趋势。这种情况发生的直接原因是原材料（流动资本）的降价，间接原因是廉价投入对固定资本的影响（比如，廉价的钢材意味着廉价的固定资本）。这样一来，这些革命就为新的一波又一波的积累创造了条件。

这种关于吞并与资本化的辩证关系可以让我们停下来，转变我们关于资本主义长波的惯常思考。实际上，资本主义的大问题不是资本化太少，而是太多。与资本主义工业与农业革命的悠久历史相关的社会—技术创新如此成功，原因在于它们极大地增加了吞并人类与除人之外自然的机会。诚然，人们在这些革命中都发现了高度资本化生产的集中，从阿姆斯特丹到曼彻斯特，再到底特律。但是，这些技术革命只有在参与那些彻底改变了世界—生态空间的帝国工程时，才具有划时代意义。这是阿瑞基强调组织革命的一个重要含义。如果只有技术动力是决定性的，那么德国可能会在19世纪晚期力压英国和美国而胜出。相反，美国垂直整合的公司依托其美洲大陆的地理优势、英国的商业和金融霸权，两相结合将德国踢出了局。

资本主义生态革命的重要逻辑因此就与资本化和吞并相结合，这样可以减少直接取决于资本循环的奥伊寇斯的份额。这一逻辑最典型的例子之一就是19世纪后半期（1846—1914年）席卷全球的铁路和轮船革命，这是英国霸权的巅峰与黄金时代（belle époque）（Headrick，1988；Arrighi，1994）。它最大的成就是通过吞并实现了积累的巨大飞跃，因为资本的钢铁触角控制了遥远的农民大军——从南亚一直到东欧，释放出了大量的廉价劳动力（Northrup，1995；Wolf，1982）。在北美，铁路使南北战争前财产关系革命在整个美洲大陆成为现实（Page and Walker，1991；Post，1995；Moore，2002b）。资本密集型家庭农场融入国际市场，这是铁路化（railroadization）的一部分——后者使前者对土地和水的世界—历史性吞并成为可能，这经过几千年才形成（Friedmann，1978；2000）。因此，铁路化的划时代性开启了其极大增强的对大自然吞并的能力——它为廉价粮食和资源创造了条件。廉价粮食瓦解了欧洲的农民阶层，数以百万计的农民前往北美甚至更远的地区。他们抵达后，就在工厂里工作，这些工厂在通过铁路化调动的廉价（高度吞并）能源和资源的基础上相互竞争。这就是通过时间来吞并空间——这是美国霸权上升的核心。

以这种方式重读马克思（的著述），就扩展了沃勒斯坦长期坚持的关于成本上涨与体系危机的观点（2004c）。沃勒斯坦认为，资本主义史上的三大运动推动了生产成本的长期上涨：第一，与无产阶级化同步的劳动力成本上升，因为世界上越来越多的家庭依赖于工资收入；第二，税收成本上升，民主化促使教育、医疗保健和其他社会方案的开支增加；第三，投入采购和废物处理的成本上升，原因在于资本耗尽了吞并自然的可能性。这些趋势在资本主义的历史上是如何受到遏制，有时甚至是逆转的呢？我们可以在新自由主义时代找到一系列相互关联的反应——重申从穷人到富人的强制—密集的收入再分配（Klein，2007；Harvey，2005），南半球工业化（Arrighi，Silver and Brewer，2003）、金融化的时间推迟。

这些回应直接意味着生产过剩与生产不足的辩证关系。一方面，竞争驱使资本进行地理扩张，扩张至商品化程度低、可供吞并机会多的地区。即资本达到“跳级”（jump scale）的程度，它就能一举降低投入成本、提高利润率。另一方面，竞争促使个人资本通过提高资本密集度进行创新，使得相对较少的劳动力（人的本质）和相对较多的人之外自然嵌入每一个商品。这加速了对外部自然的摄取，使之成为一个呈几何级数扩张的生产过程，随着投入和劳动力成本在既定的生产区域上涨，这就加强了地域扩张的动力。通过这种方式，资本主义不断加快的生物物理与地理自然转型（对时间的征服），加入到它对吞并新边疆（对空间的征服）的贪婪需求之中。

资本密集度的上升——即马克思所说的资本有机构成的上升——对普遍利润率施加了压力。[①] 如果说空间上的扩张（吞并）代表了抑制利润率下降的一种解决办法，通过时间进行的创新（资本化）则代表了第二个解决办法。第一个因素使资源消耗之网扩展，降低了流通资本（投入）的成本；第二个因素使得更少的工人能在更短的时间里生产出更多的商品，压低可变资本（劳动力）的成本。两者都不能无限地扩大。

资本积累在一段长期低迷之后再度复兴的条件是什么？马克思主义者的回答通常会强调危机对推动创造性破坏所起的作用。这类论述有三大主题。首先是固定资本的贬值，比如当工厂倒闭时。其次是引进生产率最大化的技术创新，这些技术开发增加了开发利用率。第三是强制—密集政策的实行，这些政策在直接生产者与资本积聚者之间重新分配财富，这就是哈维所说的剥夺式的积累（Harvey，1982，2003；Mandel，1975；McNally，2009；Walker，2000）。

在这三大主题的基础上笔者还要加上第四个。它指向流动资本（投入），但对可变资本（劳动力）也有重要影响。笔者想强调的是，通过把“第二”自然与“第一”自然（机器相对于投入）之间的矛盾以及第二自然内部的矛盾（不变资本相对于可变资本）作为一个整体，我们可以更充分地把握马克思“最重要的规律”（1973，p. 748）——并从根本上拓展其解释力。笔者想说的是，有关利润率下降的论据中最致命的弱点是，过分强调不变资本的因素——只强调固定资本而忽略流动资本。[②]

当然，关于积累危机与利润率下降之间的关系还存在着巨大的争论。出于当前的目的，笔者希望对此作出界定，并指出把资本积累的内在矛盾重新改造为动态社会—生态力量的可能性（Burkett，1999）。通过把马克思提出的“一般利润率逐渐下降”的“发展趋势”（1981，pp. 318—319）视为一个历史命题——关于机器的生产过剩与投入的生产不足之间的长期关系，这些可能性可以实现。这

① “为何利润率会下降？”答案很简单，是因为利润（剩余价值）等式中的分子被分母（资本股本）超过——两者都是按年度测算……即，全世界工厂和设备积累了过多的股本，使公司彼此在一个更激烈的竞争中争夺市场。这使得价格下降，导致商品产出多余在现有价格水平下的需求，并且/或者导致更低的使用率——由此降低利润，导致产品卖不出去，设备在更低效率水平上运行（Walker，1998）。

② 自然地，我们在资本的三个因素中应对变换的配置。

阐明了历史资本主义长时段中一个具有决定意义的断裂点，即把生物物理失衡置于资本循环内部。如此一来，它为现代世界—生态的周期性的和累积性的危机提供了迄今可能更广泛的概念基础。

可以说自19世纪30年代以来，资本主义的技术动力已经锻造的农业—矿业复合体能够摆脱投入的生产不足的趋势吗？如果有足够的廉价能源和原材料可以调用，资本有机构成的上升势头就可以减弱；尤其是如果“资本节约型”创新与劳动节约型运动同时迅猛地开展。[①] 这不仅抑制，而且（在一段时间里）逆转了利润率下降的趋势。

类似的观点也可用于可变资本（人类的自然力）。如果有足够的廉价粮食可以供应给工人，剩余价值率就可能以一种大致类似于工资冻结和技术创新的方式增加。资本主义时代最壮观的繁荣景象是和廉价劳动力与廉价投入相结合的——想一想英国的工业化多么依赖廉价能源（煤）和廉价卡路里（糖）（Wrigley，1988；Mintz，1985）。

笔者已经指出生产不足和生产过剩是辩证结合的，我们的研究应该把重点放在它们配置的转变上。19世纪晚期的长期萧条为诸多可能性提供了一个颇有希望的例证。19世纪六七十年代——恰好是英国工业霸权的巅峰时刻，英国进口原材料的国际市场价格开始大幅上涨（Hobsbawm，1975；Rostow，1938；Mandel，1975）。当价格普遍急剧下跌时，这一通货膨胀的时刻很快就逆转了（Landes，1969）。与此同时，一股通货膨胀的暗流开始涌动。这一时代被诸如棉花、靛蓝、橡胶、棕榈油、铜、镍、铅、锡、黄麻和剑麻这类重要原料生产行业的连续（即使是一部分）减产所打断（Headrick，1996；Mandel，1975；Brockway，1979；Bukharin，1929；Magdoff，1969，pp. 30—40）。这些通胀暗流是新兴工业强国——最重要的是德国和美国——的崛起所引发的。它们依然被“第二次”工业革命质的变化进一步扩大——第二次工业革命是以汽车、钢铁、石化和电气行业为前提的（Barraclough，1967，pp. 45—63；Landes，1969）。

结果，生产不足的趋势被第二次工业革命抑制住了，但并未消失。在此，当我们把注意力限制在新兴工业化国家时，价值积累与投入生产之间的内在矛盾加剧。矛盾的解决是通过掠夺和提高生产力的辩证关系，这是资本主义一系列全球生态修复的特点：第一，地理区域的急剧扩大，伴随着殖民地与白人移民扩张的

---

① 例如，在1980—2005年，美国和日本“生产资料”的相对价格下降了25%—40%（BIS，2006，p. 24）。

迅速增加；第二，“资本大量渗入原材料的生产中”，特别是在新吞并的地区（Mandel，1975，p.61）。毋庸置疑，蒸汽动力增强了资本主义机构改造空间的能力。适量的资本可以调动相对巨大的剩余能源。这使得资本能够占领新的边疆，其速度比资本的生产动力耗尽现存的资源和劳动力储备还要快。在漫长的20世纪伊始，马来西亚的橡胶和锡、智利的硝酸盐、澳大利亚的铜和黄金、加拿大的镍，全都作为生态革命的关键因素进入了世界—历史的舞台，这场生态革命比任何先前已知的革命“在速度上更快、结果上更惊人、在影响人们的生活和视野上更具革命性”（Barraclough，1967，p.44）。笔者想强调的是，重要的生态盈余的产生，是通过资本密集型和劳动密集型工序的复合运动、生产率提高和掠夺而实现的。最先进的加拿大镍冶炼厂与马来西亚的锡厂性质是相同的，在那里有近250 000中国矿工，他们“仅仅配备了铲子和简易水泵”，他们的生产满足新兴工业化国家日益增长的需求（Huff，2007，p.131.）。人们不需要用19世纪的“新帝国主义”的资源决定论观点来理解世界—生态的重组——有时是强制密集型，有时是资本密集型，这是随后漫长的一个世纪权力与进步发展轨迹的中心。

资本的世界—历史挑战是要在调整供应（供应总是在增加）和使这些供应廉价到足以扩大资本积累之间找到适当的平衡。增加的资本密集度倾向于调整供应，但这是通过加速某个地方的利润枯竭而做到的。资本主义一直非常善于寻找方法来克服这种基本趋势。通过资本集约化和社会技术创新，资本主义机构已经找到办法以更小的成本获取更大的利润。然而，这并不意味着不劳而获。因此，投入生产不足的反向运动就是边疆运动。从16世纪起，对生物物理富足的边疆的吞并，与廉价劳动力和充足的流动资本相结合，已经周期性地解决了潜在的矛盾。

这些周期性的解决——巩固了一波又一波的世界资本积累——通过全球生态修复的不同组合以及由生产率和掠夺构成的辩证关系得以实现。假如这种双重进程的一方衰微，整个大厦将遭到侵蚀，于是需要新的刺激。今天是否存在一个可供吞并的足够大的领域足以重振世界资本积累？

新自由主义的历史表明了前方的崎岖道路。新自由资本主义的建立是通过重返“犯罪现场”（scenes of the crime），无情地侵吞南半球长期被掠夺区域以及1989年以后落入此种境地的东欧的财富。这些侵吞并未像以前那样恢复劳动生产率的增长，这是积累的真正基础（Gordon，2010）。这种恢复生产率增长的失败难道不是与一种资本积累制度——以其圈占而不是生产活力显著——密切相关的吗？战后北大西洋资本主义国家的福特式“妥协”——工人们凭此部分共享了生产率提高带来的收益——在1971年之后就不可能了，因为那些收益是如此微不足道。因此，新自由主义的“阶级工程”是剥夺式资本积累（这很常见）之一，没有在生产力方面发生革命（这并不常见）（Harvey，2005；Moore，2010c，2011b）。因此，新自由主义首先是*占有*（taking），其次才是*生产*（making）。其根源在于一个特定的世界—历史矛盾：相对于作为一个整体的资本而言，吞并的机会从未如此之少，而对这种吞并的需求却空前强烈。这是理解资本主义所面临的转型的重要线索，特别当其面临长时段的边疆耗竭时。

代结论：生态与世界—历史想象

现在我们需要沿着迄今尚未探索过的路径作进一步探究，看一看整个地球生态内部历史社会体系的连续同步模式（Wallerstein，1980，p. 159）。

笔者已经提出了三个命题，依次是本体论、方法论和历史分析方法。首先，作为*奥伊寇斯*的生态代表的是一个整体而非各部分的能指。这个*奥伊寇斯*是一种关系，带来了自然、社会这样虚构的范畴。这一现代特有的本体论实际上是在说人类从事的一些活动是社会性的，并且可以从生物物理过程中抽象出来进行分析。正因如此，笔者没有使用“混合”（hybrid）一词，因为混合化（hybridization）依赖于纯净的本质，而这并不存在。如果存在一个类似于本体论基本关系的东西，那就是人与自然的其余部分之间的关系——*奥伊寇斯*。人类的经验都有边界。作为世界—生态的资本主义，统一了自然生产和资本积累，成为把现代世界体系中人类经验的多样性重新解读为不可避免的社会—生态的一种手段。这源于一个范式的争论：第一，作为整体的资本主义可以通过再生产的全部条件得到最有效的诠释，而不仅仅是商品生产与交换；第二，进行这种整体考虑最有成效的方式是从资本逻辑转向资本主义的历史，然后再返回（反之亦然）。

结果表明，“自然”（无论人们如何界定它）就像资本主义一样，并非一个不变的结构。它是一个*历史的*结构——虽然笔者不敢肯定“结构”（structure）就是最恰当的字眼。世界体系分析已经产生了一批出色的环境研究成果。但很少有人注意把自然“加入”世界体系分析的模式和方法。目前关于自然与社会的关系如何构成现代性重现、演化与破裂的模式的研究非常少。给人的印象是，现代性塑造了环境史。然而，一个更微妙的命题更站得住脚：现代性就是环境史。对于许多人而言，自然——就像在过去以国家为中心的社会科学中——是一个干净整洁的容器，人们可以从中识别所有令人生厌的足迹（e. g. Clark and Jorgenson，2009a）。

能够告诉我们自然这一容器如何发生质的转变的研究依然寥寥无几。这就涉及了笔者所说的第二个命题，即方法论的命题，它关注社会—生态关系的边界。一旦我们承认旧容器（自然、社会）可能需要进行根本性的改造，我们就可以把现代性的世界—历史模式——如地力耗竭与森林滥伐、失业与金融崩溃——解读为一系列潜在奥伊寇斯的表现。其中一些表现在底层运作，另一些在资本积累层面运作，当然更多的是介于两者之间。许多现象似乎并未表现为社会—生态的——金融化、文化差异的产生、监狱—工业综合体。而这正是作为演绎方法的世界—生态的要点。缩小视野的方法论的选择未必是这个时代最有成效的选择，在这个时代，一种难以捉摸的金融可计算性逻辑支配了全球资本主义，并史无前例地塑造了日常生活的结构——包括鸟类、蜜蜂、虫子以及人类的“日常生活”。

另一种方法是一种部分—整体的方法，通过这种方法具体的整体性开始出现。这种方法“认为通过连续的测定移出，把连续的各个部分——它们本身就是抽象的过程——置入连续的并列，并且以这种方式形成了整体，你需要这一整体来解释和说明历史变化或经过检验的条件”（Hopkins，1982，p. 147；*also* Marx，1973；Tomich，1990；McMichael，1990）。例如，人们可能会把新陈代谢断裂（Foster，2000）当作一种历史性的具体关系，它通过各个部分（比如资源枯竭和城市化的片段）的“连续并列”而出现，在长时段的“连续测定”中暂时保持稳定（Moore，2000a）。森林滥伐与资源枯竭只有通过这样历史性的具体关系才具有意义。换言之，历史上的自然值得纳入世界资本主义接连不断的兴起过程——本着麦克迈克尔（McMichael）论述的精髓，“无论整体或者部分都并非永久性的范畴或分析单位”（1990，p. 386）。

如果历史上的自然和历史资本主义形成了一个辩证的统一，我们就可以探讨现代世界体系（作为以商品为中心的关系的母体）——通过奥伊寇斯转型和重塑。需要注意的是，商品化的逻辑是一个引力场，它的成功依靠吞并的扩大，正如其资本渗入生产一样，这就是掠夺和生产率的辩证关系（Moore，2008；2010c）。商品形式的普遍化是一个方案，可以用具体例证来说明一系列可列举的、又是临时的人类与人之外自然之间的关系。世界—生态局面的偶然性（非任意）在此就变得举足轻重，因为众多关于生态危机的过程表明这是一个外部限制。它宣称了一个值得探讨的问题，即人类与自然其余部分之间关系的适应和演进。因此，笔者的观点扩展了奥伊寇斯，即阿瑞基所强调的资本主义本质上的灵活性："左翼以及右翼的主要问题之一在于，认为只有一种类型的资本主义在历史上不断地再现；然而在本质上资本主义已经以意想不到的方式脱胎换骨了——尤其是在全球的基础上"（2009，p. 92）。

关于现代世界体系中的自然—社会关系我们能不讨论同样的事情吗？（笔者提出的第三个命题：历史分析）通过早期资本主义及其科学革命产生的自然与通过以美国为首的垄断资本主义及科学管理革命产生的自然并不一样（Merchant，1980；Foster，1994）。[①] 二战后"黄金时代"的自然也不同于通过新自由主义及其方案所创造的自然——用库珀（Cooper）的妙语来说就是"作为剩余的生命"（2008）。

这里就有一种方法可以参与时下盛行的学术争论——关于社会—生态限制的争论，而无须使用新马尔萨斯主义或千禧年的概念，这种话语最近围绕石油极限和气候变化再次复兴。（两者的证据都无可否认！）说得再明确一点就是：*确实存在*限制。但识别、叙述和解释历史上以及当下这些限制出现的最佳方式究竟是什么？

笔者无意描绘任何单一的"最佳方式"，而是主张把作为*奥伊寇斯*的自然内化于世界—历史研究的基本方法和概念框架之中。笔者怀疑无论是世界—体系的视角，还是左翼生态学的视角，都不能有效地解释当前的全球危机，如果没有从红—绿理论转变为资本主义红—绿历史——超越笛卡尔鸿沟的最有效方法的创造性的对话。既然新陈代谢断裂已经在这片土地上被发现了，左翼生态学与世界—历史传统可以继续超越其自身根深蒂固的"认知断裂"（epistemic rifts）（Schneider and McMichael，2010；Moore，2011a）。

阿瑞基把时空概念化为资本主义理论中积极和内源性的因素，为这样的转变提供了可能。阿瑞基的世界—历史想象以时间与历史、空间与地理之间的张力为中心——处于资本理论与资本主义历史之间。考虑这样的张力，对于把自然看作不仅为现代性主要过程的经验性结果，而且还是关系上的组成部分，是至关重要

---

① 这并不是要求一个理想主义者的建构论。是的，有形成大地和住在地球上物种轮廓的地理的和演进的过程。这些过程远远超过资本主义的阶段。并且，有一种关系——由之人类努力理解自然——包括它们自身："辩证的考察并不是把其自身置于辩论形式之外，而是作为辩论的主题。*辩证的考察是一个过程，这个过程带来概念、抽象、理论和知识工业化的各种形式（有其自己的实力，只被考察的连续过程支持或破坏）存在的东西*"，并且，在研究者和研究对象之间暗含着一种关系，这种关系并不是按"外人"（研究者）把研究对象看作一个客体的术语解释，而是一种两个主体的关系，其中之一定要利用其操作的过程从另一个那里内化一些东西。对世界的观察是，正如海森堡所说，不可避免地介入世界，与解构主义者所说的方法一样，阅读文本是其生产的基本方法（Harvey，1993，p. 36）。

的。把时间、空间与权力置于组织革命理论及其建构的资本积累制度中，阿瑞基为整合布罗代尔的三大社会—历史层次——资本主义、市场交换与物质生活开辟了道路。地缘政治和金融的时空配置“只是相对独立于较低层次的逻辑，而且只有在涉及其他逻辑时才能被理解”（Arrighi，1994，p. 26）。只有回到“市场经济和物质生活的底层，将这一旅程中得到的知识与问题带回（资本主义）的上层”，这一张力才能解决——“如果可能的话”。

这样的努力是可能的吗？整合布罗代尔的资本主义、市场经济和物质生活的可能性是重要的环境研究诸多工作的前提，这一工作需要认真对待政治经济学和环境变化之间的相互影响。其挑战在于修正，而不只是简单地增加更多的解释。阿瑞基说得很对，“我们不可能一劳永逸”（1994，p. 25）。

笔者解决这一难题的方法是把价值理论作为演绎方法。据此，笔者用一种抽出、并澄清的方法，在关系型框架而非笛卡尔式框架中阐明奥伊寇斯的复杂性。这使我们能通过三种方式把现代性视为世界—生态。首先，资本是“运动中的价值”，源自人类在地上的劳动以及在多层次世界市场上销售所产生的商品。这提供了一种非任意的方式，把挖土掘地（一定是当地的）与生产自然的全部细节以及整合金融交易、资源立法、农业科学和地缘政治安排（比如威斯特伐利亚体系）等综合起来。挖土掘地和世界—生态其余部分之间的内在联系并不需要以一种先验的方式来建立。相反，它们可以通过把奥伊寇斯分析为一个“自我形成的整体”而出现（McMichael，1990，p. 386）。有很多方法可以做到这一点。笔者发现了一种有用的“追踪”（tacking）方法，即在多个地理范围内追踪关键的变化与冲突，从身体到森林、到工厂，再到金融中心，然后再返回（e. g. Moore，2000a；2002b；2007a）。

其次，一种历史价值关系的方法强调商品的“经济等价性”与“自然独特性”之间无法消除的张力（Marx，1973，p. 141）。需要再次强调的是，这些不是笛卡尔式的分类，而是一个单一过程中的有利地点。它是“追踪”的一种补充形式，作为上述地理论述的补充。如果我们把价值作为现代性的决定性的“游戏赌注”的引导（Bourdieu，1990，p. 110），那么在表面上“社会的”（资产阶级的财产关系、新的信贷机制）和明显的“生态的”（地力耗竭、污染、森林滥伐）之间有意识地来回追踪就成为揭示其内在联系的一种手段。

最后，全球价值关系的视角开启了一种新的方式，去理解什么可以说（有争论地）是资本主义进入21世纪时决定性的矛盾——廉价粮食、能源、水、金属和（似乎）其他一切的“终结”。这又关键地转向了生产不足趋势的再现，我们已经在最后一部分探讨过。

2008 年发生的事情——商品市场繁荣的通货膨胀愈演愈烈以及世界金融体系濒临崩溃——标志着新自由主义时代的*信号危机*。谈到信号危机（1994），笔者支持阿瑞基的看法，指的是当资本主义的某一个阶段在提供“廉价”粮食、能源、原材料，尤其是劳动力上达到临界点的那一刻。这四类“廉价物”对于为任何一次资本积累大浪潮创造条件而言都是必不可少的（Moore，2010c）。它们廉价的程度使得这些重要商品——生态盈余的决定性形式——可以大量生产，又足够廉价的供应，从而降低了整个体系的生产成本。

有一个很好的理由可以解释为什么这样相对的便宜成为世界资本积累更新的一个周期性条件。在所有条件都相等的情况下，这些生产成本的下降有利于获得较高的收益率，原因在于劳动力成本的下降（廉价粮食对于确定再生劳动力成本至关重要），机器和投入的成本下降，或两者兼而有之。历史上，生产领域的新社会—技术创新和吞并自然无偿馈赠上的革新，都产生了劳动生产率的革命。这是连续几个世纪资本积累的基础，从早期资本主义种植园革命时期的工厂，到 19 世纪大型工业的崛起，再到 20 世纪的大规模生产体系。新自由主义时代标志着与*长时段*这一劳动生产率革命模式的一个历史性断裂。

在这里，笔者区分了作为资本主义一个阶段的*新自由主义*（neoliberalism）和作为一组政策取向与制度实践的*新自由主义化*（neoliberalization）（Moore，2010c）。新自由主义化的制度实践和政策措施——从结构调整以适应转变的金融管理到私有化——体现了对 20 世纪 70 年代以来劳动生产率增长放缓的一种经常性的无意识反应。经过 30 年突破瓶颈的技术创新之后，劳动生产率实现增长复苏的前景与漫长 20 世纪的第一阶段相比——在农业和更广泛的经济领域——变得十分渺茫（Ruttan，2002；Gordon，2010）。结果如何？在新自由主义时代，这些重要商品（能源、粮食等）的廉价较少依靠生产效率的提高，更多地依赖国家—金融的强制安排，推动了“通过剥夺的积累”过程（Harvey，2003）和“强迫性消费*不足*”（Araghi，2009）相互联系。

这四类“廉价物”的减少总是标志着投资机会的连续崩溃。这就是为什么积累过剩可以和作为主要危机趋势的生产过剩或生产不足共存。因此，金融扩张通常与新的和无情的吞并除人类以外的自然（资源）相一致，而这又需要新的和无情的措施来开发人（劳动力）。从历史上看，这为生产循环的恢复盈利创造了新的条件——用阿瑞基的话来说就是物质扩张。1557 年之后那个世纪的“热那亚时代”即是如此（Moore，2010a；2010b），并且新自由主义时代也是如此。与热那亚时代及其后继时代相比，具有启发意义的是，新自由主义时代没有出现生产力革命（Balakrishnann，2009；Moore，2010c）。

新自由主义的信号危机——始于2008年的北大西洋金融崩溃，并且仍在向外扩散（2010年欧元区周边国家的金融困境即说明了这一点），表明了生产不足的趋势正在死灰复燃。当前的危机主要是生产过剩，虽然持续多久仍未可知。正在进行的转变过程倾向于生产不足，由三个情况表明（Moore，2010c；2011b）：

第一，*吞并极限的到来*。自然的资本化已经达到了一个长时段的临界点，表明了吞并自然之无偿馈赠的机会不可逆转地减少，尤其是能源、金属和水。

第二，*超级杂草（superweed）的兴起*。资本通过基因—化学操作的新形式对生物物理自然的改造，正对世界农业资本化程度最高的地区产生一连串不可预知的生物反应（超级杂草）。

第三，*作为奥伊寇斯的自然的金融化*。生物物理和人的再生产规则越来越多地由金融决定，而非生产资本循环。这有利于一种相关联的现象：商品价格偏高和劳动生产率逐渐停滞出现——尤其在世界农业中。

把资本主义视为“世界—生态”的视角是引导社会理论从红—绿结合转为用红—绿叙述历史资本主义及其危机的诸多可能性之一。如果这一观点具有任何吸引力，我们就应该感谢乔万尼·阿瑞基，他让我们注意到实际存在着的资本主义和我们可能创造的未来时间与空间的辩证关系。

第三章　世界—历史视角下的环境危机和新陈代谢断裂

“没有环境，人类社会是无法想象的。”

——尼古拉·布哈林（Nikolai Bukharin，1925，p. 104）

过去25年以来一个普遍的共识是：地球面临严重的、可以导致严重社会问题（许多人认为是社会危机）的生态问题（许多人会说是危机），这些问题非常可能灭绝部分人类或者所有人类。当然，这种共识中还有尖锐的对立意见，一些人认为生态问题源于不完善的市场，其他人强调需要监管市场，还有人认为一种以生态为中心的社会主义就足以解决这场危机。很明显，这里，经济与生态的辩证关系是主要问题，正是由于这个原因，生态的争论在许多方面与全球化的争论重合。随着臭氧层的破坏和许多其他生态问题更频繁地出现在这个星球上，这两者的争论会越来越多地交织在一起。随着把世界—历史的因素引进这场争论中，这场争论会变得愈发激烈，因为资本主义社会和生态冲突空间解决（Harvey，1999）的可能性已经没有，资本主义体系不可避免的结果是急速地使万物商品化，侵占以前未被开发或开发不足的社会文化的和生态的壁龛。

这些辩论所缺少的是一个连贯的、可以把资本的辩证历史和长时段的自然涵盖起来的理论框架。笔者认为，21世纪全球生态危机的根源在于漫长的16世纪（1450—1640年）向资本主义的过渡。资本主义世界—经济在现代早期的出现不仅标志着政治、经济、社会领域的决定性的转变，而且标志着世界生态的根本性重组。简言之，封建时代地方化的生态问题上升到新陈代谢断裂（在马克思经典作品的翻译中译成“物质交换”——译者注）的全球性问题（*following* Foster，1999a）。由马克思最先提出、最近由福斯特重建的新陈代谢断裂的概念，意指在历史资本主义条件下城乡营养循环的断裂。随着向资本主义的过渡，城乡之间一种新的劳动分工形成——世界范围的和地区范围的——由此乡村的产品（主要是边缘区，但不仅是边缘区）流入城市，城市并非一定要把废物返还到生产地点（但它们的确这样做了）。营养被从边缘区的一个生态体系中泵出，然后输入核心区的另一个生态体系中去。本质上来讲，土地被越来越多地开采，直到其相对枯竭影响了利润。此时，经济矛盾迫使资本寻求、发展出一种开发尚未被价值规律影响的土地的新方法。地理扩张和社会革新的过程开启了资本主义发展的新阶段（Arrighi，1994；Arrighi & Moore，*in press*；J. W. Moore，1999，2000；J. W. Moore & Gildea，1999）。

从这个视角，我们可以分析现代世界生态的连续重组怎样成为——根植于资本本身的逻辑，而不是市场的、工业技术的、帝国扩张的或不负责任的、渴求利润的公司的逻辑——一种特殊的资本主义过程。这样的分析既需要理论的重建，也需要实证研究。在此文中，笔者为一种新的研究方法重建理论，这种新的研究方法把自然—社会辩证关系置于资本主义发展研究的中心。由此，本章提出了许多本文也没有回答的问题。

理论重建的任务按三个步骤来做比较有效。第一，笔者讨论马克思的新陈代谢断裂概念，这个概念阐述了特殊的资本主义城乡劳动分工的历史生态。第二，笔者认为新陈代谢断裂的概念可以通过重读沃勒斯坦的（1974年）《现代世界体系》（*The Moden World System*）第一卷得到补充。虽然在他的书中关于资本主义兴起中缺少生态因素的系统性论述，笔者认为沃勒斯坦的论述和方法已经对转型的生态环节做了比其他人更多的论述。最后，笔者认为应该综合古典马克思主义者和世界—体系的概念，以便对资本主义时代世界生态连续重组的历史现实概念化。综合马克思、沃勒斯坦和乔万尼·阿瑞基提出的理论，笔者认为世界资本主义发展的每一个阶段都是世界生态根本性重组的原因和结果。这些连续的世界生态的重组，笔者称之为*农业生态转型的体系循环*。为了介绍这个概念，笔者希望集中考察两个相互关联的过程：(a) 资本主义重建的世界—历史生态（其巩固了在几个漫长世纪中资本主义发展的积累更新）和 (b) 农业—生态重建的方法，这种方法是资本全球扩张及其强化对自然剥削浪潮背后最主要的因素。

马克思：作为新陈代谢断裂的城乡劳动分工

重建资本主义条件下生态转型的世界—历史理论的最好出发点是马克思关于新陈代谢断裂的概念。对马克思和恩格斯来说（1970），新陈代谢断裂的理论集中于资本主义条件下城乡对立关系的生态环节。随着向资本主义过渡，地方生态系统的营养循环被激烈打破，因为后者被合并到新的劳动分工，地方化的关系越来越让位于城乡之间全球化的或世界—历史的关系（Marx & Engels，1970，pp. 54—58）。

当然，城乡之间的劳动分工是长期存在的。事实上，普遍来说它是劳动社会分工的本质和对立。“可以说，整个社会经济史都可以概括为这种对立的运动。”（Marx，1977，p. 472；*see also* Marx，1976，p. 179；Marx & Engels，1970，pp. 68—69）资本主义的独特性在于对城市的统治。在前资本主义各种文明之中，城市是“郊区化的”，而资本主义影响着“乡村的城市化”（Marx，1973，p. 479）。这种对立随着资本主义的发展而发展。“城乡对立……被目前资本主义社会发展到了极点……非但没有废除这种对立，相反，资本主义社会被迫日益强化这种对立”（Engels，1979，p. 51，*as cited* in Burkett，1995，p. 119）。

这并不是说一旦乡村的条件成熟，资本主义就简单地从城市中产生。马克思的观点更加辩证，阐明了商业、金融方面原始积累与农业方面循环的相互关系。如果资本——在某种程度上资本主义生产——主要从城市出现，有理由认为作为世界—体系的资本主义之出现，其大致的情况是：基于城市的资本通过资本的直接投资和世界市场形成而重塑乡村，其结果是当国家和农业社会阶级卷入商品生产网之际，他们进行了深刻的转型。[①] 基于城市的资本重塑了社会结构和乡村生态，使得后者成为城市生态、社会结构以及新出现的整个世界—体系的重要条件。

马克思认为原始积累是多方面的现象，不能忽略地方的和全球的过程。在马克思的著作中，原始积累是地理学家们称之为多阶梯（multi-scalar）的过程（N. Brenner，1999）；也就是说原始积累是一个同时在许多地理规模上展开的社会过程，波及农民领地、庄园地产以及国家规模的发展（例如国债的发明），再到全球规模的过程（例如非洲奴隶贸易）。资本的原始积累根植于世界市场和金融市场（Halpern，p. 6），而原始的“人的积累”——也就是说新的社会关系的产生以及新的劳动分工——主要发生在乡村。因此，至少有两个原始积累的时刻，一个在世界市场，另一个在农业地区。[②] 在转型时期，任何特殊地区的农业资本主义转型的形式和程度最终都依赖于第一个环节。其实，封建主义与资本主

---

① 马克思（1971）写道，“中世纪的城市劳动已经前进了一大步，并且对于资本主义生产方式，对于劳动的连续性和经常性来说，是一所预备学校。”（p. 434）

② 马克思（1968）写道，关于中世纪城市资本的积累，斯密在这一章中很正确地指出，它主要来源于商人和手工业者对农村的剥削（还有高利贷者，以及金融贵族，一句话，货币经营者）（p. 232）。

义最主要的区分是资本带来的解放，不仅解放了土地上的农民生产者，而且也解放了土地。[①] 因此资本主义发展过程的特点是“商业城市逐渐地战胜乡村”（Marx & Engels，1970，p. 78），而“农业越来越成为工业的分支，完全被资本统治”（Marx，1973，p. 107）。后来，第二个环节对资本的持续扩张重要，资本扩张需要影响更远的、不间断的劳动分工的转型，以便在资本主义生产的重组中，把新的土地供应与劳力供应重新结合。[②]

结果，通过原始积累进行的农业社会关系和自然环境的转型对于资本主义条件下的新的城乡劳动分工非常重要（Marx，1977，pp. 873—940）。乡村生产者屈服于价值规律，在这种条件下，他们被迫出售而谋生，这意味着两件事情。第一，被剥夺的农民剩余人口可以补充城市的人口和生产，否则城市的人口和生产就会凋敝。[③] 第二，农业本身也城市化了，即屈服于资本主义的强制被迫提高生产力。随着农业生产者被迫通过农业专业化提高生产力，这些生产者的家庭经历着重要的转型。[④] 为使用和本地交换的家庭手工业生产遭到极大的破坏，一方面是专业化强迫的破坏，另一方面是纺织业中承包制扩展的破坏，接着又被从城市

① 马克思和恩格斯（1970）写道，城乡分离也可以被理解为资本和土地财产的分离，资本独立于土地财产的存在而发展的开始，也就是财产只在劳动和交换中确立基础的开始（p. 69）。

② 马克思（1973）写道，旧产业部门的价值由于为新产业部门创造了基金而保存下来，而在新产业部门中资本和劳动的比例又以新的形式确立起来。于是，就要探索整个自然界，以便发现物的新的有用属性；遍地交换各种不同气候条件下的产品和各种不同国家的产品；采用新的方式（人工的）加工自然物……从一切方面去探索地球，以便发现新的有用物体和原有物体的新的使用属性，如原有物体作为原料等等的新的属性；因此，要把自然科学发展到它的顶点……这同样是以资本为基础的生产的一个条件。新生产部门的这种创造……是发展各种劳动即各种生产的一个不断扩大和日益广泛的体系，与之相适应的是需要的一个不断扩大和日益丰富的体系。因此，如果说以资本为基础的生产，一方面创造出一个普遍的劳动体系—— 即剩余劳动，创造价值的劳动—— 那么，另一方面也创造出一个普遍利用自然属性和人的属性的体系，……因此，只有资本才创造出资产阶级社会，并创造出社会成员对自然界和社会联系本身的普遍占有。由此产生了资本的伟大的文明作用；它创造了这样一个社会阶段，与这个社会阶段相比，以前的一切社会阶段都只表现为人类的地方性发展和对自然的崇拜。只有在资本主义制度下自然界才不过是人的对象，不过是有用物；它不再被认为是自为的力量；而对自然界的独立规律的理论认识本身不过表现为狡猾，其目的是使自然界（不管是作为消费品，还是作为生产资料）服从于人的需要。资本按照自己的这种趋势，既要克服民族界限和民族偏见，又要克服把自然神化的现象，克服流传下来的、在一定界限内闭关自守地满足于现有需要和重复旧生活方式的状况。资本破坏这一切并使之不断革命化，摧毁一切阻碍发展生产力、扩大需要、使生产多样化、利用和交换自然力量和精神力量的限制。（pp. 409—410）

③ 布罗代尔写道，“没有连续移民的帮助，城市无产阶级无法维持自身，更不要说增加了。”（Braudel，1949/1972，p. 334；1981，pp. 490—491）

④ 近代早期，农业专业化最好的例子源于地区水平的趋势（e. g.，Wallerstein，1974，pp. 84—129）。

流入农村的大量廉价产品破坏。[①,②]这一过程在大体上是循环的模式下，被各种原始积累和市场强迫的因素共同推动前进，这在世界—经济的水平上“刺激了移民的迅速增加和对外国土地的殖民，所以也就把一些殖民地转化成母国原材料的生产地”。在这个基础上，

> 一种和机器生产中心相适应的新的国际分工产生了，它使地球的一部分成为主要从事农业的生产地区，以服务于另一部分主要从事工业的生产地区。[italics added] 这种革命是同农业中的各种变革联系在一起的。(Marx，1977，pp. 579—580，p. 860)

虽然这一过程在漫长的19世纪很明显加速并且影响范围急剧扩大，以致在《资本论》第一卷中，引起了马克思的注意，但有充足的历史依据证明这种动力发生得更早。

新的资本主义的城乡劳动分工必然产生与原来生产的生态关系彻底的断裂。特别是原来的农业体系的营养循环被打断，因为农业生产越来越被用于供养剩余人口，这些人现在越来越居住在（离农村）遥远之地。在现代早期的世界经济中，农业越来越“去地域化”（delocalized）（Pelto & Pelto，1985，pp. 309—310）。[③] 尽管由此产生的新陈代谢断裂在多种规模上发生，也就是说在世界—体系里“层里套层”（layers within layers）（从沃勒斯坦那里借来的一个短语，1974，pp. 119，p. 188)，它迫使资本把生态冲突推到一个越来越广的范围：

> 大土地所有制使农业人口减少到不断下降的最低限度，而在他们的对面，则造成不断增长的拥挤在大城市中的工业人口。由此产生了各种条件，这些条件在社会的以及由生活的自然规律决定的物质变换的过程

---

① 尽管充分讨论这件事情会使我们离题太远，还是应该注意，尽管其力量增长，城市资本首先征服的是乡村的制造业（Wallerstein，1974，pp. 81—82）。马克思（1964）的论述如下：资本最初零星的、地方性的出现的历史形式与旧的生产模式并存，但逐渐把其炸为碎片，在真正意义上弥补了制造业（不只是制造业)。这种情况发生在为出口大量生产的地方——因此是大规模海上和陆路贸易的基础，在这样的贸易中心，如在意大利的城市、君士坦丁堡、弗兰德斯以及荷兰的城市，等等。制造业并不是一开始就征服所谓的城市手工业的，而是率先征服乡村附属职业，如纺线织布，以及类似的需要手工技能和技术训练的工作。除了在那些大的商业中心……制造业首先不是在城市而是在乡村没有行会的村庄确立（p. 116)。

② 卢森堡（1970）写到，在资本主义生产发展中，一个又一个工业分支被挑选出来，与农业分离，集中在工厂进行大规模生产……资本一定会使农民去买它的商品，所以开始把农民经济限制在一个单独范畴——农业领域。(pp. 395—396）马克思（1968）也看到了同样的过程，“这就是为什么在中世纪，城市尽可能限制专门职业者向郊区流动，不只是为了阻止竞争……而且也是为它们自己创造市场。”(p. 269)

③ G. H. 佩尔托和P. J. 佩尔托（1985）写道，“去地域化”是指一个过程，在其中，食物多样性、生产方法以及消费模式在全世界越来越快、越来越紧密的社会经济和政治网络中传播……去地域化意味着日常饮食通常通过商业渠道，来自遥远的地区（pp. 309—310）。

中造成了一个无法弥补的裂缝，于是就造成了地力的浪费，并且这种浪费通过商业而远及国外。(Marx，1981，p. 949；*see also* Marx，1977，p. 860)

不仅世界贸易，而且在城乡劳动分工基础上发展起来的（又反过来供养农业的）资本主义生产（也是如此）。

> 大工业和按工业方式经营的大农业一起发生作用。如果说它们原来的区别在于，前者更多地滥用和破坏劳动力，即人类的自然力，而后者更直接地滥用和破坏土地的自然力，那么，在以后的发展进程中，二者会携手并进，因为农村的产业制度也使劳动者精力衰竭，而工业和商业则为农业提供各种手段，使土地日益贫瘠。(Marx，1981，p. 950)

因此，同时发生的工人和土壤的退化被资本主义系统地联系在一起：

> 资本主义生产破坏着人和土地之间的物质变换，也就是使人以衣食形式消费掉的土地的组成部分不能回到土地，从而破坏土地持久肥力的永恒的自然条件……在现代农业中，也和在城市工业中一样，劳动生产力的提高和劳动量的增大是以劳动力本身的破坏和衰退为代价的。此外，资本主义农业的任何进步，都不仅是掠夺劳动者的技巧的进步，而且是掠夺土地的技巧的进步，在一定时期内提高土地肥力的任何进步，同时也是破坏土地肥力持久源泉的进步……因此，资本主义生产发展了社会生产过程的技术和结合，只是由于它同时破坏了一切财富的源泉——土地和工人。(Marx，1977，pp. 637—638)

新陈代谢断裂的形成和被形成是由于一系列世界资本主义劳动分工的重建，这一过程把资本主义的权力扩展到新的地区，强化了价值规律对那些早已屈服资本主义市场的地区的控制。因此，新陈代谢的理论指一个系统的过程，布罗代尔(1979/1984）称之为一种长期的趋势。新陈代谢的断裂随着时间的推移愈来愈大（也越深?）从这个视角来看，资本主义的历史可以概念化为“营养循环中一系列连续的、历史的断裂”(Foster，1999a；*see also* Foster & Magdoff，1998)。

约翰·贝拉米·福斯特（John Belamy Foster）认为新陈代谢断裂源于19世纪，第二次农业革命时期（Thompson，1968)，而笔者认为有一个不同的历史分期。首先，笔者将把他分析的逻辑延伸，认为其起源更早，即漫长的16世纪。[①] 从这种意义上说，我们正在讨论的是特指整个资本主义时代的新陈代谢断裂。其他的历史体系肯定也经历过许多环境冲突和危机——古代美索不达米亚的城市国家、罗马帝国公元后的最初几个世纪、9 世纪的玛雅，以及我们即将看到的封建主义的欧洲（Foster，1994，pp. 36—39；Ponting，1991，pp. 37—38）。但是，这些朝贡的世界—体系在两个重要的方面不同——它们产生生态危机的用时更长，并且缺少资本全球扩张的动力，这些体系产生的生态危机是地方性的，而不是全球性的。

但是，我们的分析停留在这种抽象的水平上不会有助于解释从转型到资本主义带来的世界史的混乱时代。笔者想从福斯特（1999a）的“营养循环中连续的、历史的破裂”（p. 399）的观点谈起。无可否认，新陈代谢断裂的历史特殊性与 19 世纪的第二次农业革命相关。在普遍、迅速的工业化的压力下，这种断裂越来越宽，越来越深，体现在越来越严重的土壤枯竭问题上，这是 19 世纪早期最主要的生态危机（Foster，1999a）。然而，认为断裂发生在这个时期，不适当地强调了 19 世纪的工业化和其向农业的扩张是历史资本主义生态枯竭的主要原因。这一时期的工业化只是资本的历史逻辑的一个表现形式，而不是主要动因；更早一波的工业化肯定发生过（Carus-Wilson，1941；Gimpel，1976；Nef，1964）。并且，19 世纪以前很久，农业已经屈服资本，并且某些农业部门已经是资本高度集中。在种植园体系中——首先是甘蔗种植园——有一种农业企业的体系，按 16 世纪的标准来说，不仅是资本主义的，而且也是高度工业化的。现代早期的甘蔗种植园是资本主义世界中最技术化、最组织化的先进的工业企业（Mintz，1986；J. W. Moore，*in press*）。

因此，笔者认为有一个普遍意义上的新陈代谢断裂和一系列特定地与世界资本主义发展的每个连续阶段相联的新陈代谢断裂。一种考察在资本主义时代新陈代谢断裂的历史发展的方法，是把它看作一个变化的矢量。一个有利的例子是 1492 年左右，随着向资本主义的转变，在自然—社会关系中有一个质的转变。在大多数情况下，这种矢量变化较慢，只是在危机和重建的时候加速，这大体上与持续到 20 世纪的地理扩张的时期一致。资本主义发展的每一阶段的基本趋势以及与其相联的新陈代谢断裂都朝着集约耕作，强化夺取发展。只要还有资本没有触及的处女地，社会和环境的矛盾以及强化开发自然的成本都可以被忽略和推延。但到 20 世

---

① 福斯特这种逻辑的外延与其《脆弱的星球》（1994）的观点是一致的，在书中他提出 16 世纪资本主义的出现是自然—社会关系深刻、负面变化的开始（Foster，1994，pp. 35—36，pp. 40—41）。

纪，地理扩张不再可能。因此开始了资本对生物圈最严重的挑战，伴随着新一轮的强化，例如所谓的绿色革命，以及废物生产的成倍增加，开始了资本对生物圈最严重的挑战。[①] 缺少处女地，资本现在开始对已经开发过的地区进行殖民，在这样做的时候，产生的冲突暂时避免或减弱了当时积累的危机，然而却加速了目前形势的到来。

以这种方法，我们可以用马克思把当下的危机与似乎非常遥远的历史事件——从封建主义向资本主义过渡——联系起来。回顾工业革命前资本主义发展时代新陈代谢断裂的起源，完全符合马克思（1977）的视角，这种视角认为“资本主义时代……起源于16世纪”（p. 876）。这一观点与福斯特（1994）在《脆弱的星球》（*The Vulnerable Planet*）中对资本主义与自然的早期研究的观点一致，这是一本影响力非常大的书，主要是因为书中解释、描述了在无休止的资本积累过程中资本主义毁坏生物多样性的倾向。[②] 因此，《脆弱的星球》与克里夫·庞廷（Clire Ponting，1991）的《绿色世界史》（*A Green History of the World*）形成鲜明对比，后者论述了同样的以经验为依据的情况。庞廷详细地论述了欧洲扩张的后果。遗憾的是，这种论述几乎完全是描述性的。尽管福斯特的书很受欢迎，目的是吸引更多的民众，同时坚持了马克思主义者对资本的批评，但庞廷的书更加平民化，证明工业化而不是资本主义是问题所在。后者不愿意认为资本主义是一个历史的体系，例如，《绿色世界史》一书没有涉及资本主义的迹象，庞廷的书中充满了对工业的盲目崇拜，这种思想把全球生态枯竭归因于所谓的第二次伟大的转型——工业革命（Ponting，1991，pp. 267—298，*derived from* Cipolla，1978，pp. 17—34）。这不只是吹毛求疵的学术的批判。因此如果问题是工业化，如庞廷和许多其他学者认为的那样，那么解决之道是技术至上——我们一定要建设环境可持续的工厂、运输体系，等等，但根本上的社会转型是不需要的。但是如果像福斯特所坚持的，问题是资本和资本主义，这个星球的生态危机就是资本主义危机的一部分、一个包裹（parcel），所以环境正义（environmental justice）要求社会革命。

① 远非无效的或短视的一种结果，事实上废物生产是垄断资本主义秩序的一个基本部分——这些垄断资本主义秩序在19世纪晚期在先进的资本主义国家聚集，并且此后传播到世界各地（Dowd，1989；Foster，1994，pp. 14—33，pp. 108—124）。

② 这一段的构想是与戴安娜·吉尔迪亚共同提出的（J. W. Moore & Gildea，1999）。

从马克思到沃勒斯坦：农业、自然和现代世界—体系的出现

马克思提出了新陈代谢的概念，沃勒斯坦提出了一个历史—地理的结构，可以涵盖作为世界—体系过程中的资本主义出现和资本主义生态。类似于新陈代谢断裂的概念，世界—体系的概念也出现在马克思的文集里，只不过马克思从未系统地或明确地论述过。[①] 对沃勒斯坦而言，资本主义出现的故事是在泛欧洲的世界—经济和其向美洲的扩张过程中农业和农业阶级关系的重组。《现代世界体系》第一卷（Wallerstein，1974）经常被批评为循环论，但仔细阅读会发现有很大的不同，事实上很接近马克思不偏不倚的分析市场、自然和生产的辩证关系的方法。[②] 从这个视角来看，《现代世界体系》第一卷仔细研究了世界市场结构如何形成，以及如何被地方的阶级冲突模式及与其相关的农业生产模式塑造，农业生产模式进行了深刻的转型，因为已经到了封建体系增长的极限。

沃勒斯坦（1974，p. 35）认为封建主义的危机是"社会—自然"矛盾共同的结果。这里基本的思想是社会组织的封建体系在遇到不能逾越的界限之前只能前进到此。基于对剩余价值政治抽取之上的体系（指封建主义——译者注）对增

---

① 经常标榜与马克思主义不同，沃勒斯坦不断地重复"在马克思的思想中，从最一开始，世界—体系的观点既存在同时又不存在"（Wallerstein，1991，p. 590）。

② 马克思（1973）写道，我们得到的结论并不是说生产、分配、交换、消费是同一的东西，而是说，它们构成一个总体的各个环节、一个统一体内部的差别。生产既支配着与其他要素相对而言的生产自身，也支配着其他要素。过程总是从生产重新开始。交换和消费不能是起支配作用的东西，这是不言而喻的。分配，作为产品的分配，也是这样。而作为生产要素的分配，它本身就是生产的一个要素。因此，一定的生产决定一定的消费、分配、交换和这些不同要素相互间的一定关系。当然，生产就其单方面形式来说也决定于其他要素。例如，当市场扩大，即交换范围扩大时，生产的规模也就增大，生产也就分得更细。随着分配的变动，例如，随着资本的集中，随着城乡人口的不同的分配等等，生产也就发生变动。最后，消费的需要决定着生产。不同要素之间存在着相互作用。每一个有机整体都是这样（pp. 99—100）。基于《政治经济学批判大纲 》中上述段落，戴尔 · 托米奇（Dale Tomich，1997）认为："生产和交换都不是社会历史发展单一的、真正领域的特权（领域）。"相反，他建议了另外一个结构，在其中：生产可以在理论上被建构成以分配、交换和消费为前提的一个普遍的历史关系……在这种解释中……生产和交换被理解为预设的条件，是整体的各个独特部分彼此的构成……相关的分析单位由生产、分配、交换和消费过程相关程度定义。作为一个普遍的类型，生产由其与生产过程中其他因素的关系决定；它的一致性、范围和重要性都是在这个概念领域定义的，如果生产被认为是决定性的，是就这些关系的整体性而言的（pp. 299—301，*italics added*）。一个相关的、更侧重地理的观点由理查德 · 皮特（Richardpeet，1980）提出：如果在从封建主义向资本主义转型中把交换关系作为一个重要因素，……这些关系首先应该被引进我们对生产模式的理解中。那么一种生产模式应该被看作社会和空间组织的一种模式。空间组织包括劳动的地域分工、贸易关系以及剩余价值的地理转移。空间组织是由生产力和社会关系决定的……也是相对独立的……即，其在自己动力下部分改变（p. 73）。

在笔者看来，托米奇和皮特的看法在文字和精神上比罗伯特 · 布伦纳（Robert Brenner）的方法更接近马克思关于向资本主义社会转型和资本主义发展的论述。

加产量不能提供什么刺激，特别是其限制了对农业改进的投资。所以经济扩张以地理扩张为条件。只要人口持续增长，领主的收入就会增加。这意味着在其他条件相同的情况下，土地耕种的数量也增加。这正是 11 世纪至 14 世纪的实情。到 1300 年，（封建主义）似乎已经达到了扩张的极限，主要有两个原因：（a）在欧洲的核心地区，农业的封建组织已经开始耗尽它的土地和劳动力，（b）聚居地的扩张把越来越多的人口带到这个体系地理边缘产量越来越少的土地上。① 欧洲农民农业（peasant agriculture）存在的空间本来就小，加上核心区的人口过多，剥削过度，边缘地的过度扩张，造成社会组织的封建体系越来越容易受到艾瑞克·琼斯（Eric Jones，1987）所说的灾难冲击的破坏。随着冲击的持续，14 世纪的寒冷不是特别严重（与中世纪相比——译者注）。但是经过前几个世纪的耕作的强化，定居地向贫瘠土地的扩张，使得中世纪的农业越来越依赖适宜的天气。变化的气候以及疾病的传播（我们即将看到的），都是封建主义"积累的伤痛"，因此把封建主义体系推向了断裂点（Wallerstein，1974，pp. 34—35）。

封建主义危机的决定时刻是 1348 年的黑死病的到来。这场瘟疫的毁灭性影响可以从"社会组织的封建体系中涉及的资源紧张的长期因素"中找到（Wallerstein，1974，p. 35）。首先，接下来的危机是领主收入下降的原因之一，领主收入下降主要是由于人口减少和随之而来的农民讨价还价余地的增加。领主的危机立即导致了欧洲政治机构的危机，特别是国家和教会。这也是基于城市—国家的资本家的危急时刻，他们面临贸易和制造业利润的衰落。这些多重危机对封建主义危机起了重要作用，正如我们所知的，导致了向资本主义过渡，而不是向另一个分支体系的过渡。

沃勒斯坦对转型的分析强调了阶级结构和土地—劳动比例的关系。在这方面，布罗代尔的（1979/1981）影响特别大（e. g.，p. 62）。在人口密度和城市化相对较高的地区，如西欧，农民的权利相应扩大，主要的农业生产组织从庄园生产向中等规模的农场转型，有利于约曼农和集约耕作的兴起。在人口密度和城市化程度相对较低的地方，如东欧和美洲，粗放农业以强制的商品性农作物劳动（coerced cash-crop labor）（《现代世界体系》第一卷汉译本，第 102 页译为"强制的商品性农作物劳动"，沃勒斯坦认为这"是一种农业控制制度，在这种制度下，国家实施某种法律程序要求农民至少有部分时间在为向世界市场出售某种农

---

① 科斯明斯基（1955）写道："封建剥削的增加开始耗竭农业，同时削弱封建社会生产力，破坏劳动力再生产条件。"（p. 32，*as cited in* Wallerstein，1974，p. 24，note 27）

产品的大领地上劳动。正常情况下，这种领地为个人“所占有”，通常由国家授予，但不一定是世袭财产。国家本身也可能是这种领地的直接所有者，但在这种情况下，存在着一种改变劳动控制手法的倾向。使用这么一种定义，是因为在16世纪欧洲的世界经济体的边缘地区，这种劳动控制形式成了占支配地位的形式”——译者注）为基础兴起。不同主要是由于“有效抵制”的可能性不同，这又是由于人口密度不同，土地的相对可能性提供的商业机会不同而导致的：“如果有大量的土地，人们还可以在生产方式低效的情况下勉强度日。人们可以从事粗放农业。人们可以使用奴隶或强制经济作物劳动者（农奴）。”（Wallerstein，1974，pp. 100—101，p. 104，p. 112）

沃勒斯坦的新观点意在超越道布的（Dobb's，1963，pp. 50—70）观点，这一观点被罗伯特·布伦纳（1977；1985a；1985b）和安德森（1974）重申：即在东西欧有大量的独立运动。西欧农业的集约化、东欧和美洲粗放的经济作物农业的扩展是互补的过程。在新的边缘区，劳动控制强迫模式的扩展——特别是大西洋地区的奴隶制和东欧农奴制的再版——是可能的，大意是说，更大的世界谷物市场在14、15世纪出现了。但是这个更大的市场只是在新出现的核心区，例如弗兰德斯，工业化和农业革新的基础上才能发展，这些地区可以集中于附加值高的农业（畜牧业、园艺业，等等）——更不要说工业，但是他们只有获得稳定的谷物供应，才可以把这种能力资本化。[①] 并且，工业扩张需要马力，这意味着可耕地需要转化为牧场，这又意味着工人不得不依赖进口谷物生存，主要是从波罗的海地区。核心区对谷物需要的增加，反过来抬高了价格和利润，所以锁定了波罗的海边缘区为劳动力分工加剧的地区（Wallerstein，1974，pp. 75—76）。“因此，农业革新的过程便利而不是阻止了扩张的必要性。”（Wallerstein，1974，pp. 42—43）。

地理扩张不仅是必要的而且也是实际的，因为内部扩张的可能性有限。[②] 但

---

① 蒂莉（Tilly，1975）写道，“欧洲消费的1%或2%都是由波罗的海区谷物提供”，这一点特别重要，既因为其带给海员繁荣，例如荷兰人，也因为其代表了首都城市的残存，例如里斯本（p. 416）。

② 整个这一章，笔者使用内部扩张和外部扩张这样的术语，遵循霍普金斯和沃勒斯坦的作法（1977）：农业史的文献表明了很清楚的长期的“内部”扩张模式，也就是说不是所有位于世界—经济边界之外的地区一定从一开始就卷进社会经济。有“生存的堡垒”。很明显，作为一个过程，合并外部的边缘区以及内部的堡垒是相同的经济现象，即使有不同的司法上的定义以及不同的政治上的前提（p. 125）。

正蔡斯·邓恩和霍尔（1997）证明，所有的社会体系都有节奏地波动，即它们既在权力地域范围内，也在其权力密度范围内扩张和收缩。笔者建议修改霍普金斯和沃勒斯坦（1977）内部和外部扩张区别的提法。内部扩张指体系地理扩张（主要基于土地，特别是内部殖民）的动力。外部扩张指体系的扩张（主要通过海洋力量的发展和扩张成就）。

是内部扩张不是被人口限制，而是被社会结构限制[①]：

（欧洲）还有容纳人口甚至正在增加人口的余地。这正是导致扩张的部分原因。空地是农民与贵族力量对比的一个因素，因而也是封建制度危机中庄园主收入下降的一个因素……贵族（和资产阶级）所需要并想得到的是更驯服的劳动力。人口多少并不是问题所在。是社会关系支配了上层与下层阶级的相互作用……欧洲需要一个更广阔的土地基础来支持其经济的扩张，这样的土地基础可以补偿封建庄园收入的急剧下降，可以缩短封建制度危机所暗含的、处于萌芽状态而且可能极其猛烈的阶级斗争。（Wallerstein，1974，pp. 48—51）

跨大西洋的扩张是阻碍最少的道路，当时重叠的危机现实把所有不一致的利益集团都结合在一起。我们也许会问，为何欧洲 12、13 世纪的扩张与漫长的 16 世纪的扩张如此不同。答案是第一阶段利益的结构融合倾向于内部扩张而不是外部扩张。在封建主义危机之前，领土国家、封建主和城市—国家的资本家支持以土地为基础的扩张，而不是海外扩张。领土国家努力巩固国家的统治。领主普遍从人口增长、耕作扩张、适当的农产品市场增长以及东方的奢侈品流入中获利。[②] 城市—国家的资本家也从增加的农产品剩余中获利——农产品剩余不仅满足了贵族对高价值奢侈品的消费，而且使得城市进一步扩大，城乡劳动分工的适度扩大成为可能。他们也从十字军东征中获利，既是战争材料的供给者，也是从欧洲扩张中兴起的新贸易关系的中间人。

但是，随着封建主义危机，国家、领主和城市—国家的利益结合起来，倾向于向外的而非向内的扩张。

使西欧免于毁灭和停滞的唯一出路是扩大可供分享的经济利益。这条出路，在当时的技术条件下，是要求扩张土地面积和可供剥削的人口基数。（Wallerstein，1974，p. 24）

沃勒斯坦证明资本主义世界—经济的创造是一种合力的结果，在这一过程中三个主要利益群体都倾向于海外扩张。领土国家在 11—14 世纪取得了很大的发

---

① 事实上，1500 年欧洲人口大约与 1300 年持平（McEvedy & Jones，1978，p. 18；Slicher van Bath，1963）。

② 这些征服运动包括“西班牙人逐渐从摩尔人手中光复了他们的领土，基督教欧洲收复了巴利阿里群岛、撒丁岛和科西嘉岛，诺曼人征服了意大利南部和西西里。此外还有，十字军先向塞浦路斯、巴勒斯坦和叙利亚，而后又向克里特岛和爱琴岛进行远征。在西北欧，英国扩张到威尔士、苏格兰和爱尔兰。在东欧，德意志人和斯堪的纳维亚人侵入及征服波罗的海人和斯拉夫人的土地，并使他们皈依基督教”（Wallerstein，1974，p. 38）。

展——由于十字军导致的内部扩张和政治—军事统一而增加的岁入，现在却由于经济的收缩度日艰难，这种情况其实在黑死病之前已经发生。“1250 年以后当大倒退的潮流到来以后，这些较强大的国家开始变为一个个象征性的符号。”（Wallerstein，1992，p. 604）较大的国家可以征服较小的国家，但由于先进的军事技术的广泛传播，大量获得需要发动战争的资本也不难，从 14 世纪开始，获利的战争持续地遭遇失败。英国不能征服法国，法国不能征服意大利，卡斯提尔不能征服葡萄牙（事实上，它几乎不能在伊比利亚半岛内部维持自己摇摇欲坠的国家）或英格兰，也许更重要的是哈布斯堡不能征服欧洲。并且，日益上升的战争费用意味着更多的借贷，这最终加强了城市—国家的资本，相对于领土国家而言。事实上，“14、15 世纪的许多战争阻止了，或者说延缓了国家建立的过程”（Strayer，1970，p. 59，*as cited in* Wallerstein，1992，p. 604）。

领主在黑死病之初已经面临深刻的危机。土地—劳动力比例的重新调整影响了社会力量平衡中几个关键性的变化，特别是在西欧。首先，始于 13 世纪后期的乡村经济衰退，导致了自下而上的挑战日增。农民反抗更加经常，并且他们的反抗也从乡村扩展到更大的区域（Wallerstein，1974，p. 24；*see also* Hilton，1973）。第二，一旦人口下降开始（最初速度比较慢，随着黑死病的到来更加迅速），收入下降。第三，人口的下降导致领主之间对劳动力的争夺。

因为大面积的土地抛荒和村庄被遗弃，内部扩张几乎不可能。并且，无论内部扩张是哪种扩张，都是牧场的扩大而不是耕地的扩大，这种扩张都影响了人口的恢复（Wallstein，1974，p. 22，pp. 35—36）。与农业相比，牧羊业不仅需要更少的人手，它也抑制了领主向世界市场的扩张，结果，领主们倾向于支持有利于内部市场的扩张手段。[①] 结果不仅是欧洲的“部分‘去中心化’，发展畜牧业”（Helleiner，1967，pp. 68—69，*as cited in* Wallerstein，1974，p. 36，note 78），而且世界范围的劳动分工开始扩展，这是进一步扩张的倾向。绝不是巧合，卡斯提尔，两个最大的欧洲牧羊区之一，不仅导致了对新大陆的征服，而且几乎在他们到达新大陆的伊始就发展了牧羊业。“发生在美洲中部的羊吃人运动与英格兰的情形一样”（Wallerstein，1974，p. 188；*see also* Melville，1993）。此外，不仅人被羊吃掉，而且也被其他欧洲人引进的牲畜吃掉。欧洲牲畜的另一个主要的牺牲品是印第安的耕作方法和周围的土地，这是 16 世纪印第安人口锐减的主要原

---

① 这里我们又一次看到马克思对沃勒斯坦关于资本主义转型论述的影响。参见马克思在《资本论》第一卷中对养羊业和原始积累的论述（Marx，1977，pp. 878—881，pp. 891—893）。

因（Wallerstein，1974，pp. 89—90）。

同时，由于领主权力的危机和黑死病后相对高的城市化的持续，西欧的农民可以“比以往更有力地维持他们的利益”（Mukhia，1981，p. 238，*as quoted in* Wallerstein，1992，p. 602），挤压领主，领主反过来挤压国家，国家在制定政策的时候不得不考虑农民的利益。西欧领主的机会被领土国家的形成限制，也被扩大。通过固定税收的贬值，从农民那里抽取剩余，国家贬值的金融政策和越来越有效的税收体系破坏了乡村的封建秩序。但是，由于国家有各种议会，并出售各种国家官职，新的机会向领主敞开，他们可以通过国家保护他们的利益。这样，最终，领主们只要领土国家繁荣，就能增加收入，在封建主义危机的时候，这种繁荣意味着内部扩张优先于外部扩张。最终，一项不易的妥协达成，有助于领土国家的权力和扩张。

最终，我们看到城市—国家资本主义的兴起。沃勒斯坦认为封建主义危机有利于农民阶级的结构和国家的形成，不赞同一直占统治地位的观点——（认为）长途贸易和商人资产阶级是资本主义产生的主要原因。这里我们必须参考阿瑞基对中世纪晚期城市—国家资本主义的研究，以支持沃勒斯坦的分析（Arrighi，1994；1996）。

11—14 世纪城市—国家资本的增长是以整个非洲—欧亚范围内的贸易全面扩张为基础的。但这些非洲—欧亚的贸易网络在黑死病爆发前就瘫痪了。贸易没有终止，但是经济萎缩意味着在意大利城市—国家以及相对商业化的地中海和相对工业化的北海世界经济中发展起来的劳动分工被破坏。城市—国家资本家之间的竞争变得残酷（cutthroat）。意大利城市—国家之间的日益冲突的结果是位于地中海东部的威尼斯的胜利。热那亚被推向大西洋一边，那里日益发展成伊比利亚和北海地区世界经济的密集商业、金融网络。这其中最有决定性意义的是热那亚资本与伊比利亚人建立政治交换关系，特别是卡斯提尔，这样，热那亚人可以供应资本，伊比利亚人可以供应枪支，以及提供对资本的保护服务。当然热那亚人倾向于海外扩张，主要原因是他们想打破威尼斯人对香料贸易的垄断。但是扩张是一项昂贵的事业，只有在军事花费被领土国家负担的基础上，资本家才能获利。国家可以这样做，因为其权力不是依赖利润的最大化，而是岁入的最大化。因为通过内部扩张使得岁入最大化的可能性已经被新生的欧洲权力平衡体系堵死，最好的选择似乎是海外扩张（Arrighi，1994；1996）。

我们应该了解，这些社会力量，最终如此有力地推动了扩张是因为封建危机赋予了农民和城市“准无产阶级”力量。

因此，各种倾向于海外扩张势力的合力导致了向资本主义的过渡。但是，扩张本身并不能对欧洲资源基础的资本主义重组做出更多的解释。首先，欧洲扩张的过程也是巩固的过程，这个过程把现存的北海和地中海的世界—经济带进相对统一的资本主义世界—体系中。即使没有重要的农业革新，新的世界—经济规模的扩大也极大地增加了总体的剩余和资源基础。随着这种扩张，人口增加、资源开发和基础设施建设得以实现。

重要的是，因为我们在谈论资本主义世界—经济体系，所以我们也应该注意这里有一种史无前例的核心区—边缘区两极分化的过程，这也是“世界生态”剧烈重组的过程（Wallerstein，1974，p. 44）。首先，这意味着欧洲经济资源基础扩张带来的经济剩余和生态剩余（从波罗的海，从美洲）被“不平等地消费”（Wallerstein，1974，p. 42）。也就是说，资本主义世界资源基础不仅绝对地而且也相对地大于先前的世界—经济体（由于资本主义发展中的各种不平等和刺激），并且大得多。

总之，沃勒斯坦认为欧洲扩张源于资源紧张条件下的资本积累的主要逻辑。“14、15 世纪的西欧人需要的是粮食（更多的卡路里和更好的粮食价值分配）和燃料”（Wallerstein，1974，p. 42）。对燃料和粮食的渴望——特别是木材、大麦和蔗糖——加剧了世界资本主义的不平等发展；就具体东欧和西欧的例子来说，这种趋势把东欧与西欧较小的差异转化成巨大并持久的不平等（Wallerstein，1974，pp. 98—99，pp. 111—112，pp. 121—122，p. 129），并且在大西洋诸岛和美洲制造新的边缘区。

反过来，在农牧业之间，以及在农业活动和工业活动之间，一种不平等的世界劳动力分工的发展创造了新的资本主义专业化的高效。可以预见的是这些过程鼓励资本主义单一种植和短期利益优先于持续发展。在英格兰，沃勒斯坦（1974）认为，“这些城市资产阶级的定位是短期利益……这种影响是接下来的 16 世纪的土地荒芜”（p. 107）。英格兰的扩张和 1600 年之后对爱尔兰的殖民有重要的生态考虑。爱尔兰的“森林被用于供应英格兰木材。”1600 年绿宝石岛（即爱尔兰）1 /8 的土地被森林覆盖，“到 1700 年所有的森林都消失了”（Wallerstein ，1974，p. 281）。在西班牙，为了增加羊的数量，森林极大地减少，而养羊数量的增加是对扩大的世界市场需求的直接反应（Wallerstein，1974，p. 193）。

在布罗代尔（1949/1972；1979/1981）之后，沃勒斯坦（1974）也谈到了“木材荒”（p. 45，note 109）。在《现代世界体系》前两卷，沃勒斯坦强调了木材的重要性，他在不同的场合都把其描述为与蔗糖一样的（仅次于粮食的）另一个伟大的基本需求，是维持现代早期世界—经济“持续‘增长’的作物”（Wallerstein，1974，pp. 44—45；1980，pp. 161—162）。这种增长的需求无情地导致西欧、意大利、西班牙以及地中海诸岛森林“缓慢但持续地减少。橡树变得尤其稀少。”现代早期世界—经济核心区和半边缘区木材供应的下降导致了我们称之为经济作物林（cash-crop forestry）在波罗的海地区的普遍种植，因此“从16世纪开始，木材大量出口到荷兰、英格兰和伊比利亚半岛”（Wallerstein，1974，p. 45）。并且，欧洲在印度洋地区的扩张使“印度的柚木卷进欧洲世界—经济之中，供应果阿船坞的造船木材”（Wallerstein，1974，p. 337）。

毫无疑问，新的倾向于单一种植的最重要的例子是蔗糖成为新出现的世界—经济的主要出口产品。[①] 具体就甘蔗来说，“这是利润丰厚和需求很大的作物，不仅排挤了小麦，而且枯竭了土壤，因此需要新的土地（更不要说耕作者的人力也被耗竭）”（Wallersterin，1974，p. 44；*see also* p. 89）。笔者认为这种附加说明尤其重要。对沃勒斯坦而言，他的观点与马克思的思想一致（1977，p. 283，pp. 636—638），自然转型是一个劳力的过程，所以，自然的退化也是工人的退化。工人的退化既可以发生在生产地点也可以发生在世界贸易的过程中。因此，经济驱动甘蔗向西转移，首先是在大西洋诸岛，然后是美洲，导致一种新的、以非洲奴隶劳动力为基础的、资本主义的和种族奴隶制出现。但是为何非洲人成为新的奴隶？因为，在非洲，资本家找到了一个可以获得奴隶劳动很近的地方，而不用考虑对那个地区负面的经济影响。并且，相对低的奴隶劳动成本非常适合蔗糖生产，它的技术要求低，但死亡率很高，即使按新大陆奴隶制的标准来说也很高（Wallerstein，1974，pp. 86—90）。在这个关于单一种植和环境的讨论中，唯一一个奇怪的忽略是没有讨论小麦的生态——16世纪另一个重要的出口谷物。虽然小麦没有像甘蔗一样耗竭土壤的肥力，但我们可以看到，布罗代尔（1979/1981）也这样认为，“小麦最不可原谅的缺点是其产量低，不能为其劳动者提供足够的产量”（p. 120）并且“它吞噬土地，强迫其经常性地休耕，”一个生态的现实是“它意味着（或者说许可）牲畜的饲养”（Braudel，1977/1977，p. 11）——这本身就是一个生态转型的因素，一个使欧洲的环境史与其他的地方，与中国截然不同。

沃勒斯坦强调阶级、国家和市场的关系，而布罗代尔的影响使其比许多其

① 注意到单一种植的趋势在边缘区最明显很重要。“中心区的趋势是朝向多样化和专门化（在高附加值作物中）”（Wallerstein，1974，p. 102）。

他历史资本主义的学生更多地考虑生态的因素。沃勒斯坦遵从马克思主义者的而不是布罗代尔的资本主义的概念。① 这种解释与对世界—体系的流行分析相反，流行的观点把世界—体系等同于世界市场（R. Brenner，1977；Stern，1988）。对这种评论最好的解释也是说（他们）非常随意和片面地阅读《现代世界体系》。沃勒斯坦的阶级分析非常强调国家和阶级的辩证关系，而不是阶级与市场的关系（*see especially* Wallerstein，1974，pp. 132—162，pp. 224—297）。即使在这些讨论中，社会阶级在国家中的位置以及国家本身的特点既是由生产中的社会力量促成的，也是由世界市场促成的。沃勒斯坦的生产主义在他讨论联合省、英国和美国作为连续的霸权力量上升和下降时表现得最明显。在这一系列因素中，沃勒斯坦认为农业—工业效率是霸权上升有效的途径（Wallerstein，1980，pp. 36—71；1984，pp. 37—46；*for a critique*，*see* Arrighi& Silver，1999）。

即使我们认为沃勒斯坦过多地强调了市场（Tomich，1997）——毫无疑问，这是对20世纪50年代和60年代国家发展主义霸权讨论的回应，马克思主义者和非马克思主义者都一样，但这并不能说他是新斯密主义者（即非马克思主义者）；事实上，从逻辑上来讲，强调生产比流通重要并不比强调流通比生产重要更加值得赞扬。罗伯特·布伦纳（1977；1985a；1985b）提出的结构如此完善，逻辑上如此完整，使我们不必进一步询问一些重要的社会问题，例如，帝国主义和欠发展的历史和持续的作用。② 相反，沃勒斯坦的方法，虽然部分卷入原来的争论——例如保罗·斯威奇（Paul Sweezy）和莫里斯·道布（Maurice Dobb）在20世纪50年代发起的争论（*see* Hilton，1976），但提供了一种新的研究方法，使我们可以摆脱越来越无结果的关于生产和流通的争论（*see* Tomich，1976；1997）。

《现代世界体系》提出了一种新的世界—历史结构，可以解释世界市场形成的方式、资本的地理扩张以及世界（或世界—体系）生态在各种地理规模上的转

---

① 布罗代尔的资本主义定义集中于资本的自我扩张而不是生产关系的转型。对布罗代尔来说（1977/1977；1979/1981；1979/1982；1979/1984），资本主义是在一定的世界—经济中由最有利可图的活动建构，通常是长距离贸易和金融，虽然自19世纪早期开始，这包括工业生产。由此，资本主义区别于市场经济区——由低利润建构，由市场交换调节；也区别于日常生活区——由日常的过程如农业经济、家庭、城市生活等建构（*see* Tilly，1984，pp. 65—74；*for further discussion*，*see* J. W. Moore，1997a）。相比之下，马克思（1973；1977）强调了资本和社会关系转型之间关系的历史特殊性，这种关系布罗代尔认为很弱，对资本主义不重要。

② 事实上，阅读R. 布伦纳最近对二战后全球资本主义的论述，我们可以看到他几乎没有提边缘区，更不要说阶级斗争（*for a critique*，*see* Foster，1999b）。

型和重组——不仅在世界—经济的规模上，而且也在生产中的不平等的地区发展和社会生态变化后面的力量。遗憾的是，沃勒斯坦从未为了历史的和分析的原因系统地发展这种思想。首先，《现代世界体系》写于整个世界社会动荡的时期，当时马克思主义者对自然与资本主义的思考几乎还没有开始。20 世纪 90 年代每天出现在报纸头条的全球变暖的生态危机、物种灭绝、传染疾病和基因污染，30 年以前还没有那么明显。并且，这一时期"左派学术界深刻的分裂"使那些强调环境的学术流派与那些强调社会公平和利益（当时被许多人用作唯一的术语）的派别分裂（Robert & Grimes，1999，p. 60）。由于这些限制，沃勒斯坦思考封建危机的生态维度的程度——生态转型对资本主义兴起的决定意义——已经是非常惊人了的。

但是，沃勒斯坦的分析战略还是承袭了系统的对资本主义和自然的世界—历史理论的解释。显然，这种解释并不是沃勒斯坦在《现代世界体系》中的目标。沃勒斯坦并没有提出对资本主义环境转型的系统解释，因为与罗伯特·布伦纳（1977；1985a；1985b）一样，与布罗代尔（1977/1977；1979/1982；1979/1984）和阿瑞基（1994）相反，他的分析战略优先考虑农业资本主义而不是城市形式。[①] 对农业资本主义的强调很大程度上恰如其分。除非农业可以卷入资本积累的轨道，并服从价值规律竞争的压力，否则资本主义不能发展，也不可能开始。我们不应该仅仅强调在资本主义出现过程中农业或城市生活的重要性，我们应该把我们的注意力重新集中于城乡新的劳动分工。如果我们坚持农业资本主义的方法，我们对现代世界的分析就一定是片面的。具有讽刺意味的是，摆脱农业资本主义的说教其实使我们更接近于理解某一具体历史阶段的农业—生态现实——通过把我们的注意力集中于现代城乡辩证的关系（对立）和它的新陈代谢断裂。

对资本主义和自然做世界—历史的分析：历史上资本主义中农业—生态转型的体系周期

马克思的新陈代谢断裂的概念和沃勒斯坦关于向资本主义过渡的分析为我们研究资本主义和自然提供了一个有用的起点。这些观点使我们的注意力集中在城

---

① 沃勒斯坦（1974）写道："工业部门的出现是重要的，但使其出现成为可能的是农业活动从封建形式转到资本主义形式。"（p. 126）

乡劳动分工的历史特殊性及其新陈代谢断裂上，这种新陈代谢是作为世界—体系的资本主义的基本生态地理特征，这种世界体系具有强有力的全球空间逻辑能力。但是，一旦此问题涉及历史资本主义，我们如何解释六个世纪中的世界生态的连续转型？用高度概括的方式，笔者粗线条地勾画现代世界环境史的解释性的轮廓。在这里，笔者应该重新强调，笔者的意图是为后来的研究提出马克思所谓的引线，并且希望建立一些新的方法，使社会研究者可以思考现代社会自然和社会的辩证关系。

笔者的观点是 14 世纪危机后的环境转型构成了世界生态革命（*adapted from* Merchant，1989），这场生态革命以漫长的 16 世纪出现的世界资本主义体系为中心。

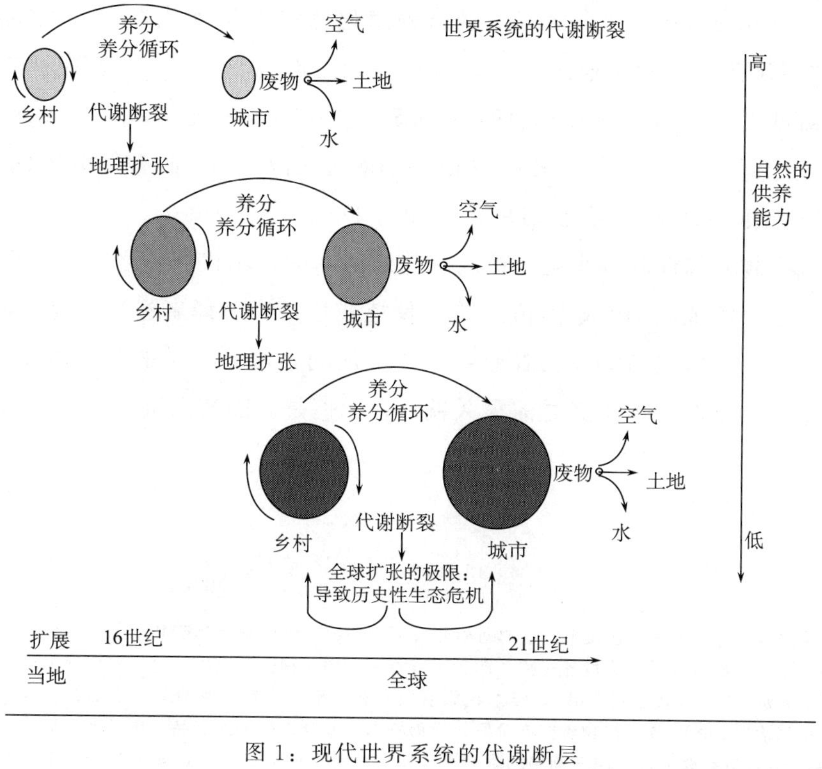

图 1：现代世界系统的代谢断层

戴安娜·C. M. 吉尔迪亚绘图

这场生态革命是许多革命的第一个。在接下来的世纪里，资本将面对连续的世界规模的积累危机，这导致这一体系制度的和地理轮廓的一系列重建。正如阿瑞基和他的同事坚持的，资本主义发展的每一个新阶段——他们称之为积累的系统的循环——都标志着商业组织中的组织革命，可以组织和领导这一体系的新的世界霸权的出现，一种新的阶级结构的出现（Arrighi，1994；Arrighi et al.，1999）。[①] 这种解释所缺失的是——以及总体来说马克思主义历史学中关于资本主义的各个阶段都如此——在这些体系连续重建中农业生态转型的重要性，包括目前的所谓的全球化时代。以阿瑞基概念化的结构为基础，笔者认为这些农业—生态连续的重建阶段最好定义为农业—生态转型的体系周期（图 1）。每个资本主义发展的新阶段都产生一种新的、更密集的和更全球化的资本对自然的掠夺。

这种结果的原因与世界范围的资本主义农业的特点和资本积累的不平均有关。

新陈代谢断裂的影响被资本主义农业“自然生态秩序激烈简化”的倾向所恶化，最典型的代表是单一生产（Worster，1990，p. 1101；*see also* Haila & Levins，1992，chapter 5）。实际上，这种简化意味着从现代早期开始就有劳动分工，“不仅在工业和工业之间，而且在农业内部也是一样，”特别是在谷物种植和畜牧业之间（Wallerstein，1974，p. 84）。我们也许还可以一方面加上农业与畜牧业之间重要的分工，另一方面还有矿业活动，矿业荒芜山区的生态系统，毒化土壤和其下的河流（Dore，1991；Dunaway，1996）。

结果是越来越深和越来越广的新陈代谢的断裂，不仅城乡之间，而且在乡村之间。通过一些地区的专业种植（单一种植或生产——译者注），更大规模的资本主义世界—经济的市场及其农业劳动分工加剧了城乡分工的破坏性生态影响。当然，单一种植在资本主义之前很久就存在。但是，随着向资本主义的转移，这

---

① 我们也许可以把马克思关于资本的通用公式（M-C-M［货币到商品到货币］）不只解释成个别资本家投资的逻辑，而且也是作为世界—体系的历史资本主义的一种循环模式。这一模式的主要方面是物质扩张时代（例如，M-C［货币到商品］，资本积累阶段）和金融再生和扩张阶段（例如，C-M［商品到货币］金融扩张阶段）的交替。在物质扩展阶段，货币资本带来越来越多的商品（包括商品化的劳动力和自然的馈赠），在金融扩张阶段，越来越多的货币资本使自己免于商品形式，积累通过金融交易获得（正如马克思的简化的公式［货币到货币］）。把这些因素放在一起，两个时代或阶段构成了积累的完整体系循环（M-C-M）。从这些前提出发，我们可以确定四个积累的体系循环：（a）热那亚—伊比利亚循环，从 15 世纪到 17 世纪早期；（b）荷兰循环，从 16 世纪晚期到 18 世纪晚期；（c）英国循环，从 18 世纪中期到 20 世纪早期；（d）美国循环，从 19 世纪晚期到金融扩张的目前阶段。每一个循环都以一个引导世界资本主义体系的政府和商业机构的特殊联合体命名（并由其定义），首先是朝向物质的扩张，然后朝向金融扩张，两者共同构建了循环。这些主要机构促动、组织、调节资本主义世界—经济的扩张或重建的战略和结构是我们应该通过世界规模积累的体系来理解的。体系循环概念的主要目的是描述、阐明一系列体制的构成、巩固和瓦解——通过这些体制，世界资本主义体系从中世纪晚期地区的萌芽发展到其目前的全球范围（Arrighi & Moore，*in press*）。

种单一种植变得无与伦比地广泛、规模更大，并且持续的时间更长。涵盖大部分欧洲和美洲的世界劳动分工的发展——形成、再形成，并且在竞争激烈的世界市场和国内体系的刺激下逐渐扩张——变得可能，事实上使这种单一种植成为必须，这种单一种植专业化的程度在更早的体系中是不可想象的。这些新的单一种植并不是平均分配的，主要集中在边缘区（Wallerstein，1974，p. 102；e. g.，pp. 15—129）；事实上，这些地区是边缘化的主要代表。

在普遍化的商品生产和无休止的资本积累条件下，专业化种植造成了当地生态系统的失衡。假以时日，地方生态系统本可以自我更新，但在单一种植的条件下则不被允许。生态失衡（不稳定）反过来又导致了产量和利润的下降，因此需要重新寻找新的土地，新土地经常存在于资本主义世界—经济边界之外。当寻求新的土地时，也需要新的劳动力。正如卡尔·波兰尼（Karl Polanyi，1957）50 年前提出的，资本内在的逻辑是使为连续积累提供基础的土地和劳动力商品化，因此削弱了这一体系的人和自然的基础。从资本的视角来看，最好的解决办法是地理扩张，其次是在体系的现存范围内重建劳动体系和农业—生态关系。

因此，16 世纪开始的新陈代谢断裂意味着资本主义不能作为一个封闭—循环体系存在，这个术语是从生态学中借用的一个术语。相对于封闭循环的体系"持续地循环自己的营养"，资本主义是"一个流动的体系"，即"其依赖于外部的营养供应……它本身不能……生产"（Fischer-Kowalski & Haberl，1993，p. 416）。资本主义不仅依赖于外部的营养供应。并且，由于资本主义要求无休止的增长，因此对外部资源的依赖与日俱增，需要更大的能量投入以使本身再生产。结果资本主义体系经历了能量几何级数的增长，今天几乎达到了自然的极限，随着资本为其自身占用了更多的能源，就为这个星球的其他生物留下了更少的资源。[①] 只要资本主义世界—经济还没有囊括整个星球，这些自然的极限就可以通过地理扩张得到克服，在更小的程度上，也可以通过向资本密集化的农业转型来克服，虽然后者的可能性依赖于前者的成功。

从这个视角，罗莎·卢森堡（1970）就"非资本主义环境"（p. 417）对资本积累不可或缺的功能的论述，以及前者逐渐被资本和帝国国家侵略、破坏的观

① 费舍尔—科瓦尔斯基（Fischer-Kowalski）和哈波尔（Haberl，1993）解释道："能源密度意味着每个计量单位（空间或有机体）被体系吸收和转型的能源量。"（p. 416）

点适用于资本和自然的历史关系。[①]"资本积累是资本主义经济与那些前资本主义生产方法之间的一种新陈代谢，没有后者前者不能继续，并且前者持续吞噬、吸收后者"（Luxemburg，1970，p. 416）。卢森堡用于非资本主义社会组织的争论也可以用于迄今为止还没有被资本触及的生态体系。[②]如此，资本主义空间扩张的必要性——在现代早期（Hopskin & Wallerstein，1977）被当时人看到的一些必要性之一——可以被看作含有深刻的生态意义。事实上，生态恶化是15到19世纪世界经济循环地理扩张背后的主要动力，然后整个地球被卷入世界经济轨道。

这意味着构成"原始"积累（Marx，1977，pp. 873—940）决定因素的生态转型并没有随着封建主义的倾覆而结束。相反，这些转型都具有双重含义——原始积累的时刻和长时段的最初时刻，这些含义在一系列农业—生态转型的体系周期中体现出来。[③]

农业生态转型的体系周期

每一个体系积累周期都以一个阶段的物质扩张为特点，这之前有一个阶段的金融化，当以前的霸权国家和商业组织被挑战，最终被一个新的世界霸权和一群

---

① 与马克思一样，卢森堡（1970）在解决扩大的积累问题时没有直接面对可怕的生态障碍问题。但是，我们可以看到她对自然重要性的观察：如果发达资本主义国家只依赖从那样窄的范围获得的生产因素，其目前的水平及其整体的法杖都将是不可能的。从一开始，资本主义生产的形式和法则都力图涵盖全球作为其生产力储备。资本，为了剥削的目的被迫去吞并生产力、掠夺全球，从全球各个角落获得其生产方式，如果必要就用武力从各种程度文明那里、各种社会形式那里夺取。资本主义积累的物质因素问题，远未被产生的剩余价值的物质形式解决，是一个非常不同的方面。对资本来说越来越有必要完全掌控全球去获得无限的生产方式的选择，这既包括质也包括量，因此对其所实现的剩余价值可以找到生产性的投入……积累的过程，是灵活的和阵发的，当从原来地区进口不能获得，或当社会需求突然增加，一旦需要，就不可避免地需要自由接触原材料的新地区（p. 358）。

② 这里我们应该对资本转变作为重组生产过程一部分的自然环境的能力与资本通过把环境作为处理废物的空间而转变环境的能力做一个区分。例如，开采中心是资本直接转型自然的场地，而由之污染的溪流可能是间接转型的场合。很明显，在整个资本主义发展的过程中，后一个过程问题更严重，因为其与工人阶级社区，甚至竞争性的资本主义利润冲突。

③ 福斯特（1992）把后一个趋势解释为环境恶化的绝对普遍规则……这种矛盾可以被表述为在一处是积累的财富，而在另一处是资源消耗、污染、生物和栖息地破坏、城市拥堵、人口过剩、生命环境恶化条件的积累。（pp. 78—79）这个环境恶化的绝对普遍规则，与资本和劳力的第一重矛盾平行，其动力也源于此，"不仅对资本主义构成越来越明显的威胁，而且对星球生命整体构成威胁"（Foster，1992，pp. 77—78）。资本主义产生条件的转型——通过这种普遍规律的长期发展——成为目前体系维系的主要障碍之一。资本的局限，正如马克思所说（1967，p. 250），是资本本身。这个并不是说资本扩张时不需要面对自然的局限（Mann，1990）。相反，我们认为从现代世界长时段的视角来看，资本在当代全球生态危机中所面对的自然的局限主要是其自身形成的局限。

新的资本家取代，这些资本家通过引领组织革命而创新（Arrighi，1994）。

正如标志着每个新的体系周期开始的物质扩张阶段都是由一种新的政治—军事组织中心和经济权力中心所创造，因此，物质扩张的条件一定根植于一种新的、地理范围更广的、技术上更先进的资本主义生态掠夺模式。在这些危机和重组交叉的阶段，系统与环境的关系特别重要。在这些阶段，

> 系统的内部结构（它内部的等同部分）一定与现存于系统和环境之间的关系一起变化。后者的关系是一个决定性的因素……因为社会和自然的等同部分的特点决定社会运动的基本过程。(Bukharin，1925，p. 79)

正如在商业和制造业中，每个世界生态的根本重组都在系统的物质扩张阶段带来越来越多的回报（图 2）。

在这种背景下，增加的回报可以通过两种主要的途径获取。[①] 生产通过最小化直接生产者的消费以便最大化可出售的剩余实现重组。这在现代早期欧洲的农民和美洲的奴隶那里经常是事实（Wallerstein，1972，pp. 44）。[②] 或者，生产可以以更典型的资本主义的方式重组——提高生产力，这是通过土地、劳力或资本的投入单位计算的，并通过各种技术和社会革新实现。自然，在任何历史阶段，我们都可以看到增加农业剩余的这两种方式的结合。但是，事实似乎是，经过几个世纪，第一种模式逐渐被第二种模式破坏。并且，事实可能是在资本主义发展阶段从一个阶段转型到下一个阶段时，随着正常的市场活动的破坏，第一种战略重新获得了统治地位。在这样的危机阶段，通过市场方式达到的、更新的资本积累——只有当特殊的社会关系和世界—体系作为一个整体被国家权力的方式承认——才是可能的。认为这些是唯一的战略是错误的，一个是非资本主义的，一个是资本主义的。不管这些战略，每一次农业生产和攫取的重组，都达到这样的程度以致可供出售的剩余增加，这是更新的资本积累的前提条件。例如，我们也许可以思考，现代早期种植园和种植园群的形成如何是物质扩张的必要条件，这些物质扩张体现在奴隶贸易增加、造船增加，以致最终所谓的工业革命的发展上

① 目前，这种套利抽象了新植物和新植物种类的介绍。当然，新作物如马铃薯和玉米的引进，以及它们的高产和低劳力需求，对新出现的资本主义世界—经济而言是主要的和非常偶然的福利。并且，资本主义努力控制和垄断自然，从 17 世纪欧洲大国的植物园到目前的基因工程，代表这种剩余最大化战略的另一个维度。

② 非洲努力和从世界经济边界外吸纳的工人——或从世界经济内部维生的飞地吸纳的人（我们可以想一下爱尔兰的契约工）——对实现这种战略特别有效，因为资本并不承担再生产的成本，在这个意义上，也就说资本不承担非洲社会的再生产成本。从婴儿起养育能生产的成人劳动力是一个昂贵的过程，这是资本努力避免的。这是为何资本把奴隶（以及契约工）用到死的主要原因之一。当资本被迫吸收那些工人社会再生产的全部成本，例如内战前的南方，奴隶死亡率相对于以前急剧下降。

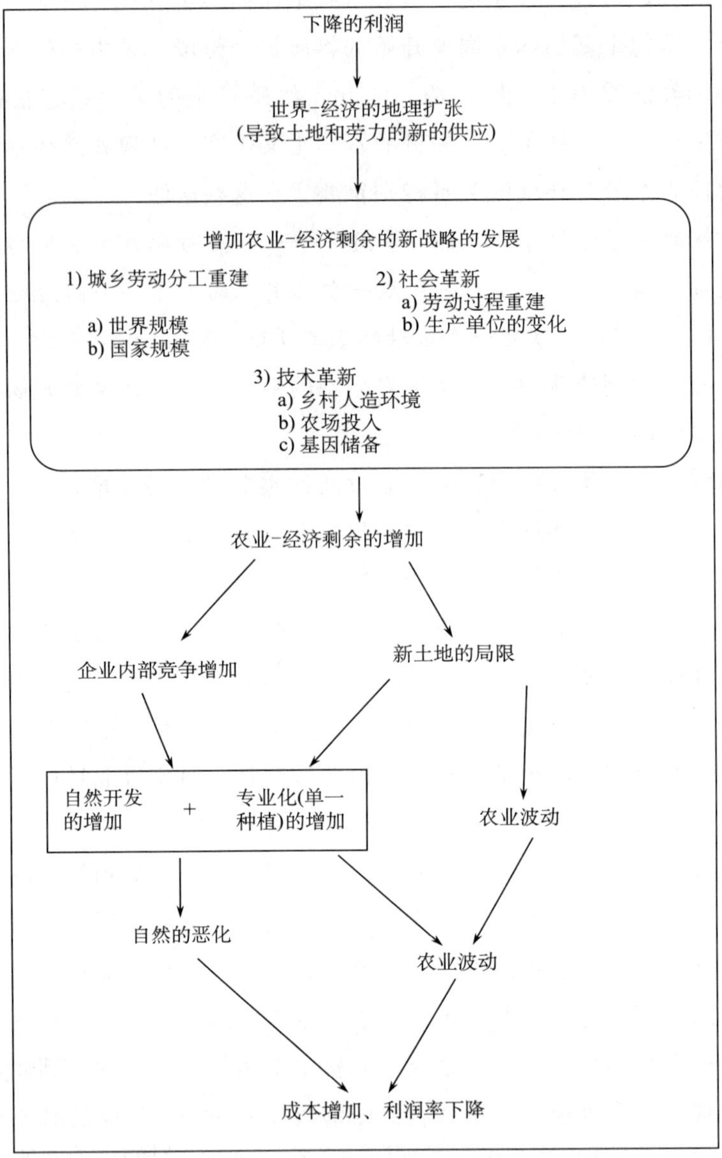

图 2：农业-生态转型系统循环的总示意图

戴安娜·C. M. 吉尔迪亚绘图

(Blackburn，1997；Curtin，1990；Mintz，1986)。

因为每一次物质扩张都是在越来越激烈的内部竞争压力下爆发，种植园主、农民和其他农业商品生产者（包括矿工）强化了对环境的掠夺，导致回报的减少。需要新的土地供应，需要新的人力供应开发新的土地。重新组织生产需要的大量资本——主要是通过建立新的生产点——是通过上升的霸权获得的。例如，

17 世纪早期，荷兰资本支持了西印度甘蔗种植园的发展（Edel，1969），使甘蔗生产中心从巴西转移；另一个例子是，20 世纪中期后，美国农业综合企业倾向于转型扩张的积极战略，这是绿色革命背后关键的因素。一种新的、技术上和社会上越来越先进的农业企业，例如种植园或资本密集型的家庭农场，在这些处女地上变得可能——即这些土地幸免于，或相对来说免于，早先资本家的开发。[①] 因此，每一个新的农业—生态生产安排都构成每一个新的体系周期的不可或缺的支柱。

每次新的、系统范围的物质扩张的早期阶段，资本家们都发展出一种新的、更广泛的农业—生态掠夺方式。这以一种最根本的方式在商业和制造业中确立了新一轮物质扩张的条件。在系统范围的扩张过程中，随着内部竞争的增加，资本家对自然的掠夺也增加了。过多的生态掠夺导致成本增加，假以时日，就要求世界生态的根本重组，更不要说作为整体的世界—经济（就更加需要重组——译者注）。每次重组不仅是组织的和是技术的，也是世界—经济地理扩张的新阶段，这伴随着在资本主义长期占统治地位的地区的农业对价值规律的进一步屈服。并且，这些扩张阶段也总是世界范围的原始积累的环节，这并不是持续循环的。在新大陆，这种原始积累以边疆扩张为特点（*see* J. W. Moore，1997b，2000b），而在非洲和亚洲，它表现出的是一种更加古老的形式，生产者阶级（他们除了出卖自己的劳动力以外一无所有）和（殖民的和买办的）资产阶级的再生产。这两个地区的原始资本积累的辩证关系对于新大陆资本主义的出现意义重大，这反过来，又把欧洲的军事力量和商业组织发展到这样的地步，即可以吞并世界财富最集中的亚洲（Frank，1998）。

每一次世界生态的连续重组都有双重的目的：（a）农业—生态的重组增加了对生产方式的需求（奴隶、肥料、拖拉机、基因工程的农作物品种等等），这使得初级产品的生产比以过去更高效的方式增加，因此减少了商业和工资的成本，使得新阶段的物质扩张成为可能；（b）通过原始积累的过程，每一次重组都导致了广泛的去乡村化，并创造了劳动力大军，这最终降低了成本，为资本家提供了工业重组的新机会。这些新的、扩大的劳动力大军反过来又被新的世界规模的农

---

① 谈到在定居农业区“资本进入农业的障碍时，”克洛彭堡（1988）认为，为大型生产合并临近的土地只能通过拼凑小领主土地，这个过程可能会很漫长、很艰难。并且，彻底购买农地是非常昂贵的提议，这可能会有效阻碍大量资本的流通，并使之拴牢于高度不确定的市场（p. 28）。

在边疆（这不再存在），情况非常不同：土地不是完全免费，但资本清理土地使之可用的成本由国家和殖民者承担。也可参见摩尔（1997b，*in press*）关于殖民主义（作为一种机制）为资本准备供其剥削的边疆土地的重要性。

业组织更便宜地供养（进一步削减了资本的工资账单）。然后，这一过程重新开始，每一次都带来社会和生态的矛盾，并且这种矛盾越来越强尖锐，越来越有破坏性。

因此，每一次新的体系积累周期都标志着多个地理层面上生产的生态关系的世界转型。笔者认为总共有八次这样的转型。这些转型在跨不同世界—经济区域中表现得各不相同——核心区域的发展不同于边缘区和半边缘区的发展，资本主义已经发展很久的地区的变化和冲突不同于那些最近才被卷入资本主义体系的地区。并且，不是每一个体系周期都伴随着所有种类的根本转型。首先，正如我们指出的，世界—经济的劳动分工一直扩展，直到20世纪早期涵盖了全球。其次，城乡劳动分工在世界—经济和国家的规模上重组。为了给核心区提供农业和其他初级产品，全球大部分地区被重组。结果专业化和单一种植的趋势随着时间的推移进一步加强。第三，农业生产单位改变。例如，19世纪晚期边缘区的种植园让位于合作种植园（Beckford，1972；J. W. Moore，1999）。第四，劳动组织的主要形式和劳动过程改变。第五，乡村固定的环境转型，特别是灌溉工程、铁路的建设，等等。第六，农场投入的种类有改变。第七，对基因储备的全球组织和控制转型，更多的权力掌握在核心国家和资本之手。最后，每一次农业—生态转型的体系周期都是由广泛的自下而上的农村的抵制促成。

笔者认为有五次农业—生态转型的体系周期。

14世纪50年代到16世纪80年代。这次转型是从封建主义转型到资本主义，乡村和城市不稳定的上升势头导致欧洲国家和领主把注意力转向世界市场和地理扩张。1535年至1680年，欧洲的控制区域“从大约300万平方公里扩大到700万平方公里”（Chaunu，1959，p. 148，*as cited in* Wallerstein，1974，p. 68）。[①] 在西北部欧洲的核心区，随着自给自足的生产者被资产阶级农民取代，这里也开始采用更先进的生产技术，例如三圃轮作制和可转化的畜牧业（R. Brenner，1985a；Slicher van Bath，1963）。在东欧和美洲这两个新边缘区（包括大西洋诸岛），新的农业企业出现：东欧的领主，采用再版的农奴制；美洲的种植园主，采用非洲的奴隶制（Kay，1975；Malowist，1959；Wallerstein，1974）。在这两个企业中，单一化的专业种植是基础。在美洲，欧洲的入侵不仅带来了如世界末日般的传染病，而且也带来了动植物的哥伦布交换（Crosby，

① 肖努的分期法隐瞒了两个地理扩张的阶段之间的不连续性，一个始于15世纪50年代，持续到16世纪20年代，另一个始于17世纪20年代持续到17世纪70年代（Hopkins et al.，1977，p. 125）。

1972，1986）。

16世纪90年代到18世纪50年代。新的农业—生态重建始于16世纪末。世界—经济扩展到包括美洲和西印度的许多重要部分；虽然与以前和以后的体系周期相比，这一阶段是巩固阶段（Arrighi，1994）。17世纪的前半叶，农业不稳定的情况进一步加剧，这一时期也是一个政治动荡的时代，包括荷兰和英国的革命，法国的投石党运动以及加泰罗尼亚的起义（Mousnier，1970；Wallerstein，1980）。也许，这一时期最重要的农业—生态发展是种植园群的发展，以及其延伸到西印度和英国在北美的南部殖民地。随着种植园体系的繁荣，非洲的奴隶贸易成为资本积累的主要途径（Blackburn，1997；Curtin，1990；Williams，1944）。也是在美洲，随着1563年万卡韦利卡水银矿藏的被发现，“采矿业对环境的影响剧增”（Dore，1991，p. 15）。波托西的矿业中心成为欧洲世界经济的最大城市，到16世纪末时人口增加到350 000人。在东南亚，荷兰不仅控制了香料贸易，而且控制了香料生产，使其他有竞争性的生产中心荒废，并获得对其他中心的霸权（Fuber，1976）。

18世纪60年代到19世纪70年代。从18世纪中期起，一轮新的资本主义农业转型横扫中心区，世界经济又一次急速扩张，带来了新的边缘区的农业生活的主要转型。1815—1878年，欧洲直接殖民控制的地区从全球的55%增加到67%（Fieldhouse，1966，p. 178）。[①] 这一阶段的前期，从18世纪60年代到19世纪初，以西方所谓的世界革命为特征，这包括整个世界经济扩张期的各种农业革命：法国的、海地的和美国的革命；图帕克·阿马鲁（Tupac Amaru）在秘鲁的起义；普加乔夫在俄罗斯的起义和其他地方的小规模运动（J. W. Moore，1997c；Palmer，1954；Silver & Slater，1999；Wallerstein，1989，pp. 193—256）。在英格兰，圈地运动在18世纪60年代达到高潮；在法国，革命前所谓的贵族的抵制事实上是资产阶级反抗强加于乡村的资产阶级逻辑；在美国，南部种植园主和北方商业资产阶级在美国革命中的胜利导致了资产阶级的农业转型，这最终在各地消灭了自给自足的农业，边疆区除外（Braudel，1979/1982，pp. 293—296；Mantoux，1961；J. W. Moore，1997b；Post，1995；Wallersterin，1989，pp. 41—42，e. g. chapter 1 passim）。在新的边缘区，我们看到了同样的情景。在印度，始于18世纪60年代，英国统治者强加“一种前所未有的高税收到农业

---

① 马格多夫（Magdoff，1978）提出这55%的“很大一部分”都“只是声称而已”。他认为“有效的控制只有不到35%”（p. 29）。按这种观点，1763—1875年主要是资本主义控制巩固阶段——而不是扩张阶段。

生产者身上”（Arrighi et al.，1999，pp. 111—113）。对直接生产者的挤榨“导致了对土地和其他自然资源的超级掠夺，这甚至有一种破坏自然生产的倾向”（Bagchi，1982，p. 84）。最后，广大的半边缘区也被卷入——俄罗斯和美国、澳大利亚、加拿大的白人殖民地以及其他地区被卷进世界市场，成为主要农产品的出口地。在 19 世纪中期（1840 年至 1870 年）英国霸权巅峰的时候，世界耕地增加了 50%，世界农业贸易增加了 450%（Hobsbwm，1975，p. 196；Ponting，1991，p. 224）。由于人工环境的发展，这一切变得可能：运输基础设施极大增加，主要是铁路和汽船。到这个时代末，农业资本主义的商业化迈出了第一步，特别是在美国和西印度（Post，1995；Tomich，1991，1994）。随着英国 19 世纪 30 年代在其殖民地上解放奴隶，奴隶制的第一阶段逐渐结束，但奴隶制的第二阶段在英国的对手控制的一些地区——西属古巴、葡属巴西和美国南部开始（Tomich，1988）。最后，不列颠不仅成为商业的和金融的票据交换所和世界工厂，而且成为植物帝国主义的全球组织中心（Broswimmer，1991）。事实上，英国殖民战争的一个决定性的方面就是吞并世界的基因储备。例如，鸦片战争不仅只是关于鸦片，也是关于打破中国对茶叶贸易的垄断。1848 年，罗伯特·福琼（Robert Fortung）把 2 000 颗茶树和 17 000 颗种子从中国转移到印度。到 19 世纪末，英国人开始喝在印度而不是中国种植的茶叶（Juma，1989，p. 49）。

19 世纪 80 年代到 20 世纪 40 年代。这个时代从 19 世纪晚期延伸到第二次世界大战，见证了农业的产业化发展到一个史无前例的程度。英国霸权所带来的巨大的地理扩张被英国霸权在 19 世纪后半期（1873 年至 1896 年）的大萧条巩固而不是减缓。欧洲对全球的控制在 1878 年至 1914 年从 67%扩大到 84.4%（Fieldhouse，1996，p. 178）。又一次，农业不稳定的规模和范围都急剧扩大，导致了墨西哥和俄国的社会革命，以及新边缘区强有力的反殖民地运动，特别是在非洲和亚洲（J. W. Moore，1999）。

与英国霸权时代形成鲜明对比，这一阶段的特点不仅是受保护的民族经济的形成——这是英国衰落的一个主要因素，而且在核心区民族农业也开始形成（Friedmann & McMichael，1989）。美国起了领导作用，组织了具有活力的地区之间的劳动分工，在这一过程中农场越来越专业化，越来越依赖于重型资本的投入，例如收割机和打谷机。因为专业化，农民消费了更大量的生产者的商品，因为时间越来越稀少，农民逐渐地消费更多消费者的商品（Feiedmann，1978）。这种专业化的前提条件是始于前两个时代的原始积累的过程。核心区的家庭农场不再是只出售自己剩余产品的自给自足的生产，他们是商品生产者，他们除了出售谋生别无选择（J. W. Moore & Gildea，*in press*；Post，1995）。在边缘区，自给自足的生产者以不同的方式被卷入商品生产——有时成为（以粮代租的）佃农，有时成为乡村无产阶级，或者有时（但是很少）成为小商品生产者。到20世纪早期，边缘区的这些转型不仅带来了越来越深的社会冲突，酝酿着农民起义，而且也酝酿着生态危机（Wolf，1969）。也许边缘区最重要的农业企业结构是从边缘区的农场转型到合作种植，这主要是在美洲。这之所以成为可能部分原因是亚洲的原始积累过程，释放了大量的生产者，并成为美洲的合同工（Nothrup，1995）。这种向核心区的移动不仅限于亚洲人，遍及欧洲的农业转型创造了巨大的剩余人口，其中的许多人移居到北美。最后，世界生态的重组第一次涉及乡村人工环境的大规模重组。这在控制水方面的投入以及铁路建设方面特别明显，特别是在美洲西部，印度及埃及（*See* J. W. Moore，1999）。

20世纪50年代至今。也许二战以后开始的农业—生态转型时代即将结束是事实，但现在下结论还过早。随着地理扩张的终止，资本从扩大的战略转型到强化战略。这就是所谓的绿色革命。但是，这种努力在以前时代的社会冲突里面临着艰难的障碍，产生了强大的农民运动和一系列划时代的农民战争，包括中国、古巴、阿尔及利亚、越南和其他国家（Wolf，1969）。因此，绿色革命只是现在才开始达到其完全成熟期。这次革命是世界规模的原始积累的最新阶段（也许是最后阶段）；这次革命更加激烈，因为没有边疆了。绿色革命的核心区主要生产各种高产的种子。事实上，对基因工程种子的生产和控制只是美国和它的跨国农业综合企业大战略的一部分。这个战略的目标是“把整个农业投入的一切商品化：肥料、杀虫剂、灌溉工程、拖拉机”等等（Pelizzon & Casparis，1996，p. 129；George，1977）。结果是极端不公平的“与殖民主义相关的全球范围的劳动分工”（McMichael，1998，p. 100）的强化。1940年，欧洲亩产价值是中国和印度的40倍，到1990年是70倍（Dore，1992，p. 73）。核心区与边缘区类似，虽然后者的力量更大，20世纪70年代发展起来的出口农业“瘫痪了家庭农场。”特别是在边缘区，农业地区被转换成“农业—出口‘平台’”，并以这些为特点：

> 地区生产服从跨国公司组织的全球生产和消费关系……在这些条件下，农业越来越不是社会和国家基础的结构，在全球资源战略中的比例越来越少……进而，把地区合并到全球，生产和消费关系的战略极大地降低了国家农场部门的结构基础，包括南方和北方。（McMichael，1998，p. 102，p. 104）

绿色革命的逻辑越来越产生严重的生态和社会冲突。例如，1995年，美国农民花费400亿购买杀虫剂，“来挽救大约160亿的谷物”。重要的是，绿色革命破坏了这些谷物的免疫系统（Altieri，1998，p. 64；Perfecto，1992）。社会上来讲，绿色革命直接的和间接的影响——通过乡村的原始积累和第三世界大城市的成长——非常快地导致了核心区和边缘区许多严重的社会问题。到20世纪90年代，每年大约7 500万人口从边缘区转移到核心区（Barnet & Cavanagh，1994，p. 296）。在边缘区，大城市的增长带来了严重的城市混乱，这是绿色革命背后越来越有趣的主要问题（Pelizzon & Casparis，1996，p. 129）。对资本来说同样是一个严重的威胁，但对生态健康来说更有利的是新农业的出现，特别是在拉丁美洲，这是在战后新的农业阶级关系的基础上发展而来的（Petras，1997）。

结论

在前面的概述中，许多历史的细节和理论的严密被忽略了。但是，笔者认为我们可以得出一些重要的结论。首先，资本主义的历史不仅仅是资本的逻辑，或显而易见的国家和资本的辩证关系（cf. Arrighi，1994）。这将是最片面的历史，其中土地和劳力是根据资本需要重塑的客体（Herod，1997；Lebowitz，1992a，1992b）。笔者并非想对复杂的、一直转变的资本、国家、劳力和自然的问题提供任何绝对的答案，笔者建议一个关于新陈代谢断裂、世界—体系和体系积累周期的综合概念，这将提供一个新的、有利的视角，由此我们可以观察自漫长的16世纪以来的农业—生态的重建，阶级斗争和资本积累的相互关系。之所以如此是因为作为生态过程的资本主义农业不仅涉及经济的和生态的全球和地方的转型，并且对阶级结构、阶级斗争和国家政治体制也有同样深刻的含义（B. Moore，1996；Wolf，1969）。

本章关注的是体现在一种新的、对立的和从来就是不稳定的资本主义城乡劳动分工之中的资本“全球扩张逻辑”（global expansionary logic）（Meszaros，1995，p. 6）的历史地理。作为其存在的条件，这种新的劳动分工基于一种新陈代谢的断裂，这种新陈代谢断裂——由于其不稳定性——本质上是根本的全球化。即因为它的新陈代谢断裂，资本主义不能作为一个营养在其中循环的封闭的体系维持，而只能作为一个流动的体系存在，需要更大的外部投入才能维持。结果，这一体系被迫在其边界以外寻求新的土地。但是没有新的劳动力的新土地一文不值。结果，世界经济的每一次扩张不仅伴随着这一体系潜在的自然资源基础的扩张，而且同样也是原始积累的新阶段，这不仅是经济的和生态的过程，而且同样也是尖锐的阶级斗争的新阶段。反过来，没有体系内人工环境的重建和扩张（特别是交通网络和对水和基因储备的控制，以及其城市的形式和农业定居地的模式——总之，城乡劳动分工的重组和地理扩张），这些新土地和新劳力也一文不值。农业—生态的重建过程和空间的扩张是循环的，而不是连续的，因为每次新的积累的社会空间的重组，特别是农业—生态关系，最初解放了，然后又遏制了积累。越来越广和越来越深的生态扩张的好处是可以维持自身的极限，因为自然会报复。直到 20 世纪，积累过程带来的矛盾——社会的、经济的、生态的形式——都可以通过地理扩张解决。但是随着空间解决方案的消失，资本转向内部扩张，与其他因素一起商品化，从而简化了世界的基因储备。同时，现在这样全球规模的内部扩张是可能的，因为资本把地球作为以指数增加的垃圾的载体。这样，产生了史无前例的生态矛盾。笔者认为现代生态矛盾的恶化始于 16 世纪，目前的生态矛盾并不是本质上根源于工业化或公司的劫掠，而是资本自身的逻辑造成的。

第四章　作为世界生态的资本主义：布罗代尔和马克思论环境史

吕西安·费弗尔（Lucient Febvre）经常说“历史就是人类的历史”，而我却要说：“历史就是人类及一切其他事物的历史。”一切都是历史：土地、气候、地理变动等。

——费尔南多·布罗代尔（Fernand Braudel，1984b，p. 22，*quoted in* Aguirre Rojas，1992，p. 189）

探讨文明就是探讨空间、陆地及其外形、气候、植被、动物种类、自然的及其他的优势。也是探讨下列这些基本条件可以构成的是什么样的人类社会，即农业、种畜、粮食、居所、衣着、通讯、产业，等等。

——费尔南多·布罗代尔（1993，pp. 9—10）

最近几年环境研究爆炸性的增长引起了人们对于环境研究复兴的关注，包括从卡尔·马克思，到圣雄甘地，再到海伦·凯勒（Helen Keller）等一系列广大社会批评家、理论家及历史学家（Clark & Foster，2002；Foster，2000；Guha，1995）的论述。奇怪的是，费尔南多·布罗代尔却没有受到关注。可以肯定的是环境历史学界注意到了布罗代尔，但却不知道应该对他做些什么研究。威廉·贝纳特（William Beinart，2000）对环境历史学家的一致见解进行了总结，他认为布罗代尔“倾向于将环境因素作为一种背景……他在检验人类对于自然界的影响上……不太成功”（p. 270）。在布罗代尔的世界中，重要的是环境，而非环境历史。

这些都是传统的观点，但事实是否如此呢？

如果传统观点指控布罗代尔将生态作为一种背景，那么笔者将提出另外一种解读。传统观点还没有完全错误到成为不可救药的偏见。在《菲利浦二世时代的地中海和地中海世界》（*The Mediterranean and the Mediterranean World*）（1972）中，布罗代尔解释了处于时代变迁的“世界—经济”，他认为在这种时代变迁的过程中，生态与社会相互塑造着彼此。这一时刻标志着“漫长的”的16

世纪（1450—1640）的终结，这个时代是欧洲的世界—经济迅速发展的时期。这个时代的最后10年见证了世界—经济中心由地中海转移到大西洋——这在人类历史上是一个巨大的历史—地理转变。在这次重要的转变期间，布罗代尔并没有假设自然与社会之间存在一种消极或者二元的关系，而是认为世界—经济与“世界—生态”之间是一种积极辩证的关系。尽管布罗代尔从未明确地使用这些术语，但是生态地理过程充斥于不断变幻的地区、国家以及世界—经济的关系之中——甚至工人、农民的身体——的事实却像一条红线贯穿于《地中海》一书之中。自然——既非过于松散也非十分具体——被认为是变化的，但又是可以察觉的社会—生态过程，这一过程塑造着更大的世界—生态，同时也被后者所塑造。

布罗代尔鼎盛时期对环境史的贡献——首先，对于世界环境史这一新领域的贡献（Moore，2003b，*in press*）——不仅仅是人们通常认为的“自然是重要的”。布罗代尔在历史—地理方面最伟大的见解就是他认为世界—经济及世界—生态辩证地联系在一起，不同时刻不同程度地在各个方面彼此制约，并使彼此成为可能。社会物质地理（sociophysical geographies）经常在历史体系中发挥作用。任何将这些地理（条件）简化为简单背景的行为都没有意识到自然“每年春天开花，羊群迁徙，船只在随着季节而不断变化的大海上航行一样”（Braudel，1972，p. 20）。布罗代尔认为社会结构不仅仅存在于社会生态空间而且还积极地创造着社会生态空间，这种对于生态活力的认可在布罗代尔那里得到丰富，并使其与众不同。

但是，尽管布罗代尔有着这些优点，他的详尽的分析并未让他得以逃避他那个时代普遍正统观点的十分概念化的折中主义，最终他并没能提出关于世界—经济与世界—生态之间精确的辩证观点。一方面，布罗代尔的书是非常具有前瞻性的生态史的地理学（著作）。他把一个复杂的多层次的历史时间与在广泛地理范围内的城乡的动态概念结合起来。通过这些丰富的描述，布罗代尔为世界环境史的首要难题（相互关联的问题群）的概念化提供了新途径：土地，劳力与世界—体系之间的关系。另一方面，（布罗代尔的）经验的丰富性经常是以牺牲对“循环和演进模式”的“持续解释”为代价实现的（Arrighi，2001，p. 120）。最为明显的，或者说代价最高的是布罗代尔没有看到劳动过程是自然和社会之间的社会—生态的外壳。布罗代尔有的时候考虑到了劳动力，有的时候则没有。其结果呢？他关于世界—经济/世界—生态关系的解释在一种辩证的张力中间摇摆不定，有时，社会力量及经济发展的生态环节摆在了最重要的位置，而有时环境却被放到了背景的地位。

下面，笔者将从三点来思考布罗代尔对于世界环境史所做的贡献。首先，笔者对《菲利浦二世时代的地中海和地中海世界》中的时间、空间及自然进行评价。其次，笔者将思考布罗代尔关于农业经济选择以及欧洲的小麦文明和中国的水稻文明的（发展）轨迹的论述。第三，笔者将重新审视布罗代尔“生物体制”（biological regime）的概念（1981，pp. 70—92；*also* 1961，p. 255），由此人们的日常饮食，以及人类的身体就与世界—历史的模式及变化连接在一起。

这些评估揭示了布罗代尔在生态历史学上的想象力和实践的丰富性。但是，如果考虑到布罗代尔试图把世界—经济和世界—生态兴奋地联系起来所做的解释并不充足，这就使我们希望能够得到更多。布罗代尔向我们指明了研究方向，但他并没有完全解释清楚。我们应该转向哪里呢？伊曼纽尔·沃勒斯坦对布罗代尔生态历史的敏感性的发展最为直接，他认为虽然有其他因素，资本主义的产生是由于“世界生态”从根本上的重塑，并且这种重塑使资本主义成为可能（1974，p. 44）。但是，沃勒斯坦提到的马克思主义者对经济史和布罗代尔生态史的综合在某些方面并不完全是马克思主义者的。特别是，虽然沃勒斯坦比布罗代尔更加注重劳动力——比批评家所注意到的还要多——但是劳动过程的新陈代谢及其与资本主义的关系作为一个整体仍然没有足够的理论化——虽然并不是没有得到认可。因此，虽然沃勒斯坦认为自然—社会的关系对于资本主义的兴起十分重要，但是在某些程度上认为资本主义作为一种世界—生态从上（积累层面）下（生产层面）两方面同时产生的观点还没有得到广泛的承认（Moore，2003b）。

幸运的是，马克思的唯物论提供了一条出路。就从社会—生态关系中的自由和必要性的斗争作为基本的出发点。马克思把劳动过程及直接生产者的代理人放在他关于社会变化视角的中心（Foster，2000）。这样，马克思为激进主义分子的唯物主义做出了贡献，这种唯物主义预示了关联性所确立的关于自然与社会的概念（Braun & Castree，1998；Moore，2001）。与此同时，马克思认为，劳动过程并未被赋予超自然的力量，而是在更广泛的生产过程中的一个决定性的环节，在这种生产过程中，生产、流通、分配和交换组成一“有机整体”（Marx，1973，p. 100；*also* Tomich，1997）。

从环境史的角度看，这种积极分子的唯物主义在以下三个方面表现突出：(a) 自然和社会的概念共同演进，并相互制约，相互构成，相互促进；(b) 资本主义的价值规律和所有的财富、土地和劳动力的生态资源之间矛盾（冲突）的思想；以及 (c) 马克思关于新陈代谢的观点，尤其是“新陈代谢断裂”的观点——表明了资本的城乡对立的生态环节。

《地中海》：在生态历史地理中构建时空

布罗代尔的《地中海》为将世界环境史的概念化提供了一些重要线索——如果还不能说是一个系统的理论框架。这些分类围绕着结构、态势（conjuncture）、事件的历史地理进行组织，体现了历史时间及社会物理空间的相互关系特点，并使他后来所称的“层际空间的及跨越时间的对比”成为可能（1989，p. 21）。

我们先从时间开始讨论。

虽然布罗代尔的结构时间的概念，即长时段，也许是他所强调的最为著名的重点，但是他对16世纪地中海的研究是围绕着态势时间（conjunctural time）的概念来组织的。这里，他的目标在于揭示“历史上变化和近乎永久（near-permanent）之间的内在关系”（1972，p. 892），并含蓄地阐明变化比较快的商业、政治和阶级冲突的历史—地理结构与变化相对缓慢的物理景观结构之间的关系，这种观点曾经在布罗代尔的思想里得到阐释。

对于布罗代尔而言，关于重要历史汇聚（conjoncture）的这种观点——如16世纪晚期（约1550—1640年）——不是

> 指一个重要的态势（conjuncture）而是一个循环过程的一个阶段（上升或下降的阶段），好比是在图表上的一个钟形曲线的其中一半……因此如果将它翻译成为“周期性的历史”这将会更加富有成效。（Wallerstein，1991，p. 136）

如果说这种长时段强调“长期的人口流动，国家和帝国规模的变化……工业增长的程度”，周期性历史汇聚的观点会帮助我们了解“工业化的比率（而不是它的存在或不存在），国家财政的波动状况以及战争”（Braudel，1972，p. 899）。这种重视、强调结构和时机之间的紧张关系，使布罗代尔将环境转变纳入他关于地中海的世界史研究之中。与环境批评家如马丁内斯·艾利尔（Martinez-Alier，1991）不同的是，布罗代尔在《地中海》的观点不能简单归结成一种长时段，而是以结构的与态势的时—空辩证关系为轴心。正是这两者之间的紧张关系使布罗代尔承认环境的决定作用而没有陷入环境决定论主义。虽然后者在相当长的时期内大行其道，布罗代尔拒绝任何静态的自然历史（社会历史也一样）的概念。

布罗代尔（1972）对待地理范围的问题也很有策略。地中海世界不仅仅“是那里（地中海——译者注）”。相反（预示了沃勒斯坦的观点），它是“地理上的劳动力分工”所界定的“世界—经济”——这种地理上的劳动力分工是社会力量

在漫长的历史时间内塑造并重塑的（p. 387）。同时，这种世界—经济受到16世纪后期的重大变革的影响（pp. 18—19）。并且，布罗代尔意识到空间并不比时间更加静止，地中海世界—经济不是先验的分析单元。即使是16世纪地中海最为缓慢运动的历史进程——最重要的是人与自然之间的这些进程——也并非是一成不变的，（布罗代尔）在其著作的一开始就确立了特定的地理环境背景。虽然在某些方面，自然—社会的关系看起来几乎是永恒的、没有变化的，布罗代尔（1972）强烈批评那种占主导地位的史学做法，

> 即用传统的地理介绍来讲述历史……对于矿藏，农业类型和典型植物的描述，只是简单地罗列以后再也不会提起，（其实他们没有注意到大自然每年）春天开花，羊群迁徙，船只在随着季节而不断变化的海面上航行。（p. 20）

更抽象的是，布罗代尔（1972）坚持认为地中海的时空界限应受到质疑和讨论。地中海世界—经济的边界既不是先天的也不是静止的，它是在15世纪随着"地中海大西洋"的出现而扩大的（包括一些产糖的岛屿，例如马德拉斯等）（p. 155）。也许还出现过"全球性的地中海"（p. 168）。布罗代尔在与社会—空间力量的不断对话及较小规模的变化中构建这种世界—经济。一方面，布罗代尔强调某种使他能够确定这个世界的时空界限的统一性，他将这比喻为"电场或磁场"（p. 168）。另一方面，他又认为，"地中海甚至不是单一的海洋"，也不是"一个独立的世界"（p. 17，pp. 108—109）。在布罗代尔看来，地方史在广义的历史模式和日常生活的多样性之间来回交织，这不会抹杀当地历史，反而会努力将"地中海的历史融入它复杂的整体中"（p. 20）。

因此布罗代尔（1972）关于16世纪地中海的历史地理研究不仅仅是从单一角度进行的社会史研究。如果世界—经济是一种包容的可分析的实体，那么至少还有其他两个突出的内容：民族—国家或所谓的地域经济，以及城市—国家或所谓的城市经济（p. 341）。此时另一种社会空间的辩证关系出现了。16世纪领土国家的复苏，与其说是城市力量的转移，不如说是后者的重新调整定位。"由国家或帝国创建的城市反过来又创建了国家或帝国"（p. 351）。城市和地域经济互相依赖。"虽然领土国家和帝国获得了大量的土地，但它们无法开发由此所产生的巨大经济实体"（p. 344）。因此，在16世纪，"这些城市仍然是强有力的驱动力"。"这些城市所在的国家不得不向它们妥协并容忍它们"（p. 341）。虽然这些城市依然是巨大经济实体的主要推动者，但它们的地域权力在中世纪晚期开始衰落。到15世纪末见证了"城邦瓦解的岁月，它们的基础过于狭窄，无法抵御对

于今后将成为主宰的领土国家的进攻”（p. 339）。一种新的社会—空间秩序正在出现。国家掌控着领土力量，而城邦执掌着经济实力，二者谁也不能离开彼此。虽然各个国家不得不与城市资本家达成妥协，但“即使是最独立的城市，也需要使用属于领土国家的空间”（p. 341）。

地中海世界—经济的城乡领土辩证关系的横断面就是布罗代尔的城—乡关系的概念。在地区范围内，城市和郊区向中心区转移。这是“发达的国家［城市］和欠发达地区不可避免的对话……也是先进和落后［之间］不可避免的对话”（Braudel，1972，p. 386）。根据布罗代尔（1972）的观点，城市依赖并主导农村：

> 因为如果没有这些为其基石的贫困地区，城镇就不可能存在（并且乡村——不论它们是否有意——一直维持着这种贫困的状态）。每个城市，无论多么辉煌……都不得不从约 30 公里半径的范围内来获取基本粮食供应。（p. 386）[①]

15 世纪，除了热那亚之外的其他意大利北部的城市—国家都在拓展自己的直接腹地，而不是向海上扩展。与西班牙和葡萄牙不同，15、16 世纪的“意大利通过增加自己的生产而得以生存”（Braudel，1972，p. 597）。这是一种内在的而非外在的解决办法，主要通过两种方式实现。首先，城市—国家企图扩展城乡关系，发动战争来拓展腹地及垄断商业机会。“威尼斯从 15 世纪初期就努力征服大陆上的领土，与此同时，佛罗伦萨在企图征服托斯卡纳地区，（将领土）扩展远至来亨、比萨、海洋，并试图将锡耶纳也纳入自己的统治范围之内”（Braudel，1961，p. 276）。[②]

第二个战略取决于乡村景观的转型，这加深了城市对农村的控制。虽然“内部殖民”（internal colonization）在 16 世纪发生在整个地中海，然而布罗代尔（1972）认为，

> 这在意大利尤其显著。意大利没有参加到对远方领土进行殖民化的伟大运动中去，部分原因可能是她正忙于收复自己边境周围所有可以得到的土地。（p. 66）

---

① 这里布罗代尔夸大了他的例子。《地中海》一书充满对谷物贸易重要性的讨论（e. g.，1972，pp. 584—586，pp. 596—599）。

② 笔者偶尔参考布罗代尔 1961 年论述欧洲扩张的重要文章来补充《地中海》及《文明与资本主义》的讨论。布罗代尔的文章非常重要，把《地中海》一书与后者在论述资本主义问题上准确地关联在一起，并且清楚地强调了“漫长 16 世纪”欧洲扩张过程的重要性，以及对人类历史的决定性（Aguirre Rojas，2001，p. 33）。

意大利“在平原上有自己的美洲”（Braudel，1972，p. 67）。这些“内部美洲”[1] 是通过各种方式被征服的：

> 在山坡上种植，开垦大山的斜坡，[通过排水] 开垦大大小小的平原，随着农业不断地侵蚀草场迫使牧群离开，而农用和畜用土地之间有清晰的界限……这就带来了对树木和野生动物的破坏。（Braudel，1972，p. 597）

然而，不仅仅是当地的动植物被摧毁。人类也未能幸免。土地的开垦“从人的角度”来说付出了“高昂的成本”（Braudel，1972，pp. 82—84）。

乡村的农业—生态转型与地中海世界—经济中的阶级冲突及资本流通紧密联系在一起。在近代早期的城市中，意大利北部有一个曾被马克思（1973）称为资本主义制度下的“农村城市化”的经典例子。最初，意大利的那些大城市能够影响如此广泛区域的农业转型是因为他们有资本这样做，他们通过“那种长期和大规模的贸易所汇集的利润”来积累资本（Braudel，1972，p. 84）。那些 15 和 16 世纪“众多的改进计划”（p. 67）“要求更多的劳动力和更多的资本”。“先后发现土地是一种有利可图的或安全的投资（方向）”的城市资本非常愿意伸出援助之手（Braudel，1972，p. 598；*also* Braudel，1961，p. 269；1993，p. 318）。因此，“一种大规模的城市向乡村的投资……正在发生”（Braudel，1972，p. 72）。随着意大利北部制造业的竞争力相对于欧洲西北部逐渐下降，土地变得越来越具有吸引力，意大利的资金或者流入了金融业，或者，更重要的是“流入了农村及其代价高昂的土地改进计划”（Braudel，1972，p. 599，pp. 69—70）。随着城市人口的增加，这种改进也越来越有必要，——不仅仅在意大利，而且在卡斯提尔和普罗旺斯也是如此——因为 15 世纪后期和 16 世纪增加的城市人口开始对粮食供应产生压力（pp. 69—71）。

城市资本对农村的“改进”不仅是社会方面的，同样也是生态方面的。正如 16 世纪的英格兰一样，意大利城市资本向农业的转移剥夺了农民的财产——或使其负债累累，导致那里以及其他地方盗匪四起（Braudel，1972，p. 599，p. 80；*for Spain*，Braudel，1973，p. 741）。到 16 世纪中叶，“土地资本的繁荣时期”引发了“一场不为人知的社会革命”。在威尼斯的区县，16 世纪 50 年代“领主与农民之间紧张的社会关系首次凸显出来”，与此同时，伴随着商业衰退，城市对

---

① 这里笔者倾向沃勒斯坦的翻译，布罗代尔（1966，p. 62）的研究在沃勒斯坦书中被引用（1974，p. 42）。

土地的投资正在掀起热潮（Braudel，1972，p. 599)，威尼斯“有可能落后于意大利的其余地区”（p. 599)。在伦巴第的水稻种植区，劳工们在“可怕的条件下受着奴役”（p. 74)。农民的情况也并不乐观——他们“在平原肥沃地区拥有不到3%的土地”。农民类似于殖民奴隶：“他有主人，并且他生产的东西都归主人所有”（p. 75)。在这些变化的条件下，“农民既是贵族的奴隶，也是农作物的奴隶”（Braudel，1981，p. 124)。

不可避免地，城市资本对于农耕土地越来越多的占领使得贫富差距越来越大。在整个地中海地区，大地产、单一种植以及不断恶化的社会不平等如影随形（Braudel，1972，pp. 74—77，p. 76n，pp. 80—83，p. 155，p. 599)：

> 地中海地区的其中一个问题，并且造成其传统主义以及死板的一个原因就是……新获得的土地仍旧在财富的控制之下。在［欧洲］北部，也许一把镐、一个斧头就足以——这正如后来在美洲——使土地变得具有生产力。但在地中海地区，有钱有势的土地所有者们发挥了重要的作用，并且随着小规模的土地改进被废除，地主们越来越倾向广泛的、长期［并且是大规模］的（土地开发）计划，他们的作用也就越大。这种目标只能在一个有着严格等级社会，或者说只能在一个有严格的社会秩序的情况下才能实现。(Braudel，1972，p. 75)[①]

布罗代尔并没有否认农民的日常生活中出现的中时段（middle-run）社会变化，他（1972）认为城市资本对乡村的入侵也许会形成如下一些概念，如财产所有制的不断变化……［以及］农民秩序的不断变化……［这种概念或许会让人们考虑到］对周围城镇所带来的广泛的影响，这些城镇不断地扰乱着低地地区的地理与社会秩序。(pp. 77—78)

所以，布罗代尔与马克思（我们将会看到）一样，将城—乡对立同资本主义崛起中出现的社会—生态对立联系到一起。

16世纪，威尼斯及其他城市经济体通过水运从远至佛兰德斯、英格兰以及波罗的海等地进口谷物来应对这种矛盾（Braudel，1972，p. 599；1981，p. 126；1984a，p. 108)。“‘第一个’16世纪的内部殖民化迟早让位于‘第二个’”16世纪的外部战略（Braudel，1972，p. 606)。对于威尼斯来说，这意味着要通过贸易来保证其安全，这是无法从它的农村获得的——部分原因在于农业—生态变

---

① 在这段，我们可以看到魏特夫（Wittfogel，1957）水力专制主义理论的影响，其强调农业—生态生产力，基础设施改进和专制主义之间的关系。

化所带来的大规模的社会动乱。粮食贸易至少在短期内使得威尼斯的统治阶层把农业危机的负担从自己的肩上转移到了城市贫民身上，对后者来说，粮食短缺是“灾难性”的（Braudel，1972，p. 606）。

从本质上讲，威尼斯致力于从外部修复这种社会—生态矛盾，这种矛盾扩散并加强了城市农业—霸权对周围农村的控制。这象征了一个更广泛的模式。“随着充满活力但非常危险的资本主义而发展起来的 16 世纪的大城市，开始遍布领土国家，处于一种控制并压榨整个世界的位置”（p. 342）：

> 我们不能简单地用内地或者她的帝国海岸及她的岛屿来理解威尼斯，尽管她一直在无节制地利用这些资源。实际上，她是靠强大的土耳其帝国为生的，就像常春藤是从它所依附着的树上来汲取养分的一样。（p. 342）

威尼斯部分依赖于领土扩张，部分依赖于同奥斯曼帝国的关系，然而，热那亚则奉行一种更为“危险的和灵活的”资本主义策略。热那亚基本上放弃了对领土的野心——它的小郡县由强大的阻挠城市投资的乡村贵族所主导（Arrighi，1994，p. 111），热那亚的资本“在西班牙的领地上建立了［一个帝国］，如在塞维利亚、里斯本、梅迪纳坎普、巴利亚多利德、安特卫普以及美洲等地”（Braudel，1972，p. 343）。西班牙王室对于这热那亚的内部帝国（internal-empire）给予了相对的自主权，充当（西班牙）殖民地的银行家……在繁荣的美洲出现的前夕，他们极为深刻地影响着西班牙的财政及金融事务（p. 343）。在“顺从的外表之下”，热那亚及其他城市资本家正在“谋求他们自己的好处”（p. 344）。

从更大的范围来看，正处于上升阶段的领土国家及政治中心的出现，形成了一种在地理上扩张的城乡关系。曾经是谷物出口国的葡萄牙在 15 世纪晚期越来越“不能保证面包的供应”（Braudel，1972，p. 586）。在扩大的世界市场的压力下，“果园、橄榄树和葡萄园占据了越来越多的空间”，取代了谷物农业——这说明在 16 世纪的地中海中西部地区，出现了农业专业化的趋势，甚至出现了单一种植的趋势（pp. 84—155）。

> 对谷物的需要，即谷物“帝国主义”，驱使着葡萄牙去夺取广大的摩洛哥市场……但最令人满意的解决办法是从外面购买谷物，而放弃那些基本上无利可图的国内活动。（p. 586）

因此里斯本腹地的扩大，远远超出葡萄牙领土，包括安达卢西亚、卡斯蒂利亚、西西里岛、佛兰德斯、甚至远到波罗的海的部分地区（Braudel，1972，pp. 196—197；*also* Braudel，1984a，p. 140）。

将其城市腹地的关系推向全球的并非只有葡萄牙一个。正在进行领土扩张的威尼斯和奉行扩张主义的西班牙面临着木材危机，这威胁到其海军力量。到16世纪，在地中海中西部地区有着“明显的森林滥伐”现象，特别是在大型造船中心的周围地区，例如（西班牙控制下的）那不勒斯（Braudel，1972，p.142）。作为建造船体基本原料的橡木变得越来越稀少。威尼斯的问题尤为严重。“整个16世纪……砍伐森林的速度迅猛（p. 142）”。如同谷物一样，16世纪晚期，两个大国都试图通过商业途径来扩大他们木材的贸易区。为了建造“无敌舰队”，西班牙的菲利普二世试图从遥远的波兰“购买……树木”（p. 143）。

反过来讲，原因也就是结果，因为城市和国家不仅根据世界—经济不断变化的需求塑造贸易区，而且世界—经济本身也在小规模上重塑城—乡关系。布罗代尔的观点暗示，葡萄牙的农业在16世纪已开始转向果园和葡萄园等利润高的行业，并放弃谷物农业这种无利可图的国内活动。卡斯蒂尔的牧羊业也是如此，如果没有地中海地区内部及外部的一系列变化（Braudel，1972，p. 94），其崛起是“不可能的也是无法想象的”（p. 94）。巴塞罗那的崛起也是如此。“外部力量在很大程度上促进了她最初的崛起”（p. 147），并且维持着那些支撑沿海城市的沿海地区的活跃（p. 145）。

这种多层次地理规模上发展的城—乡关系有时直接与环境史相联。布罗代尔（1972）问道：

> 有多少个岛屿被外国谷物所侵占？它们的目标仅在于它们在地中海甚至是在世界市场上的地位？种植的作物只供出口，这些作物经常会威胁到岛内经济的平衡。它们常常带来饥荒的威胁……我们可以用一种夸张的方式来考察这一点，这在“地中海的大西洋”诸岛上非常明显：马德拉、加那利群岛、圣多美，这些地方都是受到甘蔗这种单一种植戕害的地方，这和后来的巴西东北部的殖民地情况一样。马德拉岛原本是一个盛产木材的岛屿，但由于炼糖厂及其对燃料的需求，它迅速地失去了覆盖其大部分的森林。这场革命完全是从欧洲利益的角度出发——欧洲只是一味追求那些珍贵的蔗糖，而根本没有顾及岛上居民的利益。甘蔗的悲剧在于，不管它在哪里生长，它都会阻止其他轮作作物的生长，并且限制其他粮食作物生长所需要的空间。新来者彻底颠覆了旧的［生态］平衡，而且更加危险，因为它是由一个16世纪在世界的许多角落已经扎根的强大的资本主义所保护的，如在意大利，里斯本以及安特卫普等。并且对它无法抵御。通常情况下，岛屿上的人群无法容忍对于他

> 们资源的消耗。在加那利群岛，蔗糖几乎同第一批征服者一样残忍，导致了当地土著人（关契斯人）的消失。也正是炼糖厂使得使用奴隶劳动得以推广……这些是来自大西洋地区的例子。然而，严格来讲，地中海地区也不乏这样的例子。以通过种植小麦对西西里的入侵为例；直到1590年甚至之后，西西里岛是地中海西部国家的加拿大或阿根廷。希俄斯岛盛产乳胶……塞浦路斯产棉花、葡萄和甘蔗、克里特岛和科孚岛产葡萄酒；杰尔巴产橄榄。这些单一作物经济是外国干预的结果，是人为造成的，对德语中所讲的“国民经济”是有害的。（p. 155；*also* p. 142）

在这里，那种认为布罗代尔将自然看作是“一种背景”（Beinart，2000，p. 170）的观点毫无根据。相反，在这段文字中，布罗代尔将他在《地中海》第一卷中表达的生态历史观点总结为四个主要的方面。首先，地中海群岛从属于城市资本主义，代表了一种正在深化和扩展的城—乡辩证关系。第二，布罗代尔与马克思一样认为城乡关系是一种深刻的对立关系。这是同阶级不平等以及社会动荡联系在一起的。第三，城市资本对农村的土地控制是通过强制实行单一种植而实现的，而这种单一种植打乱了以往的社会与自然之间的平衡关系。第四，资本主义对于土地的控制以及对生态平衡的破坏是伴随着对人的奴役和种族灭绝而达到的，这导致对人类的控制和完全毁灭——从而将资本主义的扩张概念化为一种通过人类身体及全球空间流动的过程。

由于一些（我们下面将要谈到的）原因，布罗代尔并不总是能够识别或解释这些城—乡关系的资本主义特殊性。但是，布罗代尔却敏锐地揭示了后来地理学家称之为“自然的产物”的东西（Smith，1984）。在克里特岛和科孚岛如同在塞浦路斯一样，“我们必须想象人们为了种植葡萄而改造那里的乡村”（Braudel，1972，p. 156；*also* p. 72 *on* Lombardy plain）。这些岛屿就是“殖民经济”（p. 157）。布罗代尔虽然没有明确地将地理范围的问题理论化，但他却在地方—全球的联系方面给出了明确的解释，他认为自然的积极转换是按照有利于资本积累以及城市扩大而进行的。在这里，布罗代尔拒绝一切静态的地理概念。事实上，我们在《地中海》中发现了思想的核心——虽然也许提法比较隐晦，也没有形成系统，即城市资本对于农业空间的统治带来了社会矛盾，这种矛盾可以通过地理上的扩张得到减轻，但却无法消除。城市经济和领土经济一样寻求在地理规模上——通过贸易和征服——扩张它们各自的城—乡构成，以便扩大它们城市资本投资的舞台，养活日益增加的人口，并在军事斗争中占上风。

农业经济因素：世界—历史的含义

接下来，我们可以考虑布罗代尔的农业经济“选择”的概念（Braudel，1977，p. 11）。布罗代尔认为，小麦、大米和玉米——“代表文明的作物”（p. 107）——对欧洲、东亚及美洲文明命运产生了强烈的影响：

> 欧洲选择了小麦，但小麦耗竭土壤，这就迫使土地定期休耕；这种选择意味着家畜饲养的可能。现在，谁又能想象如果没有牛、马、犁和车的话，欧洲的历史会是什么样子呢？这种选择的结果是欧洲的农业和畜牧业共同发展。欧洲一直以来以肉食为主。水稻的发展源自于园艺这种形式，水稻的精耕细作使人们没有饲养动物的余地。这就解释了为什么在水稻种植区肉类只占了人类饮食的一小部分。玉米种植绝对是获得“每日面包”的最简单最便捷的方法。它生长非常迅速，只需要很少的照看。玉米种植使人们有自由时间，强制农业劳动力和美洲印第安人巨大的牺牲使之成为可能。社会时断时续地选择那种在土地上发挥作用的劳动力。（Braudel，1977，pp. 11—12）

尽管这种农业经济因素的概念很容易陷入贾德·戴蒙（Jared Diamond，1997）最近提出来的环境决定论，笔者认为我们可以保留一种有用的核心。笔者一直在思考布罗代尔从农业—生态角度对中国与欧洲的比较，以及由此造成的各自地理上的扩展与巩固。中国巨大的优势在于其水稻生产区的生产力。在18世纪的法国，一公顷小麦可以生产150万卡路里供人类消费，而在东亚地区，同样一公顷水稻则可以生产735卡路里（Braudel，1981，p. 151）。那么水稻的巨大劣势是什么呢？就是对劳动力的巨大需求。水稻“在所需人力方面保持着世界纪录”（p. 145）。小麦需要的劳动力相对较少。“小麦的致命缺点是其产量低下；无法为耕种者提供相应充足的粮食”（p. 120）。另外，小麦还会耗竭土壤。“不管在什么地方种植小麦，每年都需要在不同的土地上种植……小麦不能在同一块地上连续耕种两年，否则就会带来严重的负面效应。小麦需要轮作”（Braudel，1981，p. 114；*also* 1977，p. 11）。但同时，小麦的这些缺点在欧洲却变成了优点。小麦对畜牧业的刺激反过来又为欧洲提供了可观的畜力，远远超过非洲以及欧亚其他文明区所拥有的畜力，更不用提美洲大陆了（pp. 341—352）——这也是欧洲征服美洲大陆的一个决定性优势（甚至可以说是一种推动力）。

这其中的含义是，与中国的水稻种植相比，欧洲的小麦畜牧业的复合体更倾向于地理扩张。小麦耗竭土壤肥力的特点——尤其是它需要牲畜来补充土壤肥力——趋向于产生新的城—乡结构，推动了地理扩张：

> 如果要想提高生产力，那么就需要更多的肥料，这自然就意味着要牺牲耕地，把更多的土地留作畜牧之用。三年一次的轮作制度，使土地在下一年播种小麦之前可以得到一年的休耕期，不允许在休耕地上种植过多的作物，这就使谷物种植得到优先发展，这种轮作制会造成相当低的产量。种植小麦的地块不像种植水稻的地块那样是一个完全封闭的体系，种植小麦的地块无疑自身肥力不足：饲养的牲口可以一直在林地上，新开垦的土地上，还有在干草地上放牧……但是这些资源并不充足。(Braudel，1981，p. 117)

只有在把耕地变成牧场并以此来确保为耕地提供充足肥料的前提下，生产力才可以得到提高。但如果耕地变成牧场，显然用于种植小麦的耕地数量势必要减少，这又会趋向于"吞噬土地"（Braudel，1977，p. 11）。在中世纪晚期，西北欧地区的人们找到了一个解决此问题的权宜之计，就是灵活的农耕（Davis，1973，pp. 112—113）。然而，大多数情况下，地理重组和扩张使得余粮不断增长，支撑了不断发展的近代早期的欧洲世界—经济。

> 能够供应欧洲谷物的地方是人口稀少以及不发达的国家，这些国家绝大多数是处在北部，或是东部边缘区……甚至是南部边缘区……这个过程经常变动。一个粮仓关闭了，另一个又开启了。17 世纪上半期，是瑞典（利沃尼亚，爱沙尼亚，斯堪尼亚）；1697—1760 年，是英格兰，这是由于出口补贴所刺激，出口补贴进一步加剧了圈地运动；18 世纪，则是英国在美洲大陆上的殖民地 。(Braudel，1981，p. 126；*italics added*)

这是一种恶性循环吗？是的，但是看起来这种恶性循环曾经在近代早期对欧洲的发展起到过积极作用。在没有直接的、大范围的现代农业变革之前，城市商人和金融家们依靠其对流动资本的优先控制权，强迫许多地区，先是在欧洲内部，然后扩大到世界其他地区，处于被支配地位，使它们变成了粮食出口地区，由此，他们在没有显著提高生产力的情况下，余粮不断增长。这就巩固了高附加值农业在西北欧的发展，同时，廉价的谷物也支持了巨大的有利可图的非农业部门的发展……而且只要欧洲的劳动力分工在地理上不断持续扩张，谷物就能维持着低价。(*see* Brenner，2001；Moore，2003a)

与中国的比较是具有启发性的。水稻，不存在耗竭土壤肥力的问题，因此有利于领土统一（巩固），而不是向外扩张。但是，水稻所面临的农业—生态挑战在某些方面"是更加专横和奴役的"（Braudel，1981，p. 145）。水稻从水流中汲取养分，它需要依赖“水利技术来创造并保持水流的运动”（p. 145）。与西欧的农业技术相比，这种水利体系需要来自上面的控制。因而，水稻身后隐藏着“一个稳定的社会，国家权威和经常的大规模水利工程”（p. 149）。

从水稻支撑国家权威的程度来说，中国倾向向外迅速扩张的势头会受到抑制。相反于中世纪欧洲发生的移民扩张没有引起必要的国家权力的扩张——实际上恰恰相反，例如波兰，中国的情形就大不相同：

> 稻田数量的增加意味着国家控制（力量）的增长。也意味着村落的聚集（所以双重原因造成了国家力量的加强）……因此，在水稻种植普遍的地区，就会出现人口聚集和严格的社会秩序。（Braudel，1981，p. 149）

中国的对外扩张在很多方面被国家力量所限制，其方式对于更加具有无政府主义倾向的西方来说无足轻重。例如，南方是这个帝国主要的水稻种植区，“中国人没有尝试，也没有能够征服山区：他们从来没有尝试去做……起初，水稻种植并没有在边远地区和新开垦的土地上尝试，而是在已经存在的城镇周围开始兴盛”（Braudel，1981，p. 155）。在东部地区，城—乡关系是趋向在生产密集化的基础上重塑，而并不是空间的扩张。水稻生态更进一步巩固了这种趋势，这一点与欧洲倾向于建立一种城乡之间的一种更加稳定的新陈代谢的关系类似，在欧洲城市的垃圾又返回到土壤之中（pp. 155—486）。

上面的论述绝大部分非常接近于魏特夫在 1957 年发表的“东方专制主义”的思想。笔者这里想要强调的并不是布罗代尔对中国或欧洲历史的特别阐释，而是从长期的历史—地理视角来解释两国的历史与政治活动，经济以及农业—经济联系起来所取得的丰硕成果。例如，人们普遍承认甘蔗生态造成了现代甘蔗种植园的劳动过程和阶级关系（Mintz，1985；Moore，2000b），也都认同在美国南北战争前期，由于小麦与玉米种植使得某些地区形成奴隶劳动，某些地区使用自由劳动力（Earle，1987）。笔者这里想要说明的是不管是大型种植园还是小一点的农业区，对于“文明化”的问题都有影响（purchase，原意有抓牢、紧握之意——译者注）。是欧洲而不是中国征服了整个世界，那我们认为这种情况的出现与长期的农业—生态和农业实践有关，难道不是一种合理的解释吗？

“生物体制”（biological regime）与世界—经济

生物体制是布罗代尔提出的鲜为人知的理念，而笔者个人认为这一理念是他所有理念中最重要的。布罗代尔认为（1981），在1400—1800年，一种生物旧体制占据着主导地位，构建了“一套规则、障碍、结构、比例，以及各种关系”（p. 70）。它主要的观点认为“出生数量与死亡数量大致相同；非常高的婴儿死亡率；饥荒；长期性的营养不良；以及可怕的传染病”（p. 91）。生物的旧体制这一概念首次出现在《日常生活之结构》（*The Structures of Everyday Life*）一书的开头部分——布罗代尔的《文明与资本主义》（*Civilization and Capitalism*）三部曲的第一卷——这一概念是为整个早期现代文明建立“可能性范围”主要结构的一部分。布罗代尔认为，生物的旧体制是一个上限，“其约束着人类生活，使人类生活局限在一个轮廓变化的边界里……在每个时代，甚至是在我们的时代，这样的边界把可能性与不可能性区别开来”（p. 27）。尽管它的含义在布罗代尔那里一直都不是很明确，特别是对美国的社会学家们来说更是如此，他们总试图跳过布罗代尔三部曲的第一卷而直接去阅读后两部，布罗代尔的潜在（或者说是不成熟的）论点依旧认为生物体制的历史以决定性的方式塑造了商品生产和资本积累的可能性。（18世纪末期是否是欧洲生物体制的分水岭仍是一个值得商榷的问题。但若没有布罗代尔提出的概念，这个问题根本就没有成为问题的可能。）

生物体制不应被错误地理解为人口史的同义词。布罗代尔（1980）观点的含义要比人口体系更为宽泛；它包含阶级结构、劳动分工以及粮食史。“所有的人口学，所有的历史，事实上所有的社会生活，所有的经济学，所有的人类学（笔者还可以列举很多）都是生物的，也是生物学的”（p. 154）。布罗代尔从这一立场出发，从多角度解释普遍性饥荒在近代早期欧洲重现的原因。在他的解释中，主要的一点是阶级的不平等。布罗代尔注意到，“富人有他们自己的人口模式”（1981, p. 90）。城乡之间不断加剧的对立掩盖并且强化了阶级分化。正如我们看到的，在16和17世纪的“经济衰退”时期，城市资本重新投资“到了土地上”。不管在何处，“土地改良计划”需要“超出常人的努力”，而且通常都是在“损害农民生活”（p. 124）的前提下实现的。由于不断加剧的贫穷和饥荒横扫整个欧洲农村地区，“农民们需要依靠商人、城镇和贵族才能够活下去，他们很少有自己的积蓄”（pp. 74—75）。农民们沦为“奴隶”（pp. 124—125）。“面对饥荒，他们除聚集到城镇别无他法，他们沿街乞讨，经常在公共场所奄奄一息，除此之外，他们别无选择”（pp. 74—75）。“穷人大军，有时是来自非常遥远地方的穷人”“经常性地侵入”城镇，使得城镇不断采取严厉的措施，比如英国的济贫法案（pp. 75—76）。

布罗代尔（1961）对乡村地区的早期资本主义转变，饥荒，以及在更广意义上的城—乡劳动力分工的论述非常有洞察力，这一论述在他解释 16 世纪的“价格革命”和粮食史时，得到进一步的加强与深化。布罗代尔发现白银革命“毫无疑问地对欧洲的日常生活以及经济基础结构引发了相当大的断裂”——这一观点远远没有被人们了解（p. 177）。布罗代尔与史普纳（Spooner，1967）对近代早期世界—经济的价格做了深入的研究，他们含蓄地把欧洲的生物体制与价格革命联系在了一起：

> 事实上，如果要写一部关于整个欧洲的肉类与动物产品的历史，将会费墨颇多，而这样一部历史头绪太多，但却逐渐地被迫要遵循一种常规的模式。这有可能意味着要研究的粮食史——迄今为止只是一些生动的细节，粮食史几乎从来没有越过奇闻逸事的层面——是一些从来没有被仔细地分类、测试或者比较过的细节。一日三餐吃些什么？卡路里含量是多少？市场价值在哪里？这些问题很少有人去关注……毫无疑问，价格的历史仅可以在最初揭示粮食这个“现实主义者的”历史。但是这已经把问题很好地引出来了，或者说这是一个重要的参考点。**分析其他方面时，比如生物学或社会学的**（变化时——译者注），**都必须以它为参考**。一直以来，困扰人类的典型日常问题就是粮食价格与可供选择的范围。（pp. 415—416；*italics added*）

这里，布罗代尔与史普纳（1967）似乎是在讨论粮食的消费与生产——在一个不断扩大的市场—商品体系——形成的关键期。“价格的历史”变得与大众日常问题紧密相连，百姓越来越多地受到“共同的发展模式”影响。严格地说，获取和供应每日所需面包既是社会性的，同时也是生物性的，而不是经济性的。它们的影响在世界—经济范围内散播开来。

与许多其他事物一起，生物的旧体制的突出特征——长期的营养不良，是受价格革命的多重因素决定的。从 14 到 16 世纪的欧洲，农民和工人的饮食曾经“经历过一段美好的时光”，但是到了 1550 年之后，他们的饮食状况就急剧恶化了。这是一个“非常严重的倒退”（Braudel，1981，pp. 193—196）。但却恰恰是这种倒退的饮食推动了欧洲的发展：

> 1400 年至 1750 年，欧洲是一个庞大的面包消费者，同时有超过半数的欧洲人是素食主义者……只有这种“倒退的”饮食才可以使欧洲负担得起不断增加的人口……人们逐渐淡忘的是，这种情况也同样适用 1750 年——面包占很大比例，而肉类只占一小部分……这是饮食恶化

的结果，而当我们谈论中世纪时，情况却不是这样。（Braudel & Spooner，1967，pp. 413—414）

重要的是，布罗代尔与史普纳（1967）把这种饮食的转变与欧洲劳动力分工的重组，以及直接生产者不断改变的日常生活联系在一起。16 世纪，不断上涨的谷物价格（相对于肉类）引起了

在广阔空间上的畜牧业变革，……在这种转变中可耕地越来越多地被牧场侵占，这种转变一直以来“首要的”当务之急是要能够养活逐年增加的人口。在西欧，给农民艰苦的生活带来调剂与欢乐的牧区变得越来越少了。（pp. 414—415）

区域专业化对土壤所带来的负面影响，丝毫不逊于对日常生活的影响。在东欧，价格革命导致了“剧烈的货币贬值和通货膨胀，与此相伴的是大规模的谷物出口（Braudel &Spooner，1967，p. 377），当然也导致了农奴制再版对剩余产品剥夺的急剧上升（Braudel，1982）。农奴制加上谷物单一种植使得 17 世纪大面积的土壤衰竭以及边际收入不断下降（Braudel，1961，p. 259；1981，pp. 122—124）”。

劳动分工不是静止的，它也可以朝着相反的方向发展。例如，在生物旧体制末期，18 世纪法国的肉类价格不断上涨导致了大片耕地转化为牧场。（可预见的）结果是“失业，大批的小农阶级沦落为乞丐和流浪汉”（Braudel，1981，p. 196）。社会与生态再一次以辩证的方式结合在一起。

正如在《地中海》一书中，周期历史汇聚（conjoncture）再一次进入了辩证的紧张关系中。布罗代尔把生物体制看作是一种长时段的结构，他这样做的目的是要澄清而非掩盖周期历史态势的（conjunctural）转变；与其说他忽视，倒不如说它强调了要关注日常生活。近代早期生物体制并不是静止的，而是一直充满了紧张与压力。“因为在长时段，没有什么是静止的”（1993，p. 147；*also* 1980，pp. 25—54）。我们需要特别关注紧张与压力所指引的三种方向：（a）饮食变革有助于欧洲的（或是资本主义的?）发展（Braudel & Spooner，1967，pp. 413—414）；（b）世界范围内的劳动分工发生转变，比如牧场被转化为耕地，这导致了欧洲中心区畜牧业的衰落，而在东欧部分地区以及美洲边缘地区，单一种植却兴起（p. 414）；（c）欧洲成为一个统一的世界—经济体（pp. 376，415；*also* Braudel，1961，p. 285）。布罗代尔的这些见解提供了非常好的基础，我们应该在此基础上发展出一种更为缜密的，也更加历史化的资本主义与环境关系的概念。

世界—生态、世界—经济和历史资本主义

布罗代尔对世界环境史所做出的具有历史性和概念性的贡献仍然不明确。原因有以下几点。首先，布罗代尔在英语世界里最重要的对话者都是社会学家，这群人固守着“社会—文化决定论”（Dunlap & Martin，1983，p. 204），“社会—文化决定论”忽视或者说边缘化了“人类社会对生态系统的依赖”（Dunlap&Catton，1994，p. 6；*also* Foster，1999）。其次，布罗代尔关于资本主义的概念，一方面有别于产品和规范化的市场交换，另一方面，也有别于物质生活，有使资本积累去物质化的趋势。结果，布罗代尔的叙事方法，首先是在《文明与资本主义》三部曲著作中，使得他在借用一系列单边及去物质化的概念时，易遭到批评，其中，阿瑞基（1994）的忽略自然的（nature-blind）《漫长的20世纪》是一部精彩的著作。最后，世界环境史方兴未艾，而且主要研究者是历史学家，对于他们来说，理论探索是次要的（Moore，2003b）[①]。

最终，布罗代尔在世界—历史研究中使用的概念被人接受或借用（reception and appropriation）的原因不如他在文集中所使用的方法（如果运用恰当的话）重要。笔者建议，我们可以用两个步骤来拓展布罗代尔的生态历史视角。第一，笔者简要地考察伊曼努尔·沃勒斯坦是如何把布罗代尔的唯物主义融入马克思主义者关于世界资本主义发展的观点之中的，这种方法会加深我们把资本主义作为一种生态历史体系，同时也是世界—生态和世界—经济的体系的理解。第二，笔者将证明把马克思主义的经济史与布罗代尔式的环境史结合的创新之举，可以通过重新考察马克思对资本主义的社会—生态矛盾得到丰富。

在世界—历史的视角范围内，人们普遍认为沃勒斯坦借用布罗代尔抽象的环境问题来帮助解释社会史问题（Chew，1997，2001；Friedmann，2000）。但是，这种看法实际上漏洞百出。沃勒斯坦（1974）对封建主义危机与资本主义兴起的分析，认为社会—生态因素是最重要的，这些因素包括土壤肥力衰竭、单一种植、流行病因素、畜牧及土壤侵蚀、农业经济选择和中欧文明的发展轨迹，气候

---

① 例如，由唐纳德·沃斯特（1990）创新的，并且在世界环境史中广泛阅读的生产模式的理论还没有在这一领域产生重要影响。

变化、森林砍伐和木材短缺，以及饮食结构（*see* Moore，2003b）。[①]

沃勒斯坦挖掘出了隐含在布罗代尔著作中的两个生态学观点。第一，沃勒斯坦认为，在早期资本主义地理扩张时期，农业—生态的变革是关键。正如我们看到的，布罗代尔（1981）强调欧洲的粮仓“经常变换地理位置”（p. 126）。他还指出了一个几乎同时发生的类似的模式，即中世纪欧洲矿业中心的重新布局和全球扩张。熔炉大量消耗燃料导致森林砍伐及燃料价格上涨，这一状况由于劳动力成本的增加和工人骚乱而进一步恶化。这些问题使“欧洲经济作为一个整体”，“把处理矿厂与冶金厂的棘手问题都扔给了那些依赖欧洲经济的边缘区”（Braudel，1982，p. 325）。在东欧和美洲边缘区畜牧业也同样被重新布局（Braudel & Spooner，1967，p. 414）；以“大规模的宰杀”为特点的皮毛交易也是如此。

> 1786 年，英国和美国的船只出现在北太平洋上。很快，堪察加半岛上的美丽生物便被猎杀殆尽。狩猎者们不得不深入到更远的地方去获取猎物，远到美洲海岸，甚至远至圣弗朗西斯科地区。（Braudel，1981，p. 69）

当然，在沃勒斯坦看来，没有地理大规模的扩张，资本主义的兴起无从谈起。资本主义世界—经济从欧洲向美洲的扩张并不像它对美洲的征服和富有成效的合并那样显著（Quijano & Wallerstein，1992）。这种已经出现的体系的生态矛盾在边境地区呈现出最为荒凉的特征。没有比甘蔗种植区更为明显的地方了：“在地中海和大西洋岛屿上进行的大范围甘蔗单一种植破坏着这些岛屿，不仅破坏着土地，还有岛上的人口。岛上的土壤被侵蚀，人口消亡”（Wallerstein，1974，p. 89）。我们知道，甘蔗是非常赚钱但具有破坏性的植物，排挤小麦，耗竭土壤，因此不断需要新的土地（更不要说它的种植耗尽的人力）（Wallerstein，1974，p. 44；*also* Wallerstein，1980，pp. 162—162n）。而布罗代尔（以及下文将要提到的马克思）则认为，土壤的退化与劳动力的退化是历史性地联系在一起的。

沃勒斯坦对布罗代尔极具思想性的生态观的唯物主义所做的第二个阐述，即

---

① 沃勒斯坦主要的方法论——与布罗代尔的主要不同之处——是强调漫长 16 世纪的农业资本主义的重要性。如果说布罗代尔（1981）认为“资本主义和城市”“在西方是指一回事”（p. 514），沃勒斯坦的出发点则是“资本主义农业”。也许不是故意为之，沃勒斯坦用这样的方法有效地修正了一战前马克思主义者非常关心的“农业问题”——这个决定引导他关注前代人关注的农业—生态问题（e.g.，Bebel，1988，pp. 204，pp. 207—208；Bukharin，1925；Kautsky，1988，pp. 214—215，p. 220，pp. 245—249，p. 254；Lenin，1961，pp. 155—156；*see also* Foster，2000，pp. 226—256）。

是把世界—经济与世界—生态辩证地联系起来。可以把封建主义危机解释为“一种社会—物理原因的结合”（Wallerstein，1974，p. 35）。资本主义兴起的基础是“世界生态”划时代的重组。那么，这便是生态帝国主义理论的萌芽，由此，“因为新兴欧洲世界—经济的社会组织的出现，世界生态以一种使欧洲获益的方式被改变”（Wallerstein，1974，p. 44）。（首先是欧洲核心区！）[①]

笔者认为，意义重大的是要把世界—生态与资本主义兴起相联系。我们这里难道不是完全从世界—历史的角度（同样也是从一种唯物主义的和建构主义的角度）去探讨自然的生产这个问题的吗？漫长的16世纪的农业—生态转型不仅仅标志资本主义的世界—经济的兴起，也标志着资本主义的世界—生态的出现。笔者这里所谈的是，不应该分离世界—生态与世界—经济的相互作用，而应当把资本主义看作是一个概念，在这个概念中，经济与生态息息相关。

作为世界—生态的资本主义，它的特殊性不仅仅是简单地对大自然大规模的改造。相反，其特殊性可能更好地体现在逐步深化了微观社会—生态的世界—历史特点的方式上，这是出于资本积累的考虑，而资本积累又不断地为无休止的全球扩张施加压力。因此，表面上看来是无关紧要术语上的变化，却尝试要阐释一个庞大的问题群。随着资本主义的兴起，地方社会不仅被卷入世界资本主义体系，而且更为重要的是，富于变化且到目前为止仍然处于隔离状态的区域性的社会—生态关系被纳入一个资本主义的世界—生态之中，同时它们也成为资本主义的构成因素。很快，地方的社会—生态关系就被人类劳动力（这本身也是一种自然力）所改变，并且这两者开始持续的对话。正如我们将看到的，这种对话及转型的历史—地理的特殊性是由资本主义对财富的特殊具体化——尤其是货币积累的向心性——以及与此相关的城—乡对立塑造的。这些特殊性将会破坏积累的社会—生态环境，使得地理扩张浪潮的再现成为一种必需。因此，连字符的使用是必要的：我们所讨论的未必是全世界的生态（尽管这实际上就是当今的现状），我们所讨论的其实是一个世界—生态。

如果真的是这样，那么不管是从历史上来说，还是从理论上来说，生态—社会之间的双重性就讲不通了。从资本主义兴起的立场来看，世界—经济与世界—生态所代表的是单一世界历史进程的不同视角。把这个环节看作是“统一体中的部分”（正如马克思所说一样），这样可以让我们发挥布罗代尔关于经济—生态辩

---

① 关于把马克思的帝国主义经典概念扩展到生态领域的突破性著作，可参见戴维斯（Davis，2001）以及福斯特和克拉克的研究。

证关系的尽管含糊但却很有启发性的观点。借助资本主义的世界—生态概念，我们能够开始更好地理解现代世界对立的特殊形式，这种对立指的是资本主义驱向无止境的积累与生态可持续发展需求之间的对立。

沃勒斯坦非常清楚这种对立，但他似乎并不愿意去理论化这种对立的基础。在笔者看来，价值的资本主义生产与抽象的社会劳动都是核心。沃勒斯坦宁愿用概念—历史的术语来思考资本主义，而不愿意借用任何纯粹的资本主义体系模式，也许是由于这个原因，他对任何有关形式上的理论化问题都避而不谈。笔者认为，总体来看，沃勒斯坦认为试图把资本主义形式上理论化的努力还不成熟，这种看法是正确的，这也就是为什么他一直反对把世界—体系“理论”公式化的原因（Wallerstein，2002）。但这种想法也是有局限的。马克思在《资本论》（1977）中很好地解释了资本主义的价值形式，也即资本主义体系下社会对立的基础。但马克思的贡献远非如此。马克思同样指出了资本主义价值生产的新陈代谢，及在生产和同时存在更广层面上的劳动社会分工的对立（Marx，1977，p. 283，pp. 636—638；*also* Burkett，1999）。倘若我们不了解资本主义是如何历史性地把财富浓缩成一种具体的社会形态（价值），那么笔者认为在现代世界里，给我们留下的只能是对生态危机做出以市场为中心的解释。这就是布罗代尔—沃勒斯坦式方法中循环论的危险，这一点已经体现在许多其他非常重要的环境史著作中（e. g.，Cronon，1991；Merchant，1989）。问题的关键在于资本主义下的市场与生产呈现出具体的历史性的特殊形式，这导致了生态可持续性与经济发展之间严重的冲突。市场和特殊形式的生产（如工业化），这两者本身都无可厚非。因此，尽管沃勒斯坦提出了资本主义理念的骨骼，但却具有启发性，指出了现代的自然—社会之间的对立，如果我们考察马克思的生态见解，也许可以使这种观点的要点得到最大化的充实。

唯物主义，被动与主动：马克思对资本主义的生态批评

沃勒斯坦的重大创新就是运用布罗代尔的观点来复兴古典马克思主义的精髓——唯物主义，但是随着西方马克思主义的兴起（直到20世纪60年代还盛极一时），古典马克思主义就变得无人问津了（Foster，2000）。在这一点上，沃勒斯坦把布罗代尔的观点发挥得淋漓尽致。在某种可调和的立场上，当我们寻找使资本主义的世界—生态的历史特殊性概念化的方法时，我们对布罗代尔与马克思唯

物主义的认识不断加深。[①]

布罗代尔的唯物主义与资本主义的生态历史特殊性的问题

最终，布罗代尔所有关于资本主义生态历史的观点更多流露的是一种消极的唯物主义，而不是积极的唯物主义。布罗代尔强调人类在形成地中海的世界—经济过程中的能动作用，但这种强调并没有转变成社会变革的生态（生态化?）理论（笔者认为这是布罗代尔思想的核心——强调环境的作用而不是环境史的作用）。对布罗代尔来说，资本主义看重资本的自我扩张，而不是依赖于任何生产关系的转型。在这种情况下，资本主义包含着在特定的世界—经济中最有利可图的活动。近代早期，这意味着长途贸易及金融活动，虽然包括某些工业活动，例如采矿。[②] 在这一系列事情中，资本最显著的特性就是它的“无限的灵活性”，也就是从低利润行业向高利润行业的转移（Braudel，1982，p. 433；*also* 1984a）。因此，资本主义不单是从分析上来说——而且在许多方面从经验上来说也是——有别于低利润的及规范化的市场经济的市场交换，更是与司空见惯的出生与死亡过程，吃饭与成长，以及日用饮食的肉类与土豆的运输有天壤之别。

通过对生产和再生产（物质生活）的抽象化，布罗代尔的资本主义理论倾向于对资本积累去物质化。但他的论述方法让人迷惑，并且非常矛盾。这一点在他的资本概念中表现最明显。布罗代尔（1977）强调，“资本是一种有形存在，是易于看到的金融财富的堆积，资本持续不断地发挥作用”（p. 47）。唯物主义者把资本视为一种有形的实在，他们的这种合理见解因为其自身作为资源的特点而变得复杂。在布罗代尔看来，资本是一种东西，一种资源，脱离于生产的社会关系；它受到崇拜——变成了一种“经常起作用的”实体。由此，布罗代尔的唯物主义呈现出一种越来越被动的特征。在这一点上，布罗代尔的唯物主义在其自身矛盾的重压之下，开始解体。把资本主义从生产（以及再生产）关系的变革中分离出来的做法，倾向于产生一种关于资本积累的去物质化的理论，人性和超人性的自然与资本积累很少有联系。换句话说，自然被看作是外因；自然界的转变也许会，也许不会促进或者阻碍未来的资本积累。

---

① 也许正是这个原因，沃勒斯坦在《现代世界体系》第一卷对生态史的强调在后来的 1980 年、1989 年版本中逐渐减弱。

② 布罗代尔（1982）写道：“资本主义”直到很晚——20 世纪初——才完全成熟，并具有爆炸性的力量（p. 22）；“15—18 世纪，这些限制日常生活的模式很少改变”（1981，p. 27）。

这些矛盾削弱了把资本主义解释为一种特殊生态历史体系的努力，同时也束缚了对资本主义发展在积极主义—唯物主义理论上的解释。在这一点上，布罗代尔的影响（尽管不只是他的影响）已经渗透到了最近的世界—历史的研究中：日益的商品化和市场交换使得货币财富的积累和商品生产转变成资本积累；它的地理上的飞地被视为原始的或不成熟的资本主义的间隙，这样的资本主义是必须要有世界—历史的条件才能够繁荣。换句话说，资本主义的兴起是从资本主义兴起的角度来解释的（Abu-Lughod，1989；Arrighi，1994，1998；Braudel，1984a，p. 57，pp. 108—109；Chase-Dunn & Hall，1997；Mielants，2000）。对于环境史学家们来说，资本主义历史特殊性的模糊不清使他们确信现代世界体系与现代以前世界—体系之间的生态差别只是程度上的不同，而不是种类上的不同（e. g.，Broich，2001；Chew，2001；Hughes，2001）。

向资本主义的过渡是否对自然—社会关系中的革命性与划时代的突破产生影响，这是一个不能依靠理论原则解决的经验型问题（*see* Moore；2002；2003a；2003b）。在漫长的16世纪，生态转变的范围、规模和速度或许发生过重要的变化，也许没有发生过重要的变化。但是一旦我们从商业化和资源的角度出发，对资本主义和资本积累进行狭义的概念化，我们识别世界—经济和世界—生态之中的划时代变革的能力就会极大地被削弱。

马克思的历史—地理唯物主义：自然、劳动力和新陈代谢断裂理论

如果说，布罗代尔关于资本主义的唯物主义概念，以及近来对此观点的拓宽与发展而做出的努力（e. g.，Arrighi，1994），是朝着生态历史的死胡同走去的话，那么马克思与恩格斯的历史—地理唯物主义则提供了一条出路。[①] 他们的生态唯物主义有三点值得特别关注：（a）历史的共同进化理论，是由一种唯物主义和人类与自然史的相关概念组成的；（b）价值的劳动理论的生态重要性；以及（c）新陈代谢和新陈代谢断裂理论的重要性。所有这些共同形成了积极唯物主义和对历史资本主义的生态—危机趋势进行理论化的基础。

马克思在1860年写给恩格斯的信中说道，达尔文开创性的著作“为我们的

---

① 也许有点无情，笔者用“马克思”指代马克思和恩格斯的集体著作。

自然史观点提供了基础”（Marx & Engels，1936，p. 126）。[①] 虽然马克思、恩格斯有时批评达尔文思想的狭隘性，以及带有马尔萨斯式的“生存斗争”的味道，但他们赞同达尔文的观点，即认为历史是由斗争、适应、转型，最重要的是有机体与环境之间的辩证性的相互影响构成。他们的重大创新之处在于接受并发展了达尔文的自然史观点，此观点认为有机体与环境是同等地相互决定且相互转化的。从这一观点出发，人类的进化包括社会历史，同样也包含自然史。“正如动物器官代表了它们适应其居住地环境的工具”，人类制造体现他们与自然之间积极关系的工具。劳动是“人类特有的生态属性”（Foster，2000，p. 201；*see also* Engels，1972）。它“使我们意识到，人类并不是完全按照自己的选择去改造环境，相反，人类遵从了自然历史下的先决条件”，其中包括那些由以前存在的社会所产生的自然—历史的先决条件（Foster，2000，p. 205）。自然改变了社会，同时也被社会积极地改变着。

这种共同进化的观点为马克思和恩格斯的资本主义生态批评理论奠定了基础。该理论的核心是价值的劳动力理论和资本的相关特征。与布罗代尔把资本看作是资源的观点不同，马克思（1967）认为资本是“一种明确的社会生产关系，它是属于社会的一种明确的历史形式，表现在某一事物之中，并且赋予这一事物具体的社会特征”（1967，vol. 3，p. 814）。在资本主义社会，资产阶级和无产阶级明确的社会生产关系呈现出抽象的社会劳动形式——价值实体。由货币代表的价值，变成了资本积累的衡量标准和联系，而资本积累又试图按它的形象重塑世界。

马克思认为，价值是资本主义特有的。与马克思的生态批评相反的是（e. g.，Bunker，1985），历史资本主义的特殊价值形式是不同于被称为“有价值”的东西的。马克思（1971）没有否认外界自然对人类确实是有用的，前提（从资本的视角）是它的产品没有直接进入资本主义的财富结晶化过程，在此过程中，所有的财富都必须被分解成货币形态（pp. 488—889，pp. 268—269）。马克思并不赞同资本的价值形式，他的观点是一种激进的批判。事实上，通过穷尽人类与人之外自然的“自然和社会的特征”（Marx，1959，p. 77），价值的积累与“所有财富的最初形式”——土地和劳动力——的可持续性形成了尖锐矛盾（Marx，1977，p. 638）。如今，在马克思对资本剥削土地

① 福斯特（2000）写道，马克思、恩格斯提出“用培根的方式运用‘自然史’的概念，可以在人类与生产的关系中关注‘自然史’”（p. 196）。

与劳动力的趋势所做的著名批判中，最令人瞩目的是他拒绝把这两者分离开来。资本对土地和劳动力的剥削远不及它通过劳动力对土地的剥削。考虑到资本的实质是动态的价值，就不会有其他可能，资本的命根子是劳动力从它的社会—生态特殊性中抽象出来。马克思的价值分析从生态学上来说是非常令人信服的，原因就在于它阐明了价值作为抽象社会劳动（它的社会形式）的价值积累与作为物质过程（它的空间形式）的价值积累之间的矛盾。货币作为价值的一般等价物而出现，调解着价值的"社会普遍性"同它的"物质特殊性"之间的矛盾，也调解着社会劳动的抽象性与外部环境特殊性以及形成其特殊性的具体劳动力之间的矛盾。货币"解决了"（虽然只是暂时地）这种矛盾，采取的方式是通过从定性的差异化中抽象出有用劳动，这种有用的劳动力是以人类和人之外的自然的物质多样性为条件的——自然是财富的真实来源（Burkett，1999，p. 84）。

货币资本积累是从社会—生态特殊性中抽象出来的，它允许了，实际上是强迫了对内部与外部自然的激进简化。环境史学家们，诸如沃斯特（1990）和克罗农（1991），认为这种简化是从商品和脱离了价值生产的货币资本的流通角度来解释的——这其实是一种布罗代尔式的观点。而马克思的方法指引着我们思考某一地区特有的商品生产及在更广范围内的资本积累之间的关系。一方面，资本的无限积累依赖于不断提高的生产力。这就使各种形式的控制成为必要，这种控制会使具体的劳动力和各种生态的特殊性（劳动力只是其中之一）减少到一种"可交换的部分"（*see* Braverman，1974，pp. 181—182）。[①] 另一方面，货币本身会通过强化体现在生产过程的趋势来分解生态的特殊性。戴维·哈维认为"价格依附于特定的物品并以可交换实体为前提，如果这一可交换实体的私人财产权利可以确定的话。"（1993，p. 6）。"这就意味着我们可以想象任何实体，好像它们都可以脱离开它们所属的生态环境。例如，我们以为我们可以不考虑鱼依存的水而

① 笔者这里的方法遵循布雷弗曼（1974）解释劳动过程的精神，这一定意味着（虽然布雷弗曼没有看到这一点）不仅具体劳动简化，而且也意味着前者再形成的生态财富的简化：我们看到从劳动的具体形式中的抽象……马克思用之确定商品价值的手段（根据其体现的普遍人类劳动的份额），并不是只在《资本论》第一章出现，也出现在资本家、经理、工业技师的思想中。正是他们的努力和工作使我们不仅把劳动视为人的努力，而且也从其具体特点中抽象出来，*目的是把其理解为普遍的、无休止的、重复的运动*［斜体字是后加的］……用这种方法，劳动与马克思在分析资本主义生产模式时使用的抽象更贴近（pp. 181—182）。

估计一条鱼的价值”（Harvey，1993，p. 6）。[1] 把这两者放在一起考虑，我们可以看到不仅仅只有地理景观和非人类的有机体在遭受着价值积累的生态冲突。资本主义生产被公认“成为它们自己身体的碎片，……摧残着……［劳动者的］身体和思想”（Marx，1977，pp. 482—484；*also* 1959，pp. 19—20，pp. 75—76）。马克思认为资本主义“是第一个为工业病理提供材料和动力的体系。”（1977，p. 484）。

资本是自我扩张的价值，它是在运动中的价值，没有边界。但是使用价值是有边界的（Marx，1973，p. 87）。因为所有的价值都体现在特定的使用价值当中，因为价值规律促动生产力不断提高，资本主义的发展“意味着抽象劳动的每一小时都负荷着越来越大量的使用价值以及它的物质前提……资本积累涉及价值积累与物质过程积累之间越来越多的数量上的不平衡”（Burkett，1999，p. 110）。

地理上的问题——首先涉及世界范围内的城乡劳动分工——现已开始成为人们关注的焦点。因为价值积累一度是社会关系以及物质进程的问题，因此我们必须不断地从社会的和物质的角度去解决两者之间的矛盾。如果货币是对价值—自然矛盾的社会修复，那么内部扩张（激烈、破碎）以及外部扩张（地理扩张）则构成了对这一矛盾的空间修复。

笔者想指出的是，由于价值的前提条件是直接生产者与土地的分离，并且逐步使农业屈服价值规律，资本原始积累带来了一种新型的城—乡对立，这早在16世纪就已开始（Moore，2003a）。并且，价值生产的前提是无限扩张，即它的前提条件是“以无限动力超越有限障碍”（Marx，1973，p. 334），它会不断发现自身与价值积累的生态基础处于对立状态，尤其是（不仅是），人类劳动力的社会—生态能力反过来要求城—乡之间辩证的无限扩张。

在这一点上，马克思的新陈代谢理论具有决定性的意义。资本主义价值形式的生态矛盾导致新的、不断扩大的城乡结构产生，以维持资本积累。这种城乡分化的扩大再生产反过来扩大并加剧了城乡之间营养循环链的断裂，也就是说，它打破了维持生态可持续性的必要的和最基本的新陈代谢过程，因为营养从乡村流

---

① 这种交换能力，正如哈维在提到财产权时指出的，取决于原始积累的循环波浪。“原始积累”中出现的东西是一个独特的历史过程……积累只是代表“连续的过程”（Marx，1971，p. 272）。正如汤普森（Thompson）所说（1991），“全球的生态史可能可以被写成连续的过程——即使用国家权力（首先是法律）重组异己的农业生产模式”（p. 164）。从这个观点看来，国家在激进简化自然的过程中发挥了重要作用，有时是直接的代理（*see* Scott，1998，pp. 11—52）。

出，进入城市，但却没有什么力量能使这些营养回流。这就是“新陈代谢断裂”（Foster，1999；2000）或者是马克思（1981）称为“互相依存的社会代谢过程中不可修复的裂痕，生活的自然法则所规定的新陈代谢”（p. 949）。这种自然界与社会新陈代谢中的断层是资本主义发展的基础，有时有利于资本主义的发展，有时又对其形成制约。正如布罗代尔的循环主义方法论指出的那样，新陈代谢断裂不仅仅是个系统产生的问题，它是价值规律的生态表达。新陈代谢断裂不仅迫使资本—劳动关系无止境地扩大，而且它的前提条件是通过逐步掌控土地使城—乡关系不断扩展。如果城乡辩证关系表达了价值规律的地理因素，那么新陈代谢断裂则是价值规律的生态表达。

马克思的新陈代谢理念对于阐释全球史与地方史之间相互影响的作用非常实用，它表述含蓄，在大多数环境史中还未被深入了解。如笔者所言，随着资本主义的兴起，劳动过程——由之土地的物理组织——被彻底（不断地）简化。（这当然是个长期的、不规则的过程）。早在15世纪就已产生，由专业劳动力从事的种植园的单一种植以及条播就是一个很好的例子（Moore，2000b；2003a；2003b）。通过这种方式，资本主义农业破坏了对可持续性来说极为重要的生物多样性，这是因为种植园农业——即使是由大地产者组织而非由资产阶级直接组织——受世界市场控制，世界市场不遗余力地（以灭绝为代价）要求努力降低成本，追求生产过剩最大化。这是价值规律的形成，它要求企业从生物多样性中及所有其他的生态需求中抽象出来，发展到最大限度。

通过强迫提高生产力——这需要技术与社会劳动分工的各种转型，资本对土地的控制为新型城—乡辩证关系创造了条件，这种城乡关系与封建欧洲的社会关系有极大的不同。从地理学意义上来讲，地区性的城—乡关系被地理范围上不断扩张的城乡关系补充或替换。例如，有人可能会思考，近代早期，荷兰城市与波罗的海之间形成一种新型关系，这种新型关系被沃勒斯坦称为“国际债务偿还”制（pp. 121—122）。16世纪，阿姆斯特丹四分之一的谷物需求要依靠波罗的海地区来满足，这就造成17世纪东欧粮食出口地区土地普遍衰竭（Wallerstein，1980）。

总之，在广大地理范围内由原始积累形成的新型城乡结构很快扩展开来，发展迅速，并将生态问题地方化。随着资本主义世界生态问题的增多，新陈代谢断裂日益随着资本主义世界—生态的出现而日益全球化，同时我们也发现了新陈代谢断裂理论的重大影响。由于资本主义与土地的关系并不持续，所以注定要不断地开疆拓土，其首要的、也是最佳的选择就是进行地理扩张。这些扩张浪潮是新型城—乡关系的重要组成部分，也是资本主义在以后几个世纪连续漫长的发展过程中开发土地和劳动力的新型手段。其次，内部殖民以及生活与劳动越来越彻底的商品化，虽然能在短期内缓和这一问题，但在长时段的历史当中，地理扩张意义重大（Moore，2000a）。因此，根植于马克思价值观中的新陈代谢断裂论为我们提供了一个有利的视角，通过这个视角，我们可以在宏观和微观的地理范围上了解资本主义的不可持续性，即世界—经济、世界—生态以及劳动力是如何在长时段的历史进程当中相互构成，相互关联的。

结论

马克思与恩格斯的历史—地理唯物论指出的资本主义理论将生态矛盾视为积累、危机以及世界发展的最重要问题。体现在历史发展过程中的生态危机和生态变化在广泛的地理范围内扩大着资本的再生产。首先，随着资本主义的发展，具体的、商品生产的特定地方的劳动力与日益全球化的货币积累体制结合在一起，共同构成了马克思所说的“有机整体”（1973，p. 100；*see also* Marx & Engels，1970）。

问题的根源不在于商品生产，而在于具有普遍性的社会体制的出现。资本主义，从本质上说，倾向于把一切事物商品化，即使这永不可能实现。它通过货币资本积累来力求实现这一点。周期性原始积累使得货币资本倾向于将财富、土地以及劳动力等原始资料转化为共同的尺度，而这一共同的尺度无视生命的多样性。资本与自然之间的矛盾每一步都揭示了人类与自然积极关系的历史特性，也即“自然关系……与自身相关，因为人是自然的一部分”（Marx，1959，p. 67）。

在笔者看来，这似乎是一种解释资本主义历史最有效的办法，这种办法将生态转化视为过去五个世纪当中资本主义一波又一波生态转型的重要组成部分（Moore，2000a）。从身体和景观的角度来看，自然在生态上决定着一切，在社会上构建着一切。也就是说，自然与社会共同进化。套用马克思的观点，就是阶级创造历史，但他们的选择并不在生态地理情境之中。任何特定时刻的社会—生态条件都代表了先前时代的历史—地理残骸，这只是狭隘意义上的社会史或政治史，这些历史地理残骸“如同人类大脑中的一场噩梦”（Marx，1972，p. 437）。

与此相反，布罗代尔的唯物论将资本生产与自然生产断裂开来。这导致了资本（资本主义）理论的产生，这一理论认为环境是外在因素。但如果这就是故事的结局，布罗代尔对环境史的贡献就微乎其微了。幸运的是，故事到这并没有结束。自然偷偷地介入到布罗代尔的唯物论中。尤其在《地中海》中，布罗代尔承认世界—经济是生态的；世界经济并不是简单地与地方生态互相影响。世界—经济与世界—生态离开彼此将令人无法想象。布罗代尔有时缺少对二者之间张力的识别，但仅仅是有时而已。他认识到，岛上政治生态中单一种植的商人资本征收会诱发土地、劳动力以及社会的激进转型。生态与帝国主义扩张以及社会不平等密切相关。皮毛业、采矿业，甚至谷物种植中的社会—生态矛盾都会诱发连续性的结构重组以及地理扩张。一种利于资本主义发展的新型生态体系，它将饮食与积累在世界范围内联系起来，在“黑死病”之后形成。如果说布罗代尔很少解释这些对立和转型，但他指出了大规模的社会生态变化的促动因素，他使用的方法为我们提供了新的远景来考察近代世界的环境史。

第五章　超越新陈代谢断裂：资本主义世界—生态中的危机理论

新陈代谢理论是今天环境研究中最具活力的视角之一。我们如何能坚持这一视角的核心内容，同时提出一种危机和发展的理论——这种理论认为资本积累、权力追求和自然生产都是历史上资本主义单一进程中的不同环节？笔者的回答可以通过两个相关的论点展现。第一，新陈代谢断裂的理论——特别是由约翰·贝拉米·福斯特、布雷特·克拉克和理查德·约克代表的“俄勒冈学派”——基于笛卡尔的范式，即把生物物理危机放在一个盒子里，把积累危机放在另外一个盒子里。[①] 按这种观点，环境恶化是资本主义发展的结果，是这个体系的结果。但其不是作为一个历史体系的资本主义的构成部分。自然和社会是作为一个双重的东西出现的；辩证关系被简化为解释“*这些观点（‘自然’和‘社会’）如何相互影响和彼此转换的*”（Clark and York，2005a，p. 396，*emphasis added*）。对这些观点的相互关系的强调混淆了人类和人之外自然的辩证的结果与辩证关系本身。这种辩证关系，笔者称之为奥伊寇斯，源起于特殊资本主义形式中“自然”和“社会”的单一抽象。

关键是综合。在本章的第二部分，笔者提出，新陈代谢断裂视角的问题不是走得太远，而是走得*不够远*。笔者抽出新陈代谢价值理论的含义——由此，资本主义最大的冲突是“商品的‘经济等价物’与‘自然独特性’之间不可根除的紧张关系（Marx，1973，p. 141）——来证明提出一个关于长时段内资本主义发展与危机的统一理论是可能的。这就是*作为世界—生态的资本主义*的理论，这个视角以一种辩证的统一把资本积累与自然生产联系起来。这个视角的前提是：资本主义对自然产生的影响远不如资本主义通过自然对社会发展而产生的影响大。（Moore，2000a；2000b；2003a；2003b；2003c；2007；2008；2009a；2009b；2010a；2010c；2010d）。资本主义并没有一种生态的体制；它是一种生态体制。作为世界—生态的资本主义，首先是通过参考马克思的价值理论建立，重建其未

---

① 福斯特和约克在俄勒冈大学社会学系教书，克拉克在那里获得博士学位。

被理解的危机理论，这一理论基于生产不足和生产过剩的辩证关系，这两个环节都基于资本有机构成增加的趋势。这个基本的危机趋势——马克思“最重要的规则”（1973，p. 748）——一直存在（如果我们查验资本主义历史），因为资本主义体系吞并自然“无偿馈赠”的能力快于其资本化无偿馈赠的再生产。这种通过吞并进行的积累和通过资本化进行的积累之间的辩证对立对理解目前情况下积累的恢复非常重要。

作为世界—生态的资本主义，或者，作为辩证关系的奥伊寇斯

“我们自己的劳动与土地，我们的力量与土地的力量完全混合在一起，不能拔出或分开”，雷蒙德·威廉斯1971年首次讲到这一点（1980，p. 83）。在一篇精彩的论文中，威廉斯批评了那些“单一抽象”（singular abstractions）——社会和自然——即混淆和模糊了人类与人之外自然之间历史关系的观点。但这只是使威廉斯的争论如此出色的一部分。虽然我们可能会意识到（也许意识不到）人类与“物质世界复杂关系”的“产品”，威廉斯提出了一种方法，这种方法可以去掉这些单一抽象的假象，产生“一种不仅更复杂，而且更真实的叙述”。这种另外的方法是以关系而不是“产品”为前提的：

> 我们自己是产品：工业社会的污染不仅存在于水和空气中，而且存在于贫民窟和交通阻塞中，这些污染不仅作为物质存在，而且我们自身也存在其中，并存在于与他们的关系中……这种过程……应该被看作一个整体，而不应以一种抽象的或单一的方法看待。我们必须考察我们所有的产品和活动，好的和坏的，并考察其中的关系，这也是我们自己真正的关系。（Williams 1980，pp. 83—84，*emphasis added*）

在环境史的研究中，我们经常关注社会的足迹对自然的影响。许多人都如此（York et al.，2003；Jorgenson，2003；Wackernagel and Rees，1996；Wackernagel et al.，2002；Altvater，2007）。债务导致森林砍伐。新自由主义者的方案驱动经济作物的单一种植。工业化导致二氧化碳排放。这些不是合情合理的因果关系的陈述吗？

简单的答案既是肯定的也是否定的。所有的社会研究必须解释历时（change over time）的变化，必须涉及原因和结果的混合。但是故事的性质根据每个环节的成分而变化。人们的出发点是自然？社会？还是他们之间的关系？——注定了结论的可能范围。笔者在本章中想强调的是与广泛定义的左派生态学中不适当

的割裂。[①]（在左派生态社会学中）一方面我们发现有一系列高深的观点，认为自然和社会是一个辩证的整体。另一方面，一系列基于经验的严肃观点认为社会原因（资本主义、工业化、全球化）带来了生物物理后果（森林砍伐、二氧化碳排放、污染）。社会领域内相关的实体论与社会史领域的机械化实体论交汇。（虽然这里“社会的”含义已经不同!）问题不是关注“社会的”驱动力或“环境的”后果，或类似的因果。相反，人们在用“单一抽象”讨论关于作用者与作用、脚步与脚印的地位时就有困难了（正如传统的比喻的那样）。在这个比喻中，我们看到一种象征性的综合（也是异化）在起作用，这影响了一种把生产者和产品理想地分离，表现在动因纯粹的社会特色中和纯粹的一系列环境影响上。这完全是笛卡尔式的看问题的方法，认为资本对“环境的”毁坏与资本考察、计算并量化自然对积累作用的方法一样。正是实体论产生了一种对自然的社会控制（观点）的批评，虽然规定了其内部逻辑。换句话说，正是这种批评再生了自然与其寻求超越的社会的异化。

如果不是社会和环境的单一抽象，那又是什么？最简单的答案，按威廉斯的说法，就是采取一种以辩证的和使（所谓的）社会和（所谓的）自然之间相互贯通的方法进行研究。这个答案本身并没有新奇之处，只要还在社会理论和区域转型的研究中。但是现代世界的故事又是怎么一回事？把这种关系的方法从社会理论转化到世界史是一个艰巨的挑战。也就是说，“绿色的”社会理论（还没有）带来资本主义的“绿色”史。现在，我们的确拥有大量环境史方面的著作。但是考察这些文献，特别是它的世界—历史的成分，我们发现很多谈到资本主义的发展动力是不能简化的社会的原因——欧洲殖民主义的动力、商业化的动力、大的或小的文明方案的动力（e. g. Ponting，1991；McNeill，2000；Richards，2003）。

这种社会决定论正是笔者的出发点（Moore，2000a）。大约十年前，笔者认为“环境危机”和环境转型的长期“体系周期”构成（complement）了资本主义的发展阶段。例如，很明显，19 世纪后期垄断资本主义的兴起带来了一系列意义深远的农业生态转型，从美洲中西部的麦田到智利的铜矿及东南亚的橡胶种

---

① 左派生态学中可以参考的主要观点包括以下研究：阿尔特瓦特（1993）、本顿（1989）、布莱基和布鲁克菲尔德（1987）、布劳恩和卡斯垂（1998）、邦克（1985）、伯克特（1999，2006）、恩岑斯伯格（1974）、福斯特（1999，2000）、哈维（1974，1996）、莱文斯、列万廷和瓦茨（2001）、皮特和瓦茨（1996）、佩鲁索（1992）、佩鲁索和瓦茨（2001）、施奈贝格（1980）、史密斯（1984）、瓦茨（1983）、威廉姆斯（1980）、沃斯特（1990）。最近，派尼茨和利斯（2006）和赫南（编辑）（2007）在此潮流中提出了两个重要的视角。

植园。笔者不久发现，人们用这种模式只能解释这么多。笔者想阐明的是置于关系之前的实体论上一系列先验结构的方法：这个游戏是被操纵的，结果已经事先决定。在这个体系的诸多因素中，垄断资本主义的兴起，引起了“特定”环境的变化。但这个观点带来一个重要的问题。也就是说，自然—社会关系如何要求重新思考资本主义和其发展阶段？也许更重要的问题是：社会—生态方法能揭示以前未被了解或错误认识的资本主义的什么？

这是一个更加引起人们兴趣的问题。笔者看到有许多重要的学者，谈到资本主义的环境恶化，但是除此之外，笔者没有看到任何我们大多数人不知道的东西：资本主义对鸟、蜜蜂、水、土壤以及这个星球基本上所有的生物都是一个坏消息。人们可能会收集经验的证据证明这个或那个“环境的”影响，但在笛卡尔的模式下，资本主义社会—生态构成本身还没有被探讨。不是说我们不需要对影响进行分析。相反，问题是笛卡尔主义缩小而不是扩展了我们考察的影响种类——耕种是重要的，二氧化碳排放也是重要的，而不仅仅是全球金融和其对安全性的渴望，或华盛顿共识（1989 年所出现的一整套针对拉美国家和东欧转轨国家的新自由主义的政治经济理论——译者注）或美元作为世界货币这类问题才重要。

在更广的意义上，大问题是我们如何思考资本主义，或可以称之为现代性、工业化、帝国主义以及世界历史进程许多其他的“主要进程”（Tilly，1984）。另一种方法介于不同的“看问题的方法”之间——即把资本主义（或现代性，或工业社会）看作对自然产生影响还是把资本主义看作通过人类和人之外自然发展起来的。笔者认为，我们已经到了一个演绎的时刻——可以使我们擦除旧的边界，开启新的视野，我们可以在自然—社会关系的历史基础上重建这些过程的每一阶段。①

说起来容易做起来难。这个视角要求把人与自然的历史高度“联系起来”（Costanza et al.，2007；Beddoe et al.，2009）。但是笔者担心，在没有综合考虑的情况下——相对于联系，我们只有把许多种观察到的趋势胡乱地拼凑在一起的模式，而不解释它们之间的相互关系。各种因素之间的相互作用被承认是决定性的，但是构成的关系——加强了描述性的趋势——仍旧是一个黑箱。例如，科斯坦萨和他的同事认为 20 世纪的特点是“一个伟大的加速度（时代）……（它的）

① 笔者对比资本主义概念的理想类型——从左派到右派——提出一种方法论的和理论的方法，关于在更大空间和长时段上历史资本主义建构的可能（Hopkins，1982；McMichael，1990；Tomich，2004；Wallerstein，1974；Moore，2007）。

发动机是一个彼此关联的体系，这个体系由人口增加、增加的消费，大量廉价的能源，解放了的政治经济组成”（2007，p. 525）。因此，全球环境变化的因果关系论倾向于求助社会的驱动（原因）——而不是社会—生态关系。

然而，任何事情都需要“刨根问底”。审视现代世界构成世界霸权沉浮的特殊的长期趋势（和特殊的短期的逻辑），金融综合体与特殊形式的环境变化的相互关系，我们有很多需要学习。但是整体的关系不能简化为这些相互影响的总和，相互影响看起来与整体的视角不同。大量说明资本主义（或现代性，或工业社会）多种环境压力源和压力的证据并不能解释这些压力是如何产生的（它们是如何具有生产性），如何发展成危机的，以及它们蕴含哪种危机。

笔者在寻找扩展笔者最初观点时面临的问题可以非常简单地表述出来。人们认为每个阶段资本主义的发展都是由一种特殊类型的环境转型来构成的，如认为资本主义的每个阶段的标志是由新资产阶级、新帝国主义、新社会技术革新构成一样，是非常有道理的。但新资产阶级、帝国主义和革新在带来连续的资本主义秩序时的生产能力是不言自明的，斯诺（Snow）的“两种文化”（1964）（斯诺在“两种文化”（Two Cultures）的演讲中指出，科技与人文正被割裂为两种文化，科技和人文知识分子正在分化为两个言语不通、社会关怀和价值判断迥异的群体，这必然会妨碍社会和个人的进步和发展——译者注）的霸权仍旧阻碍人们认识构建资本主义整体的社会—生态关系。

也许我们看到的分析种类非常简单，也非常不完善，即使是马克思主义的分析。“两种文化”持久的遗产是一种分析的词汇，这些词汇再现了笛卡尔式的划分法、阻碍（人们看到）形成（我们称之为）“自然”与“社会”的一捆捆凌乱关系。如果自然与社会是一捆捆凌乱关系的结果，那我们如何定义“捆”（bundle）这个术语？笔者的答案是奥伊寇斯，这个术语是希腊哲学家、植物学家泰奥弗拉斯托斯使用的，来表示植物与其环境的关系（Hughes，1994，p. 4，*emphasis added*）。这并不是一个完美的术语，毫无疑问，笔者做了一些随意的解释。但是用奥伊寇斯作为研究的起点，可以吸引人们注意构成的关系，这些关系带来自然和社会及其同源的各种有疑问的、先验的分类。

生态，在接下来的论述中，指整体的关系。简义“生态的”，具体指人类和人之外自然的背景，以及历史—特殊的方法，通过这种方法，在现代世界—体系中，表面的和物质的关系互相交织，暂时稳定。作为奥伊寇斯的生态与学者们用环境和自然的学究语言谈论笛卡尔二元论中的一元的观点形成鲜明对比。大多数学者谈论“环境”，作为名词或者形容词，都是先验地缩小了的研究范围。“环境”主要是一个外生的概念，主要按照人之外自然定义；或者按一些有启发性的说法（Sellers，1999）来说，这个定义扩展到包括作为环境史场所的身体。但在现代世界一体系中“环境”的许多最重要的方面——对人类和这个星球上其他的生命而言——都可以在通常被认为是“社会”的力量和关系中找到：金融市场、科学革命、地图绘制技术、新的商业组织形式（例如垂直一体化公司、殖民政府、所有权、发动战争）。认为“环境的”两个环节——森林和金融化——为不同的统一体，需要概念的词汇和方法论上的方法，这些词汇和方法要求放弃笛卡尔二元论的“预先概念化的”偏见（Haila and Heininen，1995）。因此，如果奥伊寇斯部分是语言的区别，它也是一个概念的区别，这种区别为我们考察组织—环境、社会—环境关系的可能性提供了一种可以整体的视角，由此，每一个辩证的环节都被（并且通过）另一环节积极地建构（Levins and Lewontin，1985）。

因此笔者没有用环境的危机这样的语言（Moore，2000a），而是用生态转型。笔者这样做是因为一个单一物体——特定环境并不存在……因为每一个物种，不仅仅只有人类，在每一刻都建造和毁坏它所居住的世界（Lewontin and Levins，1997，p. 98）。并且，如果需要新的术语，旧的也不能被忽略。因此，这里笔者没有用“自然和社会”、“社会—生态的”这样的短语，而是提出这些都是一些潜在关系——奥伊寇斯的结果。这样的视角提出了与笛卡尔模式不同的问题。不写资本主义的历史对环境的影响，我们可能调查“无休止的积累”与“自然的无休止的生产”之间的一种生产性的关系。[①] 我们不用“社会的”足迹对自然的其余部分产生影响的方法，可能最好问这两个终点之间暂时稳定的关系如何同时对社会和所谓的“环境”印下“足迹”。这是新陈代谢断裂视角“资本主义和自然”实体论与“资本主义—在—自然中”理论的不同。[②] 资本积累与自然生产是有区别的，但绝不是不相关的，它们彼此交织，不能分离。

如果这些因素是一个辩证整体中的不同环节，证明这些关系的方法论必要的框架和概念前提是什么？新陈代新断裂的理论，只要认为其是一个方法论的前提而不是哗众取宠的术语，就为我们富有成效地解决这个不确定的问题提供了一个希望的起点。

---

① 虽然道理非常浅显，笔者还是想重复，自然的生产并不意味着人类生产大气、物种演进、地层，或其他类似愚蠢的说法。相反，自然的生产意味着人类通过有意识的和创造性的生命活动生产与自然其余部分的历史关系。

② 这里笔者采用阿瑞基创新的措辞“自然中的劳力”（2009）。

新陈代谢断裂的理论

福斯特最初的解释（1999，2000）认为资本主义辩证地与城乡劳动分工的划时代转型联系在一起——此即马克思的“乡村城市化”的观点（1973，p. 479）。这一点非常重要，因为新陈代谢断裂现在被广泛理解为表面上“社会的”和表面上“自然的”体系的“分离”或“断裂”（McMichael，2009；Clark and York，2005a）。但是，笔者的观点是，城乡劳动分工没有产生一种新陈代谢的断裂，它就是一种新陈代谢断裂，它连续（不平均地）地驱动一系列资本主义空间的重组（Moore，2000a；2007；2010a；2010b）。在福斯特早期的概念中，直接生产者与生产方式的分离——以及乡村领主权力的逐渐衰微——暗示着一种新的财富和权力的布局。价值规律浮现的原则支配了各种生物物理财富——首先是劳动者和喂养他们的廉价粮食——流向城市空间。在向资本主义过渡的过程中，当这些“原始财富”主要在农村生产，但越来越被城市消费时，断裂出现。没有一个系统的机制鼓励城市工业废物到乡村的循环——例如，封建晚期中国的“粪便”运输，或者日本的德川（Xue，2005），或者17世纪荷兰共和国（de Vries and van der Woude，1997，pp. 202—204），历史资本主义容易产生农村营养枯竭，城市污染。生物物理枯竭和污染的长期趋势——福斯特的“环境恶化的绝对的普遍规律”——已经被“营养循环中一系列连续的、历史的突破”所证实（Foster，1999，p. 399；*also* Moore，2000a）。福斯特和他的同事强调了二战以后“产业农业”（industrial agriculture）兴起，接着出现了大型饲养场，以及最近几十年的全球原料采购的出现，他们还证明了资本主义、其地理模式（新陈代谢断裂）与系统固有的生物物力退化趋势之间重要的联系（Foster and Magdoff，1998；Clark and York，2008）。[①]

新陈代谢断裂视角最重要的贡献是把社会—生态冲突置于资本主义发展内部。但是这种概念化是一种不同于奥康纳关于资本主义第二重矛盾的理论（资本

---

① 据笔者所知，没有被福斯特、克拉克和约克概念化。一个有用的感念化过程应该从强调资本按自己形象重铸世界的乌托邦项目开始——各部分可互换的世界。把生物圈作为“自然资本”的一个大仓库是这种倾向象征性的表达，并在新自由主义时代新的基因技术中具体化。更早的时候是通过福特制大生产、北美和其他地方地籍的制图技术、经济作物的单一种植，甚至殖民地奴隶贸易的“标准奴隶”（而具体化）。这样“激进简化”的战略（Worster，1990）并没有枯竭这一过程的可能性。我们注意到每个积累的延长世纪都伴随着星球毒化质的转型，今天是以前所未有的规模把人的身体转型成会行走的、有毒的废料堆。

主义第二重矛盾指的是资本主义生产方式与生产条件之间的矛盾，这一矛盾及经济危机以生产不足危机的形式表现出来——译者注），这一点我们随后将谈到（1998）。新陈代谢断裂独特的解释能力基于三个决定性的、时空的联系：（1）原始积累把价值关系强加于乡村，强迫在初级生产中提高劳动生产率，为生产量几何基数的增加（相对于劳动力而言）创造条件——没有农业革命就没有资本主义的新陈代谢断裂；（2）其后价值关系的普遍化，意味着商品的“自然独特性”与其“经济等价物”之间尖锐的矛盾，这使得“乡村城市化”成为必须（Marx，1973，p. 141，p. 479）；（3）所以乡村与城市之间的紧张关系就非常重要，这不仅是经验的事实，而且是价值积累的地理轴点，通过资本流通的人工环境调节从农场到工厂的生物物力流动。按照这种观点，“城乡”与“资产阶级和无产阶级”都是历史资本主义中价值与使用价值之间深层矛盾的关系表现。

笔者反对的不是新陈代谢断裂理论走得过远，而是它走得还不够远。对笔者来说，在新陈代谢断裂的视角中也有一个断裂，一方面想紧紧抓住自然—社会的双重关系，另一方面寻求超越现代社会思想的潜在的笛卡尔主义。首先，我们看到一种趋势，远离马克思、恩格斯对资本主义讨论中（1970）城乡辩证关系的重要性，远离马克思对社会新陈代谢相互依赖的过程中不可修复的断裂出现的思考（1981，p. 949）。约克认为城乡辩证关系是第二等重要的矛盾，这使他认为新陈代谢断裂是一种资本主义“打断社会体系和自然体系之间交换”的方法（York，2007；*also* Mancus，2007；p. 277；Clausen and Clark，2005；Clark and York 2005a）。克拉克和约克认为，城乡辩证关系是“新陈代谢断裂的一种特殊的地理体现”，可能会消失在后者（乡村）的“常规属性”中（2005a，p. 400，p. 391）。按这些概念，资本主义是一种社会构成的主体，通过“打破”“自然循环”创造了“生态可持续性”的外部危机（Foster，2001，p. 473；Clark and York，2005a，p. 406；Clark and York，2005b）。这种生态危机趋势的体系逻辑在马克思主义者和新古典政治经济学的晦涩作品中可以找到，最显著的是新古典的“杰文斯的悖论”（Jevons Paradox）（这是一个经济学中的术语，指提高使用原料的效率的技术进步，倾向于增加［而不是减少］那种原料的消费比例——译者注）：技术改革降低投入的单位价格，所以拓宽了投入消费的范围，增加了资源的耗竭（Foster，2000；Jevons，1906；Clark and York，2008）。正是这个视角，把积累危机放在一边，把“地球的危机”放在另一边（Foster，2009，1997；Burkett，1999，2003，2006；Foster and Magdoff，2009）。这两者之间有关系，笔者认为与其说这种观点是辩证的还不如说是笛卡尔式的。

但是这样的笛卡尔主义只是一种倾向；笔者的观点是新陈代谢断裂的视角同时按笛卡尔的和辩证的方法演绎。这并不是否认辩证的方法一直对新陈代谢的方案非常重要。虽然笔者不是像克拉克和约克那样，特别相信这种东西作为“社会”存在，但他们认为“社会史不能被减少到自然史，它是自然史的一部分”，无疑是正确的（2005b，p.21）。困难在于重铸现代的元分类（meta-category）——资本主义，按他们的观点，资本主义有一种新陈代谢断裂。但我们对辩证法和以历史为基础的理论的认可也提出了问题：我们如何不同地看待资本主义为新陈代谢断裂研究的结果？用何种方式我们可以把新陈代谢断裂看作“资本概念本身的直接结果”（Marx，1973，p.408）？

当然，部分答案在福斯特阅读马克思的著作时提到。按这种解释，马克思对资本主义的批评强调“资产阶级社会……对人类的统治基于其对地球的统治”，特别是以一种大型土地所有权的方式（Foster，2000，p.74）。换言之，资本无休止的积累就是自然无休止的商品化。但是不应该一支笔写畜栏积累危机，另一支笔写生物圈的危机，也许我们应该从联系两者的关系开始？所以，笔者认为把新陈代谢断裂的特殊成分当作“一般属性”，将损失“多维度、多角度的整体”视角（Marx，1973，p.100）。对福斯特和克拉克来说，在他们开创性地对资本主义对大气的圈占进行的探究中，城乡辩证关系成为融入整体的一个特殊性。这标志着从新陈代谢断裂视角的地理前景上的后退。为了用社会和自然（城乡）的空间性取代“社会”和外部“自然”的冲突，他们发明了一种危机理论，即“空间丧失”（lost in space）（*also* Magdoff and Foster，2010）。克拉克和约克认为城乡关系是经验的事实，如果在资本本身概念中把城乡看作是几个决定性内部关系之一不是更有成果吗？[①]

因此，当笔者提出新陈代谢断裂没有走到足够远时，笔者是说社会—生态矛盾（如奥伊寇斯）能揭示比福斯特、克拉克和约克所了解的更深的东西。部分原因是把自然作为一个分析性的概念含糊地使用。例如，克拉克和约克（2005a，p.408）正确地指出价值代表一种对人的（作为抽象社会劳动力）异化的侵吞，表面上与人之外自然分离。但是，他们同样认为“金钱体现劳动与自然的关系”

---

① 人们可能会合理地认为，城市和乡村都可以包括进帝国主义类别里。按笔者的理解，这样是不睿智的，原因非常简单，城乡、核心区和边缘区并不是同义语。内布拉斯加的谷物农场是农业，但这里不是边缘区，墨西哥城是城市，但那里不是核心区。在历史资本主义研究中，核心区和边缘区意味着价值构成和价值流动（例如，资本密集型相对于劳动密集型生产），而城乡意味着对价值关系全球化来说起源的地理因素和条件的再生产（例如，乡村的城市化）。

(p. 408)。这是文字上的争论吗？可能。但如果把所考察的现象的确定含义都联系在一起，笔者认为不仅仅如此。对克拉克和约克来说，“自然的剥削”与劳动力的剥削是同时出现的不相关的过程。这就阻隔了劳动过程——包括作为了解人之外自然方法的科学（Young，1985）——和奥伊寇斯再生之间的内部关系。正是这种阻隔带来笛卡尔式地把“积累的危机”与“环境危机”的分离（e. g. Foster，2009）。

如果我们超越劳动与自然的双重关系，倾向于认为“劳动—在—自然中”(Araghi，2009)，我们可以看到这种双重关系基于（笛卡尔的）把人的劳动力重新解读为“社会的”（劳动力）。但是人的劳动力不是主要的社会—生态吗？劳动力相互关联的再生产本身就是一种“自然循环”，其社会化的流动是决定社会必要劳动时间的因素（Seccombe，1992）。如果我们详细考察从生物节律（增加的轮班工作）到生物积累（增加的毒性），就会发现决定所谓社会的和所谓自然的边界非常具有挑战性。

在新陈代谢断裂视角中，伯克特（Burkett，1999）在这个方向走得最远，他的分析基于价值理论。伯克特认为没有构成商品形式的“自然独特性”与“经济等价物”之间的矛盾，马克思的价值理论是不可想象的，他超前的分析证明新陈代谢断裂如何重置于价值理论中。正如我们不清楚在克拉克和约克的论述中，资本的循环实际上如何与现存的技术和环境变化相联，我们也不清楚伯克特对马克思资本理论经典的“红—绿”论述如何解释为资本主义历史的。所以新陈代谢断裂理论面临的挑战代表着把“绿色”社会理论解释为一种社会—生态变化的“绿色”理论的更广泛问题的特殊例子。

为了扩展新陈代谢视角的关键洞察力，我们可以假设资本积累——在其与控制主要能源、劳力、粮食、农业和资源（特别是）的现存体制的多种关系中——为生态危机之产生、衰减、形成的因素。如果现代世界有许多可能的“生态危机”的形式，加固这些形式的关系一定存在多个过程中，通过这些过程积累的动力与既是价值的起点，也是归宿点的自然—社会关系联系在一起。这里说扩张的重要限制是“外部的”，只是在高度抽象意义上的，因为外部只有通过劳动过程才能认识到（Young，1985；Levins and Lewontin，1985）（这几乎没有否定限制的存在）。这些引线开启了对这些限制的分析，认为这些限制是人类与其余的自然的内部矛盾造成的（自然是通过价值关系的全球化塑造的）。这些矛盾，虽然在历史资本主义不同的时空变化无穷，但在价值形式内部的冲突中也有共同的基础——价值和使用价值之间，“普遍”意义上与“特殊”意义上的商品之间

(Marx，1973，p. 141)。虽然前一个环节（普遍来说）要求无限的扩张，后者（“现实上”）使一系列矛盾发展成“更大规模危机，把生产的力量最大限度的发展与人类与人之外自然的最窘迫的耗竭联系起来”(Marx，1973，p. 750)。

从这个观点出发，新陈代谢断裂可以被解读为方法论的前提，可以使我们从资本的理论走到资本主义的历史，而不是走向一个关于资本主义趋向于耗尽人之外自然（生产不足）概括的论断。例如，这意味着人们可以了解“营养循环连续的、历史的断裂”不仅仅是一个可证伪的假说和一个特别的历史论断，还是一个强调在资本主义历史上生物物理租金重要性的方法论的声明——这些租金包括丰富的“廉价”粮食、能源和水，这些资源普遍被认为在目前的势态下即将枯竭。

现在我们可以打破新古典经济学提出的无限可持续性的神话，并提出一些新问题：长时段的资本积累如何是暂时推迟的、只有通过资本霸权的拓宽和加深才能认识到的一个特殊环节。

危机，什么危机？资本主义与自然的，还是资本主义的世界—生态危机？

在某一点上，这些暂时延缓的战略到达收益递减点，然后我们开始谈论危机。如今，我们非常混乱地使用这个大信号“危机”。这个术语本身成为一种口号，而不是一个解释性的概念，这一点在资本主义带来了生态危机这种公式性的解释中表现最清楚，（资本主义）被定义为正在出现的或潜在的“灾难性的问题”(Magdoff and Foster，2010；Foster，2009)。而笔者用两种历史上特殊的（historically-specific）方法使用“危机”一词，首先，特指从一种生产模式到另一种生产模式的转折点（划时代的危机）；其次，指从资本主义的一个阶段到另一个阶段的质的转变（发展的危机）。

在阐述资本主义危机的世界—生态理论时的困难被一种笛卡尔的、社会决定论的方法加剧，这种方法认为生物物理的质变（例如全球变暖、物种灭绝）理论上与积累的过程无关。在这些事情中，环境恶化可以导致部分的，但从来不会是全面的体系危机。这点在福斯特那里尤其典型，虽然其含义超出了新陈代谢断裂的视角。

让笔者简单阐明我们可以当作引线（guiding thread）的观点。*历史资本主义并没有创造如其通过生态危机创造的那么多的生态危机*。是社会力量与生物物理过程（*奥伊寇斯*）之间的关系带来这样的危机。正如笔者指出的，语言的问题是不可避免的。只有把直接生产者与生产方式及其象征的表现（在本主义出现时形成）强制地分开，象征性的区别本身——“社会力量”和“生物物理过程”——才变得可能（Moore，2007；Crosby，1997）。默钱特称这种象征性区别的起源（引用科学革命的术语）为“自然的死亡”（1980）并不是没有意义的。

在这些危机中，可以观察到两个主要的形式——划时代的和发展的生态危机。我们依次考察。第一，资本主义，源于“漫长的”16世纪，是从一个划时代的危机中出现（Moore，2000；2003a；2007）。这是漫长的14世纪的危机，标志着欧洲封建主义的结束。中世纪晚期的转型不是一个狭隘的生物物理危机，它是一个多元的转型，其中自然—社会关系是轴心。按这种解释，“生态危机”并不是构成时代多种危机的——国家的、阶级结构的、市场的——一系列后果（人口下降，土壤枯竭）。土壤枯竭的确是封建主义社会生态矛盾的后果，但也是众多农民起义和战争增加的结果（*see* Moore 2003a）。

第二，自从漫长的16世纪以来，资本主义一直通过一系列发展的（developmental）环境危机发展（Moore，2007；2009；2010c）。也就是说，世界资本主义体系通过生态危机的循环出现向前发展，而不是对危机置之不理。漫长的积累的世纪通过农业革命扩展到世界金融新中心的自然—社会关系新的结晶出现。

我们如何划分资本主义与我们如何理解这一体系紧密相关，也就决定了我们如何分析机会与限制的目前形势。在这些后者中，显著的生态因素越发明显，当我们面临如读启示录其中一页纸被撕掉一样的一系列挑战：全球变暖（Monbiot，2006），物种灭绝（Leakey and Lewin，1995），石油极限（Heinberg，2003），淡水稀缺（Barlow，2008），无法预料的新的疾病模式（Davis，2007；Davis，2005）。但巩固这些轨迹的关系在这个列表中根本不明显；“生态危机”的形成（不是生态危机的构成）是由一无是处的资本积累导致。提出“地球的危机”可能是切入问题的一个合理方法（Foster，1997），但这也带来了问题。如果无休止的积累是对现代世界人类与自然的其余部分之间关系的战略调节，我们除了通过这种关系怎么能了解地球的危机？

对左派生态学来说，问题是我们把资本主义的结构，及其发展阶段当作一种历史—地理的形成，其几乎没有根植于资本主义的奥伊寇斯中人类与人之外自然之间的关系中。相反，我们倾向认为今天生物圈的挑战是资本主义的后果——而不是资本主义生产模式的构成。[1] 资本主义以自然关系的碎片化为前提，这对于其扩大再生产非常重要：（作为人类劳动力的）自然的内化（重新分类为“社会”），以及（作为“无偿馈赠”的）自然的外化，这是马克思众所周知的（明显地是批评性的）短语。（正如我们将要看到的，这些无偿的馈赠包括人）。资本主义的分期以这些环节之一为前提，显然不足以应付目前形式的挑战。这些关键的问题包括：资本主义的历史如何看起来不同于自然—社会辩证关系的观点？这些不同可能导致我们用什么样的方法——可以启发我们对于目前危机的分析及政治反应——重新思考资本主义？

提出这样的问题，笔者的目的是把广义的建构主义者关于自然—社会关系的视角推向实际现存的资本主义层面。这个任务要求我们即刻抓住联系积累危机和生态危机的深层结构，正如传统理解的那样。如果社会和自然的异化在社会理论中产生动摇（e. g. Braun and Castree，1998；Dickens，1992；Redcliff and Benton，1994；Barry，1999；Foster，1999），社会简化论就仍旧保持他们对社会变化理论的霸权，（这一点）由广义的历史社会学所代表（Barrington Moore，1966；Wallerstein，1974；Wolf，1982）。这里笔者提出一些从现代化的“主要过程”（1984）中——商业化、工业化、人口运动、社会革命、发展、帝国主义、金融扩张、地缘政治以及资本积累——可以得出的相关的、分析性的叙述。

也许最有成效的是奥康纳（O'Connor）“第二重矛盾”的概念（1998）。奥康纳的创新之处是努力把资本—劳动对立（生产过剩的“第一重矛盾”）和资本—生态对立（生产不足的“第二重矛盾”）综合考虑。对奥康纳而言，生产条件恶化带来的成本上升产生一种从供方限制积累的动力。这种矛盾加剧了体系通过出售商品实现剩余价值时已经面对的困难。由于特殊的原因，笔者认为第二重矛盾是资本和生态（不是自然，不是环境）辩证的对立。第二重矛盾从经验上看显然不是一个“环境”恶化的狭隘理论，而是资本快速积累必要的社会—生态关系和条件（笔者的术语是奥伊寇斯）的恶化表现之一。其表现形式可能是土壤枯竭或森林砍伐，但也可能是公共教育资金不足或重要的基础设施衰败。虽然是暂时的，奥康纳的伟大贡献是提供了把两重矛盾中描述的社会—生态关系贯穿、联系起来的引线。无论奥康纳的创新有什么样的隐患，他把“政治生态”和“政治经济”统一到积累危机的同一理论中是值得赞扬的。

---

① 例如，自工业革命以来把大气层作为二氧化碳排放的垃圾桶对资本整体说是一个必要的生产条件。

编织这样一个统一理论的挑战是相当大的。为了解决这一问题，我们也许可以考察约翰·贝拉米·福斯特和大卫·哈维著作中积累理论和自然生产之间的大分裂——两人都是积累和（但不在环境中）环境的主要理论家（inter alia，Foster，1992，1999，2000，2001，2002a，2002b，2009；Foster and Magdoff，2009；Harvey，1982，1989，1996，2001，2003，2005）。我们也许可以从这种观察开始：自然生产没有受到上述两位学者积累理论的任何关注。福斯特是巴兰（Baran）和斯威奇（Sweezy）的垄断资本理论（1966）的继承人，根本没有提到资本主义晚期"剩余价值增长趋势"的政治生态和停滞的"常态"。哈维的不朽贡献是空间修复理论（1982），强调大都市的积累中危机形成和解决中不可缺少的地理因素（特点）。然而，空间修复的理论与其认为所有的社会方案都是生态方案（反之亦然）（Harvey，1996）的言简意赅的观点相去甚远。什么是空间修复的政治生态，什么是时空压缩的政治生态，什么是作为积累战略的身体的政治生态（Harvey，1998b）？

我们如何能把这些巨大的贡献融合在一起——因此积累会成为社会—生态关系的一捆，正如（转译自威廉斯的观点）当我们把这两个环节如此深地交融在一起——以致它们之间的关系总是可见的？

危机理论的看法是不可信的。危机理论根本上来说是一种预测。它们依据以往危机的经验和分析而提出。按最好的情况说，它们也是只看到还没有产生危机的潜在的力量，如果不受到约束这种力量会继续。福斯特（2002a）批评奥康纳，根据是环境恶化带来的成本增加可能会说明一些地区的情况，第二重矛盾的理论不能解释自20世纪70年代以来世界经济的停滞。福斯特批评把"生态马克思主义"局限于只考虑第二重矛盾的狭隘危机理论的倾向，他认为资本主义重塑自然不会束缚积累。他不负责任地写道："没有那样一种（如奥康纳所说）反馈机制——至少作为整体的资本主义而言没有。"（Foster，2002a；*also* Burkett 2003）。福斯特争论说，资本主义不可能被"喧闹的生态破坏所束缚"。按这种说法，生产不足的危机属于资本主义的过去，而不是未来：

> 逻辑上来讲……与自然匮乏相关的原材料和其他成本的上升可以削减利润，产生经济危机。这个因素在19世纪积累危机中的确发挥了作用，正如反应在利润率下降趋势的古典理论中。对资本来说，保持（与自然匮乏相联的）成本下降是重要的。然而，没有证据表明，这样的成本对今天整个体系的积累构成严重的、不可超越的障碍。（Foster，2002a）

但是这里有一个问题。奥康纳第二重矛盾的理论并没有提出“自然匮乏”是危机主要的原动力。福斯特把自己的二元论运用到奥康纳的理论中，使“生产条件”的多样性减化为由于自然匮乏导致投入增加。从福斯特的笛卡尔式视角来说，可以理解，他把第二重矛盾表面的形式之一与其内部逻辑混淆。这个逻辑——资本主义为倾向于毁坏其自身存在的生产条件——在金融业和农业中发挥的作用一样，我们马上要讨论这个问题。换句话说，第二重矛盾并不完全是人们普遍认为的关于资源匮乏的理论。相反，它是关于资本主义倾向于束缚扩大积累必要的劳动力、人工环境和资源供应的。

按这些术语来说，华尔街是组织自然的一种方法。2003 年至 2008 年，激化了粮食、能源、金属生产中潜在矛盾的金融投机是“生产条件恶化的”一个决定因素，与土壤枯竭和毒化完全一样。对资本来说，金融化、地理消耗，或破坏了廉价石油的“资源民族主义”，都没有什么不同。这不仅仅是吹毛求疵的批评。福斯特的笛卡尔主义阻止其注意到金融资本大规模进入人类和人之外自然的全球范围再生产代表了历史上资本主义自然—社会关系的新阶段。从农业粮食部门到依赖信用卡支付医疗账单的工人阶级家庭，全球自然（正如奥伊寇斯）依赖于表面上把自己从物质商品的直接生产中解放出来的资本循环——M-M+而不是 M-C-M+（van der Ploeg，2010；Labban，2010；Morre，2010c）。新自由主义时代，金融资本进入了布罗代尔的“日常生活的结构”（1981），在此过程中，寻求按自己的形象重塑人类和人之外自然。从 20 世纪 70 年代起，为了维持自然—社会关系的整体，金融资本决定性地重塑了再生产的原则——可怕地延伸到生命本身的分子关系（McAfee，2003）。“时空压缩”——资本趋向减少周转时间（Harvey，1982；1989）的固有的特点——不仅导致虚构商品（诸如抵押债务互换）和其全球贸易的疯狂扩张。最近一轮的时空压缩也带来了自然生产中可怕的加速：汽车工业从 45 分钟到 57 秒（Moody，1997，p. 88）；速成的转基因鲑鱼（Kelso，2003）；速成牛奶，荷尔蒙注射的奶牛（DuPuis and Geisler，1988）；也许最惊人的是 1955 年鸡要 73 天出笼，到 2005 年只需 42 天（Boyd，2002，p. 637；Weis，2007，p. 61）。

如果积累通过自然—社会关系的生产呈现——在工厂、金融中心与在森林和田野一样，福斯特的批评可能更具有实际意义。福斯特正确地反对任何过分缩小生物物理危机的概念——生物物理危机的动力源于一个积累危机的狭隘概念。但他的反对仅此而已。破坏要求重建。是什么把积累危机的“丰富多样性”与生物物理临界点联系在一起？如果奥康纳的第二重矛盾看到了资本主义晚期一种新危机的出现——部分是原来的、生产不足主义者的危机倾向的再版（这种危机的倾向一直贯穿于资本主义早期形成时期）（Moore，2007），人们会期望从第二重矛盾中出现的积累危机在建设时期慢下来，而在爆发时迅速猛烈。

资本主义的理论——是发展迅速和激烈矛盾的综合——不应该屈服于灾变论（这个词像一条红线贯穿于福斯特的著作）。哈维（1998a）正确地意识到“环境灾难是迫在眉睫的观点没有说服力”。但招致灾难（说）和理论化危机是不同的。哈维当然是自然—社会关系实体论的最重要代表之一，也是一个在积累危机方面做出突破的理论家。但是在他最近关于新自由主义的文章中，两者之间的联系不是很清楚（Harvey，2003；2005）。我们面临的是社会简化者的理论，虽然非常出色，但还是忘记自然—社会关系是一种组织原则。笔者这里要强调更大挑战的严重性，即以关系实体论解释当成现代世界史的叙述，从一种红—绿社会理论转移到一种红—绿理论，以及世界—历史的方法。正如笔者后面将指出的，哈维解决了我们要怎样面对这种巨大挑战的一部分方法。因为在哈维的（1982）空间修复中，资本最初的灵活性和转换时间的加速是通过“人工环境”取得的，而这种“人工环境”在一个时代对资本有利，但在另一个时代则束缚积累。用这种方法，在很多时代自然—社会关系的重塑解放了积累，其实只是堵死了其“未来的道路”（Harvey，1991）。

如果我们同意今天的文明正处于一个转型期，这种转型将强迫这个星球上所有生命组织的根本改变，任何想抓住这整个转型的努力都意味着超越危机本身所含的知识结构。当然，在这一过程中有许多必要的出发点，这里只提供其一。这就是要在其完整、不同但仍旧统一（如奥伊寇斯）的特点中，抓住资本主义危机倾向的起源和发展。为了这个激进的重建目的，笔者参考了奥康纳、福斯特和哈维的理论；在这些对危机分析的基础上，现在可能提出这种综合的方法（并且必要!）。奥康纳的积累危机的整体理论指向，但没有提供，资本主义的历史。福斯特精彩的资本主义史（1994）指向一种“红—绿”世界历史的综合，但是省略了积累危机提供的这种综合的可能性。哈维首先提出了历史—地理唯物主义，其核心原则是不可减化的积累“修复”和危机的空间特点，以及所有“社会”关系中不可减化的社会—生态特点，但还没有系统地综合这些因素。我们应该怎样利用这些有价值的贡献中的潜能呢?

与福斯特和哈维一样，我们从马克思那里着手。马克思认为资本主义是由两个辩证的关系组成的。第一个就是资本的理论，正如我们在《资本论》第一卷（1976）中看到的。第二个是资本主义的历史，正如我们很早在《德意志意识形态》中看到的（Marx and Engels，1970）。两者之间的紧张关系对我们目前的探讨至关重要。马克思把“资本积累的普遍规律”（资本的理论）与“原始积累”的讨论（资本主义的历史）重新安排在他去世前（Dunayevskaya，1982）写的《资本论》最后一卷的结论部分（The French，1882）不是偶然的。这种辩证关系——积累危机理论与作为生态体制的资本主义的历史之间——很少被左派生态史发掘。

把价值看作一个演绎（eductive）的方法是承认在过去五个世纪现代世界体系中价值观的重要性日增。对这样一种方法，笔者的出发点是从“价值”本身（作为过程和方案）不可减少的社会—生态构成开始——通过商品化的劳动力内化于人类，通过把自然作为无偿馈赠外化于人之外自然。价值在布罗代尔的“市场经济”（1982）中（并且也是通过它）出现，在权力和利益的世界—历史的结晶中（当然是以商品为轴心），把金融资本神秘的力量（ethereal valence）与平淡无奇的日常生活交织在一起。在这个视角下，很明显的资本主义对自然的外部关系——体现在新陈代谢断裂及其与双重危机理论的紧密联系中——被揭露为一种内部关系（资本主义—在—自然中），构成一种新的、无休止的社会生态格局。

为了把价值作为演绎的方法放到一种世界—历史，世界生态以及作为引线价值理论中，笔者现在首先要考察马克思的价值理论，然后再考察马克思的危机理论中被人忽略的部分，这一危机理论是以积累过程中流动资本（原材料和能源）生产不足为前提的。

价值作为方法：资本、资本主义和商品边疆

如果一切都是生态的（因为生态就是一切），让我们一开始就澄清：在历史资本主义中寻找危机理论——基于大量矛盾和奥伊寇斯的混乱——并不会抹杀区别。远非如此！相反，笔者建议的方法提供了笛卡尔双重危机理论忽略的可能性——即关系的建构，而不是实体论者的区别（的建构）。

接下来，笔者跟随马克思的引导，从价值生产开始（1976）。笔者的观点是——正如伯恩斯坦（Bernstein）正确地指出的（2010）——把阶级斗争和社会运动等必要问题归为一类的以资本为中心的方法。唉，我们不能同时做一切事情。积累过程出现的矛盾构成了一个更大方案的起点，这个更大的方案把资本、自然和阶级斗争统一为现代世界—体系中相互关系的运动；目前只能勾画这样最粗略的线条。资本—中心主义本质上不是资本—简化论。当然，这些冲

突对历史变化只提供了一个必要的，不充分的解释。[1] 在中世纪晚期的欧洲，作为阶级斗争出现的价值规律本身驱动了商品生产和海外交换的扩大（Moore，2003a，2007）。体现在商品形式中的价值冲突交替地由“自上”和“自下”的阶级斗争促动和限制。这些矛盾和斗争从资本主义开始就与自然的生产交织在一起——德国的农民战争（1525）很大程度上是一场争夺森林公有权的阶级斗争，当冶金资本主义在中欧迅速发展起来，这场斗争很快消退（Blickle，1981；Moore，2007，chapter two）。

笔者决定从价值理论入手基于三个观察。第一，价值规律——通过资本无情地把现存的一切商品化（的方式）——确立了自16世纪起就开始争斗的持久的和重要的“利益博弈”（stakes of game）（Bourdieu，1990，p. 110）。正如封建时代阶级斗争的历史出现在领主税收的斗争中一样（也是由税收原因引起的）（Bois，1978），资本主义的斗争也是通过剩余价值率的斗争展现。笔者并不是说这是故事的结束，但如果不讲这些赌注，故事很难开始。

第二，作为世界—历史方案的价值以一些错误的东西为前提，即自然的所有部分都可以被降低为可互换的部分；同时，价值有力地影响了自然部分转为简化空间（的过程），例如经济作物的单一种植。也许最重要的是，作为历史的—物质的运动的价值规律的出现和发展，不考虑在近代欧洲早期“发现了”时空同质（同种）象征性的和科学的革命是不可以想象的（Crosby，1997）。随着财富的尺度在现代欧洲的逐渐巩固——1450年以后没有商品化的系统的逆转，价值形式带来了资本直接循环之外的各种“度量的革命”（Scott，1998），但显然与价值简化的动力同源。除了在围绕同源时空的价值幻觉轨道运行的象征性—物质世界中，福柯生物政治的“规诫的力量”（2003）是不可想象的。事实上，在《现实的尺度：1250—1600年西欧的数量化进程》（*The Measure of Reality*：*Quantification in Western Europe*，1250—1600）（Alfred W. Crosby，1997）中的一系列革命是后来拓宽和加深所有生命商品化的必要的先决条件。

最后，笔者采取一种以历史为基础的方法研究价值，因为我们有一种情况，一方面，采取一种社会—在—自然中的关系实体论的态度表明不愿意采取把资本

---

① 马克思指出资本主义发展的抽象计划不足以对实际世界提供任何预言。资本主义的所有危机一定从确定的经验条件解释。“从资本主义生产的实际运动、竞争和信贷”来解释［Marx］。资本发展的价值分析假设“危机的可能性只是考虑到了资本的一般性质，没有考虑到形成真正生产过程条件的额外的、真正的关系”［Marx］（Mattick，1969，p. 61）。

主义解释为世界—历史和世界—生态的过程。[①] 另一大方面，环境史家们（非常可以理解）集中于景观的变化、能源消费、污染等等——现代自然—社会关系的表面现象——但是要警惕从“环境”转到奥伊寇斯，然后又转回去的情况。[②] 笔者认为，一种世界—历史的价值理论的恢复提供了一个富有成效的方法展开研究（而不用放弃任何阵营的观点）。与马克思一样，笔者要从分析什么制造了资本到分析资本制造了什么，从资本的逻辑到资本主义的历史。

价值理论当然被激烈地争论，（基本包括）马克思的、绿的和其他的观点（Harvey，1996；Daly and Townsend，1993）。笔者把马克思的价值理论作为一种理解问题的方法：这种财富怎样相对独立于日常生活的活动和设施、人类和人之外自然（正如马克思强调的，自然是各种财富的源泉）而流动。按笔者的理解，在资本主义时代作为抽象社会劳动的价值的结晶代表着：(1) 价值和使用价值根本的矛盾，其内部矛盾在万物商品化的长期趋势中找到（暂时的）解决办法；(2) 不只是一个客观的积累过程，而且也是世界权力的一个主观方案；(3) 重组自然—社会辩证关系整体的世界—历史的过程和方案，例如一个生物物理的环节是内化人的劳动力（重新分类为社会），另一个是外化，方法是逐渐地把其余的自然当作资本的无偿馈赠。换言之，自然的生产是资本主义内在逻辑的要素——货币价值与使用价值之间的矛盾，作为劳动力的自然和作为资源的自然之间的矛盾，为获得无止境利润的竞争与为生存而必需的合作之间的矛盾。

为何是马克思的价值理论？这不是一个明确否定自然对资本主义发展贡献的反生态的模式吗？[③] 请允许笔者把两个反应联系起来，一个从资本的理论，另一个从资本主义的历史。我们可以从弄清马克思笔下的价值开始，价值代表着财富的一种历史特殊形式——其最初来源是土地和劳力（Marx，1976，p. 638）。在向资本主义长期转型的过程中形成的，是以无休止的商品化为支柱的一种财富的形式。这一时期，最特别的一种价值出现了，其以“价值构成物”——人的劳动力的活动为中心（Marx，1976，p. 129）。作为社会必要劳动

---

① 史密斯费劲地把他的“自然生产的论文”与社会建构主义区别开来，并且令人信服地做到了（2006）。对笔者而言，我希望把这种争论放到非笛卡尔左派生态学更广的阵营（e. g. Braun and Castree，1998；Harvey，1993，1996；Levins and Lewontin，1985；Smith，1984；Williams，1980）。

② 环境史中重要的讨论包括克罗农（1983；1991；1996）、克罗斯比（Crosby）（1972；1986）、迪安（Dean）（1995）、加吉尔（Gadgil）和古哈（Guha）（1992）、格罗夫（Grove）（1995）、麦克尼尔（2000）、默钱特（1980；1989）、怀特（1995）、沃斯特（1985；1990）。麦克尼尔（2003）和休斯（2006）提供了令人信服的调查。

③ 尤其参见邦克的经典批评（1985）。生态经济学中对“价值问题”有用的评论是伯克特（2006）的。

时间的价值的具体化——平均的社会劳动时间体现在任何指定的商品中——证明了现代世界中一个持续扩大的分离：价值与使用价值之间。在例如资本主义这样一个体系中，无休止的竞争的强迫趋向于无休止的积累，在价值积累与促进积累的社会—生态关系之间出现了一个加宽的裂痕。当这个裂痕太宽时，发展的生态危机就发生了。

如果在前资本主义的文明中，“土地生产力”被赋予重要性，“劳动生产力”成为资本主义时代财富的尺度。它是一种简单的，也是一种简化的逻辑。越来越多的人之外自然依附于社会必要劳动时间的数量。更少的人生产更多的产品。土地牺牲在劳动生产力的祭坛上。笔者甚至可以说自20世纪70年代以来，马克思价值理论的直觉（当然是间接地）一直是绿色意识的中心：承认（所谓的）“产业”农业的巨大能源，以及营养的不足（Perelman，1977；Pimentel et al.，1973）。事实上，在北半球，能源密集型的农业越来越（而不是越来越少）成为北半球能源的主要消费者，1997年至2002北半球占“能源流动增加的80%”，这一数字令人震惊（Canning et al.，2010，p.1）。这种巨大能源消费的另一面是1945年至20世纪80年代中期先进资本主义农业劳动生产力增加八倍还多（Bairoch，1989）。传统的绿色批评者不能解释的，是为何这种极其低效不只是体系的输出，而且也是这一体系的构成。因为这种作为抽象社会劳动的财富的特别价值——劳动生产力——有利于带来自然快速枯竭（包括人）的社会生态发展，只要外部的供应能够保证。

我们可以看一下这种特别价值在向资本主义过渡中最早出现的时刻，即布罗代尔（1953）所说的“漫长的”16世纪（1450—1648年）。在这个时代，价值，作为世界—生态的过程，开始从商品生产和交换的全球扩张过程中形成，从萨克森和波托西的银矿、巴西和巴巴多斯的甘蔗种植园、斯堪的纳维亚和波罗的海的木材边疆蔓延。这是早期资本主义的“商品边疆”战略，其对一个划时代的转型是决定性的，因为它通过把非资本化的自然当作机器的替代物提高了劳动生产力。在每个转折时期，土地（森林、银矿、肥沃的土壤）都是由帝国、种植园主、领主、约曼农和其他人组织，作为一种屈服于商品形式的生产力，作为一种最大化生产力的机制。正是这种价值关系的出现——带来了以抽象社会劳动力为基础的货币积累与增加的大宗商品的“实体”（physical body）之间的异化——解释了1450年以后自然的生产的惊人转型（Moore，2007；2010a；2010b）。

资本主义之前的文明大规模地改变了地理景观：封建欧洲、希腊城邦、罗马、延绵不绝的中华帝国、苏美尔人以及更多的其他文明。在每个例子中，都有许多对这些转型时期重要的商业活动和商品生产。1450 年以后变化的是时空的相对单位。前现代文明要几个世纪的时间才能使一些地区转型。资本主义仅几十年就使一些地区的景观转型。通过货币资本控制空间的能力增加（事实上是生产空间），这就出现了一个以商品形式为中心的生产财富、自然、权力的全球化的模式。正如铁路对它的时代非常重要，正如汽车对其他时代很重要一样，蔗糖生产，1450 年以后大体以半个世纪的周期穿越大西洋移动，从马德拉到圣多美和普林西比，连续地在伯南布哥、塞尔瓦多、巴巴多斯和更广的加勒比地区转移。银矿在中欧繁荣，不停地从一个地方转移到另一个地方（从弗莱贝格到亚希莫付）。然后又通过帝国权力和金融资本的魔力转移到波托西，半个地球之遥，18 世纪又陆续让位给伟大的萨卡特卡斯（Zacatecas）和瓜纳华托（Guanajua）银矿。商品边疆以森林产品、鱼、铁和铜、谷类和亚麻为前提，按同样的社会—空间节奏移动（虽然是按跳舞的而不是行进的步伐），以一种连续的方式占领、生产、枯竭北大西洋地区的生态构成，从纽芬兰到挪威南部、到维斯瓦河岸和乌拉尔山脚（Moore，2010a；2010b）。每一次全球占领和转型的运动，不是简单代表早期资本主义技术或社会上的迟缓，而且标志着社会组织、技术配置和景观学的新阶段。以前从未有过作为生产模式的生态体制移动得如此之快、如此之远。现在一些决定性的事情已经发生变化了。

称之为“类似”自然—社会关系将只是重复我们寻求解决的问题。但是如果我们能接受，即使是暂时的，价值理论等同于强调劳动生产力的历史资本主义的“深层结构”，动员人之外自然，不考虑其（非资本化的）再生产的社会—生态条件，我们就不是简单重复这一问题了。我们有一种资本主义的解释方法，前提是构成这一体系的自然和社会的（价值）关系完全失衡。并且，如果我们跟随马克思，把外部的出口（边疆）作为中心——回忆一下他在《资本论》结尾部分的几章从“国内市场”的“征服”讲到“把全球作为战场的……商业战争”，再到“资本体制的国际化特点的增加，以及带来的体系的矛盾”（1976，p. 913，p. 915，p. 929）——那我们可以开始看到失衡倾向的一系列解决方法本质上是自我局限。但是，让我们说清楚，这种模式“暗示着危机的可能性，虽然不仅仅只是可能性”（Marx，1976，p. 209）。为了实现这种分析的可能性，我们必须从资本的逻辑转向资本主义的历史。

如果说资本的限制最终由生物圈决定会有点神秘，虽然在抽象意义上来说这是事实。更确切地说，克服价值形式本身矛盾的可能性是由作为体系的资本主义决定的，这种关系网络把价值积累和交替地促动或限制资本无休止的积累社会—

生态关系联系起来。最基本的，一系列生态革命得以发生的历史条件——每次都带来商品生产“实体”（physical body）的量的跃进——可能被理解为本质上不能替换的，或最好的情况，只是在非常有限的范围内被替代。资本主义从泥煤、木炭转移到煤和石油，从维斯瓦河的粮仓转移到英格兰南部、美洲中西部，从欧洲和非洲的劳力边疆转移到拉丁美洲、东南亚。这些不是重复的事件。可替代性没有通过无限的时空展开。

马克思的价值理论似乎提供了一个有用的方法切开纷繁的现象，不仅看到自然—社会关系在长时段的模式化运动，而且看到这些模式出现和演进的逻辑活力。笔者称这种方法为*演绎法*（eductive），因为我们把价值作为一种“引力中心”——借用谢赫（Shaikh）（2004）巧妙转化的术语。模式本身立即按准线性的和偶然的方式运作。马克思的价值理论以货币积累（“在其中所有的商品溶解自身”）与商品生产中的物质转换（在其中货币“溶解进所有的商品”）的辩证对立为前提（Marx，1973，p. 142），并承认资本积累既是客观的过程也是主观的过程，马克思的价值理论提供了一个可能的理解积累、生物物理变化和现代性的整体之间内部联系的方法。从这个优势出发，我们可以阐述一种资本主义趋向生产不足的暂时的理论，生产不足的部分在资本主义危机中是一个缺失的组成要素。

马克思的生产不足理论，第一部分：资本化、吞并和生态剩余

我们习惯认为历史上资本主义的危机都是生产过剩的危机。例如，大卫·哈维证明19世纪40年代是资本主义的“第一次”危机（2003，p. 42），如果这是事实，这样的危机在资本主义的历史上是一个最近的产物。我们强烈感觉资本主义的基本危机趋势是生产过剩，以致我们认为在企鹅出版社翻译的《资本论》第三卷中的关键一段中“生产过剩”应该被翻译成“生产不足”。[①]

早期资本主义的主要危机趋势，从15世纪50年代到19世纪早期，是生产不足——粮食、能源和材料的流动不足，相对于价值生产的需求而言。早期资本主义最大的问题是为工厂提供廉价粮食和投入，而不是出售制造中心的商品。荷

① “资本主义生产越发达，因而，由机器等组成的不变资本部分突然增加和持续增加的手段越多，积累越快（特别是在繁荣时期），机器和其他固定资本的相对生产过剩也就越严重，植物性原料和动物性原料的相对生产不足也就越频繁，上面所说的原料价格上涨的现象以及随后产生的反作用也就越显著。”（Marx，1981，p. 214，*emphasis added*）。

兰共和国是 17 世纪“资本主义国家的模板”（Marx，1976，p. 916），因为它组织和引导了输送廉价粮食（从波兰）、廉价能源（国内煤泥）和廉价木材（从挪威和波罗的海）到尼德兰北部的世界—生态体制（Moore，2010a；2010b）。18 世纪 60 年代这一体系摇摇欲坠时，英国把技术优势与地理的优势结合，从使用越来越贵的木材燃料转移到越来越便宜的煤炭。这种结合颠倒了生产不足和生产过剩的辩证地位（dialectical primacy），有利于后者，为二个世纪非凡的扩张奠定了基础。但是，注意，我们正在谈论辩证的重要性的问题，不是早期资本主义逻辑的超越；两种危机的趋势都总是当前的。1847 年的国际危机，按哈维的说法，是由“铁路的过度扩张”造成的，一个生产过剩的危机由生产不足的因素导致，因为 1845 年至 1847 年庄家歉收横扫西北欧，谷物价格急剧提高（Mandel，1971；1972）。

马克思的生产不足危机的理论——他称之为积累的“普遍规律”——认为“利润率与原材料的价值成反比”（1967，III，p. 111）。原材料和能源越便宜，利润率越高。然而，资本主义生产的动力导致“构成固定资本的流动资本的比例……极大地超出有机原材料的构成比例，因此对这些原材料的需求比他们的供应增加更快”（pp. 118—119）。这里，机器的“生产过剩”（固定资本）在原材料（流动资本）的“生产不足”中找到它的辩证对立（Marx，1967，III，p. 119）。[①]因此，资本主义一个持续的优势是降低相对于固定资本的流动资本的份额，降低投入和能源的价值构成，同时扩大商品生产的数量。被吞并边疆区的中心化过程贯穿整个资本主义历史。资本不仅在廉价投入的基础上维持自身，而且通过系统范围内革命化生产的社会—生态关系维持自身，它促动了相对生态剩余的一系列“大跃进”。（关于这种剩余，稍后笔者会详加解释。）这些相对生态剩余的跃进也许在现代世界伟大的能源转型中最明显，因为还有这些壮观的无偿馈赠：从煤泥和木炭（15 世纪 50 年代至 19 世纪 30 年代）到煤炭（18 世纪 50 年代至 20 世纪 50 年代），到石油和天然气（19 世纪 70 年代至当前）。这些是伟大的相对剩余价值的扩张，因为大量吞并自然的无偿馈赠带来劳动生产力的提高，而普遍减少了生产的资金密度。但是笔者小心地反对传统的观点，传统观点认为一个“结构上不变的”资本主义（或工业社会）吞并新的外部资源（e. g. Heinberg，2003）。

---

① 笔者仍旧遵循传统的说法，把生产中的材料投入说成是“原材料”。这个词是笔者想解决问题的一部分，“‘原材料’是一个委婉说法，因为在人类世界没有材料是真正原始的。它们都在某种程度上被‘加工’，对人类来说没有‘自然是原始的’这样一回事”（Young，1985）。

这些能源对资本主义的影响不如资本主义通过吞并这些资源对其自身的影响大。[①] 意译马克思的话，就是煤是煤，“*只是在某种关系下*”才变成化石（1971，p. 28）。

即资本主义的每个阶段不仅标志着物质生产的增加，而且也产生和面对一个历史上特殊的“自然”。工业资本主义带来达尔文和基尤皇家植物园（Kew Gardens）；新自由资本主义（带来）孟山都公司和生物技术。[②] 人类卷入自然的量和质的辩证关系对以历史为基础的理论非常重要。笔者认为，新古典思想的磐石基于一种忽视历史和自然的模式，这种观点认为人类和人之外自然本质上是可以互换的，永不枯竭的——这就是可持续理论（Perelman，2007）。引人注目的是，在主要的环境学研究中，一些广泛流传的概念的比喻——“生态足迹”、“生态不平等交换”——同样忽略自然的多样性。正是这个受追捧的自然，通过时间和空间而不是历史和地理变化；通过经济的，但不是资本和资本主义的社会—生态关系变化。

然后，生态革命使特殊的资本主义*奥伊寇斯*发生革命，在这一过程中，使人类（“社会”、“经济”“文化”等等）和人之外自然发生革命。资本主义世界—生态的积累的发展通过人类象征性地和物质性地卷入生命之网的关系质的断裂展现。通过降低世界自然的资本化份额，增加能够自由吞并的份额，这些资本的*奥伊寇斯*的革命通过扩大*相对生态剩余*“发挥作用”。这种剩余在*廉价*劳动力、粮食、能源和非能源投入，例如金属、木材和纤维那里表现突出——廉价，是就世界—历史的意义而言，大意是它们产生了一种相对于吞并而言系统资本化的下降趋势。

“生态剩余”是通过两种通过吞并积累方式产生的世界剩余价值的一部分，一个以生物物理再生产的过程为支柱（劳动力、森林、农业），另一个以地理开

---

① “‘资源’只能按其与生产模式——努力利用它们（资源），同时通过使用物理的和金属的行动‘生产’它们——的关系定义。所以，没有一种抽象意义的资源，或资源作为‘东西自身’存在”（Harvey，1974，p. 265）。

② 是的，有一种独立于人们所认为的存在的“自然”。但事实仍旧是，对能指（自然）和所指（生物的、地理的，等等）之间最好的指引是以历史为基础的理论。杨切中要害：“自然独立于我们存在，但只是作为一个实体，一个最后的实例。对资本主义来说，自然是一个劳动的客体、一种资源、一个多面体、一个阁楼、一个地窖，或一个待被抢劫的储藏室……*自然是一种潜在，在不同的时代被不同的东西、不同的宇宙观、不同的世界观和日程实现（利用）*。现实、经验和考察的形而上学的基础一直变化。实体论的变化、认识论的变化、方法论的变化。在更平常的学术水平上，有范示、研究项目、惯例和大的理论——所有这一切都是由阶级斗争的矛盾和不断变化的解决方法构成。在任何时期，科学和技术、医学和哲学、艺术和戏剧都反映了起作用的历史力量的当前紧张状态。”（Young，1985，*emphasis added*）

采为支柱（能源和矿产）。在生态革命中，这两种形式都提高了劳动生产力，使之高于当时系统范围的水平，而没有引起流动资本（机器和投入）的相应增加。在体系高度资本化的地区，它们也降低了再生产劳动力的成本——例如，廉价能源使得北美工人阶级高度郊区化和移动成为可能（Huber，2009）。我们可以顺序考察这些形式。第一个包含社会—生态关系的吞并，这种关系的再生产相对独立于资本的流通。这当然是资本主义非农化长期历史的伟大故事之一。在资本主义的权力范围内，由农民组织"产生"的劳动力（还没有完全屈服于价值规律）是一种价值构成低的劳动力。如果资本和帝国能确保有这样廉价劳动力供应的新边疆（这一定是基于人之外的再生产网），对积累过程的影响与对全球工资的削减或对剥削率提高的影响是同样的。在资本主义上升过程中，当大部分欧洲农民可以抵制封建制的再版时，非洲的奴隶贸易，东欧的"农奴制再版"和殖民地的劳动体制（例如，秘鲁的米塔制）在剥夺农民方面发挥了同样的作用（Moore，2007；2010a；2010b）。同样的故事还在各种"生物"商品边疆发生，只不过是背景和演员不同——北美和巴西的森林、捕鲸场和渔场、经济作物（例如历史上的甘蔗和棉花）、甚至今天的大豆。

第二个吞并的伟大时刻基于"不可更新"资源，并且首先是能源。从世界积累的角度来看，当"战略"资源的生产降低系统范围内商品生产的价值构成时，吞并的阶段跨越那个时代。这样的战略资源是大宗商品，"整个历史时代的标志"（Retort，2005，p. 39）。银和铁、煤，然后是石油在连续几个世纪的资本积累中都发挥过这种功能。能源资源特别重要，因为它们拥有一种特殊劳动生产力红利；上涨的能源价格和停滞劳动生产力增长紧密相关（Jorgenson，1981；1984）。虽然地理条件明显很重要，这种吞并形式本质上不是一个地理事件。这是一个用"哈伯特极限"（此理论认为对任何确定的地理区域，从个别石油生产区到整个地球，原油生产的比例趋向一个钟形的曲线。这是最主要的石油极限理论之一——译者注）方法解释的问题——参考滞后的发现—生产曲线（discovery-production curve）——巩固了我们的时代是一个"一切极限"的概念（Heinberg，2007）。例如，煤是一个时代的产物，因为它在漫长的16世纪提高了生产力，并且便利了掠夺。它极大地提高了劳动生产力，并且由于陆地和海洋上的蒸汽机，为生态上可以再生的吞并打开广大新边疆，无偿馈赠包括大量去农民化的劳动力从中国、印度和东欧流向北美、加勒比和世界范围的白人聚居区（Northrup，1995；Wolf，1982）。从这个视角看，最近讨论的日益迫近的"煤炭极限"当然不是误判（e. g. Hook and Alekett，2009），因为资本作为一个整体真正关心的“极限”是吞并极限——最大化地减少商品生产所有环节的价值构成。(在任何积累循环中可变的、循环的和固定的资本)。对于煤炭，这一点在一战前就达到了。1945年后，被一股强劲的石油的全球运动驱使，因为中东的石油生产已经成熟，部分是由于主要煤炭生产国（英国和美国）强大的矿工联盟驱动，部分是由于资本密度的上升（机械化）引起，它本身是由于地理耗尽和工人战斗引起的（Podobnik，2006）。

石油是否是战后决定性的“大宗商品”，人们意见不一。但我们可以安全地说吞并极限现在已经过去了。笔者认为这是一般表述的事实核心，“廉价石油的终结”（Campbell and Laherrere，1998），并不是石油行业变得无利可图；相反，生产越来越金融化（以一种削弱世界石油部门生产能力的方法）——对资本作为整体而言生产足够的廉价油以抑制资本有机构成的增长。对石油资本家而言，消耗当然在生产成本增加中发挥作用，所以影响了石油商品的价格。但这里金融化是决定性的社会—生态矢量。M-M＋日益增加的吸引力，20世纪80年代以后日盛，导致了长达十多年的开采设备的“投资不足”（IEA，2008）。[①] 金融化不仅对抬高石油价格产生压力，并且带来了市场波动。即投资与M-M＋相关的活动比投资开采和开发获利更多，金融化使得后者获利不足，这种影响与源自消耗的生产成本上升（并且巩固了成本的上升）同源——都源自消耗。并且，金融化的逻辑带来成本削减的行动，笔者写作的时候（2010年6月）发生了可怕的墨西哥原油事件。对石油、天然气和煤炭来说，从吞并到资本化的转型带来了一个巨大规模的朝向毒化的畸形转折——从史无前例的石油泄露，到天然气开采的“水力劈裂”法，再到晚期资本主义的移山开矿，能源生产，在破坏人类生存条件方面越来越表现为一种质的跃进，根本不会考虑人之外的福祉。

生态革命带来一种使资本整体收益的生态剩余，通过“释放”大量吞并的自然，这足以减少系统内生产的价值构成。这不仅有利于解决来自大都市中心生产的资本密度的增加带来的问题（利润率下降），而且有利于解决这些中心所有生命的日益资本化带来的问题（投入成本和劳动力成本的上升）。问题是在没有增加吞并条件下的资本化的增加会带来生产成本上升，这一倾向在世界规模上可以

---

① 到2008年，全球石油部门已经历20多年的“投资荒”（*The Times*，2008）。全球五大公司1993年在只花了总支出的1%购回股票，花314%用于开发。到2006年，它们花了37%购回股票，只有5.8%花在开发上（Jaffe and Soligo，2007，p.21）。2004—2005年，六个大公司的股票回购跃升至60%（Mouawad，2005）。(这种情况）不仅仅限于私人公司，1979年后的25年里，OPEC的备用能力下降了75%（Jaffe，2004）。2008年以后金融市场的崩溃恶化了这一趋势，据国际能源机构估计，2008—2009年全球石油和天然气投资下降21%（Lawler，2009）。

通过吞并带来的积累扩大得到克服。当发动大规模的对非资本化自然的吞并时，生产力最大化的技术（资本化）恢复了系统范围的积累。这就是为何早期资本主义为“原始工业”剥削农民劳动力所推动；也是为何20世纪的福特制没有北美和中东的石油边疆（人之外自然）是不可想象的。20世纪70年代衰退之后，大都市统治阶级的阶级攻势（the class offensive）、剥夺的加速，债务体制以及接下来的金融扩张都是一回事——都期望大都市“实体经济”逐渐崩溃重新分配财富，表现为第三次科技革命及其许诺的劳动生产力的巨大跃进未出现（Balakrishnan，2009；Harvey，2003，2005；Moore，2010c；Petras，2002；Philips，2008）。这种新自由主义反革命的凶残本性主要是由于足以抵消日益资本化带来的人类与人之外自然成本上涨造成的吞并机会的耗竭。

殖民主义、圈地运动和“通过剥夺的积累”（accumulation by dispossession）的长期历史——目标是动员抽象的社会而没有与M-C-M＋关联的成本与风险——也许都可以从这个意义上理解。因此，生态剩余是一种多重术语下的关系运动：资本与劳力、都市与边疆，资本化与吞并。如果任何固定商品的价值都由其抽象社会劳动力决定，如果这种体现在商品中的社会劳动决定长时段的价格运动，那么提高的劳动生产力是任何资本家企业的第一追求。提高的劳动生产力允许资本家通过市场攫取有竞争力的生产单位（其生产力较低）的剩余价值。从中可以发现——我们随后还会讨论——增加的劳动生产力经常通过增加的资本密度调节，这就带来利润率下降的趋势（Marx，1981）。但是，如果可以找到一种增加劳动生产力的方式，而不用相应增加流动资本，一种新的可能性出现了。

这些可能性通过大量的边疆吞并运动成型——在世界价值生产中相对大的吞并份额构成较高的生态剩余——这成为资本主义最大的吞并浪潮的典型。这些生态革命通过全球的吞并减少系统范围的自然资本化（这种全球吞并又使得自然的赠予依附于确定资本单位），阻止资本的有机构成增加的趋向。这些革命直接降低原材料（流动资本）价格，间接降低固定资本的价值构成。例如廉价钢材产生了大量廉价的固定资本。这样，这些革命为新的积累长波创造了必要的条件。马克思曾经说“土壤的自然肥料可以看作固定资本的增加”（1973，p.748），这对森林财富、泥炭沼、煤气、油田难道不是同一回事吗？一旦英国资本主义为了重要的铁的生产被迫依赖人造森林（矮林），就面临降低的劳动生产力和燃料成本增加的形势——因此，增加的流通资本和可变资本的价值构成——这是生态剩余下降的当然标志（Moore，2007，chapter two）。接下来大规模的煤炭运动（蒸汽机使用煤）代表一种新的大规模边疆吞并运动的开始。

这些吞并运动贯穿于整个资本主义历史。他们是社会—科技革新未被充分了解的环节。“资本密集”的历史，划时代的革新——现代早期造船业灾难性的革命，19世纪的蒸汽机，20世纪的内燃机以及其他——都由重要的科技进步所代表，这些技术进步在某些特殊的地区推动了生产的资本密度，首先在荷兰、英国和美国霸权的核心地区。但是所有这些革新都成功了，因为新的技术通过扩大人类与人之外自然吞并机会的生态体制发挥作用。事实上，商品生产中的社会—技术革新是划时代的，甚至可以与更激烈的吞并运动相连。例如，曼彻斯特的棉纺织厂与美国南部的棉花边疆辩证相联，这个边疆反过来又与惠特尼的扎棉机相联，使短绒棉得以革命性地扩张，而这又通过以苏格兰代理商和伦敦金融机构为先锋的全球性的信贷相连成为可能（McMichael，1991）。这个视角使我们注意到高度资本化的生产的口袋（pocket of production）的相互关联及不均衡发展，以及对自然的全球吞并是一个辩证的统一体。这些“技术的”革命通过其生产关系与霸权方案相连成为划时代的，使世界—生态空间发生革命性的变化。在这三个伟大的霸权时代，木材、煤炭、石油被免费吞并，只有相对极少的资本花费。所以每一个划时代的革新都在一个世界—历史的行动中把生产力与掠夺结合在一起，这个世界—历史的行动降低了世界自然直接依赖资本循环的份额。

这些运动中最伟大的是“第二个”19世纪的铁路革命，大体上从1846—1914年，这是英国霸权的黄金时代（Headrick，1988）。铁路建设吸收了巨额资本——极大地减弱了积累过剩危机的趋势（Baran and Sweezy，1966）——其最大的成就是吞并自然这一无偿馈赠的地理范围的巨大扩展。划时代的铁路化的资本构成极大扩展了吞并自然的能力。美国资本主义的兴起也开启了时间对空间的消灭，通过吞噬钢，吞并土壤、水、森林和北美的金属，使其物质化为垄断资本主义的原料（Moore，2002）。但这一过程不仅仅限于美国的上升。通过铁路化——以及后来的汽车化——大量的生态剩余可以通过矿产资源开发、谷物种植等的最小资本化获得。[①] 今天，相反，一般的剩余现在也要通过开采和耕种的资本最大化实现。

马克思的生产不足理论，第二部分：资本主义世界—生态的关联的、不均衡的发展

我们现在可以转向生产过剩和生产不足的辩证关系。一方面，竞争驱动资本

---

① 邦克强调了现代世界—体系中运输革命不可或缺的重要性（邦克2005年的著作有效地综合了近20年的概念）。

主义地理上的扩张，到那些商品化程度低，吞并机会高的地区。即资本可以用这种方法“跳级”（jump scale），总是与国家机构一致，它降低了投入和劳动力成本，这样就增加了利润率。另一方面，竞争强迫个别资本通过增加的资本密度革新，因此相对少的人力（劳动力）和相对多的生物物力自然嵌入每个商品中。这加速了把人类与人之外自然卷进以几何级数增长的生产过程中，这又加剧了地理扩张。以这种方式，“时—空压缩”的准线性运动在“时—空吞并”的准线性运动中找到辩证的对应物，通过强制推行资本主义的时间重新组织外部空间（Harvey，1989；Hornborg，2006）。

对马克思而言，增加的资本密度——资本有机构成的增加——带来普遍利润率下降的压力。这里切实的假设是增加的利润，总的来说，来自于增加的剩余价值（其产生和分配都是不均的）（Marx，1976）。沃克（Walker，1998）用特有的热情概括了潜在的趋势：

> 利润率为何会下降？结论很简单。是因为利润方程中的分子——剩余价值，被分母（即资金总额）超出（两者都按一年的时段测量）……即世界上的工厂和企业中堆积了太多的资本总额，使得公司间日益激烈地竞争市场。这使得价格下降，导致商品产出多于在目前价格下的需求，并且/或使用率降低——所以降低了利润空间，导致产品卖不出去，生产设备低效。

如果空间扩张（吞并）代表一种解决利润率下降的方法，那么通过时间（资本化）的革新代表了第二种解决方案。第一种解决方案更广、更深地扩大了能源消费网络，降低了流通资本（投入）的成本；第二个解决方案是更少的工人在更少的时间生产更多的商品，降低了流动资本的成本（劳动力）。任何一种都不能无限扩大。从无休止的积累角度来看全球空间不仅是相关的，而且是渐进的和有限的。虽然在理论上，“流动资本的物质量”可以无限地扩大（Marx，1981，p. 317），但剥削比例是在一个更加复杂的权力领域展开。

利润率如何恢复？马克思主义者通常强调危机带来的创造性的破坏：（1）短期内固定资本贬值（例如工厂关门）；（2）通过技术革新增加剥削率；（3）通过冻结或减少工资增加绝对剩余价值（Walker，1998；Harvey，1982）。

当然，关于积累危机与利润率下降之间的关系有很多争论。[①] 为了当下的目的，笔者把这些归为一类，并指出第四个因素。这就是循环资本（投入），但对

---

① 可以在曼德尔（Mandel，1981）和楚纳儒（Choonara，2009）那里找到有用的调查。

可变资本也有很重要的含义。笔者希望强调的是，对马克思的（1973，p. 748）“最重要法则”可以更加详细地考察——其解释的力量就会更大——可以把“第一”和“第二”（相对于机器的投入）之间的矛盾以及“第二”（相对于可变资本的不变资本）内部的矛盾作为一个整体。接下来，笔者把马克思“普遍利润率逐渐下降的”（1981，pp. 318—319）“渐进趋势”当作关于机器生产过剩和投入生产不足之间长期关系的历史观点。笔者不太关心这个论断在部门或国家水平上的精确运作，更关心的是它启发式的运用，证明历史资本主义长时段的一个断裂点。

笔者想说利润率下降争论中最关键的缺点不是理论本身，而是过度强调不变资本的一个因素——强调固定的而不是流动的资本。自19世纪30年代以来——资本主义形成了农业生产体，可以克服投入的生产不足的倾向——这是实情吗？如果大量廉价的能源、原材料可以使用，资本有机构成的增加可以被减少——特别是如果“资本节省”革新与劳动力节省运动紧密地联系在一起[①]——因此利润率下降的趋势不仅可以被遏制，而且可以被逆转。[②]

同样的逻辑也可以用于可变资本。如果有足够的廉价粮食可以供应工人——廉价粮食的生物物理成本暂时外化——剩余价值率就会扩大，方式类似于工资冻结和技术革新。资本主义最壮观的繁荣期把这两者交织在一起——我们可以回想一下英国工业化对廉价能源（煤炭）和廉价卡路里（蔗糖）强烈依赖的例子。

人们可能会有理由对反对生产不足的论断，至少从19世纪30年代开始，已经被资本主义竞争性的技术逻辑扫进历史的垃圾箱（e. g. Burkett，2006）。这是事实的核心。19世纪晚期的“大萧条”是否是一个典型的例子还有争论。19世纪60、70年代英国工业革命高峰期阶段，进口原材料的世界价格开始急剧上升（Hobsbawm，1975；Rostow，1938；Mndel，1975）。正如我们所知，通货膨胀的因素很快显露。1873年以后，世界市场价格普遍急剧下降（Landes，1969）。同时，通货膨胀的暗流也在涌动，体现在关键原材料部门例如棉花、靛蓝、橡胶、棕榈油、铜、镍、铅、锡、黄麻、剑麻生产不足的阶段性的、不均衡运动中（Headrick，1996；Mandel，1975；Brockway，1979；Barraclough，1967；Bukharin，1915；Magdoff，1969，pp. 30—40）。这些通货膨胀的暗流由于

---

① 1980—2005年，在美国和日本，生产资料的相对价格下降了25%—40%（BIS，2006，p. 24）。

② 哈维（2003，p. 150，p. 139；2005）好像是为了证明自己的观点，认为在回复积累中廉价原材料的“释放与其他战略一样重要”，但在最近分析新自由主义时，对之关注甚少。

新的工业国家兴起而出现，如德国和美国。并且这些通胀由于“第二次”工业革命的自然生产带来的质变而扩大，以石油、石化产品、汽车、钢材、电子工业和首次合成塑料为前提（Barraclough，1967，pp. 45—63）。

所以生产不足的趋势被第二次工业革命遏制，但没有被废除。在漫长的20世纪的黎明，马来西亚的橡胶和锡，智力的铜，澳大利亚的黄金和加拿大的镍都进入世界历史的舞台，成为生态革命的关键因素，这次生态革命的结果“更快、更惊人”，其对人的生命及外貌的影响是资本主义之前绝无仅有的（Barraclough，1967，p. 44）。生产不足的趋势被资本主义连续的、全球的生态修复之道中生产和掠夺的辩证关系调节。首先，工业资本——德国、特别是美国和英国的公司——大量卷入原材料生产（Mandel，1975，p. 61）。金属，例如铜，对19世纪晚期的工业化特别重要，所以技术革新的步伐很快、很迅速。这里所强调的是“生产力”（资本化）的因素被其中一种“掠夺”（吞并）所促动。即这种“大型”的投资流动（Mandel，1975）是可能的，因为资本主义世界—生态快速的地理扩张，体现在通过吞并进行积累的机会迅速增加中。这一时期工业资本享受的生物物理“租金”相当高。但是，对生产的动力和无休止的商品边疆运动而言，生产不足的倾向就不会远去。1870—1914年，铜的生产增加了10倍，但价格没有下降。尽管有大量的资本投入和有活力的商品边疆，这些边疆一度从撒哈拉以南的非洲地区延伸到智利和美国的西部（Bridge，2009；Frederiksen，2009；Schimitz，1986）。人们不需要采取19世纪“新帝国主义”资源决定论的观点去理解世界—生态的重组——有时是武力—密集型的，有时是资本—密集型的，这对接下来漫长世纪中权力和进步的轨迹至关重要。

从世界积累的角度来看，挑战是平衡日常的供应（其一直在增加）与维持这些供应足够便宜，以达到积累的目的。增加的资本强度倾向于调节供应，但只是通过加速某一地方利润条件的耗竭而实现。资本主义总是非常出色地找到方法克服基本趋势。资本家的机构通过资本的集约化和革新，在短时间或相对短时间中找到方法从少中取多。但是，从少中取多并不是不劳而获。所以，潜在的投入生产不足趋势的对应物是边疆运动。从16世纪起，吞并自然和地理条件丰富的边疆，与廉价的劳动力与充足的流动资金结合，阶段性地解决了潜在的矛盾。

另一场吞并的大爆发在今天是否足以开启一个积累的新黄金时代，目前尚不清楚。资本主义的下个阶段在哪里可以找到非资本化的自然，可以与曾经吞并的美洲、合并的非洲和臣服的印度相比？让我们回忆一下新自由主义不同寻常的扩张阶段，长期以来一直是一些重要学者的经常用语：“通过剥夺的积累”

（Harvey，2003），“生物剽窃”（biopiracy）以及新的“圈地运动”（the new enclosures）（Shilva，1997），“灾难资本主义”（Klein，2007），新的“抢夺非洲”（Watts，2006），复活的“资源战争”（Klare，2001）和许多其他的说法。从这一点上，新自由主义也许可以理解为以掠夺第一，建设第二为前提的生态体制。这是资本主义历史上一个划时代的转折，表现为边疆枯竭，随之而来的是新的积累提供的前景——然后实现——贯穿于过去五个世纪。

资本主义最大的需要是廉价能源、粮食和原材料。对这种要求的反应是无限制的地理扩张和无休止的革新。这些并不是单独的现象。这些因素紧密地联系在一起，以致资本主义的技术修复总是与全球扩张运动联系在一起。这就是笔者称之为世界积累中的掠夺和生产的共生。这一模式可以压缩为两个阶段过程：（1）忽略最容易获得的剩余，例如20世纪早期亚马逊的橡胶开发早于马来西亚的种植园革命（Brockway，1979；Tucker，2000）；（2）在日益资本化的基础上，自然在更广范围的重组，例如19世纪末以来森林产品工业的逐渐合理化（Rajala，1998）。认为这只是简单的逻辑—历史的继续就错了。自然的资本化（第二阶段的特点）确实带来了短期的意外之财。这绝对是现代早期奴隶们在新大陆的土壤上种植欧亚大陆甘蔗时种植园主们享受的“产量蜜月期”的现代翻版（Dark and Gent，2001；Moore，2007）。有利的生物物理条件与先进的农业协调一致带来了产量大增，50—75年后这种增加不可避免地中止（也许在资本主义晚期更快）。因此经过一段时间，创造产量激增的革新经过一段时间不可避免地破坏供应条件。从奥伊寇斯的视角，矛盾是统一的，而它们的表达是分开的，包括全球农业体制中的“社会”转型以及杂草控制中的“生物物理”反馈。随着这些矛盾以限制积累的方式展开，寻求新边疆的运动再次以野蛮的力量出现。如果找不到边疆，重新分配的残忍行动就会落在那些防御力最弱的那些人身上——从穷人到富人（正如在新自由主义时期），或者从农业到重工业（如苏联的集体化）。

正如我们看到的，资本的有机构成增加带来机器的生产过剩与投入的生产不足之间的矛盾。但是在劳动技术分工中增加的资本密度与有特色的（如果广义说是一致的）劳动社会分工的过程之间形成了辩证的紧张关系。这一过程是世界自然的资本化构成增加过程。资本被迫资本化世界自然越来越多的部分，其无偿馈赠只能在其未被资本化的前提下享受。“竞争的强制规则”驱使资本根据“社会必要周转时间”暂时的逻辑重塑人之外自然，这与森林和田野的再生产时间大不相同，更不用说矿山、油田和蓄水层再生需要的时间（Marx，1976，p. 44；Harvey，2001，p.327)。[①] 为了保证社会必要周转时间的生态面貌不至于失控，不至于激进地破坏生产条件（例如资源枯竭）或利润条件（增加的资本强度），系统在全球扩张反复的繁荣中历史地扩大资本化的自然范围——因此，资本主义发展的每个伟大时代都伴随着新的“帝国主义”。因此就有依赖于资本流通的社会—生态关系总量，与仍旧保持在积累引力中，但其再生产还不是资本依赖型的社会—生态关系总量之间的紧张。正如资本倾向于雇用半无产阶级家庭的工人（他们收入的绝大部分来自于工资关系之外）(Smith and Wallerstein，1983)，资本同样也倾向于动员能够进行相对独立于资本流通的自身再生产的生物物理自然。

这与马克思关于劳动力后备军积极社会阶层与潜在社会阶层关系的论述相同。按笔者的理解，这是资本倾向驱使人超越其极限的理论——“把血变成资本”(1976，p.382)。这种倾向通过系统化的规则吞并人（本身就是一个历史的成分）而成型，手段是连续地把非资本化的（还有剥削的余地）劳动力吸收进其权力范围。马克思写道（1976，p.377）“似乎是资本本身的利益指明了一个正常工作日的方向”。更长更累的工作日“缩短了工人的生命”，这对资本来说似乎是很冒险的行动，“因为用尽的劳动力不得不更快地补充，劳动力的再生产会更昂贵”。但是对这个表面的逻辑有一个关键的地理条件的说明。进入边疆。如果这种劳动力可以“由外国的储备供应”——按我们的话说是吞并——从那些劳动力再生产不依靠资本积累的地方获得。

> ……工人生命的持续时间与其能够维持的效率相比愈发不重要。这正是奴隶进口国家奴隶管理制度的格言，因此最有效的经济是在最短的时间里从人身上榨取最多，只要能够得到。正是在热带地区——那里年利润经常高于种植园的整个资本，黑奴的性命遭到最无情的剥夺……名字虽然不一样，但讲的仍是你的故事！奴隶贸易，又称为劳动力市场，就像（奴隶贸易中的）肯塔基与弗吉尼亚，爱尔兰与英格兰、苏格兰、威尔士的农业区，非洲、德国。(Marx，1976，pp.377—378)

劳动力，又（被我们）称为自然，虽然名字不一样，但讲的仍是你的故事！

这种倾向并不是工业革命的结果，从资本主义最早时期这种倾向已经酝酿。资本主义兴起的环境史主要关注与“经济速度”相连的经济力量的集中（Chandler，1977)。因为积累是通过地理扩张维持，所以早期资本主义的生态体制被

① “马克思强调时间比空间重要不见得是错的。那些卷入资本循环的人的目标是，首先要求控制剩余劳动时间，在社会必要周转时间内把其转化为利润。所以从资本流通的视角来看，空间乍一看是一种需要克服的障碍一成不便。”(Harvey，2001，p.327)

正确地称为粗放型的。普遍增加需求的不均衡的协调转化成打了就跑的农业掠夺战略。"打"那些生态财富最容易获得的（最便宜的）地方，尽可能快地掠夺，而一旦生物物理回馈下降（因此资本化程度上升）限制了巨额利润的获取就尽快地撤离。但不仅仅是掠夺，早期资本主义的吞并也依靠重要的技术进步，特别是甘蔗种植园上的技术进步，那里是现代工厂体系的诞生地（Moore，2007；Mintz，1985）。

所以，机器的生产过剩和投入的生产不足之间的矛盾可以被克服，即内部的矛盾可以找到外部的出口。资本有机构成的提高，与积累不足危机的出现无关，证明是一种朝向社会—生态非均衡发展的内在趋势，它的系统表现是世界自然资本化构成的增加。即自然的越来越资本化并没有被吞并重要的社会生态的一种特别的刺激物抵消，有一种很清楚的危机倾向：生态剩余下降的趋势。正如我们指出的，这一点可以通过地理扩张得到抵消。但要注意相关的过程。不仅仅是一旦地理扩张达到很大规模，大量使用价值现在就容易忽略。更重要的是，一旦吞并大片地区，依赖金钱关系的社会化的自然总量开始下降。这在漫长的16世纪、漫长的20世纪以及"新帝国主义"的经典例子中都是事实。

资本主义权力扩展到新的边疆会推动世界积累，只要满足两个条件：(1) 新吞并的组织可以相对独立于资本进行自身再生；但对生态剩余贡献有巨大贡献；(2) 占用的使用价值相对于价值积累而言足够大，因此可以普遍减少商品生产的资本化份额。随着地理扩张放慢（相对于增加的资本化而言），依赖金钱关系的社会化的自然总量增加。在某一点上（随着资本驱动周转时间的加速度接近光速，这一点更快到来），在任何社会—生态形势下，商品数量的增加都会达到一个临界点。在这一点上，社会化的自然让位于资本化的自然，代表着资本主义转型的时刻，在这种情况下统治结构、生产体系以及（新转型的）森林、田野、房舍和其他生态体都不能进行自身再生，除非深深卷入世界范围的资本循环中。

更多社会的生态——田野、森林、渔场等等——变为资本化的生态，其再生产变得越来越受资本再生产的裹挟。日益的资本化倾向于带来短期和中期的巨大利润，但破坏短期和中期积累的系统条件。首先，这些问题源于资本强度本身（与土壤枯竭、森林砍伐等无关），其次，源于生态体制的逐渐耗竭，因为其未被资本化的土地和劳力变得依赖资本循环。如果土壤的"自然肥力可以扮演固定资本增加的角色"（Marx，1973，p. 748），可以阻止利润率降低的趋势，土壤枯竭和资源消耗可以带来利润率的剧烈逆转——这是榨取体制中繁荣、衰落循环中未被认识到的因素。资本有机构成增加和自然资本化构成的增加所以辩证地联系在一起——一个在劳动力分工的技术领域起作用，另一个在劳动力分工的社会领域起作用。在第一个例子中，竞争通过新机器的引进驱使资本增加劳动生产力，大意是剥削率的增加不能快于死亡劳动力构成的增加（一个更令人望而却步的挑战），这里有利润率下降的强烈趋势。同时，竞争驱使资本找到方法降低流动资本成本，例如能源和其他原材料。大意是只要能保证充足的廉价能源和其他投入，就有利于利润率的提高。达到此目的最好的方法是扩大地理范围。新技术，不可避免地由于国家的力量，在更大规模上发挥作用，更有效地吞并自然的无偿馈赠，因此可以减少生产成本，不仅是某一部门的成本，而且是系统范围的成本。二战之后（1950—1970年）石油价格下降，世界石油消费增加了五倍，这是一个很好的例子（Hoogeveld，1997，p. 47）。这些技术的有效性基于对它们控制的自然的快速吞并，以及接下来的消耗。这削弱了其最初想创造的成功的条件。价值规律下的资源耗竭使资本有机构成增加。对资本的碎片（fraction）而言——我们可以举原油的例子——这种倾向可以通过可以带来“剩余利润”（用马克思的话说（1981））的财产权克服，可以使资本那些碎片的主要公司确保价值在其他地方生产。大意是我们谈论的资源对资本的扩大再生产整体十分关键，但是，一个碎片的所得会削弱维持或恢复利润的体系范围的条件。

超越新陈代谢断裂：资本主义作为生态体制的理论

福斯特对新陈代谢断裂理论的理解形成于其对马克思的唯物主义（2000）思想史的研究，他的努力为环境社会学提供了“经典的基础”（1999）。与克拉克一样，他采用一种讲述资本主义环境破坏的方法（e. g. Clark and Foster，2009；Foster and Clark，2003），但讲述并没有超出对环境史相关理论的嫁接。虽然在他的论述中充满了对积累和“利益追求”的讨论，但却没有把这些术语用于全球价值关系。事实上，没有证据表明新陈代谢理论在福斯特的垄断资本主义理论中占有一席之地——他认为环境的变化是重要的，但不是构成的（因素）。他的理论还保留着笛卡尔看问题的方法，坚持“环境不平等的交换”（随着其生产关系的再设立）和“环境的足迹”的方法，这些方法认为关键的问题是“对生态环境的需求”之一。

笔者早期的解释（Moore，2000a）接近目前的观点，但是在“农业生态转型的体系周期”概念中，保留了一种笛卡尔式的区别——尽管比福斯特的区别更弱，这种观点是阿瑞基（1994）“体系积累周期”的补充。在2000年发表的文章中，笔者强调资本主义时代世界环境变化一系列阶段中的许多决定性因素，这些都基于阿瑞基的用语“衰落的回报”（declining returns）。尽管是描述性的，这一理论提供了一种建立连接的方法，但是没有特别指出两个体系周期中的内部关系。笔者提出了全部的因素——新乡村的人工环境，例如铁路，或新的生产性的组织，例如19世纪的家庭农场——对确定新的积累浪潮的条件而言是决定性的因素。但是笔者只有从新陈代谢断裂中寻找增长和危机的社会—生态机制。新陈代谢断裂的常识，资源的消耗计算——营养从农村流向城市，只在是例外的情况才返回——一定是片面的。笔者没有解释在世界积累中“消耗”被解释成日益的困难的方法。这正是马克思全球价值关系概念，生产过剩和生产不足的辩证关系有助于解释（此概念）。

笔者早期把世界—历史与新陈代谢断裂关联的方法指明了正确的方向，但是论述得还很不够。资本主义不是有一种生态体制，它是一种生态体制。或者说，在暂时稳定的自然—社会关系结构中，资本主义是通过连续的生态体制建立（此体制具体化资本积累质的转化）——例如，从手工生产到大型工业的转变。从本体论上来讲，历史资本主义产生于积累过程与自然—社会关系的辩证关系。这里，笔者故意提出一个引起争论的观点，原因很简单。只要我们继续认为阶级结构、国家机器、地缘政治、工业化、特别是文化产品，由一种统治自然和初级产品的特别的社会机构模式所突出，我们就还处在笛卡尔的陷阱中。

但是，如果就把这个论点留在抽象的水平，我们就错过了一个绝好的机会。生态体制，从这一意义上来说，打开了一个观察资本主义本体论的新视角：作为生态体制的资本主义。作为生态体制的资本主义理论不是想颠倒这一体系构成的社会—生态关系，而是开启了一种联系和建设方式，通过这种方式可以建立新陈代谢断裂、粮食体制（Friedmann and McMichael，1989；McMichael，2009；Weis，2007）、资源体制研究（Bunker and Ciccantell，2005）、能源体系分析（Podobnik，2006）及许多其他因素之间，一种更深、更不同的、更复杂的体系。

通过生态体制，笔者强调了那些统治（正式的和非正式的）、技术革新、阶级结构和组织形式相对持久的模式，这种组织形式从漫长的16世纪开始（1450—1640年）一直维持、推动了一系列的世界积累阶段。生态体制体现了历史上稳定的过程和扩大积累的条件；生态革命标志这些暂时稳定的过程和条件汹涌地的出现。注意力不是集中在社会和生物物理的本质之间的相互作用——它们是被关联在一起的，与当我们谈池塘里的鱼与池塘的关系一样，只有那时他们才是关联在一起的。[①] 相反——从价值关系作为我们的指导方法原则出发——我们的注意力是现代性战略关系的社会—生态组成。这样一个演绎的方法打开了一片考察的领域，超越了通常认为与环境史相关的“土地变化”的模式（Cronon，1983）：包括财产关系、以商品为中心的资源攫取、经济作物农业、能源复合体等等。从世界—生态的视角，环境史既是关于工厂也是关于森林，既是关于股票交易所、购物中心、贫民窟和郊区扩张，也是关于土壤和物种枯竭的。

这些生态体制包括，在最小限度上，那些市场和机构的机制，可以确保充足的能源、粮食、原材料和劳动力剩余的流动，以便组织世界积累中心。但是故事没有到此结束。我们也应该考虑那些消费这些剩余的生产机构，并考虑对自然的其余部分的新的（并且是矛盾的）需求。也就是说，城乡对立——重合但不混乱，并且有核心区—边缘区的区别—— 是决定性的地理关系。生态体制构成了一个统治“城”（消费剩余）和“乡”（生产剩余）关系的背景。正如我们看到的，福斯特的“新陈代谢”断裂，不仅成为资本主义特殊的产物，而且是资本主义生产方式的构成要素（1999）。资本主义的每个阶段都是通过自然—社会关系的革命出现，这种关系为扩大的资本积累创造新的可能性。什么构成了这些可能性？根本上，资本积累的每个大的浪潮都是通过扩大的生态剩余展示，并对生态剩余带来影响，其表现就是廉价粮食、廉价能源和廉价投入。大致是说，新的劳力剩余可以通过去乡村化来利用，劳力成本也可以通过廉价粮食（降低社会再生产的最低工资）和廉价能源（对增加的劳动生产力非常重要）来降低。

但是“廉价”真正意味着什么？通俗的语言也许可以更精确地翻译为分析性的语言。（利润的）长波只有当这些生态剩余可以以远低于系统范围的生产成本时才能产生，最主要是在初级生产中。例如，英国19世纪作为“世界工厂”的繁荣与美国中西部的农业革命极好地联系在一起。在很大规模上，北美的谷物取代了英国在爱尔兰的“农业区”的相对枯竭（1780—1840年），此后又被俄国、印度和其他地区的新谷仓补充。从1846年谷物法取消到19世纪70年代的衰退期，英国谷物进口增加了254%。但是从美国进口的谷物增加了40倍，从25 000吨增加到1 000 000余吨，到这个时期末，提供了英国谷物总进口的一半还多（*calculated from* Atkin，1992，pp. 17—18）。的确，谷物价格在英国帝国主义黄金时期有一定的下降（Barnes，1930，p. 290），考虑到英国人口的快速增加（1600—2300万）和快速的工业化（占世界生产的1/3），这当然是一个重要的成

① 佩斯·伯克斯（Pace Berkes）编辑（2003）。

就。1873年以后价格普遍急剧下降，即使英国80%的日常消费的面包都是源于他处（Mulhall，1892，p. 444；Thomas，1982，p. 336；O'Rourke，1997）。

积累的长波在利润下滑之后重新获得的地方和契机形成。但建立这些条件并不容易。这不仅依赖社会—技术的创新，而且依赖大量的生物物理财富，没有这笔财富，新的革新毫无用处。（这就是为何新的技术经常滞留一段时间才能普及。）例如，我们可以想一下18世纪晚期英国大量生产铁和煤的冶炼技术（Gordon，1996，pp. 133—134）。工业革命，还是举我们的例子，通过史无前例地使用价值构成（平均社会劳动附着于这些商品中）非常低的——相对于造船或制表而言——棉花、铁和煤的剩余展开。当然，这种低价值的构成有很多因素——有利的地理和运河条件（英国的煤），密西西比三角洲（棉花）肥沃的冲积土壤，乌拉尔地区农奴和简单生产的开展（铁）（否则，我们从资本化和吞并的这种联合的和不均衡的发展中还期待什么呢?）

换句话说，不得不廉价地使用投入和劳动力，“廉价”是因为一个新长波的前夕，相对于商品生产条件和交换条件而言，其数量巨大。从历史上来说，我们已经看到构成的两个关键因素和相对较少的生态剩余的连续分解。首先，循环的地理扩张浪潮带来了许多机会，把生物圈财富的越来越多份额与资本积累的机构联系起来。资本主义的天才在于以其他文明不会采用的方式利用这些机会——包括一系列社会—技术的革新，这些革新最大化了生物物理生产量，相对于劳动力而言，这也连续使生物物理自然的产量本身发生革命。简而言之，现代不仅仅带来高效的铁熔炉，也带来蒸汽机，不仅仅带来高效的蒸汽机，而且也带来内燃机。

这是一个比我们通常意识到的更加不连贯的故事。人们很少意识到连续生态体系的浮沉没有打开一个个新的生物物理掠夺的阶段，因此枯竭也是不言自明的。相反，对这些空间相对枯竭的反应而出现的新的农业、工业革命不仅被原有的生态体制占据——而且事实上也由其产生。[1] 历史资本主义的危机促使（或束缚）无休止的资本积累的自然—社会关系的危机。它们是通过价值规律建立起来的社会化自然现存关系的危机，而不是“荒野”（wilderness）的抽象自然的危机（Cronon，1996）。

资本主义并不是通过组织新生态体制而经历其连续的发展阶段，这些生态体制控制粮食、能源和原材料剩余的扩大再生产。（尽管这些因素对每一个生态体

① 同意勒费布尔（Lefebure）的观点（1991）。

制都非常重要，为了解释，可以通过体制概念的说明做出富有成效的分析）相反，资本循环每次划时代重塑——从金钱到商品生产和交换，再反回去——都是新的自然—社会关系使然，也代表和创造新的各种自然—社会关系。作为积累过程出现的资本主义通过生态体制带来的可能和限制的不均衡的条件组织，同样在作为整体的这一体系的必要的社会劳动分工中也遇到其限制。

我们如何开始从资本主义价值理论转向资本主义历史，从资本到资本主义？如果“生态体制”的结构证明有用，它一定不仅仅是描述的（pace Beddoe et al.，2009）。在何种意义上，这个视角可以解释现代世界体系的出现和未来的消亡？为了获得一些指导，我们可以看一下乔万尼·阿瑞基的体系积累周期的视角（1994）和哈维的空间修复理论（1982）。

在阿瑞基的历史资本主义理论中，主要的世界霸权上升到全球领先地位（霸权）是通过资本家和国家（territorial power）结构的各种“组织的革命”而实现的。这样的革命完成了*质的转变*，这是对以前时代积累（*数量*）冲突的反应——也是以此为基础。系统危机（是这些数量转型的场合）是内部形成的——任何时代资本主义发展的限制都是由于一个旧的组织革命及其体系结构的枯竭，以及连结资本主义的*奥伊寇斯*的新方式引起。关键是，这些新的组织革命一定是通过找到调动、领导和合作的新方法而革新，这是对资本主义地理大量新的附加（物）。虽然资本也许认为空间是永不枯竭的，征服和商品化的可以无限替代的地域，阿瑞基认为世界经济的每一个伟大扩张都是特殊刺激物的构成因素，其潜在的条件经过长时段后逐渐枯竭。因此，在连续积累循环中产生的危机要求更大地理范围的组织中心——从16世纪热那亚的城市国家到漫长的20世纪美国的大陆国家。[①]

哈维的空间修复理论（1982）加入了两个具有重大意义的联系。第一是现代的大金融扩张的论点（这个观点是阿瑞基视角的中心）辩证地与“通过剥夺的积累”的观点（Harvey，2003）相联。第二，在哈维更广的空间修复理论中，资本最初的流动，以及周转时间的加速，都是通过一个时代中有利于资本的“人工环境”取得的，都成为下一个时代积累的约束。用这种方法，“便利但同时束缚资本主义发展的未来道路的各种环境被创造出来”（Harvey，1991，p. 218）。

阿瑞基和哈维提出了一种资本主义世界—生态及其发展阶段的理论，这些发

---

① 更不要说地理深度了，作为一种攫取模式已经深入地球本身。地理扩张本身包括水平的和垂直的运动，后者部分与前者重叠，但不要把其与整个体系范围内资本密度的社会—空间强化混淆。

展阶段见证了长时段内积累盛和衰的社会—生态条件。在这些因素中，“增长的极限”让位于积累的条件和局限，直接屈服于历史资本主义。资本主义各个阶段通过积累动力中（文明的方案）的生态革命和其引力场中（历史的过程）自然—社会关系来展示。在资本家和国家机构制定的统治网中有过组织革命，在世界商品生产和交换人工环境中也有过革命。其标志性的成就是通过激进地扩大生态剩余，为达到此目的，需要极大地扩大通过吞并的积累机会，相对于通过资本化的积累而言。

效仿哈维的观点，这些全球化的生态革命最初解放了积累。难道这不是“第一个”19世纪（1763—1848年）英国霸权的世界历史的成就吗？但是，假以时日，这些生产自然的新方法——通过政治调节、人工环境、工业组织、农业革新，更不要说阶级斗争——开始通过掠夺和生产力的腐蚀性影响产生矛盾。扩宽的和加深的积累运动（通过吞并进行的）削弱了人类和生物物理自然独立于（或相对独立于）资本循环而再生的能力。迟早，但基本上是大概50年，在资本依赖的方向中再生的原则改变。农民耕种者成为资本家农场主，原生的木材被种植的树木取代。代际再生产由金钱关系调节。随着世界自然资本化的兴起，相对生态剩余下降。这削弱了扩大积累的基础，在发展的生态危机中达到顶点。

从这些发展的生态危机中浮现的生态体制，面对（事实上带来）历史上特殊的自然——对资本积累来说是解放和限制的网络，这一点怎么强调也不过分，如果我们严肃地考虑——所有“资本的局限”都是历史地出现过，出现于人类与自然的其余部分的关系中——这样的观点。这种历史的说明不是独特的，而是考虑到奥伊寇斯多重时空特点。新自由主义带来的自然在历史资本主义的划时代的自然中运作，也许可以说是自新石器时代以来在人类文明的自然。这样多层次地对历史上的自然（作为奥伊寇斯）的理解开启了区别目前情况下积累的、循环的并且真的是新事物的可能性。这里笔者想做一个基本的，也是人们经常忽略的陈述：对一种生产模式（或资本主义的阶段）的限制“可能不会对另一种”生产模式（或资本主义的阶段）产生限制（Benton，1989，p. 79）。因此我们可能开始思考资本主义的各阶段创造着（并也被创造）越来越资本化的世界—生态。早期资本主义的局限——例如遍及中欧和西欧的农业枯竭和能源相对稀缺——18世纪中叶已经出现。这些曾是资本积累的生态历史的局限，正如其当时被组织那样。很明显，它们不是绝对的局限。

阿瑞基的体系周期的方法特别有用，提供了现代世界史过程中资本主义的局限是如何被超越的空间社会学方法。笔者的建议是把阿瑞基（1994，p. 226）富有成果的概念（认为世界发展的阶段依赖于“特别的组织结构，其有效性逐渐被扩张所破坏”）进行生态历史的综合。由此带来的资本家与国家间“日益恶性的竞争”最终达到了一个沸点，随即产生了由于“以前物质扩张依赖的组织结构的消亡”所带来的利润危机（p.226）。如果我们把奥伊寇斯放到这样一个世界历史结构中，很明显其不仅仅是企业间或地理上的竞争加剧，也不仅仅是阶级斗争（如传统认为的那样），破坏了世界经济增长的伟大阶段——我们可以想一下资本主义一系列的“黄金时代”：1450—1520年、1848—1873年、1947—1973年。这些黄金时代的资本化特点的爆发导致（事实上也是被这个原因促使）更大的吞并的萧条。[①] 这些吞并阶段特有的“组织的结构”，在积累的漫长世纪中的繁荣年代，逐渐被产生大量生态剩余的战略耗竭。这是无须引用新马尔萨斯的概念谈论局限的方法——在最近关于石油极限的讨论中仍旧是一个现存的危险（即使那些左派也同意）（e.g. Newman，2008）。

代结论——朝向资本主义发展和危机的统一理论

通过把今天社会—生态转型放在现代世界长时段和大规模的重复和演进的模式中——包括资本主义劳动过程的人、家庭再生和家庭构成、南半球的“非正规经济”，等等——我们可以看到目前危机中展现的独特矛盾。笔者在新自由主义“信号危机”的过程中撰文（Moore，2010c）——笔者当时的观点是发展的生态危机首先出现，体现在粮食、能源和关键投入商品价格的上升而不是下降——这是发展的生态体制从通过吞并的积累到通过资本化的积累转型的好兆头。显然，有许多新的发展，这些发展使资本主义的一个阶段让位于另一个阶段的方式的确定方式复杂化。目前的形式是否也是历史上资本主义的一个转折点：不仅是一个发展的，而且是一个划时代的生态危机？

虽然左派提出了一系列的视角分析2008年的事件以及前所未有的“世界经济衰退”的现象（McNally，2009；Foster and Magdoff，2009；Harvey，2009；Kotz，2008；Panitch and Konings，2009；Beitel，2009；Lapavitsas，2009；Rasmus，2009），但这些分析仍旧无视自然，或者把“环境的”问题放在积累过程的核心之外。他们仍旧坚持笛卡尔把（所谓的）“经济”危机和（所谓的）“环

① 虽然许多马克思主义者认为漫长19世纪是具有决定性的，因为工资—劳动关系普遍化，而事实上1914年资本主义劳动分工内世界家庭参与的份额不高于（可能还低于）1763年的水平。

境危机”决然分开。这不仅在理论上站不住脚，而且在分析上也成问题，政治上却恰恰相反。有必要说明，如果没有一个暂时的、可以引导我们思考这些方案如何不仅代表人类与人之外自然结合起来的新方法，也确立了一个世界—生态的整体（其大于各部分的相加）的理论，就不可能看到社会—生态过程和金融化方案、贸易自由化、粮食安全和粮食至上（还有很多其他的）之间的结构关系。这个暂时的理论核心是关于发展和危机的理论的声明（吞并和资本化的辩证关系，生产过剩和生产不足的辩证关系），也是方法论的建议（华尔街是组织自然的一种方法）。如果金融化本身是一个生态方案，由其产生的稀缺（通过商品繁荣）直接与自然的一切相关，正如粮食歉收、物种灭绝和气候变化与之相关一样。

新陈代谢断裂的理论是重要政治生态最有力的观点之一。认为资本主义的生态—地理逻辑是资本主义体系上升、发展和正在进行的消亡的固有的观点，对世界学术界是一个重大贡献。我们可以怎样扩大并详解生态断裂理论重要的核心内容？笔者指出了两点：(1) 作为世界—生态的资本主义的视角（统一了自然的生产和资本的积累）提供了一种新的思考新陈代谢的方法；(2) 以历史为背景阅读马克思的价值理论提供了一个有力的方法论的提议，可以建构社会—生态整体。总之，这个方法提供了不同于笛卡尔嫁接“自然的”和“社会”过程的方法，不同于其在资本主义历史中“经济的”和“环境的”异化方法。这样的重新解释提供了一个必要的起点——远非是成熟的——重新思考资本主义矛盾必然是不可简化的社会—生态的，想象、制定一个超越资本主义的，有助于建立新的和开放的世界—生态方案。

第六章　自然与封建主义向资本主义的过渡

向资本主义过渡主要是一个理论问题，但这一问题对这个世界的左派——贯穿美国霸权的整个黄金时代（从二战结束一直到始于20世纪70年代全球经济停滞）——也有广泛的政治含义。因为这一问题与一些紧迫的政治问题，诸如“在一国建设社会主义的可能性”及帝国主义的本质紧密相关，因此转型的争论（正如已知的那样）是知识分子和许多积极分子对资本主义激烈批判的主要部分。几十年以后，转型的争论——与其一道还有对资本主义的批判——对世界的左派来说，失去了很多特点。当然，造成这一状况的原因很多，不仅仅是新自由主义意识形态成功的宣传——鼓吹资本主义的概念是“历史的终结”。笔者认为，把资本主义历史化的任务——即理解资本主义不仅是政治经济的体系，而且也是诞生在特殊时期、地点，有朝一日将从历史舞台消失的历史的体系——很可能对今天的左派来说甚至比昨天的左派更重要。

这项任务与世界环境史的任务关系最密切。地方和国家运动不仅面对着全球资本主义的力量，而且也同样面对日益迫近的全球生态危机。[①] 生态危机是一个有影响力的概念，也是一个很难确定的概念。生态危机的各种解释混乱，或引起困惑，或太过简单。经常藏而不露的——甚至其支持者也不了解的——是关于社会如何与自然互动的各种历史的和地理的假说。这些假设（有时很明确，但通常并不明确）非常重要，因为预示了政治战略——有人认为工业化是罪魁祸首，鼓吹进入“后工业”社会（或后退到前工业时代）；其他人认为城市化有问题，敦促返回农业社会，“返回到土地”。对一些人来说，他们认为问题是人口过剩，相

---

① 这一点很清楚。21世纪世界面临越来越严重的生态问题，（这些问题）被概念化为“一种环境条件，阻止农民的或更好的活动，或者威胁着人的健康、福祉，或者威胁着自然的潜力”（Haila & Levins，1992，p. 226）。相比之下，迫近的全球生态危机的观点当然是推理的，如果按字面解释，这意味着星球维持生命的能力在迫近地、剧烈地减弱。虽然是推理的，这种生态危机的“强烈的”概念一定是基于相当多的科学研究。这些研究的中心主题是生态体系、气候等等中的“逐渐的变化”可以让位于“突然剧烈的转换”（Scheffer et al.，2001，p. 591）。但我们也可能发现“虚弱的”概念很有用——在其中，生态危机被视为整个世界许多特殊环境问题积累的比喻说法，其中一些特别严重……整个世界生态体系的恶化威胁到自然支持生命的潜力。威胁是真实的，虽然我们不知道在全球规模上多么实际。地球上制造生命的条件是生命本身的生产，没有先验的保证这些条件不会变化（Haila & Levins，1992，p. 211；*emphasis added*）。

应地，认为人类文明有问题；一些人认为今天巨大的跨国公司和不受控制的市场是问题的主要源泉，争论解决之道是对市场和公司进行全球民主化的调节。我们经常会看到各种解释有相关之处，但没有看到对生态危机历史起源的探讨。

一小部分（但这样的人越来越多）环境学家认为资本主义是今天全球生态危机的主要动因。这些人提出的解决之道是一个社会主义的方案，在其中，马克思和恩格斯的想法可以实现，由此，与生产者联合的社会，以一种可持续的和平等主义的态度控制自然和社会的新陈代谢（Burkett，1999；Foster，1999，2000；Harvey，1996；O'Cornnor，1998）。[①] 但是，即使在这些圈子里，也很少有人对资本主义与自然的特殊关系的历史起源进行持续的探索。

笔者这里想说的是这种考察的重要性（粗线条的），我们可以称之为向资本主义过渡的世界环境史。在这种转型中，笔者提出两个观点。第一，在资本主义时代，用马克思和恩格斯理解的术语来说，环境史基本是世界史（1970，p. 56）。资本主义之前的环境问题是地方的、地区性的。但是随着向资本主义过渡，这些问题逐渐变为全球性的。地方的环境转型不再是地方的——立即成为其他地区或世界经济整体的必要，或是以这些为前提条件。

第二，现代早期欧洲环境史支持这样的观点：有一种，而不是很多种向资本主义的过渡。（即如我们了解的，随着时间的推移，在社会生活和其物质基础变得越来越商品化的意义上来说，资本主义变得越来越成为“资本主义的”）资本主义在漫长的16世纪，作为“庞大但虚弱”的世界—经济出现，从波兰延伸到美洲（Braudel，1961，p. 260；Wallerstein，1974）。其后全球征服的历史不仅见证了资本上升到控制这个庞大但虚弱的世界—经济，而且也带来新体系爆炸性的社会生态矛盾。

资本主义的出现标志着生态恶化的规模、范围、速度突飞猛进的跳跃。资本主义破坏了早期城市腹地复合体可持续的营养循环，建立了城乡之间新的关系，带来了自然和社会中马克思称之为“不可修复的断裂”（1981，p. 949）。资本主义在逐渐全球化的基础上建立了一种“新陈代谢断裂”，由此，营养以一种几何增加的数量和速度从乡村流向城市（Foster，2000，ch. 5；Foster & Magdoff，1998）。营养循环越来越被打破，带来一个又一个“地方性”的生态危机——例如土地枯竭或森林砍伐，其全球性的影响体现在连续的地理扩张，因为资本被迫

① 应该说在这个阵营有重要的区别，这其中重要的是马克思政治经济学和历史唯物主义中生态思考的重要性（Foster and Burkett against O'Connor）；以及全球生态危机对资本主义存在的威胁（Foster against Harvey）。

寻求新的土地供应和在土地上工作的劳力（Moore，2000a）。按这种理解，资本主义早期的生态矛盾是这一体系全球扩张背后有力的力量。首先在新大陆，早期资本主义很快破坏了土地，为了资本积累全球化取得必要的土地和劳力，需要连续的“空间修复”（Harvey，1999）。

这种论调与传统的看法相左。特别是左派，但不仅仅限于左派，他们认为环境问题的起源与工业革命紧密相连。但即使像奥康纳这样重要的环境理论家，他提出资本主义—自然关系的理论，也仅仅关注 19、20 世纪（1998）。基于工业资本主义兴起的资本主义生态矛盾理论也没有告诉我们这个巨大发展的起源——即马克思令人信服地称之为资本对土地的统治。

不考虑 19 世纪前资本主义的发展，只有利于我们称之为工业化的理论，这个视角认为资本主义与工业化是同义语，或是工业化的一个子集。结果是资本主义消失在我们的视野中。虽然 19 世纪的工业革命加速了自然的恶化，但这种推理方法对狭义的技术过程附着上了不适当的强调。在这些因素中，社会关系表达了技术必需的抽象逻辑。但是如果相反，技术革新表达了社会关系，那么也许需要对现代环境史有另外一种理解。不管工业革命如何重要，如果能够证明史无前例的生态恶化不是起源于漫长的 19 世纪（1789—1914 年），而是漫长的 16 世纪（1450—1640 年），那么我们就有充足的理由怀疑目前关于全球生态危机起源的正统说法。

这也给我们很好的理由怀疑资本主义（不仅是工业革命）是真正的罪犯。

当环境批评家们谈论工业革命时，他们通常谈论工业革命以来的世界史。但是 19 世纪的工业革命绝不是世界上第一次“工业革命”。即使在欧洲内部，18 世纪晚期之前，也有几波工业革命，不是所有的都遵循严格的资本主义的逻辑（Carus-Wilson，1941；Gimpel，1976；Nef，1964）。“中世纪的人被机器包围”，历史学家让·佩尔（Jean Gimpel）写道。机器“对城里人和田里的农夫而言并不陌生和遥远”（1976，p. 1）。事实上，贸易引发的制造业扩张，普遍来说是“贡物”体系的重要组成部分，从封建的欧洲到帝制的中国都如此。12、13 世纪欧洲贸易的扩张主要是这种扩张（Abu-Lughod，1989），这种扩张不可避免地被土地上的阶级关系限制。农业阶级有理由恐惧以无休止的资本积累为前提的革命性的变化，因为这种变化将惊人地涤荡“所有封建的、父权的和田园式的关系”（Marx & Engels，1972，p. 337；Wallerstein，1992，pp. 612—615）。

与工业革命主题密切相关的是城市——环境恶化的地点。在这些因素中，城市工业的形式，有时与资本主义相关，有时不相关，都是妖魔化的。乡村被认为是与自然协调的，城市被认为是自然的毁坏者。但是，伟大的社会理论家雷蒙德·威廉斯提醒我们：

因为工业革命带来的剧烈的物理转变，我们发现很容易忘记农业多么深刻地……改变了土地。一些来自农业实践的最早的和最重要的环境影响，虽然使土地肥沃，但在一些地方也过度放牧使之沙化；虽然开垦出好的土地，但也在有些地方砍伐树木、破坏土壤、带来土壤流失。这样的一些情况在资本主义之前有发生，但资本主义的生产模式仍旧是世界历史上这些物理和社会变化最明显、最重要的原因。城市是传统的观察这种变化的一个地方，乡村无疑是另一个地方。（Williams，1973，p. 293）

工业革命和城市化都没有自身的内部逻辑。逻辑由生产体系提供——在资本主义的情况下，是商品生产普及化和全球化的体系。这并不是说，马克思说的“现代工业”在 19 世纪不重要。正相反。但是如果认为这个时代是资本主义的起点——或者更糟糕，认为这个时代不仅见证了资本主义的诞生，而且见证了工业社会的到来——就错过了发生在前三个世纪的决定性的生态—社会转型（e. g.，Turner et al.，1990）。这些转型的主要动力是资本，资本在 16 世纪出现的欧洲世界体系中上升到统治地位，并与国家、领主联合开始重塑土地，这是“万物商品化”的长征中重要的第一步（Wallerstein，1983）。

资本如何上升到世界权力，这种上升以什么样的方式被自然环境左右，并反过来转变环境；这的确是一个棘手的问题。在这篇文章里，笔者通过努力回答四个问题解决这一问题。在什么意义上，可以说封建主义危机是环境危机？封建主义的社会—生态矛盾以及欧洲的生态—地理矛盾的特殊性如何带来了有利于资本主义的封建危机？为何（如何）1450 年以后的几个世纪里，欧洲的世界生态转型有助于解决封建主义解体带来的经济危机？最后，相对于封建主义和其他前资本主义体系，资本主义的环境转型如何在历史上具有特殊性？

历史上的封建主义

“封建主义”对不同的人来说意味着不同的事情。一个阵营的人认为这个概念指“领主与封臣之间的等级关系”（Lefebvre，1976，p. 122）。按这种传统，“历史不仅从上层的视角来写作，而且也仅限于研究上层”（Kaye，1984，p. 73；e. g.，Ganshof，1964）。对封建主义这一狭隘概念的批评由许多人带头，如罗德尼·希尔顿（Rodney Hilton，1949；1973；1985）和马克·布洛赫（Marc Bloch，1961）。虽然承认“封建的欧洲并不完全是同样程度封建的，或遵循同样的节奏，并且，没有一个地方被完全封建化”（Bloch，1961，II，p.445），但这些历史学家寻求一个更广义的概念——“努力描述整个社会秩序，其主要原则是社会的其余部分（主要是农民）由军事、地主贵族统治”（Hilton，1976，p.30）。①

正是这种广义的封建主义的概念强烈影响了20世纪70年代以来的世界—历史视角（esp. Wallerstein，1974）。这种概括的一个主要例外是乔万尼·阿瑞基（1994；1998），他在主要方面回归到更早的、更狭隘的封建主义的概念。在阿瑞基列举的诸多事情中，封建主义仅局限于中世纪欧洲的乡村社会关系。而封建关系则

> 毫无疑问与理解英国、法国、波兰、瑞典和许多其他欧洲世界的“民族”历史有关，但它们主要（如果不完全是）与理解世界资本主义的起源相关，原因很简单，世界资本主义不是源于欧洲境内的经济活动和社会关系。相反，资本主义起源于把这些地域组织联系在一起的城市国家的裂缝。(interstice)（1998，p.126）

因此，阿瑞基根据波斯坦（Postan）著名的论述，“中世纪城镇是……封建海洋中非封建的岛屿”（1972，p.239），他为了说明向资本主义过渡的主要动力，缩小了封建主义的概念，排除城市中心。这样，就冒着赘述的危险：资本主义的起源按资本主义城市—国家的术语解释（*see also* Mielants，2000）。

不考虑无谓的重复，这个论点倾向于产生枯燥的二元论，使资本主义的城市与封建的自然经济竞争。但是如果广义的封建主义概念被接受，城市和乡村、市场和生产就不被认为是分离的，而是辩证的。从这个视角出发，生产和交换是考察大型“社会经济”的“起点”（Tomich，1997，p.299）。从这个视角，

> 生产和交换不再被认为是与其广义背景分离的独立的存在，彼此之间也不是分离的、相互敌对的外部对象，它们也不被认为是同一的。相反，生产和交换被理解为先决条件，一个整体的彼此构造的独特部分。如果我们按这种方法考察社会经济，分析单位就由彼此相关的生产、分配、交换和消费的程度确定。（Tomich，1997，p.300；*also* Merrington，

① 我们当然可以确定一些地区，例如低地国家，那里农民从领主权力那里享受相对的自由（Vries，1973；Vries & Woude，1997）。但是这些农民也深陷于一种更广的权力体系——其中朝贡关系控制着早期资本主义与农民自然经济的飞地。

1976；Marx，1973，pp. 83—100）[①]

封建主义的历史地理由涉及广大人口的农业关系塑造。正如希尔顿说道，"地租斗争"是"封建社会里的'主要动力'"（1976，p. 115）。领主与农民之间为了争夺农业剩余的斗争带来提高生产力和简单商品生产的适中的压力（总是有限度的，而不是无休止的）。

从 10 世纪或 11 世纪起，中世纪市场中心和城镇的扩张，基本基于简单商品的生产。国际贸易的投机发展、弗兰德斯的工业化……大型商业中心的成长，例如威尼斯……从历史上说都次于农业生产力的发展，都在封建地租的斗争过程中被激发（Hilton，116；*also* Lewis，1958）。

我们记住这些基本的结构，现在可以考察同样深度的封建主义的社会—生态危机趋势。

扩张和危机：封建主义的社会—生态矛盾

我们的故事始于欧洲封建主义的黄金时代。11—14 世纪，中世纪欧洲经历了人口的快速增长，导致新的定居点遍布中欧和东欧。发动成功的军事活动（"十字军"）反对波罗的海、伊比利亚和巴勒斯坦的非基督徒。城市增加。制造业产出和经济作物有重要的增加，这是遍及非洲—亚欧商业扩张的普遍潮流的产物。国家巩固了它们反对封建领主的权力。[②] 社会和技术革新——特别是海上运输、金融机制和商业组织的革新——鼓励了以前遥远地区的劳动分工。

---

① 这个方法似乎与马克思和恩格斯的广义封建主义的概念精神（以及书信）相吻合（1972；1979）。马克思和恩格斯强调体系历史的和地理的阶级关系以及城乡劳动分工，这些决定财富生产和积累的特殊形式。关于"生产模式"有一定程度的误解（e. g.，Chase-Dunn & Hall，1997；Mielants，2000），马克思至少用三种不同的方法使用这一词：（1）是指"特殊使用价值生产中使用的实际的方法和技术"；（2）是指"资本主义阶级关系下劳动过程的特有形式"，所以资本—劳动关系构成"一系列合理狭义定义的关系的抽象代表"；（3）是指——整体的，也是为了比较的目的——生产、交换、分配和交换关系的整体，也指制度的、司法的和行政的安排，政治组织和国家机构，社会（阶级）再生产的意识形态和特征。这种全面的、高度抽象的概念在某些方面是最有趣的，但也带来难题（Harvey，1999，pp. 25—26）。笔者在比较资本主义与封建主义时使用的生产模式概念指第三种。

② 这里"国家"这个词必须小心使用。笔者同意斯特雷耶（Strayer）的观点（1970），他认为现代国家的起源是 1100 年。这种方法作为探索的线索非常有用，而不是陈述历史—地理事实。12 世纪前，"地区主权"（Anderson，1974b，p. 15）占据重要地位，以致到 1000 年时，在欧洲大陆很难找到类似国家的东西（Strayer，1970，p. 15）。即使 1100 年以后，国家在欧洲从不强大……，但有时强于彼时。1000—1250 年欧洲经济的扩张为国家创造了新的岁入基础，为内部秩序创造了新的需求。一方面，"欧洲"的外延扩大（十字军东征，在东方和北方的殖民），这要求军事上的统一；另一方面，共同为新的国家机器创造一种新的生活（Wallerstein，1992，pp. 603—604）。

大约1300年左右，事情开始变糟，特别糟。领主收入开始下降，农民开始反抗，饥荒日增，饥荒导致了更致命的瘟疫。国家反对领主取得的进展被逆转，城市国家的商人和金融家的收入受损，国家卷入战争。封建主义不仅作为一种生产体系，而且作为一种社会体系处于危机之中。

这场危机源于封建生产体系与土地的关系之中。封建主义组织在政治榨取剩余的基础上，承认农民对土地的习惯权利，[①] 既没有强制也没有刺激生产力的提高。另一方面，自耕农只有在很少的情况才被强迫离开土地——市场力量强迫他的情况更少。所以他被迫*生产*以谋生，而不是*出售*以谋生。正是在这种狭义上"封建主义主要的部分……*是为使用的生产*"（Dobb，1963，pp. 42—44）。增加的农民剩余被领主和国家剥削——事实上，地租、征税（levies）和税收（taxes）是统治阶级增加岁入的主要手段（这当然打击了领主提高生产力的积极性，因为地租和征税并不直接与农业改良相关）。因此，在某种限度内，封建收入可以增加，即使剩余停滞或收缩。这似乎正是14世纪初发生的事情（Hiton，1985，pp. 129—130）。

封建主义后来限制了可以投资到农业改良的剩余，这等于削弱了土壤的肥力（Postan，1972；Duby，1972；Anderson，1974a，pp. 197—99）。简而言之，领主—农民关系对长时段的生态可持续性来说根本上是对立的。封建社会的生态循环事实上是恶性循环："牲畜少，因此提供的肥料少，肥料少意味着（谷物）产量低；谷物亩产量低意味着每块土地都得耕种来获得谷物，因此牲畜没有过冬的草料，牲畜减少……"（Davis，1973，p. 113）。

虽然封建体系局限了把剩余产品投资到农业改进的可能性，但有利于人口增长——作为产生剩余的手段。[②] 对大多数人来说，封建阶级关系下的人口增长趋向（通过部分继承获得的）小块土地所有。所以农民家庭面临降低的生活标准——当然有少数人过得比较好——因此倾向于选择更大的家庭（非常像今天的农民家庭），假以时日大家庭又一次解体（Brenner，1985b，p. 230；Dobb，1963，p. 47）。经过一段时间，土地的分散本身开始束缚生产力（Milonakis，1994，p. 94）。结果，中世纪农民的地位开始恶化，即使领主没有增加需求。但领主的

---

① 虽然领主法律上"拥有"土地，农民"占有"它（Milonakis，1993—1994），但是：一方面，农民习惯上的拥有权对直接生产者被迫交纳更高租金有一定限制，无论是劳役租、实物租或货币租。另一方面，封建体制下直接生产者相对的（如果仍旧是有限的）独立是真正的生产进步（相对于奴隶生产体系而言）。封建主义限制但是没有消除增加生产力的动力。

② "所以长时段趋势倾向于生产过剩，导致对土地的需求增加，创造获取增加地租的可能性，而不需要直接求助超经济强制或控制"（Brenner，1985b，p. 230）。

需求的确有所增加。封建主义的发展不仅带来了人口的增加，而且也扩大了统治阶级

为了增加上一级领主的军事资源，封臣的人数有增加的趋势，这个过程被称为逐级册封。加上贵族家庭的自然增长以及家臣的增加，寄生阶级的规模扩大，这些人都要靠农民的剩余劳动供养。(Dobb，1963，p. 45)

因此，正是这种封建生产体系枯竭了土壤，导致了营养不良，这又是瘟疫的温床。简言之，带来终结性的体系危机。

封建生产模式下解决这些矛盾有三种主要的方法。都是自我限制。

一种解决办法就是提高土地的生产力。8世纪之后，西欧农民开始从二圃制转到三圃制。原则上，这种做法使耕种土地的亩数增加了50%。但三圃制在地中海和北欧并不成功。即使在西欧，它的普及也并不平衡。这比以前要求更多的肥料。同时，三圃制减少了休耕的土地大约1/3，所以减少了牲畜，牲畜对于更新土壤的肥力是必不可少的，特别是当其营养需求增加时（Miskimmin，1975，pp. 18—19，pp. 24—25；Dobb，1963，pp. 43—44；Postan，1972，pp. 63—67；Duby，1972，p. 196；Braudel，1981，p. 109；Bowlus，1980，p. 89；White，1962，pp. 69—76）。[①]（即使这些问题可以克服，正如我们看到的，封建阶级关系也不利于持续的生产力增加）

向三圃制转型带来的牧场的减少加强了封建主义扩张的冲动。因此，增加产量的努力典型地与第二个解决方案联系起来，第二个解决方法在各种内部、外部扩张运动中表现出来。内部扩张的主要运动之一是森林转化为牧场。[②] 虽然一度抵消了牧场的冲突，有利于耕地，但森林砍伐被证明是自我限制。虽然新的牧场可以从森林中开垦出来，但在封建条件下，人口稳定增长，牧场很快又被转变为耕地，因此就需要砍伐更多的森林（Ponting，1991，pp. 121—122；Bloch，1966，pp. 7—8）。森林砍伐加剧，而不是减轻了封建主义土壤枯竭的倾向。森林砍伐改变了当地的水文，这种内部扩张的模式增加了洪水泛滥的发生率和严重性——反过来又导致了水土的严重流失，导致进一步的土壤枯竭（Hoffmann，

① “我们有理由相信增加人口的粮食需求使得过度开发土地成为必要，相信土地接近枯竭。肥料不足的、过度开发的、休耕的可耕地的持续枯竭似乎是中世纪欧洲农业体系一个固有的特点”（Duby，1972，p. 198，*emphasis added*）。

② 我们也应该包括低地国家的围海造田，从海洋要土地，以及意大利及其他地方努力排干沼泽（Vries & Woude，1997；Bloch，1966；Braudel，1972）。

1966；Lopez，1967，p. 397）。这些问题随着 14 世纪更冷、更湿的天气的到来变得更加严重。

这些内部的边疆被外部的领土扩张补充，虽然十字军把北欧和南欧联合在一起，把这个“竞争性的联盟”带到欧亚商业更广的网络之中（Abu-Lughod，1989，pp. 46—47），定居殖民对封建主义的存活更重要。因为封建体系通常会限制生产力，经过一段时间的增长就会依赖地理扩张。尽管阶级力量的平衡在不同时期、不同地点会有利于农民或领主，普遍的原则是只要人口持续增长，领主的收入就会增加。这意味着在其他条件相同的情况下，定居点趋向扩大。这正是 11 世纪到 13 世纪中期的实情，这是“古典边疆发展”的时代（Lewis，1958，p. 475）。连续的殖民定居浪潮占据了东欧，再次被征服的伊比利亚大部和威尔士、苏格兰及爱尔兰。

第三个解决方案是城市化。乡村的剩余人口可以被城市吸收，即使与城市的发展不成比例，因为城市臭名昭著的高死亡率。[①] 只要收入增加，城市就会增长——收入增加是由于农业生产力适中的增加和地理扩张，这满足了城市手工业者的需求。同时非农业生产力的提高增加了对农业生产的需求。这进一步给土地带来了压力，对领土扩张带来更大的压力。

到 1300 年，这些解决方法不再可行。“两个世纪的不受控制的扩张用抵押欧洲的自然资源的信用购买，自然资源很快被破坏”（Bowlus，1980，p. 94；*also* Lewis，1958，p. 480）。农业革新（如曾经有过的一样）和地理扩张不能与人口增长和国家与领主增加的需求同步。最主要的问题是封建主义的阶级冲突带来的土壤枯竭，这刺激了人口增长，但不利于维持人口扩张必需的农业投资。到 14 世纪早期，封建农业极大地破坏了西欧、中欧肥沃的土地。13—14 世纪，在英格兰，亩产量下降了 1/3（Dobb，1963，p. 44，n. 1）。正如我们看到的，在这个定居的中心，新的土地又从森林获取，森林的土壤也很快枯竭。[②] 在边疆地区，特别是在东欧，但不仅限于东欧，[③] 殖民把越来越多的人口带到这一体系地理边缘生产力越来越小的土地上。在这些地区，产量——以及其中的收入——停滞或下降（Bowlus，1980；Ponting，1991，p. 123）。

---

① “城市的结婚率和出生率都比乡村低。由于各种因素加在一起最好的情况也是逐渐增加，很明显城市没有办法替换其人口，因此只能依赖乡村”（Russell，1972，p. 64）。

② “到 1200 年，西欧大部分最好的土地上森林都被砍伐，新的定居地越来越被迫在高低和荒野黏土浅沙的边缘地区建立”（Panting，1991，p. 122）。

③ 中世纪定居扩张沿着波罗的海东南沿岸的扩张特别活跃，那里沙质土壤特别容易枯竭（Anderson，1974a，p. 24，p. 7）。

由于所有中世纪欧洲的剩余产品都来自农村，因此领主收入的下降的确是一个严重的问题。因此，遍及整个14世纪早期的农业萎缩，不仅威胁到领主，而且也威胁到税收收入减少的国家，以及面临市场萎缩的城市—国家的资本家们。但是农业萎缩是一回事，危机是另一回事。

从衰退带来的萎缩发展到危机，这一切都与环境史有关。首先，天气变得更冷。[①] 欧洲农民维生的空间一直很窄，中心区域的人口过多、过度剥削，以及边缘区的过度扩展使得14世纪的农业极其“依赖适宜的天气”（Utterstrom，1955，p. 5）。谷物歉收更加普遍，随之而来的还有饥荒，而这在12、13世纪很少见（Bowlus，1980，pp. 95—96；Hughes，1996，p. 66）。首先，1315—1317年的饥荒严重破坏了从法国到俄国的城乡人口。这绝不是孤例，只是遍及14、15世纪一系列具有破坏性的饥荒中最严重的一次（Braudel，1981，p. 74；North & Thomas，1973，pp. 72—73）。农业危机如此严重，以致到1300年“几乎每个西欧出生的孩子在他们30—35岁都面临过至少一到两次极度饥饿的可能”（Miskimmin，1975，pp. 26—27；*also* Braudel，1981，p. 73；Montanari，1994，pp. 68—70）。

不利的天气和农业歉收带来了越来越严重、越来越广泛的饥荒。饥荒削弱了人口抵御疾病的能力。因此封建主义的生态矛盾不仅带来土壤退化，而且也带来易于流行病传播的饮食结构（Montanari，1994，pp. 70—71；Slicher van Bath，1964，p. 84，pp. 88—90；Dobb，1963，pp. 48—49；Braudel，1981，p. 78）。[②] 几乎可以肯定，这些地区的人口——例如低地国家——标志着最伟大农业生产力、享受免除领主剥削最伟大的自由、对新疾病带菌生物有最强的抵抗力，绝不是偶然的（Vries，1973；Slicher van Bath，1963；DuPlessis，1997，pp. 25—27）。

更糟的是，11、12世纪的贸易扩张不仅把欧洲，而且也把欧亚的大部分连接在一起，并且比以往更紧密。一个新的“病池”（disease pool）——借用麦克尼尔的短语（1976）——在历史规模上史无前例地出现。中国的农民、中亚的牧民、欧洲的手工业者都呼吸着同样的空气——从流行病学上讲。

农业萎缩、糟糕的天气和新的病池都为1348年瘟疫从东南亚到欧洲传播提

---

① “到1500年欧洲夏天大约7摄氏度，比中世纪温暖时期（800—1300年）要凉”（Fagan，1999，p. 194）。

② 14世纪前半期欧洲人口遭遇的连续的营养压力带来大范围的营养不良和生理虚弱，方便了传染病的流行……当然这两种现象没有直接的因果联系：每个都有其自己的生命和历史……但是同样清楚的是人们个人的生活标准对传染病的接纳或阻止有重要影响（Montanari，1994，pp. 70—71）。

供了有利的环境。三年之内，1/3 的欧洲人口——大约 2 500 万人——死亡。其后又有其他传染病。巨大的死亡数字令人难以置信。

1348 年前封建主义的命运已经确定。但是不太确定的是其后继承它的社会体系的本质。黑死病，而不是任何其他原因，签订了封建主义死亡状，有利于资本主义（而不是其他方法）解决欧洲危机。这与封建主义的阶级矛盾有很大关系。一方面，封建的阶级结构基于增加的人口密度，其农业—生态矛盾通过地理扩张减缓。相对高的劳力—土地比例通过降低劳动成本巩固了领主的权力，增加了封建地租形式吞并的总数，结果扩大了收入。相反，相对低的劳力—土地比例倾向于减少来自土地的价值，提高实际工资，降低封建收入（Duby，1972，p. 213；Dobb，1963，p. 49）。[①] 到 15 世纪末，英格兰、德国及意大利地租低于前一个世纪 40%；劳动者的工资高于前一个世纪 400%（DuPlessis，1997，pp. 21—22；Anderson，1974a，p. 204；Hodgett，1972，pp. 208—209；Bloch，1966，p. 116）。劳力—土地比例激烈的变化有利于直接生产者，黑死病增强了农民的力量，打击了领主的力量。[②]

另一方面，这一过程最能反映封建主义的成功——商业化、城市化和国家形成，也扩大了农民潜在的阶级力量，即使（特别是）国家、领主和资本家陷入危机以后。佩里·安德森（Perry Anderson）写道："商品交换进入乡村削弱了传统的关系，王室的税收覆盖了村庄中传统贵族的税收；*两者把大众对领主的勒索和压迫的反抗汇集成重要的集体运动*。"（1974a，p. 202）从 14 世纪早期开始，曾经是地方性的农民起义开始演变为地区性的，甚至是全国规模（Hilton，1973）的运动。西欧农民阶级的力量发展到如此程度，以致重建农奴制越发不可能，特别是如果成本少的其他方法可以找到的话。

但是在考虑这些成本较小的方法前，我们可以先回顾一下东欧的不同情况。

在东欧，特别是在波兰，危机被延缓，乍一看很像西欧的情况。日工的工资增加，农民从货币地租衰落的价值中获益。这种对直接生产者有利的形式一直持

---

① "小土地持有者和无地农（从黑死病的结果看）比任何其他群体受益更多，那些土地少于 2.5 亩的人……他们可以获得更多的土地，无地农从高工资受益，经常能获得一些土地"（Hodgett，1972，pp. 208—209）。

② （14 世纪的）麻烦……强迫领主对他们的农奴和奴仆不要太严苛，虽然他们本身受到灾难的影响，比以往更需要钱。问题是劝说农民待在土地上，劝说他们人口稀少时再生，劝说他们恢复秩序……一些领主试图强化劳役，把农民束缚在土地上，他们失败了，因为太容易逃跑了；这种流动带来西欧奴役制的完全消失……唯一保留或吸引佃农的方法是满足他们的需求，减轻他们的负担。农民家庭并不太多；他们上交他们利润越来越少的份额，因此这一阶段领主收入急剧下降（Duby，1972，p. 213）。

续到16世纪中叶（Malowist，1959，pp. 182—183）。但是，与西欧相比，农民更弱，封建关系在被称为“农奴制再版”中得以维持和巩固。

这是此故事重要的一部分，并且与封建主义的农业生态矛盾，与向资本主义过渡也有很大的关系。东欧的封建主义在11、12世纪的人口剧增中形成，并且也被西欧、中欧增加的人口密度和环境压力驱动。相对于西欧而言，重要的三个决定性的因素是：第一，在东欧，农民村庄的团结更弱，反映了当地的发展是一个“殖民的社会”（colonial society）（Brenner，1985a，p. 42）。东欧的殖民是由领主领导的，结果，村庄的自治有限。这似乎是潜在农业地理的政治表达。与西欧不同，东欧共有地缺失。定居殖民巩固而不是碎化（土地）持有，这巩固了“独立的耕种”（individualistic farming）（Brenner，1985a，p. 42）。第二，东欧的城镇也更弱，受农业萎缩的打击更大。[①] 尽管城市可能没有统一支持过农民的反抗，但城市化和农民有效抵制农奴制之间似乎紧密相关。在东欧和西欧，农民的反抗都是以城市为中心——主要的不同是在西欧有许多强有力的自治城市（Anderson，1974a，p. 253；Brenner，1985b）！第三，东欧城市的弱小意味着呢绒工业规模很小，呢绒工业挽救了“英格兰和卡斯提尔处于困境的领主”（Anderson，1974a，p. 252）。结果，东欧的领主面对日益上涨的劳动力成本和（暂时地）停滞的谷物市场，不能很容易地从农业转到畜牧业。前两个对比最小化了农民有效抵制的可能性，第三个对比最大化了领主采取农奴制再版的可能性。

如果说领主最终在东欧成功地再次采取农奴制，但是在西欧则失败了。虽然西欧也尝试过。在整个西欧，贵族“直接的反应是努力吸引农民依附庄园，或降低城市和乡村的工资”（Anderson，1974a，p. 201）。领主，与国家一道，发动了一场全面的运动强化对农民的封建控制——1349年到1351年英国颁布了高压立法，法国和卡斯提尔则在1351年、德国在1352年、葡萄牙在1375年都颁布过这样的立法。但是以前从未有过。这些措施导致了农民大规模的反抗（Hilton，1973；Anderson，1974a，pp. 201—202）。事实上，通过转向国家，领主们希望增加封建税收的措施会把所有的不满集中起来，“因为不满的目标不再是个别领主，也包括政府的地方官”（Hilton，1949，p. 132；*also* Duby，1972，p. 214）。

如果生产阶级很少在政治意义上成功——只有在瑞士农民使领主屈服，那么这也表明封建的方法解决西欧农业危机是不可能的。这种显而易见的情况又被城

① 不仅东欧的城市更弱小，它们对它们各自腹地的控制也比西北欧和南欧的城市要弱很多（Anderson，1974a，p. 252）。

市的发展巩固——特别是那些独立的城市飞地（这也许是封建主义最大的成就）。在西欧城市化最普遍的地区——弗兰德斯和意大利，手工业者和挣工资者发动了推翻城市贵族等级的反抗，最显著的是在根特（1309）和佛罗伦萨（1378）。城市的力量对农民的阶级力量有三个主要的影响。第一，城市的准无产阶级支持农民反抗，如 1381 年发生在伦敦的起义和 1358 年发生在巴黎的大扎克雷起义（Anderson，1974a，pp. 202—204）。第二，城市提供了一种逃避封建关系的方式。最后，乡村的商业化，除了我们说的有集中反抗的作用外，也深刻地威胁了以维生为主的农业社会。14 世纪似乎与 12 世纪一样，那些容易发生反抗的地区既不是完全商业化的（资本主义之前没有地方可能完全商业化），也不是完全以维生为主的，而是介于两者之间。

海外扩张：对封建主义危机的空间修复

所有这一切都意味着封建主义问题的“内部解决”成本远远高于“外部解决”，如果可以找到这样一种方法的话。那么，按阶级斗争的术语来讲，即使考虑到重重的危机，跨越大西洋的扩张仍是阻力最小的道路。尽管国家、领主和城市—国家的资产阶级以前多有龃龉，但封建危机把他们的利益结合起来，有助于海外扩张。沃勒斯坦说，“使西欧免于毁灭和停滞的唯一出路是扩大可供分享的经济蛋糕，这条出路，在当时的技术条件下，是要求扩张土地面积和可供剥削的人口基数”（1974，p. 24）。正是这种地理扩张的过程——通过聚集国家、领主和城市—国家资产阶级的利益——使得向资本主义过渡成为可能。有助于地理扩张的综合力量的要点如下。

第一，国家在 11—14 世纪已经有很大发展——由于内部扩张带来的收入和十字军带来的政治统一。现在遭受经济萎缩带来了很大困难，这种经济萎缩在黑死病之前已经开始了（Strayer，1970；Wallerstein，1992）。始于 14 世纪，当其为了战争的利益努力从农民那里收取更多税收时，国家面临加深的“流动资产危机”（liquidity crisis）（Wallerstein，1974，p. 21）。大国努力征服小国，但当时先进的军事技术和条件已经广泛传播，同样，战争需要的货币资本也很难获得，[①] 从 14 世纪中期起，征服的可能性变小。英国不能征服法国；法国不能征

---

① 事实上，用于战争的资本来源广泛，因为由于农业和人口危机，获利的投资机会已经枯竭（Arrighi，1994）。

服意大利；卡斯提尔既不能征服葡萄牙，也不能征服英格兰（事实上，它在伊比利亚半岛上也很难控制自己四分五裂的“国家”）；也许最重要的是，奥地利—伊比利亚哈布斯堡家族不能征服欧洲。并且，战争费用的增加意味着借债的增加，这就加强了城市资本家反对国家的力量，同时也打击了国家相对于领主的力量，国家需要他们的支持发动战争。

第二，当黑死病到来时，领主面临日益加深的危机。正如我们看到的，越来越糟的土地—劳力比例的重新调整影响了阶级力量平衡中几个关键的变化，特别是在西欧。恢复领主收入的内部措施证明是自我毁灭。努力从耕种转向畜牧使得一些领主从劳动密集型谷物种植——其利润率在黑死病之初急剧下降——转到更有利可图、粗放的畜牧业。[①] 相对农业而言，养羊（和牛）不仅需要更少的土地，并把领主与世界市场的发展强行扯在一起，他们因此倾向于支持有利于进一步海外市场扩张的措施。

由此导致的大规模的种植农业被畜牧业取代，它所带来的不仅是更专业化的世界范围的劳动分工（Helleiner，1967，pp. 68—69），正如我们所见，而且也使得欧洲的世界经济倾向于进一步扩张，这是由于欧洲畜牧经济地理扩张的特点造成的。（并非巧合，欧洲最大的海外帝国是由这些国家——英国和卡斯提尔——建立的，它们都是养羊国家）并且，从农耕向畜牧的转变限制了人口的快速恢复，因为减少了谷物种植的数量，限制了可能会使阶级力量平衡转向有利于领主的人口膨胀。最后，畜牧经济不仅是易扩张的而且是扩张主义者支持的，主要是由于其强烈的毁坏土地的倾向和对新土地的需求（Clough，1959，p. 146；Klein，1919）。这样，领主有三重动机进行地理扩张：农民持续的阶级力量，谷物生产收入的减少，以及经营牧场的生态矛盾。

同时，农民新的力量导致领主的注意力转向国家，[②] 国家在政策制定时被迫承认前者的声音。[③] 领主的政治取向意味着他们可能扩大自己的收入，只要“他们”的国家繁荣。但是封建危机的本质把这种繁荣限制在这样的程度：倾向于欧

① 例如，卡斯提尔产羊毛的羊的数量从1350年的150万只增加到1450年的270万只（Mielants，2000，p. 266，n. 81）。

② 希尔顿把某个国家中经济危机与增加的领主利益联系在一起：土地的利润很快消失，特别是14世纪70年代以后。难怪14世纪后半期，不仅看到危机的经济方面，而且也看到危机的政治后果。这些——表现形式是土地贵族之间派系斗争的加剧，主要是争夺对国家和其赞助基金的控制——与下降的土地收入相关（Hilton，1985，pp. 132—133）。

③ 西欧内部领主的机会一度是有限的，后来随强有力的地域国家形成而扩大。国家财政贬值的政策，越来越有效的税收体系通过固定租金贬值、从农民那里抽取剩余破坏了乡村的封建安排。但通过创设各种议会和出售官职，新的机会向领主敞开，他们通过国家推动自己的利益。

洲内部的战争，而不是地理扩张。因此，一种不容易的妥协把领主和国家联合起来进行国家主义的和海外的扩张。

最后，城市—国家也同样被有利于地理扩张的矛盾包围。经济上，城市资本家被双重挤压。需求方面，由于领主收入下降，他们面临国内欧洲市场的萎缩。供给方面，他们面临欧亚大贸易网的萎缩。引用一个例子，热那亚港口的税收在1293—1334 年下降了近 50％（Lopez，1967，p. 399）。

在社会上，城市—国家内部秩序日益面临来自生产阶级的严重威胁（Wallerstein，1974，p. 52）。在佛罗伦萨，1/3 的人口依赖城市呢绒工业，经济危机使后者的产出在 1338 年后的 40 年减少了 2/3 还多。接下来的社会不稳定“在所谓的梳毛工人起义（1378）中达到高潮……贫穷的梳毛工夺取城市权力，把一把梳毛的梳子放在政府官员头上”（Arrighi，1994，p. 101；*also* Miskimmin，1975，pp. 98—99）。佛罗伦萨的危机由 14 世纪 30 年代各种加深的农业—生态危机决定，这与许多其他因素一道导致小麦的价格增加了 300％—500％；这对于每年七个月依赖谷物进口的城市而言不是小事（Hughes，1996，pp. 66—67）。

城市—国家普遍的萎缩带来了有利于海外扩张的特殊矛盾。到 14 世纪后期，威尼斯的军事力量完全可以进行内部扩张解决这种萎缩，从东地中海驱逐热那亚的资本，并垄断了剩下的与东方有利可图的贸易机会（Arrighi，1994，pp. 114—115）。[1] 但是，到下个世纪末，热那亚从明显虚弱的地位变得强壮。当热那亚的资本家转向西方，寻找他们在经济萎缩和威尼斯的冲突中失去的投资出口，他们成为葡萄牙和西班牙王室的银行家。这样，他们增强了自己的力量，可以扩大不仅对更新的商业扩张必要的，而且对要求无休止的资本积累的世界体系的出现也必要的地理范围。热那亚在东方失去的，却在新近“发现”的、显著的、西方的大西洋经济体中找回来了。

欧洲扩张的环境决定因素

如果说有强烈的社会因素推动中世纪的欧洲采取外部的，而不是内部的方法解决危机，那么也有强有力的地理因素推动这种结果。但是我们不要屈服于环境

---

① 相对于其对手而言，首先是威尼斯，其次是热那亚的资金也被剥夺了投资机会。在一个意大利城市资本越来越殖民周边乡村的时代（Braudel，1972），热那亚的资本面临一个强有力的乡村贵族，他们“对城市商人阶级的财富和权力在国内的扩张构成不可逾越的障碍”（Arrighi，1994，Ill）。总之，热那亚城乡劳动分工和阶级结构使热那亚资本倾向于全球扩张。

决定论——这种理论最近一些年有所复兴（Diamond，1997；Fagan，1999；Landes，1998；Jones，1987），我们应该记得地理的因素非常重要，应受到重视。

这些因素中的第一个因素是欧洲的政治地理。与中国不同，欧洲不是一个国家，而是很多国家。随着14世纪危机的加深，这些国家间彼此战争，希望通过战争获得它们在农业萎缩中失去的利益。[①] 随着国家间的竞争加剧，寻求权力资源的竞争也加剧，因为这使一个国家具有竞争力。这对城市—国家的资本家和国家一样——正是威尼斯—热那亚的敌对使得后者与伊比利亚半岛国家联盟，探寻到印度去的航线。在一个革命性地增加生产力还不可行的社会体系中，寻求权力增加必然带来地理扩张——首先是到大西洋诸岛，后来到印度洋和新大陆。这种政治地理不仅提供了扩张的动力，也清除了重要的障碍。中国伟大的航海始于1400年早期，但到15世纪30年代被政府停止。但欧洲是一个多国家地区，没有一个中央权力可以限制最重要的伊比利亚国家的扩张动力。

虽然这一点被广泛认识，但这种不寻常的政治地理与欧洲地理之间的关系没有被普遍认识。欧洲的地理与中国形成鲜明对比，中国的文明围绕着两个主要流域形成（黄河和长江），后来反复受到中亚草原入侵者的侵扰。在西欧，有许多肥沃的“核心”地区被山脉和其他自然障碍隔阻（Pounds & Ball，1964）：葡萄牙与西班牙隔绝；西班牙与法国隔绝；英格兰与各处隔绝；意大利与德国隔绝；瑞典与挪威隔绝（两者都被海洋保护）；尼德兰北部被河流沼泽隔绝，等等。（东欧是另一个故事，这部分解释了波兰悲伤的历史）这种地理的影响提高了大陆帝国建设的成本，相应地，减少了海洋帝国建设的成本。因此，欧洲的地理提供了地理扩张的一定基础，这一点不应被忽视。

笔者不认为我们应该过多强调这一点，如埃里克·琼斯（Eric Jones，1987）和其他环境决定论者那样。同时，我们也不应该忽视这一点，如欧洲中心论历史地理学的伟大批评家，詹姆斯·布劳特（James Blaut）那样。虽然环境什么也不能决定——欧洲14世纪的危机直到进入16世纪才能看清，欧洲也不是欧亚范围“平衡发展的大片土地”的一部分，如布劳特认为的那样（1992，p.22）。环境的确很重要，但是与许多人寻求决定论的答案相反，如果我们看看阶级如何制造历史（和地理），而不是在它们自己选择的生态—地理形式下（寻找答案），我们会得出更好的结论。我们这里要讨论的是环境决定论，不是决定主义。

---

① “在一个经济停滞而非倒退的时代，统治者增加收入和权力的最简单的办法是努力控制新的领土，即使这些领土处在已经建立的国家边界内”（Strayer，1970，pp.59—60）。

第二个海外扩张的基础是欧洲的农业经济。中世纪的欧洲是一个小麦的社会(a society of wheat),[①] 而中世纪的中国基于水稻的种植。因此，部分的原因是，中国的农业经济倾向于内部修复。(笔者认为这是水利社会的成问题的理论中很小但很重要的事实核心［Wittfogel，1957］。)[②] 水稻的产量更高，高于欧洲谷类的五倍（Braudel，1981，p. 151）。并且，基于早熟的水稻品种及多轮耕作的水稻种植业的革命（Braudel，1981，pp. 154—55；Ho，1956），似乎正发生在欧洲引进三圃制、铁铸的马拉犁时代。考虑到中国南方相对较小和相对密集的水稻区域，农业革新在中国扩散得更快（Elvin，1973，ch. 9）。水稻种植没有小麦种植导致的土壤枯竭问题。只要河流的生态被充分调节，没有不适时地被打断，营养就会补充。只要气候允许，就可能在同一片土地上多轮连续几个世纪种植。中国似乎有更持续的城乡新陈代谢关系，因此城市的废物被返回到土壤（Braudel，1981，p. 155，p. 486）。在危机时期，国家可以集中维持或恢复水利设施——首先是联系两大水系的运河体系，这被看作是内部修复。在欧洲，考虑到小麦—牲畜农业经济必须分散的特点，这种内部修复是不可能的。

水稻的极大优势是占用土地少、生产力高。其极大的劣势是需要大量劳动力。[③] 小麦的优势则正相反，其极大耗费的是土地，而不是劳动力。“小麦不可

---

① “只要人们看看谷物的问题，就能知道这是一个多么负责的问题。最好写成复数形式，正如许多西班牙文献写的那样……小麦从不自生。虽然小麦种植很多年，更古老的谷物也在种植。”(Braudel，1981，p. 109)。黑麦，穷人的谷物，特别重要。总体来说，各种谷物之间没有显著的生态不同。欧洲谷物之间的产量没有很大变化（Braudel，1981，pp. 121—122)。同时，相对于黑麦而言，小麦更容易受到气候变化的影响，例如14世纪早期更冷、更湿的天气，小麦也需要更多的肥料（Fagan，1998；Bloch，1966，p. 25)。

② 乔杜里（Chaudhuri）比较了中世纪和近代早期亚洲小麦和水稻种植区：种植小麦的土地、面包制作以及贩运贸易都被一张看不见的网连在一起，由气候的、社会的，甚至是政治关系编织。中央政府在小麦和小米种植区面临长久的斗争，(担心）在唯一政权下带来有独立思想的农业社区的小首领。在种植小麦的土地上，水渠、堤坝，甚至幼苗的苗床的控制或破坏，都把大规模饥荒的武器放在军阀手中。种植和收割水稻的集体力量和其有利可图的产量迫使亚洲中央政府考虑耕种（水稻）村庄的福祉大于与小麦和小米种植相关的广泛的扬谷技术（1985，p. 29)。

③ 帕拉特（Palat）进一步发展了这种推理。在布伦纳关于农业经济变化的论文中，水稻不仅比雨水浇灌的谷物要求更多劳动力，而且其劳动过程促使资本主义发展：农业技术的基本不同表现在主要作物和特殊生产条件的不同（中国和欧洲）……在一个人口密度低的社会（例如在欧洲），畜力和机器力量代替人力代表着技术的进步，而水稻耕种的技术条件代表着更复杂的工具代替简单的工具。这意味着，社会变化的动力基于越来越特权的小规模操作的灌溉种植方式，而不是朝向大规模固定的农场经营。或者，如托马斯·史密斯（Thomas Smith）所说（1980，I，p. 5)，“打个比方，与水稻相关的技术有助于加强其手工业特点，而不是推动农业走向生产的制造阶段。”一旦强调被放在耕种者的技术，而不是越来越复杂的生产技术，正如近代早期的欧洲，对领主介入生产过程的重要性的强调就下降。这意味着虽然生产者仍旧处于从属地位，领主并没有经常努力去彻底改革或转型劳动过程。这些条件对停不下来的资本的积累造成严重的障碍，因为领主不能经常通过减少生产成本实现相对剩余价值的增加。同时，越来越重视技术劳动也限制他们实现绝对剩余价值增加的能力。因此就没有一种越来越把劳动真正地涵盖在资本中的倾向。(Palat，1995，pp. 56—57，p. 70)

原谅的缺点是产量低,"布罗代尔说(1981, p. 120)。它"吞噬土壤,强迫它定期休耕"(Braudel, 1977, p. 11)。[①]

这些不同的农业经济体意味着不同种类的畜牧经济,以及不同的空间逻辑。中国的水稻耕种维持着高产,不需要大量牲畜,牲畜主要用于提供畜力(Grigg, 1974, pp. 75—83),小麦的生态需要牲畜维持肥力。原则上,牲畜更新土壤的肥力,所以增加了可持续性,14 世纪的危机使得这种逻辑从内转向外。正如我们看到的,西欧的领主对农业危机的反应是圈占公有地,并从农业转向畜牧业,特别是养羊。同时,14 世纪中期经济扩张的恢复主要依靠马来运输。更多的"马意味着更多的饲料……用于种植饲料的土地显然不能用于种植人类食用的谷物;所以,如果可耕地不变,马的数量增加就减少了人类消费谷物的数量"(Slicher van Bath, 1963, p. 195)。"漫长"的 16 世纪之初,欧洲的畜牧经济巩固了小麦空间扩张的生态。

这种扩张的逻辑被劳动的社会分工中显著的转变进一步巩固。如果说谷物农业和畜牧业在漫长中世纪扩张的几十年中发展,那么在封建危机中发展的则是小麦—畜牧复合体,在其中,谷物农业和牲畜饲养成为专门地理区域的活动。这些活动经济上紧密相连,但生态上不是。在自然和社会新陈代谢中有越来越宽和越来越"不能修补的断裂"(Marx, 1981, p. 949)。随着畜牧业在生态上与农业分开,当地的营养循环被严重打破。谷物和甘蔗的单一种植在波兰和巴西生根,而养羊业将主导卡斯提尔、英格兰和墨西哥。到 16、17 世纪,这些地区都发生了土壤流失、土壤枯竭和森林砍伐(Wallerstein, 1980, pp. 132—133; Klein, 1919; Melville, 1990; Moore, 2000b; Westoby, 1989)。因此,乡村新的劳动分工削弱了生态可持续的条件,即使人口对土地的压力大大减轻后也是如此。

在西欧,领主们从耕种转向畜牧减少了可供粮食种植的土地。黑死病降低了劳力—土地的比例,因此人均土地增加,而这本可以允许相当快的人口恢复。"尽管更少的人本应该意味着更多的粮食,因为土地还是那么多",但是向畜牧的转变导致了"卡路里产出的减少"(Wallerstein, 1974, pp. 35—36)。15 世纪的欧洲部分"恶化了",因为牲畜饲养占用的土地是谷物农业生产相同卡路里的五至六倍(Helleiner, 1967, p. 69)。14 世纪,西欧羊毛的生产增加三

---

① "不可能在同一块土地上耕种小麦超过两年而不带来有害的影响。它不得不轮作。"(Braudel, 1981, p. 114).

至五倍（Anderson，1974a，p. 208）。因此，到16世纪，畜牧业不仅成为“地区专业的”；这种地区专业化也一方面与加深的土地退化有关，另一方面与恶化的农民饮食有关（Wellerstein，1974，p. 109，p. 44）。①

总之，小麦低产和枯竭土壤的特点使得欧洲依赖牛、羊和马，而它们“吃”人的速度与人吃他们的速度一样。② 结果是，欧洲的农业经济体系鼓励了广泛的发展（Wallerstein，1974，pp. 56—63）。正是这种基础“注定了伟大的地中海地区征服地球”（Chaunu，1969，pp. 338—339，*quoted in* Wallerstein，1974，p. 57）。1535—1680年，欧洲的世界经济规模增长了两倍多，从300万平方公里扩大到700万平方公里（Wallerstein，1974，p. 68）。劳力—土地比例下降得更快，1500—1650年下降了80%（Webb，1964，pp. 17—18）。

最后一个相关的决定性的地理基础是我们称之为“地方的”优势。认为欧洲航海技术优越当然不是实情（Chaudhuri，1985，pp. 138—159；Abulughod，1989，pp. 326—327，pp. 353—354）。欧洲最关键的航海优势是地理的。首先，欧洲比其他任何海洋文明都更靠近新大陆。一旦葡萄牙、西班牙殖民大西洋诸岛——那里由非洲奴隶耕种的甘蔗种植园预示了后来的发展，美洲就更近了。但是，如果大西洋的洋流把欧洲的船带到错误的方向，那也不重要了。对哥伦布和其后的人来说，重要的是，大西洋的洋流不仅把欧洲的船带到加勒比、巴西和北美，并且把他们送回家。从航海到大西洋诸岛的经验，可能远至纽芬兰、哥伦比亚和其他地方的捕鱼经验，便（他们）知道贸易风（或东风）会协助他们出程，并有充分的理由相信西风会帮他们返程。这里的关键是很大的可能性。总之，15世纪晚期，一艘伊比利亚的船比非洲或亚洲的船更有可能组织到美洲的往返航行（Blaut，1993，pp. 181—82；*see also the maps in* Landes，1998，pp. 80—85）。

使事情更有利的是，欧洲唯一的航海对手是西非。但西非的政治和经济地理都不利于海外扩张。与中国一样，西非是一个水稻文明（Carney，2001）。它的主要城市中心基于陆地，不是海洋。非洲沿海贸易是内陆贸易的延伸。欧洲的内陆贸易是海岸贸易的延伸。西非和中非的大帝国都位于内陆，主要的贸易路线在马格里布和地中海北部、尼罗河和中东的东部。马格里布的主要贸易城市曾拥有海军传

---

① “关于16世纪的畜牧业，特别是牲畜，最值得注意的是，它日益变成地区性的专业活动。这里的牛多起来，对这里的大地主是一种优势，也意味着另一个地方的牛减少，这又经常意味着那里农民减少牛肉和乳制品的消费，他们的饮食恶化。”（Wallerstein，1974，p. 109，*emphasis added*）

② 欧洲的小麦、牲畜组合，特别是牲畜饲养，证明特别适合对新大陆的征服。（Crosby，1972，pp. 98—99；Party，1963，pp. 244—247；Wolf，1959，pp. 197—199；Melville，1990）

统，因为面临来自奥斯曼和伊比利亚的严重军事威胁（Blaut，1993，p. 183；1993，p. 373，n. 16；Thornton，1992，pp. 13—12）。

修复欧洲的经济危机：地理扩张和白银与蔗糖的“发现”

让我们回顾一下。14 世纪的危机加强了西欧农民的力量，削弱了国家、领主和城市—国家资本家的力量。封建关系在西欧严重削弱，统治阶级可能曾经尝试过，但不能再维持原状。因此，与在国内进行阶级战争，或发动战争反对一个地区的敌人相比，地理扩张是一个更具有吸引力的选择。此外，还因为欧洲的物理—政治地理，其小麦—畜牧农业经济和劳动分工，以及其相对有利的位置——靠近美洲，洋流有利于他们往返。

但还是有问题。地理扩张如何以一种有利于资本主义发展的方式解决封建主义危机？

地理扩张解决了封建危机——其最明显的表现是领主的收入急剧下降，通过增加经济剩余，而没有引起直接的、高成本的与农民的对立，否则需要统治阶级与它们的阶级敌人分享更多的经济蛋糕。正如我们看到的一些领主的反应是从农耕转向畜牧，但这只在某些地区获得成功，如在卡斯提尔和英格兰。最好的是扩大经济馅儿饼，而不用分享它，这就需要地理扩张。这个大馅儿饼有两种味道，银和糖。白银最大的重要性在于帮助巩固城乡之间跨大西洋的劳动分工，以及全球核心区与边缘区之间“断裂”的出现（Stavrianos，1981）。甘蔗种植园在组织新的资本、土地和劳力之间的全球关系时发挥了直接的作用。这首先因为它是现代奴隶制和单一种植的代表，这两个过程对于形成新大陆的历史比其他任何因素都更重要。

新大陆的白银当然有许多经济影响，其重要性还在广泛争论中。很难说新大陆白银流动——1500—1650 年的数量是欧洲储备的三倍（Galeano，1973，p. 33）——没有对转型时代的很多方面带来影响。除了其在生产地点对环境带来的极大的破坏性的影响（关于这一点稍后会做详解），美洲的金银对具有持续重要性的劳动力社会空间分工有两个重大的影响，主要是因为“漫长”16 世纪是一个转型时代，在这一过程中，最终的结果是——资本主义，封建主义，还是农业世界帝国？还有疑问。

首先，美洲的白银大量地成为欧洲世界经济的货币，东欧和新大陆新的边缘区不能很容易摆脱当地的自给自足。在波兰，相对于中欧和东欧而言，“贵金属的流入……引起了农产品价格飞涨”（de Maddalena，1974，p. 308；*also* Anderson，1974b，p. 285)。虽然这可能使东欧的领主受益，西欧（特别是德国和荷兰）有大量白银的流入，并且掌握了信贷技术，有助于创造不平衡的劳动分工。西欧不平衡发展战略的最大成就是“国际债务偿还体系”（Wallerstein，1974，pp. 121—122)，这不仅使波兰的领主屈服于世界市场，而且给这些领主一些动力留在这个市场。世界经济任何重要的非货币化都可能破坏这种动力。（我们认为美洲的种植园主也是如此）。我们应该记得在16世纪，西欧和东欧的不平等差距还很小。如果说（东西欧）脱离越来越不可能，但也不是不可以想象的。人们要是怀疑白银吸引力的极限，只须向更远的东方看去，因为俄国还在这个资本主义世界—经济之外，直到彼得大帝的出现。

当从新出现的“核心区”的视角看问题时，美洲白银带来的西方的不平等发展战略更重要。我们不赞成国际粮食贸易——在这个混乱的时代暂时不提什么是精确的“国际的”，什么是“地方的”问题——不重要的观点，因为16世纪它只喂养了欧洲人口的1%—2%（Glamann，1974；Braudel，1981)。那不是很多人吗？[①] 考虑到只有1/10的欧洲人口居住在城市里。（这包括具有地区重要性的大多数城市。）哪些城市是主要的粮食进口者？安特卫普、阿姆斯特丹、里斯本、热那亚，等等。因此，我们认为波罗的海的粮食贸易对那些资本快速积累的城市提供了重要的营养需求。波罗的海的粮食使得资本家可以避免地方性的饥荒，这些主要城市的饥荒以及随之而来的粮食引起的骚乱，停止了资本的原始积累。美洲的白银立即使边缘区的单一种植体制——东欧（小麦）、大西洋诸岛（甘蔗）、美洲（白银、蔗糖）——进入一种新的劳动分工，并且确保了主要城市中心的可持续性，由此世界经济的货币资本流入（那时与现在一样)。从这种观点，我们看到一种新的、深深对立的城乡关系的产生——并且也巩固了乡村之内的分工。例如，波兰被限于低附加值的农业区（生产粮食），这使得荷兰可以集中于高附加值的农业，例如园艺业和乳制品业（更不要说低地国家集中于附加值高的城市活动，例如运输、造船和金融)。[②]

如果说美洲的白银是巩固这种新出现的全球不平等的方式，甘蔗种植园也许是使这种不平等走出欧洲的主要方式。甘蔗，首先在大西洋诸岛，后来在巴西和

---

① “如果需要找出对发展步伐的任何限制因素，我认为是农业的市场剩余，而不是总体意义上农业的总产出，或生产力。”(Dobb，1951，p. 45)

② 如果16世纪中期谷物出口量“相对于总的消费量很小，……其在关键点上减轻了压力，值得注意的是低地国家的工业和安达卢西亚（西班牙）的葡萄种植都是为欧洲市场生产，其规模只能通过为他们自己的人口进口粮食才能维持。”（Davis，1973，p. 19，*emphasis added*；*see also* Tilly，1975，p. 416；Hoffmann，p. 2001)

加勒比，发展出一种“种植园复合体”（Curtin，1990），其伟大的革新之处是把新的组织劳动的方式（现代奴隶制）与一种新的组织土地的方式结合起来（单一种植）。现代种植园把这种残忍的劳动体制与具有生态破坏性的农业体系联系起来，反映了这种新资本主义体系的逻辑不是偶然的。奴隶制和单一种植并不是偶然结合，正相反，它们是一枚硬币（世界—历史）的两面。

这两个革新有两个共同点。第一，奴隶制和单一种植反映了资本激烈简化土地和劳动的倾向。尽管奴隶也从事技术劳动，但总体来说，当奴隶被分配给简单工作时，奴隶体系运行得最好。在种植园体系，劳动过程可以简化到这样的程度以致土地也被简化。多种经营的农业需要更复杂的任务，所以提出了比单一种植更大的劳动控制问题。第二，奴隶制和单一种植体现了一种直接生产者和土地分离的关系。虽然不是完全意义上的无产阶级，现代奴隶制，正如现代工人阶级，以土地被资本和其中间人控制为前提。资本对土地越来越多的控制——“割断了广大人口与土地的直接联系”（Foster，2000，p. 170）——在（越来越）普遍的商品生产的体系中，这是资本剥削工资劳动者的前提条件。15 世纪马德拉群岛的单一种植体制的生产是这一过程的另一个方面。最初的定居者种植小麦，后来被甘蔗种植者取代，他们从国外购买粮食。这种直接生产者双重剥削土地（的做法）——劳动者（奴隶）和被移居的定居者——有利于刺激在国外进行经济作物的种植重新产生这种分离的关系。（在马德拉，一旦粮食充足，就转向甘蔗种植，开始从亚速尔群岛进口小麦——这种模式在美洲以更大的规模重复）

马克思帮助我们理解在甘蔗种植园上，这种简化的土地和劳动是怎样发生的（到 15 世纪晚期，出现在大西洋诸岛），这与资本积累最基本的方面相关。对马克思而言，资本的实质是价值，由社会抽象劳动时间决定；特殊的商品价值是社会必要劳动时间的具体表现。资本是自我扩张的价值，它是运动中的价值。

虽然似乎是从环境史问题中抽象出来的，马克思的价值理论证明资本主义历史倾向激烈简化土地和劳动的根本趋势。通过从资本主义定义的“价值”中区分“财富的最初起源”，例如土地和劳动，价值的劳动理论揭露了作为抽象社会劳动力（它的社会形式）的价值积累与作为物质过程（它的空间形式）的价值积累之间的对立。在资本主义条件下，货币成为价值的等价物，其以抽象劳动为前提，这种抽象劳动反过来又以直接生产者与土地分离为前提。（因此，土地被资本及其代理人统治）货币的智慧是调节价值的“社会一般属性”与其“物质特殊性”

之间的矛盾。货币抽象出物质的差异性——既在人类劳动过程中，也在人之外自然“工作”中，目的是便利普遍意义上货币作为价值的发展（Burkett，1999，p. 84）。

但是货币资本的积累不仅从人类和人之外自然的物质多样性中抽取，它还寻求把多样性减少到普遍和简化的形式。这里我们可以扩展环境史家布雷弗曼（Braverman）的伟大看法，即资本寻求把劳动的具体形式分解为“工作的普通类型”（1974）。作为一种更普遍的历史倾向，资本寻求把具体的劳动转化为普遍的劳动。[①] 只有卷入封建的和前现代的农业体系种植园群、实际劳动和知识体系（knowledge system）才降为简单的组成部分，即使在一个复杂的劳动技术分工之中，正如甘蔗种植那样，种植园农业（转回到我们刚才的故事）才是可能的。但是，只有当农业—生态景观本身发生转变，种植园才可以取得这种劳动过程的转型。通过种植园，资本主义把奴隶制（简化的劳动）与单一种植（简化的土地）连接成辩证的统一。

这种统一是可能的，主要是因为正在进行的欧洲劳动分工的转型刺激了对蔗糖的需求。蔗糖与木材一样，是资本主义极少的连续“增长的作物”（Wallerstein，1980，p. 161），相对来说没有受到经济萎缩的影响。但是，不仅仅是对市场需求的反应，种植园体制很快扩大了资本主义的地理范围，通过其对跨大西洋商品流动的贡献——包括所谓的“三角贸易”的各种具体化形式——极大地贡献了资本积累。事实上，与白银一样，蔗糖是现代早期世界—经济中“价值的最伟大的发动机”（Blaut，1993，p. 198；*also* Blackburn，1997，p. 173）。

原始积累和世界生态：白银、蔗糖和资本主义不可持续性的生态历史的特殊性

白银和蔗糖不仅从封建主义危机中挽救了欧洲统治阶级，这些商品边疆也标

---

① “正是资本主义努力不把劳动看作完全是人的付出，而是从其具体特点上的抽象，目的是把它理解为一种普遍的和无休止的重复运动……标准运动模式中的劳动是用于可交换部分的劳动，这种形式更接近马克思在分析资本主义生产模式时所说的抽象。”（Braver-man，1974，pp. 181—182）

志着与封建模式的环境转型的历史断裂。[①] 封建主义，应该被记得，以各种重要的方式恶化了环境。尽管封建主义主要是一种为使用而生产的体系，这似乎看起来有利于可持续发展，但领主—农民关系限制了再投资土地的可能性。结果，欧洲的封建主义耗竭了它们收入来源的土壤。封建体系对这种社会—生态矛盾最好的反应是一种没有活力的空间修复，其采取内部和外部殖民的方式，例如低地国家的填海造田，或在东方的殖民扩张。但是，资本主义是一个完全不同的动物。早期生态危机是地方性的，资本主义使之全球化。其速度超过所有以往存在的历史体系。（这里，大卫·哈维经常引用的"时空压缩"似乎与"早期"和"晚期"资本主义都有关。）

资本主义与封建主义之间生态历史的最根本的不同是商品生产在两种体系中的作用不同。当然，封建主义时期也有商品生产，中世纪地中海也有现代种植园重要的先例。虽然这种商品生产可能传播较广，但没有不可避免的趋势。为什么？因为围绕着商品生产逐渐普遍的社会破坏了基于贡物的统治关系。所有条件相同的情况下，从这种体系中受益的社会阶层倾向于反对有助于商品生产普遍化的任何变化。但正如我们看到的，所有的条件都不同。封建主义的危机导致欧洲统治阶级齐心协力支持商品生产扩张，最激烈的是在新大陆。

现在，商品生产可能通过两种方式普遍化，产品和服务可能会在一个确定的生产区域转型。或者说，生产区域本身的扩大，带来前所未知的产品和服务商品

---

① 商品边疆的概念来自商品链的世界—体系概念，其指"劳动和生产过程的网络，最终结果是完成的商品"（Hopkins & Wallerstein，1986，p. 159）。虽然研究商品链的通常方法是始于成品，探索边疆扩张的任务需要注意相对非完成的"原始"资料；完整的分析需要求本溯源，这超出本章的范围。商品链分析的观点是双重的：（1）确定世界经济相互依赖的劳动分工的边界和转型布局；（2）根据每个区剩余价值的保留分析核心区、边缘区和半边缘区长期的转型。国家努力为了自己的利益形成体系的劳动分工，最初的组织机制是商品链，按定义来说其运行是跨国家的。这种方法允许围绕边疆扩张的传统概念的一个迂回战术，即可以把国家或帝国作为一个基本的分析单位，而不是把世界—经济整体作为一个整体分析。在美洲，许多商品边疆的存在——蔗糖、银矿、木材、牛、粮食、棉花、烟草、皮毛和鹿皮、水产，等等——使我们首先不仅探索资本主义扩张，而且也可以探索扩张的不平衡性。这有助于更正许多对世界—体系视角的批评，它们正确地认为资本主义转型在不同地方采取不同形式，但错误地认为世界—体系分析不能理论化这种多样性。其次，它提供了一种方法把相对抽象的过程（如长波）与相对特殊的过程（如特殊地区商品生产与劳动关系）联系起来。并且商品边疆的概念提出了一些方法，即认为一些地区特有的商品生产由价值规律的社会—空间扩张形成（并被这些因素形成）——正在进行的原始积累——在这种情况下，人们被迫"出售谋生"。这种方法使我们可以更深刻地检视世界—经济和低档生态系统如何互动决定资本主义扩张的速度。第三，因为商品边疆，特别是蔗糖边疆，需要大量资本投入（这在生产开始不能获得），这个概念对日益加深和扩大的体系的社会劳动分工提供了一个更特殊的理论结合。简而言之，商品边疆按空间扩张和价值规律的全球扩展术语而言赋予"多重影响"概念一定意义。第四，因为最重要的商品边疆基于环境的开发——蔗糖、金银开采、烟草、谷物，以及其他，这个概念也允许我们探索一个地方的生产与整个资本主义空间扩张之间的关系（*see* Moore，2000b）。

化，（这些产品以前只是）通过与外部的贸易才能获得。考虑到西欧农民的社会力量——其不仅不利于农奴制再版，而且也不利于无限制的商品化（这必然带来剥削和贫穷化），地理扩张成为首选。随着地理扩张而来的商品生产的普及带来两种主要的生态转型——土壤恶化和工人的恶化。这些转型特别具有破坏性，因为它们会影响这种主要的、对人类和人之外自然福祉有决定性的变化。首先，资本通过单一种植，剧烈简化土地和劳力；第二，新的专业化劳动过程试图把工人转型为“自己身体的碎片”（Marx，1977，p. 482）。

这两个激进的简化过程伴随着日益简化的土地和劳力的持续提高生产力的压力。土地和劳力都屈服于“加速度”。因此，资本主义对生态可持续性来说是一个双重的敌对，如果考虑到土地和劳动者的健康。这种加速度的后果是把会带来一种新的、城乡日益辩证对立的技术和劳力社会分工中的各种转型发动起来。因此，这些转型在一种意义上说是地方性的，但在另一种意义上说是深刻的全球性的——意味着地方和全球的社会关系日益彼此渗透，许多确定的因素预示当代全球化（Swyngedouw，1997），这种全球化有比我们普遍认识到更长的历史。

我们考察这个双重的环境史，劳动者的和土地的，特别参考早期资本主义两个重要的商品边疆：白银和蔗糖。

白银开采

虽然采矿是一个可以追溯到古代的工业行为，但其在15世纪中叶的恢复反映（并巩固了）欧洲政治经济更广意义上的变化。主要是战争需求的促动，人们开始设计有利可图的技术革新，以便从土地获得更多的使用价值。铁和铜的生产急剧增长。发动战争不仅靠军事力量，而且同样靠信用的力量，欧洲的金融体系依赖白银。1460—1530年，中欧伟大的银矿中心年产量增加了五倍。到16世纪20年代，欧洲的银矿产量达到了很高水平，直到19世纪中才被超越。这些采矿企业集中巨大的资本和劳力，可能是当时最大的资本家企业（Nef，1964，p. 42 and pp. 31—75）。① 那些拥有船坞的国家，例如威尼斯著名的兵工厂、私人企业是这种大型矿业繁荣的主要动力。

矿业的生态转型从一开始就很明显。随着15世纪中期中欧巨大铁矿的出现，

---

① 随着15世纪中期采矿业的恢复，“我们已经从国内工业领域过渡到现代制造业领域”（Mandel，1968，p. 113）。布罗代尔也持此观点。在“漫长的”16世纪，“资本主义进入新的决定性的阶段。商人体系开始控制生产并重组它”（Braudel，1982，p. 323）。

"空气中充满了恶臭和浓烟，旅行者和当地居民都深受其害"（Nef，1964，p. 44）。熔炉的污水污染了河流，杀死鱼类（Agricola，1950 [1565]，p. 8）。但是从资本的视角看，最大的问题是森林枯竭。木材燃料（木炭）是最贵的，是熔炼者账簿上最大的一项开支。不是只有白银消耗了中欧茂密的森林，更具破坏性的是铁。如果普遍来说矿业是现代早期"世界范围森林砍伐的主要原因"，铁矿工业就是"木材最大的浪费者"（Burke，*forthcoming*）。

结果是白银生产面临木材日益上涨的价格，既是由于相对枯竭，也是由于来自铁矿生产者的竞争。到 15 世纪后期，国家的调节增加，目的是限制私人资本过多开发森林，进一步限制了燃料供应，提高了成本（Darby，1956）。既有来自上层的政治压力也有来自下层的政治压力。农民抵制国王征税（regalia）和领主圈占公共林地。这是 1525 年德国农民战争的主要原因（Blickle，1981，pp. 19—21，pp. 120—122），也是遍及我们这个时代农民斗争的主要问题（Westoby，1989，pp. 54—58，pp. 60—61）。并且，因矿业发展起来的城市布局吸引了大量潜在的不安分的工人（Mols，1974，p. 40；Kellenbenz，1974；Braudel，1983，pp. 323—325）。因此，有许多正当的原因使各种类型的采矿业移到他处。因此，"并不奇怪，欧洲经济作为一个整体，使用瑞典的铁和铜、挪威的铜；不久又开始使用遥远的俄罗斯的铁、美洲的黄金和白银"（Braudel，1982，p. 325；*also* Cameron，1993，pp. 118—119）。[①] 换句话说，向资本主义过渡直接导致了采矿业的全球化。

在美洲，白银开采具备极有利的生态条件。甚至更好的是，采矿工作较少受到习俗和法律的阻碍。这些生态和社会条件使得矿主最大限度剥削土地和劳力。在新大陆可以取得在旧大陆不可能取得的成就是"对大陆进行根本性的空间和社会重组"（Dore，2000，p. 6）。在各处，新矿区中心周围稀疏的树木，首先是安第斯（波托西）和干旱的墨西哥高原（萨卡特卡斯和瓜纳华托）都被砍光；此后是"木材不得不花高价从遥远地方买来"（Bakewell，1987，pp. 217—218）。16 世纪的萨卡特卡斯（Zacatecas）"在开采和熔炼区域半径 50 公里内的森林不到 40 年的时间就被毁坏"（Kellenbenz，1974，p. 257；*also* Bakewell，1971，pp. 146—147；Semo，1993，p. 76）。在墨西哥中西部矿区，塔斯科（Taxco）和萨替派克（Sultepec），森林砍伐也非常快。1550 年，安东尼奥·德·门多萨

---

① 到 16 世纪后期，中欧的银矿开采繁荣停滞，由于美洲的银矿"把价格压的如此低，以致许多欧洲银矿被迫关闭"（Cameron，1993，p. 119；DuPlessis，1997，p. 102）。到 1618 年，欧洲银矿生产是 16 世纪 30 年代高峰期的 1/3 到 1/4（Slicher van Bath，1963，p. 107；Brading & Cross，1972，p. 545）。

(Antoniode Mendoza)

警告他的后代……关于森林的破坏："(接近矿区的)的地方，近几年的时间森林都被毁坏，似乎木材的供应比矿石耗尽得更快"……整个殖民时期矿区周围植被的破坏主要是由于熔炉使用的木炭。(West，1997，pp. 68—69)

16世纪50年代引进汞齐化法，也即掺水银从矿石中提炼白银的方法，减轻了对当地森林的压力(Kellenbenz，1974，p. 257)。但即使这样，减轻也是有限的。一个世纪以后，萨卡特卡斯一半的银和松布雷雷特(Sombrerete)附近所有的白银都来源于熔炼法而不是汞齐化法(Brading & Cross，1972，p. 556，p. 574；Assadourian，1992，p. 59)。[①]

但是正是在波托西，现代早期最大的银矿生产中心[②]，资本主义的生态破坏显示了真正的颜色。几乎是一夜间，波托西成为欧洲世界经济最大的城市之一——1573年人口达到120 000人，比马德里、罗马或巴黎的人口还多(Galeano，1973，p. 32)。但是不像阿姆斯特丹或里斯本，波托西既不是经济中心也不是政治中心，它生产价值，但并不控制它。

作为现代早期资本主义最大的崛起城市，波托西体现了马克思的观察，古代社会代表"城市乡村化"，封建主义标志着城市和乡村的对立面，资本主义影响着"乡村的城市化"(1973，p. 479；*also* Marx & Engels，1970；1972，p. 339)。这种新的空间模式，没有哪里比现代早期的拉美表现得更明显，在那里，伊比利亚的征服者"从一开始就确立了城市统治农村的至上权威"(Portes，1977，p. 60)[③] 没有哪一处新的定居地"蚕食自然"比波托西和其腹地更严重(Portes，

---

① 并且从矿石中提取水银需要木材燃料。西班牙阿尔马登水银矿——新西班牙银矿边疆最主要供应地——周围地区森林被砍光，这始于16世纪(Parsons，1962，pp. 200—201)。

② 16世纪后半期，波托西白银生产量是萨卡特卡斯——它最主要的对手——的7倍。(Garner，1988，p. 911)。

③ 伊比利亚以城市为中心的殖民地——是英国渐进模式的直接的对立物——使得西班牙在几年之内以很少的占有力量征服并控制整个大陆。的确，最初的控制是脆弱的，但覆盖了全部领土，并逐渐巩固。渐渐地，城市放弃了强加欧洲权威的军事飞地的功能，变成巨大区域行政的、经济的和文化的中心。以城市为中心的殖民战略有两个直接的后果：首先，它限制了北美意义上"边疆"的出现，特别是在西属美洲领土的大部分是直接(虽然是脆弱的)控制。后来的殖民地都是填补、司法上巩固现存的基地，很少经由最初的沿海定居地扩张来创造新的殖民地。第二，城市的基础不是……去服务，而是去征服，(殖民者)从西班牙城市出动，在一个敌对的环境中去征服、控制、教化周围的人口。征服者主要住在城市里，而被征服者还留在乡村……新大陆西班牙和葡萄牙城市基础主要是彻头彻尾的剥削本质。一些城市叠加在本土的城市上；其他城市随着疯狂搜寻矿产财富而崛起。有农业腹地的城市与新大陆其他部分类似的定居地不同，因为他们先于有组织的农业生产建立，其明确的目的就是征服、吞并周围人口的劳动(Portes，1977，p. 61，p. 63，*emphasis added*)。

1977，p. 63；Zimmerer，2000）。

波托西是“拉美殖民生活的中心；围绕其……发展了智利经济，输出小麦、干肉、兽皮和酒”（Galeano，1973，p. 43；*also* Assadourian，et al.，1980；Burkholder & Johnson，1994，pp. 152—154）。同时，波托西对劳动力的贪欲吸收了大量劳动力，对乡村的农业带来深刻影响。在17世纪，每年大约50 000印第安人流进、流出波托西（Bakewell，1987，p. 231）。波托西的矿井，按当代人的说法，是“米塔尤的吞噬者”。也许这些工人中多达1/4的人——特别是处理水银的人——被矿井吞噬（Baber，1932，p. 105；Brown，2001）。这种可怕的劳力流动导致西班牙“在几百公里的乡村搜索劳力”（Galeano，1973，p. 51；*also* Rowe，1957）。矿主路易斯·卡普查（Luis Capoche）观察到“路上到处充满了人，这个国家似乎都在移动”（Galeano，1973，p. 51）。

随着波托西的兴起形成的城乡劳动分工不仅表达了经济关系，也表达了政治权力，同样也表达了新出现的体系的新陈代谢矛盾。因为山区的生态特别容易遭到这种资本主义发展的不间断的剥削（Dunaway，1996），这是更加的不幸。与其他地方一样，森林砍伐带来土壤流失和洪水，但在山区生态体系，这些影响更加密集和加速。一旦绿色的景观被破坏，正如在波托西，其周围森林砍伐非常迅速。砍伐森林用来提供建设材料和燃料。周围地区树木很快被砍光，搅碎机需要的木材有时需要从远至200英里的地方运来（Bakewell，1984，p. 24；1987，p. 218；Sauer，1981，p. 50）。主要由骡子和伊拉马（Ilama）运输，曾经茂密的森林成为这些驮畜的牧场（Dore，2000，pp. 8—9；Cobb，1949）。（更远处，西班牙完全砍光了其祖国的森林，又转向中美洲和加勒比，为其白银驱动的造船业需要寻找木材［Moore & Gildea，2000；Ozveren，2000，p. 23，p. 30，p. 35；Radell & Parson，1971］。）到17世纪中期，围绕波托西的银矿开采100年后，一位西班牙的评论家这样写道：

> 即使是今天，波托西山区也没有曾经有过森林的痕迹，但当它最初被发现的时候这里有大片的森林。今天，这里寸草不生，在最肥沃的土地上树木也难以生长。光秃的山坡触目惊心，这里的土地只剩下砾岩层了，斑斑点点的裸露的西岩层没有任何生气。（Burket，*forthcoming*；*also* Sauer，1981，p. 353）

一些糟糕的毁坏发生在生产地点。汞齐化法减少了银矿对燃料的需求，但对当地环境带来了更大的威胁。“8亿公升的水中加入1克的水银就已经超过了美国的饮用水水银含量标准，1克的水银也足以污染一个中西部的湖泊。”（Project

Underground，n. d.）在 1580—1640 年，秘鲁银矿生产区水银的“流失”无法以千克计，而是达到数亿克之多，大约每年是 300 吨（Nriagu，1993，p. 174）。这是资本主义新陈代谢一个侧面急剧扩展的早期例子。营养供应系统不仅受到了破坏，同时也变得有毒。被倾倒到河里的水银[①]，破坏了整条食物链，鱼类、以鱼类为食的动物及食用动物的人类，都受到了水银的毒害。（有毒化学物质的）在生物体内积累以及后来水银毒性的扩大——“食肉的鱼类体内积累的水银比周围水域水银的含量要高几百倍”（Stephens，2001，p. 20）——不仅持续的时间长，而且具有“高度的流动性，以空气和水为媒介影响距离矿区很远的地域”（Schoenberger& Silbergeld，n. d.；*also* Dore，2000；Nriagu，1994，1996）。

水银通过饮食毒害工人，通过工作本身带来的毒害更快。调查 17 世纪早期的工作条件，总督胡安·德·索罗扎诺说“毒物进入骨髓，使所有的成员衰弱，引起经常的震动，工人们通常四年内就死亡”（*quoted in* Galeano，1973，p. 50）。利马的天主教牧师佩德罗·穆尼斯（Pedro Muniz）评论矿井，特别是水银矿，“完全不利于工人的健康”（1603，*reproduced in* Fox，1962，p. 76）。路易斯·卡普查谴责矿井为“印第安人残酷的行刑场，因为每一天矿井都在消耗、毁坏他们，他们的生命因为对死亡的恐惧痛苦不堪”（*quoted in* Bakewell，1984，p. 145）。经过一段时间，条件更糟。17 世纪 60 年代随着井道深度的增加，“矿主们认为轮班制浪费时间，因此他们决定强迫矿工从周一到周六不间断地在矿井下工作”（Rowe，1957，p. 174）。

操作磨粉机（ingenios），即负责压碎矿石是更致命的工作，虽然可以说只是慢性致命而已，但这些工人由于吸入粉尘开始患上硅肺病，吸入粉尘使得他们很容易患上各类呼吸道疾病（Bakewell，1984，p. 149）。也许标准的 12 小时轮班制（日和夜）稍微好一点，但在雨季被 24 小时工作取代，[②] 因为在雨季他们必须抓紧时间，“最大限度地利用水资源”来驱动冲压磨粉机（Bakewell，1984，p. 152）。雨季也对治水的精密体系带来压力（Brading & Cross，1972，p. 554），

---

① 不可能精确知道有多少水银注入当地水文系统。笔者的数字依赖于尼睿阿古（Nriagu）对拉美银矿水银流失总量的估计：1580—1640 年每年超过 400 吨（Nriagu，1994，p. 174）。秘鲁这一时期的数量达到 300 吨。最近对水银污染的研究表明，大约 55%—60%的水银损失“被释放到大气中”，而其余的则注进水文生态系统（1993，p. 179；Frcry et al.，2001）

② 尽管只有很少的研究者关注过它，这种资本主义强加在工人身上的“轮班制”是一种生态恶化的形式，使得工人更容易受到疾病和伤残的影响。“轮班制经常违反管理身体机能的节奏……其对个人每天在工作过程中暴露其中的各种化学和毒素的代谢作用（身体过程）也有负面影响。”（Freund & McGuire，1999，p. 94）

大片的森林砍伐和随之而来的破坏对当地水文带来更大破坏。这当然也导致了灾难性的后果。当其中一个波托西最大的大坝在17世纪早期崩溃时，大约4 000人死亡（McCully，1996，p. 14）。最后，熔炉的烟雾使得半径20千米以内不可能发展农业和果园，“烟雾对人身体的毁坏也同样无情”（Galeano，1973，p. 52）。

也许，矿区边疆的扩张最严重的社会—生态后果是其剧烈地打断了土生土长的农业体系。安第斯地区的社会特别容易遭到破坏。地区环境之间——海岸、山麓地带、高原和冻土地带（高山）（Wolf，1982，p. 59）之间的亲密关系——加强了农业畜牧业之间的相互依赖。例如，高地种植马铃薯的肥料（海鸟粪）来自沿海地区，反过来沿海地区又消费高地生产的粮食（Wolf，1982，p. 59；Larson，1998，pp. 19—20；Murra，1984）。埃里克·沃尔夫（Eric Wolf）写道（1982，p. 134），这些体系的混乱威胁着其他人口的生存。水利构造物的破坏和地区间交换体系被打破带来饥荒和社会崩溃。矿区边疆打破了所有地区的体系，“打破海岸、山麓、高原和高山之间同步的生态关系”，“打破标准的粮食转化体系”（Wolf，1982，pp. 134—135；*also* Zimmerer，2000）。

这些破坏的源泉有几个。正如我们看到的，部分源于矿区边疆大量劳力的需求。部分是由于沿着资本主义路线的农业重组，生产经济作物出口，特别是向矿区出口（Martines-Alier，1991，p. 632；Mannion，1991，p. 129）。随着人口的下降，米塔制对劳力的需求更加突出，直到18世纪早期都如此。当地的统治者努力通过转向经济作物的种植（特别是小麦和大麦）补偿增加的税收负担和劳力流失，作为一种“用货币租代替劳役租的手段”（Godoy，1991，p. 406；*also* Spalding，1975，p. 111）。与其他方法一样，这似乎重复了欧洲扩张性的农业模式——土地粗放型的，而不是劳动密集型的模式（Wolf，1959，p. 198）。[①]

当地农业的破坏很大程度也是由于欧洲畜牧业的扩张，特别是牛、猪、马和

---

① 印第安人发明了点种法，西班牙人引进了牛拉的轻犁……随着这些新工具的使用，人们能够开垦以前无法开垦的土地：有金属头的犁对于疏松草皮、斩断纠缠的根茎比锄头好用。毫无疑问，所以征服者开垦许多印第安人没有利用的土地……但就其纯粹影响而言，犁也使印第安人在土地上的生活失去平衡。犁只是在地多人少的地方有效。用犁播种的农业并不一定在任何土地上都比用锄头耕种收获多……并且，用犁耕种意味着一定要养牛，一定土地要用来养牛……从印第安人收取的每个土地单位都意味着其上的粮食供应减半（假设锄头产量是犁产量的两倍），因此一半的人口依赖那些食物供应。当那些土地被种植小麦来喂养西班牙征服者（或者矿上的非农业工人），而不是居住在土地上的印第安人，人和土地之间的不平衡就加剧了（Wolf，1959，pp. 198—199）。

羊养殖的扩张。没有这些，大型的矿业是不可想象的。开采中心依赖欧洲的牲畜提供粮食、运输，（牲畜也被用作）矿山起重机的动力；有时它们甚至在碾磨和汞齐化过程中被使用。牛不仅提供肉，而且提供牛皮，牛皮可以做成袋子运输矿石或水银。并且提供牛脂做蜡烛。地下开采没有蜡烛不可能。萨卡特卡斯18世纪30年代消费的牛脂——比波托西少得多——每年超过80吨（Semo，1993，p. 12；Grosby；1972，p. 86；Sluyter，1996，p. 172）。

欧洲牲畜的入侵证明是一种特别有效的推行资本主义世界—经济的征服方式。有两波有效的入侵。第一次是流行病的入侵。欧洲兽群大量非故意的传播，造成了欧洲疾病传播新的巨大的温床。猪是特别致命的，它们携带的国外细菌影响了当地的野生动物和人类（Mann，2002）。第二次入侵是非常具有竞争性的（以完全不同的方式）。在这些征服地区，欧洲牲畜数量“巨大的增长”“伴随着印第安人口巨大的下降，疾病和剥削并不能完全解释这种下降。印第安人在与新出口到此的牲畜的竞争中败下阵来”（Crosby，1972，pp. 98—99）。牛、羊和猪践踏着秘鲁和新西班牙的田野，并在那里养肥，那里“一群牛”使一些地区“人口急剧减少”（Chevalier，1963，p. 93；Sluyter，1996，p. 173）。

印第安耕种者看到他们的庄家被欧洲牲畜“反复破坏”（Parry，1963，p. 246）。这使他们只有两个选择：向边缘地带移动，或在城市和矿井寻找工作。任何一种情况对当地人的影响都是负面的。边缘地、产量低，对于人口的恢复不利。另一方面，城市是疾病的温床，特别是天花（Parry，1963，p. 246）。灾难是如此之大，以致安东尼奥·德·门多萨1550年写道，“如果牛被放任不管，印第安人将被毁灭”（*cited from* Chevalier，1963，p. 94）。即使牛没有直接与印第安的耕作竞争，它们也经常“吞没印第安人在特定年份不耕作的土地，这些土地是印第安人从旷地到林地轮作体系不可或缺的保留地”（Wolf，1959，p. 198；*also* Simpson，1952）。牛因此与当地耕作的整个体系竞争，剧烈地破坏了这些社会的社会—生态再生产。

蔗糖

如果银矿对作为资本积累体系的现代世界—经济的兴起是必不可少的，甘蔗则重塑了种植园早期积累的必要的劳动分工，这种分工不仅是“初始的”，而且是无休止的。银矿反映了资本主义加速环境恶化的趋势，加紧了对劳力和土地的开发（即人类和人之外自然），并使这些剥削性的和改革性的生产体系全球化。

但是，一旦转向美洲，可以开采银矿的地点相当有限。无论多么先进，矿业企业都不可能普及整个资本主义世界。不像种植园，种植园几乎可以在热带的任何地方生根，其劳动与资本的集中和组织预示了18世纪晚期现代工业的兴起。虽然种植园在现代早期组织了许多经济作物的种植，没人否认其农业经济起源于甘蔗。甘蔗是欧洲扩张最早的经济作物。

甘蔗种植园的经济成功源于其重组土地和劳力。种植在肥沃的热带土地上，现代奴隶制和单一种植，这些都是甘蔗成为早期资本主义少数作物之一的原因。同时，确保甘蔗利润的土地和劳力的重组破坏和枯竭了土壤及工作在其上的工人。本质上，土地被逐渐开采，直到其相对枯竭影响了利润，因此才被迫去寻求更肥沃的土地，这些土地都在资本主义体系确定的边界之外。连续的“地方”生态危机成为资本主义全球扩张的驱动力。

在我们考察甘蔗种植园早期历史之前，我们应该先说说甘蔗种植和加工的社会生态。甘蔗和奴隶制可怕地结合在一起的一个原因是甘蔗对劳动力的需求。与小麦相反，但与棉花相似，甘蔗的生产需要全年的劳动力，这就鼓励奴隶制的发展，而不是自由劳动，虽然自由劳力可以很便宜地获得（可以大量获得劳力的土地经常在强大的国家）。但是与棉花不同，甘蔗种植园是高度工业化的，不仅在生产地点涉及大量固定资本和加工设备，而且需要高度的劳动协作和密集的资本，这在当地是很少见的。甘蔗种植园是“这个地区”最早的工厂。这与甘蔗的生态有关，因为其采伐、碾磨和沸煮必须在收获季节的48小时内进行，甘蔗被砍下后很容易脱水。在收获季节，奴隶在碾磨机和沸煮炉前24小时工作（John，1988，p.163）。接下来的劳动过程是高效的。耕种和加工既需要技术工人和也需要非技术工人，这可以使我们管窥早期资本主义劳动过程，包括使工人失去技能的原因（动力）。

> 技能和工作的专业化，以及按照年龄、性别和身体情况所形成“班”、“组”、“帮”的劳动分工……是与工业而非农业紧密联系在一起的特色——至少在16世纪时是这样的。（Mintz，1985，p.47）

种植园同样也是时间意识的。“由于甘蔗的性质和它的加工要求……（这种时间意识）便渗透到了种植园生活的所有阶段”（Mintz，1985，p.51；Dunn，1973，pp.190—191）。从这种意义上说，早期资本主义与甘蔗的生态关系不仅通过加速和简化劳动过程压缩时间——所以也就削弱了土地和劳力的可持续性条件，并且在工业革命前几个世纪形成工业时间（Thompson，1991）的早期形式。

自十字军东征起，欧洲人便在地中海地区种植甘蔗，葡萄牙人在15世纪中期吞并马德拉群岛和亚述尔群岛，开始了世界环境历史的一个新阶段。尽管比较小，大西洋的岛屿“像大陆一样重要”（Mauro，1961，p.4）。马德拉群岛注定要扮演一个尤其关键的角色。在葡萄牙移民抵达这个荒无人烟的岛屿十几年前，他们已经将牛、猪和羊运来了。随后在亚述尔群岛、佛得角以及加勒比海，他们都采用了这种策略。因此，马德拉群岛的生态在人类到达之前就已经被改变了。这对定居者来说并不总是有利的。15世纪20年代，向邻近的波尔图桑托（Porto Santo）的殖民企图因为岛上意外放出兔子而受到了阻碍。兔子吃光了岛上的植被，导致风雨侵蚀（Crosby，1986，p.75；Johnson，1987，p.3；Masefield，1967，p.280；Solow，1987；Verinden，1970）。目前，马德拉群岛上大量森林植被保护着岛屿免遭类似的命运。

马德拉的森林——被葡萄牙人称为“马德拉岛”（木材之岛）（Perlin，1989，p.249）——将不再存在。15世纪50年代，一位威尼斯旅行者观察到“马德拉群岛没有一寸土地上是没有大树的”（*quoted in* Perlin，1989，p.250）。基于造船和制糖两个支柱产业，葡萄牙帝国主义的政治生态使森林迅速消失。葡萄牙国内木材供应长期不足（Boxer，1969，p.56），它能以一个世界强国的姿态出现主要是由于对这些森林的开采。世界强国需要一个世界级的海军舰队和商船队。马德拉群岛恰恰提供了“原始森林”的木材——“创纪录的尺寸和数量”（Perlin，1989，p.252）——使葡萄牙可以建造更大型的远洋航行船舶，使他们的势力扩展到印度洋。

如果造船业需要精挑细选的木材，那么制糖业则没有这么挑剔，但是制糖业需要大量的木材做燃料。即使有良好的土壤和气候，但如果没有附近的林地，蔗糖的提炼也不会成功（Miller，1997，p.137）。热那亚和佛兰德的资本早已不再支持早期殖民者的谷物农业，而为新兴的甘蔗种植园提供资金支持，这些种植园的年产量在1456—1494年从80吨增长到1300吨（Perlin，1989，409n；Diffie& Winius，1997，pp.306—307；Schwartz，1985，p.8；Lopez，1964）。到后来，每年大约60 000吨木材被消耗在甘蔗的蒸煮房里（Perlin，1989，p.252）。这还不包括那些出口到里斯本造船厂的用于加热、建造、做木桶或锯木支架的木材。把具体的数字放在当时的背景下，60 000吨的木材，与欧洲全部的木材消耗相比数目很小，但却近乎是欧洲商人每年造船所消耗木材的二倍（Moore & Gildea，2000）。[①] 到 15 世纪末，蔗糖进口商们开始在北欧建立精炼厂，因为附近的燃料供给要比在岛上丰富得多（Galloway，1989，p. 36）。[②] 蔗糖决定了森林的命运。

马德拉群岛的蔗糖革命首先是人类劳动的成果。岛上森林的破坏不可避免地改变了其水文地理。众多的河流枯竭，如果要种植甘蔗，就需要新的系统来调动水资源（Grove，1995，p. 29）。接踵而至的大量灌溉工程的建设就像它的变化那样，也成为全球的了。热那亚人提供专业技术和资金；葡萄牙人提供移民者；非洲奴隶完成绝大部分劳动。甘蔗种植区对劳动力的强烈需求使得奴隶价格提高。

> 大部分的土地太陡峭，不适合栽培耕种，而必须建造梯田。最让人筋疲力尽而且最危险的工作是建造巨大、复杂的灌溉系统将水从多风湿润的高地输送到非常低的耕地。（Crosby，1986，p. 78；Watson，1983，p. 103）

一旦蔗糖被收割，熬煮房便成为一个“甜蜜的地狱”。看守熬煮糖的人——经常一口气地工作 30 个小时——“是如此当地筋疲力尽，浑身覆盖着煤烟、污垢、泥土，以至于他们看起来像是恶魔”（Gregario，1873，p. 752，*quoted in* Perli，1989，p. 251；*also* John，1988，p. 163）。

到 15 世纪晚期，马德拉群岛成为世界经济最大的蔗糖生产地，它的发展由不断扩大的世界蔗糖市场推动，由于热那亚人的资金支持得以巩固，奴隶贸易提供的劳动力得以完成（Galloway，1989，ch. 4；Schwartz，1985，p. 8）。然而，到 15 世纪 90 年代，世界蔗糖市场出现供大于求的饱和状态。生产过剩伴随着日益严重的水土流失。生产停滞、下降，结束了马德拉的蔗糖生产。

但是枯竭的不仅是土壤，还有奴隶。到世纪末，大约 2 000 余名奴隶在岛上

---

① 这个计算是基于对欧洲商船舰队 1500 年时重大约 225 000 吨的重量估计作出的（Zanden & Horlings，1999，p. 36）。如果这个时期船的平均寿命大约是 10 年，我们可以认为每年需要替换 1/10 的商船（22 500 吨）（Phillips，1986，p. 23；Braudel，1984，p. 506；McCracken，1971，p. 65）。当然，16 世纪船队扩张很快，达到 60—70 万吨（Braudel，1981，p. 362），因此一些增加的措施应该考虑到，我们说每年 4000 吨。如果每吨船运消耗 1.25 吨木材，（McCracken，1971，p. 65），每年 26 500 吨的船运会消耗 33 125吨的木材。也就是说，我们需要记得造船需要特殊的木材制桅杆、叠梁，等等，结果造船的木材比燃料更稀缺。

② 盖洛韦（Galloway）写道，也许比接近燃料更重要的是炼糖接近北欧市场，这样商人可以避免运输的风险，在运输过程中很多糖到达港口都浸了水（1989）。在欧洲，冶炼和销售的风险比与耕种和运输相关的风险小很多。当然，西北欧蔗糖的冶炼带来生态问题。例如阿姆斯特丹，1614 年在蔗糖冶炼中禁止使用煤（Braudel，1982，p. 193）。

的甘蔗种植园劳动。但是奴隶的死亡率非常高。每年有5%—10%的奴隶死亡[①]——这个数字只是指已建立的种植园中的奴隶死亡率，而不包括砍伐森林所耗尽的劳动力。但是，对新的种植园体系来说，这就不是需要关心的问题了。奴隶们通常都能活得足够长来收回买他们的成本，而且还远不止此（Schwartz，1987，pp. 82—83）。这是最重要的。因此，当非洲奴隶们被运到现代种植园，起初是在马德拉群岛后来在新大陆，他们不仅成为使当地生态系统恶化的劳动力，而且在资本主义开发过程中奴隶们也经历了生态恶化最彻底的形式——死亡。

在日益扩大的市场条件下，这双重的危机——土壤和劳动力的——削弱了生产力并直接导致16世纪中期蔗糖生产由大西洋岛屿转到巴西。马德拉群岛的蔗糖生产体，其本身是资本主义早期全球化趋势（作为资本积累）的产物，开始从地中海地区转移到大西洋，到1500年产生了新的矛盾，这种矛盾只有全球扩张的另一波浪潮才可以解决。

蔗糖的边疆运动从大西洋地区转移到巴西，后来又转移到加勒比海地区，这是一种范式，从中我们可以看到在资本主义发展中，如何通过“转移这类矛盾到更大的地区或扩大地理范围来解决危机”（Marx，1967，II，p. 468）。随着大西洋地区蔗糖生产的衰落，佛兰德和意大利的资本——在第一次蔗糖革命中是决定性的成分——的注意力开始转移到巴西（Blackburn，1997，p. 169）。新大陆的优势之一是水力资源丰富，水循环不容易断流，而且这里并不需要大规模的灌溉工程。事实上，“发现在这片新大陆上种植甘蔗不需要进行大规模的灌溉就能生长得很好，使得美洲的甘蔗种植园随着时间的推移成为世界其他地区种植园的典范”（Sauer，1981，pp. 49—50）。

与边缘区大多数的经济活动一样——那时就像现在，甘蔗种植区的竞争非常激烈。种植园主们的负债越来越多，而且这些种植园主的身份也变得越来越不稳固（Dunn，1973；Lockhart & Schwartz，1983，p. 207；Pares，1960；Sheridan，1973）。这种不稳定使资本主义种植园主更加残酷地剥削土地、劳力，假以时日，导致生产力下降，这又使得蔗糖的生产逐渐扩展到那些未曾被开发的处女地，而种植园的扩大反过来又要求投入更多的资本和劳动力。这的确是一个恶性循环！美洲的种植园主被卷入“债务偿还的全球化体系”之中，这使人们很容易联想到现代东欧及当今第三世界所经历的状况（Wallerstein，1974，pp. 121—122）。意

① 这是洛克哈特（Lockhart）和施瓦茨（Schwartz）（1983，p. 206）给出的16世纪80年代巴西的数字，这个数字似乎对一个世纪以前的马德里和一个世纪以后的加勒比地区都适用（*see also* Watts，1987）。

大利、荷兰和英国的金融家们，而不是种植园主，是蔗糖边疆生产的最终受益者（Braudel，1982，pp. 192—194）。

当然，这些金融家们资本的积累依赖于他们在美洲最初资本积累在更大规模上的更新。在这个过程中，巴西的生态财富被卷入了世界资本主义体系之中，反映了资本对大自然的漠视。早期的定居者，“在新大陆上毫无节制地使用似乎永不会枯竭的家畜、海龟、鸟类以及丰富的森林资源。确实，那里野生动物物种丰富，森林茂密，使得人们的开发毫无节制。最终，这种浪费没能持续多久”（Pares，1960，p. 20）。

在巴西，就像在大西洋诸岛上早期的情况一样，森林被大规模砍伐。[①] 种植园主们认为，甘蔗在清除了森林的土地上生长得最好，在一个世纪多一点的时间里（1580—1700 年），种植园侵占了大约 1000 平方千米的森林。森林被砍伐用来耕种，被砍伐的树木变成了薪柴。到 1700 年时，“平均每年有 21 000 吨的次生森林被砍伐用作燃料”。其结果是：另外的 1 200 平方千米的森林永久消失了（Dean，1995，pp. 79—80）。到 18 世纪，燃料费用是炼糖主们经营费用的大约 12%—21%，是仅次于奴隶（劳动力）开支的第二大开支（Schwart，1987，p. 93；Barros de Castro，1977，p. 9）。燃料消耗的上升以及土地问题是 17 世纪开始的种植园主衰败的重要原因（Edel，1969，p. 42）。这时，巴伊亚（Bahia）的一种大型的恩干胡（engenho——殖民时代的葡萄牙语，指甘蔗糖厂及相关设备——译者注）需要八个奴隶全职收集木柴，每个奴隶每天的工作量是收集 1 600磅木柴。在收获季节，这里每个大型的恩干胡每天消耗掉 12 000—13 000 磅的木材（Schwart，1985，p. 141）。说到土地的需求，每一英亩半或两英亩的土地都要用于一英亩的甘蔗种植。毫不奇怪，到 17 世纪中期，巴伊亚的瑞坎卡沃（Bahian Reconcavo）地区随处可见森林滥伐的现象（Schwartz，1985，p. 302）。这一地区曾经富饶的土地变成了“贫瘠不堪、水土流失、破坏严重的土地”（Galeano，1973，p. 74）。

16 世纪，加勒比海地区的蔗糖生产区在更大规模上重复了这种矛盾：土地肥力下降，奴隶反叛，战争和南部金矿繁荣，这一切都削弱了巴西作为蔗糖生产的领先地位。荷兰资本和技术从北部转移到了巴巴多斯。在这里，森林很快被砍伐，“为了种植甘蔗，大批奴隶砍伐掉数百亩森林”（McNeill，1999，p. 177）。

---

① 正如欧洲 16 世纪的快速毁林，巴伊亚的瑞坎卡沃地区“要求重复立法努力去保存和分配对造船重要的硬木”（Morton，1978，p. 42）。保护性立法的存在不言而喻证明大规模滥伐森林的存在。

巴巴多斯岛原来覆盖着“茂密的热带雨林”，自16世纪30年代最初的殖民定居之后的30年内所有森林都被砍伐。到17世纪60年代，也就是蔗糖出口后的15年，“巴巴多斯岛已经比英格兰大多数地方的林地更少，殖民者甚至抱怨木材的短缺”（Dunn，1973，pp.26—27，p.67）。这些殖民主义者甚至还打算霸占圣·卢西亚（St. Lucia），那里覆盖着让人垂涎的茂密森林（Silver，1992，p.117）。

森林被大面积毁坏，土壤变得越发容易受到风雨的侵蚀。甘蔗在残酷的环境中生命力很强。其土壤更容易受到侵蚀。17世纪的巴巴多斯，

> 河流开始被淤泥堵塞，而且有些河流完全干涸，河边的居住地被淤泥摧毁了，河里的动物也都消失了；随着茂密森林的消失，整个地区的水循环，甚至气候以及整个地区都在慢慢变化，使土地和水中生物都付出了巨大的代价。（Sale，1990，p.165）

附近甘蔗种植区的土壤流失在17世纪60年代开始堵塞布里奇顿（Bridgetown）港口，这时甘蔗种植才开始了20年（Watts，1987，p.222）。在17世纪最后几十年，巴巴多斯的种植者们“不停地抱怨甘蔗产量的降低，虫灾、干旱、土地贫瘠和不断增加的成本”（Dunn，1973，pp.203—204；Deer，1949，p.50，I，p.166）。到1685年，很多种植园的产量减少了一半（Watts，1987，p.397）。土壤肥力的下降也表现在“截根苗”作物产量的明显下降，甘蔗根被留在地下衍生第二茬（甚至第三和第四茬）。尽管这种种植需要极少的劳动力，到18世纪，产量下降得如此剧烈，以致“种植者的‘截根苗’没有超过一年的”（Pares，1960，p.42）。这种耗竭在18世纪蔗糖生产从巴巴多斯岛转到牙买加和圣多明各的过程中起了关键作用，那里“有足够多的土地可以放弃那些过度种植的土地，转向新的处女地上再种甘蔗”（Davis，1973，p.254；*also* Dunn，1973，p.205；Ponting，1991，p.206）。[①]

不断加深的土地危机需要更多的肥料和人力投入。随着生产者变得日益专门化，郊区的新陈代谢矛盾更加突出。土壤生产力的下降，因通过进口动物来提供肥料而在一定程度上得到缓解。然而，这种做法只在像巴巴多斯这样的小岛上实行，并且这种方法导致更多的森林被砍伐，建成牧场，这反过来又会造成更严重的土壤流失，从而对肥料产生更大的需求。在17世纪的巴西，蒸蒸日上的制糖业刺激了大规模的养牛场的兴建，因为牛最初被用来给炼糖厂提供动力

① 到19世纪，加勒比海内部的空间修复让位于更广泛的全球模式，正如甘蔗体系在亚太找到的出路一样。

(Crosby，1972，p. 90；Furtado，1963，pp. 58—66；Schwartz，1973，pp. 167—168)。17 世纪中期的巴巴多斯，肥料成本的不断攀升使小农养殖牲畜的目的不再是为了畜肉或兽皮，而是将其作为肥料的来源（Watts，1987，pp. 222—223；Batie，1991，p. 50)。这种空间集中的动物种群——尤其是为炼糖厂提供动力的马——为瘟疫的横行提供了条件。1655—1656 年，"一场严重的瘟疫几乎根绝了巴巴多斯岛上所有的马"。这使糖厂陷入危机，也促使人们从使用畜力向使用风力转变，这也可能是由于岛上的森林已完全被砍光（Watts，1987，p. 193，p. 198)。

随着土壤肥力的下降，生产需要更多的劳力——因此奴隶成为生产过程中最昂贵的成本（Dunn，1973，p. 197；Schwartz，1987，p. 93)。在 17 世纪晚期，巴巴多斯的奴隶要把从开垦的山坡上冲刷到山脚的土壤重新运回甘蔗园（Watts，1987，p. 297)。[①] 劳动力成本大幅上升。"每 10 年都需要更多的奴隶在同样面积的土地上生产同样数量的蔗糖"（Pares，1960，p. 41)。到 1717 年，相对于土地面积更加广阔（且更加肥沃）的法国产糖岛屿（毫无疑问，牙买加也是一样)，巴巴多斯一亩甘蔗地所需要的奴隶数是其五倍之多，而且需要更多的牛马（Williams，1944，p. 113)。在接下来的 50 年间，巴巴多斯的奴隶数目增加了"30%之多"，但是蔗糖产量却下降了"20%"（Pares，1960，p. 41)。毫不奇怪的是，生产力的情况根据土壤的情况波动很大（Williams，1944，pp. 113—114)。

当种植园主购买更多的奴隶来弥补下降的产量时，对土地和奴隶剥削的压力也相应增加——这种压力比负债和价格下降的压力更大。因此，当时奴隶死亡率的"折旧津贴"很低（Pares，1960，pp. 39—40)。"超过 3/4 的加勒比奴隶劳作的甘蔗种植园吞噬的奴隶的生命就像制糖厂空地上堆砌成堆的甘蔗杆一样，数目惊人"（Blackburn，1997，p. 339)。尽管对于 17 世纪西印度群岛奴隶死亡率的估计各不相同，但是有一种趋势似乎很清楚：经济增长与奴隶死亡紧密相连（Curtin，1968)。早期定居地相对较低的死亡率已被后期不断上升的高死亡率所取代。17 世纪后半期，随着巴巴多斯出口到伦敦的蔗糖增加了 300%—400%，到 1700 年，每年奴隶的死亡率（1627—1650 年）是 3.5%，到世纪之交上升到

---

① 种植园主爱德华·利特尔顿（Edward Littleton）观察到：我们必须收集大量的粪便，把其运到田地是费劲的工作。一块一亩的土地需要 30 筐肥料，我们在每一个角落收集粪便……有人收集自己家人的尿增加肥料。我们建设大坝和堤堰阻止从我们土地上冲走地表，这些土壤又被奴隶用筐或者头运回。我们的黑奴像蚂蚁和蜜蜂那样工作（1689，p. 18 *quoted in* Deerr，1949—1950，p. 166)。

40％（死亡率比例是4.9％）（Sheridan，1972，p. 29；Dunn，1973，p. 203）。这是否与可用的土地及土壤肥力相关呢？通过与牙买加进行对比，我们得到了一个答案。牙买加的面积是巴巴多斯的25倍，牙买加的奴隶死亡率在种植园17世纪50年代的初建时期是较低的，低于2.8％，但是在接下来的75年中，死亡率并未大幅上升（上升了25％）（Sheridan，1972，p. 29）。

蔗糖边疆将砍伐森林、土壤流失和人类健康在另外一个方面融合到一起：黄热病。这使得欧洲帝国主义在拉美的影响更加深远。黄热病本来只存在于非洲热带地区，通过运奴船传播到新大陆、加勒比地区的蔗糖革命使黄热病扎根美洲。日益减少的森林致使鸟的种类减少，而这些鸟是以携带黄热病菌的蚊子为食的，森林的减少、沼泽的扩大又给蚊子的繁衍提供了优良条件。最重要的是，快速扩张的甘蔗种植园聚集了大量劳工，这为病菌的传播提供了有利条件。虽然当地人最终适应了这一病菌，但是黄热病给入侵军队造成了严峻挑战。18世纪，英国和法国在此地区寻求霸权的努力受到了黄热病的重重阻挠。[①] 总的来说，由蔗糖生产地区的生态转变所造成的流行病状况，“在美洲热带地区创造了一套新的国际关系支配条件”（McNeill，1999，p. 175）。我们又一次看到了身体的环境史、景观和世界体系交织在一起。

比银矿开采更明显，蔗糖边疆体现了资本主义农业确定的社会—生态特点：积累的简化和相应的对土地和劳力破坏。虽然许多环境史家现在谈到资本主义倾向简化或同化非人的自然（nonhuman nature），所以削弱了生态可持续性的条件（Cronon，1991；Worster，1990），但很少有人了解这种倾向如何扎根于资本主义体系的政治经济，首先是在劳动的组织中。这一观点也在重复资本通过破坏劳力而破坏自然的观点。笔者认为，这是马克思的观点，他强调劳动过程不仅是社会性的，而且同样是一个断裂的过程，大型工业的出现加速了土地和工人的恶化（1977，p. 283，pp. 636—638）。

资本主义如何影响这个双重转型与劳动过程相关。资本只有通过劳动力（也就是说人）才能开发人之外自然。资本的成功意味着其成就了对劳动过程某种程度的控制，足以产生剩余价值。笔者这里想强调的是布雷弗曼（Braverman）

---

① 18世纪70年代以后，当美洲热带（亚热带）起义者努力结束欧洲人在新大陆的帝国时，不同疾病的免疫力帮助了他们。在这些帝国带来的环境的和传染病的变化中，它们埋下了（缓慢萌发的）自己灭亡的种子。一个世纪后，1898年后，加勒比海出现了一个新帝国（进一步的环境和传染病变化使其出现成为可能，或至少成本是不昂贵的）：美国军队采取蚊子控制和黄热病预防的措施（McNeill，1999，p. 182）。

(1974) 对资本主义劳动过程的看法与环境史的关系。正如我们前面看到的，布雷弗曼认为资本主义倾向于把复杂的劳动过程变成简单、重复的动作。这个观点基于《资本论》中的观点，但在某些方面限制了马克思视角的范围。对马克思来说，资本积累的过程基于社会和技术劳动分工持续不断的革命化。这个过程把劳动者简化为"自己身体的碎片"（[1977]，p. 482)。结果是"劳动者身体和思想的残疾……生产在工人生命的根基上侵袭他们……这是第一个为工业病理（异常）提供原料和刺激的体系"（1977，p. 484)。一度，这种社会—物理的碎片化（这种"工业病理"）的条件和结果是某种外部自然的碎片化和均质化，这可以是种植园单一种植，或者是标准化机器和可互换零件的生产线的大生产的出现。

从这种观点出发，蔗糖的例子非常有启发性。资本主义通过使工人丧失技术，并使其容易遭受各种身体病理来破坏劳动力的过程，也是破坏土地——即带来各种生态病理的过程。现代奴隶劳动制度基于非常低的劳动技能的劳动过程。在种植园体系，这可能主要是因为土地本身的物理组织被剧烈地（并且是逐渐地）简化了。这就是为何早在 15 世纪，种植园单一种植和条耕与现代奴隶制的起源一起出现。因此资本主义农业削弱了对可持续性非常重要的生物多样性，也简化了前资本主义农业中复杂的劳动过程。这样，劳动力作为人，各方的需求屈服于简化的和加速的价值规律的倾向。正如我们看到的，这些矛盾（对立）促动了全球资本主义反复扩张的浪潮，这一体系寻求新的土地和劳力的供应。

封建主义、资本主义、社会主义，或生态史转型的理论和政治

这种生态史的论述表明，从封建主义向资本主义过渡过程中的劳动分工与生产关系及交换关系交织在一起——也包括马克思称之为"有机整体"的东西（1973，p. 100)。我们集中考察了欧洲征服美洲带来的剧烈的社会—生态转型，不仅因为这些转型剧烈，也因为这些转型是"最初的"资本积累重要的时刻。"美洲不是被吞并进一个已经存在的资本主义世界—经济"（Quijano & Wallerstein，1992，p. 549)；相反，这些征服对引导封建危机走向资本主义是非常重要的。[1]

但是美洲屈服于价值规律不应被看作与欧洲发展不相容。推进蔗糖和白银的

① 因此，新大陆相对于印度洋的重要性是："决定性地转移'现代'世界体系的不是葡萄牙人接收了'旧大陆'，而是西班牙人占据了'新大陆'。"（Abu-Lughod，1989，p. 363)

商品边疆，预示“资本主义生产的……朝霞”（Marx，1967，I，p. 703），改变了欧洲和新大陆的社会。也许最重要的是城乡之间的关系，在新旧世界都以复杂的方式与新的商品生产体系结合在一起。只提几个重点，我们可能思考过城乡关系替代封建时代地区性的城市—腹地关系带来地理上那么广、生态上那么多的问题。例如，在16世纪的阿姆斯特丹，1/4的粮食需求依靠波罗的海的谷物进口（Elliot，1968，p. 48）。一个结果就是下个世纪东欧谷物出口区大量的土壤枯竭（Wallerstein，1980，pp. 132—133）。从波罗的海森林运出的木材——没有这些木材，荷兰和英国商业舰队的兴起是不可想象的，并在遥远的葡萄牙和卡斯提尔港口找到出路——要以高价获得。到17世纪，对波兰森林“残忍的剥削”“在森林里创造沙漠”（Szcygielski，1967，p. 94，*quoted in* Wallerstein，1980，p. 133，n. 16；*also* Richards，1990，p. 168）。沙丘入侵了森林一度繁荣的波美拉尼亚沿海（Braudel，1981，p. 365；1961，p. 256）。

我们可能观察到这个时代的城市化不仅带来城乡的分流，而且也带来乡村发展的不平衡。也就是说，不仅在辩证对立的意义上城市反对乡村，而且乡村也反对其自身。越来越多地，乡村社会成为单一种植体系的集中地——东欧集中生产粮食和木材，卡斯提尔和英格兰养羊，美洲生产蔗糖，等等。在这些地区专业化的早期时刻，我们看到资本主义急剧简化土地的起源，这种情况在今天深入生命基因的各处。

最后，我们可能也注意到，不仅仅是奴隶遭受资本主义把“身体作为积累战略”的作法的侵害（Harvey，2000a）。欧洲农民和工人在黑死病后很快增加，但在15世纪经济复苏后却遭受恶化的饮食。借用林恩·怀特（Lynn White）的话，这种以谷物为主的饮食是一种“氨基酸饥饿”（1962，p. 75）。[①] 工资下降，领主从谷物农业转向畜牧业。牲畜饲养越来越被大领主垄断，谷物价格飙升。在欧洲的饮食中，越来越贵的谷物取代了甚至更贵的肉。结果，生存的危机，以及接踵而来的严重的传染病，贯穿整个“漫长”的16世纪。在欧洲快速增长的城

① 从1400年到1750年，欧洲是面包的巨大消费者，并且一多半欧洲人是素食者……只有这种“落后”的食谱使得欧洲可以负担得起持续增加的人口……人们通常不太了解的是这种对1750年情况的大体说明——主要是面包和少许肉——本身就是恶化的结果，并不符合中世纪的情况（Braudel & Spooner，1967，pp. 413—414；Teuteberg，1975，pp. 64—65）。事实上，这一时期实际工资的下降“使得许多消费者无钱买肉。”并且，即使“货币工资……在某种程度上跟随谷物的价格波动，……挣工资的人对农业歉收或运输迟缓造成的价格突然上涨没有任何预备”（Slicher van Bath，1963，p. 205，p. 199）。最后，资本主义新的城乡关系内置于（虽然是不平衡地）直接生产者的身体：16世纪城市居民中每个人的肉食消费越来越少，对农民来说则是急剧下降，他们的肉食消费只有城市贫民的1/7（Blanchard，1986，pp. 454—455，p. 460）。

市中死亡率甚至比平常年份还高，在其他年份是“灾难性的”（Helleiner，1967，p. 83）。饥荒“数个世纪以来持续发生，以致其成为人生物体的一个重要部分，成为日常生活的一部分”（Braudel，1981，pp. 73—74）。因此，向资本主义的过渡由生物体制促进，这种体制把营养不良的负担置于那些直接生产者肚子里。

因此，从世界资本主义体系初始就有一种新陈代谢断裂——并且这种断裂持续拓宽，在城乡之间，最重要是在乡村与乡村之间。（今天地区性的专业化商业饲养场和谷物单一种植区都有很长的传统）这种城乡之间的新陈代谢断裂打断了营养从乡村流到城市，那里废物不能循环，通常只能倾倒，例如，倒进河里。因此，资本主义倾向在城市及其周围扩大污染，在乡村耗尽资源（Foster & Magdoff，1998）。最后，资本主义对环境的直接掠夺（正如在白银和蔗糖的例子中）创造了新的低等的生产活动网络。白银和蔗糖促使谷物农业、林业和园艺业（以及其他）中的经济作物发展——这些都在不同程度上对生态造成破坏。白银和蔗糖并非早期资本主义仅有的商品边疆，但它们是最重要的。

在此文中，我们集中考察了美洲，而不是欧洲的发展，因为有理由怀疑是否资本主义只可以从欧洲社会—文化和生态的优势中发展起来，欧洲的优势并不大。事实上，欧洲最大的优势是其接近美洲，与亚洲大的农业帝国和贸易网络相距甚远。美洲对欧洲的转型具有重要意义，有数个原因。第一，美洲提供了黄金和白银。中世纪欧洲极其并长期缺乏金银——直到19世纪末。正如我们看到的，美洲白银的流入提供了防备饥荒的关键，特别是在那些对原始资本积累重要的城市中。第二，新大陆的热带气候对许多经济作物是非常重要的，在古典的“生态帝国主义”的例子中，许多作物从非洲—亚欧进口（Grosby，1986）。第三，不管多么神圣，当地社会对欧洲入侵的抵御是无效的，所以在许多情况下都扫除了农民起义的威胁，农民起义在14、15世纪的欧洲是统治阶级最头疼的问题。第四，虽然新大陆的人口由于疾病有很大的下降——这本身也是一个人类历史上前所未有的生态危机，削弱了有效抵制帝国主义的可能性，但也提出来一个劳力问题，这个问题只有通过强迫劳动才能解决。对这个劳力问题的解决当然是通过非洲奴隶贸易。现代奴隶制与农奴制及其先例相比，最大的好处是其地理上的流动性；甚至比工资劳动者有更多的流动性，奴隶制使资本和种植园主随着生态和经济需求移动（Tomich，2001）。这在新大陆众多边疆社会中不是小事。

早期资本主义的社会—生态矛盾在新大陆最尖锐。结果，这一体系对新的土地和劳力供应的需求在美洲也最大，美洲提供了适宜的地理满足这样的需求，因为：(1) 由于当地人抵抗力量薄弱，有大量可以获取的土地；(2) 由于非洲奴隶贸易的成功，这里有大量的劳力供应。总之，在“漫长的”16世纪，美洲对资本主义的巩固不仅经济上重要，而且生态上也非常重要。换句话说，美洲之所以经济上重要是由于自然环境有利于资本的快速积累。美洲边缘区与欧洲核心区之间不平等的生态交换——在多种层次上乡村与城市之间（的交换）——意味着美洲的环境没有被利用，有必要进一步拓宽劳动分工。世界资本主义拓宽的每一个新阶段都涉及更密集的资本主义农业，一种新的、更严重的当地生态体系营养循环的断裂——在欧洲与在美洲一样。

美洲农产品的流入——首先是蔗糖——意味着核心区城乡劳动分工可以加深到任何一个单一“民族”经济都不能承受的程度。罗布特·布伦纳也许是正确的，认为英国农业的社会转型——这使增加生产力可能——使大量保留劳动力大军的出现成为可能（这些人可以用于邪恶的工厂）（1977）。但是故事远非如此。直接从与蔗糖与奴隶贸易紧密相关的行业带来的利润，间接通过英国工人阶级再生产成本的降低带来的利润，或者运输、造船等有利可图的活动，都有利于进一步扩张和强化世界资本主义劳动分工的资金积累。例如，非洲的奴隶贸易不仅代表了从外部舞台到资本主义世界—经济的经济转型，并且也（同样地?）是一种生态转型。这是奴隶制的“生态的演算”（ecological calculus）。种植园主“购买在非洲‘长大’以非洲粮食为生的奴隶，把他们的劳动用于出口到欧洲的碳水化合物的生产，根本不关心他们存活的时间，只要他们能从事有用的工作”（Hugill，1993，p. 61）。欧洲内部“国家”的发展由奴隶制的政治生态的果实供养。

所有这一切都允许，事实上迫使，核心区与边缘区、城乡以及乡村内部更大的断裂。同样，当地生态体系在资本主义劳动分工中再生的能力被剧烈——更精确地说，应该是*逐渐地*——削弱。因此，资本对自然环境的剥削——即通过剥削劳动力剥削（人之外的）自然——是最重要矛盾之一，也许是最重要的，带来连续的资本主义世界—经济地理扩张的矛盾（冲突）。

反体系的运动、环境史及生物圈的危机

历史资本主义倾向空间地而不是社会地解决连续出现的危机浪潮，在这个星球上提出了一个主要问题，即明确的地理局限。只要还有资本没有触及的新的土地和劳力（但还是在资本可触及的范围之内），这个体系的社会—生态矛盾就可以被减小。到20世纪，外部殖民的可能性被排除，资本被迫寻求“内部”殖民

的战略，其中可能包括20世纪40年代以来转基因植物、动物爆炸性的增加；在更远的地方钻得更深来获得石油和水，也许最可怕的是，把人体转换成——特别是女人的、有色人种的和工人的身体——许多致癌和致命毒物的垃圾场。

这些发展既是新的，同时也不是新的，这正是世界环境运动中被许多人遗忘的。这些运动关注于当代环境恶化直接的因素——政府的政策、跨国公司、国际贸易组织和协议，等等，但没有人系统地考虑过这些因素，更没有历史地思考过这些问题。但是，如果左派环境主义要在生态改革主义和极左派之间找到一条出路，在笔者看来，把资本主义与自然的关系放在资本主义体系和世界—历史的视角下，可能更有成果。

两个问题特别相关。首先，当我们看到一个危机，我们如何知道这是一个生态危机？其次，谁是环境可持续性的原动力（the agents）？

“危机”是一个被用烂了的词汇，很容易成为引起争论的羊头狗肉。让我们先暂时认为相关的危机是一个资本主义的危机。这里我们应该在相当基本的意义上使用“生态危机”的术语，指已经达到使已经确定的生产和再生产关系不稳定的地步，所以也使剩余价值的生产不稳定——这种不稳定需要两者都有一个重要的变化（有多么重要还要拭目以待）。这是把环境危机与单纯的恶化相区别的主要内容（后者经常成为一个真正的人类的危机，会强迫深刻改变工人，甚至中小资产者的日常生产关系）。当然，这种意义上的生态危机还是假设的，但在笔者看来，这种危机被广泛承认和争论的事实——甚至（特别是）在假设的意义上——本身就是这种情况引人注意的表现。

我们看到，资本主义的天才是通过转换地点避免了当地和地方性的生态恶化。资本主义本质上是一个全球的和全球化的体系。结果，地区性的生态危机对世界规模的积累提出不可逾越的障碍——事实上，这样的危机可能积极地促进积累，正如麦克·戴维斯在他仔细研究19世纪末厄尔尼诺现象、灾难性的饥荒和原始积累之间的关系时提出的观点（2001）。我们看到，地方的生态危机可以通过生产活动的全球扩张得以克服。只是二战后，这种情况有变化。第一次，资本主义生态矛盾开始以一种与经济活动呼应的方式发挥作用。在组织“与这个星球生态循环敌对的经济过程”时，资本主义的世界经济就“带来了前所未有的、全球范围的生态灾难的可能性”（Foster，1994，p. 108）。

资本主义的全球化和生态危机的全球化在20世纪与16世纪一样紧紧地联系在一起。不同只是危机的规模，这与我们正在谈论的生态危机的种类有很大的不同。生态危机是“绝对的生态危机”的观点——“全球范围的生态危机”——有些恐怖，因此掩盖了其他形式的危机。历史上来讲，我们可能称之为系统的生态危机——历史体系中的生态危机与其他社会问题相关，迫使财富积累的结构发生根本性的转变。这是从封建主义向资本主义过渡的实情。我们也在社会体系中看到生态危机。这些迫使政治经济中出现主要的但不是根本性的转变。例如，资本主义历史的一部分可以按照农业和矿业连续重组的历史来讲，从17、18世纪的农业革命到20世纪的绿色革命。资本主义的每个阶段都与农业—生态开发的历史特殊形式相关，每一次都从以前时代生态矛盾中形成（Moore，2000a）。

全球经济不能维持其与全球环境的目前关系已经是共识（政治右派之外的人的共识）。我们应该拭目以待的是，隐约出现的生态危机是否是绝对的、体系的，或是生态的。现在的信号指向所有各个方向。但是，没有一个说明其独特历史、地理特点的生态危机的概念，我们只有一些模糊的、服务于政治右派和中间派，而不是政治左派的危机概念。我们所知道的是（解释）当代生态危机的出路——笔者认为这与作为历史体系的资本主义危机紧密相关——很大程度上依赖于谁的历史—地理知识抓住大众的想象。①

任何潜在释放的"历史—地理知识"的很大一部分关注的不只是生态危机预示和再现，而是生态可持续性社会的原动力。这里，笔者认为马克思的新陈代谢的概念变得特别重要。提起马克思的术语经常意味着只有阶级和资本的术语。而资本主义条件下生态危机的问题也完全可以通过马克思的术语概念化，这些问题不是所有的时候都可以简化为资本或阶级。自然的辩证法，自然与社会、劳动过程本身的新陈代谢，虽然在现代辩证地与资本、阶级相连，但不可避免地只在后者中。

但是，它们可以按照新陈代谢的术语和自然中形成的物质交换的劳动分工来定义：资本主义时代发生的土壤恶化（因为世界—历史（和全球扩张）的城乡关系），工人恶化（因为世界—历史和全球扩张的资本和劳动关系）。如此说来，世界资本体系的地理和人身体的"地理"以多种方式联系在一起，很明显许多与资本积累和阶级关系扩大的再生产有关，不能只按这些关系的术语解释。通过马克思的新陈代谢概念，我们可以把历史唯物主义的范围扩大到"'地球的命运'及其物种这类更大的问题"（Foster，2000，p. 254）。因此，说自然有其自身的辩证关系，在很多方面独立，并不是陷入环境决定论（这将取代阶级斗争是历史的驱动力的观点），而是巩固阶级创造历史的观点，但不是在它们自己选择的生态

① 参见哈维关于地理知识的重要文章（2000b）。

—地理条件之下。

笔者认为现在正是我们认真、积极思考一个环境可持续社会的动力的时候。资产阶级意识形态成就了最伟大的胜利，把环境恶化与阶级剥削分开——事实上，这是笛卡尔思想—身体二元论特别重要的体现，其思想史可以追溯到“漫长”的 16 世纪。环境主义，根据现有的智慧，是一个“非阶级”的运动（O'Connor，1998，p. 14）。这种解释虽然有（一小部分）真理，但掩盖了重要的潜在的事实。自 20 世纪 80 年代以来，世界范围的环境组织的涌现，很大程度上主要是直接生产者的集体行动促进，特别是在欠发达地区，例如，南亚的农民或美国的环境公平运动。环境行动的中心开始转向生产（例如农场）和再生产（社区）地，而不再是保护“野生”狭隘的运动。[①] 争取安全粮食和水的运动也开始把人们的想象从环境是我们“之外”的观念转向我们在环境“之中”的概念——不安全的肉、激素牛奶、转基因生产成为环境转型的争论话题。癌症、自身免疫疾病和其他健康问题现在越来越与环境恶化相关，或者说概念化为环境问题。

虽然准确地把这些大众关心的问题翻译成阶级问题是一个值得讨论的问题，目前的形式似乎是一个好时机，可以改革左派历史—地理学家们对资本主义的批评，以便把这些问题提到中心。为了强调生态转型中的劳动过程，我们把工人等同于一个更加可持续性社会的原动力。因为现代阶级关系的社会—生态冲突不仅预示恶化，而且预示解放。马克思说，“自由”只能在“一个相关生产者以理性的方法控制人与自然的新陈代谢关系的新社会中才能实现”（1981，p. 959）。把环境危机放在资本主义体系起源中，左派们可能会意识到环境和阶级不可分离，土壤和工人的解放辩证地与他们恶化的同样程度相关。

① 关于自然作为独立于人类介入的远古荒地的概念，参见克罗农（1996）和威廉姆斯（1980，pp. 67—85）的研究。

第七章
1. “第一个”16 世纪的马德拉岛，蔗糖与对自然的征服：从“木材之岛”到蔗糖革命，1420—1506 年

在通往现代世界—体系的长征路上，大宗商品——黄金、蔗糖、奴隶、棉花、煤炭、石油——已经成为它的驮兽。它们有时被作为所有历史新时代的标志……它们是生产的原动力，是商品交换最终的硬通货币（Retort，2005，p. 39）。

马德拉是一座在现代世界的起源上地位举足轻重的小岛。它位于北非以西约 560 公里的地方，是现代世界第一轮经济作物繁荣之地（蔗糖革命）。15 世纪下半叶，葡萄牙王室、意大利和佛兰德的资本家、加那利群岛和非洲的奴隶齐聚这一蕞尔小岛，组织了一场商品革命，使马德拉一夜之间成为欧洲蔗糖经济的制高点。塞浦路斯的蔗糖产量从未超过 800 吨，这一数字花了几百年才达到；马德拉在 15 世纪中叶白手起家，到 1500 年时蔗糖产量已经是其最有力竞争对手的六倍（Maddison，2001，p. 58）。马德拉的衰弱同样迅速。它的蔗糖产量在 16 世纪的头十年达到顶峰；而到 1530 年却下降了 90%。其兴也勃焉，其亡也忽焉，这一点再怎么强调也不过分。这一点比其他一切更能说明马德拉与其中世纪先驱们的区别所在。

接下来，在本章第一部分，笔者解释了在布罗代尔的“第一个”16 世纪（1450—1557 年）期间，马德拉繁荣与萧条具有划时代意义的速度如何标志着以资本主义兴起为中心的自然—社会关系的新表现。根据这一解释，永无止境的资本积累就是对自然无休无止的征服。马德拉迅速崛起的条件正是其迅速衰败的条件。这源于支配人类与人之外自然之关系——劳动力和土地——快速的组织及随之而来的枯竭。这些关系使得蔗糖产业以牺牲森林为代价迅速崛起；最终，滥伐森林破坏了蔗糖体制实现自身再生产的能力。

第一次蔗糖革命是地方性的，但并不局限于地方。它由新的资本、权力和自然流动所构成，这些汇聚标志着人类历史上一场划时代的转变。因此，本章的目

的仅在于部分地挖掘一部葡萄牙殖民主义与海外扩张“的环境史”，更根本的任务是提出笔者所谓的“作为……的环境史”。在这里，我们的挑战是把葡萄牙的扩张揭示为作为一部环境史，作为一种社会—生态方案与过程，旨在为人类与自然其余部分的关系构建新的再生产规则。在本章第一部分，笔者考察了马德拉蔗糖革命的条件和转型。笔者证明了快速占有生物物理财富对于蔗糖繁荣是如何至关重要，以及这场繁荣的巅峰时刻（1490—1510 年）又如何揭示了此次扩张的历史限制。这一分析为笔者在本章第二部分叙述马德拉的危机做好了铺垫，这场危机体现在 1506—1530 年蔗糖产量下降了 90%。

资本主义世界—生态中的蔗糖：理论框架

如今我们已经熟知，蔗糖与早期资本主义的形成密切相关，也在奴隶贸易的形成中起着关键性作用，在其农业—生态组织中促进了工业的早熟，作为工业革命的投资资本来源举足轻重，并在把日常生活中的生产和消费关系紧密结合方面充满活力（Mintz，1985；Blackburn，1997；Galloway，1989；Schwartz，2004；Sheridan，1973；Tomich，1990）。然而，请告诉我们，蔗糖的历史会告诉我们关于作为世界—生态过程和方案的历史资本主义的什么呢？

蔗糖革命在向资本主义漫长的过渡中造成了两个残酷的事实。一个是关于作为劳动力的人，另一个是关于作为资源的人之外自然。第一个被普遍承认的事实是蔗糖、奴隶制和种植园之间的密切关系。没有哪部现代奴隶制的历史完全没有涉及蔗糖，没有哪种蔗糖的世界—历史可以避而不谈马德拉的关键作用——虽然研究蔗糖与奴隶制的历史学家们并未就马德拉究竟有多现代达成共识（Greenfield，1977，1979；Verlinden，1970；Solow，1987；Curtin，1990；Galloway，1989；Mintz，1985；Vieira，2004）。

第二个事实使我们注意到整个自然无止境地商品化中深藏的矛盾。马德拉在环境史家中颇为有名的原因在于岛上的森林砍伐（Crosby，1986；Perlin，1989；Williams，2003；Grove，1995；2002；Moore，2000b），因为这些学者认为有确定无疑的迹象表明一种全新的自然生产模式已经到来。蔗糖的现代故事，就是资本主义试图把人类与人之外自然置于商品形式奴役之下的贪得无厌之欲望的故事。我们说蔗糖是“大宗商品”（Retort，2005，p. 39），意在强调它是自然的产物，强调它可以尽可能多、尽可能快地从当地环境中生产，然后继续到下一个地方生产的能力。换言之，说蔗糖是一种大宗商品，也就是说蔗糖也是一种商品边疆，这一边疆是资本主义通过社会—生态危机——渗透每一个蔗糖综合体，并未置身事外——发展起来的。

换言之，马德拉与两大史学的及理论的争论有着紧密联系，一个围绕着向资本主义过渡的问题，另一个围绕当今社会—生态危机的起源。这两个争论反映了一个单一的历史进程：资本主义的兴起是与前现代自然—社会关系模式的一次深刻断裂（Moore，2000a；2000b；2003a；2003b；2007）。笔者试图超越把社会与经济史移植到环境史的做法，反之亦然（e.g.，Taylor，1996），而主张一种综合，其前提是自然生产、资本积累和权力角逐都是单一世界—历史进程中不同的因素。笔者认为这一进程就是现代世界体系（Wallerstein，1974），愚以为，它也是一种资本主义世界—生态（Moore，2003c；2007；2008；2010a；2010b；2010c；forthcoming a；forthcoming b）。在世界—生态的观点看来，历史资本主义并没有像它通过人类与人之外自然的辩证法兴起和发展那样作用于自然。远非一种社会力量将其可怕的“足迹”强加于被动与外部的自然，世界—生态的观点提供了一种截然不同的视角，它把资本主义视为一种象征性和物质性的基质，通过人类与自然其余部分的活动共同创造。笔者用于捕获这种关系的术语就是“生态”，这种关系经常被误解为自然—社会的辩证法，好像自然、社会是独立于彼此形成的。但“生态”一词经常被拿来与“环境”和“自然”互换，笔者从古希腊哲学家、植物学家泰奥弗拉斯托斯对奥伊寇斯一词的描述中得到启发，他用该词表示植物种类与所在环境的关系（Hughes 1994，p. 4）。所谓的“自然”与“社会”的辩证法是这种关系，即奥伊寇斯的结果，而非它的出发点（Moore，forthcoming a）。从这个角度来看，资本主义并没有一种生态体制。资本主义*就是*一种生态体制——一个综合体，一个矛盾，以及人类与人之外自然复杂错乱的关系。

笔者已经指出，马德拉在现代世界体系中的地位典型地需要从两种观点之一来阐释。社会史的视角关注蔗糖与奴隶制（Verlinden，1970；Curtin，1990；Galloway，1989；Greenfield，1977；1979；Solow，1987；Vieira，1995；1996；2004）。环境史的视角侧重景观变化（Crosby，1986；Grove，1995；2002；Perlin，1989；Williams，2003）。在本体论上，这两种著史方法都源自一种单一的看待世界的方式。按照笛卡尔的观点，人，包括阶级斗争、世界市场和帝国主义等要素归为一类；人之外自然，包括森林、土壤与河流等归为另一类。每一类中的要素之间相互作用，但它们的关系并未改变其所属类别本身。换言之，对于社会史家与环境史家而言，这两种历史因素之间的关系是结果，*而非构成因素*。

例如，没有人提出要把现代奴隶制重新定义为一种社会—生态过程。笛卡尔二元论的困难在于它模糊了真正具有决定性的一捆捆关系。一方面，社会史家研究种植园综合体的起源，却对它的生物物理后果置之不理（e. g.，Curtin，1990）。另一方面，环境史家考察欧洲殖民主义与蔗糖边疆造成的景观变化，却不分析深藏于边疆内部的权力和生产的关系（e. g.，Galloway，1989）。这里不就是有一个机会把种植园综合体的兴起——实际上是资本主义的兴起——视为一种社会—生态过程吗？

那么，我们该如何把马德拉的蔗糖周期改写为构成了——而非简单地衍生出了——作为世界—生态的资本主义的兴起呢？现在所提供的方法是把岛上相继种植的经济作物——木材和谷物，随后是蔗糖和葡萄——的政治生态视为无可简化的多层结构。无疑，这些商品体制就是葡萄牙帝国政治生态以及新兴资本主义的具体实例。然而，突出现代环境史的多层次与撰写综合的历史大相径庭。通过分析，世界体系的过程和世界级规模的过程是有区别的；诚然，世界—历史视角的首要前提在于，身体、劳动过程、家庭、城市、地区和国家的转型，全部构成了历史资本主义。① 马德拉的蔗糖革命并非在全球范围衍生。它的社会—生态转型是由中世纪晚期危机的多重矛盾带来（*see* Moore，2007，ch. 1），而马德拉的转型反过来又形成了帝国权力和资本积累的条件与轮廓，其中最重要的是葡萄牙的"急迫帝国主义"（urgent imperialism）（Pereira，2006），以及在第一个 16 世纪资本主义大西洋的初步形成。它是一个持续不断的运动。马德拉的蔗糖革命可能是一时的，但它绝不仅仅是一次征服和掠夺的产物；它的发生和维持有赖于一个帝国和一个世界—生态，对它们而言，以商品为中心的扩张不仅仅是一种生活方式，也是一种存在条件。

"木材之岛"：马德拉与森林的命运

在资本主义的兴起过程中，一切都迟早要转向森林。早期资本主义每一种决定性的商品行业——冶金业、甘蔗种植业、造船业和建筑业——都在森林中发现了它的命脉。甚至谷物种植——让人想起波兰的粮食流入 17 世纪的荷兰——都与大范围的森林砍伐密切相关（Moore，2010b）。因此，葡萄牙人把此岛命名为

---

① 体现这种多层次感受力最复杂的方法是托米赫（Tomich）对马提尼克（Martiniaue）岛甘蔗和奴隶的经验研究（1990；Moore，2002；2003b）。

“马德拉岛”（ilhada Madeira）并非巧合，直译即“木材之岛”（Cadamosto，1937［1455］，p.8）。当第一批移民于15世纪20年代来到岛上时，威尼斯旅行家埃尔维斯·德·卡·德·莫斯托（Alvise da Ca′ da Mosto）、卡德莫斯托（Cadamosto）描述说，“这里的每英尺土地无不布满擎天巨树”（Cadamosto，1455，p.9）。到了16世纪60年代，伟大的诗人兼探险家路易斯·德·贾梅士（Luis de Camões）造访马德拉，他说，马德拉曾经因其茂密的森林著称于世，如今木材之岛早已名存实亡（Camões，1996［1571］，p.296）。[①]

15世纪20年代至16世纪60年代期间究竟发生了什么？一言以蔽之，资本主义。

当某人读到马德拉的历史时，他首先读到的就是这个岛的起源神话。像所有诸如此类的神话一样，它是关于自然的。第一批定居者面对遮天蔽日的浓密森林时，纵火毁林。卡德莫斯托的描述是唯一最常被引用的话。他告诉我们，“第一场大火的火势极大”，以至于第一批定居者被迫“逃离它的暴怒，跳进海里避难，海水没及他们的脖子……他们就在那里待了两天两夜。他们用这种方法把大片森林夷为平地，为耕种开垦土地”（Cadamosto，1967［1455］，p.9）。大火“吞并了岛上之物，持续燃烧了七年，远在斯莫克和斯帕克斯（Smoak and Sparks）都可见，如安泰山（Mount Aetna）一样；所以，后来岛上拥有了充足的粮食，当地居民的最大缺乏变成了木材，要知道以前岛上除了木材就没有别的”（Faria e Sousa，1695，p.4—5）。

换言之，这是一场洗礼的火。正如所有的洗礼那样，其象征性的力量在于净化罪恶，洗刷了人类亲手毁灭岛上森林的罪恶。大火摆脱了人类的控制，为岛上首先栽培谷物，然后是甘蔗，继而是葡萄做好了准备。这个起源故事持久的社会力量源于对快速砍伐森林的解释（这在移民的第一个世纪里的确发生），也源于对接下来几个世纪困扰马德拉的木材匮乏的解释。这一解释具有巨大的吸引力——尤其是在英国旅行家中间，不仅仅是因为它把环境变化的原因归于一次意外的殖民而非其体系性（systematic）的影响。因此，塞缪尔·珀切斯（Samuel Purchas）在17世纪20年代写道，“1420年殖民（向马德拉移民）开始了，粗壮的树木葬身火海，大火烧了整整七年：由于这场毁灭造成了木材的大匮乏”

---

① “我们经过马德拉岛（因岛上树木众多而得名），我们最先殖民之地，现在这里更多是因为它的名字而非其荣耀著名。”（Camões，1571，p.296）。甚至更早时期，16世纪30年代，马德拉岛的木材情况使得若昂·德·巴罗斯（João de Barros）在《亚洲数十年》一书第一卷（Camões）已经观察到岛上木材的短缺，这是贾梅士写下他对马德拉岛森林砍伐错误评价之前20年（*cited in* Prestage，1933，p.39）。

(1625，p. 6)。200多年后，J. A. 梅森（J. A. Mason）也持同样的观点，他指出，结果是，15世纪以后“殖民地由于木材短缺而遭受了诸多不便”（1850，p. 156)。换言之，马德拉的毁林不仅作为一种物理景观被记录下来，它也镌刻在了这种景观何以形成的集体记忆之中。

这一起源神话证明了两个显著的事实。首先，马德拉的毁林速度确实相当快。1450年之后，马德拉的糖厂以前所未有的速度吞噬森林。到1510年，160平方公里的森林已经砍伐殆尽，面积相当于整个岛的近1/4，超过了岛上可供利用森林的1/2。第二个事实寓于第一个事实之中。当岛上的蔗糖综合体于16世纪30年代最终崩溃时，马德拉确实经历了木材的“大匮乏”。因此，在随后的几百年里，用于制作木桶——装马德拉著名的葡萄酒——的木材来自新英格兰，并不意外（Duncan，1972，p. 124，pp. 153—155；Lyall，1827，p. 361)。

如果对大西洋的现代征服注定是一件大事，那么它是从一件件小事开始的。当葡萄牙人于15世纪20年代占领马德拉这一面积只有740平方公里的蕞尔小岛时，没有迹象表明接下来将要发生什么。起先是木材，而后是粮食，将从这一大西洋前哨流向它那木材和粮食都极度匮乏的宗主国葡萄牙。就其本质而言，这是一种中世纪性质的关系，可能与一千年前罗马朝贡性质的征税并无二致。到了15世纪50年代，这种情况为之一变。当欧洲从“漫长的”14世纪社会—生态危机中走出来时（Moore，2003a；2007，ch. 1)，商品生产、长途贸易、技术革新与殖民扩张开始复苏，凡此种种看起来都与其中世纪前身愈发不同。商品形式史无前例地走到了历史舞台的中心。

这一“新面貌”在1450年以后的马德拉岛最为明显。1452年，马德拉的出口相对较少，到15世纪90年代，它崛起为欧洲的主要生产国，取代了西西里，尤其是塞浦路斯。马德拉的蔗糖业在葡萄牙“专制资本主义”（monarchical capitalism）(Dias，1967）的保护伞下发展起来，其繁荣从一开始就具有世界性：热那亚和佛兰德的资本家们维持蔗糖贸易（不久，他们就开始维持蔗糖生产)；葡萄牙移民种植甘蔗，从山上采伐木材；来自加那利群岛（后来是非洲）的奴隶在山坡上开凿灌溉渠道，然后从事种植与收割甘蔗这样艰辛的劳动。

第一次蔗糖革命是一次生物物理转型的大胆行为。马德拉的森林景观很快变成了热带大草原，森林的灰烬滋养了土壤，树木作为大熔炉的燃料，熔炉把甘蔗汁熬煮为蔗糖。这种征服，从连续的转折来看，先是自给自足，其后则是自我毁灭的，马德拉岛繁荣的根源，最后成了它崩溃的罪魁祸首。16世纪初，岛上1万多公顷土地用来种植甘蔗，几年之内，每年有500多公顷森林被砍伐，供应糖厂。

中世纪的蔗糖生产者已经使地中海的森林遭受重创（Lombard，1959），但也不可与马德拉同日而语。在中世纪的欧洲，森林砍伐是用世纪来衡量的；1450年之后开始用几十年来衡量。从撒克逊·厄尔士（Saxon Erzgebirge）山区的银矿和铜矿，到斯塔万格（Stavanger）的木材区，再到维斯瓦河两岸的谷物区，近代早期资本主义开展了一系列毁林行动（Moore，2007a，2010a，2010b；Williams，2003）——繁荣期基本上是半个世纪，期间商品产量猛增、森林锐减，之后便是不可避免的衰败。马德拉的蔗糖革命——连同中欧的冶金业繁荣一道——将建立这一模式。

马德拉的蔗糖经济在15世纪70年代一片繁荣（附带培养了年轻的克里斯托弗·哥伦布），而到了16世纪20年代却崩溃了。1472年，马德拉的蔗糖出口量达280吨。1506年最高时达到近2 500吨。1530年，出口量下降了近90%，与1472年的出口量非常接近。大体而言，马德拉不是被打败的。虽然后来新竞争对手的崛起可能加快了马德拉的衰落，但它自身的蔗糖综合体早已崩溃。这场崩溃并非市场饱和的表现。相反，看来马德拉的蔗糖综合体是在其社会—生态矛盾的重压下崩溃的，尤其是森林的耗竭，糖厂所需的大量的燃料供给来自森林。新的生产中心很快就将涌现出来，16世纪40年代是圣多美，16世纪70年代是伯南布哥，17世纪20年代是巴伊亚，17世纪70年代是巴巴多斯，自那以后是整个18世纪的牙买加和圣多明各（表1）。

表1　蔗糖商品边疆：1450—1800年

地区	世界霸权时期
塞浦路斯	14世纪50年代—15世纪70年代
马德拉	15世纪80年代—16世纪20年代
圣多美	16世纪40年代—16世纪70年代
伯南布哥	16世纪70年代—17世纪20年代
巴伊亚	17世纪20年代—17世纪70年代
巴巴多斯	17世纪70年代—18世纪20年代
牙买加和圣多明各	18世纪20年代—18世纪90年代/19世纪20年代

资料来源：Dunn，1972；Galloway，1989；Klein，1999；Maddison，2001；Mauro，1983；Moore，2007；Schwartz，1985；Pereira，1969d；Fraginals，1976；Tomich，1990.

马德拉壮观的历史始自一个看似简单的行动，即克罗斯比所说的生态帝国主义（Crosby，1986）。在葡萄牙移民于15世纪20年代登上杳无人迹的马德拉岛的十几年前，他们已经把牛、猪和羊赶上了岸——即“生物入侵”战略(McNeill，2003)，这一战略将在出产蔗糖的大西洋群岛的巨大弧线上一再上演。因此，马德拉的生物群甚至在人类到来之前就已经改变了。这并不总是对移民有利。邻近的圣港岛——它与马德拉岛和德塞塔岛（Desertas）共同构成了马德拉群岛——一个世纪前发生了一场最早的生物入侵。在圣港岛上定居的欧亚动物是兔子。兔子非凡的繁殖能力和对植被的巨大需求带来了15世纪30年代严重的风雨侵蚀——“岛上的农业所遭受的破坏到了如此严重的程度”（Goodfriend et al.，1994，p. 311）。无疑，令人想起19世纪的澳大利亚（Ponting，1991，p. 171）。

马德拉岛浓密的森林使小岛免遭类似的命运。即使今天，在岛上横贯东西的山上，依然幸存着1.5—2.2万公顷的原始温带森林。森林十分茂密，以至于“几乎难以穿行”，除了被称为列瓦达斯（levadas）的灌溉水渠和一些宽不过1—2米的林间小径（UNESCO，2000，p. 93，p. 96 [quotation]；n. a.，1999）。

一百年时间会造成多大的不同，到16世纪60年代贾梅士造访马德拉之时，曾经丰富的300米以下的森林已经被夷为平地。在接下来的一个世纪里，马德拉从蔗糖业转向葡萄酒业。这是一个从燃料最大化到燃料最小化经济作物的转变——如我们将在下文看到的，这并非偶然。①

蔗糖业的兴起与森林的命运在许多方面密切相关。那个时代，蔗糖生产必须具备三种基本条件：必须有劳动力栽培、加工甘蔗；必须有燃料以供锅炉熬煮甘蔗汁；必须有大量的土地以保证土壤肥力，并确保有利可图的规模效益，因为甘蔗压榨和初步加工需要大量资本支出。

第一步是开荒。15世纪30年代至50年代期间，马德拉的经济以谷物和木材为轴心。的确，此二者浑然一体。采伐木材为种植谷物腾出了空间，农民们也在木材贸易中找到了工作机会。正如众多例子所证实的，木材边疆确实最先到来。圣多美和巴西也始于木材殖民地（Dean，1995；Lebigre，2003）。

森林并不只是被烧毁的。木材本身就是一种重要的经济作物。马德拉的森林为建筑、家具、箱子、蔗糖贸易用的木桶以及造船等诸多用途提供了原材料。只要马德拉岛上可供利用的森林依然充裕，就像其在15世纪的大部分时间里那样，廉价的木材就能降低岛上和葡萄牙主要城市的生产成本。廉价的建

---

① 虽然有不同的谷物顺序，15世纪热那亚（从这里流出的资本带来马德拉蔗糖革命）对森林砍伐的反应与其在腹地的举措相同（Lopez，1964，p. 454）。

筑用材意味着可以用更低的成本在一个以海运贸易为命脉的帝国经济体系内建造仓库、码头与形形色色的基础设施。低成本反过来提高了马德拉在世界蔗糖市场中的竞争地位，以及葡萄牙在印度洋角逐商业霸权的竞争地位。

马德拉的木材缓解了葡萄牙殖民扩张面临最大机遇时一度相对稀少的森林压力（Boxer，1969）。马德拉的木材出口量是如此之大，以至于编年史家阿祖拉拉（Azurara）[①] 于 1446 年记载了它与一种新建筑风格之间的关系（1453b，p. 300）。里斯本开始出现“直插云霄的高楼，是由马德拉的木材建造，并且还正在建造”（Azurara，1453a，p. 9）。木材是如此丰富，尤其是珍贵的雪松和红豆杉——这些树木后来改变了整个岛的面貌（Mason，1850），以至于卡德莫斯托（Cadamosto）记载了用这些珍贵树种制造的家具新样式（1455，p. 9）。

让我们暂时回到森林上来。显然，葡萄牙国内缺少足够的木材以满足其海外扩张的野心（Devy-Vareta，1985；1986）。同样清楚的是，马德拉是葡萄牙帝国的生态修复战略向前迈出的第一步，旨在解决宗主国的森林不足问题。这将是一次长征，要经过好几个阶段。从这个角度来看，对马德拉的殖民无疑是一箭双雕。马德拉同时被建成谷物和木材殖民地。的确，这两者是互补的活动。[②]

葡萄牙缺乏的不只是木材，还有面包（Braudel，1972，pp. 196—197；Malowist，1964；Serrão，1954）。饥饿的葡萄牙需要谷物，越快越好。到 15 世纪 30 年代，移民们将小麦海运到里斯本；到 15 世纪中叶，收成的一半以上用于出口（Serrão，1954；Moran，1982，p. 64）。到 15 世纪中叶，“马德拉岛的西半部坐落着若昂·贡萨尔维斯农场（João GonÇalves）……其种植（小麦和葡萄）一望无际”（Serrão，1954，p. 339）。森林焚烧后留下的灰烬滋养了土壤，提供了一种虽然短暂但很重要的肥力来源。一旦这些养分被吸收殆尽，产量便开始下降，由此产生了新的压力使人们焚毁森林，开垦新土地。1455 年，卡德莫斯托注意到，“起初［15 世纪 30 年代］谷物农业的产量回报率是 60：1 或 70：1，现在已经下降到 30：1 或 40：1，因为地力正在逐日耗尽”（1455，p. 9；*also* Astley，1745，p. 560）。

这一谷物—木材边疆从以下两个主要方面为 15 世纪 50 年代的蔗糖革命做好了准备。首先，为马德拉岛建立了适度的人口基础——据卡德莫斯托记载

① 戈麦斯·伊尼斯·德·阿祖拉拉（Gomes Eannes de Azurara，1410—1474），1454 年起王室主要的档案管理者。

② 16 世纪中期的巴西，萧条时期（谷物种植中的萧条期多于甘蔗种植）的恩干胡会使奴隶去收集巴西木（Mauro，1983）。

(1455)，15 世纪 50 年代岛上有 800 位居民，谷物—木材边疆发展出了一个有能力种植甘蔗的小农社会，虽然正如我们即将看到的并非没有外国资本的投入。其次，谷物—木材边疆协调了马德拉岛灌溉基础设施的建设。甘蔗是一种需水量大的作物，虽然岛的南部气候温暖湿润，但称之为热带并不合适。马德拉并非圣多美或巴西东北部，与这些后来的边疆相比，它的蔗糖革命需要重要的水利基础设施。马德拉是多山地貌，因此大规模农业所需的充足淡水只能通过巨大的努力从岛上汲取。第一条灌溉水渠叫列瓦达斯，建于 15 世纪 30—40 年代。从岛的南半部开始，地势陡然上升，有一段山地在只有 5 公里的范围内上升到海拔近 900 米，另一段在接下来的 10 公里内上升到了 1 800 米（Greenfield，1977，p. 538）。正是"岛上这一不大可能平缓的地形"使列瓦达斯成为一项"庞大的工程"（Lamas，1956，p. 104，*quoted in* Greenfield，1977，p. 541）。今天列瓦达斯保存了马德拉岛最独特的地理特征，它在一个东西长仅 50 公里、面积 741 平方公里的小岛上绵延 2 100 公里（Reynolds，1997）。

焚烧和砍伐木材可能会减少森林覆盖，足以改变岛上的水文（Grove，1995，p. 29；2002，p. 51）。15 世纪，索科雷多斯河（Socorridos River）深得足以运送木材至海岸线，也足以为生产率最高的糖厂提供动力。但到了 19 世纪，它只不过是一条"溪流" （Mason，1850，p. 162；Brown，1901，p. 133；Scherzer，1861，p. 64；Vieira，1993，p. 6）。

可以确定的是，农业产量的提高和人口的增长——随着葡萄牙人航行至加那利群岛和西非而得以加强——需要越来越多的水。随后列瓦达斯的建造就其变革性而言是全球的。热那亚提供专业技术和财政支持；葡萄牙提供移民以及奴隶，他们最初来自加那利群岛，随后来自非洲，他们从事大部分劳动。加那利人由于葡萄牙人的不断入侵而遭受迫害——1424—1446 年有四次远征加那利群岛，此外还有"无数次造访"（Vieira，1996；Mercer，1980，pp. 225—227）。[①] 建造列瓦达斯时，奴隶们被系上绳索，放下悬崖，而后悬在半空，"在坚硬的岩石表面"开凿渠道（Ramsey，1920）。这是一项危险的工作。建造列瓦达斯以惊人的速度消耗了人。"水流不得不改道，地点几乎总是在难以进入的遥远地区。因此，建造任务不仅艰辛劳累，而且险象环生，夺走了许多人的生命，工程持续多年也未竣工"（Lamas，1956，p. 104；Greenfield，1977，p. 541）。数以百计的奴隶"坠崖毙命"（Ramsey，1920；Crosby，1986，p. 78；Watson，1983，p. 103）。

① 从 15 世纪中期开始，谈到加纳利群岛奴隶经常指牧羊人和磨坊工人（Vieira，1996）。

15世纪50年代，小麦将被蔗糖取代。“这个岛上橄榄油和玉米十分短缺”，阿非利加努斯（Africanus）于16世纪20年代记载道（1600，p. 56）。然而，从粮食到蔗糖的快速转变不能仅用市场力量来解释；必须从更广阔的作为生态工程的葡萄牙帝国主义整体之角度加以考察。的确，在15世纪中叶扩张伊始，蔗糖比小麦更有利可图；但它对马德拉以及葡萄牙帝国内部的盈利能力取决于一个更广的地理重组。马德拉的谷物种植并非简单地被一种抽象的斯密型逻辑（Smithian logic）所取代。小麦被取而代之的原因在于它可以迁移至亚速尔群岛种植，那里成了“里斯本和马德拉的粮仓”（Mauro，1983，p. 206；Serrão，1954）。[①] 向蔗糖业的转变也取决于廉价的劳动力，最初来自加那利群岛，后来是西非（Vieira，1996；Mercer，1980）。所有这些都表明，马德拉的政治生态重组与“庞大但虚弱”的资本主义世界—生态的地理扩张辩证地联系在一起，因此与它的劳动分工更广泛的转型也是辩证相连的。这些扩张和重组运动对为马德拉岛的蔗糖革命创造条件而言具有决定性意义。

“庞大但虚弱”的资本主义世界—生态中的阶级、资本、财产：马德拉蔗糖革命的条件

马德拉的蔗糖革命通常始于1452年，那一年，航海家亨利王子赞助创办了有时被视为具有该岛特征的第一家糖厂。它当然不是第一家糖厂。它可能是第一家水力糖厂，将极大地提高生产能力，因为我们已经知道，到1454年，马德拉生产了6 000阿罗瓦（arrobas）（84吨）蔗糖（Pereira，1969a，p. 82）。[②] 到15世纪50年代，现代性的第一次蔗糖革命即将到来。蔗糖的兴起意味着小麦的衰落。蔗糖“杀死了小麦”，塞劳（Serrão）评论道（1954），他看到了15世纪70年代小麦向蔗糖的最终转变。“种庄稼［不是甘蔗］的农民迅速破产”（Taylor，2005，p. 41）。1454—1472年，蔗糖产量的增幅超过230%，达到了280吨；到1506年，产量又增加了785%，达到了2480吨（*calculated from* Schwartz，1985；Pereira，1969b，p. 454）。

15世纪末，马德拉已经取代塞浦路斯成为欧洲蔗糖经济的制高点。从安特卫普到奥格斯堡，再到伊斯坦布尔，到处都有来自大西洋的蔗糖（Galloway，

---

① 我们可以补充，这导致了17世纪亚速尔群岛几个地方的森林砍伐（Tutin，1953，p. 55）。

② 葡萄牙中世纪的重量单位——阿罗瓦，一直用到1504年，约28磅（Pereira，1969a）。

1977，pp. 190—191）。这个小岛上的革命居功至伟，它使得“蔗糖在整个欧洲的分配（流动）更加自由，超过了地中海作为唯一供应地区时的情形”（Deerr，1949，p. 100）。

然而，到 1530 年，蔗糖产量跌落至 15 世纪 70 年代的生产水平，跌幅达 90%。1506 年蔗糖产量达到顶峰之后的数年间，产量的下降缓慢而稳定。但在下一个十年的某些时候，蔗糖综合体的深层次矛盾促使产量更加急剧地下降。即使面对马德拉蔗糖的国际市场价格上涨（O'Rourke & Williamson，2002，pp. 446—448），而且由于该岛蔗糖的高质量而没有强劲的竞争对手（即使在 16 世纪 40 年代圣多美崛起以后），蔗糖产量依然保持着螺旋式下降。“如果说 1547 年……该岛的经济仍然以蔗糖、葡萄酒的双峰结构为基础”，那么到了 1575 年，维埃拉（Vieira）认为该岛“*彻底放弃了甘蔗*”，全力发展葡萄酒业（1993，p. 10）。这当然言过其实（Mauro，1983），但它毕竟强调了这一实质性的转变。

发生了什么？蔗糖的燃料需求量只有早期资本主义的冶金业可以与之匹敌（*see* Moore，2007）。因此简短的答案是，蔗糖吞噬了森林，因而马德拉兴盛的特有条件也解释了它的迅速衰落。但这一简短的答案很容易被误解。问题不在于最终对马德拉的蔗糖革命造成*外源性*的“自然限制”的资源短缺。相反，岛上森林的元气大伤是该岛成功与危机的*历史*条件，在第一个 16 世纪新兴的资本主义秩序中，并通过这种秩序积极地产生。资本积累通过环境退化的显著形式在马德拉大获全胜，比如森林滥伐，使得蔗糖商品边疆的世界历史进程扩展到了圣多美和巴西。

关于马德拉的衰落存在着两种对立的解释。首先，研究蔗糖和奴隶制的历史学家把马德拉的衰落归咎于来自巴西和圣多美，甚至加那利群岛对蔗糖霸权的竞争（e. g.，Galloway，1989；Klein，1999，p. 14）。这一解释始于 19 世纪（White，1851，p. 53）。但这一斯密型解释存在一个问题：时间不对。马德拉“迅速衰落”是在 1516—1537 年（Albuquerque & Vieira，1988，p. 29）。到 16 世纪 30 年代，产量跌至 15 世纪 70 年代以来都未曾见过的水平（Vieira，2004，p. 48；Deer，1949，Ⅰ，p. 101）。1529 年，圣多美的蔗糖产量不超过 80 吨，而且蔗糖的质量相当糟糕。巴西的蔗糖出口量直到 16 世纪中叶依然不大。

研究马德拉的历史学家为 1506 年以后该岛蔗糖业的衰落提供了一种更令人信服的解释，这一解释综合考虑了世界市场力量与农业—生态问题、劳动力短缺，甚至岛上气候变化的影响（Pereira，1969a，1969b，1969c，1969d；Vieira，1993，2004，2009；Albuquerque & Vieira，1996）。这是一个更具说服力的出发点，笔者在本章第二部分阐释蔗糖体制的危机时将回到这些社会—物理因素。这些解释中疏漏之处在于，森林的破坏是马德拉兴衰的原因和结果。虽然地力耗竭是蔗糖业最常为人引用的生物物理问题（e. g. , Mintz，1959；Castro，1966），但森林资源的枯竭——强化并加大了寓于蔗糖边疆内部更广泛的社会—生态压力——才是蔗糖生产崩溃最可能的关键因素。没有灾难性的侵蚀，事实已经证明，资本主义农业善于改善土壤的肥力。然而，在管理森林资源方面却提出了更加严峻的挑战。

关于森林危机是马德拉蔗糖综合体兴衰的构成要素的论证基于两个步骤。在本章的余下部分，笔者追溯了阶级、资本和财产以及地貌的转型为蔗糖革命创造有利条件的方式，即使麻烦的迹象也昭然若揭。接下来，笔者论证能源危机作为马德拉衰落之关键因素的合理性。

专制资本主义中的马德拉：怎样的君主制？怎样的资本主义？

1450年，塞浦路斯在其鼎盛之时生产800公吨蔗糖，然而在1500年，产量减少了一半，产量下降的主要原因是滥伐森林（Querfelli，2008，p. 130）。与此同时，马德拉的蔗糖产量猛增至它的竞争对手塞浦路斯的六倍还多（Maddison，2001，pp. 60—61；Blackburn，1997，p. 109）。这是一场交接仪式，而且并不是第一次。塞浦路斯作为一个世纪以前威尼斯商业种植园主早熟的农业资本主义之发祥地，指出了发展方向，但没有引路（Solow，1987，pp. 714—715；Verlinden，1970，pp. 19—20）。衰落的迹象对威尼斯人而言，无疑显而易见，他们已经从利凡特的大部分地区被驱逐出来。是热那亚而非威尼斯的资本家开辟了现代蔗糖边疆，将其向西推进至葡萄牙南部的阿尔加维（Allgarve），然后进入大西洋。到15世纪90年代，威尼斯从马德拉进口的蔗糖比从西西里、塞浦路斯和埃及原有的蔗糖供应地进口的还多；在此过程中威尼斯看到了与正在开溜的英国人之间的贸易十分有利可图（Giustiniani，1519，pp. 110—111）。

蔗糖开启了马德拉的革命性转型。但还有一个关键问题有待解决。就何种意义或者何种程度而言，这是一次*资本主义*革命？确实存在两种主要方法来解答这一疑问。第一种方法是从新兴的劳动力国际分工的角度概述两者间的关系。此乃沃勒斯坦的方法（1974）。布伦纳称之为“极端斯密主义”（1977），但从世界—经济的角度考察劳动力的国际分工并不比从生产单位或地区的角度来考察或多或少更具启发性。我们*可以*肯定，这两种视角——世界—经济以及生产地点——把独特的过程带入我们的视野。有没有一种方法可以把两种视角统一起来，以超越地方—全球辩证法的陈词滥调？我们应该怎样认真考虑布伦纳观点的精神：关于社会财产关系是现代经济发展的关键（如果不局限于其字面意义），并把它与沃勒斯坦雄辩的论点结合在一起：关于资本主义的兴起是“世界生态”划时代重塑的重要组成部分（1974，p. 44）？

请允许笔者从简述自己的观点开始。关于“第一个”16世纪的马德拉，我们发现该岛正在*变成资本主义的*，即使它与中世纪地中海的社会—生态组织有些类似。说它正在变成资本主义的，有三个理由。首先，正如我们已经看到的，存在一个商品产量不断提高的长期趋势。相对于马德拉岛和葡萄牙帝国而言，确实如此，而不仅是名义上的。其次，从“第一个”到“第二个”16世纪，没有出现去商品化（de-commodification），即使马德拉的蔗糖经济在16世纪20年代进入了一个旷日持久的危机，该岛迅速围绕葡萄酒进行结构重组（Duncan，1972，ch. p. 3）。早在1560年，尼古拉斯（Nicholas）记载道，马德拉虽然生产了一些细砂糖，但“最有名的还是上等的葡萄酒”（1583，p. 557）。最后，马德拉群岛在葡萄牙全球帝国结构中是一个至关紧要的前哨，它在15世纪末就已“完全致力于商业扩张”（Greenfield，1979，p. 116；Malowist，1964）。

马德拉可能不是生产率最大化的资本主义农场主——类似于16、17世纪英格兰与低地国家——发源地。但另一方面，马德拉是一个殖民区，勇敢的约曼农很少定居于殖民区。然而，早期资本主义的殖民地大部分都建立种植园，大西洋诸岛是领土统治和商品生产这一可怕设置的试验场。种植园一词让人联想到17世纪巴西大种植园主的画面，或者美国南北战争前南方的棉花贵族。由于这个原因，加洛韦（Galloway，1989）——与其他人一道（Vieira，2004）——反对把该词应用于马德拉。他们正确地认为，与后来的发展相比，马德拉的生产是小规模的。但归根结底，这就是关键所在。这一模式的基本特征都已具备：（1）种植园依赖于金融和商业资本，在全球范围内运作；（2）生产的奴隶制形式；（3）开垦土壤和耗尽生物物理财富的其他形式的趋势——不仅是劳动者。

虽然中世纪塞浦路斯的蔗糖生产是在法律上的私有土地上组织的，与其他东西一道，允许欧洲的封建领主征召当地农民进行强制劳役（Greenfield，1979，p. 92），但马德拉的殖民地化是在完全不同的基础上开展的。1433年，葡萄牙国王把马德拉作为殖民地采邑封给航海家亨利王子。但如果说这就是封建主义，那么它是一种极其不寻常的形式。对最初的定居者而言，并没有主权的划分。国王的法庭保留裁决民事案件和高等刑事案件的权利。国王还保留了征税的权利

(Verlinden, 1970, pp. 207—208)。

也许最根本的是财产体制。马德拉岛上最基本的土地赠予单位是塞斯马蒂亚(sesmaria),大小因地理条件而异(Albuquerque & Vieira, 1988)。"法律迫使土地所有者耕种土地,否则土地将被没收"(Verlinden, 1970, p. 219)。塞斯马蒂亚颁布于1375年——艾维兹革命(Aviz Revolution)(1385)的前夕,它并非一种封建的社会形式,因为它是对封建危机的一种特定社会—生态反应。14世纪见证了葡萄牙国内一次空前的土地集中,尤其是掌握在教会手中的土地(Marques, 1972, pp. 112—113; Anderson, 1974, p. 172; Castro, 1970, pp. 135—138)。塞斯马蒂亚是一种机制,国王通过它能够促进(极其需要的)土地上的谷物种植,这些土地要么荒废不用,要么用于畜牧业(Verlinden, 1970, p. 219)。从这一角度来看,塞斯马蒂亚表现为一场由早熟的绝对政权发动的、针对分裂主权的攻击,而非后者的延续。

在马德拉岛上,塞斯马蒂亚作为赠予移民的土地可永久持有,"前提条件是自收到起五年内土地必须处于耕种状态。如果耕种了,土地就可以作为私有财产出售、赠予或者作为私有财产继承"(Greenfield, 1979, p. 99)。最初,具体的期限是十年。1433年改为五年,15世纪40年代又改为三年,而后随着时间的流逝,期限变得更短(Vieira, 2004, pp. 50—51; Verlinden, 1970, p. 214)。这些措施为一个土地市场创造了基础,从而也为一个竞争性财产体制的出现打下了基础,这种财产体制对耕作不佳者施以剥夺地产的惩罚。的确,一旦为耕种设置具体期限,"领主就无法阻止殖民者出售土地以及在别处定居"(Verlinden, 1970, p. 209)。特别引入的是航海家亨利王子表面上的封建制度,但已经非常商业化,在1452年建立岛上第一家大糖厂中起了重要作用。亨利与他的"家臣"——某位叫迪奥戈·德·泰伊弗(Diogo de Teyve)的人——达成了一项协议创办这家糖厂,通过这一关系亨利王子能够得到产量的1/3。这不是封君封臣关系。相反,这是一种契约关系:"王子(亨利)自己称这项协议为契约"(Verlinden, 1970, p. 216,)。关键在于,如果泰伊弗失败了,他将失去产业:

> 蔗糖生产商不得不让糖厂和压榨机满额工作……如果泰伊弗成功了,他将享有垄断权;如果失败了,王子(亨利)就可以授权另一个订约人建造糖厂……这种契约没有封建或私有形式的痕迹。它开创了与他的家臣之间关于马德拉岛上蔗糖生产的合伙关系……这就是该岛蔗糖生产最初契约的诞生。(Verlinden, 1970, p. 217)

亨利可能不是一位资本主义企业家,但他肯定是一位地方性企业家,他从葡萄牙的"国家资本主义"源泉中汲取了很多营养。对生产最大化的坚持，加上允许视土地为商品的法律框架，以及国王对住在那里的外国商人愈益容纳的态度，可以对15世纪80年代热那亚的资本进入马德拉岛的生产做出解释。热那亚的资本，以及来自阿尔加维甘蔗种植经验丰富的技术专家，[①] 一开始便出现了（Fernandez-Armesto，1982，p.199）。1455年，岛上最大的蔗糖种植园主就是一位热那亚人。15世纪的最后20年有"至少六个热那亚贵族家庭在岛上获得了庞大的蔗糖种植园"（Coles，1957，p.19；Bovill，1928，p.22）。16世纪初，岛上2/3的甘蔗田掌握在"外国人手中，尤其是热那亚人、佛罗伦萨人或……新基督徒"（Blackburn，1997，p.109；*but see* Rau，1964）。

正是全球资本、塞斯马蒂亚和扩大的蔗糖市场的融合"为第一批殖民者的社会分化创造了基础，也为大规模资产的增长打开了大门"（Vieira，2004，p.51）。我们不必夸大其词，但也不应轻描淡写。1496年，国王宣布土地、奴隶或设备都不能因债务而被扣押（Vieira，2004，p.59）。但当时，从独立经营者向租佃制的转变正在进行（Albuquerque & Vieira，1998，p.24）。租佃制的扩展（预示着巴西的蔗糖体制（Schwartz，1973）），意味着剥夺不动产并不是一个太大的问题；农民（作为佃户）可以在不剥夺任何资产的情况下被驱逐出土地。无论如何，如同森林管理条款那样——总是意味着森林匮乏而非其反面，这种条款虽然反对所有权，但其实正是承认对地产的认可。15世纪90年代，马德拉岛上的土地、奴隶和设备因为债务而被扣押，否则就不需要国王介入了。

马德拉的经济社会学开启了三重劳动分工：(1) 商业资本；(2) 拥有糖厂的富裕种植园主；(3) 拥有土地但没有糖厂的大部分耕种者，其中一些人两者皆无。（后两者在巴西殖民地叫作蔗农——译者注）这些范畴相互重叠且不固定。[②] 商人拥有糖厂，成功的耕种者成为厂主。绝大多数是耕种者，越来越多的佃户，他们到15世纪末只拥有少数几个奴隶。其中超过半数只有一个或两个奴隶，仅有10%的奴隶主拥有10个奴隶以上（Vieira，2004，p.59）。在领头羊——马德拉的首府丰沙尔（Funchal），1494年有14家糖厂，但有209名耕种者（Vieira，2004，p.53）。耕种者是一个长期负债的阶级，即，他们处于这样一种地位——

① 虽然肯定不仅有热那亚人。许多移民到马德拉的葡萄牙人来自阿尔加维。

② 绝对的重合再夸大也不过分。"商人资本"一定被作为一种积累战略理解，许多中的一个。商业活动主要在某一时、某一地，因为某些商业组织聚集，但资本主义的黄金准则是追随货币，追求高利润。理查德·佩尔斯（Richard Pares）对英国17、18世纪西印度公司的观察是与蔗糖商品边疆早期环节相关的："正是那时甘蔗殖民地经济关系流动性的特点，商人应该同时或连续地，是蔗糖种植园的合伙人、承租人或领主。"（1950，p.41）

为了求生存不得不出售所得，风险是要么丧失地产，要么在负债压力下压榨剩余劳动力和土地：

> 在这里，有许多业主缺乏财政资源去建立糖厂的基本产业经营，从而继续依赖（糖厂）的设施，这种情况甚至比（16世纪和17世纪的）巴西还多……直接出售经常用于支付现有债务，有时在作物收获之前就已抵押出去……（这）是一种倾向于使生产者居于从属地位的体制。（Vieira，2004，p. 53，p. 70，）

难怪科贝尔（Koebel）指出，16世纪初岛上的阶级关系，比如耕种者与厂主这两大阶级之间尖锐的冲突变得愈发频繁和普遍（1909，p. 20）。甚至更早的时候就有冲突的迹象。1472年，马德拉的葡萄牙耕种者抗议热那亚人在蔗糖贸易中的霸权，抱怨蔗糖农场"由于热那亚人的到来而遭到摧毁、破坏和丧失"（Rau，1964，p. 8）。到1494年，直接参与生产的阶级内部的不平等逐渐扩大。那一年，蔗糖业繁荣导致了财产持有者的分层，土地所有者中处于最上层的4.5%生产了全岛25%的蔗糖，而位于底层的75%的人口只生产了30%的蔗糖（*calculated from* Galloway，1989，p. 52）。[①] 在底层的88位土地拥有者（共有221人）中，平均产量尚不足1.5吨（Galloway，1989，p. 53）。毋庸置疑，处于最高等级的被称为"异国"种植园主的出现加剧了这种政治局势。16世纪20年代，由于蔗糖产业深陷危机，贫富差距进一步拉大（Vieira，1995）。

是否存在"再生产压榨"（reproduction squeeze）导致生产者过度垦殖土壤？显然，蔗糖革命很快带来愈益增多的社会—生态矛盾。当小麦体制最终被蔗糖取代之时，即15世纪70年代（Mauro，1983，p. 206），关于水权和产权的冲突也逐渐升级（Albuquerque & Vieira，1988）。由于蔗糖业的加速发展，水和土地已经变成了稀缺资源。虽然列瓦达斯的扩张使人们在绝对数量上可以获得更多供水，但仍然供不应求。

土地的情况也大同小异。15世纪70年代，"土地授予政策（塞斯马蒂亚）陷入困境……可耕地的总数也日益缩减"（Albuquerque & Vieira，1988，p. 23）。甘蔗农场的激增使得焚毁森林以获取可耕地"被视为一种生态灾害以及对蔗糖经济的威胁"（Albuquerque & Vieira，1988，p. 23）。

由于焚烧森林往往波及邻近的甘蔗田，针对这一做法的冲突也不断升级

---

① 阿尔布开克和维埃拉提供了略微不同的数字："1494年15个种植园主占所有生产者的6.7%，生产20%的产出。"（*calculated from* Albuquerque & Vieira，1988，p. 25）

(Vieira, 2004, pp. 53—54)。进入森林的限制日益强化,1485 年,国王首次"禁止分配马德拉岛北部山地和森林中的荒地"(Vieira, 2009, p. 12)。在接下来的十年里,1492 年条例规定"对那些胆敢采伐雪松和巴布扎诺树的人施以惩罚",这两种都是优质的建筑木材(Magalhaes, 2009, p. 161)。紧接着,砍柴也仅限于财产所有者及其代理人(Magalhaes, 2009, p. 161)。1501—1508 年,国王不再通过塞斯马蒂亚对土地进行分配,这是对蔗糖业薪材需求的特别回应。用阿尔布开克和维埃拉的话来说就是,它的目标在于阻止"森林面积的进一步缩小,因为森林对于蔗糖产量的增加而言必不可少"(1988, p. 24)。

成功的代价——森林砍伐:历史几何学

但是,为什么阻止"对于蔗糖产量的增加而言必不可少的森林面积的进一步缩小"如此重要,恰恰在马德拉蔗糖繁荣的巅峰时刻?简短的回答就是,蔗糖以极快的速度消耗了森林。

关于马德拉的蔗糖产量,我们有相当可靠的数字(Pereira, 1969a; 1969b; 1969c; 1969d)。在表 2 中,笔者把这些数字重新组合成五年的移动平均数,并构建了有关森林采伐的两个主要向量:耕作向森林挺进;薪材采伐的扩张。它们是蔗糖业挺进森林的两种主要方式。第一种方式是通过耕作的扩张。纵观蔗糖的近代早期历史,新的可耕地的获得往往以森林为代价,从大西洋诸岛到巴西和加勒比海地区莫不如此(Moore, 2007)。笔者认为,新开垦的可耕地中只有 20% 通过砍伐森林获得,据笔者判断,种植园主利用的是森林砍伐的第二个向量。后者通过直接采伐,满足糖厂的建筑需求以及最重要的能源需求。迄今为止,对薪材的需求是森林滥伐最大的动因。

马德拉岛的面积是 741 平方公里,其中 60%(445 平方公里)在殖民化之前覆盖着茂密的月桂森林(*laurisilva* forests),同时还有雪松和红豆杉(European Environment Agency, 2002)。这片森林的大部分地区是难以进入的。岛上显著的垂直地貌意味着这片森林 1/4—1/3 的地区对于"第一个"16 世纪的移民而言是无法进入的。如今,150 平方公里的原始月桂森林幸存下来,覆盖着该岛北半部的山地(UNESCO, 2000, p. 93; Weijden & Pacheco, 2003)。[①] 当

① "这些主要的森林从没倒下或被砍伐,包括大量的老树……有的已 800 岁。"(UNESCO, 2000, p. 94)

时的移民能够采伐多少原始森林呢？鉴于当时普遍盛行的技术和有效采伐森林所需的技巧，笔者怀疑超过 300 平方公里的森林用于商业用途。一方面，农民采伐薪材作为家用；另一方面，满足受世界市场控制的蔗糖综合体的胃口。

表 2 蔗糖与森林的命运，马德拉，1445—1509 年（平均 5 年，单位：公顷）

年代	甘蔗田（来自森林）	蔗糖产量	用于薪材的森林采伐量	累积森林采伐量
1445—1449	200	40	67	
1450—1454	300	60	100	
1455—1459	450	90	150	
1460—1464	600	120	200	
1465—1469	900	180	300	
1470—1474	1 350	270	450	
1475—1479	2 025	405	676	
1480—1484	3 050	610	1 016	
1485—1489	4 000	800	1 333	
1490—1494	5 000	1 000	1 667	
1495—1499	6 000	1 200	2 000	
1500—1504	7 500	1 500	2 500	
1505—1509	9 500	1 900	3 167	
总计	10 500*（1 900）公顷	N. A.	13 626 公顷	15 526 公顷

* 包括额外的 1 000 公顷以抵消土地生产率下降造成的损失。

资料来源：Cadamosto，1455；Pereira，1969a，1969b，1969c，1969d；Miller，1994；Moore，2007，chs. p. 5，p. 6；Rau，1964.

近代早期的森林砍伐问题很容易提出，但证明不易。卡斯特罗（Castr）总结说，蔗糖促使马德拉岛上的森林走向“完全的退化”，导致 16 世纪 30 年代生产的“崩溃”（2002，p. 105；*also* Carita，2006）。这听起来不错，但果真如此吗？正如关于美洲白银与资本主义兴起的争论，有关森林、能源与资本主义发展之间关系问题的研究和争论已经持续了近一个世纪（*see inter alia*，Allen，2003；Flinn，1958，1959；Cipolla，1976；Clow & Clow，1957；Hammersley，1973；Malanima，2006；Moore，2007，2010a，2010b；Nef，1932，1950，1964；Sombart，1921，Ⅱ，ii，pp. 1145—1148；Thomas，1986；Warde，2003，2006；Westoby，1989；Wilkinson，1973；Williams，2003）。鉴于学界在“森林—能源”

问题上的持久兴趣，人们对森林采伐的关键技术问题、潜在的能源产量、能源密集型产业（如蔗糖业的）燃料消耗量，以及设置“可能性局限”的技术革新的关注却如此之少，岂非咄咄怪事？

我们如何才能知晓森林采伐的程度及其影响？在本章中，笔者集中于一系列基于蔗糖产量数字、燃料消耗量、森林产量和农业生产率的数量进行推断。笔者旨在确立这一解释的合理性。如果处理得当，从这些推断中得到的环境转变的几何数字可以作为解释不断变化的环境（多层次）和广义上的经济发展的有用的启发式线索。这种历史几何对于建构近代早期世界的历史地理，尤其是其商品边疆极为重要。在本章的第二部分，笔者将用这一历史几何学探讨马德拉的森林砍伐及其对于蔗糖业衰落的意义，以及它们对葡萄牙帝国和新兴的资本主义北大西洋地区产生的影响。

农业生产率与森林

由于甘蔗的单一种植日渐耗尽了土壤肥力，一场强劲的边疆运动贯穿整个近代早期，地理范围不仅横跨了大西洋地区，而且深入蔗糖生产区内部。这场显著的现代边疆运动把三重商品化（土地、劳动力和蔗糖）带进蔗糖业繁荣的形成时期。在本章第二部分，笔者将继续探讨农业领域劳动生产率下降的关键问题。现在，让我们集中关注可耕地与森林采伐——蔗糖与土地之间的关系。这当然是一种由来已久的关系，并且封建欧洲的兴起和衰亡可以通过可耕地的出现和森林的后退来解读（Moore，2003b；Williams，2003）。

与封建欧洲形成了鲜明的对比，马德拉的“第一个”16 世纪有三个与众不同的特征。首先，新兴的资本规则导致了生物物理开发的加速，体现在种植、枯竭、寻找新耕地（频繁地砍伐森林）这一循环的加速。向资本主义过渡的最初时刻存在着一个固有的“新陈代谢断裂”，因为营养物从土壤中汲取，装船运送至遥远的城市市场（Foster，2000；Moore，2000a）。从森林到可耕地的转化提供了一种减弱营养损耗之系统性趋势的关键方法，它从某些方面解释了早期资本主义阶段农业—生态枯竭与森林砍伐之间的密切关系（Moore，2007；Moore，2010b）。1509 年，蔗糖种植独占了约 10 500 公顷土地，超过了岛上潜在耕地的一半之多。其中的 1 900 公顷据称来自森林，甚至在薪材采伐成为主要问题之前。[①]

其次，价值规律的时间规则及其新陈代谢断裂不仅迫使营养损耗的加速——相对于中世纪的标准而言，而且加速了新的景观规则的出现。这主要指单一作物种植。如我们将在本章第二部分详加探讨的那样，单一作物种植是一种短期内提高劳动生产率的强有力的策略，同时它也为特定的杂草和害虫的滋生提供了温床，从而在一定时期内减少了生产率的收益。第三，虽然大部分技术设备依然如是，如今蔗糖生产已融入整个体系的金融循环，它统一了（但是脆弱地）北欧的生产与交换，布罗代尔所说的“整个地中海地区”（1972），以及一个广阔的（也可以说是扩散的）资本主义大西洋。资本主义的积累循环（M-C-M＋）愈发支配了蔗糖生产与贸易的再生产规律；蔗糖的“自然独特性”作为溶入货币资本“抽象的普遍性”而存在（Marx，1973，p. 141）。

由于马德拉的地理特点，这三种趋势进一步扩大。马德拉的潜在耕地面积极小。与两个世纪以后的巴巴多斯相比（Dunn，1972），马德拉向内陆扩张的空间十分有限。巴巴多斯地势异乎寻常地平坦，而马德拉本质上是高出海面的一座山。在南部海岸，甘蔗种在高至 400 米的山坡上，不能再高了——而且这样的海拔通常距离海岸 3 公里以内。阿尔布开克和维埃拉注意到一条长达 2.5 公里的“与海岸线平行的（可耕地）走廊”（1988，p. 23）。这条走廊的内部变化诸多，它在南北海岸线不同的小气候下形成，在他们看来，最大涵盖了 300 平方公里（Albuquerque & Vieira，1988，p. 23）。这未免有夸大之嫌。马德拉岛东西延伸 50 公里，陡坡四处可见（Calvert，1979，p. 45）。最大 200 平方公里的潜在可耕地可能更接近事实。不管怎样，这是 20 世纪中叶才有的种植面积（Câmara，2006，p. 217）。[②] 当然，并非所有土地都同样被向往，尤其是那些距离河流或列瓦达斯甚至几公里远的土地，而且大部分被森林覆盖。

对于森林在维持农业生产率方面的“作用”理应做些解释。由于人们所有的注意力都集中于关于欧洲扩张的“哥伦布大交换”和生物入侵（Crosby，1972；1985；McNeill，2003），而耕种者种植新作物如甘蔗所得到的极大的意外收获却往往遭到忽视。这些意外收获构成了——用达克和杰特（Dark and Gent）精彩

① 假定 20% 的新耕地扩展到森林，假定为获得燃料和建设而砍伐森林，都需要说明剩下的那些。下面会详细说明。

② “没有任何一片土地被浪费，许多偏僻的、被忽略的土地，从最陡峭到最贫瘠的土壤，多年都没被耕种……最近被开垦。”（Du Cane & Du Cane，1909，p. 97）

的短语来说就是——“产量蜜月”（2001）。外源性的作物度过了一个高产的“蜜月”——高于并超过了未开垦土壤的肥力。如果新移民能够快速地砍伐森林，那么一个新的难题出现了。从砍伐森林得到的新耕地“最初几乎没什么杂草（也很少有病原真菌），因为潜在的种子源也会很少，虽然当地的景观仍是树木繁茂的”（Dark & Gent，2001，p. 73）。我们可能会想起卡德莫斯托（Cadamosto）关于小麦产量 70∶1 的记载（1455，p. 9）。虽然可能不准确，但也有可能这一记载包含了一定的真实性。无独有偶，我们有关于整个美洲在殖民地时期非同寻常的产量收获的记录（Super，1988）。

周期性的产量蜜月，在输出单一作物的条件下对害虫、杂草与疾病的滋生极为有利，加快了从土壤中摄取养分，也加快了杂草和害虫的演化。杂草是一个尤为严重的问题，它们演变、繁衍的速度更加惊人。一旦蜜月结束，除草便需要大量的劳动力。一份 1753 年巴西的资料把除草视为与种植一样的劳动力密集型劳作，需要与收割、载运甘蔗两项劳动同样多的劳力（Schwartz，1983，p. 142；*also* Watts，1985；Peng，1984；*for* Madeira，see Mauro，1983，p. 206）。通过单一种植甘蔗带来的杂草营养需求大大超过甘蔗本身是完全有可能的。杂草与除草是维持和提高农业劳动生产率的可怕障碍，这个障碍比人们通常认识到的还要可怕。也就是说当耕种者不愿或不能退出世界市场的时候——而且国家强加的债务将在蔗糖的历史上发挥持久的作用，那么寻找新土地的压力便会逐渐增大，在其上享受第二个（以及第三个、第四个……）蜜月。

马德拉蔗糖繁荣时期的土地生产率怎么样？这立即呈现出两大问题。首先，1 公顷甘蔗的产量是多少？其次，从一定量的甘蔗原料中能榨取多少蔗糖？在收获后的加工阶段更高的榨取率可以弥补种植期间的任何困难。

我们从甘蔗到蔗糖开始论述。甘蔗的生态要求加工在 48 小时内完成——愈快愈好。甘蔗原料不能从岛上运走。蔗糖当然分诸多等级，半精制的蔗糖通常出口到里斯本、安特卫普和热那亚进行深加工。最关键的一点是榨取率，即源自甘蔗原料、经过加工的（或半加工的）蔗糖数量。在这里，笔者倾向于赞同这是一种高效的榨取率，它低估了其所需要的森林砍伐量。[①]

目前尚无有关近代早期蔗糖综合体中技术与榨取率之间关系的系统性研究。制糖是一项艰辛的工作，每一次榨取率的提高都需要经过几十年，甚至几

---

① 高质量蔗糖的制造，例如用在糕点中的糖，产量很低，可能只有普通糖的 1/3，所以出产率更低（更低效）（Vieira，2004）。

百年的实验（Galloway，1989）。巴巴多斯的蔗糖榨取率在19世纪40年代达到了3.1%（*calculated from* Simmonds，1854，p. 138）。到19世纪后期，榨取率在4%—5.5%之间波动（Eisenberg，1974，p. 126；McCook，2002，p. 80）。在古巴，更高的榨取率是通过使用蒸汽动力和三辊式甘蔗压榨机获得，而这两者在“第一个”16世纪的马德拉岛上都没有。即使在20世纪，榨取率也很少达到两位数；20世纪50年代美国路易斯安那州的榨取率也只有8.6%（Humbert，1968）。

“第一个”16世纪马德拉的榨取率是多少？我们可以从当时盛行的技术开始着手。沃伦·迪恩（Warren Dean）认为巴西的榨取率在17世纪晚期的一般水平是3%，虽然这看起来有点乐观。巴西糖厂达到的效率水平是通过垂直的三辊式甘蔗榨汁机实现的，这是17世纪头10年引进的一项重要技术革新（Barros de Castro，1980）。就我们的目的而言，我们可以认为，三辊式甘蔗压榨机比15世纪的马德拉领先了两大步。传统的叙事认为马德拉自15世纪50年代起就有双辊式甘蔗压榨机。然而，约翰与克里斯蒂安·丹尼尔斯（John and Christian Daniels，1988）没有发现马德拉在16世纪20年代之前有双辊式甘蔗压榨机的证据。即使那样，这些双辊式甘蔗榨汁机是水平的，而非垂直的，因此容易把甘蔗汁再吸收变成甘蔗渣，并且一直到16世纪中叶都是比较罕见的（Daniels & Daniels，1988，p. 514）。双辊式甘蔗压榨机的榨取率不可能超过2%。

然而，如果双辊式甘蔗压榨机直到16世纪20年代都未曾在马德拉出现，那么这个岛上蔗糖业繁荣的开始阶段盛行的技术是什么呢？在15世纪50年代的马德拉，糖厂的最尖端技术是“轮碾机”，中世纪的地中海地区也用它（Daniels & Daniels，1988，p. 514）。轮碾机实际上是一个大而笨的磨轮，能够碾碎甘蔗原料，从而使甘蔗汁流入池子。它的动力可以是水或畜力。然后，额外的甘蔗汁将通过压榨机进行提炼，类似于提炼橄榄油。这些工艺在地中海世界长期以来一直被用于加工蔗糖。其榨取率极低，据笔者估计不超过1%。

蔗糖—甘蔗的比率为蔗糖扩张的历史几何学提供了一个出发点。我们的下一步是考察土地生产率。最准确的估计是从19世纪开始。19世纪70年代，古巴新土地的甘蔗产量多达每公顷“119吨”（Eisenberg，1974，p. 218）。同样的10年里，伯南布哥（巴西）的产量“从未超过”60吨，或者说年生产率是40吨/公顷（Eisenberg，1974，p. 218，p. 126）。19世纪中叶，牙买加的产量是51.6

吨/公顷（*calculated from* Ure，1853，p. 758）。[①] 伯南布哥的甘蔗田在 17 世纪的一般产量是 50 吨/公顷（Dean，1995，p. 79）。的确，50 吨/公顷是今天伯南布哥的平均产量（Porter，Dabat & de Souza，2001，p. 833）。

那么，15 世纪马德拉的蔗糖产量是多少呢？笔者想以迪恩所估算的 17 世纪伯南布哥的 50 吨/公顷开始论述。较之马德拉，巴西东北部有两大生物物理优势。首先，那里更为温暖和湿润；无须进行灌溉。其次，伯南布哥的土壤更为肥沃，尤其是著名的马萨佩（massapé）。马德拉和圣多美的蔗糖生产周期中普遍的施肥措施在巴西是没有必要的（Dean，1955，p. 56）。如此看来，任何认为马德拉的蔗糖产量高于 40 吨/公顷的估算看起来都不现实。

土地生产率通常都被估算进每年的生产周期。但是，种植的甘蔗并不是一年生的作物。在近代早期的巴西和加勒比海地区，甘蔗的成熟期从 14 到 18 个月不等。在马德拉和加那利群岛，收获周期接近两年，“肥沃的土地在 18 年中出产 9 次”（Nicholas，1583，p. 536；*also* Landi，1530，p. 85）。40 吨/公顷的收获量转换成每年土地生产率就成了 20 吨/公顷。现在，重栽并不总是必要的。甘蔗秆留在土地里可以再次萌芽，这个过程被称为再生栽培。在巴西和加勒比海地区，再生栽培比移植甘蔗成熟得更快，大约 12 个月就能成熟，但产量典型地比新种植的甘蔗要低。因此，按此估算，再生栽培并不能改变土地生产率的估计（Schwartz，1985，p. 109；Landi，1530，p. 85）。[②]

从以上蔗糖的历史中我们可以确定估算出在马德拉蔗糖业繁荣顶峰的 1505—1509 年，有 9 500 公顷的土地种植甘蔗。但是只有在我们掌握恒定的土地生产率的情况下这种估算方能站得住脚，但是我们所知道的土地生产率并非恒定不变（关于这一点，我们可以在本章第二部分中了解更多）。到 1500 年，经济作物种植最初几十年的产量蜜月已然消逝。我们没有关于马德拉出产率下滑的准确数字报告。幸运的是，我们有巴巴多斯和牙买加在 17、18 世纪出产率下滑的数据。1649—1690 年，巴巴多斯每英亩土地的蔗糖产量至少下降了 1/3（Barrett，1979，p. 22）。但是总体数据遮盖了不均匀的程度。这些于 17 世纪 40 年代最初的繁荣期间建立的种植园，其产量到 1685 年已下降多达 1/2（Watts，1987，p. 397）。同样的 30 年周期在牙买加也清晰可见。例如，岛上的拜布鲁克（By-

---

① 从尤尔（Ure）的估计计算得出，10 亩土地可以获得 7 大桶（蔗糖），每桶 16 英担（每英担 112 磅）（1853，p. 758），假设是 3%的榨取率（Simmonds，1854）。

② 在 16、17 世纪巴西东北部有利的气候和土壤条件下，第一茬截根苗通常能带来相当的产量，有时第二茬也是一样（Schwartz，1985，p. 109）。在 16 世纪的马德拉则不然（Landi，1530）。

brook）种植园在17世纪的后30年中，产量从超过100大桶下降到了只有50大桶。拜布鲁克的“种植时间尚不足30年……如今已被过度使用，几乎一文不值”（Dunn，1972，pp. 219—221）。18世纪30年代，查尔斯·莱斯利（Charles Lesley）观察到，在牙买加蔗糖业繁荣开始后尚不足半个世纪的时间里，“百亩甘蔗所需的劳动力几乎是此前的一倍，而土地仍然维持着自然活力”（1740，p. 337）。如果在15世纪70年代的繁荣岁月里，以30年为一个周期的密集耕作导致产量下跌了50%，那么我们就可以在估算的可耕地上再添加1 000公顷，即到1509年甘蔗的种植总数是10 500公顷。

蔗糖与森林：糖厂的毁灭

耕作向森林的大举进军，与蔗糖边疆里的森林滥伐和薪材采伐的最大矢量相比相形见绌。言及蔗糖就必然言及森林砍伐。这是一个进入20世纪初现代世界一体系的持续性生态地理结构。（的确，就像当今乙醇革命的高涨，有人怀疑这个公式是否曾经消失过）一旦马德拉、巴西东北部和加勒比海地区的森林被夷为平地，同样的模式就会重现，即蔗糖商品边疆扩张至毛里求斯、澳大利亚、菲律宾以及其他地方（Griggs，2007；Tucker，2000）。近代早期蔗糖业的生态脆弱性（及其经济活力）之核心在于，采伐森林超过其自我更新能力的趋势。

制造1磅的蔗糖需要多达50磅的薪材（这还是一个保守的估计）。仅1506年就有近700公顷的森林因生产当年2 480吨的蔗糖大丰收而被牺牲。这不是按近代早期的矮林作业法实施的，比如英国的做法（不平均地）。实际情况是，700公顷的森林在一年之内全被砍倒。

制糖需要消耗大量的能源。那时与之最相似的能源消耗大户是炼铁业。笔者在表2中做出估计，认为蔗糖与薪材的比率是1∶60。这比之前在环境史家中流传甚广的两种估计还要高得多——珀林（Perlin）的估计是1∶46（1989），沃伦·迪恩在他关于巴西大西洋沿岸森林毁灭的经典研究中的估计为1∶15（1995，p. 80）。这些估计值得讨论，因为技术细节形成了我们对“漫长的”16世纪里自然—社会关系巨大的划时代转变的理解。它们值得讨论还因为蔗糖的历史是现代环境史的一个关键点（Hollander，2008；Monzote，2008；Moore，2007），蔗糖业趋向于森林滥伐的数量因素还未得到充分研究。迪恩没有为他的估计提供任何资料来源，但是珀林提供了，这值得考虑。

珀林的推测之优点在于，他依据的是一份18世纪巴西的原始资料（Couto，

c. 1759)。库托（Couto）对蔗糖燃料需求的用语与块（*pães*）有关，即一旦蔗糖经过熬煮并倒入陶罐之后便形成塔糖（sugar loaf）或一定的"形状"。这些"块"的尺寸大小不一。在巴西殖民地的早期，标准的块是1—2阿罗瓦（arrobas）(15—30千克)；17世纪60年代以后，这一标准增加至2—4阿罗瓦，成为了巴伊亚州的标准（Schwartz，1985，p. 13）。然而，2与4阿罗瓦之间有着天壤之别。2阿罗瓦换算成蔗糖—薪材的比率是1∶50；3阿罗瓦的比率是1∶33；4阿罗瓦的比率就是1∶25。最大的糖厂往往生产最大的"块"，但是在1627年之后的那个世纪里，这些大糖厂变得愈发不具有代表性了。小型糖厂的快速发展是这一时期的特点。1627—1710年，每家糖厂的产量几乎下降了一半（Moore，2007，ch. 6）。

如果制糖需要如此多的燃料，甚至比珀林提出的还要多的话，它应该在近代早期整个蔗糖群岛的许多地方有迹象显现出来。在18世纪的巴西，葡京（Lisboa）提出一种比率，即每个单位的甘蔗原料对应一个单位的木材，这就给了我们一个1∶100的蔗糖—薪材比率，对16世纪的马德拉来说榨取率在1%左右徘徊（Lisboa，1786，pp. 47—50，*quoted in* Padua，2000，pp. 269—270）。我们在其他地方发现了很高的估计，虽然都低于1∶100。如果采用米勒（Miller）(1994) 和施瓦兹（Schwartz，1985）提供的第一手数据，我们会发现有相当多的人支持更高的估计。在18世纪50年代（1758年）的巴伊亚州，米勒（Miller）提出，假设一年有224天可用于制糖，那么糖厂的总燃料消耗量为每天3 348立方米，或者一年750 000立方米（1994，p. 184）。如果200个制糖日更接近事实的话，[①]那么巴伊亚每年的燃料消耗量将达到669 900立方米。（如果薪材的采伐率是180立方米/公顷的话，那么有效的森林砍伐率应是2 977公顷/年）将近670 000立方米的木材可换算成536 657吨，我们可以拿这一数字和施瓦兹的估计进行对比（1985，p. 423），他估计1758年巴伊亚州的蔗糖产量是400 000阿罗瓦（6 525吨）。从中我们得到的蔗糖—薪柴的比率是1∶85。如果我们认为巴伊亚州的所有糖厂都没有因缺乏薪材而停产，因而开工的日子是224天而非200天的话，那么这将使比率降至1∶80（*see also* Williams，2003，

① "建设足够多的反射炉可以解决这个问题，……木材大量浪费使用的问题……这造成农民和糖厂主的损失，因为那些不拥有大量森林的人不生产糖，那些在未来拥有森林的人，他们的糖厂将闲置，因为没有薪柴，因为这是经验证明的。"（Lisboa，1786，pp. 47—50，*order of quotation slightly altered*）即使没有严重薪柴短缺问题，也有很多日子从理论化的291天浪费。17世纪前半期，恩干胡·赛尔西贝糖厂浪费了78天（其中1/5是由于薪柴供应），生产天数降到211天（Schwartz，1985，pp. 101—102）。

p. 216)；但如果说一年制糖224天，一直是这样，就令人怀疑。虽然1∶60相对于珀林和迪恩而言是一个过高估计的话，但是更高的估计不但可能，而且非常有可能。然而，笔者选择一个保守的估计，即低估森林砍伐可能达到的程度和速度。

蔗糖的能源需求现在可以和森林的产量联系在一起了。这是一个社会—生态问题。即使给出一个暂时的回答也取决于森林自身的生物物理特点，以及围绕森林采伐的社会—技术体制。换言之，产量是一个交织着净初级生产力与劳动生产率、资本流动与阶级斗争的历史问题。有多少森林可采，在一定的历史条件下又能采多少？为了防止夸大森林砍伐，笔者参考另外一些对森林的社会生态需求。例如，1500年居住在马德拉岛上有18 000人（Blackburn，1997，p. 109），每年消耗不少于18 000立方米的薪材，大约80公顷——仅仅用于家用！虽然森林可以再生，但颇费时日，马德拉的蔗糖革命进展得如此迅速，以至于森林没有机会获得再生。

人们能够从马德拉岛上1公顷的森林中获得多少薪材呢？作为讨论森林危机基础的生态几何学评估总是被人们太过随意地对待，这里再次出现了这一问题(e. g.，Hammersly，1973)。[①]在表2中，笔者认为每公顷木材的平均产量是180吨/225立方米，相当于硬木1602.2磅/立方米。[②]笔者做出的估计源自第一手资料和林业文献。关于薪材采伐最可靠的文献资料来自19世纪的北美，为我们提供了美国北部15—50考得/英亩（cord，指木材的层积单位——译者注），或134—447立方米/公顷的范围（Marsh，1864，p. 151；Sargent，1884，p. 497，p. 502，p. 552，p. 555，p. 559；Whitney，1994，p. 145，p. 213)。中间范围估计为225立方米/公顷，大约25考得/英亩，它很好地契合了环境史家们所做的估计(Williams，2003，p. 532n；Brannstrom，2005)。它也非常符合林业文献的记载，它表明了一种密度（勿与实际产量混淆）——“原始的”温带森林更接近300立方米/公顷，热带森林则为250立方米/公顷（Holland，1973，p. 972)。虽然与

---

① 直到今天，哈默斯利（Hammersley）的文章被广泛认为是18世纪英国讨论森林危机的基准(1973)。哈默斯利的观点是森林再生是非常有生命力的，任何讨论全面的森林危机——主要由一个国家钢铁业驱动——都是毫无道理地基于经验的基础上。困难是哈默斯利主要依靠一个资料（Taylor，1946）作为其对森林再生的估计（用森林生态学的语言是净初级生产力）。泰勒（Taylor）认为，在管理的经营增长条件下，矮林每年能生产100立方米/亩，这大约是近7立方米/公顷。这里有三重含义。首先，泰勒分析的森林实际情况是哈默斯利考察的两个世纪后的情况。第二，泰勒的考察是最大化的数字。第三，我们有很多资料证明每年的生产力更低——平均2—3立方米/公顷（Moore，2007a，ch. 2；Fernow，1911；Lindsay，1976；Williams，2003)。

② 以一个标准硬木考得是5 800磅为前提（Moore，2007a)。

15 世纪马德拉岛上的硬木并不完全类似，今天耸立于美国太平洋沿岸西北部的原始花旗松为人们提供了可供采伐的潜在森林体积是 293 立方米/公顷（Prudham，2005，p. 61）。我们估计加拿大不列颠哥伦比亚省海滨地带的产量也在同样的范围内，即 275—325 立方米/公顷（British Columbia Ministry of Forests，2007）。欧洲的林业学者也估算出了一个相似的大概数字，确认上限为 287 立方米/公顷（Nabuurs et al.，2007，p. 396）。[①]

然而，理论上的最大值和实际可获得的产量之间存在着一个相当大的差距。[②] 对刚入门者而言，伐木是一项危险的工作（Dean，1995，pp. 182—183；Watts，1987，pp. 185—186；Bridenbaugh & Bridenbaugh，1972，pp. 42—43，pp. 268—271；Moore，2007a，ch. p. 6；Schwartz，1985，p. 141）。除了伐木本身固有的危险之外，还有伐木技术过于粗糙，而且并非所有的木材都同样适合做薪柴。马德拉岛上的大树很难砍倒并搬运。如果这一时期马德拉的水文变化足以限制河水的流动（Grove，1995，p. 29；Mason，1850，p. 162），那么运输木材的费用将变得更加昂贵。除此之外，还需要有人把木材劈得足够小以产生足够的热量；大块的——更糟糕的是湿材——是没用的（Antonil，1711，pp. 202—203；Miller，1994；Brannstorm，2005）。

结论：崛起的后果

尽管我们展开了一系列严谨的估算，森林采伐的累积几何（基数）仍十分巨大，到 1510 年总计超过 15 500 公顷。即使不考虑建筑需求，仅家庭薪材需求就会在 16 世纪前 10 年的采伐总数中再增加 800 公顷。16 世纪初，“丰沙尔（该岛的首府）周围的山地一片荒芜”也就不足为奇了（Vieira，2009，p. 12）。在一座劳动力昂贵、劳动生产率低下且蔗糖业的燃料需求居高不下的岛上，到 1510 年为止超过一半的马德拉可供利用森林的消失对蔗糖体制提出了严峻的挑战。

有人也许会问，上述历史的几何学分析是否走得太远？笔者认为恰恰相反，几何学分析有意低估了时代的转型。关于马德拉蔗糖危机的细节将在本章的第二

---

① 其他欧洲报告显示 130 年老的橡树和维也纳外的山毛榉的出产率 300—450 立方米/公顷（Lewis et al.，2004）。这些被抬高的数字出现在严格管理的条件下，不能看作典型。

② 并且欧洲木材的出产是特别低的。茂豪尔（Mulhall）考察了 19 世纪晚期的欧洲，认为如果砍伐而不是修剪，每亩森林出产 1 000 立方米（1899，p. 297）。用他的计算方法——认为一考得的重量是 5 000 磅，而不是 5 800 磅，那么是 2 470 立方米/公顷，或 48.24 吨/公顷。这与我们的 180 吨/公顷形成鲜明对比。

部分详加阐述，现在我们将分析一些地理因素从而补充我们几何学上的谨慎估算。在这些可能的因素中，我们发现在移民的最初两个世纪，当地特有的软体动物接二连三地灭绝（Goodfriend，Cameron & Cook，1994）。最早的灭绝情况发生于16世纪伊始（1994，pp. 315—318）。原因何在？

> 栖息地受到干扰最有可能是大多数或所有（物种）灭绝的原因……**随着人类的到来，这个岛上的栖息地——从林地到草地发生了迅速且大规模的变化**，对物种的构成和相对多的种类都产生了重大影响……大多数林地物种遭受了损失，据推测主要是生理应激的结果（比如森林采伐）。同样也存在一个草地相对增加的因素。（Goodfriend，Cameron & Cook，1994，p. 318）

马德拉为我们指出了一种新的生态历史模式，它从1450年后开始形成，以布罗代尔的“第一个”16世纪为开端，不仅作为世界—经济，而且作为世界—生态成为资本主义兴起的重要组成部分（Moore，2003c；2010a；2010b；2010c）。它的确是一种不同寻常的模式，在其中蔗糖商品边疆以决定性的方式开拓。简言之，1450年后整个欧洲经济、生产中心被锁定在一个竞争性斗争中，在这场斗争中，通过从土地和劳动力上最大化且加速榨取财富取得了成功。笔者不认为这一近代早期的生态革命是一种狭隘的斯密式现象（Smithian phenomenon），似乎在14世纪危机中商业化动力是静止的，等待着冲破其中世纪外壳。这就是我们的一些最具影响力的环境史学家们所坚持的观点（Merchant，1980；Hughes，2001；Richards，2003）。如果将商业化视为结果而非原因，是否会更富有成效呢？笔者的看法是将近代早期的一系列生态革命置于一个更为广阔的竞争性动态中，特指欧洲摆脱“漫长的”14世纪社会—生态危机的条件——这些条件与农民阶级结构、欧洲大陆国家机器，以及经济强国集中密切相关。经过一段时间（比以前用时要短的多），这种新兴的生态史模式在其深入而快速的运动中变得愈发现代，导致了支配人类与人之外自然之间暂时稳定模式的诸多关系相对枯竭。当相对枯竭破坏了在全球市场维持一个竞争地位的必要条件时，一系列地区性蔗糖综合体随即衰弱。因此，人们重新开始寻找新的、更加肥沃的生产地区——从马德拉转移到了圣多美、巴西、加勒比海地区。

作为世界—生态而兴起的资本主义在1450年后影响了两个具有标志性重要意义的世界—历史的断裂。第一个断裂主要关于时间的重组，第二个断裂主要关于空间革命。首先，历史推进得更快了。在新的体制下，生态财富——从森林、土地、矿藏和群体（作为劳动力的群体）——都以尽可能最快的方式被榨取。

（我们应该注意，是从这些耕地空间中榨取，转化为以城市为中心的生产与积累）起初，商品关系迅速扩展至边疆地区往往产生大繁荣，随后破坏生产的社会—生态条件，因而最终破坏获利的条件。正如以银、铜、铁和森林产品为中心的其他主要商品边疆，一系列的蔗糖生产地区也享受了一把大好的时光，但转瞬即逝。通常为50—75年的时间。这与中世纪的地中海地区进行对比是颇有启发意义的。利凡特、塞浦路斯、西西里岛都曾有着大规模的甘蔗种植，并未引起繁荣、破产与地理变迁这样加速循环的强烈趋势（Galloway，1977；Solow，1987；Verlinden，1970）。它们的运动更加缓慢，递增本质上是中世纪性质的。这一地中海模式与现代蔗糖综合体之间的差异就好比是封建移民的殖民主义与欧洲的海外扩张之间的差异。

这种历史进程的加速与我们所说的第二个断裂，即地理舞台的扩张密不可分。这事实上（略有矛盾）是生产在像马德拉这样的岛上集中的先决条件。时间产物的巨大跃进需要空间产物的巨大跃进。只有通过资本主义向亚速尔群岛、加那利群岛、圣多美以及西非方向前进的连续运动，马德拉的蔗糖革命才是可以想象的。

马德拉的危机和大量的森林采伐是一致的，这一点可以确定。但两者的相互关系并不是因果关系。蔗糖生产和森林采伐紧密相关，这并不是什么新鲜事。我们所考察的几何式的表述提供了一个待证的假说。但是它们只是启发性的而不是结论性的。笔者确实认为薪材供应是蔗糖业的最大弱点——在马德拉，但可以肯定的是并不仅仅局限于马德拉。一般而言，这是近代早期蔗糖边疆的普遍弱点（Moore，2000b；2007，ch. p6）。然而，关注环境变化的这一因素或那一因素也许会不着边际。对于一个时代的商品边疆——巴西的蔗糖、秘鲁的白银、挪威的木材，其兴起和衰落都与支配商品生产的整个社会—生态关系的力量，以及与它们生态体制的活力有关（Moore，20007；2010a；2010b）。因此，最重要的讨论围绕着作为生态体制的葡萄牙帝国的衰竭，以及这一体制有效对抗那个时代“庞大但虚弱”的世界市场的能力的流失，它本身就是一个社会—生态构成。这些主题笔者将在第二部分继续探讨。

2. “第一个”16 世纪的马德拉岛，蔗糖与对自然的征服：从地区危机到商品边疆，1506—1530 年[①]

16 世纪是资本主义的玫瑰色黎明，在“庞大但虚弱”的世界—经济中[②]没有任何地方比马德拉岛的地位更举足轻重。马德拉是大西洋中间的一个蕞尔小岛，1500 年的是早期资本主义最重要的经济作物——甘蔗的最大出产地。1505—1509 年的每一年，大约 2 000 吨蔗糖从马德拉的首府丰沙尔流向里斯本、安特卫普、热那亚以及许多其他地区。20 年后，该岛的蔗糖综合体崩溃了。1525 年的蔗糖产量只有 1506 年巅峰期的 20%。

究竟发生了什么？在本章第二部分，笔者将阐明 1450—1500 年实现了马德拉蔗糖革命的社会—生态体制如何使得该岛的蔗糖产量在 1506 年后迅速下滑。正如我们在第一部分中探讨的那样（Moore，2009a），这一体制与森林密切相关。没有哪种经济作物像甘蔗那样如此迅速地吞噬森林。森林生态系统的全岛都受到足够严重的干扰，以至于在 16 世纪早期发生了当地特有的软体动物的几次重大灭绝，这是“栖息地（从林地到草地）发生了迅速且大规模的变化”导致的后果（Goodfriend，Cameron & Cook，1994，p. 318）。

如果日渐减少的燃料供应是蔗糖产业最大的弱点，那么马德拉蔗糖业繁荣与萧条的根源就是不可简化的世界—历史的与多层次的。鉴于第一部分侧重于景观的转变，在第二部分中，笔者着重探讨挖土掘地与更广泛的资本和帝国的结构之间的关系，最重要的是布罗代尔所说的（1953）“第一个”16 世纪（1450—1557 年）里世界市场与葡萄牙帝国的社会—生态结构。笔者以详述对蔗糖业迅速衰败具有决定性影响的森林砍伐、土壤肥力与波动的农业劳动生产率之间的关系作为开始。远非一个狭隘的地方性现象，这一迅速衰败不仅是由作为世界—生态的资本主义——这是无休止的自然征服和无止境的资本积累辩证统一的一种文明——

---

① 非常感谢埃德蒙德·伯克、戴安娜·C. 吉尔迪亚、利·约翰逊、杰西卡·C. 马克思、戴尔·托米奇和理查德·A. 沃克对本章的评论和讨论。

② 这是布罗代尔的用语（1961）。

的兴起所致，而且也是其必然要求。早期资本主义通过一系列商品边疆（尤其是蔗糖）形成，它是一种致力于把地区危机作为生存方式的权力结构。总之，地方性社会—生态危机并不仅仅由以商品为中心的边疆运动来解决，它们也是由边疆运动造成的。

历史资本主义与地区危机：从世界—经济到世界—生态

在何种意义上我们可以意味深长地谈论马德拉蔗糖综合体的“危机”？显著的事实如下。蔗糖经济在1510年以后迅速衰退。1505—1509年，从平均年产量1 900吨下跌至1515—1519年的1 073吨、1520—1524年的835吨、1525—1529年的549吨，至16世纪30年代只有300吨。总产量在1506年达到最高值2 480吨，1516年下降至1 180吨，10年后只有467吨。这一崩溃发生于马德拉的生产者扩大世界市场之时。马德拉最优质的蔗糖实际出售价在1515—1517年增长了1/4、1515—1520年增长了50%，这样的价格水平在接下来的10年里或多或少保持稳定（*calculated from* Pereira，1969b；*also* Schwartz，1985）。新的竞争对手在1530年以后才开始崛起。圣多美——马德拉的最终继承者，1529年努力出口了80吨低级蔗糖。与此同时，如我们从本章第一部分所获知，该岛的森林在1506年后的*局面*出现之前就已急剧减少，而马德拉的奴隶人口在1506年以后大幅增加。虽然蔗糖业在下一个世纪有过一系列短暂的复兴（Mauro，1983），却再也没有更多的蔗糖革命了。到1546年，麦哲伦记载道，“已经有这样的记载——‘岛上的大部分居民以种葡萄为生’”（2009，p. 161）。16世纪以后，大部分人知道马德拉是因为岛上的葡萄酒，而非蔗糖。

现在我们将更加深入细致地探讨马德拉的危机。但在此之前，请允许笔者对*危机*这一常用但理论化不足的术语进行一番考察。1506年以后的10年里，这一地区危机具有两种新的、特别是现代的特征。首先，马德拉岛上繁荣与萧条的速度与我们所知的中世纪欧洲的一切都大为不同。封建欧洲的地区繁荣通过移民边疆这一必要的缓慢运动来呈现（Bartlett，1993；Lewis，1958；Moore 2003b；2007）。在中世纪，商业追随人。而1450年以后，人追随商品。到“漫长的”16世纪，中世纪欧洲的移民边疆迅速让位于*商品边疆*。在第一个16世纪，由于农民、城市行会以及形形色色的地方机构与司法机构的抵制，大部分欧洲中心地带以城市为基础的资本陷入困境。在向资本主义过渡的第一个世纪里也存在着例外，尤其是在中欧的采矿区（Moore，2007，ch. p. 2）。但是，总体来说，以城市为基础的资本转向海外寻找新的地方，在那里，“一切财富的原始资源”（土地和劳动力）可以被使用服务商品的形式（Marx，1976，pp. 636—638）。使这一商品化过程变得具有新的紧迫性的是新兴资本主义秩序的双重竞争结构——国家之间的竞争与资本家之间的竞争。

这一双重竞争结构带来了新商品边疆内部土地与劳动力的迅速枯竭，欧洲领土要求的迅速扩张构成了这些过程。因此，地区危机的第二个新特征是全球生态修复。换言之，对时间的现代征服与对空间的现代征服是辩证统一的。1450年以后，地区危机成了转折点，主要的商品综合体因此丧失其体系霸权。蔗糖是这一时空运动尤为鲜明的例子。在其后的300年里，马德拉将让位于圣多美，而后又为巴西与加勒比海地区所取代。这不是孤注一掷的事情，在整个近代早期，马德拉仍在生产一些蔗糖。相反，我们讨论的是世界—历史运动，在这一过程中，新的地区中心占据上述商品部门的制高点（然后跌落）。蔗糖提供了这一过程的一个范式实例，但它绝非特例。

笔者已经关注过商品生产与交换，我们也经常用这些术语讨论资本主义。但这仅仅是冰山一角。笔者倾向于把商品化置于资本主义整个再生产条件之中，这是一种把人类与自然其余部分之间的凌乱关系置于首要和中心位置的做法。笔者主张将自然生产、权力角逐与资本积累视为一个有机的整体，以取代认为“社会”力量将其意志强加于外部自然的笛卡尔范式。这就是作为世界—生态的资本主义的视角（Moore，2003c；2009a；2009b；2010a；2010b；2010c；2011a；2011b）。世界—生态视角并不是要模糊这一有机整体内部之间的区别，而是要避免“社会”和“环境”这样先验的名称，并开启对所有形式的人类经验，按照人类与生物物理自然之间的相互作用进行分析。虽然这一观点已经在社会理论领域得到了有力的论证（e. g.，Braun & Castree，1998），但目前的争论是将世界—历史的社会变迁的伟大范畴——帝国主义、商品化、社会革命等——重新思考为社会—生态工程与过程的一个缩影。

因此，笔者的出发点是再生产的条件（生命之网），正是在这些条件中商品生产与交换变得普遍化。出于这个原因，笔者强调一种商品边疆理论，其超越了商品关系的地理扩展（Moore，2000b，2003a，2007；pace Cronon，1991）。商品边疆之所以在资本主义的兴起过程中影响巨大，是因为社会—生态关系的资本化与吞并自然的“无偿馈赠”相关（Marx，1967，III，p. 745）。在这些边疆，相对少量的资本以地域强国为后盾，便可以吞并大量的自然馈赠。这解释了蔗糖边疆显而易见的悖论，尤其是那些技术和制度创新的早熟形式扎根于遥远的、看似

“落后的”地区（Mintz，1985；Sheridan，1969）。

这一划时代的创新对于蔗糖边疆而言是独特的，而非有限的。近代早期形形色色的商品边疆——木材、金属、渔业和谷物，从巴西到波罗的海——都有一个普遍的模式。其定义性特征不是商品关系的绝对渗透，而是通过占有生物物理自然和人实现劳动生产率的最大化。这标志着对封建主义再生产规则的一次彻底颠覆。如果说土地生产率支配着封建欧洲繁荣与贫困的条件，那么在资本主义世界—生态中，劳动生产率愈发具有决定性意义。土壤耗竭与资源枯竭是封建秩序的基本矛盾；在资本主义制度下，这些都是困扰，表现为地区危机。通过一系列以新的商品边疆为先导的全球生态修复，这些危机很快就被克服。一旦任何既定的商品综合体的劳动生产率开始下降，资本就流向其他地区。即使在第一个 16 世纪，我们也可以窥见马克思所说的价值规律的形成，劳动生产率凭此成为现代世界体系的价值尺度（Moore，2009b；2010c；2011a；2011b）。

蔗糖、劳动力与森林：土壤耗竭的问题

马德拉的生态起源神话讲述了伴随着最早的定居而来的一场大火（Moore，2009a）。这场人类行为并不负责的“意外的”大火据说持续烧了七年，吞噬了岛上覆盖的大部分森林。由此造成了“木材的毁灭导致的极度匮乏”，塞缪尔·珀切斯（Samuel Purchas）于 17 世纪 20 年代如是说（1625，p. 6）。正如我们在本章第一部分所看到的，马德拉岛上“木材的毁灭”绝非意外。这是一场由燃料需求巨大的蔗糖边疆所推动的毁灭，这一举动 16 世纪初吞噬了岛上半数可供利用的森林。

这样的神话如此强大是因为它们有一种方法可以塑造我们所看到的和没有看到的东西。在马德拉起源神话的例子中，人类行为被从森林毁灭的故事中清除出去。这样的故事符合一种更宏大或者说更微妙的神话，这对蔗糖史的编纂而言十分有效。

在过去两个世纪的大部分时间里，土壤耗竭一直被视为现代蔗糖综合体如何定义的问题。“在热带作物的栽培方面，无论是技艺、资金或充足的劳动力都无法与新的肥沃的土壤优势相竞争”，1839—1841 年赫尔曼·梅里韦尔（Herman Merivale）对牛津大学的听众们如此说道（1841，p. 298；*also* inter alia，Galt，1833；Williams，1944；Dunn，1972；Watts，1987；Monzote，2008）。土壤耗竭当然是一个重要的事实。但是还有一个重要的意义，在这个意义上其重要性一直

没有得到认可，即从劳动生产率中脱离，而劳动生产率是竞争适应性之决定性因素。如果说土壤耗竭是现代蔗糖商品边疆的一股强大力量，那么它是一种怎样的力量？是一种如编年史所暗示的外部的屏障呢，还是相当内源性的、主要靠价值规律调节呢？资本主义几乎不关心土壤肥力本身。它最关心的是为商品生产服务的劳动生产率。

土壤耗竭在其中起作用的文明的政治生态岌岌可危——这是几千年的人类文明的一个持久问题（Montgomery，2007）。编年史强调土壤耗竭产生了外源性的生物物理因素，但这只有在极其抽象的情况下才能实现。正如马德拉的生态起源神话，土壤耗竭的叙事往往认为现代性问题的根源在于外部的、非历史的自然。诚然，后者承认人类行动者给“外在的”自然带来问题，但忽略了历史资本主义中动员劳动力流动的特殊的社会—生态内容。事实上，土壤肥力与耗竭是资本主义生产模式内部显著的历史关系。这样的解读远远不是要清除“土壤的客观属性”，而是提醒我们“肥力的属性并非如我们可能会认为的那样是自然的品质，它与当时的社会关系密切相关”（Marx，1967，III，p. 650；Marx，1973，p. 141）。正如马克思可能会说的那样，资本主义生产真正的社会—生态障碍是资本本身（1967，III，p. 250）。

另一种选择是重视劳动生产率的视角，因而也是在资本主义世界—生态中内化人的视角。出于这个原因，笔者一直很重视沃勒斯坦尚未受到充分赏识的对“生态枯竭”的阐述（1980，p. 162）。从这一视角来看，劳动力与土地、人类与人之外自然的调用和枯竭都是辩证联系的（Wallerstein，1974，p. 44，p. 89；Wallerstein，1980，pp. 132—133，162n；Moore，2007；Marx，1976，pp. 636—638）。对于第一个16世纪的马德拉而言，最好的方式可能是把这种枯竭置于支配全岛的更广泛的社会—生态关系集合之中，这些关系都是在葡萄牙帝国内部取得的。这就把关键的变数重新解释为生态体制的相对盈利能力之一，而非环境变迁——土壤耗竭、森林滥伐、有害生物入侵等这个或那个因素的明显的灾难。

在1506年以后的马德拉岛上，首要问题并非土壤耗竭，而是马德拉生态体制的枯竭。这一体制曾在蔗糖业繁荣期间维持着劳动生产率的提高。维持较高的劳动生产率有两大重要支柱：取自森林的廉价投入；肥沃的土壤。1506年之后，这两大支柱都显著地消失了，造成了生产率与总产量的下降。

虽然在15世纪下半叶，甘蔗田扩散到了马德拉岛的南半部，但糖厂并没有。糖厂在地理上仍聚集在丰沙尔周围（Vieira，2004，p. 57）。因此，这就产生了过度采伐附近森林的压力。16世纪早期，丰沙尔周围山坡上的森林被砍伐殆尽

(Vieira，2009，p. 12)。1519 年，建造新的石灰窑——生产建筑材料——被勒令禁止，理由是它们使岛上的蔗糖生产商们面临“重大损失”的威胁(Magalhaes，2009，p. 161)。到 1520 年，丰沙尔的居民前往该岛东北部的马希库（Machico）寻找薪柴与其他木材，“因为这些在市政委员会地区已经荡然无存”(Magalhaes，2009，p. 161)。

因此，对薪材的需求在 3 万公顷左右的商业开发林中并不一样。糖厂是贪婪的燃料消耗大户，每公斤蔗糖要消耗 60 公斤木材（Moore，2009a)。由于糖厂在地理上集中，因而耗尽了附近的林地，然后转到接近水道之处，薪柴不得不从越来越远的地方获取。结果就产生了生产过程中最重要的原材料（甘蔗以后）劳动生产率不断下降的必然趋势。的确，马德拉不大，但运输的成本高昂，更何况岛上的地势陡峭。为了确保同样的能源数量，需要的劳动力愈来愈多。

森林砍伐对于马德拉的蔗糖综合体带来一个双重问题。并不能简单地认为森林只是为熬糖室提供燃料。蔗农依赖于森林砍伐，通过有组织的（即使并不总是包括）纵火毁林来维持劳动生产率。砍伐森林有两个用途。首先，通过森林砍伐以获取耕地，大大增加了土壤的肥力，因为肥力是由“森林的黑色灰烬”带来的(Bryans，1959，p. 23；*also* Albuquerque & Vieira，1988，p. 22，p. 27；Africanus，1600，p. 56)。烧毁的森林提供的不只是黑色的灰烬。（甘蔗生态上不成熟的）新开垦土壤也提供了一个“产量蜜月期”（Dark & Gent，2001)。起初，新甘蔗田可以远离对劳动生产率构成最大威胁的杂草和害虫。早期关于马德拉殖民地化的记载报道了惊人的产量，高达 70：1 (Cadamosto，1455，p. 9)。

到 16 世纪早期，马德拉的蔗糖蜜月结束了。1518—1526 年的某个时候，里欧·阿弗里卡纳斯（Leo Africanus）记载了马德拉早年蔗糖的高产与如今产量下跌之间的鲜明对比。蔗糖产量“如今……已不及早年产量数值的一半”(1600，p. 56)。这类评论在整个近代早期蔗糖边疆反复出现——巴西、巴巴多斯与牙买加，如我们在本章第一部分所看到的（e. g.，Lesley，1740，p. 337)。

土壤肥力的问题依然存在。150 多年后，英国商人奥文顿（Ovington）说道：

> 岛上土壤的肥力与殖民初期相比大大降低了；在许多地方，持续的土地开荒使得产量枯竭；所以，他们不得不休耕 3 年或 4 年：这段时间过后，如果还未出现繁荣的迹象，他们就可以下结论说这片土地贫瘠不堪。(1696，p. 18)

单一作物种植通过简化土地（劳动对象）为劳动生产率最大化的手段取得短

期收益。在30年时间里，这一单一作物种植策略逐渐作茧自缚。由于森林锐减，通过新一轮的森林采伐，扩张可耕地变得愈发困难。正如我们已经看到的，森林采伐减少了单一作物种植带来的杂草和虫害问题。其结果是螺旋式上升的瘟疫。杂草在近代早期的种植园农业中呈现为一条显著的、非线性的增长曲线（Watts 1985），可能是土壤耗竭最强有力的矢量。它们也被证明是劳动生产率的可怕的障碍。在18世纪的巴西，除草耗费了与收割、载运甘蔗两项艰辛的劳动任务同样多的劳力（Schwartz，1985，p. 142；for eighteenth-century Barbados，*see* Roberts，2006）。

然而，甘蔗也产生了其他生物竞争对手。1502年，毛毛虫蹂躏了岛上的甘蔗。这是诸多害虫入侵的第一次（Koebel，1909，p. 128；Mauro，1983，p. 207；Duncan，1972，p. 32；Rau，1964，p. 5）。毛罗（Mauro）准备作更深入的调查。他认为实际始于1502年之后的毛毛虫入侵“（不仅）袭击了甘蔗，（还有）人力”（1983，p. 206）。毛毛虫并非唯一的有害生物。还有“抵御老鼠的斗争，奴隶们为此耗尽了所有心血”（Mauro，1983，p. 207）。如此形形色色的瘟疫成了蔗糖商品边疆的一个周期性特点。在圣多美，16世纪20年代后的20年——仅在岛上开始种植甘蔗之后的30年——所谓的船鼠（ship rats）无意中从欧洲输入，“猛烈冲击了这一商品的增长”，一度使甘蔗出口量下跌了85%（Africanus，1600，p. 53；Dutton，1994，p. 928）。

到16世纪，这些由蔗糖之王创造的对抗性力量“耗竭了……马德拉的土壤”，“不可避免地减弱了……生产能力”（Pereira，1969b，p. 158，p. 220；*also* Pereira，1969a，p. 484，p. 462）。这一趋势最显著的表现是在首府丰沙尔，这是岛上最早开始种植甘蔗的地方。相比之下，位于马德拉东北部的马希库下降的速度要缓慢得多，阿尔布开克与维埃拉从相对土壤肥力的角度解释了这一差别（1988，p. 29）。

蔗糖、奴隶制和劳动生产力

> “大多数岛上居住着葡萄牙人，特别是圣托马斯岛和马德拉岛，除了葡萄牙人外，还有大量的黑人奴隶，他们被从刚果和安哥拉运来，他们耕作土地、浇灌甘蔗，既服务城市，也服务乡村。”
>
> ——里欧·阿弗里卡纳斯，1518—1526年（Leo Africanus，1600，p. 417）

除了上升的价格和下降的生产之间的矛盾，还有另一个矛盾：奴隶进口的增加和蔗糖生产的减少。我们能够提供的证据不是人们希望看到的。虽然有蓄奴模式上的一些证据（Vieira，1996），但我们既没有每年运来奴隶的准确数字，也没有奴隶死亡的数字。

但我们的确有马德拉在其蔗糖革命的年份和后来危机时期奴隶进口的可靠估计。即使非常保守地估计奴隶人口——这样也就过高估计了奴隶生产力——结果也是令人吃惊的库兹涅茨曲线，以劳动生产力激增与骤降为特点。这正是我们从蔗糖革命中看到的情况：经历了一个产量蜜月期，紧接着是一个强烈的社会—生态倒退。随着田地枯竭、饱受害虫和杂草的困扰，随着林地的减少，需要更多的劳动力维持产出。

生产和加工 1 000—2 000 吨蔗糖需要多少劳动力？笔者从巴里特和施瓦茨对 16 世纪巴西奴隶生产力的估算着手（1975，p. 542）——折中数字是每个劳动力每年生产 0.33 吨蔗糖（*also see* Moore，2007，p. 260；Blackburn，1997，p. 205）。根据这个数字来计算，1498 年马德拉生产 1 680 吨糖需要 5 040 个奴隶耕种者和技工全职劳动。[①] 这是对奴隶劳动力慷慨的估计，高于 1680 年普遍流行的巴巴多斯劳动生产力的 25%。[②] 当然，马德拉不是参照 17 世纪巴巴多斯模式的奴隶殖民地（Vieira，1996；2004）。维埃拉努力把马德拉蔗糖循环中奴隶的作用最小化，但是如果没有奴隶劳动，很难说明这个岛怎么能生产这么多的糖（Greenfield，1977）。布莱克本（Blackburn）认为到 15 世纪末，大约 2 000 名奴隶在马德拉岛上工作，“主要”从事蔗糖工作（1997，p. 109）。[③]

---

① 有两个主要的方法衡量奴隶生产力。一个是在个人水平上，另一个是在社会经济水平上。德尔（Deerr）（1949，p. 101）认为 17 世纪巴西奴隶生产力是 60 阿罗瓦（1940.4 磅），我们考察的是耕作过程本身的生产力，而不包括加工、（以及同样重要的）运输、分配（Taylor，1970）。笔者这里使用奴隶生产力测量方法意图证明马德拉的社会生态整体。

② 西印度群岛的劳动生产力是否更高仍旧在争论。看一下 18 世纪 70 年代安提瓜岛（Antigua）、圣基茨岛（St Kitts）、蒙特塞拉特岛（Montserrat）以及尼维斯岛（Nevis），总共生产了 21 158 吨糖（与 1700 年的巴西一样多）——德尔的数字表明劳动生产率在 0.198 吨/奴隶（安提瓜岛）与 0.39 吨/奴隶（圣基茨岛）之间，平均生产率是 0.26 吨/奴隶（总共 82 270 个奴隶）。（*all calculated from* Deerr，1949，p. 174）这种情况与巴巴多斯 1680 年的情况大体一致。巴巴多斯岛 1680 年 38 782 个奴隶生产了 10 000 吨蔗糖，其产量完全一样，0.26 吨/奴隶，分别从邓恩（1972，p. 203）和加罗韦（1989，p. 81）计算所得。尚伯克参考当时的报道，认为奴隶的人数更多，1683—1684 年大约为 46 602 人（1848，p. 82），按此计算，劳动生产力会更低。

③ 另外的 1 500 人砍伐、运送木材。这是故意低估了数字。笔者认为每生产 1.62 吨糖就需要一个伐木工。笔者甚至按新的阿罗瓦（32.34 磅）为基础计算，按 18 世纪 50 年代巴伊亚伐木者的人数（4 000），以及 1758 年地区的糖产量（400 000 阿罗瓦）来计算（Miller，1994，p. 184；Schwartz，1985，p. xxiii，p. 423）。

奴隶供应足以维持蔗糖不断增加的劳动力需求吗？1450—1500 年，17 500 名非洲奴隶被运到大西洋北部的一些岛屿（Rawley&Behrendt，2005，p. 20）。[①] 这一数字还不包括圣多美和欧洲。如果我们认为这些人中的 10 000（60%）最终被运往马德拉，并且其中大部分人（90%）1470 年以后到达，这样 1470—1500 年，每年奴隶进口量是 300 名。克莱因（Klein）更加谨慎，估计 1476—1525 年到达的奴隶每年是 200 人（2004，p. 203）。考虑到蔗糖的劳力需求，这个数字震惊了笔者，因为这是一个推论出来的最小数字。

在这一点上，我们又被推向一个量的计算。我们可以就马德拉岛上的奴隶数量作三个假设，所有的假设都最小化了下降的奴隶生产力：（1）非常保守的每年奴隶进口数（200 人）；（2）非常高的奴隶死亡率（5%）[②]；（3）1475 年完全没有奴隶。即使有这些说明，奴隶人口还是增加很快，到 1488 年达到 2 054 人，1500 年达到 3 000 人。直到 1509 年，生产力提高非常明显，1489 年后的 20 年内，每个奴隶从生产 0. 37 吨蔗糖提高到 0. 57 吨。此后，正如我们在表 3 中看到的，这一趋势急剧下降。1509 年后的 20 年，每个奴隶的劳动生产力从 0. 57 吨下降到 0. 15 吨。

需要越来越多的劳动力从外部自然攫取财富。前面的估计只是间接地证明了他们想证明的与现实的关系。当然，许多不自由的劳力都从事其他劳动，包括在 1520 年以后大规模排挤甘蔗的葡萄园中工作；自由劳力也被广泛使用，还有一些小的耕种者，有一两个奴隶。但是 1475 年以后越来越多的奴隶进入马德拉。趋势是越来越多的（而不是更少的）奴隶到达：16 世纪 50 年代，大约每年 300 名奴隶到达丰沙尔（Mauro，1983，p. 206）。这么多的奴隶到达岛上，为何从 16 世纪 20 年代起还会有“劳动力短缺”困扰这个小岛（Vieira，2004，p. 48）？到 1525 年，至少 3 700 名奴隶住在马德拉岛上，当时蔗糖产量只有 1506 年高峰期的 1/4。当然，经济重新定位是发展酿酒，葡萄栽培中的庄园构成也是劳力密集型的。这可以解释劳动力缺少的情况吗？也许可以部分解释；但同时，在蔗糖这部分，主要用下降的劳动生产力的政治生态术语解释这种日渐强化的劳动力市场，难道不是花言巧语的辩解吗？在 1510—1530 年的形势下，种植园主在燃料资源日益短缺、土壤肥力日益下降和蔗糖价格日益上涨的农业—生态环境中努力维持产量。

---

① 建立在艾博（Elbl）的估计（1997）和科廷（Curtin）（1969）的地理分布上。

② 从蔗糖边疆的长时段看，奴隶死亡率很少高于 5%，18 世纪加勒比有几个可怕的例外，当然，令人毛骨悚然的死亡率发生在“中段航路”。（Moore，2007，chs. 5，p. 6）。

表 3 1475—1529 年马德拉岛的蔗糖、奴隶制和劳动生产力

年代	奴隶人数	蔗糖生产量	生产力（每年）
1489	2 151	800 吨	0.37 吨/奴隶
1499	2 892	1 200 吨	0.41 吨/奴隶
1504	3 142	1 500 吨	0.47 吨/奴隶
1509	3 337	1 900 吨	0.57 吨/奴隶
1519	3 602	1 073 吨	0.3 吨/奴隶
1524	3 692	835 吨	0.23 吨/奴隶
1529	3 762	549 吨	0.15 吨/奴隶

资料来源：Klein，2004；Moore，2007；Pereira，1969b.

解释劳力、土壤和森林：马德拉的快速衰落

在说明马德拉衰落时，我们要意识到对土壤肥力和劳力的压榨是最主要的因素。但笔者并不认为这能解释衰落的速度。从比较的视角来看，衰落的土壤肥力——除非灾难性的水土流失——不可能带来那样快速的衰落。有一些途径可以应对下降的土壤生产力。马德拉的土壤已经被施过肥（Galloway，1989），本可能会带来更多的产量，害虫的入侵也可能会很严重，倾向于带来剧烈的和间歇的生产下降；杂草的进化是一个主要的问题，可以通过动用更多的人力来解决。

森林的枯竭是唯一不能解决的问题。薪柴的需求太大了，马德拉岛太小了，运输成本更高。回想马德拉最初的殖民诸动机中，其中之一是对木材的需求，16世纪的葡萄牙受困于日益增加的木材供应问题（Devy-Vareta，1986；Pinto，Aguiar & Partidario，2010）。劳力、资本、粮食和牲畜——只要经济形势允许，只要需要，都可以运到马德拉岛。燃料是唯一不能很容易从海外获得的东西。

世界市场还是非常青睐马德拉的糖。矛盾之处是马德拉的繁荣是在糖的价格下降时期出现的，而危机出现在蔗糖价格上涨时期。在马德拉岛繁荣时期，蔗糖价格从1469年的每阿瓦罗725太斯（reais，一种货币单位——译者注），下降到1496年的475太斯（Rau，1964，p. 9；*also* Vieira，2004，p. 62）。在英格兰，蔗糖的价格下降了75%——法国比英国还更多一点，整个15世纪都如此（Edel，1969，p. 26；Taylor，1978，p. 14）。最低点是1497—1499年的大萧条，这是真正的生产过剩的危机。但持续的时间很短。恢复和重新扩张随之即来（Albuquerque & Vieira，1988）。这怎么可能呢？蔗糖革命的产量蜜月期降低生产成本

要快于市场价格的下降。

1500年以后，马德拉的蔗糖有过一个稳定的，甚至价格上涨的时期（Pereira，1969b；*also* Garfield，1992，p. 65）。按黄金的价格来衡量，蔗糖的价格在1501—1540年增加了460%，虽然实际的价格并没有那么剧烈地增加（Simonsen，1957，p. 143）。在安特卫普，对马德拉岛蔗糖的需求居高不下，那里蔗糖的价格在16世纪前半期一直持续高涨（Harreld，2003，p. 151）。相比于香料贸易，16世纪蔗糖的实物价格一直稳定增加。直到1550年，每年增加44%，在下半个世纪增加了53%（O'Rourke & Williamson，2002，pp. 446—448）。所有这一切表明蔗糖价格并不是价格革命的假象，价格革命源于15世纪60年代欧洲银矿开采的繁荣，1520年以后剧烈加速（Braudel & Spooner，1967；Munro，2003；Moore，2007，ch. 2）。

如果圣多美或巴西是这些衰落的罪魁祸首，我们期望在马德拉危机开始时能看到这些地区的出口，而不是在马德拉危机结束的时候才看到。但是圣多美只是在16世纪40年代才成为主要生产地。1529年，圣多美每年仅出口80吨蔗糖，尽管到1555年这一数字将会增加30倍（Hodges & Newitt，1988，p. 20；Garfield，1992，p. 72）。不管怎么说，马德拉和圣多美生产蔗糖的等级不同。马德拉的糖因其高品质而备受褒奖，这是通过燃料密集型加工过程的特殊阶段获得的（Vieira，2004；Pereira，1969b）。相比之下，圣多美更多是以量（而不是质）取胜，其蔗糖质量非常低（Garfield，1992，pp. 64—65；Harreld，2003，pp. 152—153）。至于巴西，其产量直到16世纪60年代一直与圣多美不相上下，在那十年，产量达到每年2 654吨（Simonsen，1957，pp. 172—173；Hodges & Newitt，1988，p. 20）。这距马德拉危机只有半个世纪之遥。

在葡萄牙第一个帝国生态体制枯竭中的马德拉危机

马德拉的危机与葡萄牙帝国的情况脱不开干系。对佩雷拉（Dereira）来说，1475—1525年的半个世纪是“急迫”帝国主义时期之一，这一时期的特点是帝国对自然资源的“过分需求”。从这一时期开始，

> 就可能找到全球扩张的各种因素：人、技术、动机和战略原材料。人们仍旧努力积极利用这个领域的**和一些小岛**的资源，所有的资源在所有的地方都反常地枯竭。直到这一时期结束，没有严重的断裂，无论是人口，还是劳力更新或原材料更新都是如此……（但是到16世纪20年

代）战略原材料枯竭的最初迹象开始出现，特别是木材和金属，此外恢复和抽取的漫长的和困难的过程也开始出现。（2006，p. 10，p. 12）

在资本主义大西洋率先展开的早熟的“君主资本主义”（monarchical capitalism）的葡萄牙帝国（Dias，1967；Wallerstein，1974）处在世界—生态变化的前沿。在欧洲的其他地方，“漫长”的14世纪的人口缩减给了大陆的森林以喘息之机（Williams，2003）。但在葡萄牙不是这样。15世纪后半期，在葡萄牙开启了一个“密集伐树”的时期，特点是体现了日益严重的农—耕之间、农民、城市和制造业利益之间的矛盾（Pinto，Aguiar& Partidario，2010，p. 20；Devy-Vareta，1986，2007）。结果，葡萄牙的森林灾难早于西欧一个世纪，早于西班牙几十年出现了（Moore，2010a；2010b）。正如马德拉岛的森林砍伐带来了几波的物种灭绝，新一轮的森林吞并带来了16世纪末葡萄牙境内红松鼠（Sciuirus vulgaris）的灭绝（Goodfriend，Cameron & Cook，1994；Mathias & Gurnell，1998）。

在葡萄牙境内，薪柴越来越昂贵，这影响到了欧洲蔗糖提炼的地理分布。虽然蔗糖的初级加工是在马德里，进一步的提炼越来越多地转移到岛外，首先是里斯本，然后是安特卫普。到1496年，1/4—1/3的马德里的糖由弗莱德（Flemish）资本营销，这一数量是葡萄牙净糖流入的六倍（Furtado，1963，p. 8；Birmingham，2000，p. 13；Tayor，1978，p. 16）。燃料密集型产业的净化和提炼开始集中在西北欧。蔗糖提炼的重新定位表明，相对于西北欧燃料费用的上涨，不仅发生在马德拉，也发生在葡萄牙。虽然沿海低地国家森林覆盖率也不高，城市制造者例如蔗糖提炼者可以接触大量泥煤（Zeeuw，1978）。

呜呼！马德拉既没有煤也没有泥煤。1559年，王室禁止里斯本冶炼糖，因为其燃料需求威胁了造船木材的供应（Mauro，1983，p. 272）。1559年禁止炼糖的敕令发布的时候，正是王室采取其他措施保护森林资源的时候，并且也是整个地中海世界正处于“木材危机”的时期（Braudel，1972，p. 143；*also* Cipolla，1976，pp. 228—230）。虽然炼糖不要求高质量的木材，但在葡萄牙以及整个近代欧洲，这样的木材广泛被用于薪柴。欧洲森林的政治生态由一种地方的（混乱的）“木材战”所统治（Devy-Vareta，1986；Goodman，1997，1998；Moore，2007，2010a，2010b；Westermann，1996）。1565年葡萄牙王室颁布了“树法”，将在其后的几十年展开各种植树方案（Devy-Vareta，1986）。巴罗斯（Barros）

报告说“到16世纪末里斯本提到木材短缺的现象（开始出现），”① 这一形势一直持续到18世纪（Mendes，2004：83；*also* Pinto，Aguiar & Partidario，2010）。

布罗代尔谈到的木材危机迹象在整个地中海欧洲都很明显。马德拉的危机当然是导致葡萄牙第一个帝国生态体制到16世纪20年代枯竭的主要因素。如果我们看到葡萄牙陷入麻烦早于这个“微观—地中海”其余部分（Mauro，1992，p. 103），这不能解释其海外扩张领头羊的作用吗？不仅葡萄牙，西班牙的造船业也“从16世纪60年代陷入危机状态”（Philips，1986，p. 22；*also* Moore，2010a）。菲利普三世（葡萄牙的菲利普二世：1598—1621年在位）被年长的海军将领警告（葡萄牙境内）生产木材的“那些土地”应该像波托西的山岭一样得到守护（*quoted in* Barros，2005，II）。

这场木材危机使人们注意是否欧洲地中海森林体制有能力维持相对于北大西洋而言有竞争力的地位。当然，不仅是森林，还有廉价、可靠的森林产品的流动是当时竞争的关键。当地森林没有消失也是事实。即使在著名的威尼斯共和国，绝对的缺少森林产品也很少发生（Appuhn，2009）。关键的地理历史转型发生在资本主义世界—生态的全球解决的方法上，资本主义世界—生态的全球解决寓于“资本主义北大西洋”兴起和“整个”地中海的衰落之中（Moore，2010a，2010b；Braudel，1972）。造船中心与主要商品边疆——例如甘蔗种植——的重新定位辩证相关。一方面，地中海的危机允许西北欧人不仅从事高利润蔗糖复合体的行为（进行提炼和出售），也允许他们从事运输和造船等高利润的行业。1500年，南欧占欧洲的运输能力份额的40%，到1780年下降到15%（Zanden & Horlings，1999，p. 36；Unger，1992，pp. 260—261）。到17世纪，葡萄牙则在巴伊亚（巴西）和果阿（印度）造船（Morton，1978；Ozveren，2000）。

资本主义世界—生态兴起中的马德拉

从一些小岛解读太多是危险的，特别是这些小岛是否“与大陆一样重要”还有待讨论（Mauro，1961，p. 4）。但是解读太少也是不睿智的。马德拉的蔗糖革命是从封建主义到资本主义早期转型中的几个关键断裂点之一。单独来说，本章两篇文章中提到的任何因素都可以被解读为本质上非资本主义的。财产关系的转

---

① 阿蒙德奥·豪尔斯·莫里斯·巴罗斯（Amândio Jorge Morais Barros），波尔图大学现代史所，2006年6月14日跟笔者进行个人交流。

移代表一种“微弱的”而不是“强烈的”提高生产力的动力。朝向现代种植园的奴隶制是最好的例子。地貌转移的速度很快，但马德拉是一个小岛。马德拉蔗糖生产的增加使其中世纪的先驱们相形见绌，但无法与其后几个世纪从巴西和加勒比输出的蔗糖洪流相比。

但是，整体来说，这些与中世纪模式的多层断裂表明一些新情况发生了。也许最有启发的是马德拉蔗糖复合体的危机没有带来世界蔗糖生产的崩塌。资本和企业从马德拉转移到新的边疆，首先是圣多美，后来是巴西。因为马德拉只是伟大边疆运动的一条腿，由无休止的寻求新的机会吞并自然无偿馈赠维持，这些馈赠包括人、肥沃的土壤和大量的森林。马德拉并不例外。16 世纪 50 年代取得成功的圣多美的边疆运动，与更大的全球生态修复运动紧密相连。16 世纪中期的动乱，被 1557 年的金融危机加剧，更被整个西欧反复发生的国家破产趋向极端，这些都与人类与自然的其余部分关系的体系范围的革命相关。北欧的木材边疆从波兰转移到挪威（Malowist，1960；Moore，2010b）；银矿生产中心从中欧转移到秘鲁（Moore，2010d）；铜矿边疆从斯洛伐克转移到瑞典（Moore，2007，ch. 2）。“漫长的”17 世纪在世界生态革命中有重要的环节（Moore，2010a；2010b）。如果地区的转型并不新鲜，（我们需要了解的是）16 世纪前这些边疆为什么从未移动这样迅速，穿越这样广的空间？

什么能解释这种与中世纪模式的断裂？一个词：商品化。当然，蔗糖长期是长途贸易的一项商品。但 15 世纪 50 年代以后，正如我们在马德拉看到的，市场的生产与土地和劳力的商品化连在一起。商品化的三重螺旋结构——糖、土地和劳力——解释了跨越早期资本主义大西洋的一系列蔗糖革命的竞争动力，并且与之一道，当地维持这种动力的必要条件也很快枯竭。地区性的商品革命，其“革命”特点是资本主义的和地域主义的代理吞并自然馈赠的规模和速度。在马德拉，这些无偿馈赠最大的部分来自森林和土壤。16 世纪早期的某时开始，吞并自然财富原始来源的机会开始减少。燃料价格的上升与土壤枯竭交织在一起，削弱了劳动生产力的社会—生态基础。蔗糖的市场需求在其后的几十年都非常大。事实上，需求比 15 世纪晚期繁荣期还要大。王室甚至在危机时减少税收（1515），但是没有效果（Magalhaes，2009，p. 159）。

最终，没有可以克服葡萄牙的大西洋区森林缺少的办法。由于森林的再生很慢，我们知道一种工业依赖于快速的森林开发，其发展迅速，衰落更快。如果有适宜的价格运动和一些森林再生的措施，我们也许会看到阶段性的，但是是短期的森林部分恢复。这正是我们看到的。马德拉在下个世纪又经历了短暂的蔗糖繁荣（Mauro，1983）。但它从来没有再次达到世界蔗糖经济的制高点，这毕竟也是一个点。早期资本主义的新兴都市区域广大，并且情况各异，主要是因为这种生态体制依赖于对地球无休止的征服，来维持无休止的资本积累，而这一切的真正基础是劳动的生产力。

从第一个16世纪开始，地区的危机都是通过全球扩张解决，通过全球生态解决（Moore，2010a；2010b；2011a）。由于甘蔗生态物理的特殊性，再由于欧洲内部扩张有限的可能性，全球生态修复（解决）使海外扩张成为必要——不仅是作为一个事件的扩张。“漫长”的16世纪的特点是长期的扩张。关于世界市场竞争的政治生态，都是规模宏大地、短期地轮番出现，加强了地区社会—生态枯竭的长期趋势。这使得欧洲的文明扩张从一种偶然阶段性发展成一种生活方式。在16世纪30年代至17世纪60年代之间，欧洲地域的和资本的权力扩展了其地理霸权，从300万平方公里到700万平方公里（Chaunu，1959，p. 148）。蔗糖商品边疆并不对这一切负责，但如果没有蔗糖及其商品化的三重螺旋结构，一切也都是不可想象的。

第八章

1. “阿姆斯特丹立于挪威之上”：1545—1648 年白银流散中的资本、帝国与自然的魔力

单个人随着自己的活动扩大为世界历史性的活动，越来越受到对他们来说是异己的力量的支配，受到日益扩大的、归根结底表现为世界市场的力量的支配，这种情况在迄今为止的历史中当然也是经验事实……（由此可见）历史向世界历史的转变，不是“自我意识”、宇宙精神或者某个形而上学怪影的某种纯粹的抽象行动，而是完全物质的、可以通过经验证明的行动，每一个过着实际生活的，需要吃、喝、穿的个人都可以证明这种行动。

——卡尔·马克思与弗里德里希·恩格斯（Karl Marx and Friedrich Engels，1846，p. 55，p. 58）

引言

据说一个人不可能同时身处两地，这是不言而喻的。但事实果真如此吗？“阿姆斯特丹立于挪威之上”——17 世纪荷兰共和国的一句俗语——是一个奇特的表达，但却一语中的。阿姆斯特丹是 17 世纪资本主义皇冠上的明珠，建在源于挪威的森林之上（Sögner 2004，p. 47）[①]。踏上阿姆斯特丹的码头就意味着真正地站在了挪威之地，但此语另有深意。

可以肯定的是，说阿姆斯特丹立于挪威之上其实暗示了一种殖民关系——既不像 16 世纪的波兰那样明显（Malowist，1959），也没有那么大相径庭。为了证明自然资源的流动暗含着一定的“生态”帝国主义逻辑（Foster and Clark，2004；Bunkerand Ciccantell，2005），也为了强调生态帝国主义将这样一种逻辑

---

① 索格诺（Sögner，2004）认为这种表述是霍尔格·雅可比（Holger Jacobaeus，1650—1701）的，丹麦人，生活在雷顿，后来成为哥本哈根大学校长。

加于近代早期环境史的地貌之上（van Dam，2001；Richards，2003），笔者试图把三个因素——大致是，重要的经济史、历史社会学与环境史——更好地综合在一起。笔者将提出，资本主义的兴起可以从一种特殊地区的出现得到最好的理解，在这一地区，自然的生产（作为世界—生态体系的资本主义）与资本的生产（作为世界—经济的资本主义）是一个硬币的正反两面。无止境的资本积累与无休止的自然征服揭示了单一的世界—历史进程中重要的历史环节。作为世界—生态的资本主义标志着一种关于自然—社会关系的模式化的、扩张的基质，这种自然—社会的关系——不可避免地促动并限制——是对世界（资本）积累的引力的反应。（Moore，2003b）。

接下来，在本章的第一部分，笔者努力将对“欧洲扩张”（伊比利亚与拉丁美洲）的历史地理特别的（然而是重叠的）关注与“向资本主义过渡”（西北欧）统一起来。[①] 欧洲海外帝国的扩张与欧洲内部极端不平衡地（与充满活力相结合）向资本主义的过渡，是商品生产与交换的地理扩张中的不同历史阶段——笔者称之为商品边疆。

第一部分主要围绕两大运动展开。从关于资本主义兴起的历史地理在概念和方法论上的重塑入手，笔者根据近代早期“白银的流散”进行了分析性的叙事（Steinand Stein，2000，p. 40）。这一论述遵循布罗代尔（Braudel，1953）的“第二个”16 世纪（1545—1648 年），从安第斯山脉到卡斯提尔的白银生产与贸易的政治生态展开，揭示了菲利普二世争夺世界霸权的斗争既是一项社会计划，也是一项生态计划。白银提供了一个双重视角，一方面为资本流动与帝国霸权提供了有利条件；另一方面，为自然生产打开了一扇窗。虽然经济史与历史社会学强调前者，但环境史重视后者，资本、帝国与社会化的多层次的复杂性以及它们大规模的转移，只有在将这两个历史时刻辩证统一地联系在一起才会真正被理解。

在本章第二部分，我们将会看到卡斯提尔计划的社会—生态矛盾是如何与荷兰上升到世界霸权联系在一起的。联合省上升为大国地位是以空前规模、范围和速度进行的全球生态革命为前提的。这一生态革命从香料群岛扩展到巴西东北部（其中心是扩大的北大西洋地区），到 18 世纪末，扩展成一个北大西洋地区的同心圆，其全球范围延伸至乌拉尔山脉的炼铁厂、芬兰的锯木厂与大西洋西北部的鳕鱼渔场。

---

① 大量的文献关注两者，分别参照戴维斯（1973）、帕里（1966）、鲍克斯（Boxer）（1969）、特雷西（Tracy）（1990）、希尔顿（1976）、阿斯顿（Aston）和菲尔斌（Philpin）（1985）、布伦纳（2001）和杜普莱西斯（Duplessis）（1997）的研究。

这不是狭义的斯密型逻辑的沉淀，其理论是不断增长的需求推动具体的“欧洲”的地理扩张。相反，整个近代早期是商品边疆的逻辑（Moore，2000b，2007）。商品生产与交换的扩大激化了生态矛盾，这意味着并事实上引起了地方性的生态危机。这些问题一再通过不断的地理扩张得到解决。这具有划时代意义的文明扩张、地理转移的精确轮廓将在下面详细阐述。我们可以从一开始就单刀直入。毋庸置疑，几千年来，非洲与欧亚大陆的文明已经将资源边疆扩张（主义）作为缓解地方性生态危机的一种手段（Hughes，2001；Elvin，2003）。然而，到15世纪50年代，欧洲开始急剧背离这一模式。商品生产与交换——这是文明扩张长期存在的一种方式——很快就自我终结了。商品边疆日益取代了资源边疆。全球扩张，而非区域性增长，成为对社会—生态问题的首要的，也是最好的回应。并且，一旦扩张缓解了由于人口压力带来的紧张关系，上升的资本主义便开始贯彻它的逻辑。以前，商业追随人；现在，人追随商品。

这种扩张并非从完全成形的资本主义秩序中产生，相反，它是资本主义诞生的条件。移民扩张、矿业繁荣、森林砍伐，这些中世纪的欧洲几百年才完成的活动，早期资本主义几十年就完成了。一切都转换迅速。已有的生产区的社会—生态枯竭——最主要的是冶金业、林业和甘蔗种植业——现在被快速的自然演进克服了。弗莱贝格（Freiberg）将让位于波托西（Potosí）（白银），诺伊索尔（Neusohl）将让位于法伦（Falun）（铜），马德拉（Madeira）与圣多美（São Tomé）将让位于伯南布哥（Pernambuco）与巴伊亚（Bahia）（蔗糖），斯塔万格（Stavanger）让位于但泽（Danzig）广阔腹地中的茂密森林。在帝国主义内部对抗、社会冲突与资本主义竞争不稳定的合力推动下，早期资本主义商品边疆战略的高明之处在于牺牲人之外的自然，而自然位于抽象的社会劳动与价值规律的祭坛之上。其目标是用未被资本化的自然替代机器来最大限度地提高劳动生产率。[①] 在每个转折时期，土地（森林、银矿、肥沃的土壤）作为一种受商品形式奴役的生产力量，作为一种最大限度提高劳动生产率的机制，总被帝国、种植园主、封建领主、约曼农和许多其他人组织利用。这几个世纪形成了一种新的对自然的评价，即一切都与价值规律有关。劳动生产率，而非土地，将塑造资本积累的（生物）节奏。

这种逻辑加强了资本主义兴起是人类历史上一种新现象的看法。我们可能会问：近代早期荷兰的商人或卡斯提尔的贵族是否能够同时身处两地？答案既是肯

---

① “土壤的自然肥料可以如固定资本增加一般发挥作用。”（Marx，1973，p. 748）

定的又是否定的。当然，一个人不可能在同一个早上同时走在波托西和阿姆斯特丹的街道上。然而，在漫长的16世纪（1450—1640年），这样的例子越来越多，无论是一个人经常光顾市场，还是游荡于波托西或阿姆斯特丹的妓院，人们同时住在不同但却相同的地方。这就是布罗代尔所说的“庞大但虚弱”的资本主义世界—经济体系（1961）。

这是我们要面对的地域。当然，这是一个很大的地区，无疑还囊括了许多小地域，但小城镇和周围的地方是否并非如此？① 也许这些地域并没有完全现代化[什么是（现代化）?]，但毋庸置疑的是，从强大的地理学意义上来说，这些地方日益现代化；也就是说，从地方史转变为世界史——不是“纯粹的抽象行为……而是物质的、实证的行为”。1492年之后，大西洋一侧的发展对另一侧更为关键。用气候学的术语来说便是“遥相关”（teleconnected）（Bjerknes，1969）。遥相关既强烈又直接；行动微妙，从而掩盖了它们的重要意义；随着时间的推移，遥相关或者越来越弱或者越来越强，这取决于地区位置和全球变化。就我们理解所言，1450年以后，所有这些联系都开始发生作用。这发生在近代世界不能简化的地理事实之中。

大边疆与商品边疆：欧洲扩张抑或资本家的前进？

为何这一令人好奇的地域——资本主义世界—经济体系的地域——引起了诸多争论？笔者的观点简而言之：资本主义——如果是历史性的体系，则以无休止的资本积累为前提——崛起于“漫长的”16世纪的全球征服。换言之，资本主义与韦伯（Webb）所说的“大边疆”密不可分，（“大边疆”是具有划时代意义的地理扩张运动），韦伯（1964）认为它仅局限于新大陆，但事实上包括北欧。这一观点再怎么强调也不过分：*资本主义并不是在欧洲内部形成后再向外扩张的*。

① “这个地域在我们的语言中应该是多层含义、多重目的的单词”（Harvey，1993，p. 4）。虽然笔者的视角与哈维的不同，但他让人们注意绝对的普遍和特殊性之间的中间地带无疑是正确的，“所谓的难以了解的区别的晦暗的世界——地理学家长期为此痴迷”（1993，p. 5）。正如泰勒指出的，“地域可以在不同规模上存在。这并不是地域通常被解释的方法。人们通常把地域等同于地区，‘人类化的空间’非常容易通过微观的面对面接触建立。但是不需要为一个过程限制地域的创造，特别是在政治研究中，在那里国家共同体及其祖国是研究的中心……假设有地域与空间同样多种规模的财产关系，意味着地域与空间的关系能够超越地区进行探索，直至包括整个地球（既作为地域也作为空间）的地理限制”（1999，pp. 98—99）。关于地域作为一个不可简化的多种形式和多种规模的相同的论点（从一个不同的地理视角论述），参见：Tuan，1977，esp. pp. 194—260。

不可否认，早期资本主义是风雨飘摇的。如果一个广义的无休止的资本积累的资本主义逻辑已经成就了16世纪欧洲经济的规模，那么这种规模的基础在当时还是极其薄弱的。有人想说，这是因为资本主义尚未深入人们的日常生活。这就是布罗代尔关于资本主义是一个模糊的、“相对自主”的资金积累的（过程）与（资本主义）本质上是不变的生物旧体制之间的区别（Braudel，1981，1982，1984；Arrighi，1994，p. 26）。这种区分有很深的根源，并与许多马克思主义关于商人资本主义（merchant capitalism）的概念有关，这也是巴纳吉（Banaji）称之为资本主义作为一种商业制度和生产方式之间的“概要的与夸张的”冲突（2007）。但笔者认为巴纳吉把这一问题弄反了。15世纪欧洲的商人并未引领商品生产的变革，相反，而是德意志南部的商业银行——并且它们的兴起要归功于商品生产的积极卷入。比如，诺伊索尔（Neusohl）的匈牙利大铜矿（班斯卡·比斯特里察［Banská Bystrica］）（Vlachovic，1963；Moore，2007，chapter 2）。

早期资本主义以根本上不同于封建时代的方式重塑人们的物质生活。其中一部分是转化的规模。然而，比规模更重要的可能是速度。有此才有彼。在约1450年之后的世纪里，我们看到了技术革新与地理转换非同凡响的整体呈现：银矿开采，撒克逊—厄尔士山脉的吹灰法（saigerprozess，吹灰法指冶金行业中的一种提炼过程，对矿石加以高温及其他操作以分离贵金属如金、银——译者注）转变成美洲的汞齐化法（mercuryamalgamation）；制糖行业，马德拉的碾磨机小规模生产转变成圣多美的双辊碾磨机（the two-roller mill）与大规模的奴隶劳作；林业，林区锯木厂的出现始于15世纪的德意志，而1500年以后以革命性的方式转移到挪威；炼铁行业（以及任何需要铁的行业），炼铁炉的扩散不仅使铁产量的提高成为可能，而且使主要炼铁中心持续的地理转移成为必然；造船业，新的船舶（轻快帆船［caravels］）开始走入并随即统治了海洋空间。我们不该忘记将给时间和空间带来资产阶级秩序的重要器具。刘易斯·芒福德（Lewis Mumford，1934，p. 14）提醒我们，“时钟，而非蒸汽机，才是现代工业时代关键的机器”。“15世纪中叶发明弹簧传动钟表及手表”是巧合（Mokyr，1990，p. 50）吗？这也是地图绘制取得革命性进步的一个世纪。始于15世纪30年代葡萄牙的地图绘制革命，一个世纪以后转移到了低地国家，1569年以莫卡特（Mercator）的杰作达到高潮（Brotton，1998）。

封建制度危机已经为这种引人瞩目的繁荣奠定了基础。这本身就是一个重大的事情，以博伊斯（Bois）所说的封建税率下降的生态历史时刻为核心（1978）。封建制度五百年“肆无忌惮的扩张已经耗尽了欧洲的自然资源，这些资源已经开始迅速地消耗殆尽”（Bowlus，1980，p. 94）。主要问题是由于封建制度的阶级矛盾而引起的地力耗竭。1300年左右，农业革新（正如以前所进行的那样）与地理扩张——缓解这些阶级矛盾的主要手段——无法跟上人口增长的速度，也无法满足国家与封建领主日益增长的需求。如笔者在其他地方中所论及的那样（Moore，2002a；Moore，2003a，pp. 102—119），封建制度的命运可能在1348年之前就已经终结了。然而，不太确定的是即将取代它的社会体系的性质。黑死病的爆发，比任何其他事件都更迅速地宣告了封建制度的灭亡，用资本主义的而非朝贡的方式解决了欧洲的危机。

漫长的14世纪危机（1290—1450年）不仅通过转移大量剩余人口（这是封建统治基础）沉重打击了封建统治，而且危机的伤害力极大，极大地改变了西欧乡村的阶级力量平衡。这一变化有利于农民而不是领主。政府与封建领主千方百计地想再次推行农奴制，但已无济于事。这大大减少了可供政府与领主驱使的剩余人口，他们的反应是试图在已经失败的阶级斗争中赢得这场战斗，于是开始了长达一个世纪的无休无止的战争（North and Thomas，1973，pp. 80—81；Wallerstein，1992）。

一般的规律是，“欧洲的”扩张此后尤为注重商品关系方面。之所以如此说，是因为笔者坚持了传统的解释——传统格局中的“欧洲扩张”总是与欧洲向美洲、非洲与印度洋地区的殖民和商业扩张联系在一起。但这是否可能是一个混淆了部分与整体的例子？一方面，毋庸置疑的是，西欧的新帝国采取武力深入的策略旨在控制欧洲以外的世界。毫无疑问，他们在推行这种策略时，采取的是长期的“再分配”（redistributive）帝国的方式，尤其是在东南亚（Pearson，1987）。但这些“欧洲的”扩张运动不是在资本竞争与帝国角逐的推动下，也直接转向了欧洲内部的边疆吗？难道资本与国家的权力融合不是资本主义兴起的标志之一吗？——这种过渡以欧洲剧场内外长期的商品关系扩张为标志。由这一连串疑问，笔者开始怀疑欧洲国家的地理扩张不是在欧洲最典型。到15世纪50年代，从漫长的中世纪危机中恢复过来的欧洲开始焕发出新的动力。商品生产与交换的地理扩张现在处于先锋地位。这是近代世界的黎明通往剩余积累的必由之路。

这条通往积累的新道路——无止境的资本积累——在商品边疆的推动下走向繁荣。如果说欧洲的扩张部分是由不懈地探寻原材料推动的，这一说法本身并不新颖。如果最直白地说，本章可以很容易被看成一个稻草人，事实的要点应该更加辩证地表述为资本主义就是世界—生态。我们可以在资本规模不断增加对原料产量的需求与无休止的资本积累产生的不断加剧的生物物理退化之间，用辩证的方法卓有成效地将资本主义兴起的政治生态概念化。

这种商品边疆战略使得商业—金融资本、商品生产、领主权力与帝国计划融合进1450年资本主义兴起的帝国方案，这里有两次重要的世界—历史的断裂。第一个例子是我们已经提到过的，生态财富——来自于森林、田野、矿山与劳工阶层——将以最快的方式获取（需要指出的是，生态财富从这些农业空间中获取，然后转化成以城市为中心的生产与积累）。浪费长久以来一直被忽略，因为只要盈利没人关心浪费。第二个例子是，区域生产组织内部社会—生态矛盾的加剧引起周期性的地理扩张运动。伴随着连续的商品边疆造成的快速的生态透支，破坏了生产的社会—生态条件，从而也破坏了盈利的条件——在任何地区通常都发生在50—75年之内。这些条件并不是简单的生物物理的；物资短缺伴随着劳工抵制、生物物理转移、资本流动和市场演变而出现。一旦这一地区有限的生态财富开采开始衰落，“新陈代谢断裂”（metabolic rift）的现代实例便推动人们探寻新的商品边疆（Foster，1999；Moore，2000a）。[①]

在生态状况不同、地理位置遥远的各种商品边疆，如北海的渔场、挪威的木材、巴西的蔗糖、秘鲁的白银和波兰的谷物，一系列商品体制在50—75年的时间里，上升到了世界资本积累的战略首要地位，仅仅遭遇了相对的衰落。（因此，地区性繁荣通常并不导致商品生产的绝对崩溃——就像欧洲漫长的14世纪危机的例子一样。然而，地区性的蔗糖、木材，或白银生产单位充其量只是第二等级的生产者——波托西甚至在今天还在出产白银）。因此，在漫长的16世纪，先是安特卫普，后是阿姆斯特丹相继更加广泛的新陈代谢断裂，以及它们带来的商品边疆，就不能仅从对原材料和粮食的需求日益增长的角度去理解。近代世界市场的出现不仅刺激了需求的增加，而且暗示着一种生态体制，这种体制破坏社会—生态条件来满足这种需求。为了保持发展的巅峰，资本主义需要一种始终能够发现和圈占处女地的地理活力，能够成功做到这一点的组织便可以获得丰厚的回报。否则，不可避免的地区性生态耗竭将在制度层面导致粮食与原材料价格全面上涨，从而抬高生存成本（对于劳工阶层而言），并造成生产成本增加（对于制造商而言），或者两者成本同时提高，使得制造业举步维艰。正是早期资本主义的这种地理活力在很大程度上解释了与封建欧洲的不同。封建欧洲因其无法在耗尽生产的社会生态基础之前更快地获得外部前沿，最终寿终正寝（Lewis，

---

① 用这种方法我们可以看到马克思主义生态学中有时矛盾的两个阵营的互补性——奥康纳强调“第二重矛盾”，在他那里资本主义发展削弱了其社会—生态条件（1998）；福斯特提出生态断裂理论，他认为城乡对立创造了乡村的枯竭和城市的污染。

1958；Moore，2002a）。

这种扩张巩固了欧洲内部体系的基础，于欧洲外部也是如此。因此，这些地区性变革的全部含意只能根据一种生态历史的背景来评价，这种生态历史背景推动人们不懈地努力以减少周转时间，同时最大限度地进行资源开采，加速了原材料供应地区的兴亡，这种速度超越之前所知的任何生产方式的速度。由此造成的结果是，在欧洲经济的许多基础行业里产生了一系列商品边疆——从林产品到粮食，从冶金业到捕鲸业。

因此，整体来看，早期资本主义的发展如此突飞猛进是因为它产生了连续的地方性生态危机。这些矛盾在那些对商品生产而言是全新的地区（比如新大陆），或者“自然经济”在历史上占支配地位的地区（例如北欧，本章第二部分的重点）发展的速度最快、范围最广。在上述这些地区，商品生产的引入依赖于当地的生态财富（包括当地的劳动力供应），作为“无偿馈赠”被引入资本循环（Marx，1967，III，p. 745）。随后，土地与劳动力的快速商品化将波拉尼所说的“虚幻的商品”（1957）的整体推向崩溃的边缘。这个阶段地力与劳动力也迅速耗竭，产生了异常持久的盛衰循环现象。而后人们又重新开始探索新的边疆，随之而来的是“扩张——危机——扩张”的循环。

这就是以不断空间征服定位为基础的生态体制赖以存在的基础。除了中世纪晚期西欧被授予一定权力的农民，商品边疆在美洲和北欧周期性的扩张满足了资本家、贵族与王室的需要，虽然这种满足在他们之间从未平等过。正是以这种方式，封建制度的领主制税率（seigneurial levy）衰落的趋势（Bois，1978）因为以商品为中心的扩张——并且与之相结合——而首次被有效遏制。长此以往，领主制税率便在很大程度上被取代了。全球扩张找到了一条摆脱前近代盛衰循环的方式，由于这个原因，商业繁荣不可避免地让位于人口—生态危机。新兴的资本主义世界—生态会不断地出口这种危机，方式是无休止地将自然商品化从而扩张它的霸权，并持续扩散这些危机。到 1492 年，欧洲的统治阶层似乎不仅发现了美洲，而且发现了一种全新的彻底变革性的扩张型政治生态。

这就是时间与空间的划时代变革，比工业革命早了约三百年。

波托西、卡斯提尔与跨大西洋生态的重塑

如果早期资本主义是一个区域，那么揭开其奥秘的任务就必然需要一种内与外、大与小之间的“辩证思路”，以及研究这些对立面互相转换的多种方法。这

种辩证的思路既不囿于普遍的想法（nomothetic conceit），也不能受到具体的诱惑（idiographic temptation）。我们既要处理包罗万象的整体，我们也要应付零星的碎片；我们面临的挑战是要抵制“深陷漫无边际的特殊主义（particularism）的泥潭，也要抵制把复杂的和矛盾的社会经验关进‘划时代标签’的监狱”的诱惑（Pred and Watts，1992，p.2）。

结果是，这类论点提出容易证明难。[①]近代早期的“白银流散”为使用这种方法提供了重要的机遇。在下文中，笔者将追踪美洲白银的转移路线，从白银出产的主矿脉——1545 年之后的波托西到卡斯提尔，在大西洋两岸的商品生产、殖民统治、小农经济与帝国方案不稳定的结合之间来回切换。美洲白银的故事——以及围绕这个故事的其他事情——一直持续到今天，这个问题也是上个世纪史学争论之一（Hamilton，1934；Flynn and Giraldez，2002），仅仅从表面上揭示了货币流通的作用。笔者的方法是将矿井而不是会计室作为故事的起点。在这里，我们在价值形式本身的生态矛盾中发现资本主义兴起的动机张力（motive tension），撕开某些商品的“自然属性”（社会的属性蕴含于此），赞同它们的“经济等价物”（economic equivalence）（Marx，1973，p.141）。我们从生产变革开始论述又以生产变革结束，因此，我们也从完全具有现代意义的自然生产开始与结束。其核心是将自然视为“无偿馈赠”，根据这一观点，生态财富以不可持续的方式被开采出来，通过连续的地理扩张，矛盾得到解决，但接着又扩大。具有显著现代特征的生态革命使得安第斯山区白银的开采成为可能。西属秘鲁 1545 年以后被重塑，服务于卡斯提尔帝国的野心以及为积累目的而进行的千篇一律的积累。这是一个有关资本主义活力的故事，其中掺杂各种各样的人类与生态破坏的故事——大面积的森林滥伐、当地农业的毁灭、灾难性的洪水、饥荒的蔓延与结构性粮食安全的危机，更不要说有超过一百万人被大规模重新安置进西班牙式的城镇，这是现代战略小村庄的第一批。

这是关于美洲白银讨论经常止步的地方。但安第斯山区的转型是欧洲转型的一部分。在本章的第一部分，我们用这一跨大西洋的辩证法研究西班牙帝国计划的背景。西班牙的长期战争策略非但没有彻底击败它的竞争对手，反而加快了自身的衰落，刺激了它的主要竞争对手——联合省——崛起成为世界强国，为整个北大西洋地区商品生产与交换的发展提供了温床。本章第二部分的

① 一些做出有益努力的人是：普瑞德（Pred）和瓦茨（Watts，1992）、麦克迈克尔（1990），以及托米奇（Tomich，2004）。笔者在其他地方提出了一种规模方法，发展了我称之为“转换分析单位”的方法（Moore，2002b）。

主题——北大西洋地区资本主义的环境史——只能用“白银的流散”来阐释，因为白银是价值的主要代表，它作为封建领主与农民生产方式的“高效溶解剂”（highly energetic solvent）（Marx，1973，p. 507），具有划时代的作用。

1. 波托西的兴起（1545—1571 年）

1545 年波托西的发现是近代世界历史上标志性的事件之一。赛罗里科山（Cerro Rico）的发现绝不仅仅是一次“侥幸的空前的地理发现”（Bakewell 1988，p.16）。确实如此。赛罗里科山是世界上银蕴含最丰富的矿区（Cunningham et al.，1996，p. 374）。但卡斯提尔优越的地理位置却更加重要。波托西的兴起主要由于欧洲扩张性的政治生态，正如地理扩张一样。西班牙人无意中发现了赛罗里科山，这是具有特别现代意义的“发现”的历史时刻。这是一种基于近代早期资本主义典型的危机制造与危机解决战略的侵占行为，即商品边疆战略。中欧的银矿开采业危机——发生在 1450—1530 年冶金业大繁荣之后——是波托西兴起的前提条件。欧洲的银矿开采大潮已经在 16 世纪 30 年代达到顶峰。波托西的兴起加剧了撒克逊与波西米亚银矿开采业的衰落，而并非导致了它的衰落（Moore，2007，Chapter 2，3）。

银矿开采业向美洲新大陆的转移是有利的生态与社会条件、极为丰富的矿产资源与可使用的廉价劳动力资源的近乎完美的结合。如果欧洲的整个采矿业在本土遇到了重重困难，那么在新大陆，它能够在根本上重塑西半球的社会生态秩序方面起决定性的作用。西半球重建的核心是城市建造，这也是西班牙殖民战略的支柱。这种方法“与英国的渐进主义模式相反，使得西班牙在短短几年内便以很小的一支占领军征服并控制了整个美洲大陆”（Portes，1977，p. 61）。西班牙的殖民城市是西班牙帝国进一步扩张的先驱。“西班牙人从殖民城市出发，闯入充满敌意的环境中去征服、控制和教化周边的人民。大体而言，征服者住在城市里，而被征服者则留在乡村”（ibid.；*also* Mumford，2004）。

在矿业边疆，这种城市—帝国的逻辑被发展到新的高度。矿业城市同时处于统治与被统治的角色，它们在从属于更大的帝国与经济结构的同时，也统治着周边的乡村。它们是组织中心，不仅在经济意义上欠发达，而且在美洲边缘区与欧洲核心区的生态交换中处于极度不平等的地位，由此导致一种新的、多层次和全球性的城—乡对立。矿业边疆由此在拉丁美洲以及世界—经济范围内创造了城乡新陈代谢之间严重的断裂。在新大陆内部，养料从农村流向城市，然后从边缘区的城市中心流向核心区。但并不仅仅是“养料”以粮食、燃料与原材料的形式在流动。这些流动由于劳动力资源的流动成为可能，并受其影响。新的商品体制在耗尽人类之外的自然之前先耗尽了劳动力。并且正是生产的人的因素与人之外的条件的进一步枯竭迫使人们周期性地扩展集水区（catchment zone）。

没有哪个地区的商品边疆战略的社会—生态矛盾比坐落在秘鲁总督区（今天的玻利维亚）的波托西更明显了。16 世纪美洲新大陆的白银产量占了世界总产量的 74％（Barrett，1990，p. 225）。其中最大的产地波托西以高于萨卡特卡斯七倍的产量使其相形见绌（Bradingand Cross，1972，p. 571；Garner，1988，p. 911）。几乎是在一夜之间，波托西崛起成为欧洲世界—经济体系中最大的城市之一——1610 年拥有 12 万人口，比阿姆斯特丹（8 万人）、伦敦（13 万人）、塞维利亚与威尼斯（都是 15 万人）都要大（Kamen，1971，p. 21；Bakewell，1988，p. 191）。波托西的整个白银产业连同附近的万韦利卡（Huancavelica）的水银矿一起，最先使得商品生产在整个秘鲁总督区和新世界资本主义体系中快速扩张，对土地及劳动力的健康产生深远的影响。

在 1545 年发现赛罗里科山银矿后的 25 年里，采矿与熔炼主要由印第安人控制。印第安人开采的白银大部分作为贡品交到西班牙人手里。随后这些朝贡的实物款项又卖给印第安人，他们用数以千计的瓜亚（guayra，瓜亚是专为高海拔的环境设计的一种小型风炉——译者注）熔炼。“在那些日子里，看到 8 000 熔炼、10 000 熔炼、12 000 熔炼或者 15 000 个这种风炉同时燃烧是一个令人愉快的景象”（Vega，1608，p. 347；*also* Espinosa，1628，p. 623）。后来，西班牙人通过市场获得纯银，在市场上他们通过控制利润丰厚的可可叶增强了购买力（Cobb，1947，pp. 117—199；Cole，1985，pp. 3—4）。

虽然交易成本仍然居高不下，但只要矿藏足够丰富，这种贸易安排就能够继续下去。在西班牙霸占波托西之后的前二十年，矿藏特别丰富。然而，到了 16 世纪 60 年代，瓜亚的熔炼衰落了，因为波托西的产量 20 年前就下降了，下降幅度达 98％（Cobb，1947，p. 124）。由于燃料的成本开始上涨，白银产量在 1546—1571 年下降了 2/3（Bakewell，1987，p. 239）。当浅层矿产开采完之后，采矿工作对印第安工人而言就变得更加艰难，报酬也更少了，越来越多的工人觉得这份工作的报酬还不够买一根蜡烛。因此，“西班牙矿主发现他们面临着劳动力短缺的问题，而这与生活在他们中间的印第安人的数量没有关系”。到 1561 年，有 20 000 名印第安人住在波托西，但只有 300 人从事采矿业，这比 12 年前少了 94％（Cole，1985，p. 4）。“简言之，1532 年之后建立起来的掠夺型（征服型）经济已经走到了尽头”（Andrien，2001，p. 49）。

2. 波托西与西班牙：农业危机与帝国的政治生态（1550—1630年）

统治者对波托西的危机了然于心。美洲的白银助长了西班牙的帝国野心。“正是看到新大陆的白银滚滚流入，菲利普二世自己能在地中海与土耳其人、在北方与荷兰人同时开战”（McNeill，1982，p. 109）。菲利普可能把他醒目地印在波托西第二盾徽上（Potosí's second coat of arms）的那句箴言太当真了：“对于英明的君主而言，这座嵯峨屹立的银山足以征服整个世界”（*quoted* Rudolph 1936，p. 536）。白银产量的减少是一个很严重的问题，它与两大危机——西班牙帝国的财政危机与农业—生态危机——的加剧联系在一起。

我们从1566年以后西班牙“急剧增加”的军事支出开始论述（Parker，1974，p. 561）。这与卡斯提尔内部财政危机的加重密切相关，卡斯提尔为西班牙帝国的冒险行为支付最多（Kamen，1994）。在1557—1577年，菲利普二世将税收增加了三倍，并三次宣布“破产”，实际上是通过发行债券——即我们所知的国债——将短期债务转为长期债务（Parker，1974，pp. 568—569；DuPlessis，1997，pp. 50—53）。的确，由1557年的金融危机骤然引发的破产是由于16世纪50年代早期美洲白银洪水般涌入塞维利亚——剧烈的贬值影响到德意志南部的资本与欧洲中东部的资产阶级而导致的。菲利普不再欠富格尔家族的人情，也不再需要他们的服务。

菲利普的财政困难似乎越来越严重，其祸根在于实体经济的逐步破败。如果说西班牙的农业危机是众所周知的话，那么它的政治生态就无人知晓了。17世纪欧洲的农业危机最初出现在卡斯提尔。从16世纪50年代开始，西班牙的农业—生态矛盾不断加速，深深影响了西班牙造船业的木材危机（Wallerstein，1980，p. 146；Phillips，1986，1987；DuPlessis，1997，pp. 50—53），正如我们将看到的那样。达·希尔瓦（Da Silva）援引了一份1609年的资料，表现出人们深切的关注：“*永不知足的农民正在耗尽土地*”（*quoted in* da Silva，1964，p. 244）。这极有可能与农民逐步加重的债务负担有关。德玛达莱娜（De Maddalena）注意到在17世纪早期“农民的贷款大大增加”（1974，p. 299），但埃利奥特（Elliott）认为“侵吞农民”开始的时间还要更早些，始于1550年左右（1968，pp. 290—291）。

这种侵吞的背后有一种政治生态，现在看来已经完全明了。1570—1630年，

“渐渐地，（卡斯提尔）几乎所有地方的人们都担忧土地将被耗尽”。达·希尔瓦（da Silva）认为，人们越来越关注“产量的下降”与“寻找新土地”事实上是同时发生的（1964，p. 244；*aslo* Elliot，1968，p. 115）。寻找新土地立即导致了新一轮土壤养分的大量流失——随着社会经济的货币化而加速进行，随后人们又开始重新寻找新的土地。狭义上，这是封建扩张的农业驱动特征的重演。到1550年，特别是到1590年，这场危机在全新的关系网中展开——西班牙农业矛盾与其殖民地秘鲁超正常的重组辩证地联系在一起，现在秘鲁的剩余产品可以转化成资本，并在大西洋的另一边交换粮食、木材与原材料。（波罗的海地区的木材与秘鲁的白银就是这样通过现代世界市场的魔力一度联合但随后又解体）卡斯提尔农业—生态危机表面上的中世纪逻辑已经发生了彻底变化，这时这一危机与世界市场结合起来，扩大（而不是缩小）了商品生产与交换的范围。

因此，卡斯提尔与波托西的危机是同一个过程中两个不同的历史时刻。笔者将重点阐述这两个运动。首先，农业生产率的下降以及在卡斯提尔内部重寻未开发可耕地的压力开始缓解，部分原因是谷物的进口。到16世纪90年代，这些粮食主要从远至乌克兰大平原这样的地方源源不断地运来（Stradling，2004，p. 18）。美洲的白银使粮食的大量供应成为可能，稳定的粮食供应也就意味着需要穿越大西洋的稳定的白银供应。鉴于国内农业的逐步萎缩——谷物价格上涨甚至超过了白银通胀的影响（Elliott，1968，pp. 292—294）——伊比利亚的生态体制也要求寻找新的谷仓。西西里岛便是谷仓之一，它是菲利普的遗产，那里从种植甘蔗转到种植小麦的影响不如单一作物种植重要。如果说大西洋诸岛上的甘蔗——用塞瑞欧（Serrão）那句令人印象深刻的话说就是（1954）——“已经杀死了小麦”，那么到了17世纪，地中海的小麦杀死橄榄，随后又杀死了森林。西西里岛的小麦革命推动了“山区的森林滥伐与水土流失，以及低地地区传播疟疾的沼泽的形成……使岛上的农民陷入悲惨的境地……这种新体制破坏了西西里岛的腹地，使那里无法获得资金来增加产出，只能开垦土地，这也破坏了允许农民住在自己田地附近的物质保障”（de Vries，1976，p. 52）。

只要可耕地的扩张能够维持不断增加的人口，那么对卡斯提尔“国内市场”的抑制作用就是有限的。但事实证明，仅扩展可耕地是不够的。布罗代尔认为，“被反复开垦的土地经常出产很低”（1972，p. 426）；维泽（Weisser）也注意到在1600—1640年，托莱多（Toledo）与塞哥维亚（Segovia）的粮食产量“锐减”（1982，p. 153）。在产量上，即使是看似幅度不太大的下降，比如说从1∶4下降到1∶3.5，也意味着农业能够养活整个国家的能力在降低，这个事实在

1599—1600 年的瘟疫中已经清楚地证明（Elliott，1968，p. 294；Parker，1979，p. 39）。这场瘟疫夺走了西班牙近 1/6 人的生命，并引发了一段长期的人口增长停滞与农业生产倒退——这就是地中海范围运动的一部分，布罗代尔称之为“逆向农业革命”（agricultural revolution in reverse）（1972，p. 427）。在封建模式里，这给直接生产者带来了愈发沉重的赋税负担，还进一步榨取了剩余产品再投资的可能性。同时，如果考虑到农业—开垦型生态在伊比利亚生态体制中的渗透，西班牙的逆向农业革命更加促使人们在谷物农业中寻找新的商品前沿。因此，西班牙就不仅仅是将白银从赛罗里科山输送到阿姆斯特丹的“传送带”（conveyor belt），它也是商品体系地理扩张的传送带。

因此，卡斯提尔的非工业化（de-industrialization）有一个决定性的农业—生态时刻。无可否认，美洲的白银提高了卡斯提尔的生产成本，或者说，荷兰发达的制造业水平使其纺织品打入了卡斯提尔的市场（Anderson，1974，p. 73）。现在的问题是一个具有相对因果权重（relative causal weight）的政治生态情况仍然突出。这一时期塞哥维亚兴盛的纺织业（仅次于科尔多瓦）几近崩溃，在 1570—1600 年产量下降了 3/4（Kriedte，1983，p. 73）。难道这与农业—生态的退化和赋税负担的加重没有关系吗？1559—1598 年，“卡斯提尔普通纳税人的负担增加了约 430%，而同一时期的工资只上涨了 80%”（Kamen，1994，p. 486；*also* Weisser，1982，p. 153）。农业生产率的下降——西班牙是欧洲农业生产率最低的国家（Kamen，1994，p. 487）——加剧了国内市场的崩溃，这意味着菲利普二世只能通过不计后果的借贷来维持他的帝国计划。对农民的税额还会增加，但只能到此，不能再加。当查理五世于 1556 年退位的时候，整个王国的“债务利息（juro debt），或者说用于战争支出的每年贷款的利息”，相当于“卡斯提尔正常财政收入”的 68%（Kamen，1994，p. 481）。到菲利普驾崩的 1598 年，债务利息是整个王国每年财政收入的八倍。那么到底谁拥有债务呢？最主要的是热那亚人，正是热那亚人的资本为整个欧洲的商品生产提供了资金支持（Braudel，1972，pp. 501—502；Braudel，1984，pp. 157—174，pp. 208—209）。

马克思指出，公共债务的产生是原始积累的决定性历史时刻（1977，p. 915）。原因不仅在于热那亚银行家积累的利息可用于交易，而且这项权力使意大利人在 1566 年以后获得了特别的自由，可以直接从伊比利亚半岛出口白银。也是因为热那亚人可以将从美洲贸易中得来的“剩余资本”再次投入债券市场（Arrighi，1994），因而为荷兰资本打开了大门。

因此，联合省的兴起与西班牙的衰落密切关联。正是这两个国家之间的冲突使西班牙让秘鲁（西班牙的一个殖民地）去做荷兰（西班牙的另一个殖民地）不会去做的事——付清全部欠款。这让我们又回到了卡斯提尔与秘鲁的跨大西洋环境史。西班牙王国的信誉取决于来自于白银开采边疆的收入。而要维持这些收入只能靠不断地加强、扩大帝国的分工——这关乎近代前期几个战略性商品（首要的是白银）生产上的最终存亡。而这只有通过周期性的环境转型浪潮、殖民统治、国家间的冲突，以及现代世界市场上的竞争才能成为可能。

3. 西班牙立于波托西之上：欠发达的政治生态（1571—1630 年）

正是在这三重危机的背景下——秘鲁内部危机、卡斯提尔内部危机以及欧洲附属地危机（首先是荷兰，正如我们随后将看到的），西班牙王国于 1568 年召集了一个“特别军人集团”设法解决日渐抬头的危机，并委派了一位新总督——弗朗西斯科·德·托莱多（Francisco de Toledo）对秘鲁矿业边疆实施全面重组（Assadourian，1992，pp. 56—58；Mumford，2004）。托莱多面临的挑战是什么？是找到一个成本低、效益高而又有利可图的方法来解决白银产量日益下降的问题。

他成功了。白银产量从 1575—1590 年飞速上涨了近 600%（Bakewell，1987，p. 242）。波托西的复兴取决于两大决定性革新。首先，熔炼法让位于汞齐化法，汞齐化法是掺水银从矿石中提炼白银的方法。其次，瓜亚的“自主劳动”制度（the“arms length” system）被一种称之为“米塔”（mita）（印加帝国男子必须承担公共服务的一项措施——译者注）的强制劳工轮班制所取代。第一项革新以第二项为前提。汞齐化法炉火纯青的工艺适应了安第斯山区的环境，一年后，也即 1572 年，托莱多宣布在地理上扩大“米塔制”的范围。汞齐化炼银法使人们能从含银量低的劣等矿石中提炼出白银。然而，汞齐化法的巨大收益取决于大量可供使用的劳动力供应。1819 年“米塔制”废除前，大约 300 万安第斯人从事于银矿开采（Ferry，2000）。

在接下来的半个世纪里，从波托西矿脉中喷涌而出的白银，不仅对于西班牙悲喜剧式路径的半边缘化发展以及秘鲁的社会—生态的恶化至关重要，而且对于世界范围的资本原始积累也是极其重要的。但加莱亚诺搞错了，他把波托西的开发称为一种掠夺行为，而且这种掠夺是原始积累最重要的手段（1973，p. 28）。波托西是世界积累的支柱，正是因为它不是以掠夺为前提的——至少在 1572 年之后，而是代表了资本主义生产力与掠夺大胆结合的过程。正是这种辩证的关系，而非单纯的掠夺，贪婪地消耗着秘鲁丰富的“原始资源”（Marx，1977，p. 638）：人类及人之外自然。

这种对于土地与劳动力贪婪的消耗绝不仅仅是繁荣之后的结果，它还是波托西复兴的基础，也是波托西1620年以后相对衰落的主要原因。波托西的发展基本代表了近代早期冶金业商品边疆基本的社会—生态模式。在早期，高产的矿石转化成了高工资和相当不错的工作条件（这是在1545年之后，瓜亚时期的最初阶段）。但矿石的质量迟早会下降。当那一天来临，利润就开始越来越取决于以下两者了：（1）加强资本集中，不仅体现在表层的基础设施上，也体现在深层的矿井中；（2）压低劳动力的工资。尽管技术革新与社会革新能够暂时控制成本的上涨，但不可能无限期地控制。

三个主要运动令人忧虑。首先，虽然用汞齐化法提炼白银的燃料效率比熔炼法高，但由于产量的剧增燃料有些跟不上。因此对燃料——主要来源是木材以及当地的一种叫艾寇（icho）的草——的需求剧增。随着时间的推移，获取燃料的成本越来越高。其次，1571年以后波托西的扩张更加依赖廉价劳动力，正是“米塔制”使之成为可能。没人管米塔尤（mitayos，被强迫劳动的人——译者注）的死活，他们从事最危险的工作，1580年以后，随着采矿工作变得愈加危险，矿工也逐渐被消耗殆尽。最后，“米塔制”逐渐削弱了自身扩大再生产的条件，因为殖民统治、货币化与强制劳工的征调破坏了整个安第斯山区的乡村生活。

下面我们将按照以上三种变化各自的演变轨迹对它们进行探讨。

首先，与熔炼法相比，汞齐化法是一种“冷”技术，而不是“热”技术。我们只能想到这一点差别。的确，汞齐化法减少了每提炼1千克白银所需的燃料，但按人均来算，白银是那个时代由熔炼而成的金属中燃料需求量最大的（Moore，2007，chapter 2）。汞齐化法节省燃料的说法很容易被夸大其词。由于汞齐化法在如此短的时间内使得白银产量有如此大幅度的提高，所以它造成的后果是更多的而非更少的森林遭到滥伐。

水银的生产需要大量的木炭，导致了阿尔马登（Almaden，位于西班牙）与万卡维利卡（位于秘鲁）矿井周边的森林遭到滥伐（Parsons，1962，pp. 200—201；Brown，2000，p. 467）。到1580年，寇帕奇（Capoche）的报告里说万卡维利卡周边地区“与其他任何东西的价格相比，木材价格显然是过高的”，木材经常要从远至“25—30里格（长度单位，1里格约等于4公里——译者注）”外的地方运进来（1585，p. 117）。一旦森林被砍伐殆尽，人们便开始割艾寇——一种草，用作炼水银矿石的燃料（Cobb，1947，p. 62）。吹嘘汞齐化法的燃料效率，相当重要的一部分是一种调用越来越远的森林的策略，而不是把他们的物质与能源生产集中在特定的商品生产区，这是欧洲内部一种相当常见的策略，正如我们将在本章第二部分中看到的那样。

在波托西，几乎每一道汞齐化法的工序都需要燃料。矿石需要煅烧，把水银混合到矿石中，由此产生的水银和银的海绵体需要再次加热，以便“将汞从它的白银朋友中分离出来”（Espinosa，1628，p. 626）。只有这样，从石头到银锭的旅程才算完成（ibid.，pp. 626—628）。对燃料的需求消耗了相当大的劳动力份额。到1603年，当我们发现波托西周围的“燃料日益短缺、成本日益上涨”时（Bakewell，1987，p. 214），我们看到3 000名工人从事木材和燃料的运送，而在矿山的地下工作的矿工仅有4 600名（Anonymous，1603，p. 122）。这里运送木材和燃料的工人仅指在波托西工作的人数——在17世纪的欧洲，木材业的规则是一个冶炼厂工人下面有“五个木材工人和搬运工”（Sundberg，1991，p. 9）。

建筑和燃料的需求吞噬了波托西周围的森林。木材腹地逐步扩大，每一步都对生产成本施加更大的压力。“树木……迅速从大型采矿中心周围地区消失，在其中的一些地区——安第斯山脉的高地和干燥的墨西哥高原——树木从来就没大量存在过。此后，木材不得不从很远的地方以巨大的成本引进”（Bakewell，1987，p. 218）。碾磨器的轴——20英尺长、切面20平方英寸——需要从安第斯山谷进口，有时需要从200英里以外进口（Sauer，1981，p. 50；Bakewell，1984，p. 24）。到了1714年，即使当波托西的冶炼厂从120家减少到只有40家，仍需从巴拉圭的山地进口木材（Espinosa，1628，p. 624；Frezier，1717，p. 83，pp. 145—146）。

滥伐森林特别对高度脆弱的山区生态—系统造成严重影响，其遭受水土流失的几率很高，那里的生态—系统是“脆弱的稳定，很容易被人类无意的行为打乱”（McNeill 1992，p. 352）。到1603年，波托西的足迹随处可见：

> **由于施加于山区种种人类活动的影响**，今天很难看到这里曾经有过森林的迹象，但当它最初被发现时，这里到处覆盖着一种他们称之为“藜”（quínoa）的树木，他们（西班牙人）就是用藜木建造了在此定居的第一批房子……也在这座山上，他们曾大量捕猎羊驼（vicuñas）、**骆马**（guanacos）**及兔鼠**（viscachas），这些动物的皮毛和肉与西班牙的兔子非常相似，但它们有一条长长的尾巴。鹿也有，但今天的山上甚至连杂草都没有，即使在本能够生长树木的最肥沃的土壤中也没有草的影

子。这是最可怕的，因为现在山上覆盖着松散的砾石，几乎没有肥沃的土壤，寸草不生的矿化地层纵横交错。（Anonymous，1603，pp. 114—115）

白银商品边疆的衰退很大程度上是因为其裸露了地表。这就是我们所说的扩张与枯竭的第二大运动。或者从商品经济外围地区招募工人，或者只是松散地与他们建立关系，矿主发现自己处于有利的地位，他们不仅享有大量的廉价劳动力，而且可以榨取这些工人而不用顾及他们的健康（Tandeter，1981，p. 104）。本质上说，印第安矿工遭受的死亡与身体伤害与同一时期巴伊亚蔗糖种植园的奴隶死亡率非常相似，并没有对近代早期世界—经济体系构成真正的短期威胁。在某些方面，米塔尤与殖民地企业家之间“残酷的关系”甚至比奴隶制下的关系还要危险（Stern，1982，p. 84；Schwartz，1985）。

1571 年以后，波托西的复兴是在对尾矿——一种冶炼厂不喜欢的矿石——进行开采实现的。但到 16 世纪 70 年代末，尾矿也被开采殆尽了。如何解决？挖掘更多的隧道——到 19 世纪初隧道多达 5 000 条（Galeano 1973，p. 33）。并且挖得更深，深至地下 300 米。与工作有关的死亡与疾病急剧上升。矿主越来越无视殖民地的禁令，加强限额，极大地延长工作日。在 16 世纪 70 年代，殖民地政府禁止让矿工（apiris）一天超过两次运送矿石到地表。到了 16 世纪 80 年代，矿工要二十几次运送 25 公斤的矿石爬上大约 300 米的地表。矿井经常溢满水，迫使矿工在“齐膝深的水里”工作，使他们容易感染各种呼吸道疾病。休息时间——原本是每人两周——越来越遭到忽视（Cobb，1947，pp. 86—89；Cole，1985，pp. 23—25）。到 1600 年，“矿主认为轮班制浪费时间，因此他们开始让矿工连续待在地下，从周一晚上一直到周六”（Rowe，1957，p. 174）。矿井已经变成了“印第安人残酷的行刑场，每天都在消耗他们，摧毁他们，由于死亡的威胁，他们的生活陷入悲惨的境地”（Capoche，1585；*quoted in* Bakewell，1984，p. 145）。尽管劳动制度愈加残酷，但地质条件却无法改变。白银产量在持续地下降。到 16 世纪 80 年代中叶，“矿工们的生产量只有先前的一半”（Cobb，1947，p. 77）。

最后，我们探讨米塔制及其暗含的城—乡对立。从生产中产生的矛盾由于帝国重塑安第斯山区政治生态而被减弱。16 世纪晚期白银生产繁荣的先决条件是秘鲁劳动力社会—空间分工的根本重构，这有利于波托西商品生产的最大化，以及整个地区内部和外部自然（土地和劳动力）的逐步商品化。秘鲁的一切都将为波托西提供服务。

我们首先关注劳动力的吸纳，这是这一地区新的城—乡劳动力分工的核心所在。无须赘述，印第安人并不急着为西班牙人工作。解决之道是米塔制，这是一种每年轮流征调劳动力的劳役制度。这种制度产生于印加帝国，西班牙人沿用并将之改造为“米塔制”，完全为近代目的服务。全新的“米塔制”于 1572 年推行，征召 1/7 的成年男子到矿山、纺织场和“任何其他被认为有利于国家财产价值的地方”工作（Stern，1982，p. 82）。虽然存在着许多米塔制，但波托西的米塔制是迄今为止规模最大、范围最广的。16 世纪 70 年代，它每年征用约 13 500 名劳工，这些人来自一个南北长约 800 英里、东西宽达 250 英里的区域（Bakewell，1987，p. 222）。

这种大规模人员流动的前提是大规模的空间重组。米塔制的直接前提是西班牙帝国对整个安第斯山区乡村生活的重组。始于 1567，殖民地政府开始将“当地人口——大约多达 150 万人，大体相当于当今葡萄牙的人口——大规模重新安置”到“西班牙式城镇”（Rowe，1957，p. 156）。

这些集结村落（nucleated villages）产生了三大社会—生态转变，强化了在征税和政治控制方面的明显优势（Gade，1992）。首先，将印第安人集中到人口更加稠密的聚居地，为欧亚疾病传播提供了便利条件（Andrien，2001，p. 57）。第二，大规模地重新安置，往往需要将印第安人从西班牙殖民者垂涎的土地上赶走（Ramirez，1996，pp. 71—72）。第三，聚居区破坏了原有的“垂直分布”（verticality）习俗。垂直分布包括“（许多人）尽可能多地从事不同的微环境工作”以尽量降低脆弱性（Stern，1982，p. 5）。整个安第斯山区紧靠独特的区域环境——“海岸、山麓、高原、高地以及苔原草原（寒冷贫瘠的高地）”，鼓励了高度相互依存的农—牧业关系。例如，高地马铃薯的种植得到了沿海社区提供的肥料（海鸟粪），而沿海社区又反过来食用了高地的粮食（Murra，1984；Larson，1988，pp. 19—20；Godoy，1991，p. 400）。在整个安第斯山区，已经演变出了一种“海岸、山麓、高地和高原之间生态关系的同步模式”，构成了“一个关于粮食转换的良好的、标准的系统”（Wolf 1982，p. 59，pp. 134—135）。

垂直分布可能对生态是有益的，但它很难满足白银革命的要求。这种由朝贡关系决定的粮食转换的符合标准的系统，将不得不让位于金钱关系。因此，聚居区建立在单一区域而不是多个区域的基础上，消除了“各种生态区里的农业局外人”（Gade and Escobar，1982，p. 434）。

聚居区坚持一种新型的农业—生态秩序，这种秩序与白银边疆的劳动力需求相适应。其核心是公用地农业，这一种植制度强调农—牧业关系，农民可以使用公地，并且土地所有权由社区调解（Thirsk，1964）。垂直分布意味着跨生态区的交换，例如农业和畜牧业在地理上是相互分离的，公用地农业通过强调农牧融合割裂了这种交换。在殖民地政府看来，公用地制度的巨大优势是其地域广阔的特点，强调土地在劳动力稀缺的情况下实现生产率最大化的一种手段，取代了旧有的、土地集约利用的做法。托莱多总督的1575年法令“规定给每个印第安人群体提供一把犁和几头牛”，加快了这一制度的采用（Gade，1992，p. 469）。这项技术导致安第斯山区社会—生态的一个重要变化，从劳动密集型向土地粗放利用方法的转变——这也与农业多样性的急剧减少联系在一起，农业多样性是殖民征服前农民采取的应对庄稼歉收的保障措施（Zimmerer，1996，pp. 44—55）。

牲畜—犁耙的制度由于欧洲人所青睐作物（首要的是小麦）的入侵而实现，并成为可能。商业性生产开始于16世纪30年代晚期。如果公用地制度通过降低监督成本减少了必要的劳动力，牲畜—犁耙制度则有效地用地力和畜力代替了人力，那么小麦提供了一种额外的节省劳动力（但消耗地力）的手段。与当地作物相比，小麦所需的劳动力很少，从而使犁地农业得以实行，并允许许多新的动物放牧（Godoy，1991，p. 407）。在当时的欧洲，最主要的生态权衡是低产及地力耗竭；小麦“吞噬了地力并迫使其定期休耕”（Braudel，1977，p. 11）。然而，正是殖民者巨大的财富才使得美洲土壤减弱了这种趋势。最初，秘鲁的小麦种植的播种率/出产率比欧洲的平均水平高三至六倍，将更多劳动力从粮食生产的需求中解放出来（Slichervan Bath，1963，p. 330；Super，1988，pp. 20—22）。

聚居区为米塔制提供了行政管理和空间的框架，并为服务于资本的土地和劳力更深层次的变革创造了条件。虽然环境史中通常将这些变革解释为主要是由市场驱动的（e. g. Worster，1990；Cronon，1991；Richards，2003），但迄今为止我们关于白银边疆的故事表明，商品体系的地理扩张是以更广泛的社会—生态关系建立为前提的。这其中最重要的是用政府的力量来创造并维持扩大商品化的条件。这不是单纯的“斯密式”动力（pace Brenner，1977）。确实，殖民地发展商业性农业来响应商业机遇，尤其是那些来自矿业边疆的商业机遇。否则很难想象，在一个大约1/3银产量保持不变的地区，这种变化是怎样发生的。关于这一点，可以看（Assadourian et al.，1980，pp. 24—25.）但这种商业化的先决条件是欧洲的社会和生物扩张的破坏性作用，这种破坏作用改变了当地社会，方式是鼓励朝着商品化的重要（即使仍然是局部的）转型。

我们可以看到三种破坏的主要根源，都是与白银边疆的商业化动力有关的：土地征用；牲畜饲养以及克罗斯比所说的“哥伦布大交换”（1972）的帝国环节；

以及米塔制本身的时空动力。正如我们所见，第一点正是殖民地政府对当地社区的重新安置，这往往相当于赤裸裸的土地掠夺。聚居区将分散的印第安人定居点集中起来，为殖民地农业和畜牧业开辟了广阔的新天地（Ramirez，1987，p. 598）。而这只是开始。在1570年以后的半个世纪里，土地征用仍在进一步加剧。秘鲁的转折点恰逢西班牙封建领主的侵占是巧合吗？这种侵占导致了小耕作制的普遍被剥夺和土地所有权的日益集中，虽然剥夺的方式是不同的，但秘鲁和卡斯提尔的大地产成倍上涨的数量和规模类似（da Silva，1964）。由于没有劳动力，拥有土地就是毫无用处的，秘鲁的殖民地政府便动员了一种农业米塔制，规模比新西班牙还要大五倍（Assadourian，1992，p. 61）——这反映了这两个地区不同的白银产量。到1630年，大庄园“控制了城市和矿区市场”的玉米供应，后来也控制了小麦的供应（Assadourian，1992，p. 62；*also* Stern，1982，p. 109）。

土地清理和土地征用的双重过程的最大推动力是矿业边疆，无疑，由于欧亚疾病导致的人口迅速减少，这一过程变得更加容易了（Smith，1970）。但是人口减少不能仅仅从最初的流行病冲击的角度去解释。在众多导致长期人口下降的因素中，一个重要的因素是来自旧大陆的动物的大量增加，它们被特意引进以支持殖民地的事业。大型欧亚动物是殖民地农业、制造业和采掘业不可或缺的力量来源。它们为采矿业提供了关键性的工业投入，特别是动物脂油和皮革制品。欧亚的牲畜是异常高效的征服者；在任何特定的地区，它们可能会占领比定居和耕作所占还要多出二至十倍的土地（Cronon，1983，p. 139；e. g. Stern，1982，pp. 35—36；Stavig，2000，pp. 100—101）。这种情况需要欧洲的蚕食进一步扩大，随着动物的增加对牧场的压力也更大（Ellenberg，1979）。因此，正是欧亚牲畜参加到与当地整个种植“体系”的竞争中，才极大地破坏了后者的社会—生物再生产（Waman Puma，1615，p. 885；Crosby，1972，pp. 98—99）。

波托西对劳动力贪婪的欲望在很大程度上通过米塔制得到了满足，这是造成破坏的第三大根源。通过将这一地区的印第安人村庄以一种新的城乡—劳动力分工的方式编织在一起，米塔制创造了一种有利的疾病环境。此外，通过从村庄里抽取假设意义上的“剩余”劳动力，无论从短期还是长期来看，劳动力征调制都破坏了社会—生态再生产。首先，米塔制往往在“农业周期的关键环节”收回劳动力，更进一步地破坏了劳动力密集型的种植业。当米塔尤回家后，许多人因为病得太重而无法从事农业生产，或者发现他们的田地“已经退化或者荒芜”（Stern，1982，pp. 87—89）。还有很多人没能再回来。劳动力长期大量损失，因为米塔尤被采矿中心和大庄园消耗而永远地离开了（Newson，1985，p. 56）。这对那些幸存的人而言，米塔制逐渐变得更加难以负担。1581—1609年，波托西实现米塔制的村庄损失了1/3到1/2的人口，一些地方人口减少得更剧烈（Barber，1932，p. 105；Cobb，1947，pp. 79—81；Newson，1985）。

村庄人口的减少、矿业无产阶级的形成以及波托西矿石质量的下降共同促进现金支付逐步替代劳役服务，这极大地改变了当地社会与土地间的关系。1606年，白银只支付约20%的米塔制服务；到了17世纪20年代，30%—40%的劳动力已经改为现金支付（Cole，1985，p. 37；Andrien，2001，p. 62）。当地的统治阶层（kurakas）对米塔制造成的破坏的对应是转向商品生产。欧洲的作物如小麦和大麦尤为受欢迎（Spalding，1975，p. 111）。当一些统治者发家之后，一般来说商品生产便和债务上升和土地转让联系在一起了（Ramirez，1996，p. 119）。因此，殖民地税收的政治生态有利于被征服前农业的急剧简化，也有助于欧亚谷物取代那些"耐寒而又很少完全歉收的多样化的美洲作物（比如马铃薯）"（Zimmerer，1996，p. 55）。这对于当地的社会—生物再生产而言充满着不幸的含义，加剧了秘鲁殖民地长期和"严重的粮食供应不安全状况"（ibid.），这种粮食供应状况使得印第安人都更容易患病和抑制生育（Stern，1982，pp. 151—152；Newson，1985，p. 56）。日益频繁的饥荒以及由此产生的（Cook，1981）普遍的营养不良，表现出我们可以称之为在美洲出现的脱节的（disarticulated）原始积累的膳食环节。生态剩余以一种类似于抽取剩余劳动力的方式，从当地农民的身体和田地中抽取出来，这两种情况都对国外的积累中心而不是对一个国内市场的创造有利。[①] 这就是"脱节"——因此本质上是全球化，也是新大陆在向资本主义过渡过程中新陈代谢断裂的性质。

波托西的白银产量在1615年达到了顶峰，虽然其相对衰落直到17世纪末才充分显现出来（Bakewell，1975）。赛罗里科山的产量在1640—1715年基本保持不变，这时新西班牙的产量使其黯然失色（Garner，1988，p. 903）。当然，新西班牙白银边疆是不同的，归根结底，这才是关键。商品边疆发挥其魔力不仅仅是通过掠夺，还有生产；其巡行的每一站都与新的生产组织和生产技术联系在一起。就西班牙而言，现在我们转回到这里，白银从对秘鲁掠夺和生产中流回，这将在欧洲内部产生一种不同的商品边疆。

---

① 欧洲农民也遭受了类似的饮食恶化的境况，只是后果没有那么悲惨（Moore，2003a）。

一切回归森林：西班牙帝国主义及中世纪政治生态的局限

美洲的白银和欧洲的木材是辩证地联系在一起的。获取廉价又可靠的木材供应是西班牙争夺世界霸权的一个关键因素，为了运送这些物资，它的白银舰队远航各地。这两种运动都对森林有着巨大的需求，正如我们已经在安第斯山区看到的那样，我们也将在欧洲看到这样的情景。

没有获得大量的森林产品，一个国家既不能移动资本也无法投放军事力量。不仅是理论上的获取，而且也需要实际上的获取，这需要一种新的方式看待森林。其中心是森林等价物的棱镜（the optic of forest-equivalents）。这种言论似乎不合时宜。但事实上，森林等价物的概念最晚可以追溯至 17 世纪。布朗（Brown）在论述 1669 年法兰西的森林条例时，把这一问题直接向法庭提出："为了获得计划中的全部利益，法兰西国王有必要划分森林，不是平均划分，而是划分成大体相当的几个部分——不是面积相等，而是产出相等"（1883，p. 45）。这一条例本身可以解读为一个引人注目的现代文本，规定"可以用三角法丈量土地"，并提供指导原则，以便巡视员可以"更加经常"地丈量这些土地，误差范围在 5%以内（Anonymous，1669，pp. 103—155）。笔者的意思不是说整个欧洲都实施了这些措施——西班牙版的科尔伯特森林条例直到 1748 年才问世——而是为了说明这样的措施是一种新兴逻辑的表现，这种逻辑的前提是价值规律的彻底抽象化，而后成形。

布罗代尔认为，"无论何时西欧人接触到挪威、波兰和新大陆的广袤森林，如果这些森林靠近海洋或河流，那么，它们很快就成了一种资本货物"（1982，pp. 241—242）。那么让我们从美洲转到欧洲的政治生态。这将允许我们退后一步来考虑资本主义作为世界—生态体系的更大的图景——即世界—经济的物质生活。西属秘鲁当然也存在滥伐森林的现象。滥伐森林与所有其他环境转变方式一道，与采矿行业的成本上涨联系在一起，殖民地政府试图通过逐步扩大城—乡劳动力分工来抑制劳动成本上涨。

然而，这种动力很难说是殖民地世界独有的。虽然"连续过度开采"理论很容易应用于欧洲以外的世界——在那里，一个地区的过度开采和相对枯竭产生了边疆运动，这种运动能够提供廉价的土地和劳动力（Gadgil and Guha，1992）——同样的逻辑也在欧洲内部、欧洲与殖民地之间发挥同样作用。白银繁荣了属地的霸权之路，滋长了西班牙的帝国野心，这又反过来滋长了资本积累的欲望。西班牙帝国计划的先决条件是具有将白银转变为军事力量的能力，这伴随着广泛的物质转变。

欧洲内部角逐帝国的曲折和变化，对当地及遥远地区环境地理上不平衡的、巨大的变化产生了关键的影响。白银是一个棱镜，通过它我们可以聚焦这些不平衡的转变。到 1559 年，查理五世试图将欧洲世界—经济体系转变为世界—帝国的失败导致了地缘政治的僵局，这将在 1648 年的威斯特伐利亚条约中体现。由于热那亚金融业的力量，白银的运送意味着源源不断的现款，1571 年以后的西班牙——那时秘鲁的重建达到最大规模时——变得比它的欧洲对手强大得多，但是后来渐渐地越来越无法主宰这些对手。

社会—生态的影响是这样的。西班牙的军事力量很强大，但它的经济基础太薄弱。它的整体生产率较低，无论是农业还是制造业，这意味着西班牙发动战争的成本高于其竞争对手，其中最主要的就是荷兰。这在任何时代都是十分糟糕的，而在一个“军事革命”的时代，这简直就是灾难性的。战争的费用飞涨，这有利于那些能够致力于资本密集型而非强制密集型建设战略的国家（McNeill，1982；Tilly，1990；Parker，1996）。力量的平衡意味着很小的军事收益需要以巨大的代价赢得——琼斯将此描述为国家形成中“合并成本”（amalgamation cost）的飙升（1982）。

上升的合并成本意味着整个欧洲对当地政治生态的压力不断上升。为了在本章中强调这一过程中的伊比利亚—美洲环节，笔者认为，跨大西洋的联系对 1600 年以后西北欧前所未有的积累和商品生产集中，无论在历史上还是逻辑上都是必要的。对于初学者，需要考察 16、17 世纪期间英格兰（Albion，1926）、法兰西（Bamford，1956）、瑞典（Heckscher，1954）、德意志（Fernow，1911）、葡萄牙（Devy-Vareta，1986）和西班牙（Goodman，1997；1998）对森林管理越来越多的关注。在每个例子中，都存在地理扩张（以获得木材）以应对当地过度采伐的不可避免的（即使是周期性的）压力。这种扩张进行的方式各有不同——有时在领土主权国家的内部，有时通过殖民地扩张，有时通过世界市场（这方面最成功的一些国家，比如英国，能够利用所有上述三种方式，这也从某些方面解释了工业革命的地理起源）。但这种扩张最终取决于国家（不仅仅是国家）调动现金的能力。1557—1648 年，这在很大程度上依赖于获得美洲的白银，白银本身的获取是通过殖民的政治生态，这种政治生态在拉丁美洲持续地把以商品为中心的劳动分工推向外部，并且半殖民的政治生态在资本主义的北大西洋地区以同样的方式进行。因此，对于西班牙而言，白银意味着（占领）属地的动机，同时对于“庞大但虚弱的”资本主义世界—生态而言，白银也是以商品为中心的动力。鉴于其实体经济不稳固的基础，尤其是森林体制，西班牙的帝国战略依赖于相对的速胜——也许是一场持续 20 年的战争，而不是 80 年。著名的无敌舰队——1588 年的惨败标志着西班牙作为一个大国开始衰落，其组建不仅使用了国内的木材，还“用现款以离谱的价格”从波罗的海地区购买了物资（Pollitt，1971，p. 13）。如果它能够登陆，第一项任务就是去烧了英格兰的木材储备（Gron，1947）。但是无敌舰队没能登陆，西班牙没有打垮英国舰队，即使在战争中有低地国家的支持。

近代早期的军事革命意味着——与许多其他因素一起——造船业的几何级增长（在专业战舰罕见的时代，商船的军事功能当然是巨大的）。在漫长的 16 世纪，欧洲的船舶总量增加了五倍，也许更多（van Zanden and Horlings，1999，p. 36；Ozveren，2000；Maddison，2002，p. 59）。造船业与林业的关系主要在以下两个方面：一是物资流动更加直接，二是可以显示森林采伐的指标。在第一个例子中，采伐森林和造船业之间的关系不应在正常的范围内夸大。造船业对木材的数量需求并不大，但对质量要求很高。这是事实，最重要的是，桅杆和船体都需要大树。在数量方面，造船最大的需求并非是木材，而是铁。一艘 400 吨级的舰船，其使用寿命不会超过 10 年，但却可能需要重达 100 吨的铁——生产这些铁要消耗不少于 90 000 吨的木材，这些木材需伐自 750 公顷的林地（Braudel，1972，p. 303；Moore，2007，chapter 2）。

航运业的扩大也是整个体系需求扩大的一个指标。这部分是因为这些船上装载的所有东西都以这样或那样的方式源自森林。即使是纺织业也依赖木材染料，钾碱用于漂白，源自粗放型农业的谷物也总是代表着某种程度上对森林的攫取（这只有当 20 世纪发明合成氮肥、化石树木代替活的树木之后才改变）。造船业也揭示了整个体系的运动，因为它没有通过一个几何平面展开——这里有许多森林危机的隐含逻辑（e. g. Malanima，2006），而在一个地理世界之内展开。无论何等规模的森林都不仅由多种地形构成，而且同样也由历史上和地理上特定的因素构成。因此，造船业面临着诸多竞争对手，这些竞争者在获取森林财富方面兴趣浓厚——（这些对手包括）渴望新土地的农民、钢铁厂、玻璃厂和其他许多对手。

关键的问题依获取木材的生态体制而定。这些体制既有系统性也有区域性，就目前而言，我们着重于后者。这些区域生态体制包括法律框架、阶级关系和商业组织，同样也包括采伐和将木材（无论何种木材）从森林运到消费点中的基础设施、工具、资金和劳动力。但是，造船木材需求的挑剔以及需求的紧迫意味着它在圈占欧洲的森林以及与之相关的边疆运动中发挥着重要作用，这种圈占与其物质生产量之间不成比例。因此，人们在持续的压力下尽可能多、尽可能快地采伐，每当相对的过度采伐造成问题时便转向新的未开垦的林地。因此，讨论造船业其实就是在讨论商品边疆。

西班牙蓬勃发展的造船业存在的一大障碍是其本质上仍是中世纪的政治生态。西班牙不缺森林。在这方面，西班牙肯定优于新兴的荷兰（McNeill，2004，p. 397；*also* Albion，1926，p. 169）。但是西班牙的专制主义需要与当地的习俗对抗；这种困难又由于缺少通向海洋、可以通航的河流而加剧。[①] 与此同时，荷兰有三样西班牙没有的东西——泥炭、便于通航的河流与海洋，以及广阔的（并且可扩张的）北大西洋地区的商品边疆。荷兰资本主义的天然优势将其地理优势与资本家的聪明才智系统地结合起来。[②]

在西班牙，即使从15世纪晚期开始，来自各方面的压力就已经抬高了造船木材的成本。其中一个原因是西班牙的农业生产率低。地力耗竭的土地被弃置不用，开垦新的土地。通常，这些新土地来自森林。西班牙农业生态危机——在16世纪70年代报复性地打击了国内（da Silva，1964）——由于16世纪早期从森林开垦出新的可耕地而被延迟。15世纪是整个伊比利亚半岛的“森林快速滥伐”的世纪（Hamilton，1938，p. 177）。1520年，梅迪纳—德尔—坎波（Medina del Campo）周围的木材是如此稀少，以至于编年史家、宫廷史家安东尼奥·德·格瓦拉（Antonio de Guevara）抱怨说，“木柴的费用跟炖在锅里的汤一样贵”（Guevara，1520，p. 93）。16世纪末，“木柴和木炭的供应在卡斯提尔的大部分地区出现了短缺”（Sella，1974，p. 393；*also* Manue，1200，p. 390）。[③] 到1612年，在加利西亚省（province of Galicia）的西北部——战略木材储备之地，王国的一位官员找到了森林枯竭的一个主要原因，那就是“在这个王国（加利西亚）的橡树林中开垦、烧毁橡树然后播种小麦的做法。有时，砍伐后烧荒时，周围1里格或者更多的森林也被烧毁”。为了纠正这一点，他走近

---

① 这两者是相互关联的，不能通过塔霍河从托莱多航行到里斯本所证明（Elliott 1963，pp. 293—295）。

② 我们暂时不讨论荷兰中世纪晚期的政治生态（Brenner，2001），我们将在本章第二部分讨论此问题。

③ 到17世纪70年代，在马德里，人们认真地谈论把王室移到其他地方。从城市20里格半径获得薪柴已经岌岌可危（Goodman，1997，pp. 69—70）。即使保守地估计，一里格等于2.4英里，这意味着在大约23 000平方英里的范围内缺乏薪柴！

农民（向他们解释）。但农民说，“除非砍伐森林、开垦土地，否则将没有土地播种，他们就会被饿死”。（Goodman，1997，p. 83）

1580 年初吉普斯夸省（Guipúzcoa）的情况也大致相同（Goodman，1997，p. 94）。

造船业也不得不面对竞争的行业。比斯开（Vizcaya）——毕尔巴鄂（Bilbao）造船厂的所在地，由西班牙“最重要的”炼铁厂控制（Goodman，1997，p. 91）。到 1547 年，菲利普在查理五世不在时摄政，他下令在比斯开造船厂的周围植树。1547 年法令的序言对这一地区造船业引起的日益增加的木材短缺情况予以关注（Goodman，1998，p. 90）。这仅仅是危言耸听吗？虽然它似乎不足以作为一种解释，但这是有可能的。菲利普的敕令问世于西班牙造船业长期“危机状态”—— 始于 16 世纪 60 年代——开始之前（Phillips，1986，p. 22）。17 世纪初，王国的一名森林视察员抱怨说，比斯开省的炼铁厂消耗了那么多的木炭，以致“这种情况必须加以重视，因为它可能会导致所有东西的短缺”（Goodman，1997，p. 91）。这并不是说比斯开省的腹地没有树林，而只是说它们“离海岸太远——10 里格左右——而无法足够便宜地进行运输”（Phillips，1986，p. 263）。似乎这还不够糟糕，正是此时，西班牙的炼铁行业发现自己被森林资源丰富的瑞典给抢了生意（Heckscher，1932）——资金则要靠荷兰提供，这一点我们将在本章第二部分中看到（Barbour，1950，pp. 36—37）。从 17 世纪 20 年代开始，我们看到西班牙国王——试图保护造船木材——与冶金行业、烧炭者、最主要的是铁厂主之间的冲突越来越多（Goodman，1997，p. 82，p. 88，p. 92）。

在巴塞罗那，问题不是铁，而是玻璃。一个规模不大的玻璃厂的运作便足以将周围的森林立即吞噬殆尽。加泰罗尼亚的情况提醒我们，这不一定是绝对的木材短缺在作怪。相反，最主要的困难是政治生态这一摇摇欲坠的东西，我们称之为“西班牙”——它只是一种观念，而不是一个既定的领土事实，卡门如此提醒我们（1994）。在加泰罗尼亚——菲利普的大帆船就产自巴塞罗那的造船厂，“森林被砍伐作为燃料供应玻璃制造业的熔炉”（Goodman，1998，p. 92）。这就是在卡斯提尔重演一个世纪前中欧“木材争夺战”的情况（Westermann，1996）。巴塞罗那的市议会呼吁关停玻璃厂，但收效甚微。问题的症结就在这里。菲利普二世无法随心所欲。他在西班牙生态状况的限制下、在西班牙绝对主义的控制下行动，这种专制主义在整个伊比利亚半岛尤其是卡斯提尔以外的地区远非绝对的。“中世纪的各种‘自由’因素给近代早期的西班牙建设一个中央集权的绝对主义提出了一个特别棘手的前景”(Anderson，1974，p. 65)。

正是这些非常持久的中世纪的各种自由产生了大量的“授予修道院和个人的特权”，这样一来国王再也不能轻易地取获巴塞罗那周围的林地了。相反，造船木材从远至13里格的地区蒙塞尼(Montseny)和阿布西亚(Arbúcias)运来，“导致了运输费用的急剧增加”。这一距离——约30英里，是19世纪以前大型木材陆上运输的上限。确实，这一成本十分高昂，而且对于一个濒临破产的国王而言并不是一件小事。到了1586年，财政困难是如此严重，以至于造船木材，包括珍贵的桅杆在蒙塞尼(Montseny)的森林里腐烂，因为工人们在等待王室的发薪人员。这一情景将在1589年重新上演。此后王国的困境也没有好转。“后来(在17世纪初)，当阿布西亚的松木桅杆资源似乎已经用尽，人们便到更远的地方去搜寻，把手伸向了比利牛斯山广阔的松树林。”可以预见的是，这仍使运输成本居高不下。桅杆要“抵达巴塞罗那困难重重”(Goodman，1998，p. 93，p. 95)。

西班牙正面临着多次森林滥伐，这抑制了国内产业的发展。在我们看来，至关重要的是，砍伐森林足以“在17世纪上半叶引起林产品价格的急剧上升”(Hamilton，1938，p. 177)。整体情况非常糟糕。对西班牙的帝国野心更严重的威胁是造船木材成本的上涨。在毕尔巴鄂(Bilbao)周围，“桅杆和圆材所需的长木到16世纪初已经告罄”(Phillips，1986，p. 23)。古德曼(Goodman)认为，从来就不存在桅杆的绝对短缺，即使不能与波罗的海地区的桅杆供应相比(1998，p. 89)。但当地的供应很难获取(而且价格昂贵)——这是关键的变化。当地成本的上升意味着到16世纪初，日益增加的桅杆和海军用品进口自波罗的海地区(Phillips，1986，p. 23，p. 49，p. 80)。到1534年，卡斯提尔从佛兰德斯进口木材——也可能从波罗的海地区，或者至少这些木材出产于德意志(Klein，1919，p. 321)。1575年，指挥官埃斯卡兰特·德·门多萨(Escalante de Mendoza)指出，“在造船中使用的材料大多是本地生产的，除了桅杆和圆材，它们经由佛兰德斯从普鲁士进口”(*quoted in* Usher，1932，p. 203)。布罗代尔认为，到16世纪末，“地中海西部和中部的森林滥伐显著……特别是在西西里岛和那不勒斯，这里正是菲利普二世的海军集中进行大规模造船活动的地方”(1972，p. 142)。在毁灭了那不勒斯的供应之后，菲利普走向了世界。在16世纪80年代，菲利普“试图购买，或者说不惜任何代价要采伐波兰的树木”(Braudel，1972，p. 143)。奥兹沃然(Ozveren)认为，不管怎么说，到了16世纪90年代，巴塞罗那的造船厂都进入了“不可逆转的衰落期”(2000，p. 22)。这不是木材成本上涨的主要征兆吗？到1630年，情况变得越来越糟，“西班牙的造船厂依赖于（从波罗的海地区）进口焦油和沥青、桅杆、大麻”（Usher，1932，p. 203）。

这对于西班牙实力的物质基础而言是一个灾难性的局面。1570年以后，西班牙的航运业开始进入绝对衰落期，而不是相对衰落期。伊比利亚半岛和意大利的舰队缩减了17%，而英国与荷兰的舰队却扩大了近三倍（Maddison，2002，p. 59）。伊比利亚半岛造船业的缩减甚至比前面提到的数字还要大。卡斯提尔这次变得既聪明又迅速，将生产转向哈瓦那，到了17世纪中叶，这里成为“西班牙帝国最繁忙的造船基地”（Ozveren，2000，p. 30）。到17世纪40年代，美洲制造的船只“至少”占西班牙船只的40%，其中的3/4造于哈瓦那（Ozveren，2000，p. 35）。另外的1/3外国制造，可能源自荷兰（Parry，1966，p. 249）。

西班牙的造船业危机只是一个更大问题的一种表现而已。白银使得菲利普能够穷兵黩武，购置船只、枪炮与人员，即使当卡斯提尔的生态构成已无力提供这一切的时候。显然，卡斯提尔正在非工业化（Cipolla，1976，pp. 234—236；Kriedte，1983，pp. 73—74）——即使不是绝对意义上的（虽然这是常见的情况，比如在造船业中看到的情况），但必定是相对意义上的。（这不是行将结束时的决定性变量吗？）这种非工业化的政治生态并不明显。当佩里·安德森（Perry Anderson，1974，p. 71）中肯地提出，正是美洲的白银使得西班牙的绝对主义“无须财政和行政上的缓慢统一，而这种统一是其他地区绝对主义的先决条件”，“换言之，殖民地可以充当各省的结构性替代品”，说西班牙帝国跨大西洋生态体制有如此多的相似性是不是有些轻率？安第斯山区政治生态的殖民重组使得卡斯提尔的农工业复合体能够再现本质上是中世纪的自然生产方式，这不是对那些经久不衰的“专制遗产”的——比如我们在巴塞罗那发现的——生态补充吗？

西班牙的黄昏，荷兰的黎明（1566—1648年）

西班牙的非工业化无法自己控制。低地国家——其中心首先是安特卫普（Antwerp），1585年之后显然是阿姆斯特丹——自1450年起作为融合欧洲世界—经济体系（东欧与西欧之间，北大西洋与地中海之间）的关键枢纽而发展起来（de Vries and van der Woude，1997；Spufford，2006）。荷兰北部后来成为联合省，作为世界经济头把交椅的最主要争夺者兴起于16世纪50年代的萧条时期。如果好好研究这个“典型资本主义国家”（model capitalism nation）的兴起（Marx，1977，p. 916），资本主义通过环境史转型的方式尚未明朗。我们将在本章第二部分中论及这段故事。目前，笔者想强调的是西班牙与新兴的荷兰共和国之间冲突的作用，这些冲突刺激了以商品为中心的生态矛盾在伊比利亚半岛大西洋的两侧，各种解放与束缚交替上演。

西班牙与低地国家紧密相关。低地国家曾经是查理五世王朝财产的一个重要部分，当查理五世于1556年逊位之后，菲利普保留了对低地国家正式的政治控制，至少是一段时间。无论一开始两者在经济发展上存在的差别多么细微，在第一个16世纪（1450—1557年），双方的差距显著拉大。造船业、冶金业和纺织业是那个时代主要的增值行业（Bunker and Ciccantell，2005）。西班牙的衰落与荷兰的崛起，都可以从这三个行业中看出来。荷兰的创新之处在于，通过其拥有现金的优势获取冶金业的成果（瑞典的铁、安第斯山脉的白银），反过来，又通过它在造船和纺织方面的生产率优势获取现金。从世界贸易的角度来看，西班牙开始看起来越来越像一个殖民出口国，将金银和羊毛（但毛织品越来越少）向北运送到荷兰，交换纺织品、金属制品、粮食与——正如我们所见——船只用品（Boxer，1965，p. 24；Anderson，1974，p. 75）。

当然，荷兰也不是这些用于出口的粮食和海军用品的生产者。但他们是生产工具——即船只——的生产者。这使得波罗的海地区的粮食与木材能够出现在卡斯提尔。另外，荷兰也生产了一半波罗的海地区的纺织品进口货，在西班牙纺织品进口货中所占份额也越来越大（Wilson，1957，p. 41）。因此，荷兰资本能够在航运业和造船业实施一个高生产率的战略，结果支配了北欧与南欧之间的转口贸易，这是荷兰硬通货币（白银）盈余的主要来源（Barbour，1950，p. 52）。在16世纪中叶，低地国家占了这一贸易的近85%（Braudel，1984，p. 207）。正如我们将在本章后半部分中看到的，荷兰在这一领域的成功，是其在重塑广大的波罗的海地区——尤其是但泽—维斯瓦河地区——方面所起催化作用的结果。维斯瓦河流域与波托西不同，形式要大于实质。第二个16世纪见证了环境转变的三大不朽事件，这对北大西洋地区资本主义的崛起至关重要，这远非偶然。第二个16世纪非同寻常的地理扩张——“非同寻常”是因为这是对1590年以后世界积累放缓的反应——剥夺了安第斯山区大片的林地，甚至荒草，破坏了巴西的大西洋雨林，并对维斯瓦河流域森林进行采伐（Moore，2007）。

随后的荷兰起义——八十年战争（1566—1648年）——并没有与伊比利亚半岛相脱离（Boxer，1965，pp. 23—24）。西班牙与荷兰“既不愿也不能断绝关系”（Braudel，1984，p. 208；*also* de Vries，1976，pp. 119—120）。的确，1621年以后西班牙对荷兰的贸易禁运显著削弱了荷兰共和国的航运业。但这似乎是想报复别人而害了自己的做法；荷兰受伤了，但没有遭到彻底削弱，而西班牙获取重要的粮食和原材料的能力却遭到了严重动摇（Israel，1977）。简言之，西班牙离不开船只补给品和粮食；荷兰离不开葡萄牙的盐（Israel，1982，pp. 210—211，p. 413）。随着第二个16世纪的临近，粮食状况日趋严峻。到16世纪末，西班牙“完全依赖于进口国外的粮食，而且几乎都不是来自地中海地区”（Braudel，1984，p. 208；*also* Israel，1982，pp. 52—53）。到16世纪90年代，荷兰出口来自波罗的海地区的粮食，不仅出口西班牙，而且出口整个地中海地区，这提供了一个关键的杠杆，使南欧从属于荷兰的积累体制（de Vries，1976，p. 120）。

看来，西班牙专制主义的军事能力与其社会—生态基础之间存在着显著的差距。菲利普二世的帝国计划破产了，原因在于它努力使卓越的近代低地国家——欧洲最先进的城市工业中心的所在地（Mandel，1963，p. 5）——从属于西班牙专制主义中央集权。就商品生产和商业组织方面来说，荷兰在第一个16世纪已经相当成功了，但西班牙却不成功。哈布斯堡王朝专制主义的财政需求，甚至在菲利普之前就已经“严重伤害了荷兰传统的忠诚”（Anderson，1974，p. 70）。查理五世与法兰西的冲突使低地国家不堪重负，主要是由于他通过“安排（荷兰和佛兰德）在收取和管理财政方面发挥越来越大的作用”，而不是通过“加强哈布斯堡王朝的控制”（Darby，2001，p. 15）。因此，在16世纪50年代，当菲利普转向使荷兰成为其帝国财政的主要贡献者时，他的统治基础已经不稳（de Vries and van der Woude，1997，p. 371）。诚然，这是一种爆炸性的局势。即使我们不希望将荷兰的起义定性为近代第一次“资产阶级革命”（Mandel，1963，p. 5；Anderson，1974，p. 75），但显而易见的是，形势已经成熟，西班牙专制主义的现代军事机器与荷兰北部现代资本主义力量相对抗。并且，西班牙遭受的损害更大，前者喂养了后者。派出的60 000名士兵——西班牙的“佛兰德斯军队”（Parker，1972）——需要大量的白银从塞维利亚流向安特卫普。其中的大部分白银并未留在安特卫普，而是流向了荷兰共和国，就像此前白银通过西班牙流向热那亚和佛兰德斯一样（de Vries and van der Woude，1997，p. 371）。

现在，西班牙与波托西发展的联系可以看得更加清楚了。西班牙对殖民地不断施加压力以维持白银的生产，并使生产最大化。只要西班牙能够利用其最大的优势——军事力量来打击相对较弱的对手，这就是有效的。因此，在一段时间里，在白银产量最大化的利益驱使下，领地主义者（territorialist）重塑安第斯山区，并且在融合过程中伴随着社会技术革新，使得西班牙能够“跳级”（jump scale）（如地理学家所言），并在国内的社会—生态枯竭中维持长久的战争经济。美洲的白银使西班牙的实力超过其他国家，哈布斯堡政权试图利用其军事能力打击荷兰共和国（而且不只是荷兰共和国）。结果是，荷兰资本主义的威力能够转化为军事实力，这比西班牙的军事威力转变为资本主义力量容易得多。荷兰能够使西班牙陷入困境，创造出一种长期的局面——在第二个 16 世纪期间。在这种情况下，欧洲地缘政治在殖民地（和半殖民地的北大西洋）迅速加强了资本的原始积累，并推动、扩大了荷兰北部的资本再生产。欧洲各国的争斗最终导致了 1648 年威斯特伐利亚条约，并且各国的政治生态迫使欧洲列强不断地向外探寻大规模的商品及其产生的资本。

所有这一切都表明了一个基本的但却被很少分析过的世界—历史的地理维度。不仅秘鲁、西班牙、荷兰北部和波罗的海地区的经济上相互交织在一起，而且生态上也是密切关联的。这些各自的政治生态越来越多地占领，乃至产生同样的区域——资本主义世界—生态体系的区域。在这些地方，一个时刻（“经济的”）结束了，而另一时刻（“生态”）开始了，变得越来越难以辨别。

结论

在这一新兴的资本主义世界—生态体系中，“一切都在破坏森林”（Braudel，1981，p. 364）。安第斯山脉的矿业边疆消耗了森林（与其功能相同的比如艾寇），其白银装在木制船上大规模地流向卡斯提尔，抵达之后，财富便注入私人和公共的库房，助长了西班牙的帝国野心，还助长了其他因素。这种野心驱使西班牙大量地造船和炼铁——这又加剧了木材争夺战，超出了森林出产的最大生产能力。正是西班牙森林状况的逐步枯竭——不仅仅是滥伐森林——削弱了西班牙自己生产铁、自己造船的能力。甚至这些生产活动依赖于进口优质木材（如桅杆），以及从北欧进口粮食。同时，大量白银的流入使西班牙王国不需要进行内部的结构调整——国家机器、生态状况与社会经济，而这种内部调整对维持其永久性战争策略是必不可少的。因此，“17 世纪危机”最早打击的就是西班牙；其本质上是中世纪的农业，以类似于 14 世纪危机的方式再现了封建领主—农业的周期性的生态危机。在西班牙，只有位于南部边境的瓜达尔基维尔（Guadalquivir）地区逃脱了这种命运，因为它曾是一个边境地区——那时，瓜达尔基维尔河的泥沙淤积“破坏了塞维利亚的商业繁荣”（Elliott，1968，p. 293；de Maddalena，1974，p. 300）。

但这不是封建危机。事情现在已经完全不一样了。西班牙的“逆向农业革命”既非孤立，亦非普遍。西班牙的农业—生态灾难和秘鲁（而且不仅只是秘鲁）的殖民地生态革命是遥遥相关的，正如我们将在本章第二部分中进一步探讨的，并与荷兰农业革命的第二阶段、波兰的“经济衰退”和农业—生态危机，以及后来的整个北大西洋地区的崛起都相关。从近代环境史的角度来看，17世纪“危机”——是体系中的危机，而非体系的危机——的不同之处在于“资本主义和中世纪政治生态的不均衡衔接”。随着这样衔接的发展，它是创造性的，它是破坏性的，它是全球性的。变化微乎其微。

2. “阿姆斯特丹立于挪威之上”：漫长的17世纪生态革命中的整个北大西洋地区

在这里，地理既是奴仆，往往也是主人。

——C. H. 威尔逊（1976, p. 10）

16世纪中叶欧洲“大萧条”之后发生了一件有趣的事情（Elliot, 1968, p. 56）。这些问题自16世纪20年代以来就一直在酝酿。最能证明这一点的是经济作物的种植和采掘业的发展，实际上就是资本主义发展的线索。中欧的白银、铜和钢铁制造业衰落了；马德拉的蔗糖产量锐减；但泽的木材和其他森林产品的价格开始上涨（Malowist, 1960；Vlachovic, 1963；Pereira, 1969；Braudel, 1982）。然而，16世纪50年代之后发生的事情不再遵循中世纪模式。毫无疑问，“第一个”16世纪（1450—1557年）是商品化和技术进步的黄金时代（Nef, 1964）。毋庸置疑，这个黄金时代看起来很像欧洲早期的商业“繁荣”浪潮，而且不仅仅局限于欧洲（Goldstone, 2002）。但此时呈现出了不一样的特点，对于区域变化的多样性而言，整个体系的商品化水平没有降低；封建领主对农村生活的霸权也没有强化。

正如我们在本章第一部分所看到的，西班牙的农业生态枯竭——始自中世纪，16世纪90年代到达顶峰——在一些关键方面重复了封建主义漫长的14世纪危机。最大的不同在于，西班牙危机与一连串的商品革命联系在一起，在被称之为商品边疆的地方推动发展。简言之，任何单一区域内劳动力、矿产资源和生态系统的枯竭，都会严重制约先前的生产方式，而且成为衡量其成功与否的杠杆，现在这一问题已经通过全球范围的商品形式得以解决。当第一个16世纪让位给第二个16世纪时（1557—1648年），“大萧条”为扩展商品生产和交换的霸权提供了一个神奇的机会。中世纪晚期危机已经造成了商业化的急剧倒退，但1450年之后，一直到1550年之后，都没有出现系统化的倒转趋势，而这种趋势会使一切都商品化。

这就导致了人类历史上史无前例的世界生态革命的出现。直到16世纪中叶，荷兰都一直行进在成为现代史上第一个超级大国的征途上，而且处于这一生态革命的中心。荷兰要么直接开创霸业，要么参与到这个世纪或者1568年之后非同寻常的环境转变浪潮之中：（1）巴西东北部上升为世界蔗糖经济的重要地位，取代了圣多美在17世纪过去30年中的地位（Schwartz，1985）；（2）非洲的“奴隶边疆”运动，从几内亚湾到安哥拉和刚果（Miller，1988）；（3）波托西1545年后地位的上升，1571年后剧烈的重组，紧随撒克逊和波西米亚银矿枯竭之后（Moore，2010）；（4）在东南亚，丁香树、肉豆蔻种植遭到破坏，17世纪前几十年，荷兰东印度公司在控制利润丰厚的香料贸易的商业战争中的失败（Boxer，1965）；（5）英格兰沼泽地，以及从伯南布哥到华沙、从罗马到哥德堡，遍及大西洋地区的湿地的排干（Wilson，1968，pp. 78—81；Rogers，2005，p. 51）；（6）西班牙的造船工业转移到古巴，1700年以前制造的1/3的舰只都产自那里（Parry，1966）；（7）16世纪70年代，森林产品边疆从波兰和立陶宛转移到挪威南部的运动，紧接着是再次深入但泽内陆地区、柯尼斯堡、里加和维堡的运动；（8）16世纪50年代，维斯瓦河流域谷物生产地位的上升；（9）始自16世纪后期的欧洲铜铁生产中心的重组，瑞典取代匈牙利和德国；（10）昂贵的远洋捕鱼业船队航行于广阔的北大西洋，捕捞鲱鱼、鳕鱼和鲸。

如果这些运动都相互关联，那么它们并非处于同样的层面。世界生态革命中的北大西洋时代至关重要——斯堪的纳维亚和波罗的海的森林产品、波兰的粮食、瑞典的金属、大西洋捕鱼和捕鲸业。倘若没有这些商品边疆的面包、鱼、铁、铜、木材和森林产品，那么世界积累重新集中在阿姆斯特丹是不可想象的。首先，在北大西洋，“无论荷兰的资本家走到哪里……他们都会抽干沼泽、砍光森林、开凿运河、开采矿物、建造轮船、开设磨坊，以及修建生产火药、玻璃和纺织品的工厂”（Wilson，1968，p. 78）。用狭隘的欧洲术语来形容北大西洋是错误的，除非在谈到新大陆的蔗糖和白银商品模式时。征服美洲的过程中环境破坏面积巨大、范围广泛，从巴伊亚 和巴巴多斯的甘蔗种植地到波托西和萨卡特卡斯的采矿中心。难道欧洲可以避免这些贪婪的欧洲殖民主义的生态历史环节吗？或者说，这是扩展至维斯瓦河、斯塔万格和维堡的商品关系全球化的重要环节吗？这个越来越现代的北大西洋地区的崛起——是产生资本主义世界生态的众多地区之一，（Moore，2010；2003b）——与越来越现代化的南大西洋地区的兴起有很多相同之处，这里是大量奴隶、蔗糖和银矿商品边疆的原产地，因欧洲历史地理扩张而重要。简言之，与欧洲外部一样，在欧洲内部有一个“巨大的边疆”（Webb，1964）——而且这个巨大边疆是在一个紧密相连的商品边疆的驱动下向前发展。

荷兰的经济奇迹时常为人们津津乐道（*see* interalia，de Vries，1974；Wallerstein，1980，pp. 36—71；Aymard，1982；Israel，1989；van Zanden，1993；Arrighi，1994，pp. 127—158；de Vries and van der Woude，1997；Hoppenbrouwersand van Zanden，2001）。然而，同样神奇的荷兰政治生态却没有受到重视（讨论）。[①]要使这一政治生态为众人所知，一开始便需要做出重要的选择。一种选择是追溯荷兰资本主义的环境转变。这要从荷兰资本主义的社会构成入手，追溯此后持续的环境转型浪潮。“……的环境史”可能是相对于“作为……的环境史”的观点提出来的。如果第一种观点认为荷兰资本主义是一项带来生物物理学结果的社会方案，那么第二种观点——作为……的环境史——则认为荷兰资本主义既是一项社会方案也是生态方案，它的发展带来了一个巨大的社会生态转型。

这就是本章第一部分介绍的作为“世界—生态”的资本主义的观点（Moore，2010）。本质上，这一观点提出了一个简单的命题：当资本主义通过自然—社会关系展现时，并没有完全遵循自然法则。这是对笛卡尔世界观——将自然与社会分裂开来——的一种挑战，也是一种替代（Moore，2009b）。这种替代的观点认为伟大的世界近代史运动——工业和农业革命、持续的“新”帝国主义、社会革命、世界市场的形成和发展——是社会—生态方案和过程，旨在各自的领域内重塑自然与社会的关系。“自然”，不再是任由人类留下足迹的被动载体，而变成了一系列主动的关系，通过人类和大自然历史和地理的特殊运动不断地塑造和重组。作为世界生态的资本主义，第一次出现在1450年霸权中心转移到大西洋沿岸之后。这是从领土霸权到商品生产与交换霸权的转变。尽管这种转变经常被理解为殖民扩张，但核心问题并非空间上的殖民，而是时间上的征服。当务之急是“控制剩余的劳动时间，在社会必要周转时间之内将之转变为利润”（Harvey，2001，p. 327）。芒福德（1934，p. 14）有充分的理由认为时钟是现代决定性的机器：“时钟……记录着一连串有规律的、重复但相互分离的动作……而不是履带式、连续的和经常的动作，如日晷上不断移动的阴影”（Landes，1998，p. 49）。换言之，时钟提供了与封建主义“仅依靠自然时间”的时代断裂

---

① 这里有一些重要的贡献（e. g. deZeeuw，1978；Unger，1984；vanDam，2001）。笔者的观点认为，这些还没有尝试把荷兰的霸权重新解释为环境史。

的可能性，真正建立起现代劳动生产率的社会物质基础（Le Goff，1988，p. 181；Landes op. cit.）。正是这种时间的殖民化推动了早期资本主义非同寻常的地理征服。

1450年以后的世纪见证了资本主义神圣的三位一体的兴起，随着无止境的资本积累、无休止的自然征服和一切东西的商品化系统地（尽管不平衡）结合在一起。急剧的商品革命——在一系列非凡的生产技术革新下成为可能，从造船业到采矿业，从冶金业到印刷术和制糖——从根本上重塑了一个又一个地区的自然—社会关系。这些革命最大的特点是连续性，这在世界史上是没有先例的。在国家和公司为了获利而进行生产商品的推动下，这个时代以商品为中心的革命对生物物理自然有无休止的需求。这种需求不仅越来越多，而且越来越快。一种不断扩大的自然量被“一连串有规律的、重复的，但互相分离的动作”所控制，而不是日晷上不断移动的阴影。随着人的和生物物理的自然先后耗尽，假定生产的社会技术组织尚存，人们将寻找未开发的土地，并将商品形式全球化。

因此，似乎是一个术语的简单的变化——作为世界—生态的资本主义——其实是为了阐明实际的相互关联的问题群（problematique）。随着资本主义的兴起，各种大都相互隔绝的一连串地方的社会生态关系便纳入了——同时变成了它的构成因素——作为生态体制的资本主义。在新兴资本家制定的时间原则和自然独特的社会矛盾推动之下，商品边疆的地理分布彻底全球化了。因此，就有了下面这个连字符：我们不一定是在讨论这个世界的生态（尽管这在今天实际上是事实），我们讨论的是世界—生态。

从这一角度来看，荷兰的霸权是作为一系列无法简化的社会—生态关系出现的，通过而不是基于社会化的自然起作用。事实上，荷兰资本主义的社会生态环节是如此紧密地交织在一起，以至于很难说是否自然和社会过程之间显著的差别可以提供描述的力量（先不说解释了）。我们可能会问，荷兰的捕鱼船停止作业的“自然”时间发生在何时何地，而“社会”时间开始于何时何地？鱼是什么时候从海里捕捞上来的？它们是什么时候打包的？什么时候卸载到港口的？什么时候运到华沙市场的？又是什么时候被购买和食用的？正如雷蒙德·威廉斯所说的，这两个环节在历史资本主义中结合得如此紧密以至于不可能“将其中任何一方分离出来”（1980，p. 83）。

当今关于什么是社会理论的主体还是有争论——我们可以称之为建构主义、关系本体论或自然生产（*see* inter alia，Harvey，1974，1996；Smith，1984，2007；Braun and Castree，1998）。然而，在环境社会学理论中产生的“红—绿”

见解和现代世界社会变化的理论概念和方法前提之间，存在巨大差异（e. g. Anderson，1974；Wallerstein，1974；Arrighi，1994；Tilly，1990）。后者的“绿化”概念已经过时了，这对我们的方法论观点有直接的影响。人们应该如何在世界—历史的社会变化中观察、思考社会的和生态的关系？这是一个重要的问题，在此笔者只能揭示一点皮毛。当然，人们可以选择强调“生物物理”的变化（例如，土壤枯竭或者森林砍伐）比某种“社会”的变化（例如，农民的分层）重要。方法论问题在自然和社会之间打开强与弱的结合机理，而这又反过来依赖于某种形成（和再次形成）这些抽象概念关系的概念（Williams，1980；Moore，2009b）。在本章第一部分中，认为在大规模和小规模的社会生态变化之间的界限并不明显，这样我们在内外、大小及这些多样的方法之间就有了一个“辩证的思路”，正是从这种多样的方法中内外大小这些因素在资本主义历史上重新发挥着作用（Moore，2010，p. 43）。这种辩证的思路对于全球和局部地区的关系是必要的，因为从这种关系中产生了自然与社会的关系。我们的取舍暗示着（事实上是使其必须），自然和社会之间有一个可打通的边界确实是必要的，且以一种方法为依据，这种方法将自然与社会的关系视作生产性的、流动性的、暂时稳定的，同时又是遭到迅猛粗暴地破坏的。

在资本主义的上升阶段，整个北大西洋地区是一个霸权暂时稳定的区域。它在漫长的16世纪（1450—1648年）是庞大但脆弱的世界—生态的核心区。此地是1557年之后几个世纪里资本积累最有效率的发祥地（首先是荷兰，随后是英国），为资本主义的巩固提供了必不可少的战略性原材料——木材、纤维作物、海军补给品、金属、谷物和鲸。笔者不十分确定，将以阿姆斯特丹为核心的近代早期北大西洋地区描述为商业资本主义的产物是否最合适（e. g. van Zanden，1993）——尽管不可否认的是，这一地区分布的生产能力确实是居于核心地位。德弗里斯（De Uries）和范德伍德（Van de Waude）另辟蹊径是十分正确的，强调“首个近代经济体”内的技术和组织革新（1997）。笔者将这一论点作进一步引申：“首个近代经济体”确实是荷兰，*但又不仅仅是荷兰*。接下来，笔者把霍布斯鲍姆（Hobsbawrn）的宝贵建议作为指导思路，“所有（17世纪的）海洋国家……都可以视作一个巨大的多元化的国内市场……一个共同的国内市场”（1965，p. 49，p. 57）。将国内市场的类别从民族国家的自然地理分布中区分开来——只考虑国家的政治边界就太机械化了（Lenin，1956，p. 600），霍布斯鲍姆的建议可以重新理解得更加全面广泛。难道广阔的（并是扩张性的）北大西洋地区不包括一个极重要的、自我促进又自相矛盾的社会环境吗？这个社会环境将那个时代三个决定性的（如果略有重叠的话）积累行业——（1）生产方式的生产（首先是造船业）；（2）消费市场的扩大，尽管主要是规模上的扩大而不是程度上的加深；（3）连续的农业开发地区的“原始”组织——统一起来。我们说北大西洋地区“共同的国内市场”对于西北欧的资本积累具有决定性意义，并不是说沿海低地国家以及后来的英国的“民族”国内市场不重要。谈及市场时总是复数；因为市里有市，场里有场，不稳定（中世纪）的市场地位又与（资本主义）的市场空间相连。

这个“共同的国内市场”是从一个核心区发展而来的，包括英伦诸岛、法兰西、低地国家、德意志的商港（如汉堡）和斯堪的纳维亚半岛的部分地区。当16世纪中叶的危机使第一个16世纪落下帷幕并开启第二个16世纪时，整个北大西洋地区将通过持续不断的商品边疆运动向外扩张。到18世纪末，这些运动将会合并更大的维斯瓦河流域、整个斯堪的纳维亚半岛、最北到斯瓦尔巴（Sralbard）群岛、今天的波罗的海国家、俄国远到乌拉尔地区，以及北美洲东部。它与沃勒斯坦在《扩张的加勒比海》（*Extended Caribbean*）（1980，p. 175）和布罗代尔在《地中海世界》（*Global Mediterranean*）（1972）中所说的种植园经济越来越紧密地交织在一起。

如果说，至少到17世纪末，这个北大西洋地区的条条大路都通向阿姆斯特丹，那我们从荷兰通往资本主义道路的特殊性着手，将是十分有益的。

生态与荷兰的资本主义之路

荷兰的资本主义之路是从15世纪下沉的泥炭中开始的。低地国家逃脱了黑死病的厄运，斯利赫·范巴斯（Slicher van Bath）（1963）将其归功于与其他西欧国家相比更为健康的日常饮食。但原因是为何荷兰人采取了健康的饮食？一方面，这是封建领主力量的一个象征；强壮的农民通常都吃得不错。另一方面，这是这一地区社会—生态活力的象征，当整个欧洲的粮食产量普遍下降的时候，这里却独享“大量粮食……丰收”（van Dam，2001，p. 34；Moore，2007，ch. 1）。但在15世纪的头几十年，这种活力被危机所取代。15世纪初，9—14世纪大量的泥炭开采和土地开垦已经“完全摧毁了土地并造成了大量土地缺失”。低地国家的沿海大部分土地都沉入了北海（van Dam，2001，p. 32）。正是在这一点上，

> 由此造成的结果是，一大部分——并且（人数）在迅速增加——农村人口突然发现，**由于严重的生态破坏**，已经无法靠耕种土地谋生了，

> 被迫寻找生产性活动，以便他们能在市场上竞争。**不像欧洲的其他地方，**这一地区农业人口屈服于市场，依赖市场的，以及卷入城镇贸易与工业的人口越来越多，这在很大程度上是单一的农业转型过程的一部分。一方面，荷兰呢绒制造业、酿酒业、航运业、造船业和泥炭采掘业的兴起，大部分都是出口导向型的；另一方面是荷兰的乳制品和奶牛的饲养，这两方面是生态推动下非同寻常的分离过程的两个方面，它将直接生产者与他们谋生的手段分离，从而导致了向资本主义的过渡，这两者必须放在一起来理解。(Brenner，2001，p. 206)

因此荷兰之路的起源在于，这一地区对封建危机的特点产生的与众不同的反应。"生态过程"以一种"特别类似于'所谓的原始积累'的方式起作用，（这种原始积累）在英国剥夺了农业生产者的土地"（Brenner，2001，p. 208）。在这里，现代经济发展的基础不是社会的，而是无法简化的社会—生态的！

这种由生态强迫的"市场依赖"（用布伦纳恰当的表述）（2001，p. 177），在漫长的16世纪加强了荷兰工农业的竞争地位。沿海低地国家的工农业生产率的提高使那里资本家的组织在第二个16世纪越来越强。这确实是一个良性循环。市场依赖型的农业迫使生产力提高，这反过来又加强了荷兰在波罗的海地区贸易中的主导地位，波罗的海贸易中的优势又加速了荷兰国内的农业革命。荷兰的农民从种植谷物（低利润行业）中挣脱出来，转行到了乳品业和其他高利润行业。

这是一个带有恶性软肋的良性循环。因为荷兰社会—经济的成功是靠生产力的社会—生态史和对一个又一个资源边疆的掠夺实现的。这对于整个北大西洋地区的崛起具有决定性的意义。这是一种突袭后迅速撤离的逻辑。突袭那些生态资源最容易得到的地方（最廉价的），以最快的速度进行开发，一旦生态恶化、收益降低后便迅速撤离。因此，用钱德勒天才的措辞（1977）就是"速度经济"，它在"新陈代谢断裂"的资本主义实例中是决定性的（Foster，2000；Moore，2000a）。"农村"生物物理侵吞的加速（为了城市资本的利益），耗尽了农业空间，所以奠定了扩张性边疆战略的基础。因此，安特卫普及阿姆斯特丹持续而广泛的城—乡对立，以及它们夹带的商品边疆，就不能仅仅解释为需求上升的表现了。粮食和原材料市场无疑在数量上扩大了，但相关的商品边疆的整个范围扩张更加迅速。它们不得不迅速扩张，在技术、商业组织和生物物理丰富的背景下，这些都是早期资本主义生态体制的特点。这种情况促使人们在最大限度地开采资源（由劳动生产率决定）时，在以前所未知的任何生产方式加速原料产地的兴衰过程中，通过不断的努力去减少周转时间。结果是，商品边疆在欧洲经济的许多基础性行业中接二连三地更迭。

这个商品边疆的战略，处于整个北大西洋地区崛起的核心，在北大西洋地区之外找到了其转变的关键引擎之一（笔者将强调这一点，但不会超越资本主义世界—生态的维度）。我们从本章第一部分所知，这种外源性的主要推动者是跨大西洋的伊比利亚生态状况。伊比利亚生态状况导致了安第斯山区短期的灾难，对西班牙来说则意味着较长时期的灾难——短期扩展至较长时期。但是，南大西洋的体制在将美洲丰富的矿产资源运送到北大西洋地区方面成绩辉煌。无怪乎在16世纪中叶的卡斯提尔王国，“人们习惯于说‘西班牙是外国人的印度’”（Vilar，1976，p. 160）。安第斯地区白银的生产和运输，当时北大西洋地区粮食的生产、木材和冶金的生产盈余都是一个统一（如果是不均衡的）过程的关键部分，即资本主义世界—生态形成的过程。

我们从廉价粮食开始论述。漫长的16世纪开始时，荷兰的粮食价格在西欧最高，漫长的16世纪结束时，它的价格又最低（de Vriesand van der Woude，1997，p. 199）。廉价粮食适时地确保了16世纪和17世纪非农业劳动力迅速增加。在这一时期，尼德兰北部的人口翻了一番还多，而乡村人口只增加了1/3（deVries and van derWoude，1997，p. 208）。有的地方30%—60%的人口住在城市，其中的3/4——有10 000人或者更多——又住在“大”城市里（Wallerstein，1980，p. 45；Berry，1990，p. 103；DuPlessis，1997，p. 72）。1650年，尼德兰北部的人口只占欧洲人口的1.5%，但1/6的欧洲大城市都在这里，有40 000多人（*calculated from* McEvedy andJones，1978，pp. 62—65；Parker，1979，p. 23，p. 40）。16世纪早期，阿姆斯特丹只有11 000人，16世纪80年代增加了三倍，1650年达到了200 000人（Davis，1973，p. 180；Wallerstein，1980，p. 45；deVries and van derWoude，1997，p. 358）——在一个世纪里增加了几乎20倍！到1560年，波罗的海地区的粮食仅满足荷兰15%的需求（Elliot，1968，p. 48；de Vries and van der Woude，1997，p. 198；van Tielhof，2001）。到了世纪之交，城市化程度最高，所以也是最商业化的几个省（荷兰、乌特勒支、弗里斯兰和格罗宁根）一半的人口需依赖进口的粮食来做面包（de Vries1974，p. 172）。

但为什么进口的是波罗的海的粮食？这需要将环境史和政治经济状况结合起来加以解释。首先，当我们说波罗的海地区的粮食时，实际上我们说的是波兰的粮食。这和它所处的地理环境的特点有关。简言之，波兰是一个边缘区，从11世纪的大殖民运动开始便是如此。但到16世纪中叶，边缘意味着不同的含义。但泽—维斯瓦河地区不是一个地广人稀的边缘区（尽管这种现实在某种程度上仍然存在)；最重要的是，它是一个商品边疆。尽管其他地方的商品边疆，如巴西东北部的蔗糖区，可以建立资本密集型“工厂”，但在其他地区效果正好相反。最关键的问题是廉价粮食，在短期内，无论是农奴还是资本主义的农民生产，关系都不大。由于拥有相对充足的土地和有助于强行获取剩余劳动的平衡的阶级力量，波兰成为了欧洲唯一的谷物生产区，那里生产重要意义的剩余产品。西西里岛16世纪初也在生产粮食，但到了16世纪末就出现了粮食枯竭的迹象。1590年以后，整个地中海地区作为粮食出口区的地位将不复存在（Parker，1979，p. 39)。然而，波兰，用布罗代尔的话来说类似于第二个“美国”(1984，p. 207)，相对而言可以随意获取，而且保有大量的处女地。不过只是暂时的……

廉价粮食与波罗的海边疆：白银的里衬

我们的第二个论点关注荷兰的工农业与白银结合的方式，这也是本章第一部分的核心所在。到了16世纪后期，荷兰在波罗的海的革新是要充分利用以下两者的有利结合：一方面是大量的白银供应；另一方面是“西欧对波罗的海粮食需求的激增”(Davis，1973，p. 180)。荷兰先进的制造业水平具有重要意义，但要与波罗的海地区努力建立一种半殖民关系又显得力不从心。

波罗的海地区的贸易可能已经是一种半殖民关系了，但这是一种奇特的殖民主义，因为是荷兰而非波兰，一直处于贸易逆差中。因此，现金是决定性的中介变量（Braudel，1984，p. 209)。[①] 现金意味着白银——艾特曼（Attman）(1983a，pp. 10—12）认为，在17世纪，每年波罗的海地区的白银净流入量在50吨左右[②]——能够非常方便地从西班牙人那里得到（因此，荷兰贸易的重要性超过地中海和新大陆。)。“毋庸置疑的是，波罗的海地区流失了大量美洲白银，这些白银是西班牙为了从荷兰进口货物而抵押给阿姆斯特丹的。白银舰队上所装载的大量白银的最终目的地是丹麦松德海峡”(Wilson，1949，pp. 153—164；Wilson，1951，p. 235)。如果说最近几十年我们已经知道了许多关于马尼拉大帆船和白银流入远东的事情（Frank，1998；Flynn and Giraldez，2002)，毫无疑问，

---

① 与其他事情一样，也减少了相对于英国商人可以使用的信用的价值（Lambe，1657，pp. 9—10)。

② 艾特曼（1983a，pp. 10—12）费尽心思地强调这是一个非常保守的估计，忽略的香料的陆路运输，主要参考欧洲港口记载的出口。另一方面，德弗里斯和范·德·伍德发出怀疑的声音，认为荷兰源于运输和商业服务的“隐性”收入对艾特曼对荷兰共和国金银出口的估计有一定的影响。

这是言过其实的——但同样清楚的是有大量美洲白银经由阿姆斯特丹流入波罗的海地区（Barbour，1950，p. 52；Attman，1983a，pp. 31—37，p. 103；North，1989，1992；Barrett，1990，pp. 250—252）。欧洲还没有其他地方像波兰那样，因为美洲白银的流入“导致了农产品价格的飞涨”（de Maddalena，1974，p. 308）。

到底有多少流入西班牙的美洲白银最终落到了荷兰人手上？巴伯（Barbour）认为有15%—25%，但也引用了过高的估计（Barbour，1950，p. 50；*see also* Attman，1983b，pp. 29—31）。无论精确的数字是多少，获得的美洲白银已足够改变北欧的经济格局了——至少足够融入荷兰霸权的政治生态了。这里没有迷恋金银的需要。在一个人们对长距离交易信心不足的时代，白银直接和间接地成为一种可靠的交换媒介（Wallerstein，1974，p. 38）。荷兰人很快认识到了现金的力量，通过实行沃勒斯坦所谓的“国际债务劳役偿还”（international debt peonage）体系很快资本化了（Wallerstein，1974，pp. 121—122；Malowist，1959）。荷兰商人更便捷地获得流动资本的优势，使他们通过承担了大部分风险的格但斯克或但泽的中间人能够预先付款给波兰的领主们，

> 这就阻碍了在开放市场中的销售。它使得商人，而不是生产者决定世界范围内转售的最佳时间。由于借给波兰领主的钱到货物运出时已被用光，只要不超支，生产者一直想维持这种安排……因此，荷兰商人能够从价格革命中取利，并且这种获利是成倍的。（Wallerstein，1974，p. 122；*see also* Malowist，1958；1959；1960；Braudel，1982，pp. 419—420；Banaji，2007，p. 66）

关于波兰的金融严重依赖西欧，笔者想强调的是这种金融机制是如何促使异乎寻常的现代政治生态出现的。“国际债务劳役偿还制”——在新自由主义时代是耳熟能详的——既是一项生态方案，也是一项社会方案。波兰的欠发达是由于中世纪聚居点扩建的独特性（Brenner，1985），以及经济作物的单一种植制度的巩固（黑麦和小麦）——主要由农奴耕作，由荷兰的信贷和贸易组织。通过将波兰农业的剩余吸收到北大西洋城乡分工之中，荷兰能够加速他们向高利润行业的转移（包括农业和工业），并同时阻止东欧城市商业和制造业活动的早期发展。在波兰，与在美洲一样，经济权力和金融革新——表面的“社会”现象——与以商品为中心的自然生产紧密结合在一起（我们马上将目睹波罗的海谷物的政治生态）。

荷兰农业—生态革新的“外部”环节为“内部”农业革命所补充。荷兰的农业是欧洲大陆上最发达的（Slicher van Bath，1963；Grigg，1974；Wallerstein，

1980；DuPlessis，1997）。16、17 世纪，当整个欧洲的粮食生产停滞不前或略有增加时，只有荷兰的农业一路高歌猛进（Davis，1973，p. 110，p. 116；de Maddalena，1974，p. 312）。到 1600 年，尼德兰的粮食生产率和牛奶出产率“比尼德兰之外的地区高出两到三倍”（DuPlessis，1997，p. 73）。一些黑麦和小麦仍在种植——事实上，荷兰的生产量在 16 世纪后期的欧洲是最高的（van Houtte and van Buyten，1977，p. 85）。但这只是这个故事的一部分。波罗的海廉价粮食的“入侵”，进一步加强了布伦纳提出的对市场的依赖，对市场的依赖会破坏生态，促使荷兰的农民转向养牛和乳制品生产，以及工业及园艺业（de Vries and van der Woude，1997，pp. 195—234）。纵观沿海地区，“在 16 世纪拥有大量可耕地的村庄……到 17 世纪一无所有”（van Houtte and van Buyten，1977，p. 85；*see also* deVries and vander Woude，1997，p. 200；Du Plessis，1997，pp. 72—73）。

一个源自森林的强大帝国的形成——或者说，难道挪威的木材不好吗？

一切都转向森林。如果没有木材和森林产品，或者砍伐森林后获得的新土地，那就不太可能有荷兰的奇迹。在这方面，荷兰的地理位置甚至不如卡斯提尔。泥炭在某种程度上弥补了森林的缺乏，能用于工业生产和家庭取暖，减轻了城市为获得木炭和木柴对森林的压力。[①]

唉，泥炭并不能造船啊：“在所有欧洲列强中，荷兰国内的森林资源与其海外扩张的野心是最不成比例的”（McNeilln，2004，p. 397；*see also* Albion，1926，p. 169）。事实上，荷兰造船中心最近的腹地所提供的良材甚至比威尼斯还少，荷兰可能是近代早期木材最短缺的国家（Appuhn，2000）。但是，如果荷兰的腹地能提供的木材如此稀少，为什么晚至 17 世纪 50 年代，沃尔特·罗利（Walter Raleigh）爵士悲叹英国森林资源的短缺——相对于荷兰共和国？联省共和国使用的是“东部大量的格罗夫斯木”，那里出产“大量的隔板、船桅和其他木材……在低地国家，连这些都没有”（Raleigh，1653，p. 26）。接下来，我们将追溯商品中心的转变，美洲的白银转化为造船木材、其他森林产品和波罗的海谷物，这些产品由那些非凡的舰队——西北欧的商船运送。

---

① 泥煤为荷兰许多制造活动提供了廉价能源，否则这些活动在森林如此少的国家会非常受限。但是泥煤并不是不可枯竭的，到 17 世纪晚期，泥煤开采也面临我们在同时代其他商品边疆看到的成本上涨、地理范围扩大的情况（deZeeuw，1978）。

无论荷兰的资本投向哪里，新的粮食和木材的商品边疆就在那里开始形成。这意味着对荷兰势力范围内那些地区森林的巨大压力（即使这种压力并不平均）。人们不需要假设欧洲大陆的森林危机来说明这些以商品为中心的环境转变暗含在横贯北欧的资本主义扩张的循环浪潮中。[①]这些转变主要是由于新大陆政治生态的重构——不仅与白银边疆相关（正如我们所见的），而且与以蔗糖（奴隶）关系为核心的跨大西洋贸易相关。迪安清楚地描述到：整个大波罗的海地区的森林退化与巴西境内“大西洋热带雨林的破坏”的最初阶段同时出现（1995）。新大陆的白银与蔗糖边疆与荷兰的农业革命交织在一起——与随之而来的制造业的竞争力——促进了一系列环境转变，拓宽和加深了北大西洋地区生产和交换的独特的资本主义地理格局。

我们从造船业和木材的商品边疆开始，虽然我们知道来自波罗的海地区和斯堪的纳维亚半岛森林的不仅仅只有木材。在整个近代早期，荷兰资本投下了一张绵延不断之网，覆盖了挪威、波兰和其他波罗的海国家的木材生产（Jacks，2000，p. 23）。但这不只是一张网络——捕鱼的比喻似乎与荷兰特别有关——而是一连串的网。这些网是诱捕之网，也是霸权之网，一系列的商品边疆构成了运动的地理规律，这些规律是“民族国家”成功的基础，起先是荷兰，之后是英国主导了北大西洋地区。（工业革命就是依赖瑞典和乌拉尔地区的铁）正是这些“撒网的技术”以及这些“网”的质量给了荷兰航运业（所以就是荷兰的霸权）超过其对手的决定性竞争力，至少在 17 世纪 60 年代，使造船成本降低到只有英国的 1/2 到 1/3（Albion，1926，p. 156；Barbour，1930，p. 267）。

第一张网撒向了挪威的西南海岸。并非一无所获，正如我们在本章第一部分看到的那样，“阿姆斯特丹立于挪威之上”成为荷兰共和国一句流行语。如果“斯堪的纳维亚半岛国家的经济生活被荷兰的公司弄得千疮百孔”，那么在挪威，荷兰资本就是蜂王（Barbour，1950，p. 118；*see also* Braudel，1984，pp. 251—254）。荷兰造船业的急剧扩张——它的船舶总吨位从 1500 年到 1700 年增加了 10 倍（Sella，1974；Unger，1992，pp. 260—261）——与荷兰在挪威南部的开拓步调一致。挪威以前曾与丹麦王国合并过，1570 年以后成为荷兰最重要的木材殖民地。按马勒韦斯特（Malowist）的说法，挪威林业的兴起与但泽木材价格的上涨密切相关，尤其在 1570 年之后。是什么促使木材价格上涨？“原因不仅

① 关于近代早期欧洲森林危机的争论可以追溯到松巴特（Sombart，1921），甚至更早。今年此争论随着环境史的复兴再次出现（Allen，2003；Williams，2003；Malanima，2006；Warde，2006）。

仅是普遍的价格上涨（价格革命），还在于波兰和立陶宛木材供应量的减少”（Malowist，1960，p. 36，p. 39）。肖努（Haunu，1960）解释的更进一步，他看到1590—1610年西班牙北部森林枯竭的“相同现象”——（*see also* Moore，2010，pp. 55—62）。肖努之言说明“木材危机”是17世纪大西洋地区“巨大的结构性危机”中的一部分：“难道这场木材危机不是这两个世纪全面危机的一个重要特征吗？”（Chaunu，1960，p. 43）。

从16世纪50年代开始，当荷兰挺进挪威南部的时候，锯木厂像野火般蔓延开来。在不到一个世纪之前，这里没有一家锯木厂，而到16世纪末，锯木厂超过了500家。苏格纳（2004，p. 45）认为这是由于1580年开始的荷兰商人的“大规模”木材采购造成的。[①]随之而来的是现代性的第一次伐木热潮之一（Sevetdal and Grimstad，2003，p. 14）。挪威的木材业是如此重要，以至于荷兰资本穿越北大西洋，与荷兰世界霸权最伟大的技术革新——三桅船（即“大型平底沿海船”）——几乎完美地共生。16世纪70年代开始，荷兰与挪威的木材贸易迅速扩大；第一批三桅船出现在1595年，没错，由来自挪威的木材制造（de Vries，1976，pp. 117—118；Derry，1979，p. 142）。

和波罗的海粮食贸易一样，在挪威沿海的荷兰的代理商们，用现金在价格最低的时候买进，并成功地绕过了中间商（Barbour，1930，p. 273）。尽管人们对以物易物并不陌生，但白银才是王道：“公证过的记录显示船长的隔间里放着一袋袋的白银。”（Bruijn，1985，p. 130）荷兰的商人们“用自己的船运送木材，以很低的价格与农民交易，几乎未给他们留下任何利润”（Kiaer，1893，p. 332）。这种策略是如此奏效，以至于荷兰的造船公司能够以低于挪威本地竞争对手的价格获得船桅和造船木材（Barbour，1930，p. 273）！荷兰人能够获得大量成本低廉的松木，加强了整体商业—工业的活力，并使在标准化设计和趋向标准的、重复性生产的基础上大规模建造三桅船成为可能（Wilson，1973，p. 329；*see also* Unger，1978，p. 116）。此外，这种新型的船只“建造得更轻，因而寿命更短”（Cederlund，1985，p. 168）——可能不会超过十年，这只有在低成本木材的采伐基础上才有可能，而这反过来又是以大量的森林资源和有效的经济组织为前提的。

因此，到17世纪初，挪威和波罗的海地区的木材完全取代了莱茵河流域的

---

① 伦丁（Lunden，2004，p. 201）认为决定性的转折出现在1528—1560年，那段时间出口木材的船只数量增加了六倍多。

资源就不足为奇了（Unger，1997，IV，p. 9）。[1]而且，与欧洲严格控制的河流网络相比，北海是一个自由贸易区，

> 河流……受到人为障碍物的阻碍，例如磨坊、鱼堰，最主要的是关卡（通行费）。莱茵河可能是负担最重的河流，因为它比其他地方有更多的名目收税……更主要的障碍是——莱茵河上最重的负担——一些沿河城市行使的“运输”和“转运”权利。因此，莱茵河此时通航如此困难加速了意大利和西北欧之间陆路的衰落，转而使海上路线兴起。（Pounds，1990，p. 244；Bamford，1956，p. 35）

虽然说挪威存在普遍滥伐森林的现象是不明智的，但至少表明到 17 世纪 60 年代，挪威造船木材和船只用品出现了短缺（Davis，1973，p. 190）。至此，荷兰每年从挪威进口 300 000 立方米的木材（Sipkens，1996，p. 36）——德弗里斯和范德伍德（1997）认为这一数字更接近于 375 000 立方米。这是一个巨大的数目，自然递增量不下 400 000 公顷。[2]

长达一个世纪的造船用木材和船只用品的生产，以及挪威钢铁部门的持续增长，造成了挪威“林材短缺，一些地方的森林遭到破坏”（Sevetdal and Grimstad，2003，p. 10；*see also* Berg，1997）。到 17 世纪 50 年代，“沿海一带森林稀少”已经显而易见（Kiaer，1893，p. 332），导致了 17 世纪后期森林区向挪威东部转移（Sögner，2004，p. 45；Øyen et al.，2006，p. 321）。如此一来，“从内陆运送木材以保持出口就非常必要了”（Kiaer，1893，p. 332；*see also* Sögner op. cit.）。斯莫特（Smout）和他的同事们在对挪威西南部的吕菲尔克（Ryfyllke）木材区的分析中，确认了同样的趋势。到 17 世纪中叶，“最优质的木材已经砍伐殆尽，剩下的小树没有多少商业价值”（Smout et al.，2005，p. 125）。只有西南部“一个小范围”的木材仍然维持着出口（Sögner，2004，p. 45）。利勒哈默尔（Lillehammer）认为情况更糟（1986）。他注意到，17 世纪 60 年代至 80 年代，吕菲尔克的木板生产量下降了 75%，他认为“所发生的一切证明便于开采地区的木材被更多地采伐”，造成了产量急剧下降，（Lillehammer，1986，p. 108）。斯莫特和他的同事们冷冷地评论到：“繁荣并未带来可持续发展

---

① 莱茵河和易北河的资源是威斯特伐利亚条约（1648）后重要的供给地，这与荷兰的衰落吻合（Barbour，1950，p. 91）。德国的资料也可以获得，但总体来说，这些资料不是边疆资料，所以对把自然作为免费馈赠提出各种社会的和生态的障碍。

② 认为自然的增长是每公顷 1.5 立方米，保守估计运输和锯木厂的浪费是 50%（Moore，2007，chs2，p. 4）。

的林业”(Smout et al.，2005，p. 125)。据估算，1650 年之后的那个世纪，荷兰从挪威进口的木材数量从 130 000 拉斯特——大约 260 000 吨——下降到仅 38 000拉斯特（Sicking et al.，2004，p. 7)。[①]同一时期，购买一艘新船（这是适合荷兰鲱鱼捕捞船队的专用渔船）的进价增加了近一倍，这当然不是巧合（van Bochove，2008，pp. 224—225)。

当然，挪威木材出口业的衰落受到多种因素的影响，不单纯是森林锐减单一因素造成的。丹麦设法以古典重商主义的方式“调用”挪威的资源。1640 年，丹麦王室“借口挪威耗尽了木材”，便禁止船桅和“其他型材”出口（Tossavainen，1994，p. 74；*see also* Lunden，2004，p. 202)。但这是借口吗？很可能的原因是森林的相对减少如今已经威胁到了丹麦霸权。难道在森林资源相对短缺不断加剧的情况下采用重商主义措施的压力不是越来越大吗？在 18 世纪前半期确实有“严格的森林管理条例”，但木材出口的急剧下降“最可能的原因是缺乏成熟的松木”(Øyen et al.，2006，p. 322)。

无论如何，丹麦都不可能在重商主义政策上走得更远。因为丹麦与欧洲其他国家有着高额而持久的收支平衡赤字，而这一状况只有在与挪威保持“极为有利”的平衡情况下才能得到改善。(Kent，1955，p. 69)。换言之，丹麦类似于西班牙一类的穷人；而挪威则是斯堪的纳维亚半岛的秘鲁。于是乎，到了威斯特伐利亚时代，丹麦向“日益边缘化”的方向迈进（Wallerstein，1980，p. 224)。[②]到 1648 年，松德海峡的通行费降低了。因此，丹麦最大的资产就是挪威的木材。如此一来，18 世纪世界权力的政治生态加强，并再次产生了一个又一个商品边疆“连续的过度开发”的倾向（Gadgil and Guha，1992)。

毋庸置疑，挪威的森林正在减少。“早在 1637 年，挪威的船桅就被描述为欧洲质量最差的”(Bamford，1956，p. 137)。毫无疑问这是夸大之词（这一说法来自英国)，但也确实反映了一定的真实情况：

---

① 当然，挪威、英格兰将取代荷兰。到 17 世纪中期（1765 年)，英国从挪威进口的木材大约 240 000英吨（1 英吨等于 2 240 磅)，或大约 335 000 立方米（*calculated from* Kent，1955，p. 72)。从商品边疆的观点看，挪威仍旧大量的出口已经反映了相对的衰落。商品边疆已经移到波罗的海，奥得河以东。这一点在桅杆木材数据中体现得最明显。1700—1770 年，英国木材进口持续增加，从挪威进口的木材约20 000吨。进口到世纪末本可以增加到 40 000 吨，这掩饰了挪威木材下降的绝对增加。到 1800 年，每年来自普鲁士的 150 000 吨木材（在这个节点一定来自柯尼斯堡）被运到英国（Kent，1955，pp. 62—64)。

② 沃勒斯坦（1980，pp. 222—225）总结了反映荷兰边缘化的一系列有说服力的倾向，1648 年以后特别明显：(1）从畜牧业到谷物的单一种植；(2）贵族领主的增加，牺牲王室和农民的利益；(3）家务劳动重要性的增加；以及恶化的国家债务。最后，丹麦国家能在查理五世的军事行动后残存，1659 年并入瑞典，主要是通过英国、荷兰和法国三方联盟的干预。

> （挪威）为汉萨商人供应船桅和木材已经好几个世纪了，最近（1550—1650 年），西班牙、荷兰和英国的需求导致了供应急剧下降。由于冶金工业和挪威伐木业的巨大需求没有受到森林管理法规和保护措施的制约，以至于在 17 世纪的最后 30 年，挪威剩下的森林遭到破坏，船桅贸易也遭受重创。（Bamford，1956，pp. 136—137；*see also* Bruijn，2004，p. 98）

到 17 世纪后期，“挪威木材供应”（ibid）问题的恶化使荷兰——现在则是英国——重新开始探索木材边疆的长征。1661—1690 年，波罗的海的木材交易量增加了四倍。17 世纪 60 年代，150 万“块”木材通过松德海峡。30 年后，仅在一年之内（1689），就有 130 万块木材被运走（Unger，1959，p. 215）。在俄国，皮毛贸易很快被海军物资超过——后者到 17 世纪 90 年代成为“俄国出口商品中增长最快的物品”——因为他们需要交换荷兰的金属制品和军需品（Kotilaine，2003，p. 306）。的确，荷兰资本家跑到俄国沿海开设第一家锯木厂，就像他们一个世纪以前在挪威做的一样（Ozveren，2000）。

虽然森林产品仍然从波罗的海南部地区运出来，但因为中心在但泽，整体活动方向已经转向波罗的海东部和东北部地区。1641 年，波罗的海的东部港口柯尼斯堡（Königsberg）、里加（Riga）和雷瓦尔（Reval），供应了 8.6%的成材穿过松德海峡，17 世纪 80 年代接近 32%。随后，东波罗的海的林木地区被芬兰的木材所取代。到 18 世纪 20 年代，波罗的海东部地区在松德海峡贸易中的比重下降了一半多（只有 14.4%），而芬兰的比重上升，激增近 2/3（Unger，1959，p. 215；Åström，1975，1978；Layton，1993，p. 283）。到 1578 年，荷兰的商船向北远航至北德维纳河（阿尔汉格尔斯克［Kagarlitsky］将很快发展起来），赶走了英国竞争者，并在 17 世纪 30 年代焕发出新的活力（Tossavainen，1994；Kotilaine，2003，p. 311；Kagarlitsky，2008，p. 96）。

然而，不仅仅是森林产品需求的上升推动了新的发展。资本主义通过木材商品边疆扩大范围是不均衡的和连续的，这与当地的政治生态有关。挪威让位于但泽与维斯瓦河，然后是柯尼斯堡-梅梅尔与纳曼（Memel）河，里加与德维纳河，一直到维堡（Viborg）与圣彼得堡（Albion，1926；Kirby，1990，pp. 229—232；Smout，MacDonald and Watson，2005，pp. 124—131）。

希盖尔斯基（Szcygielski）认为，1550 年之后向但泽腹地森林长达一个世纪的推进，与船桅、船只用品、钾碱和其他森林产品的出产紧密相联（1967）。弗莱彻（Fraiture）考察用波罗的海木材制作的佛兰芒木版画，认为在 1500 年，最厚的木板（厚度超过 30 厘米）占总数的 14%。仅一个世纪以后，它们就全部“消失了”。同时，最薄的木板比重从 35% 上升到 92%（Fraiture，2009，p. 106）。生物物理学证据表明，

> 购买困难，并且人们越来越关心原料的节约。人们要花时间砍伐小树……随着时间的流逝，波罗的海木材变得越来越细小；人们从越来越多地使用带弯曲木纹的木板，到越来越多使用带骨节或扭曲的树木，后来人们甚至使用边材甚至木髓，这反映了对树干最大程度的利用。（Fraiture，2009，p. 110）

1610—1640 年，但泽的白蜡树和“成品木板”的出口量下降了 85%，到 17 世纪 50 年代就几乎没有了（Unger，1959）（虽然半个世纪后有些许恢复）。在某种程度上，其出口骤降与瑞典战争有关（1655—1660 年）。但我们也可以认为是出口导致的“波兰—立陶宛森林的破坏”（Stone，2001，p. 198）。柯比（Kirby）说得更直接：“维斯瓦河腹地木材供应的枯竭促使商人们向东边寻找钾碱、木板、松木板、沥青和焦油”（1990，p. 230）。金银从西北欧出口到波罗的海地区，再现并增强了商品边疆。当但泽的金银进口枯竭时，我们发现 17 世纪 50 年代，柯尼斯堡的出口盈余达到了 30%—40%，这主要是因为大量金银的涌入（North，1989，pp. 61—62）。

但泽衰落了，获益的是里加。1610—1690 年，从但泽出发穿过松德海峡的航船比例下降了一半，从 40%下降到 20%（Kirby，1990，pp. 230—231）。17 世纪的头十年，96 艘商船在里加的港口停泊；到 17 世纪 50 年代，商船数量上升到 263 艘，近 85%挂的都是荷兰的国旗（Zoutis，1960，p. 82）。[①]里加这时成为比斯德哥尔摩还大的港口，主要是由于它可以接触到德维纳河流域腹地（Stoye，1969，p. 151）。[②]

里加的好景没有持续很久。如果说到 17 世纪 90 年代，里加已经崛起为但泽在波罗的海地区的主要竞争对手，那么木材边疆将持续到 19 世纪。到 19 世纪 80 年代，在柯尼斯堡周围，面积曾经达到 27 000 平方米、茂密的森林地带如今“变得稀少而昂贵，运输的距离也越来越长”（Brown，1884，p. 247）。这种变化是在无止境的资本积累与不断增加的原料产量的共同推动下发生的，这是白银商

---

① 用绝对术语来说，丹泽暂时是主要目的地；17 世纪 40 年代每年入港的船只有 1 500 艘（Parker，1979，p. 326）。这里的问题是相对说法之一。

② 这里，笔者说德维纳河指西德维纳河——不要与北德维纳河混淆，北德维纳河在阿尔汉格尔斯克入白海。

品边疆扩展到新大陆的原因。阿尔比恩（Albion）提醒我们，“波罗的海的木材贸易”

> 不仅影响了但泽、里加、隆松德（Longsound）和其他木材贸易港口，也影响波西米亚、加利西亚与乌克兰，为居住在内地几百英里远的人们提供了工作……当这种古老资源（由于过度砍伐而）变得供不应求时，人们为了找到合适的树木，就需要长途跋涉、沿河而上，深入远离河流的丛林，这自然提高了木材的价格……结果，甚至河流都变得越来越浅了。（Albion，1926，p. 143，p. 145）

造船木材边疆需要的空间远远大于能够大量提供木材的地域。甚至在18世纪后期，造船木材可能占了整个欧洲消费量的1%（Warde，2006，pp. 40—41）。这个行业的需求是不成比例的，因为造船木材是要精挑细选，并且依赖于生长缓慢的树木——比如橡树。“造船者，因为需要粗壮和‘特大号的’树木，尤其是橡树，所以非常担心木材短缺。部分原因在于船身所需要的弧形‘指南针木料’通常并非唾手可得。”（Warde，2006，p. 40）。大部分造船木材简直无处可采。高昂的运输费使得运输木材的距离不可能超过几公里。这种木材能在陆路上运多远还不确定。阿尔比恩（Albion，1926，p. 145）认为运到河边的上限是20英里，菲利普斯（Phillips，1986，p. 263）则认为最远可以达到10里格（约30英里——译者注）。这未免太高估了。虽然地形、气候和社会关系可以使这种长途跋涉成为可能，但通常，运输距离要短得多（White，1980）。

这就好比刚出煎锅，又入火坑。木材并非是波罗的海地区森林开发压力的唯一因素。大量的森林产品也从东欧流向荷兰和英国的制造业中心。无论在什么地方，只要欧洲的森林商品化达到了较高的程度，那里相互竞争的工业部门中便会出现一场“森林争夺战”——正如我们在上文中关于西班牙北部的描述中看到的那样，在钢铁厂和造船厂之间（Moore，2010，pp. 58—61）。在波罗的海地区，森林承受的压力日益增大，不仅是因为木材开采和农业垦荒之间的争夺，还因为其他两个部门：其一是焦油和沥青，它们可以保护船身受到海水侵蚀；其二是钾碱，对于火药和织物漂白至关重要。以上两者对森林都有着毁灭性的影响。这些可能是欧洲世界—经济中唯一几乎将森林完全毁灭的活动——除了农业垦荒之外。到16世纪后期，荷兰的商人们利用我们在谷物贸易中看到的现金的同样力量（事实上这两种贸易是相互联系的）

> 鼓励波罗的海地区的农民提炼……焦油以供出口……农民们用火将树的底部烤焦，以便让树液流进低处的树干，这样的过程会持续几年，之后

> 再把树砍倒、加热……以提取树液……砍树是焦油贸易的一个固有内容，荷兰商人促使波罗的海地区的农民将传统的森林经济转变为以出口小麦和亚麻为基础的农业经济，将以生产焦油为导向的森林砍伐作为必要的中间步骤……起先是普鲁士的广大地区，然后是瑞典南部，最后是芬兰，都以这种方式毁灭着森林、转变着经济模式，**并在17世纪创造了一个生产廉价焦油、小麦和亚麻籽油的热潮。**荷兰商人通过这种皆伐森林与“完全榨取”（total tar distilling）的方法，能够以低于沥青贸易中一贯的价格出售焦油。而他们的成功引起了英国与法国的野心和仇恨。（Loewen，2005，pp. 239—240）

这种野心和仇恨的结果之一是17世纪末焦油制造业挺进加拿大（ibid）。

钾碱也加入这场森林争夺战之中。钾碱生产并不是商人资本主义的简单表现——贱买贵卖。钾碱是如此有利可图，因为它是荷兰资本主义增值战略的核心：“纺织业最大利润在哪个环节？不是纺线、编织或生产呢绒，而是染色和加工的技术，这才是控制市场的关键”（Wilson，1968，p. 31）。

钾碱与造船木材一样依赖橡树，而且它更有利可图。1650年左右托萨瓦伊宁（Tossavainen）解释说，“装货港口的中间商”能在钾碱贸易中获利40%—90%，但在隔板——“最重要的一种木材”贸易中只能获利16%：

> 但泽的商人们或者雇用转包商砍伐木材、火烧白蜡树（这是钾碱提炼过程中必需的步骤），或者预付钱给当地的权贵以保证一定数量的钾碱运到但泽。转包商和地主不会关心森林的未来。他们砍光大面积的硬木，如橡树和山毛榉这些最适合钾碱生产的树种。当一片森林砍光后，转包商便又与另外一位地主——他仍有合适的树种——达成协议。这对橡树来说是灾难性的，因为橡树需要几十年的时间才能长大到可以做壁板[①]……这种目光短浅的毁林方式和前文所述的内外因素一起，足以在但泽的木材贸易中引起一场灾难。（Tossavainen，1994，pp. 73—74）

森林产品的关税记录在（通过松德海峡的）但泽钾碱出口之中，这种出口1625年之后便一蹶不振。在经历了1600—1625年20倍的增长（出口量达到近11 000船磅（shippound）（挪威的一种计量单位——译者注））；[②] 17世纪30年代的巅峰（每年近20 000船磅）之后，在一个世纪中，但泽的钾碱出口甚至没

---

① 壁板，是一种高品质的船壳板，由橡树制造，用于造船。

② 12船磅，由1货仓构成，或大约1吨（North，1996，p. II，p. 12）。

能再达到 3 900 船磅（North，1996，II，pp. 11—13）。这种情况一直持续到 1725 年。瑞典会重振这种萧条，但世界性的“钾碱边疆”——瑞典时代持续了不到半个世纪（1675—1725 年）就被圣彼得堡取代了（North，1996，II pp. 12—13）。

但泽周围的滥伐森林如此严重——“人类缺乏理性的贪欲摧毁了这些树木”——以致这里遭到了沙丘侵袭（Wessely，1873，pp. 221—222，*quoted in* Brown，1884，pp. 96—97）。[①]到 18 世纪早期，沙丘不仅吞噬了附近的“草地和田野……而且完全掩埋了”附近的两个村庄（出处同上）。一个世纪后，问题变得十分严重，只有国家介入才抑制了“愈演愈烈的对但泽商业造成的危险”(ibid，*quoted in* Brown，1884，pp. 120—121)。

供养世界—生态以及森林的命运：资本主义北大西洋地区的波罗的海粮食边疆

持续的过度开发和周期性的森林枯竭浪潮推动了“北半球大西洋”（Global North Atlantic）的出现，第二个推动因素是农业扩张。当然，这种扩张是马克思主义历史编纂学中令人感兴趣的讨论话题之一（Wallerstein，1974；Brenner，1977）。此刻笔者想让读者加入关于以下两者哪个更加重要的棘手的讨论中，其一是明显的埃比恩（Elbian）东部农业持续的封建领主制特征，其二也显而易见，是埃比恩东部农业产量剩余对荷兰兴起与整个北大西洋地区形成的决定性作用。笔者的问题很直接：波兰的农业扩张的地理变化和森林砍伐以及波罗的海地区的扩展是否形成了一个新型的世界—历史模式，即笔者所说的商品边疆？还是它更类似于中世纪的殖民定居模式和逐步的森林砍伐？

与木材边疆一样，波罗的海地区的粮食是美洲白银滋养下连续开发边疆的第二个主要因素。这两个边疆——粮食和木材，“导致了维斯瓦河流域的森林退化，在波兰南部和中部尤为普遍”（Richards，1990，p. 169；*see also* Malowist，1960）。如希盖尔斯基（Szcygielski，1967，p. 97）所述，到第二个 16 世纪，这种情况发展成一场全面的“枯竭的开垦”(exhaustive cultivation) 运动。

16 世纪 50 年代波罗的海地区谷物出口激增开始显现，贸易量是半个世纪前

---

① 这不是第一次。在三十年战争时期，“瑞典人需要钱，他们砍伐波美拉尼亚地区大片森林，结果使很多地区后来遭到沙丘侵袭”(Braudel，1981，p. 365)。

的四倍（Malowist，1959；van Tielhof，2002，p. 43）。随之而来的就是现代版的长城或吉萨金字塔了，资本主义的世界奇迹——1550—1650年，113 000艘装载着650万吨粮食的商船穿过丹麦的松德海峡（Wilson，1976，p. 20）。这些货物的一半来自波兰。直到17世纪中叶，这些货物的60%都是用荷兰的平底船运输的（Glamann，1974，p. 461；Bogucka，1978，p. 14）。[①]在这个例子中，波兰代表了维斯瓦河形成的扩张区，

> 广袤的森林使得地下水位很高，因此维斯瓦河的水容量比今天的大。波兰低地使得河运畅通无阻，形成了以维斯瓦河为大动脉的密集河网……因此16、17世纪，与维斯瓦河贸易联系在一起的供应区比单独依靠维斯瓦河运输的"内陆地区"大得多——**维斯瓦河贸易区本身比莱茵河贸易区还要大**。（Glamann，1974，p. 458）

在第二个16世纪，波兰成了一个巨大的单一作物种植区域——或者更确切地说，单一种植粮食作物为主的主要地区。到16世纪末，粮食占了波兰出口总量的70%；到17世纪前几十年，比例上升到了80%（Bogucka，1978，p. 14）。难怪格拉曼（Glamann，1974，p. 459）认为16世纪的波兰"农业和林业不平衡的发展是由于西欧需求的巨大压力造成的"！这种不平衡的发展是商品边疆的魔力使然。当早期开发地区的资源枯竭之后，新的边疆又接踵而至弥补缺口——这可能是一种旧模式了，但现在这种模式变迁只需要几十年，而不是几个世纪。无可否认，这是从量到质的转变！到17世纪早期，"即使是距离维斯瓦河河口和但泽500公里或600公里这样非常遥远的地区"，都沿着河流运送粮食和木材（Mączak，1970，p. 125；Wazny，2002）。

在现代世界，通向资本主义核心的道路总是由廉价粮食铺就。粮食价格降低的原因不仅由于农业生产率的提高，而且也由于农业空间的全球扩展（两者的区别中带有的共性比公认的还要多，正如早期资本主义的蔗糖革命所揭示的那样）。城镇和乡村的地理环境是最重要的。尼德兰北部的快速城市化——城市居民的数量在16世纪增加了近三倍——与波兰的快速农业化出现在同一时期。这两个运动紧密相连。在波兰，城市居民的数量在整个17世纪几乎下降了1/3，虽然总人口增加了20%。在其他欧洲的主要国家，只有西班牙的城市人口有意义地下降了，但也只下降了5%而已（*calculated from* Allen，2000，pp. 8—9）。这种双向的城乡组合的生态时刻很容易被忽略并简化。首先，假如农业生产率低，那么

① 在17世纪，3/4从波罗的海到达阿姆斯特丹的谷物都被再出口（Glamann，1974，p. 461）。

城市人口会相对减少，农村人口会相对增加，这就意味着有更多的粮食剩余可供出口。在一切不变的条件下，住在波兰城市里的人少就意味着可以有更多的人住在荷兰的城市里。有证据表明，到 1650 年，农民的口粮也遭到剥夺，增加的剩余粮食可以供应给荷兰，但这也表明了人性的堕落（Topolski，1962）。其次，城市以疯狂的速度消耗着森林产品——最重要的是，用于建设的木材和用于生产的木炭。同样的城—乡关系决定着粮食剩余的分配，因此也决定着能源剩余的分配。提供给波兰的越少就意味着给荷兰的越多。这是打开怀罗贝什所说的“矛盾”的钥匙，通过这个矛盾近代早期的波兰成为欧洲战略木材和森林产品的出口国，“然而，同时……她本国的工业缺乏此种原料”（Wyrobisz，1985，p. 38）。难道挪威的情形不是也基本相同的吗？在挪威，荷兰的买家购买木材比他们的挪威竞争者花的钱还要少。

波兰之于荷兰正如爱尔兰之于英国：“一块农业区……恰巧被一片宽阔的水域所分隔”（Marx，1977，p. 860）。但是，如果城—乡对立的政治经济很直接——虽然我们仍然为联合发展的资本主义内容而争吵——一个大问题仍然继续存在。在漫长的 16 世纪不均衡发展中是否存在一个重要的政治生态呢？

一些宝贵的线索暗示了一个肯定的答案。波兰作为一个巨大的农业出口区的崛起，推动了一个同样巨大的森林砍伐运动。粮食大规模地从波罗的海地区出口到尼德兰北部和 1550 年之后波罗的海地区森林大规模的转型，两者紧密相连。威廉斯和理查兹认为，在近代早期，大约 500 000 到 700 000 公顷的森林遭到砍伐，用于供养西北欧和地中海地区（Richards，1990，p. 169，p. 177；Williams，2003，p. 176）。这其中有多少森林集中在波兰仍然是个未知数，但根据出口数据，2/3 绝对是最小的估计。

就像同一时期环巴伊亚湾区的甘蔗种植园，波兰的庄园种植快速开发了土地，也因此造成了大片森林的破坏，因为土壤枯竭促使人们砍伐森林以获取可耕地。到底庄园种植占到了多大份额，其精确范围我们可能不得而知。但是我们有必要了解，确定农民与庄园领主之间的责任，也许不如确定两者新兴的地产关系重要。帕克（Parker，1979，p. 326）所谓的东方“封建资本主义”和西方“资产阶级资本主义”，这一不稳定也不平衡的连接是森林砍伐在规模和速度上划时代转变的原因之一；这些资本主义与农民经济的不稳定也不平衡的联合则是另一个原因。我们正在处理层层缠绕的关系。库拉（Kula，1976，p. 114）认为，1550—1750 年，大波兰地区——以波兹南为中心的广阔的西部地区——砍伐的森林有 3 310 平方公里，理查兹（1990）估计在维斯瓦河有 500 000 公顷。这一数字是否有可能更大呢？诺斯（North，1996，II，p. 9）认为，在 17 世纪 30 年代，仅钾碱出口每年就消耗 350 万立方米的树木。假设当时的森林生产率和砍伐效率都很高，1 公顷相当于 200 立方米，钾碱的生产也将在短短十年内消耗 175 000 公顷的森林——比理查兹对于 1 550 年后两个世纪的估计还要多 1/3。[①]这种滥伐森林的规模和速度都是史无前例的，除了同一时期（1550—1750 年）巴西东北部正在进行的毁林活动（Dean，1995；Moore，2007，ch. 6）。[②]

有多少粮食从维斯瓦河流域流失？理查兹估计，在 16 世纪，平均每年有 60 000吨谷物穿越松德海峡。在这里，时间的划分至关重要。布罗代尔的“第二个”16 世纪（1557—1648 年）可能是更有用的时间单位（Braudel，1953）。马勒韦斯特（Malowist，1958）认为，在 15 世纪末，每年有 10 000 拉斯特粮食——1 拉斯特大约相当于 2 吨[③]——从波罗的海地区出口到西欧，到 16 世纪 40 年代跃升到 40 000 拉斯特。16 世纪 90 年代后期，运输量上升至每年 100 000 吨，到 1618 年，又升至每年 120 000 吨（van Tielhof，2002，p. 43）。当然，由于气候和战争的影响，贸易会有巨大的波动，但理查兹对为生产谷物而砍伐的森林的估计是比较合理的。笔者的估计是，1550—1650 年森林砍伐的总数至少增加了两倍，也就是至少 100 万公顷。

因此，森林和土地的命运辩证地联系在了一起。16 世纪 50 年代波兰的粮食高产量——只是刚刚高于欧洲的平均产量——可能要归功于从森林开垦出来的可耕地。如果是这样，就部分地解释了后来出产率的下降，这甚至在 17 世纪早期谷物价格下降之前就已经很明显了。在希盖尔斯基（1967）看来，森林砍伐和粮食出产率下降是密切相关的。他指出，维持粮食的盈余有两种主要策略，即使面对中期土壤枯竭的趋势时也能实行。第一种，“通过违背土地耕作根本的轮作原则”来维持产量（Szcygielski，1967，p. 97，p. 94）。这使得第二种战略变得必要，即耗尽的土地被弃用，新的可耕地又从森林砍伐后开垦而来。土壤枯竭和滥伐森林是同一个硬币的正反两面。

可以确定的是，这种双重运动不能仅仅从现代世界市场扩大的角度去解释。同样，我们确信滥伐森林和土壤枯竭的循环扩张并不是农民—封建领主之间无调

---

① 对森林生产力和收获的详细讨论，参见摩尔（2007，ch. 2）。

② 森林滥伐的迅猛的步伐也可以解释近代早期波兰和立陶宛生物多样性的减少：“森林中原本最重要的树种——紫杉树——以及野生动物，如欧洲野牛和野马，都消失了。”（Dunin-Wasowiczowa，1993，p. 178）

③ 1 货仓是重量单位。在谷物贸易中，1 货仓重 2 000—2 500 千克（Dunin-Wasowiczowa，1993，p. 181）。

节循环的结果，就像我们在漫长的中世纪扩张时期看到的那样（Seccombe，1992）。一方面，农民经济不可能变动得如此迅速。世界市场的力量很强大，但没有那么强大；农民经济具有扩张性，但扩张性也没有那么强。这是一种状态，在其中，世界市场和小农经济这两股力量联合成不稳定和动态的张力，在关键方面维持前资本主义的安排，即使后者在以荷兰为首的资本主义的引力下产生和重塑。换言之，这是一个结合体，其总和比它的各部分——农民、封建领主和斯密的部分（Smithian parts）——之和还要多。

波兰的谷物出口在1600—1625年一度达到顶峰，而在1655年瑞典入侵前夕下降了1/4（Parker，1979，p. 39）。波兰在16世纪保持了强劲的人口增长，这意味着农民经济在扩张（McEvedy and Jones，1978，pp. 73—77）。这也是向森林挺进的一个原因。1540年到17世纪早期谷物出口增长了三倍，构成了另一种相关但相对自主的驱动力。

> 现在展现的是我们在早期资本主义时期看到的商品边疆发展的模式。波兰在16世纪后期仍然是一个开放的边疆——正如它在中世纪的欧洲一样，对小农经济与以市场为主导的封建领主一样。在这半个世纪里，“似乎仍然有足够的……处女地来满足封建领主扩张领地的野心，因此农民手中的土地只是偶尔才被兼并”（Blum，1957，p. 829）。然而，1600年以后，封建领主开始强烈地对抗农民：“侵占农民土地的现象变得越来越普遍，而越来越多的农民沦为佃农，他们或者土地尽失，或者拥有的土地面积大大减少。”（ibid）

这是否等同于市场推动下的“农奴制再版”另作他论。是否有可能16世纪后期封建领主的进攻不仅表现为对有利市场的斯密型回应，也表现为对半个世纪的谷物出口热潮而造成的土壤枯竭的反应？产量是通过边疆运动和封建领主的投入来保持的吗？由此使得土地和劳动力的相对枯竭与封建领主加剧对农民的勒索联系在一起吗？在这一时期，“贵族们开始限制农民耕作的范围”，从而扩大庄园种植的范围。但这只是封建领主攻势的一个方面；它与“向东”扩张同时进行（Malowist，1959，p. 186）。而且边疆扩张意味着森林的破坏。

笔者想强调的观点是：“侵占农民土地”和采伐森林的运动在第二个16世纪系统地结合在了一起。它们是单一社会—生态过程的运动，其表现便是商品边疆。然而，社会—空间因素至关重要，时间因素也同样重要。因为谷物和木材的商品边疆（或者说它可能是一个奇特的边缘区?）不仅产生空间，还有时间。我们再一次看到了一个50—75年的扩张、上升继而衰落的循环——特别是17世纪波兰急剧衰落的例子。

因此，当我们看到波兰的谷物生产区在17世纪中叶发生了一场农业—生态危机时并不感到特别惊讶。凡·提霍夫（Van Tielhof，2002，p.54）认为，自17世纪60年代以来土壤枯竭就是一个严重的问题；希盖尔斯基（1967，p.86）也认为农业生产率出现了“灾难性”的下降。此外，市场化的贵族增加强迫劳役，剥夺了贫农的牲畜，从而破坏了土壤肥力的主要来源（Wallerstein，1980，p.132）。产量在下降，这已经得到普遍认同，从16世纪中叶的5∶1降到17世纪后期的3∶1（或者更低）（Topolski，1962；de Maddalena，1974；DuPlessis，1997，p.82）。如果还不够糟糕，早在17世纪大面积的森林滥伐便导致了水土流失的问题不断增加——水土流失更多地表现为养分的大量流失，小冰期寒冷、湿凉的冬季可能恶化了这一问题（Wyrobisz，1985，p.38；Dunin-Wasowiczowa，1993，p.178；Klimowicz and Uziak，2001）。

这场危机是波兰农业以市场为导向的结果吗？或者是封建领主—农民动力关系的再现？17世纪后期是欧洲大陆“严重的农业萧条”期，在某些方面重演了漫长的14世纪危机（Abel，p.980，p.182；Seccombe，1992）。这是一个不太重要的问题之一。亚伯（Abel）提供了一个线索，认为这场萧条在斯堪的纳维亚半岛“不是特别严重”，“因为与邻国相比——最重要的是德国东部和波兰——生存农业在农场和庄园的经营中仍占很大一部分……”（1980，pp.178—179）。小农经济的相对优势阻止了一些地方经济衰退，这与14世纪危机的逻辑截然不同。

但泽的粮食出口量在16世纪后期至18世纪早期下降了约90%。这是波兰资本主义发展的力量而不是弱点。这场危机是一个多世纪前资本主义的重构造成的——事实上，这种重构在新的地方保留和再现了资本主义兴起前的各项安排。同时，商品边疆战略影响了创造性的破坏和现存社会—生态安排的保护：“在欧洲内部的资本主义殖民扩张和半殖民扩张不仅吞并了前资本主义经济体系；而且创造了它们”（Fox-Genovese and Genovese，1983，p.59）。

到17世纪后期，英国的粮食使波兰遭到决定性的削弱。“在18世纪的前60年，英国输出的粮食比波罗的海所有粮食输出国出口的粮食还要多”（de Vries，1976，p.81）。当然，我们可以从英国农业生产率的提高和（使粮食增产的）资本主义关系方面对此加以阐释（Brenner，1985）。但是，难道这种高生产率不是部分地靠奥弗顿（Overton，1996，p.117）所称之为“利用固定牧场下储藏的氮来牟取短期利益”的方法实现的吗（生产收益1750年之后停滞）（Allen，2004，p.409）？但泽难道不也被其他因素削弱了吗——即18世纪粮食贸易“向波罗的海东部地区转移”（Glamann，1974，p. 462）？这种转移继而重新导致森林滥伐——这种滥伐是谷物商品边疆早期阶段的特征，比如，18 世纪末在爱沙尼亚以及俄国位于波罗的海的其他地区引发的大面积的森林滥伐（French，1983，pp. 30—41；Veski et al.，2005，p. 1，p. 384）。这就是沃勒斯坦揶揄式的评论——一种“自我消耗的方法”（1980，p. 133）。

波罗的海地区粮食贸易 1550 年以后的急剧扩大——除了其他许多东西以外——也是森林迅速遭到砍伐的时期。不仅是因为可耕地扩大和森林减少，虽然这很重要，而且还是因为粮食装船以及造船业加剧了劳动力分工。配第（1690，p. 5）估计荷兰 1676 年的船运量有 900 000 吨。如果说这些船舶的平均寿命是十年，这就意味着每年造船 90 000 吨，而这要消耗 126 000 立方米的木材①（这仅仅是就荷兰而言）。根据沃德（Warde）的估计，这一数字就变成了每年 1 708.5 英亩（2006，p. 50）。但这个数字在这里显然是误导性的，虽然不仅仅木材的数字会误导。假设每英亩林地产 73.75 立方米的木材，那么他（沃德）关于产量的估计对于某些造船木材而言可能是合理的，比如木板，但对于至关重要的材料、船身和船桅而言可能过于乐观了。当提到造船木材时，一些线索显示产量低得多。培林（Perlin）援引了一份 1593 年的资料，发现 1 740 棵“成熟的橡树”能产 2 000 吨造船木材（1989，p. 175）。如果是这样，我们可以从奈什（Naish）（1957，p. 493）的论述中发现，从 50 英亩能生产 2 000 棵这样的橡树（1 740 吨）来看，②造船木材每英亩的产量为 39.4 立方米。如此低的产出就能够解释为什么挪威南部在 17 世纪 50 年代的造船木材产量降低——不是因为缺乏森林，而是因为造船木材贸易“摘樱桃式挑选”的特点。

北大西洋生态体制中的瑞典钢铁边疆

18 世纪后期的工业革命站在钢铁商品边疆的肩膀上。在本节中，我们集中探讨 1550 年以后的两个世纪里，钢铁边疆从德国转移至瑞典，然后到俄国，直到北美洲的地理变迁。

在第二个 16 世纪，钢铁行业的两次主要地理转移值得关注。一次在德国，

① 班福德（Bamford，1956）认为船的寿命可以持续 30 年，但这是额外的上限，指主力战舰而不是商船。

② 或者说每亩能生产 40 棵树，比沃德瞎猜估计的每亩 35.3 棵树高 10%（2006，p. 50），低于斯莫特（Smout）和其同事（2005，p. 97）对 17 世纪苏格兰的估计，每亩 42.9 颗“成才”橡树。

它是1450—1550年最主要的钢铁生产国；另一次是在整个欧洲（经济）。1550年之后的那个世纪，德国的钢铁生产中心从上普法尔茨（Palatinate）转移到了锡根（Siegerland）。正是锡根的伟大创新，才使得大规模地普及矮林（the haubergwirtschaft）——类似于英国的矮林——成为可能，这场运动以“速生的针叶林替代落叶林以便更迅捷地提供燃料”为前提（Ogilvie，1996，p. 278）。事实上，德国的各个采矿区向资本主义的过渡伴随着硬木山毛榉被速生“先锋”针叶林的取代过程（Thomasius，1994，p. 117）。但是，因为矮林使所有森林生产率提高，锡根不会成为世界经济体系的钢铁生产中心（上普法尔茨曾经是）。矮林是英国人在两个世纪后发现的，是第二个最佳选择。虽然矮林生产率很高，但20—30年后，产量不及“自然生长的”木材的1/3到1/4（Kellenbenz，1976，p. 100）[①]，开放的边疆仍然是最佳选择。

斯堪的纳维亚半岛是不二之选，尤其是对于铜铁这类低利润行业而言。正如我们所知的，挪威在16世纪80年代崛起为至关重要的造船木材边疆，当时森林的开发导致了但泽木材价格的上涨（Malowist，1960）。但正是因为瑞典的铜铁产业[②]的兴起，才使荷兰，其后是英国发展为世界强国。这个故事很长，在此不能详尽。但我们会强调16世纪中叶的萧条在推动资本主义决定性的地理重构方面的意义，首先是1557年的金融危机。在大约几十年的时间里，城—乡对立已经促使第一个16世纪的扩张让位给了第二个。第一个16世纪见证了安特卫普的崛起，第二个16世纪将由阿姆斯特丹主导（Spufford，2006）。一个世纪以前，安特卫普取代了布鲁日，将大西洋与印度洋的蔗糖、香料贸易与中欧冶金业的复兴紧密结合在一起。到第二个16世纪，阿姆斯特丹和波托西将取代安特卫普和厄尔士（Erzgebirge）山脉；斯洛伐克的纽索尔（Neusohl）将让位于瑞典的法伦及其大铜山；马德拉群岛的蔗糖将屈服于巴伊亚的糖厂；波兰的木材与挪威的森林相比将黯然失色。

瑞典在16世纪80年代作为铜铁的主要“生产调节者”的地位再怎么强调也不过分。让我们以铁为中心来阐述更广阔的地理转移。欧洲世界—经济体系依赖于低成本的铁，即使1570年以后积累开始恢复，钢铁生产仍停滞不前。钢铁产量在1460—1540年每年增长6.25%，而1540—1600年却几乎没有增长，16世

---

① 阿格诺来提（Agnoletti，2000，p. 4）看到护理林木材产量和16世纪威尼斯“皆伐”之间的显著差别——1∶40和1∶50。

② 欧洲铜的巨大产量从波托西铜的产地、瑞典的斯道拉科帕尔贝里（Stora Kopparberg）运出。

纪中叶至18世纪初每年的产量增长还不到1.3%（Moore，2009a）。[1]同时，1600—1700年，瑞典的条铁出口量跃升了至少六倍——也可能是八倍（Heckscher，1954，p. 93；Boëthius，1958；Braudel，1981，p. 381）。这些铁对于荷兰以及后来英国的成功具有决定性的意义。英国的产量也增长了，但可能在整个17世纪不会超过50%（van Zanden and Horlings，1999，p. 31）。倘若没有瑞典的铁，这一时期的英国经济史将是难以想象的——两者的关系是"绝对依赖"型的（Heckscher，1954，p. 93；*see also* deVries，1976，pp. 108—109）。我们不要忘记，英国的农业革命消耗了数量惊人的铁——1760年，英国仅仅马蹄铁就消耗了惊人的15%的铁（Bairoch，1973，p. 491），更不用说犁了。如果18世纪没有稳定可靠的铁源源不断地从瑞典，又越来越多地从波罗的海地区和北美洲进口而来，那么英国的地缘和经济地位肯定会遭到动摇，它的最大竞争对手法国也一样。1720—1789年，法国的钢铁产量增加了五倍，是英国产量增长的2.5倍（Nef，1950，p. 283）。

瑞典的崛起与它极其丰富的森林资源有关。赫克歇尔（Heckscher，1932，p. 139）平静地评论说："瑞典木炭的数量而非铁矿石的质量成就了她特殊的地位。"[2]历史性的低人口密度可能正好可以说明这个问题，但这种解释似乎显得因果倒置。显然，气候和土壤因素限制了人口的增长，但更为重要的是瑞典远离商品体系。到16世纪70年代，瑞典的商业化程度并不比新西班牙的大部分地区或秘鲁要高（Malowist，1959；Anderson，1974，p. 179；Wallerstein，1974，pp. 312—313），甚至可能更低。它是一个近乎完美的商品边疆。

然而，这一地理转移如同接下来的转移一样，很难说是自我调节市场的直接表现。第二个16世纪的全球化世界市场会推动生产中心的变更，但不是创造生产中心。后者需要国家为更新的商品化与资本积累创造条件。换言之，这就需要强化原始积累战略。在铜铁生产中心转向瑞典的过程中，16世纪后期，荷兰资本开始涌入瑞典，三十年战争前夕又急剧涌入（Boëthius，1958；de Vries，1976，pp. 107—108；Hildebrand，1992；Evans，2005）。国家的作用是决定性的。瑞典的专制制度在监管为快速转变到大规模生产提供充足的生态条件方面特别高效（Sundberg，1991；Hildebrand，1992）。确实，瑞典拥有生物物理优势——大量易开发的森林和优质的矿产——对德国的生产商非常有利，德国的生产

---

① 平均值计算为简单的，而不是复杂的增长率。

② 笔者强调的是木炭。瑞典的高质量铁在整个欧洲因其高品质闻名。与英国的铁比较，瑞典高质量铁含极少的磷，因其柔韧性，价格很高。

商已经陷入严重的衰落之中（Heckscher，1932；Boëthius，1958，p. 149；Kriedte，1983）。

然而，瑞典虽然拥有自然优势，但不是生态而是政治生态对瑞典铁的兴起有决定性作用。早在16世纪70年代，瑞典皇室就开始圈占森林用于金属冶炼活动。到17世纪早期，瑞典皇室设立了一个机构，授权这个机构整合“森林配给”制度和冶金生产的地理扩张——将矿石冶炼和条铁生产分开，以限制薪材缺乏（Boëthius，1958，p. 152）。这使得传统的刀耕火种的小农经济从那些最靠近采矿中心的林区被逐出（Emanuelsson and Segerström，2002）。瑞典第一次颁布这种耕种禁令是在1647年，即第二次以铁为主导的边疆扩张浪潮前夕。这些地方主义活动的直接目标是维持商品生产的持续增长。重点是扩张，而非保护，或者说为了持续扩张有必要通过圈地来进行的保护也没有（Boëthius，1958，p. 152；Eriksson，1960；Hamilton，1997）。以这种极富远见的原始积累生态战略为基础，瑞典的铁出口——惊人的生产量的80%（Rydén，1998，p. 390）——构成了原材料的战略储备，这对1620年以后起先是荷兰，随后是英国再生产的扩大以及领土和资本主义霸权的建立都是至关重要的（正是铁产量的增长使得舰队能够继续启航，加勒比海地区的蔗糖革命得以发生）。

然而，即使在瑞典，森林滥伐也在迅速进行。到17世纪90年代，东北部的铁厂遭遇了木材和木炭价格的上涨，导致了它们（这些铁厂）与周围的农民关于公共森林争端的冲突日渐升级（Gräner，2005）。到18世纪20年代，“趋势进一步扩大”，希尔德布兰德（Hildebrand）认为，由于炼铁厂“通过买断当地农民来建立（他们的）木炭供应体系，高压手段很普遍，赊购是最主要的武器”（1992，p. 88）。多处的证据表明：到18世纪50年代，关于国家森林资源的“警告”越来越多，促使瑞典王室规定了铁产量的上限（Pounds，1990，p. 300）。但没有任何效果，这才是问题的关键。木炭价格在18世纪60年代剧增，直到18世纪末一直居高不下。这里与其他地方一样，层里套层。随着18世纪瑞典钢铁生产的北移，将欧洲的钢铁生产向北推进的商品边疆运动同样也在瑞典境内上演（Hildebrand，1992，p. 140；Isaacson，1998）。当19世纪临近，瑞典“出现了生态危机的迹象，这是由于过度使用稀缺的土地资源尤其是森林产品引起的”（Eliasson and Nilsson，2002）。这与冶金业全球扩张的下一个阶段交织在一起，这一次地理转移的方向是俄国和刚独立的美国（Jones，1982；Evans et al.，2002）。

捕鱼业的商品边疆：鳕鱼、鲱鱼和鲸鱼

低地国家、整个北大西洋地区与南大西洋的商品边疆之间的联系，并没有随金属、粮食、木材、白银之间关系的新陈代谢断裂而中断。这其中更令人惊讶的是，鲱鱼渔业的衰落和波兰的农业危机几乎同时发生。荷兰的鲱鱼远销各地。1600—1650 年，华沙每年消费 1 500 吨咸鱼，每年有超过 16 000 吨的鱼（几乎占了总捕鱼量的 1/3）穿越松德海峡（Unger，1980，p. 263；van Bochove，2008，p. 234）。到 1640 年，荷兰每年捕鱼 40 000 吨，约 80%用于出口（de Vries and van derWoude，1997，p. 251）。

显然，这对于现存的渔业来说实在是太多了——尤其是这种制度被其竞争对手丹麦和德国加强的时候，“他们（这些竞争者）对荷兰不断增加的捕获量的反应是提高自己的捕鱼量”，在此过程中也就“破坏了他们自己的渔场”（Munro，2006，p. 18）。难道这就是 17 世纪 20 年代斯堪尼亚渔场“最终毁灭”的原因吗（Unger，1980，p. 272）？到 1650 年，北海的鲱鱼渔场陷入困境。理查兹（2003，p. 51）称之为一个“漫长而缓慢的衰落”。但是，这场危机也许更深刻，是身为世界领头羊的荷兰霸权的危机吗（回忆一下这时挪威的木材出口量已经下降，波兰的农业也已深陷危机）？德弗里斯和范德伍德认为，荷兰经过四十年前的“绝对巅峰”之后，紧随而来的便是“17 世纪 50 年代以后鲱鱼捕获量的急剧下降”（1997，p. 419；*see* esp.，pp. 25—251；*see also* van Bochove，2008，p. 12）。这对于一个 1/5 的人口直接或间接地依靠渔业来维生的经济而言不是一件小事——17 世纪 50 年代价值 2 亿的鲱鱼捕获量，其价值超过了英国的呢绒（Munro，2006，p. 19）。很清楚，每艘船的鲱鱼捕获量都在下降，对一个劳动生产率和结构性利润都很低的鲱鱼渔业行业来说，这是困难的局面（van Bochove and van Zanden，2006，p. 568）。随着产量的下降，利润也在下降，1640—1700 年下降了一半多（vanBochove and van Zanden n. d.，p. 8）。

波尔森（Poulsen，2008，p. 390）正确地指出，这并不是过度捕捞而导致的绝对衰落。相反，最主要的问题是捕鱼船队对“一片特定水域的鱼类”竭泽而渔。北海不是一个，而是由许多捕鱼区域组成的渔场。日渐积累的影响是相对枯竭之一，表现在许多捕鱼区连续开发和捕捞船队社会技术能力的结合上。因此，范博科夫（van Bochove，2008，p. 233）在对鲱鱼行业的收益和成本结构做了一番深入考察之后，做出了以下结论：“环境……是我们解释北海鲱鱼业长期衰落

的最佳选择”，既可以从捕鱼量的停滞或衰落看出，也可以从捕鱼收入的下降看出。

同样的历史—地理模式也出现在荷兰的鲸渔场。有“相当确凿的”证据表明这些渔场的产量，与鲱鱼渔场的产量同时在下降（van Bochove and van Zanden n. d.，p. 9）。对荷兰经济而言两者缺一不可——鲱鱼贸易使得船只有生意做（17世纪40年代有近500艘双桅渔船）；鲸为关键的工业产品提供原料，如鲸骨（用于纺织）、肥皂、润滑油和灯油（Wallerstein，1980，pp. 39—40；Richards，2003，pp. 609—610）。

到17世纪中叶，最后决定的解决之道仍是一个老办法——扩大边疆。做更大的网（或者渔叉，视情况而定）。于是，1640—1670年标志着捕鲸和捕鱼边疆的新阶段。捕鲸船队迅速向北和向西驶入北极地区，他们遵循了一个残酷的现代逻辑：

> 没有将任何一种保护措施或对资源的可持续开发考虑在内。北极鲸群变成了一种容易获取的资源，对于开采者没有任何明确的管理或限制。从16世纪早期到19世纪中叶，一片海域的鲸被捕杀殆尽，**捕鲸船又驶向更加遥远且险恶的海域**……在这整个时期和捕鲸的每个阶段，生产率都在缓慢下降，因为捕到的鲸的数量在下降。例如，17世纪70年代，每艘荷兰捕鲸船平均每年的捕鲸量是6.4头……到18世纪70年代，年均捕鲸量下降到了2.2头。（Richards，2003，p. 610）

17世纪以后鲱鱼的相对重要性降低了——1800年的捕鱼量不比1600年多多少（Poulsen，2006，p. 3）。到18世纪，鲱鱼让位于鳕鱼。新的边疆需要更换新的卫队（guard）——荷兰的双桅渔船让位于积极扩张的英国和法国鳕鱼船队。然而，鲱鱼商品边疆的地理变动仍然维持在低收益地区。18世纪见证了一系列地区的经济繁荣，从苏格兰沿岸到挪威，再到瑞典，但没有一个地区“每次繁荣能超过50—60年”（Poulsen，2006，p. 2），这是至今仍为人所熟知的怪圈。荷兰已经处于相对衰落之中，又被挡在了这些正在复兴中的渔场之外，这就解释了为什么荷兰工业无法恢复盈利。同时，鳕鱼开始上升到主要地位，产量超过鲱鱼几倍；但是，如日中天的尼德兰已经衰落，英国开始引领世界。18世纪80年代，世界鳕鱼产量接近400 000吨——这是17世纪40年代鲱鱼产量的10倍。

如果鲱鱼边疆与波罗的海粮食边疆相互联系在一起——两者在17世纪中叶都显现出了枯竭的迹象——那么鳕鱼边疆的全球扩张就与蔗糖进入加勒比海地区的运动新陈代谢相联。在鳕鱼边疆，以及在捕鲸业和鲱鱼捕捞业，有一个势不可挡的运动——圈占“更广阔的海域……由于（周期性的）地区资源短缺，捕鳕渔船前往新的尚未开发的沿海地区”（Richards，2003，pp. 567—568）。这场运动是靠着对加勒比海蔗糖商品边疆的无情掠夺来供养，反过来又滋养了这个边疆（Moore，2000b；Moore，2003a，pp. 347—357）。非洲劳动力在甘蔗种植园的生产严重破坏了西印度群岛的土壤，他们以廉价咸鱼为食——这种廉价是由于鳕鱼边疆把北大西洋作为无偿的资金馈赠。进口的鱼是如此便宜，以至于 17 世纪 50 年代，加勒比海地区的种植园主们发现，让奴隶们自己捕鱼还不如从新英格兰人那里购买更划算（Ligon，1657，p. 35）。

这是与前现代模式断然的决裂。北海渔场在 17 世纪遭到了过度捕捞。三个世纪以前，这些渔场在经历了漫长的中世纪扩张之后，已经表现出了不堪重负（Hoffmann，2005）。那时，北海渔场危机导致了 14 世纪商业活动的收缩；到 17 世纪，它又引发了海洋开发的全球化。这与荷兰霸权的危机有着千丝万缕的联系，但与作为体系的资本主义危机却扯不上干系。法国、特别是英国船队参与的北大西洋渔场的全球化仅仅是全球扩张的一个部分，而这又是早期资本主义发展必不可少的条件。

资本主义世界—生态兴起中的整个北大西洋地区：从诠释到典范

本章所论及的各个模式之间有着惊人的同步性。一方面，所有商品边疆都会产生地区性的特定的盛衰周期。另一方面，这些边疆共同创造了一个大体一致的世界时间（盛衰周期），那就是以 50—75 年为一个周期。[①]笔者用遥相关比喻来表述——虽然这种方法有些粗糙和简陋，但在那时，这不正是早期资本主义的现实吗？一个地区“大量具有统计学意义的标志”增多与增强，并且另一个地区也有“同样大量的标志”（Bjerknes，1969）。

这些“统计学意义上的标志”不断增长的力量和 50—75 年周期显现的持久性，都是在那个时代最主要的商品边疆形成时出现，为我们将整个北大西洋地区视作一个区域——作为世界生态的早期资本主义生态体制最主要的区域——增加了分量。最主要的部分是可以肯定的。那么有例外吗？笔者非常不确定。许多环境史都论述了欧洲环境史的例外论。[②]从这个视角来看，现代环境史的真正活动

① 这些与相似循环的康德拉季耶夫周期不直接相关，但并不排除潜在的关联。

② 在环境史中讨论欧洲例外论的典型的例子可以在纳德考（2003）和麦克尼尔（2003）那里找到。

表现在边疆，而边疆又出现在新大陆（e. g. Cronon，1991；Dean，1995）。正如我们所见的，这只说对了一半。欧洲内部也有新的商品化边疆出现。但没有人会否认旧大陆与新大陆长时段的政治生态的独特性，这一分析表明了南北大西洋分享共同的——即使是不平衡的——历史地理。商品边疆以异常持久的 50—75 年的周期，发展、繁荣、衰落，最后重新寻找边疆。正如我们在本章第一部分所见，波托西的银矿一统天下（1570—1620 年），它是以更大的规模重演了第一个 16 世纪（1450—1520 年）中欧冶金业的繁荣。这不是与 1580—1650 年中兴的挪威的木材被一系列波罗的海木材边疆——1660—1700 年穿越松德海峡的出口量增至四倍——所取代非常相似吗？这不是与波兰的农业—林业复合经济的巅峰时刻（1550—1625 年）被英国的农业革命以及被漫长的 18 世纪波罗的海东部和芬兰繁盛的木材边疆所取代非常相似吗？这不是与瑞典钢铁的黄金时代——就像巴西和加勒比海地区的蔗糖种植一样，不是一个而是好几个边疆——经历了最初的繁荣在 1650 年形成的第二个大钢铁边疆非常相似吗（始于 16 世纪 70 年代）？这不是与荷兰捕鲸边疆（1660—1720 年）的鼎盛时期非常相似吗（Richards，2003，p. 600）？这不是与南大西洋地区（虽然处于本次调查的直接范围之外，但却是蔗糖商品边疆横跨大西洋的连续运动）——从马德拉（1470—1520 年）到圣多美（1530—1580 年），再到巴西的伯南布哥（1570 年—17 世纪 30 年代）和巴伊亚（17 世纪 20 年代—17 世纪 70 年代），在 17 世纪中叶到加勒比海地区——的关键的背景故事非常相似吗？所有这些都表明，这些商品边疆越来越多占领和产生了世界—生态同样的“地方”，即使这个地方是很明显地被独特的社会生态条件和特定的区域环境所改变的。繁荣和萧条交替循环的模式仍然松散，但越来越多地通过资本循环和帝国机器遥相关地紧密联系在一起。

这是一种什么样的资本主义？在马克思主义思想中有一种强烈的趋势（而且不仅仅是马克思主义思想），认为早期资本主义只不过是 19 世纪兴起的“真正的”资本主义的试验场（e. g. Wolf，1982；Fox-Genovese and Genovese，1983）。这对于我们分析当前的社会—生态形势具有重要意义，这种社会—生态形势在最近兴盛的围绕石油极限和“*矿物繁荣资本主义*”的重要考察中也有体现（e. g. Altvater，2007）。笔者的观点有别于此。早期的资本主义就是*真正的*资本主义。近代早期资本主义的生态体制是以军事征服、直接（比如种植体系）或间接的（比如波兰的农业—出口扩张）商品生产急剧的地理扩张为条件的；从根本上加快了周转时间和维持经济相互依存（基于全球化）的金融结构的产生；以及服务于地理扩张的技术高度发展为前提的。早期资本主义基于全球化的生态战略，这种生态战略强调商品生产和市场交换大肆扩张的场所。

因此，商品边疆的中心有：我们所见的北大西洋地区的木材、船只用品、谷物、金属和渔业，以及本章第一部分讨论的南大西洋地区的白银开采和西班牙的“木材争夺战”。人们可以在诸如畜牧业、甘蔗种植、烟草种植、猎兽皮、奴隶贸易和横跨早期资本主义地理扩张的其他商品边疆看到同样的故事。总而言之，这就是一种商品扩张的战略。低地国家和随后的英国采取了提高农业生产率的重要举措。这些地区农业革命的故事可以理解为商品—深化（commodity-widening）的运动，这对资本主义的地理扩张进程有着重要的影响，对波兰与低地国家也有重要影响。然而，总的来说，1450—1750 年欧洲世界—经济体系显然更侧重扩张而不是深化。而到 18 世纪后期，英国的工业化开始扭转先前的局势。商品深化的部门从农业转向工业。问题是，到 18 世纪 50 年代，英国的农业不再革命，17 世纪持续的农业生产率增长开始相对停滞。整个欧洲的谷物价格维持了 130 年的低水平之后开始上涨，英国的粮食价格 1760—1790 年上涨了 40%，这对 1700 年之后取代了波罗的海地区成为欧洲最主要的粮食出口国来说，是一个巨大的逆转（Bairoch，1973，p. 459；Pomeranz，2000，p. 217）。与工业品相比，农产品价格在 1745 年和 1815 年之间上涨了三倍，而工业品只上涨了 50%（O'Brien，1985，p. 776）。

这两场伟大的运动意义深刻。首先，它揭示了作为生态体制的早期资本主义整个体系的枯竭。这种生态体制在广度上已经是资本主义的，但到 18 世纪 60 年代，它在深度上便不再是资本主义的了。其次，它表明了一个迫近的农业生态瓶颈，威胁到英国为主导的工业化的中期前景。这个瓶颈无法仅通过革新克服，但可以通过掠夺和全球范围提高生产率、扩张并结合社会技术革新来克服。随着 1815 年之后英国的“第二次农业革命”的到来（Thompson，1968），随着进口海鸟粪（用作肥料）和含油种子（如花生仁）这种全球采购战略的实施而达到全盛，农业—生态对 18 世纪后期危机的反应代表了 1550 年以后成形的一种新的基本模式。就像此前的荷兰人所做的那样，英国人会依赖边疆供应谷物——1846 之后，供应主要来自北美洲。“物质资本主义”并未熄灭对大边缘区的需求，需求反而增加了。

解释性的论点包含在示范性争论的对话中。笔者的观点是“作为……的环境史”而非“……的环境史”。这意味着重新思考 1550 年后整个北大西洋地区的崛起，尤其是荷兰的霸权，其实是生态过程和方案，是世界—历史的运动，目标是重新调整商品生产、交换和攫取的相互交错重叠的地理范围内的自然—社会关系。这需要的不只是早期资本主义生物物理的掠夺。它需要一个旨在弥合一面是“环境的社会学理论”，另一方面是“社会变迁理论”之间鸿沟的范例的过渡(paradigmatic transition)。笔者的用语是有意为之的：“生态方案”并非指由于国家、市场和阶级的社会组织产生的有意和无意的环境后果的集合。相反，“生态”这个词（和它的同源词比如生态体制），指的是一种以整体视角来看待社会—环境关系，这种方式与哲学家、植物学家泰奥弗拉斯多使用希腊词语奥伊寇斯“来表明植物物种与环境的关系”十分相似（Hughes，1994，p.4）。这些关系是核心。如果生物体和环境构成了许多部分，生态就是通过这些关系产生的整体。笔者提出了关于环境史在越来越资本主义化的北大西洋地区形成中作用的部分新的解释。但其核心是我们如何看待资本主义，或者如果你愿意，可以用现代性、殖民主义和其他许多词来表达世界历史变迁中的“主要过程”（Tilly，1984）。另一种选择是看问题的不同视角——介于作用于自然的资本主义和通过自然发展起来的资本主义之间。笔者相信，我们已经到了一个可以做出有说服力结论的时刻，让我们清除旧边界，打开新视野；这种新的视野可以让我们重新思考建立在自然—社会关系历史基础之上的资本主义。这种争论的含义对目前全球形势含义重大。

第九章 穷途末路？资本主义世界—生态中的农业革命，1450—2010年

理论框架

笔者从两个问题开始论述。首先，如果新自由主义正陷入危机，那么是怎样的一种危机？其次，自然生产的视角是如何重塑我们对新自由主义以及之前资本主义历史上危机的理解？

"新自由主义"是一个有力的信号，可以描述20世纪70年代早期以来各个地区、各种规模的社会—生态运动。整体而言，这个时代充满了各种凌乱的矛盾，这些矛盾否定了单一的概念。不仅如此，在战后世界—经济的"黄金年代"初期的危机发生之后的数年里以及美国强权下的和平时代（c. 1971，p. 4），新古典意识形态并未给现存的资本主义以指导。这个新自由主义时代最重要的事情如下。1979年以来，美国开始奉行军事凯恩斯主义，随着里根的当选（Harvey，2005）被加快实施，并成为资本主义的法典。这一时代最伟大的经济"奇迹"——中国的崛起——是在最重要的国家计划经济体制管理下出现的（Li，2008）。那些主导性的经济强国（聚集在经济合作与发展组织中），见证政府的支出从1965年约25%的GDP到30年后37%的GDP（Cooper，2001，p. 195）。特别是，全球贸易自由化并没有见证国家整体的撤出，尤其是集中体现在世界贸易组织和它的农业协定上。正如托尼·魏所言（Tony Weis，2007），在追求边缘区经济自由化的过程中，北半球的国家（尤其是美国）对于国内农产品领域的支持并未有一刻踟蹰。吉（Gee）把新自由主义时代的特征描述为一种"结构性重商主义"是有充分原因的（2009）。

笔者认为新自由主义是世界资本主义历史的一个阶段，是现代—世界体系中循环演进模式中的一个特殊时刻。笔者着重强调两个现象，这两个现象辩证相关，两者构成了新自由主义时代的特定差异的部分。第一，笔者将新自由主义视为资本主义与众不同的一个阶段，以"掠夺第一，建设第二"为前提条件。这就是新自由主义的"反罗宾汉"的特点——劫贫济富（Harvey，2005），杜梅尼和

莱维（Duménil and Lévy，2004）以及其许多其他学者这样解释。新自由主义与资本主义先前所有的阶段一样，对财富进行重新分配；但又与之前资本主义的所有阶段不同，它并没有创造经济重新增长的条件，也没有创造广泛明确的社会发展。正如巴拉科瑞斯南最近所指出的（Balakrishnan，2009），新自由主义并没有促使“第三次科技革命”发生，而这一革命在 20 世纪 70 年代受到极大关注（Mandel，1975）。科技进步当然还是发生了——尤在控制和信息技术方面——但“并没有催生一次可以减少成本、释放收入（增长空间）以应对全面扩张的生产力革命”（Balakrishnan，2009，p. 14）。这一点在农业领域表现最明显，在农业领域近三十年的转基因生物试验，没有提高原有产量，却成功地把财富和权力从农民手中转移到了大资本家手中（Gurian-Sherman，2009）。[1]

资本主义在新自由主义时代的第二个特征是金融渗透到了日常生活当中，尤其是人之外自然的再生产。这就是自 20 世纪 70 年代以来，“资本从形式上到真正包含自然过渡”的核心（Boyd et al.，2001）。当然，金融化并非新事物，自 16 世纪以来它循环出现就一直伴随着我们（Arrighi，1994）。“金融化”一词本身可有多重解读，所以我们需要小心强调把金融化视为一个引力场的看法，认为它影响并塑造了人类和人之外自然的再生产。工人阶级家庭越来越依赖信用卡支付医疗账单，森林、田野、矿井越来越被金融业而不是工业的利润原则所约束——也就是说，以资本循环按 M-M＋而不是 M-C-M＋运行的原则约束：

> 其实际上的含义是：粮食和服务业实体经济屈服全球金融市场的竞争逻辑。例如食品公司，它们不仅只在酸奶、碳酸饮料或者加工过的肉类这些领域进行竞争，它们还在金融市场上竞争，以期产生最快和最大的回报率满足“毫无耐心”的金融资本。（Rossman，2007，p. 5）

总体考虑，这两个新自由主义的特殊时刻——虽然在资本主义早期阶段已为人所知——产生了一个发展模式，这个模式以一部分重新分配、一部分“泡沫经济”为前提。自 1997 年以亚洲为中心的金融危机以来的时代被视为一系列长期的泡沫。的确，笔者写作时期（2010）世界市场的稳定，使得经合组织各国政府于 2008 年 9 月对世界金融市场体系注资超过 15 万亿美元成为可能（Mason，2009），这也许可被视作一种“泡沫式的复苏”。笔者的指导思路是这样一种假设：新自由主义已经到了它发展的极限，2008 年的金融危机和逐渐恶化的通货

---

[1] 我们可以“区别两种产量——固有的产量和操纵的产量，即使计算转基因谷物时也一样。固有的产量，最高产值可以在作物理想的条件下取得；也可以认为其是潜在产量。相反，操纵产量是指当影响产量环境因素例如害虫和压力非常不理想时在土地上获得的产量”（Gurian-Sherman，2009，p. 2）。

膨胀就是新自由主义引导的人类与自然关系危机的“信号”。依据阿瑞基的有力论证（1994），我们可以说，当生态盈余迅速扩张的那些最初条件开始减弱；粮食、能源和投入增多且变得昂贵，而不是更便宜，那么生态体制的“危机信号”便出现了。“终极危机”标志着一种全球自然的组织模式向另一种模式的决定性的转变，正如世界霸权从荷兰转到英国，同时煤炭取代泥炭和木炭成为决定性的能源一样。

当今的中心问题是，目前的状态是否代表着资本主义的危机，这种危机可以通过建立新的世界性的积累条件解决发展，还是说，我们是正经历一场划时代的资本主义危机？

作为世界—生态的资本主义：面对危机的理论

笔者从把资本主义视为“世界—生态”的角度来讨论，并且把资本主义看作是一个历史的形成，其从漫长的16世纪（1450—1640年）出现、发展并经历连续的重建和革新（Wallerstein，1974；Arrighi，1994；Moore，2000，2003a-c，2007，2008，2009，2010a-b）。资本主义是世界—历史形成的过程的观点已经被广泛接受，它以逐渐消除无限资本积累的关税、国家的、制度的以及其他的限制，以及人类和人之外自然的无限商品化为前提。而资本主义作为“世界—生态”的观念则还需要进一步解释。

通过“生态”和相关的概念，笔者试图超越笛卡尔对于资本主义和“环境”的阐释。笔者宁愿通过不稳定的断裂和社会与生物物理属性的相互依赖讨论资本主义的关系。笔者所以借用了希腊词根 oikos（家或者房子），按生态体制、生态革命、生态危机的术语来讲，想起古希腊哲学家，植物学家泰奥弗拉斯托斯使用的术语奥伊寇斯，“表明一个植物物种与环境的关系”（Hughes，1994，p. 4）。笔者用奥伊寇斯这个术语指从自然—社会辩证关系中产生的混乱的一捆捆关系。

如果新自由主义典型地被认为是作用于自然的一种社会力量，对其余的自然印上自己的“足迹”（用最简单的比喻来说），那么作为“世界—生态”的资本主义体现了自然生产与无休止的资本积累之间各种不同的统一。从这个视角来看，资本主义并没有一种生态体制。资本主义是一种生态体制——意味着那些相对持久的阶级结构、技术革新模式，以及生产力、组织形式和统治（正式的和非正式的）的发展，这些因素自漫长的16世纪以来维持和推进了连续阶段的世界积累。生态体制是指扩大积累相对稳定的历史过程及条件，生态革命指这些暂时稳定的过程和条件的混乱出现。因而，笔者把焦点放在历史上资本主义的战略关系的社会—生态结构上，而不是社会和生物物理本质上的“相互作用”。此结构辩证法的体现形式超出“土地的变迁”这一通常与环境史相关的范围：财产关系，以商品为中心的资源开采、种植经济作物的农业、合成能源，等等。自然—社会关系的生产都一样是关于工厂，也是关于森林，是关于证券交易所、购物中心、贫民窟和郊区蔓延，也是关于地力枯竭、物种灭绝的。

从这些市场和制度机制中出现的生态体制有必要确保能源、粮食、原材料、剩余的劳动力足够地流动到世界资本积累的组织中心。但是我们也应该注意到生产的复杂化，消费了这些剩余产品，并对自然其他方面有新的（并且是矛盾的）需求。也就是说，城乡对立——虽重叠但并不混乱，有核心—边缘的区分——是决定性的地理关系。生态体制构成了一个统治“城镇”（消费剩余产品）和“乡村”（生产剩余产品）的关系模型。福斯特的“新陈代谢断裂”（2000）不仅仅是资本主义的特殊影响，而且构成了资本主义生产的模式。资本主义的每一个阶段都通过自然—社会关系的革命出现——新的新陈代谢断裂，而且远远超出——并为资本积累的扩大创造了新的可能性。（Moore，2000）

什么构成了这些可能性呢？资本积累的所有大浪潮都通过扩大的生态剩余呈现出来，体现在廉价粮食、廉价能源、廉价投入。这种生态剩余的创造对于长期的积累至关重要。资本有能力以很低的代价占有生物物理自然和社会化的自然，并且它内在的趋势是使劳动力的再生产和人之外自然资本化，这两者之间存在辩证关系。笔者将要探讨自然—社会关系的占有及资本化的辩证关系。但是，首先，我们可以在马克思的生产不足理论中讨论这两者的紧张关系。

人们常常忘记的是，马克思提出生产不足的理论的同时提出了生产过剩的理论。工业革命的成就颠倒了早期资本主义的最大问题——对商品生产的中心基本投入的生产不足，特别是燃料、纤维和木材（Moore，2007；2010a；2010b）。但是，矛盾自身没有消除，只是悬置。资本主义正在滑向再次生产不足的方向，这是可能的吗？我们暂且对这种可能性不作评论。

马克思的生产不足危机理论——他称之为积累的“普遍法则”——认为“利润率和原材料的价值呈现相反的比例”（1967，III，p. 111）。资本主义生产的动力导致固定资本中的不变资本的比例极大超过有机原材料的比例，因此对原材料增长的需求比供应需求更大（ibid.，pp. 118—119）。在“机器的生产过剩”和原材料的“生产不足”之间存在一种重要的张力（Marx，1967，p. III，p. 119）。所以，资本主义的伟大成就就在于减少了投入成本，并且同时极大地扩大了商品生产的物质量（按大小顺序），即（因此创造了）现代世界史上的商品边疆中心，使得划时代的生态剩余能够快速流动，并且成本很低（而且是最大化的强制）。

所以在过去的两个世纪中，生产不足发展的趋势被地理扩张及社会—技术革新综合的和不平衡的动力暂时悬置。这是一种视觉错觉，我们通常会把它与资本主义的伟大生态革命联系起来，通常按照连续农业和工业革命的术语来讨论，只是越来越资本化。“资本集中”、划时代革新的漫长历史——其中最重要的是近代早期的造船—制图革命、19 世纪的蒸汽机和 20 世纪的内燃机——确实标志着资本在某些特定地区地理上的集中，最重要的是在荷兰人、不列颠人和美国人霸权体制的腹地。但是每次划时代的革新也标志着全球空间组织的一次大胆革命，而不仅仅是在生产技术方面的革新。因此，划时代的改革与生产力及掠夺在一种世界历史性的行为中结合起来，这种世界历史的行动减少直接依赖资本循环的自然份额。例如蒸汽机，如果没有煤矿开采的垂直边疆，没有殖民地和 19 世纪白人殖民扩张的水平边疆，是不能想象的。结果是资本有机构成（暂时的）每况愈下，因此为利润的恢复提供了一个关键的条件——即使随着资金涌入大都市和霸权中心。

这里有两个关键的概念，生态过剩和自然的资本化。第一，生态剩余不是指“原料”数量的大或者小，相反，它指许多社会—生态关系。这种剩余有四种类型：劳动力、粮食、能源和非能源的投入，例如金属、木材和纤维。廉价的粮食和劳动力的价格之间的关系是非常紧密的。关键是，这一点再怎么强调也不过分，“廉价”粮食、能源和投入廉价到这样的程度，以致产生了体系范围内的固定资本和同样重要的流动资本有机构成降低的趋势——这是不变资本的重要因素。

与整个体系资本化的关系是关键，因为生态过剩只是部分地通过资本循环产生。然而，生态剩余是通过资本化生产（例如农场机械化）与吞并作为“无偿馈赠”的自然结合实现的。例如，能源集中型农业，是通过吞并经过长时段地理时间成形的生物物理自然而发展的（从蓄水层和田野抽取水和石油）。通过这种方式，密集资本化和广泛的侵占形成了一个辩证的统一体。

如果资本主义的每个阶段都是通过生态剩余的一次革命出现，那么今天这样的剩余在哪里可以发现和生产呢？要弄清目前危机中“经济”和“环境”因素之间的关系，这是一个必须回答的问题。我们正处在 20 世纪 30 年代以来最严重的经济低迷期，或者说我们是这样被告知的（Eichengreen and O’Rourke，2009）。但是怎样和大萧条相比较才算合适呢？目前世界的形式，以及相对的停滞，或者更糟糕的是粮食和能源剩余的输送，需要进行两种比较。第一个比较是这个时代与早期的工业革命相关，（工业革命）在1763—1815年逐渐消耗了英格兰的农业革命，并且造成了农业的衰退——以停滞的劳动生产率，上升的谷物价格和农业阶层结构的两极分化为标志，这种现象从墨西哥湾一直到斯堪的纳维亚半岛（Slicher van Bath，1963；Abel，1980；Jackson，1985）。这标志着一种生态体制的信号危机，并威胁着工业资本主义的兴起（因此里卡多（Ricardo）担心上升的粮食价格将会扼杀工业化）。英格兰，曾经是18世纪早期欧洲的谷仓，18世纪末粮食价格上涨了200%，比工业价格指数快四倍（O'Brien 1985，p. 776），这是笔者称其为发展的生态危机的一个关键时期。在这一时期最好的耕作条件下，土地生产率可以增加，但只有通过强化劳动力才能实现，而如果这样做，就会在当工业和帝国最需要劳动力的时候动用劳动力后备力量。解决之道最终在两个伟大的边疆那里找到，那里是两个唾手可得的巨大利润的来源。第一个边疆是垂直的，到地下采煤。第二个边疆是水平的，穿越地球去生产小麦，特别是在北美。19世纪70年代，当另一个“大萧条”到来时，这个时代快速的工业化之所以可能，是基于两个边疆劳动力合作带来的廉价粮食，而同时在南亚、中国发生了大饥荒，北美发生了种族灭绝。

也可能把封建主义危机与新自由主义危机进行比较最合适。封建主义危机是自然—社会关系的一个划时代危机（Moore，2007）。今天生态危机的起源可以从欧洲统治阶级应对14世纪的危机中找到。今天的世界体系和14世纪初广义性的封建欧洲有着惊人的相似性：农业体制，曾有非凡的谷物生产能力，后来停滞；越来越多的人口居住在城市里；与遥远的经济中心相关的贸易网络扩大，流行病在它们之间流动；气候变化（“小冰期”开始）开始对已经过度扩张的农业—人口秩序造成压力；资源开采，尤其是银和铜，面临新的地理—技术的挑战，利润和有限的产出受限。经过6个世纪的持续扩张，到14世纪，封建欧洲已经到了它发展的极限——因为环境的原因，社会权力的配置，并且最重要的，是两者之间的关系。

简而言之，笔者的观点是弄清我们怎样理解资本主义历史中自然—社会关系，可以最好地辨别目前全球危机的性质——包括对生态—灾难的预测，这已经引起左派的关注（Foster，2009）。今天的危机是发展的危机吗，所以可以通过新的生产力和掠取方式来解决，就像1830年以后英国人引导世界体系一样？或者它是一个划时代的危机，在无限积累的逻辑中不可能得到解决，并且这种结果从定义上也无从得知？哪里有比在新自由主义时代的农业史更好的出发点来讨论这些问题呢，并且通过从 16 世纪开始的资本主义世界—生态的循环的和长期的趋势来评估？

资本主义和廉价粮食的重要性

六个世纪的大多数时间，资本主义与农业的关系都是显著的。与以前所有的文明相比，资本主义通过连续的农业革命实施了一系列粮食剩余的显著扩展。只要耕作还掌握在农民的手中，前资本主义文明的“黄金时代”不可避免地转向危机，因为农民不受市场约束。人口的增加迟早会破坏土地和劳动生产率，同时也会破坏在更广阔的社会经济条件下为商业和制造业增长提供条件的农业剩余。封建主义时期有过这样的例子（Moore，2003b）。

相比之下，资本主义通过在乡村实施资产阶级的财产关系成就了长期的经济扩张，强迫农民从农民生产者到资本主义农民的转变。随着向资本主义的转变，在土地上推行私人财产关系，并获得现代国家和它的帝国组成的权力的支持，资本主义推动了一个剥夺和分化的过程，这一过程提高了农业生产率，增加了粮食剩余。巨大的劳动力储备供养邪恶的工厂，同时大量的农业剩余供养这些工人。近现代时期，从荷兰、英国的农业革命到家庭农场和 19、20 世纪的绿色革命，资金的血腥使用已经在这种显著的成就（“现代化”）上证明自己是正义的。

通往现代世界之路似乎一直由廉价粮食铺就。正如前面指出的，粮食、能源和投入非常“便宜”，以至于能够以低于体系内的平均价格生产、运输，并且可以极大地降低整个体系内的生产成本。粮食价格是如此关键，因为它决定劳动力的价格。资本主义发展的那些伟大时代总是以大规模的人口膨胀和大范围的无产阶级化为条件。农业革命对资本主义发展进程的突出贡献可以在这里找到：降低粮食的相对成本而加速无产阶级化。

世界上每一波大规模积累，以及每个“霸权”大国都是在对世界—生态广泛重组的基础上发展而来，农业革命处在发展的中心。当前的僵局——大众关于廉价粮食和廉价石油“终结”（e. g. Roberts，2004；2008）的讨论——是否代表无法被资本克服的长期的局限和危机的最新版？另一场农业革命——与我们已知的资本主义史上的同样的农业革命相比——是否可能？

或者，就资本、资本主义及农业革命而言，我们是否已经到了一个划时代的转折点？

我们可以从左派在漫长的 20 世纪讨论耕地问题时采取的四个主要方法来思

考这样一次农业革命的条件：农业对资本主义发展的整体贡献；资本主义农业与生物物理自然之间的矛盾；资本渗透到农业，即农业—生态生产愈加依赖资本周转；以及小农和农民阶级在争取民主和社会主义斗争中的作用（Kautsky，1988；Byres，1996；Moore，2008，2009；Bernstein，2010）。在本文中，笔者将集中于前三个因素，试图找到一种方法将历史资本主义视为一种生态体制。考虑到新自由主义时代（1970 年代以降）的农业史处在现代世界—体系中的长期和大规模的重复与演进的模式，笔者的意图是呈现一系列启发性的思路，以开启关于作为一种全球社会—生态形式的资本主义未来的新讨论——资本主义不仅是“世界—经济”而且是“世界—生态”，将资本积累和自然生产辩证地联系起来。

作为生态方案的新自由主义：通往一场“逆向的农业革命?”

随着 2008 年粮食价格飞涨与世界范围的粮食骚动（Holt-Giménez and Patel，2009），农业问题在我们关于当前危机以及资本主义未来的思考中占据了中心位置。即使世界市场上粮食的商品价格降低了（但仍高于 2004 年水平），边缘区真正的粮食价格仍很高，或者说“继续”增长至 2009 年春（Blas，2009b）。可预期的结果是将世界饥饿者的官方人数首次提升到 10 亿，至少 20 亿人遭受“微量营养素缺乏”（Weis，2007，p. 12；Blas，2009a）。这种反复出现的长年饥荒与粮食不稳定性的不祥之景与 14 世纪初的（体系危机的最初信号之后的）封建的欧洲何其相似：当其出现后；不到一个世纪，封建主义作为一种世界—历史的方案终结了（Moore，2003b）。

资本主义世界—生态下的农业革命业已完成了两项重任。第一，剩余粮食大量猛增——的确是“剩余”，因为使用价值增加的部分非常大，足以充分降低体系内再生产劳动力的成本。这些剩余粮食是一场更广泛的生态革命的特殊因素，这场生态革命伴随着资本主义从一个阶段转到下一个阶段，带来了笔者称为“相对生态剩余”的革命，其突出贡献在于意义深远地减少了关键初级产品诸如粮食和原料在价值中的构成。第二，农业革命对荷兰、英国和美国相继崛起的霸权具有重要意义。霸权都是生态工程，而每一个大国在争夺世界霸权的驱动下都会把国内和国外农业革命价值联系在一起。

在新自由主义的历史上很难看到这两大成就。从历史上说，主要的霸权国都领导了供应大量世界无产者大量廉价粮食的农业革命——荷兰人在 16 和 17 世纪，英国人在 17 和 18 世纪，美国人在 19 和 20 世纪，都是如此（Friedmann，

1978；Overton，1996；Brenner，2001；Walker，2004）。这些革命按照阿瑞基的理解方式，是“组织的革命”（organizational revolutions）（1994），在多种规模上展开，并且从生产力革新到新的信贷和运输形式上扩展。与世界无产者的联系尤为紧要。对任何工人阶级家庭来说决定最低工资门槛的首要因素都是粮食的价格，在体系范围内首要的决定因素是作为抽象社会劳动的价值。粮食——回想上一节的讨论——“便宜”到减少了商品化劳动力的“价值”的程度，并提高了资本攫取剩余价值的能力。

新自由主义世界秩序是不是——还处在信号危机未达到最终的危机——正在将资本主义引向布罗代尔曾称之为的“一场逆向农业革命”（1972，p. 427），即劳动生产率的相对下降和相对粮食剩余？直到 20 世纪晚期，每个划时代的“经济奇迹”——如我们所观察到的——都依靠划时代的农业革命，其不止是为了填饱本国人的肚子，还意在领导世界。每一个世界霸权都提供了一种农业发展的新模式：荷兰共和国曾经是 17 世纪欧洲农业知识的“麦加”（Moore，2010b）。后来，英国人，然后是 19 和 20 世纪的美国人以公平和不公平的手段向全世界兜售他们的农学智慧（Kloppenburg，1988；Drayton，2001）。

新自由主义所构建的世界农业在生产廉价粮食方面非常成功，如图表 1 所示。2001 年，粮食从来没这么便宜过——即便美国消费者也面对着健康食品的涨价和垃圾食品的降价（Patel，2007）。到 2007 年 12 月，粮食价格实际上达到了 1846 年以来的最高点，从这一年《经济学家》（*Economist*）杂志开始记录粮食价格（Buntrock，2007）。这是一场极大的命运逆转。

发生了什么？始于 20 世纪 70 年代，随着 20 世纪 80 年代早期的债务危机加剧，“通过乌拉圭回合谈判形成的世界农业品政治定价机制”以及进入世贸组织时代，从根本上将世界市场价格与生产成本分离开来（McMichael，2005，p. 282）。这对两个主要运动至关重要。首先并且最重要的是，世界粮食价格从 1975—1989 年下降了 39%，且在此后十年继续下跌（ibid.，p. 278；*see also* FAO，2009）。

廉价粮食对世界积累的复苏必不可少，即便是在金融化时代（Moore，2008，2010b）。第二，世界价格与生产成本的急剧脱钩为农业—粮食部门的资本集聚和集中创造了主要的新机遇，以致到 2000 年只有四家公司控制着“美国牛肉包装的 82%、猪肉和羊肉的 75%以及鸡肉的一半”（Greider，2000）。到 2008 年，“五家公司控制了国际谷物贸易的 90%，三个国家生产了出口用玉米的 70%，30 家大的食品零售商控制着世界零售的 1/3”（McMichael，2009）。

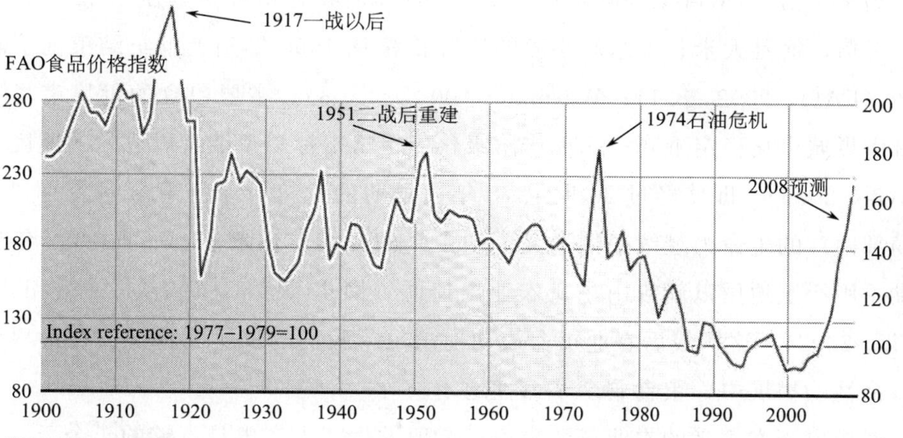

资料来源：FAO(2009)。

图 1　廉价食品与新自由主义生态体制

廉价粮食体制以及那些掌握廉价石油和金属的体制的瓦解始于 2003 年，并且在 2008 年达到产生通货膨胀的强度，表明新自由主义危机到了关键时刻。由于这个原因，笔者与阿瑞基一样将当前的事态描述为作为生态体制的新自由主义的信号危机。当然，新自由主义作为一种“阶级方案”（Harvey，2009）还将继续存在，而且也将作为一种“市场约束监管重建”（market disciplinary regulatory restructuring）的模式继续存在（Brenner，et al.，2010）。但是经过最后的分析，新自由主义的这些表现都依赖于体系提供廉价粮食、石油和投入的能力。因此，信号危机指这样一个时刻，此时生态体制达到了生产相对生态剩余——相对世界价值生产（资本化）的需求而言的大量的使用价值（吞并）——的临界点。一场终极危机仍在酝酿。

关键点在于每一场农业革命都超越了一系列适当的技术转变，这种技术转变能产出更多的收益来实现提供廉价粮食伟大的飞跃，因而使世界无产者伴随着这新一轮长期的革命性扩张（以及后来的、低成本再生产）成为可能。因此，每一次农业革命都实现了提供廉价粮食的巨大飞跃。在资本主义条件下，我们很难夸大二战后农业革命的成功，这一革命始于 20 世纪 50 年代中期美国第 480 号公共法案（1954）与赫鲁晓夫扩大苏联谷物产量的行动（1953）。随之而来的 20 世纪 60 年代“绿色革命”模式的全球化——笔者用其作为最早出现在 20 世纪早期美国的资本密集型“产业农业”（industrial agriculture）的方便表述——不仅是美国霸权领导力的一个支点，还完成了一项人类史上空前的产出革命。1950—1990 年，全球谷物输出几乎增长三倍，这是由于“每公顷谷物产量的增长所带来的，增长约 2.4 倍”（Weis，2007，p. 17）。同时，世界谷物贸易量在 1952—1972 年翻了三倍，而且大米、玉米和小麦的实际价格从 1960 年到上世纪结束前下降了 60%（FAO，2002，p. 11；Warman，2003，p. 203）。主要粮食的世界市场价格随着世界城市化稳定下降——无产阶级化的粗略指标——继续以危险的速度下降（Davis，2006）。即使经过 20 世纪 70 年代早期的危机，绿色革命创造的“全国农场部门”的生命力继续提供了又一个十年的强劲产出增加，而且 1982 年后还提供了肥沃土地用以新自由主义农业出口区（McMichael，1997，1998；Tilman et al.，2002）。这场战后农业革命成功地满足了我们的试金石检验：在世界无产者革命性的扩展中，粮食剩余革命性地增长。

对历史资本主义的农业革命来说，一般的生产力产出是不够的。今天，即使我们把 2003—2008 年商品繁荣归结为金融投资，粮食并没有变得更便宜（Ghosh，2010）。即使由于生物物理耗竭、社会动荡或投机，使得粮食、能源和自然资源生产不足，对世界积累整体来说也没有太大的影响。金融资本日益将世界积累与日常生活（粮食、水、住房）结构统一起来，致使后者通过信用机制依靠 M-M＋的活力，这表明我们需要把自然的金融化和商业化看作晚期资本主义统一过程中分化的时刻。

全球性的营养不良并不会导致一次“粮食危机”（pace Magdoff and Tokar，2009）。只要饥饿能被控在一定范围内，局限在世界上最贫穷的地方，就没什么大问题。漫长的 20 世纪的大繁荣是以英帝国监督下“维多利亚晚期大屠杀”的万人冢为基础的，发生在 19 世纪后期金融化时代（Arrighi，1994；Davis，2001）。真正重要的是无产阶级化中心地带的粮食价格，那里在 19 世纪晚期没有粮食危机。确实，世界谷物价格急剧下降，是由种族灭绝、铁路化和第一次真正的农业机械化推动的（Friedmann，1978；Kautsky，1988；O'Rourke，1997）。

现在，资本将会在哪里发现另一个廉价粮食时代所需的条件呢？新自由主义把希望寄托在生物技术的农业革命上，并与“新的圈地运动”的各种方式相关联（Shiva，1997；Rifkin，1998；Weis，2007；Cooper，2008）。只要它（廉价粮食的条件）影响收入的重新分配（进而区分农民阶级），并由国家和类似国家的机构创造和保护财富的能力使之可行，它就适合古典的农业革命模式，并使得一些部门资本积累大有希望。只要它（廉价粮食的条件）还没有把产量提高到为新的积累体系的循环创造条件（与廉价能源和投入有关）的程度，它就不适合这个模式。

农业生物技术的全球化没能减缓世界范围的产量持续下降的趋势，现在少说也有25年了（Tilman，et al.，2002）。如果现代世界的农业革命已经证明社会科技创新基础上的残忍的剥夺是可能的——这些技术革新使农业劳动生产率最大化，并且降低基本粮食成本——所谓的生物科技革命就成就甚微。十年的调查研究得出这样的结论，即农业生物科技基本没有提高原来的产量（Benbrook，2001；Gurian-Sherman，2009），甚至促使孟山都哀怨地声称“转基因作物的主要用途是使它们能够抗杀虫剂和除草剂。它们（这些技术）没有从本质上增加产量，它们只是保护产量”（*quoted in* Ritch，2009）。正如所证实的，耐草甘膦作物，尤其是大豆，也没有很好地保护产量，因为“超级杂草”进化到即使猛打有效除草剂也能存活的地步（Benbrook，2009）。

这个“超级杂草效应”标志着农业差异（differentia specifica）的一个方面，这一点在马克思重要的——虽然经常被忽略——论断中提到，如前所述，即机械（固定资本）“生产过剩”容易使原材料（流动资本）“生产不足”。在某一特定的生产周期中能源和投入费用的增长，加强了在提升机械化中利率下降的趋势。因此，当投入机械的资本超过了工资支出，由机械化和标准化生产所得的生产率收益就扩大了对流动资本（投入）的要求。但是能源、木材、金属、纤维和其他投入的生产植根于不能快速而轻易地对市场信号作出反应的社会—生态过程之中。例如，自20世纪80年代中期以来，相对于廉价能源需求增长而言，世界石油部门的投资典型不足（IEA 2008）。在农业方面，2003—2008年肥料价格增长倾向于降低农业利润率。

但不止于此，在农业中，相对于工业生产而言，需要考虑另一个因素。在新自由主义时代，增加劳动生产率的努力导致了一种新策略，即在细胞甚至是基因水平上约束生物物理本质。这是“从形式到真正地用资本约束自然的转变”（Boyd et al.，2001）。资本的问题是，生物物理本质进化的速度超出资本能控制他们的能力。新转基因品种多样性不能带来一场新的产量革命（Gurian-Sherman，2009）；更重要的是，农民有一种日益增长的倾向，即在一些重要的地区拒绝这些新转基因品种，例如巴西的马托格罗索州（Mato Grosso）（Reuters，2009）。

现在，资本主义面临它早期收益的完全相反的对立面。资本主义的增长是由一系列的“产量蜜月”大力推动的，在这一过程中将旧大陆的作物引入新大陆（糖），同时将新大陆的作物引入到旧大陆（土豆），带来产量的激增（Dark and Gent，2001；Moore，2007）。产量蜜月期的好处在于，投入很少的资本就能生产大量的粮食。毕竟，资本家想要的是投入少产出多；公司想要最小资本化以确保最有利的竞争地位。从历史上来看，资本主义胜利的秘诀在于，确保严格限制自然资本化的程度。资本的第一选择是吞并自然，而不是通过资本循环来生产。但是，足以解决新自由主义危机的吞并（自然）的机会，没有增加而且事实上在减少——在农业方面，这种减少一部分归因于超级杂草效应。尼尔·史密斯（Nile Smith）看到自然生产进入一个新阶段，这一阶段以包括生命本身的基因关系的“全部资本化”为特点（2006，p. 21），他说这可能提供新积累阶段所需的条件。笔者丝毫不认为以上所说这些会实现。当现代世界一体系中高度资本化的原始生产的腰包总是膨胀时，生态过剩的下降总是源于世界自然资本化的加强。每一股积累浪潮的出发点总是极大地扩大商品生产和交换的地理范围，所以也就扩大了资本占有的（但未被纳入的）社会化自然的范围。

外部边疆的相对缺乏增强了我们时代一个重要的特色。不但“廉价石油”而且“廉价粮食”都可能终结，这种观点不仅限于农业—粮食体系的批评家。在一个基于可疑期望基础上的方案中（这种预期认为产量增长将会遵循 1960—2000 年的“历史趋势”），经济合作与发展组织（OECD）预测今后十年，一篮子的关键粮食商品的实际价格将增长 10%—35%（OECD，2008；OECD/FAO，2008，p. 47）。联合国环境计划署最近关于“环境的粮食危机”（Nellemann et al.，2009）的报告预测：应特别注意气候变化会使农田到 20 世纪中期减产 8%—20%；蓄水层的压力日益增加，尤其是对冰川的压力，表明水资源短缺将日益逼近；侵略性物种的增多以及对杀虫剂和除草剂日益增长的抵抗力；肥料价格增长，而对产量的影响降低；来自农业燃料方面对耕地的竞争日益升级（美国 2008 年已经有 1/3 的耕地种植玉米作物）；可能最不幸的是占地球 12%的生产性土地面积（净初级生产力）的绝对下降，这些地区几乎影响了世界人口的 1/5，所有这些困难将会由于气候变化和“意外的风险和不可逆的主要变化”而愈发增加（ibid.，p. 40，p. 43）。并且，全球变暖的进程已经抑制了主要谷类作物的产量（Cline，2007）。

对 19 世纪后期以来正经历最低谷的世界—经济来说，这是个坏消息，谷物价格在 1870—1914 年下降了近 27%（O'Rourke，1997，p. 789），表明全球重心从作为世界工厂的英国转移到作为世界流水生产线的美国。今天的世界工厂类似的过程是什么？怎么供养中国几亿产业和城市工人？

如果资本主义的历史有任何指导意义，笔者不确定这个问题的答案是否适用。16 世纪的荷兰由于从波兰的维斯瓦得到了廉价谷物而富裕；19 世纪的英国拥有爱尔兰、加勒比海和美国中西部。当美国成为世界霸权时，它拥有中西部、南部和加利福尼亚，以及拉丁美洲。重要粮食的过剩来自未开发的边疆区域，伴随着（更快的）资本主义生产力的最大化。甚至南亚的绿色革命也是由于“垂直”边疆的作用：国内丰富的蓄水层和国外相对廉价的能源（肥料）供应。今天，廉价的水资源和作为肥料的廉价能源已经快速消失了（Shah et al.，2003；Schill，2008）。20 世纪 90 年代以来，当生物科技和生物剽窃（biopiracy）通过“新”圈地运动已经成功地润滑世界积累的车轮，它们没有像以前农业革命所取得的成就那样，为粮食价格的长期相对下降创造条件。如果今天新自由主义的危机实际上是*发展的危机*，我们想在资本主义生产模式中找到解决办法，那么我们期望看到农业革命在最有活力的新积累中心——中国——发生。但是随着 20 世纪 80 年代，生产力的提高和产量的增加，没有迹象表明中国将要发生农业革命——即不仅可以供给世界，而且可以领导资本主义进入一个新的黄金时代的革命（Smil，2004）。

对 20 世纪 70 年代从“旧”到“新”转变的农业问题，伯恩斯坦（2001）和麦克迈克尔（1997）坚持极其不同的原因，指出在漫长 16 世纪发生的资本主义农业—生态边疆的耗竭。虽然仍然有“未开发”的森林和广阔地面可以用来圈占和开发，但是*今天*的边疆相对于价值积累的要求而言就是杯水车薪。边疆不仅是在“遥远的地方”（‘out there’）费时颇多（and out of time），而且在持续的发展阶段中由变化的体系再生产逻辑构成。“伟大边疆”（Webb，1964）的结束标志着资本主义历史上划时代的转变。资源、劳动力和荒地边疆的结束，切断了资本主义逃避生产成本上涨的后路。

世界农业资本化的上升——通过它（资本化），农场变成了商品化农业—生态“下降”和“上升”的轴点——不仅扩大了利润率下降的趋势，而且同样通过努力拓展“科技控制”边疆，逃离它（资本化）的压力增加（Edwards，1979）。19 世纪后期美国资本主义的发展意味着同时确实也需要一个世界—历史性的转变，即从植物学知识的原始积累到植物学知识的*扩大再生产*，这是由美国土地—赠予农业学院首倡，并且通过国际地区研究中心的国际农业研究咨询组（CGIAR）网络在二战后全球普及（Kloppenburg，1988）。尤其是孟山都和其他人努力了很久，才将农业知识集中在资本手中，取代农民基于当地条件和实践长期积累和检验的“手艺”知识（Glenna，2003；Stone，2007）。考虑到此，有增长（多播种，多施肥，多灌溉等）秘诀的绿色革命，可能被重新解读为控制革命的农业—生态环节，控制革命是指发展大型工业，半熟练的劳动者取代熟练的劳动者，以美国大规模生产制度为特征（Davis，1985）——它本身是最高等级的生态方案。在这种情况下，农业资本（农业经营）的主要原动力与资本整体南辕北辙，破坏了北美19世纪家庭农业革命所取得的灵活性，这种灵活性通过调整家庭而不是工资劳动者来缓解价值规律的运作（Friedmann，1978）。对这种灵活性的破坏确实为资本提供了短期的优势，但破坏了漫长20世纪非凡的扩张及农业革命赖以存在的社会—生态支柱。

资本化不是点金术，推动现代的持续性农业—生态革命的社会—科技创新从来不能凭空创造。世界—生态储藏室里的这类促进因素不是用之不竭的，新能源资源、科学的管理体制、技术包和组织形式不能简单地从资产阶级独特的、生产率最大化的魔术中变出来。这些促进因素一定源于某个地方。它不仅指被耗尽特殊促进因素——就像在绿色革命中的化学—科技的潜能一样——而且也指资本主义的奥伊寇斯所特有的潜在活力。这些促进因素以资产阶级领土和财产关系的多种形式、科技活力，以及（未被资本化或资本化不足的）自然的可利用性之间的关系为核心。漫长的17世纪的英国农业革命——即我们传统的参照标准，不仅是可转变的耕种方式、新的排水系统等“简单”的表达，而且只能在地理扩张双向运动的基础上进行：在英格兰内部，将富含氮的牧场变为可耕地的内部转换（因此开拓了广阔的氮边疆）（Overton，1996）；在外部，将英属加勒比海转变成单一种植的农场，尤其是甘蔗（Dunn，1972）。英国（然后是不列颠）的资本主义都是以这种双向运动为基础繁荣起来的。工业革命在其基础上形成，第一个运动产生了劳动力剩余（Brenner，1976），第二个运动产生了资本剩余（Blackburn，1997）。

1760年后，“第一次”农业革命已经表现出衰竭的迹象。在英格兰，18世纪中叶以后单位面积产量停止增长，并且大多数欧洲农业也经历了相同的命运（Slicher van Bath，1963；Abel，1980；Clark，1991）。尽管彭慕兰（Pomeranz）并不认为这是一场资本主义危机，他卓有成效地将这种僵局置于历史—关系之中，而不是使用抽象—唯物主义的术语——即从社会—生态组织的视角而不是从狭义的生物物理角度来看问题：

> 可耕地的亩产量和总产量保持不变，并且面临着产量持续下降的威胁，直到英国1850年以后着手开矿、进口并且后来利用合成化肥……尽管英国人非常专心地研究欧洲大陆的经验、传统的农业手册和他们自己的实验，他们所学到的是如何最大限度地保持土壤肥力，但增加产量的大部分内容对英格兰并没有实际的意义，因为它涉及高度劳动密集型的方法，英国资本主义化的农民力图将劳动力支出最小化，同时将利润最大化。相反，他们所采取的提高劳动生产力的方法代表了一种与大多

数作品中提到的最好的农业实践的根本决裂，事实上在很多情况下，这种方法对保存土地肥力起阻碍作用。（2000，pp. 216—217）

问题不是已经达到了“自然极限”，生物物理绝境的出现是资本主义关系本身的局限。彭慕兰的解释集中在资本家农民的计算上，但是，也许可以从资本作为一个整体的视角来重新解释。直到非农磷酸盐（在拿破仑战争之后）变得可用之前（Thompson，1968），大幅提高土地产量的唯一方法就是提高劳动强度。但是这恰恰是劳动力供应最需要的时候，他们既要去促进工业化同时又要去满足战争对人力的需求。

新自由主义的生态体制是否已经进入（从发展阶段广义上来说）类似于18世纪资本主义生态体制的危机？或者说这场危机甚至更加严重？作为资本主义发展的一个阶段，新自由主义的存在主要由于绿色革命中产量的意外收获——绿色革命表面上是“技术”的收获，以瓦解国家权力强加于市场约束的作用为前提。这些意外收获在20世纪60年代后半叶极好地在印度付诸实践，但是几十年前在墨西哥和美国早已践行（Wright，1990；Perkins，1997）。像它之前的每次农业革命一样，通过明智地重新配置农民生态，20世纪60年代和70年代的绿色革命增加了相对的生态剩余，尤其在南亚和东南亚（Grifffln，1974；Shiva，1991）。从某种意义上说，长久以来都是这种模式，因为农业革命通过吞并自然的馈赠增加生态盈余，我们能回忆到的有从20世纪前半叶的加利福尼亚和美国的中西部（Kloppenburg，1988；Walker，2004）、19世纪后半叶的欧洲（van-Zanden，1991）、19世纪中叶的美国中西部（Cronon，1991）、16、17世纪英国和荷兰农业革命（Overton，1996；Brenner，2001），以及同时代的种植园革命，尤其是甘蔗（Moore，2007）。

然而，从另一层意义上来讲，绿色革命并不符合这种模式，预示了当今的新自由主义农业生态绝境。与以前的农业革命相比，它享受着更低的生物物理“租金”——最近的一次是19世纪美国中西部的农—工业革命，解释后来时段投入的高比例和技术变革需要很大的篇幅。相对于19世纪后期农民社会的世界范围的生态危机（Wolf，1969），20世纪60年代开始的生态革命代表了向世界范围的农业—生态资本化的划时代跃进。

与新自由主义时代相比，19世纪后半叶代表着世界自然资本化的整体下降，商品生产和交换的绝对扩张已经趋向于阻碍用最小的资本投入满足最大化帝国权力的需求，这种最大权力可以在运输无需资本化的条件下，实现生物物理剩余的划时代转变。尽管仍未资本化，但广大的、新的、社会化的生态形成被吸收到积累的母体中。通过强迫整个新边疆内的农民生产者不计生产成本地出售——正如恩格斯所发现的那样（*in* Marx，1967，III，p. 726），相对于资本化而言，这种吞并对 19 世纪后期增加的生态剩余贡献极大。

这种关系被重新组织，但在绿色革命的长时段中并没有根本改变。它是一个首先出现在北半球的时代。20 世纪 30 年代中叶，美国杂交玉米的商业性引进不仅希望能够提高单位面积产量，而且还希望能够通过机械化和大量使用化肥（然后是杀虫剂）来提高资本化。杂交玉米标志着资本导向的生物革新中一个早期的关键时刻。通过杂交玉米，玉米种子能够高产但是不能再生产，美国种子公司切断了种子和粮食的古老关系（Kloppenburg，1988，pp. 91—129）。杂交因此将生物—技术控制与市场竞争的强制相联系，使大城市的农民依附于技术性单调工作的恶性循环，并且加速了阶级分化（Kloppenburg，1988，p. 119；Glenna，2003）。

相同的安排随后在南半球失去了作用。绝不仅仅是新种子和新化学产品的技术奇迹，吞并最好的生态空间（好的土壤和水）对实现绿色革命的社会—科技愿景是必要的。绿色革命会如此成功的一个重要原因（也就是说，在哪里和在何时是成功的）在于它将尖端技术应用于那些劳动力和土地价值低的地区，因此使粮食的价格也降低，因此所有的东西都一样，包括资本的花费（也很低）。换言之，廉价的粮食缓解了资本工资支出的压力，减弱了利润的下降。表面上看来，我们正在讨论的内容给人以某种错觉——新的资本投入使人们从资本密集的角度来思考绿色革命。但是，只要这种“革命”方案吞并——不用花钱或花很少的钱——高质量的土地、靠近水和劳动力，产量的价值构成事实上就很低，因此利润丰厚。通过掠夺得到的和通过提高生产力得到的革命成就一样多。

长时段资本积累的秘密，是逐渐地（并且经常是有争论的）征服、吞噬人类和人之外自然（自然的再生产能力或者是相对的，或者完全不受价值规律的限制）。历史上资本主义的矛盾同时保留并创造了——在相同的运动中既破坏又吞并——相对地独立于资本循环的生态（如奥伊寇斯）的再生产。左派生态学已经证明从形式到真正使人之外的自然从属于资本的转变（Boyd et al.，2001；Smith，2006），但是左派生态学还没有充分了解自然收入资本化如何增长，自认收入是建立在生产条件相对枯竭基础上的。因此，例如土壤耗竭通过化肥资本化的上升成为“定式”，而化肥只有在害虫侵入之前的一定时间才发挥作用，伴随而来的是杀虫剂使用的增多，这使得害虫产生新的抗体等。结果是自然的资本化的增加创造出一种世界—历史的情况，即生产成本的提高源于生产条件的下降。社会—生态耗竭的增加和资本化的增加是一枚硬币的两面。

这里争论的中心是绿色革命构建了全球自然资本化的新阶段。[①] 这样，在任何世界积累恢复伊始，我们期望看到相对生态过剩的划时代扩张，既可以从人之外自然（例如，可用于低价出售的谷物和能源剩余）中看到，也可以从作为相对剩余人口的人类自然的流动中看到。这样的革命产生了双重意外收益：廉价，自然资源的最大化产出（且最小化他们的价值构成）。因此，相对于工业产品价格而言降低了粮食价格；并通过机械化、劳力集约化和农民的分化来扩大劳动储备。正如我们看到的那样，随着全球劳动阶级的极大扩张，1980—2000 年世界市场上出现了史上最低的粮价。弗里曼（Freeman，2005）认为在这几十年里，约有 15 亿来自中国、印度及苏联的劳工进入世界劳动力市场。即使考虑到这个数据的夸大之处，此举还是降低了全球资本的劳动力成本，并因此抵消了利润率降低的趋势。在接下来的 25—35 年（大体为新自由主义运动时期），我们期望看到农业中的两个矛盾开始发生作用，逐渐破坏输送（或甚至是维持）生态过剩（以满足扩大积累）的机制。一方面是体系范围内资本有机构成水平的提升。这种趋势在美国的发展最为深入，美国上升的农业能源生产量与破产农场的连锁反应以及 20 世纪 70 年代以后企业利润的停滞同时发生。到 2004 年，根据价值计算，仅 3.4%的美国农场产量占 45%还多，接近 20 世纪 70 年代最大农场的产出份额的两倍（MacLellan and Walker，1980；Hendrickson et al.，2008，p. 311）。这种农场集中的趋势巩固了新自由主义时代农业综合经济享有的高利润率（McMichael，2009）。

另一方面，这种逐步上升的能源生产量——衰退的能源效率，如果可以这么形容的话（Pimentel et al.，1973，2008）——可以理解为，第一，在农场层面对于金融资本强制的一种反应，金融资本要求生产力的提高，普通的利润率很大程度上也是由非农业企业以及金融部门（M-M+）所决定；第二，新自由主义控制生物物理自然的能力相对耗尽。后者假定的两个主要形式需要说明：逐步上升的资源消耗，尤其是水和土壤，部分被氮肥所掩盖；人之外自然对资本主义规律的创造性反应，其中“超级杂草效应”极具代表性。确实，考虑到超级杂草和转基因大豆的共同进化紧密相连，我们也许不久就很容易将超级杂草的出现作为一个世界—历史事件来理解。

---

① 与 1873—1914 年“新帝国主义”形成鲜明对比的是，资本主义吞并全球自然的速度（在新的殖民地，在白人定居区，等等）超过自然的资本化的速度。即使在北美这一点也确实如此，那里有可以大规模吞并土地、水以及“存储”了千年但容易枯竭的土壤肥力。

1971 年以后的金融膨胀——表现了体系范围内对未来生态过剩越来越多的要求——推动了对生物圈基因多样性所有权要求的激烈表达。这并不是新事物，从广义上说，这是世界—经济的一种周期性循环现象。植物学知识的原始积累从 16 世纪起就已经伴随着我们（Brockway，1979；Kloppenburg，1988；Cañizares-Esguerra，2004）。但是，新事物并不是圈地，也不是“生物剽窃”的最新体现，而是努力在基因层面上改进并控制自然。新自由主义与快速的资本化一道实现了从“形式”到“自然真正从属资本”的转变。因此我们在自然的现代化生产中从胡克（Hook）船长转向了弗兰肯斯坦（Frankenstein）博士。

生物技术革命能否提供一条前进的道路依然不确定（*see* Kloppenburg，2010；Wield et al.，2010）。古里安·谢尔曼（Gurian-Sherman，2009，p. 2）在第一篇关于生物技术聚合收益效应的调查中发现，几乎所有的收益都来自经营的产量而不是本来的产量（它也可以被看作是潜在的产量）。即使水和土地限制可以通过新的遗传—化学合成来克服，水问题仍然可能比通常认识到的更为严重（Gleick，2008）。最近资本主义农业的资本和能源密集的基础大大地限制了其极大提高产量的可能。技术控制体制——例如，对野草和害虫的控制——诱发了更具抵抗能力的害虫和病原体的进化（Ruttan，2002）。

这里有一个“反馈”的矛盾在发挥作用。一方面，资本必须意识到一场相对生态过剩的划时代扩张，表现为“廉价”粮食、能源和材料的极大扩张。另一方面，使这种扩张成为可能的战略（资本—密集）将会圈占那些依然存在、还未被资本化的小区域，并会加强（并规矩）全球自然的碎片化。布雷弗曼提出的关于资本迫使具体劳动降低到“普遍且无休止的重复性动作”的阐述也许同样适用于人类劳动力的对象（1974，p. 125）。迫使人之外自然降到一个可互换的部分（ibid）。这就是碎片，同样也是资本主义发展的一个固有特征：从 17 世纪欧洲森林法中的“森林等价物”（Moore，2010a，2010b）到北美、澳大利亚和其他地方实施超乎寻常的规则的条田（Brayshay and Cleary，2002，p. 6），再到控制它所暗示的基因物质和基因组图（Rifkin，1998）。

考虑到吞并机会的减少，边疆扩张——第一次运动——意味着阶级和帝国对这些可使用资源独占权的方案增加（Amin，2008），因此代价高的社会和地理政治张力也扩大。作为社会—技术革新的资本化的第二次运动已经产生了许多出乎意料的反应，如超级杂草效应。力图控制任何特殊的自然—碎片的策略逐渐破坏了正在运行的条件，通过正在运行条件可使生产能力增加并实现其可预测性。

由于这个原因，笔者不太关心最近生态“超越”（overshoot）中夸张地关注绿色，甚至是红—绿（Catton，1982；Foster，2009），不是因为突破是一种不好的描述，而是因为它基本不算是一种解释。从长时段的角度来看，重要的问题是“时—空压缩”对资本积累的重要意义，其既依赖又更快地促进了生物物理自然的时空压缩。这里有一个辩证的关系：在历史资本主义中，人之外自然比力图支配它的社会关系进化更快。正是体系的活力创造了暂停这种辩证关系的幻景。然而对于所有置于这个幻景上的希望来说，生物物理的重要因素越来越不可预测，且使弄清即将发生的性质上转移的努力没有任何确定性（Scheffer et al.，2001）。

因为资本通过生物物理学循环（不仅仅是围绕）而流通，所以这些生态革命从释放到积累流动得越快，资本循环地就越快。这就是作为“机会”和“障碍”的自然政治生态——在连续的生态体制中，它既是资本积累的促进者也是障碍物——（Mann，1990；Boyd et al.，2001）。因此每个新的生态体制比以前的体制都花费更少的时间来完成该循环。这反映出两个矛盾。第一，当资本渗透到初级产品中去的时候，周转时间加速。这就是从 1955 年 73 天孵化小鸡到 2005 年 40 天孵化小鸡的转变（Boyd，2002，p. 637；Weis，2007，p. 61）。我们在“驯化循环”中找到了第二个例子，即大豆和超级杂草的故事（Wallis，2000）。这两点在帕特尔（Patel）的妙语“小鸡是现在长着羽毛的大豆”（Patel，2007，p. 212）中得到了统一。每一次劳动生产率跃进（每个工时孵出更多小鸡）也代表了毒化（每美元带有更多毒性）的跃进以及人之外自然对资本约束的创造性反应（每公顷更多的杂草）。

这种资本内在的逻辑——瓦解社会生态的属性并将它们作为可互换的部分来重建（举例来说，土地清册表格、标准化的猪、绿豆、汉堡包、基因专利）——易于资本的短暂积累，但是在非资本主义化自然缺乏的条件下，资本内在的逻辑在资本积累的逻辑内部是无法维持的。暂时的环节是重要的，因为通过加速吞并马克思所谓的“原始资源”，如财富、劳动力、土地，自然的资本化的增加在确定的边界起作用。这种加速通过机器的生产过剩和投入的生产不足造成了一系列矛盾。另外，也许是更不稳定的，一系列矛盾由于控制性的尝试而出现，人们力图与自然建立可预见的关系，但是经过了一段时间，反而造成了越来越不可预测的境况。

结论

对于这两个世纪的较好部分而言，作为一种“世界—生态”的资本主义创造了丰裕而不是贫乏。因为这个原因，人们很容易忘记——即使是左派（e. g. Buck，2006）——资本主义的历史总是被生产过剩和生产不足的辩证关系所塑造，资本主义生产方式的技术动力掩盖了前者，并且只有通过非凡的漫长20世纪吞并、圈占、动用最小量的资本，以及使用土壤、水、空气作为缓冲器才能实现。这些缓冲器现在都已经消失了（McNeill，2000，p. 359）。这种生产率和掠夺的辩证关系只要存在新的技术体制能够掠夺的空间就存在，廉价的能源、肥沃的土壤、丰富的矿脉，就会继续起作用。农业革命一直是解决生产不足的主要方法，并由于资本主义吞并——与资本化生产一道——廉价的水、劳动力和能源而变得可能。这些农业革命是资本主义的全球生态修复战略的一个支柱，它将横向征服（新大陆的吸收）和纵向圈占（新矿脉的发掘和煤田的开采）相结合。只要这些修复扩大吞并的机会快于所要求的资本化，生态剩余就会扩大，世界积累就会恢复。资本化依然不可或缺——事实上，它随着时间的流逝而变得更加重要，但是只有通过加速维持积累的特定条件的枯竭才能实现。

资本化只有在生物物理自然总量的上升能够依附于同等水平的资本投资才能起作用。这是独特的资本主义生态体制的内在矛盾——世界自然的资本化增长快于吞并、减少生态剩余的机会。这在农业生产成本的上升、能源生产以及其他主要部门中均有所体现。并且，为了维持积累进程，只有通过利用新找到的社会化自然储藏——河流、天然气田，乡民社会等——才能够抵消。随着全球自然资本化的进行，相应的生态剩余下降。这是资本主义不仅能够发展而且能够长久的主要途径之一。现今，肯定依然存在着相对来说未受到商品形式的暴力影响的生态空间。但是今天它们在世界体系中的相对比重与1873年，甚至与1973年相比，是非常低的。

结语　地球的转型：资本主义世界—生态中的劳动、价值和危机

我们必须承认唯物主义中努力超越二元论的热情，二元论假定两个不同的世界是同样牢固和真实的，并且否定本来是一体的东西。

——黑格尔（Hegel，1971，p. 34）

人类与自然其余部分的现代关系是何时、何地开始的？此问题随着公众对日益加速的气候变化日益关心而显得愈发重要。在过去的10年，这个问题的答案——人类中心论（Anthropocene）——吸引着学者和公众的兴趣。

用保罗·福森（Paul Vooser）的话来说，这是“一言以蔽之的观点”（2012）。

这个观点是什么？与所有时髦的概念一样，人类中心论一直是很多解释的主题。[①] 但有一点是重要的。这个解释告诉我们现代世界的起源发生在英格兰，大约在19世纪的黎明（Crutzen and Stoermer，2000；Crutzen，2002；Steffen，Crutzen，and McNeill，2007；Steffen，et al.，2011a，2011b；Chakrabarty，2009；Davis，2010；Swyngedouw，2013）。这个划时代转型背后的动力是什么？两个词：煤炭和蒸汽机。煤炭和蒸汽机背后的驱动力又是什么？不是阶级，不是资本，不是帝国主义，甚至也不是文化；而是—你猜得到—人类：无差别整体的人类。

人类中心论只能讲述一个简单的故事。之所以说其简单是因为它并没有挑战附着于权力、生产和自然的现代战略关系中被人们普遍接受的不平等、异化和暴

① 关于人类纪的争论火爆进行中。一些考古学家认为全新纪的大部分时间或全部时间都是人类纪，无论是从全新纪黎明大型动物绝迹，还是距今11 000年的农业起源（Balter，2013；Ruddiman，2005，2013）。一些人认为距今2000年是人类纪（e.g.，Certini and Scalenghe，2011）。其他人认为人类纪，虽然比较牵强，是1945/1960年后的分期（Zalasiewicz，et al.，2008）。经验主义者的概念，如人类纪，经常在概念上和历史上混乱，主要是因为他们认为现实是可以看到的实际存在历史关系（在这些历史关系中这样的数字可以被赋予历史意义）之前的一捆捆数量的合计。争论中的事实或多或少都是正确的，但累计事实并不是一种历史解释的方法（e.g.，Carr，1962）。

力。这是一个简单的故事，因为其根本没有要求我们思考这些关系。为了说明温室气体排放和气候变化带来的问题的重要性——这些问题日益重要，我们需要一个比喻，这就是人类中心论。人类中心论的观点比这要深刻得多。对威尔·斯蒂芬（Will Steffen）和他的同事（2011b）来说，对我们目前形势分析的重大的概念启发——以及我们如何造成这些不幸的状况的历史——不是达尔文的或范戴克的，而是马尔萨斯的。他们的人类中心论是指今天的危机形成的那个时代，并用新马尔萨斯者资源短缺的远景（“一切极限”）和人口增加来解释这种危机。

从这个视角出发，我们可能暂停下来，问一问，人类中心论的观点是否解释的比掩盖的更多？

几乎可以肯定是这样。首先，人类中心论观点掩盖了（虽然并不是完全忽略）实际存在的关系，通过这些关系，男人、女人与自然其余部分一道创造了历史：生命之网中的权力关系、（再）生产及财富。这并不是否认许多学者——和许多批评家——感受到21世纪气候变化的紧迫性。但讨论气候变化的紧迫性是否超过对这个问题充分的历史解释的需求？对一个问题的概念化和解决这个问题的努力总是紧密地联系在一起的。

探寻人类与自然其余部分的现代关系是把我们的注意力从这些关系的后果转移到这些关系本身。后果的确很关键、相关并且很重要，这涉及生命之网中权力和生产的全球安排的历史性再生产。但是如果从一个事件的后果开始探讨19世纪的工业化，就会从一开始就遮蔽我们的视线。

从一种后果论转移到一种关系论不仅会招致政治的和理论的抗议，也需要历史的重建。支撑人类中心论的观点——在其统驭两个世纪的主要表述中——是对历史极大的歪曲。我们选择的方法从几个世纪前资本主义出现带来的显著的土地和劳力转型入手。这种转型的不太长的列表（大体发生在15世纪50年代到工业革命前夕），应该包括下列商品中心和影响的变化：（1）低地国家的农业革命（1400—1600年）（Brenner，2001）；（2）中欧的采矿和冶金革命（Nef，1964；Vlachovic，1963）；（3）马德拉现代蔗糖—奴隶联合体的最初发展，然后转到圣多美（1452—1520年，1540—1590年），快速毁林为这种转型提供了必要条件（Moore，2009；2010b）；（4）巴西东北部上升为世界蔗糖经济的制高点，1570年以后取代了圣多美，由此带来第一波砍伐巴西大西洋沿岸热带雨林的浪潮（Schwartz，1985；Dean，1995）；（5）非洲的“奴隶边疆运动”，16世纪后半期从几内亚湾到安哥拉和刚果，这是奴隶贸易中几次大扩张的第一次（Miller，1988）；（6）1545年以后波托西的上升，及1571年以后剧烈的重建，步萨克森和波西米亚银矿枯竭的后尘（Blakewell，1984；Moore，2010e）；（7）在东南亚，随着丁香树、肉豆蔻、肉豆蔻皮的减少，导致了17世纪最初十年荷兰东印度公司在争夺有利可图的香料贸易中失败（Boxer，1965）；（8）英格兰沼泽地及整个大西洋世界（从伯南布哥到华沙，从罗马到哥德堡）湿地的消失（Wilson，1968，pp. 78—81；Rogers，2005：p. 51；Richards，2003，pp. 193—241）；（9）到17世纪黎明，地中海森林的相对枯竭，特别是造船木材的枯竭（Braudel，1972；Moore，2010a，Wing，2012）；这带来了（10）西班牙的造船业转移到古巴，到1700年，1/3的船在那里建造（Parry，1966；Funes Monzote，2008）；（11）主要造船中心，以及在18世纪重要的木材和"海军物资"边疆在北美出现（Perlin，1989；Williams，2003）；（12）16世纪70年代森林产品边疆从波兰和立陶宛向挪威南部的推进，紧接着新一轮的运动进军到但泽（又一次），格尼斯堡和维堡（Moore，2010b）；（13）16世纪50年代维斯瓦河粮仓地位的兴起（ibid.）；紧接着（14）波兰以市场为中心的农业的枯竭（Szcygielski，1967），以及延长的17世纪英国农业革命（Overton，1996），使得英格兰到1700年成为北欧的粮仓；（15）16世纪晚期起，瑞典再次成为欧洲铜、铁生产的中心，取代了在"第一个"16世纪繁荣的匈牙利—斯洛伐克和德国的生产中心（Sundberg，1991；Hildebrand，1992）；（16）鲱鱼、鳕鱼和鲸鱼船队更广泛地穿越整个北大西洋劫掠（Richards，2003，pp. 547—616；Poulsen，2008）；（17）残忍的皮毛捕获商品边疆在北美的出现（Leitner，2005；Wolf，1982，pp. 158—194）；（18）在英国殖民统治时期，爱尔兰森林的滥伐（McCracken，1971）；（19）西印度群岛连续的蔗糖革命，从17世纪40年代的巴巴多斯到牙买加和圣多明戈，在其后留下非洲奴隶的坟墓和光秃的景观（Watts，1987）；（20）1550年以后欧洲范围内农民饮食急剧的"谷物化"和贵族资产阶级饮食"肉食化"的不平衡分配（Braudel，1981，pp. 190—199；Komlos，1990，1998）；[①]（21）18世纪墨西哥银矿生产的兴起，以及随之而来的对已经稀少的墨西哥森林的滥伐（Studnicki-Gizbert and Schechter，2010）；（22）英国森林和荷兰泥煤储备（作为廉价能源）的相对枯竭（de Zeeuw，1978；Perlin，1989）；也许最重要的，（23）是划时代的"哥伦布大交换"，旧大陆的疾病、动物和作物传播到新大陆，新大陆的作物，例如马铃薯、玉米流向旧大陆（Crosby，1972，1986）。

这些事件中的任何一个都有很多解释。但是总体来说，有一种不可否认的模

① 例如17世纪晚期的英格兰，1/5的人口消费了国家肉食供应的一半（Komlos，1990，p. 608）。

式需要解释。是否人类中心论的观点可以提供这样的解释？大体可以说，人类中心论起到了一个描述性的简述，也许连这一点也没做到。但就在生命之网中，作为人类历史分期的概念功能而言，人类中心论的观点就不仅仅是描述性的了；分期是解释的原始资料，也是任何历史解释必不可少的条件。

当然，概念是很棘手的，历史总是比我们的框架更复杂，甚至更优雅。笔者并不是说人类中心论的观点没有达到目的，因为它是一个迟钝的工具。笔者认为人类中心论的观点就目前的任务而言是一个错误的工具：即，目前的任务是解释带来晚期资本主义的全球灾难的决定性关系的挑战。

如果说一个新的环境变化的模式可以早在“第一个”16 世纪的北大西洋世界确定，那么它是发生在横跨欧亚大陆一系列变化的一部分（Richards，2003；Lieberman，2009）。但是没有任何一个地方，服务于劳动生产力的自然吞并进行得如此迅速，如此深入。只有在 16 世纪大范围的欧洲，一些国家和资本家被迫通过全球征服解决环境带给他们的“内部矛盾”。

这里，笔者要强调：欧洲资本主义代理的力量开启了大陆不同寻常的、矛盾的政治生态（Moore，2003b）。相比之下，650—1850 年，中国几乎一直是“地球上生态最有弹性、资源最丰富的国家”（McNeill，1998，p. 35）。在中国以及欧亚大陆，人们可以看到剧烈的边疆开拓运动（Richards，2003）。但是，如果边疆开拓运动是普遍性的，商品边疆则不是：这些商品边疆是由商品关系的重要性，而不是人口浪潮或帝国战略所决定。在前现代的边疆，商品生产和交换也一直出现，但总是偶然的。相反，1450 年以后，欧洲人开始的新的商品边疆都是围绕着商品形式的出现组织了一切。其他的一切都是一种相互依赖的变化。并且还有摩擦。除非人们承认欧洲中心论的观点是真正领先的、新奇的，否则人们一定会对资本主义的兴起追寻一种关系的解释。最低限度，人们一定会对 1450 年以后大西洋世界权力、生产和自然关系重要转型的可能性提出问题和思考——这种转型与一种新的边疆开拓的历史地理相联。

但是这本书展现的不仅是关于过去的争论，过去当然既没有过去，也没有结束。此书是关于作为历史的现状的论述，是关于主导我们理解过去/现在辩证关系的论述，这两者的关系经常被卷入一个简单的二元论。我们能否，例如，通过把土地和劳力的早期现代转型扫进“前工业化”的垃圾堆而擦除这些转型呢？这些事件只是——带来了 21 世纪早期动荡的、并且是越来越不可预测的局面的

——关系故事的脚注吗？作为“地理的代理”[1]的人类的故事最好是通过新马尔萨斯资源短缺和人口过剩的阴影——及实体论的前提——来讲述吗（e.g. Steffen, et al., 2011b）？在一个史无前例的全球贫富两极分化的时代里，还是最好通过人类作为统一动力（unified agent）的主体来讲述？

笔者把自己的牌都放在桌子上，并从外部提出两个建议。第一个是哲学的。第二个是历史的。首先，以笔者的看法，现代世界—体系是一个资本主义的世界—生态：即一种把资本积累、权力追逐和自然生产联接为一个有机整体的文明（Moore, 2007, 2011, 2014a, 2014b, 2014c; *also* Deckard, forthcoming; Leonardi, 2012; Marley, 2013; Marley and Fox, forthcoming; Niblett, 2013a, 2013b; Oloff, 2012; Ortiz, forthcoming; Parenti, 2014; Weis, 2013）。这意味着资本和权力——以及不计其数的其他战略关系——不是对自然施加影响，而是通过生命之网发挥作用。在世界—生态的视角看来，自然代表着整体的关系。人类作为特别—拥有（不是特别的）的创造环境的物种生活在自然中。

第二，1800年的资本主义不是阿森纳（Athena），完全长成了、全副武装地从碳化的宙斯的头脑中爆发出来。文明不是通过宇宙大爆炸这样的事件形成。文明通过生命之网中人类活动的壮观的转型和分歧出现。这种转型在延长的16世纪出现的“庞大但虚弱的”资本主义带来的混乱中起源，这种起源在黑死病（1347—1353年）之后封建文明的终极危机中出现（c. 1450—1640; Braudel, 1961）。如果我们思考一个新时代的人与自然其余部分的关系，可以发现正是在这些世纪，现代早期大西洋扩大的以商品为中心的关系在地理上集中。冒着把问题简单化的风险：资本主义在“漫长”16世纪的兴起（Braudel, 1953），标志着人类与自然的其余部分关系历史的转折点，其意义大于自农业和第一批城市兴起以来的任何分水岭。新的关系带来的剧烈后果不会让任何历史学家惊讶。即使直接的后果是激烈的。让我们把环境转型的诸多问题放进一个视角，延长的17世纪的维斯瓦河盆地和巴西大西洋沿岸热带雨林的砍伐规模和速度是中世纪欧洲任何地方的五至十倍（Moore, 2007, 2010b; Darby, 1956; Williams, 2003）。这对权力和财富关系的划时代转型——这种转型发生在延长中世纪危机和1450年之后开始的扩张过程中——而言是一个珍贵的线索。

但是这个转折点很少被了解，并且其重要性还被广泛误读。这并不是学术的吹毛求疵。如果缺少一种历史的—关系的视角考察现代社会如何通过生命之网发

[1] 这个术语是查克拉巴蒂（2009）和沃纳德斯基的（1997, p. 31）。

展，单靠绿色唯物主义的人类中心论视角无力解释使人类成为地理动力的这些关系的近代早期起源。1450年后出现的权力、财富和自然的关系是使得过去两个世纪长期的矿物繁荣成为可能的关系。人类中心论的观点的确需要承认一个重要的事实。但是是哪一个现实？绿色唯物主义的偏见告诉我们“煤炭转型了世界”(McNeill，2008，p.3)。但相反的解释是否更加似是而非？新的世界—关系转型了煤炭。煤就是煤。只有在特殊的历史关系中，它才变成燃料。是的，矿物繁荣转型了资本主义文明的条件。但是这些新的条件意味着与早期现代化价值关系——以及历史—地理模式——根本的断裂吗？这些正是被占统治地位的人类中心论的观点完全忽略的问题。

资本主义现代早期的起源和巩固的不可预见性对我们发展有效的政治战略和政策，以应对全球变暖是非常重要的……况且还不仅仅是全球变暖。循问任何一位历史学家，她都会告诉你：人们如何划分历史就决定性地注定了人们对事件的解释，以及对决定性关系的选择。1784年开始，随着瓦特蒸汽机的问世(Crutzen，2002)，我们有非常不同的历史观以及一个非常不同的现代观，这是相较于如果我们把英国或荷兰农业革命作为起点，或把哥伦布及美洲的征服作为起点，或把1450年后景观的划时代转折的最初迹象作为起点而言的。我们真的生活在人类中心论的时代，并且回到一个人类欧洲中心的远景，依赖已经陈旧的资源和技术决定论吗？还是我们生活在一个资本中心论（Capitalocene）的时代，这个历史时代由各种侧重资本无休止的积累的关系形成？

人们对历史问题的回答注定了人们对目前危机的反应。

接下来，笔者不会重建资本主义早期的历史——此项工作已经在其他地方完成（Moore，2000a；2000b；2002；2003a；2003b；2003c；2007；2010a；2010b；2010d；2010e；2010f）。笔者的意图是在人类环境创造的模式中发掘带来这种划时代断裂的划时代的关系。地理上始于16世纪的大西洋世界，这种新的模式带来了一种新的价值规律，其侧重劳力更甚于土地的生产力。这是一系列事件的一个激烈转型。数万年来土地的生产力一直是财富和权力的基础。1450年后，土地越来越牺牲在劳动生产力的祭坛上，这在资本主义世界—生态中将成为权力和生产的决定性的度量衡。从其最早的时刻开始，资本主义的兴起展现了这些新的价值关系——前提是不惜任何代价提高劳动生产力。

笔者本书的意图不是简单地把马克思的价值理论投射到现代早期的资本主义转型。笔者的观点既是正统的，也是革命性的：历史资本主义中的价值关系包括一个重要的和建设性的经济环节，但同时也不能缩减到仅仅是这个因素。这样说，意味着比“一切都关联”（everthing is connected to everything）更加特殊。（事实如此，但一切都关联并不是平等地关联）笔者的观点也与“最终”经济至上的观点有很大的区别（Engels，1934［1890］）。

笔者将用两个主要的方法论述价值关系。第一个是作为方法的价值（Moore，2011a；2011b）。这种方法通过“真实生活的生产和再生产”把历史资本主义重建为“有机整体中……独特部分”（Engels，1934［1890］；Marx，1973，pp. 99—100；*also* McMichael，1990）。这就使得世界—生态的视角可以重建“自然”和“社会”，以便有利于“真实生活的生产和再生产”的矛盾统一，这个区别——主要地——打断、割裂了人的活动与自然的其余部分之间有意义的历史边界；“真实生活的再生产”包括人之外自然与人类在每个阶段的交织。用这种看问题的方法，把生命的生产和再生产作为我们的引线，可以让我们抛弃无差别的经济统一。一旦离开了“经济”的视角，我们就可以集中在权力和生产的关系，这种关系使无休止的价值再生产以两种形式存在（double existence）成为可能：作为抽象社会劳动和抽象社会自然。所以作为方法的价值认为历史资本主义不是处于商品化的地带，而且处于无休止的商品化和再生产条件的整体之间的辩证张力中——从人类的再生产到生物圈可持续性的再生产。

这把我们带到了对价值关系的第二个论证。这是价值作为历史的叙述。这里，我们可以把价值看作一个关系的过程，在这个过程中价值把现实缩减为可以互换的部分。这些缩减既是象征性的和也是物质性的，包括“经济的”和“非—经济的”简化。非常重要地，价值关系有倾向的普遍化通过资本化的生产和吞并的再生产的辩证关系起作用。在这种解释中，价值通过对商品生产中劳动力的剥削、对自然创造生命的能力的吞并附着于其中。所以价值的双重附着是价值/非价值的辩证关系。后一个因素是通过吞并“带来”，吞并又是价值作为剥削区域的条件；它主要包括人类的无偿劳动，但特别是“妇女的工作”。历史资本主义能解决反复出现的危机，因为领地主义者（territorialist）和资本家的代理扩展吞并区的速度快于剥削区的速度。由于这个原因，资本主义能通过强力—密集地吞并全球的自然来克服似乎不可超越的“自然限制”，产生了“四个廉价”：劳动力、粮食、能源和原材料（Moore，2012）。四个廉价是“通过吞并的积累”的扩展快于“通过资本化的积累”实现（Moore，2011a，2011b）。通过玩弄一个不寻常的——一定是短期的——诡计，吞并区域的急剧扩大解决了资本主义的危机：吞并“起作用”到这样的程度——为了积累的利益，即控制和引导（但没有资本化）创造生命能力的再生产。从这个意义上说，现代是一个强有力的控制方案，影响了分类和归类的各种程序，这些程序都以确认、确保和调节人和人之外自然的关系为导向，以服务于积累。后者就是抽象社会自然的领域。

接下来笔者要谈论的是价值规律（在其传统意义上——作为抽象社会劳动）和价值关系（在其更广的、科学的、文化的和地域形式的意义上——笔者称之为抽象社会自然）之间的联系。用语有点拗口。为了更清楚地说明，我们先来看自然中的劳力和劳力中的自然的双重内在性，不是采用笛卡尔的自然/社会的双重分类法。不管多么拗口，解释都要阐明必要的要点：价值关系是人与人之外自然之间一首“辩证的舞曲”。[①]这些“代理机构”（acting units）通过创造生命活动的关系——笔者称之为奥伊寇斯（Moore，2013a）——形成和再形成。这些价值是自然中的价值。价值不是一种有体系后果的经济形式，而是一种体系的关系，其在历史资本主义社会中有重要的经济表现形式。[②] 价值也不能被看作一种社会形式；它是一种辩证关系，由之抽象社会劳动和抽象社会自然共同在生命之网中带来了一种不同的（分化的）统一体。

从这个视角，我们的两个观点——自然中的人类和资本主义在漫长的16世纪的起源——通过把价值作为一种方法，把价值作为历史的观点，被带进一个共同的对话。这使我们有必要对价值关系进行探讨：通过（1）把价值关系作为引线，由此，人类和人之外自然的完整性可以历史地建设/重建；（2）历史地来说，把价值关系作为“引力场”，由此，生命的碎片被重新按照非常相称的和简化的文明方案的利益重新排序：即创造一个各部分可以互换的世界，无休止地变动以服务于无休止的积累。从这些观点出发，我们可以详细探讨一个统一的、作为世界—生态的资本主义，正是通过作为世界生态的资本主义，权力关系和资本不是在生命之网之上发展，而是通过生命之网发展。

---

① 这是奥尔曼（Ollman）的术语（2003）。

② 部分的问题是“经济活动”容易遭受的抽象的曲解。但是如果我们把“经济活动”作为人类/人类之外辩证关系（奥伊寇斯），而不是出发点，我们可能会用世界—生态的术语重塑经济。如果我们可以用这种方法，我们就可以把马克思对价值关系问题的观察作为一个有力的方法论前提（注意下面一段话最后一句）：从直接生产者身上榨取无酬剩余劳动的独特经济形式，决定着统治和从属的关系，这种关系是直接从生产本身产生的，而又对生产发生决定性的反作用。但是，这种由生产关系本身产生的经济制度的全部结构，以及它的独特的政治结构，都是建立在上述的经济形式上的。任何时候，我们总是处在生产条件的所有者同直接生产者的直接关系——这种关系的任何形式总是自然地同劳动方式和劳动社会生产力的一定的发展阶段相适应——当中，为整个社会结构，从而也为主权和依附关系的政治形式，总之，为任何当时的独特的国家形式，找出最深的秘密，找出隐蔽的基础。不过，这并不妨碍相同的经济基础——按主要条件来说相同——可以由于无数不同的经验的事实、自然条件、种族关系、各种从外部发生作用的历史影响等等，而在现象上显示出无穷无尽的变异和程度差别，这些变异和程度差别只有通过对这些经验所提供的事实进行分析才可以理解（Marx，1981，pp. 927—928，*emphasis added*）。

从人类中心论到资本中心论：关系、物质和工业化问题

所有的观点都不平等地影响着开篇和结论。人类中心论的观点也不例外。的确，资本主义早期的土地和劳力转型——即使我们承认它可能具有划时代的意义——并没有直接揭示1450年以后出现的任何新的阶级、资本和帝国之间的新关系。但这些都是线索。现代早期重塑土地和劳力（人和人之外自然）非凡的规模、范围和速度对没有考虑这一因素的历史分期提出问题。

人类中心论的观点从工业革命那种定型的和不加批判的后果出发，预示着一个20世纪70年代以来蕴含在绿色唯物主义中的问题。考虑到人类例外论（exemptionalism）主导整个历史社会科学的情况，[①] 环境史和社会科学的主要突破口是阐述社会进程的精确的环境维度。由此，我们获得了令人印象深刻的环境史，即它不仅是资本主义的转型和发展的历史（e. g. Cronon，1983，1991；Merchant，1989）。但是，通常，社会变化的环境维度意味着撰写环境的后果而不是环境的原因。有充足的理由这样做。环境决定论有过声名狼藉的过去，主要与帝国主义与欧洲中心论联在一起（Peet，1995；e. g. Semple，1911）。但是拒绝环境决定论，就如把孩子和洗澡水一起泼掉；这一观点对新的环境历史地理学和社会科学有偏见，也不赞成社会—生态对立是现代危机倾向的核心的观点。不幸的是，这些矛盾（对立）几乎不可避免。考虑到直接的方法不可能，自然的地位被简化为新马尔萨斯萧条论的幽灵，对资本主义从外部施加影响（Schnaiberg，1980；Catton，1980）。

结果，当环境史的解释模式挑战笛卡尔的二元论时——寻求使环境史超越社会关系的环境后果——（e. g. Merchant，1989；Worster，1990）——很少获得吸引力。[②] 最近，绿色学者使用自然的代理的概念，努力寻求修正这种需要自然的代理的后果论的偏见。例如，伯纳德（Beinart）和休斯（2007），谈论“环境

---

① 人类例外论认为“人类是‘特殊’的物种……我们物种特殊的特点（文化、技术、语言、负责的社会组织）在某种程度上使人类免除生态原则及环境的影响和限制”（Dunlap and Catton，1979，p. 250）。笔者看到的对人类例外论最敏锐的批评是卡尔斯泰英（Carlstein）的，他说：“如果我们坚持认为社会是关于人类的一种人本主义的、双重的和反自然的意识形态，我们就不能把社会作为一个全面的、整体的结构来理解……由于在人本的和社会—文化方面过度的专业化和错误的专业化，人类在这些方面得到过多的实体论的特权。”（2003，p. 54）

② 甚至这些工作——人们认为是钱默特、克罗农（1991）和沃斯特所做——也倾向于把历史变化解释成基于市场的。

的因果关系”时，认为动植物的哥伦布大交换是主要原因（e.g. Crosby，1986）；同样，坎贝尔（Campbell）谈到中世纪晚期的危机时，也提出气候是“历史的主角”（2010）。这样的观点，与人类中心论的观点一样，都有一定的道理，它们非常正确地认为：自然非常重要。但它们也重提了双重概念隐含的问题：“自然”，从实体论上来讲，还是一个作用于“社会”之上的代理的独立领域（反之亦然）。这种错误的分离带来了自然代理的出现，而削弱了历史变化是通过复杂和多层的“人口、物质、信息及加工品流动”构成的观点（Carlstein，2003，p. 57）。这些坚持自然的代理的二元论观点巩固了他们想批评的思想结构；它们使我们比以往更能以人和人之外自然的辩证关系为前提解释历史变化的原因。

绿色唯物主义的后果论的偏见没有为人类中心论的观点提供很多可以吸取的东西。对于工业革命不加批判的和程式化的观点来说很普遍的（人类中心论观点也接受的）——这种观点并不是唯一的——是不愿意把现代化解释为通过自然建造的，相反，愿意把自然解释为工业化的产物及其对自然产生的影响。[①] 绿色唯物主义（只有采用自己的手段）倾向屈服于胡乱拼凑元力量（meta-forces）的全球经验主义，提出一些描述性的概念——工业化、城市化、汽车化，等等（e.g. Steffen，et. al.，2011），考虑到“自然伟大的力量”（Steffen，Crutzen，and Mc-Neill，2007）。（好像工业化本身不是“特别利用自然力量一样”）但是，正如任何社会学家会马上告诉你的，相互性并不是因果关系。描述性概念的积累证明了现代世界—体系中重要的趋势，但没有——也不能——“累计”来解释 16 世纪以来的自然（中）的人类。

如果累计并不足够，那需要怎样？我们在人类中心论和世界—生态观点中有两种非常不同的历史方法。第一个始于地理后果，然后转向社会史。相反，世界—生态的观点始于人与人之外自然之间的辩证摇摆，然后转向地理的和生物物理的后果。这些反过来又创造了历史变化的新条件（Moore，2011a，2011b）：世界—生态是一种方法，这种方法把后果考虑到建设性的领域来说明新的人/人之外自然关系的出现。气候变化——气候一直在变化——是一个好的例子。气候变化不是一旦天气变得太冷、太湿、太热、太不可预测才卷入文明进程的因素，它是

---

① 休伯（Hubcr）的工作是一个重要的例外。他指出了正确的方向，他认为“矿物能源是……内置于……资本主义矛盾的”（2008，p. 113）。但自然不仅是内在的，也是外在的。关键的转型是“从生态（或自然）的新自由主义政治（e. g. Heynen，et al.，2007）转型到重视新自由主义政治生态的结构”（Huber，2012，p. 299）。

文明出现和发展的一个建设性因素，不仅只是在危机时期（Moore，2013a）出现。人类中心论和世界—生态视角的不同是关于人们如何看待地理的和生物圈变化的历史的不同。首先是人们如何把地理生物看作历史变化本身的建设因素的，而不仅仅是自然的局限。我们是从延长的16世纪现代关系的起源着手（正如资本主义的世界—生态）还是从始于18世纪矿物繁荣后果着手并不是不重要。一个方法告诉我们首先考虑现代的关系；另一个方法告诉我们首先考虑机器和资源。

在这种情况下，人类中心论的观点几乎没有任何新奇之处。绿色思想倾向于两个世纪的模式，在这其中人类中心论的观点只是旧瓶装新酒。工业社会、工业文明、工业资本主义，这些概念都源于工业革命，我们已经非常熟悉（e.g. Toynbee，1894，1884，1881；Beard，1901）。但是经过20世纪70年代的重击（Wallerstein，1974；Frank，1978），两个世纪的模式在21世纪黎明卷土重来。不仅是人类中心论的观点支持，而且许多重要的历史学家和社会科学家，都认为工业革命是所有困难和分歧的原因（e.g. Pomeranz，2000；Harvey，2010）。在环境研究中，这种态度特别普遍（e.g. Daly and Farley，2004；Huber，2008；Heinberg，2003；Jensen，2006；Steffen，et. al.，2007，2011；Wrigley，1990，2010）。[①]

工业化没有很好地被理解。这一点在环境研究中特别突出（e.g. Schnaiberg and Gould，1994）。当然，部分的问题与20世纪70年代的形势有关。在这十年，“新的”环境研究出现（e.g. Worster，1977；Merchant，1980；Schnaiberg，1980）“旧的”经济史研究——主要致力于物质生活的研究（e.g. Nef，1964）——消失。20世纪70年代以来，经济史家非常认真地思考传统定义的工业革命中的环境问题（*see* Jonsson，2012；Warde and Marra，2007）。马克思的工业化概念——“大型工业”的出现与发展——可能可以解释这一问题。这个方法带来一种把技术发展、阶级关系和阶级斗争及生态条件联系在一起来的工业化观点。马克思曾经提出过这种综合的方法（1967，1977）。但是20世纪70年代，马克思思想的尖锐性已经表现在历史和政治经济中（Anderson，1974a，1974b；Wallerstein，1974；Mandel，1975）；自然和资源的问题仅被几个勇敢的先锋探索过（*see inter alia*，Enzensberger，1974；Harvey，1974；Perelman，1977；Schnaiberg，1980；Walker，1979；Williams，1980；Young，1973，1979）。

---

① 重要的例外是邦克、茨坎泰尔（Ciccantell，2005）和福斯特（1994）。

所以20世纪70年代的形势决定性地塑造了环境史家和社会科学家的探索领域。对绿色思想而言，重要的后果是用两种主要的方法接受工业革命：(1) 把工业革命看作从阶级关系中抽象出来的重要的技术的和资源的现象（e.g. Wrigley，1990）；(2) 把工业革命看作现代环境问题的“解释关系”，也就是说把现代作为整体的“解释关系”（Wallerstein，1986，p. 67）。并不一定是这样。20世纪70年代以前，一支重要的历史学始终强调工业化不是一个单独的事件，而是一系列的工业化，始于早至13世纪的欧洲（Carus-Wilson，1941；Gimpel，1976；Nef，1964）。这看起来可以对世界史提供一个有帮助的概念，在世界史中一系列的工业化肇始于一系列的社会—生态危机。（这个概念也能更正过于强调稀缺的观点，这是20世纪70年代绿色思想的明确特点）但是环境史家对这个机遇反应很慢。今天，我们仍旧没有一个关于工业革命的全面的环境史，即使在最传统的历史的和地理的背景下，如18世纪60年代到19世纪60年代的英格兰。[①] 我们也没有对19世纪晚期“第二次”工业革命全面的生态史的解释，或者是对20世纪70年代以来发展中国家“第三次”工业革命——特别是中国——的解释。

主要的困惑源于工业革命与资本主义的兴起混合在一起。一种程式化的对机器的热衷导致了一种程式化的对资源的喜爱。考虑到对工业革命大多数的绿色解释中政治经济和阶级分析的微弱影响，这一点就毫不奇怪。人们总是努力“按照‘手指可以触碰’的现实的术语思考”，布迪厄（Baurdieu）称之为实体论者（本体论者）的思维模式（Bourdieu and Wacquant，1998，p. 228）。世界—生态的观点不是取代资源的物质性或重要性。但是这个观点的确认为资源是彼此关联的，地理通过确定的权力和生产关系成为地理—史。换一句话，地理——作为历史上特殊的一捆捆的关系——共同生产了权力和生产；按这种说法，地理既是主体也是客体。这就使我们看到文明通过（而不是围绕）自然的其余部分演进。早期资本主义的确定关系——在生命之网中共同生产——把煤从土地中的岩石转化为矿物燃料。物质流动的确重要，但它们的历史重要性最好通过一种关系的而不是物质的本体论者的观点来理解，在这种观点中，资源流动、资本循环、阶级斗争及国家形成一个辩证的整体。

对大多数绿色左派来说，工业化只是社会对地球的行为，攫取了矿石碳，排

---

① 对环境史家与工业革命关系有见地的考察参见巴卡（Barca，2011）、马尔姆（Malm，2013）、奥斯博恩（Osborne，2003）、斯坦伯格（1986）。

放各种肮脏的废物。这种工业化的实体论者的观点，以及其与资本主义的合并，带来了一种强有力的新陈代谢崇拜（metabolic fetish），这一观点甚至被一些激进的学者在批评“矿物资本主义”时重提（e. g. Altvater，2006）。在这些事物中，“物质流动”被赋予实体论的优先性，优先于其通过这些物质流动所创造、展示、发展的关系。经常，优先性是一个非常友善的描述，因为新陈代谢崇拜的逻辑把阶级和资本运动从分析中排除（e. g. Fischer-Kowalski and Haberl，1997，1998；Haberl，et. al.，2011）！对激进的和主流学者来说，他们都倾向提出一个创造“非历史的和非政治的底线”的外在的自然。这种观点认为“自然是外在的，在其中，热力学的法则是不可改变的……假以时日，这个观点认为，人类的行动会‘减少’（wind down）地球的能源和资源”（Braun，2006，p. 198）。

新陈代谢崇拜，及其各种资源（和能源）决定主义，很容易从数量上证明。使用更多的能源，意味着开采更多的矿产、生产更多的金属，也就有更多的工业工人和更少的农业生产者，还有许多其他的例子。也许由于这个原因，大多数以工业革命的环境研究为主的历史学家倾向于用简单的数学化的公式分析能源（而不是，例如说，议会的圈地）（e. g. Wrigley，2010；Sieferle，2001；Malanima，2006）。但是数字具有迷惑性。数字可以很容易产生一种强大的经验主义的逻辑，不使用它的人看到其他可能的选择。古尔德优雅地提醒我们“数字可以表示、限制和驳斥一些论点，但数字不能说明科学理论的内容”（1981，p. 106）。更尖锐的观点是，用来解释的数字的困境是使人们陷入“解释者自己的辩论逻辑中。他们相信自己的客观性，在与数字符合的（诸多）寓意中，看不到导致一种解释的偏见”（ibid.）。这样，除了与其评估最一致的一种解释，我们有一种带来许多可能分期的人类中心论的思想吗？

这种解释当然是漫长的16世纪的转折点。

我们再一次探寻过去，探讨人类中心论观点如何忽略漫长16世纪土地和劳力非凡的重塑。虽然争论是涉及如何定义现代早期的经济史，但主要是以一种支持斯密主义者—马尔萨斯主义者的解释（e. g. Clark，2009）仍旧是人们长期以来坚持的观点，认为现代早期真的具有现代性，只不过有许多地理方面的强调（Vries and van der Woude，1997；Wallerstein，1974；*see also*，*inter alia*，Braudel，1981，1982，1984；Brenner，2001；Cipolla，1976；Crosby，1997；DuPlessis，1997；Kellenbenz，1974；Komlos，2000；Kriedte，1983；Kreidte，Medick，and Schlumbohm，1981；Mielants，2007；Mokyr，1990，pp. 57—80；Moore，2003a，2003b，2007；Nef，1964；Prak，2001）。

我们忽略这些现代早期的土地和劳力的转型，以及科学和金钱的转型，就面临危险。当然不可否认的是，工业化和现代化紧密地联系在一起了。这也是人类中心论观点共同的出发点。但是工业革命/现代化何时、在哪里以及怎样展开，以及它与特殊的资本主义世界—生态的关系怎样？让我们用最简单的方法谈论工业革命，把其看作由两个决定因素建构的。一个是把工业化看作（相对于劳动时间来说）机器和投入增加的一个简称，——即马克思所说的资本技术构成的增加(1981，ch. 8，esp. pp. 244—245)。另一个是把工业化看作标准化和理性化的简称，预示着生产线的初级形式。如果这种简单的概念可以勉强对付的话，我们在瓦特涡轮蒸汽机发明前的三个世纪中也有许多这样的例子：印刷机（Febvre and Martin，1976)；殖民地的糖厂及大都市的蔗糖提炼（Daniels and Daniels，1988；van der Woude，2003)；炼铁中巨大的鼓风炉（Braudel，1981，pp. 378—379)；新型船只，例如荷兰的弗鲁特商船，以及一种新型的造船体制，用标准的部件和简化的劳动力[①]（Wilson，1973；Unger，1975)；新的锯木技术，特别是其地理上快速扩展到木材边疆，例如挪威（Davids，2003；Moore，2010b)；农业中铁器的极其广泛的使用（Bairoch，1973)；在新大陆白银生产中汞齐化加工法(Bakewell，1987)；螺旋压榨机的增多（Kellenbenz，1974)，在中欧，铜—银复合体中螺旋压榨机及特殊吹灰炉（saigerprozess）的增多（Blanchard，1995)；弹簧驱动的钟表的激增（Landes，1983）……这样的例子还可以举很多。

早期资本主义象征性的权力和生产的组织——芒福德的技术（1934）——并不少。对芒福德而言，技术意味着工具、权力和自然的历史综合。从这个视角出发，资本主义的上升和新的价值规律一定是按照把经济看作是实体的，把环境看作是外部的物质的和象征的惯例来理解。在近代早期，这些新的技术是通过新的名词，新型的调查、财产制造、绘画、音乐学校、会计实践和科学革命出现的，标志着抽象社会自然的诞生（Capra，1982；Crosby，1997；Merchant，1980；Pickles，2004；Warf，2008；Mumford，1934；P. Harvey，1993；Blomley，forthcoming)。这些转型标志着笔者所谓的抽象社会自然的诞生，我们会在后面详细探讨。抽象社会劳动的对立面是抽象社会自然；价值规律是由价值辩证法抽象的、物质的惯例决定：抽象社会劳动、抽象社会自然，其中一个因素暗含着另外

---

① “到1600年，在荷兰共和国，设计、拆开和建造方法的标准，船帆基本一样，而商船按简单的线条设计……这些船组装的方法隐隐地预示了现代生产线的出现。”（Heaton，1948，p. 275，*emphasis added*）

一个因素。从这个时间出发，抽象社会劳动的形成，按马克思的说法，只是部分地——而不是全部地——发生在商品化领域。抽象社会劳动体制——以社会必要劳动时间为前提——通过抽象社会自然体制的形成而历史地形成。抽象社会自然指一系列的过程，目的是合理化、简单化、标准化地绘制世界。其最主要的表现是现代连续的植物的、制图的、科学的革命。笔者认为抽象社会自然是可以廉价吞并的、生产性的、外部自然的直接构成部分。也就是说，抽象社会自然是价值规律的内在组成部分；外部自然的实践对于商品生产和交换的普遍化非常重要。商品化流动、汇聚的过程、资本积累和象征性的革新构成了现代世界发展的恶性循环，始于漫长的16世纪。笔者不是想在一个更严格意义上提出一个修正版的马克思的价值规律：资本由抽象社会劳动决定。但是足够长的资本主义历史，或有活力资本主义的理论，都不可能把价值关系作为方法逻辑的前提，集中考察资本、权力、自然这三位一体。

这些非凡革新之处是看问题和了解问题的方法的革新。

> 新的方法简单来说是这样的：把所要求的思考的时间减少到：在纸上画图，或至少在你脑子里考虑到羊毛价格的波动……或者火星穿绕太阳的过程，然后把其分成相等的份数。然后你就可以测量，即算清楚。(Crosby，1997，p. 228)

到漫长的16世纪，我们进入了一个逐渐在“理想的数学的抽象”的暴力中展现的世界（Bavington，2010）。当这些抽象出现于漫长的16世纪时，其处于抽象社会自然的核心。到1600年，新型的抽象社会自然会出现。我们发现世界金钱的新面孔以及信贷的创造随着阿姆斯特丹交易所在1602年的出现更加引人注目。在那里，不仅荷兰东印度公司的股票可以交易，并且不久，越来越多的商品（到1639年，有360种不同的商品！），甚至期权衍生品（期货）也可以交易。阿姆斯特丹交易所的资源协调（material coordinations）和象征性的“理性为世界信贷实践的普及及推广提供了基础，这有助于确立荷兰引导的不同于前现代的世界金融秩序”（*quotation from* Langley，2004，p. 45；Petram，2011，pp. 23—24 and passim；Dehing and Hart，1997，p. 53；*also* Arrighi，1994，pp. 138—140；Braudel，1982，pp. 390—395）。

正是这些非同寻常的转型和财富、自然和权力关系的转变是两个世界的模式所忽视的，这与现代的绿色批判一样。这里提供的另外一种方法不是否认工业革命是一个转折点。远非如此！但是，它的确对现代社会源于18世纪后半期英国的这一模式的合理性提出怀疑。总之，所谓的工业革命是一个已经处于运动中的历史进程的转折点。它并不是前现代发展模式的终点（contra，e.g.，Pomeranz，2000；Wolf，1982）。

我们怎么知道这一点的呢？第一，在早期资本主义与所谓的工业资本主义之间在环境—创造的关系中没有根本的断裂。这些关系被一种特殊的在商品部门强调劳动生产力的优先性的现代价值规律支配。这种新的价值关系在资本主义早期伟大的商品边疆中表现最明显——如蔗糖、白银、铜、铁、林木产品、渔业，甚至谷物农业（Moore，2000，2007；见本书第六章至第八章）。在这些新的边疆地带，最前沿的技术与免费吞并非商品的（或最小商品化的）自然相联：到1600年，在巴西甘蔗田看到糖厂，在挪威茂密的森林出现锯木厂，在安第斯山区建立巨大的水力驱动的—白银—水银生产复合体。在这些地区，我们看到资本主义把通过资本化的积累（许多机器）与通过吞并的积累密切联合起来许多“自由的礼物”：这是每一个大的积累浪潮的基础的生产和掠夺的结合。

从生产和掠夺的视角（剥削和吞并），我们可以更好地看清资本主义历史的连续性。工业革命不是标志着一种断裂，而是标志着早期资本主义商品边疆逻辑的扩大。当然，这是极大的扩大。但是商品边疆的历史地理——吞并廉价的自然，以服务于不断提高劳动生产力——统治了早期资本主义的积累过程，并将继续统治工业革命过程中及其后的积累。工业革命之前是吞并自然和提高劳动生产力，工业革命之后仍旧是吞并自然和提高劳动生产力。

我们怎么能否认矿物燃料划时代的重要性呢——从煤开始？当然不能，谁想这样做呢？

但是如果我们关心的是现代矿物燃料的繁荣，其起源可以被追溯到16世纪，不是18世纪。英国的煤炭生产1530年是50 000吨，1560年是210 000吨，1630年是1 500 000吨，当时几乎“所有英格兰主要的煤矿都被……开发”（*quotation from* Weissenbacher，2009，p. 198；Nef，1932，pp. 19—20，p. 36，p. 208）。生产继续增加，到17世纪80年代增加到2 900 000吨（Nef，*op. cit.*）。到1780年产量另外增加了300%（Davis，2006，p. 122）。欧洲的煤矿产量，包括英格兰和苏格兰，到1700年增加到每年4 000 000吨（Malinima，2006，p. 119）。

资本主义新阶段是围绕着廉价煤炭形成的，这一点毫无疑问。但我们应该不要过于夸大其重要性。法国生产的煤比英格兰多10%，但是实现了18世纪前75年同样的经济增长（Davis，1973；*also* O'brien and Keydar，1978）。美国用同样多的煤实现了工业化，但直到1870年水和煤炭仍旧是主要的能源。

这些煤炭对于新出现的资本主义秩序到底起什么样的作用？是的，的确在生产环节提高了劳动生产力——正如英国的纺织业，我们的教科书这样告诉我们，这是最主要的（Clark，2009）。但这只是这个故事的一部分。通过资本化的积累，正如在曼彻斯特的纺织厂，真的是通过吞并积累过程中的掘地挖土的革命完成的。后者1830年后达到了一个决定性的转折点。在延长的16世纪促使资本主义兴起的商品边疆战略，到19世纪中期由煤/蒸汽动力关系推进到一个新的高度。这种关系——对资本主义整体而言——随着1831—1861年铁路和蒸汽船传播的第一次浪潮的出现逐渐形成，到那时已经铺设107 000公里的铁轨，803 000吨汽船已经投入使用（Hobsawm，1975，p. 310）。

1850年以后，人类历史上第一次，文明通过全球范围的铁路和汽船网络的生产在全球规模上展开。这样就为两个紧密相连的发展设置了新的条件：（1）价值关系的全球霸权，以前限于大西洋地区；（2）体系范围内商品生产的价值构成的剧烈缩减，吞并积累地区的急剧扩大有助于这一缩减。这些条件与大型工业生产力提高的革新一道为资本积累的新时代铺设了舞台，这个时代以长期的生产过剩危机而不是生产不足危机为特点。我们很容易忘记早期资本主义的主要矛盾不是顾客太少，而是投入太少，不是生产过剩，而是生产不足。我们关于资本主义思考的两个世纪的模式的后果之一是关于资本主义走向生产不足危机（按马克思的术语）的理论化欠缺（1967，III，pp. 119—121；*but see* Moore，2011a；O'Connor，1998）。事实上，这个观点如此激烈，以致大多数学者，马克思主义的和非马克思主义的，相信历史资本主义仅体现为生产过剩的危机。但这只是一面，正如马克思说的。两个世纪的模式掩盖了我们时代显著特征的一部分：从重视生产过剩转移到重视生产不足，又回到早期资本主义的条件。在这个阶段，我们只有少数边疆。所以人类中心论观点的基本术语阻碍了证明积累过剩危机的历史特殊性的调查，历史上来说积累过剩可能是生产不足的形式，也可能是生产不足。生产过剩的长期危机——由长期的矿物繁荣提供原料——是否在21世纪行将结束？一个更长的、当代的视角可能对回答这个问题有帮助。

抽象的社会本质——运动中的价值，自然中的价值

长时段是必要的，但只有长时段又不能解释21世纪资本主义的危机和生物圈变化的特殊特性。马克思的价值理论——与其内部关系的哲学一道（Ollman，1971；1933）——使得资本主义世界—生态产生和（正在）消亡过程中人类与自

然的其余部分之间形成一种统一的理论成为可能。这意味着一种人类是自然的延伸，自然是人类的延伸的观点；是的——对怀疑者而言——辩证法是不对称（a-symmetrical）的，不对称并不总有利于人类的历史模式。

在最后这章的第二部分，笔者把马克思关于价值的两个思考穿插起来。一方面，笔者认为价值规律的视角提供了一种有效的方法，在资本主义世界—生态（作为方法论的命题的价值）中把时间、空间和自然联系起来。另一方面，价值关系的形成和扩张提供了一种在现代世界—体系中理解资本积累和权力追求中历史运动的方法。

现代的真正历史核心在于其不同寻常地——并且是非常有力地——既强调一些劳动（在商品体系内部），又贬抑其他劳动（在商品体系外部，但在作为权力体系的资本主义内部）。这里，劳动不仅限于直接参与商品生产，而是包括到人类与人之外自然施行的无偿劳动的全部。正是这种无偿劳动使得现代的奇怪的无休止的商品化方案成为可能。[①] 这个方案马克思称之为“价值规律”（1977）。它是资本主义的引力中心，把各种自然的独特性吸入其轨道。在辩证的意义上，现代性的矛盾是在价值规律倾向创造一个可交换的、可量化的单位与带来多样性的生物圈的生命制造过程之间的冲突过程中出现。价值通过商品化的和非商品化的自然的关系、有偿的和无偿的劳动关系形成。这就是笔者称之为价值/非价值的辩证关系。“经济等价物”和“自然的独特性”（Marx，1973，p. 141）之间的价值矛盾不仅仅是资本积累的结果；价值规律中的等值性和独特性的特殊矛盾是价值积累本体论的首要前提。

价值，在经典马克思主义的含义上，是关于商品生产的工作和抽象社会劳动力的形成，被称之为社会必要劳动时间。所以经典的观点是关于商品生产中的劳动，并且最终通过现代市场调节。在接下来的部分，笔者希望详细解释一种理解价值规律的方法——这种方法认为非价值（not-value）（人类和人之外自然创造的无偿劳动的范畴）不只是资本主义的盲点，而且事实上直接建构价值本身。

在这种视角下，价值和非价值辩证地加入特殊的现代价值规律之中。所有文明都依赖一种重视/不重视人类和人之外自然的模式化的决定；这些模式化的计算是贯穿于一系列历史体系之中财富、权力和自然（价值规律）再生规则的特殊历史形式。把价值规律作为一个引线，可以让我们看到现代的、特殊的文明方案并没有在人类与自然之间建立一种对立的关系，相反，在特殊的阶级方案（无休

---

① “自然正如劳动一样是使用价值的源泉（其当然是由原材料财富构成！）”（Marx，1966，p. 3）。

止的商品化）与这种阶级方案可及范围内的人类与人之外自然绝大多数之间建立了对立统一。

认为价值规律是组织自然的一种方法，有两点需要在一开始就说清楚。第一，正如马克思《资本论》每一卷的前言都提到的，价值和财富是不同的，价值的实质是商品体系中抽象的社会劳动（社会必要劳动时间）。人们也许认为抽象社会劳动是消耗在生产一般商品中的平均劳动时间，商品是价值的形式。第二，价值关系不仅包括资本拥有者和劳动力拥有者之间的阶级关系，还包括资本所有者和再生产之间的阶级关系。关键的是再生产劳动主要是对资本主义而言无偿的劳动。后者指再生产领域，其劳动对资本主义运作来说一定是无偿的。正如女性主义者和生态批评家长期以来坚持的：任何重要的商品扩张都依赖于人类与人之外自然更大程度的吞并劳动的（主要是无偿）扩张。这些批评正确地批判了价值作为衡量有用劳动尺度的不足，但过于狭隘地集中于价值忽略的东西（Daly and Townsend，1996；Waring，1988；Himmelweit，2002）。笔者这里想要说的是似乎缺少一种度量标准，以便酬劳人类和人之外自然的劳动——家务劳动，或“生态系统服务”。事实上，根本不缺乏！因为价值含有一个特殊的辩证对立点——非价值，其中缺乏对再生产工作的酬劳事实上是对价值规律最重要的贡献。资本主义认为财富的价值是人的劳动力，这个观念是狭隘的，因为价值关系——以及劳动生产力的整个概念——是基于对大部分劳动的忽视（贬低）。资本主义的历史事实上可以用为无休止的资本积累（价值在运动中）带来必要的条件的、在人类和人之外自然的劳动的海洋中发展起来的商品生产之岛的术语来解释。

简而言之，价值并不起作用，除非大部分“劳动”不被重视。

重读马克思关于价值和价值关系的思想，可以让我们在21世纪绿色思想的巨大冲突中找到一种方法。一方面，人们普遍接受人类事实上是自然的一部分，接受人类在自然中。另一方面，还有一种被普遍接受的作法：分析社会过程和环境后果，人类和自然。后者是笛卡尔的实践，这或多或少地自动把某种现象——金融化，或水污染——归于“社会”（没有自然的人类）或“自然”（没有人类的环境）。事实上，这种笛卡尔的看法认为相互关联的人类与人之外自然被分解为独立的对象（自然/社会），对它们之间互动的分析和讲述都建立在独立对象变化叠加的基础上。从哲学上来说，有一种体系，生命之网。从实践上来说，有两种体系，“资本主义和生态”（Foster，2002）。“一种体系/两种体系”的不一致，在绿色思想中带来一种古怪的停滞，即绿色思想的哲学的想象和理论的创造仍旧囿于笛卡尔的防火墙之中，这道防火墙否定——在实际的分析中——人与自然的统一。一种体系/两种体系的矛盾本身揭露了（并且有特殊的影响）左派生态学理论的贫乏，对一些主要的概念极少有创造性的理论。例如，环境的危机、环境的恶化和自然的局限非常欠缺理论化。也许最显而易见的是，没有人试图解释在资本主义的历史上，劳动力的剥削和无偿劳动的吞并——人类的和人之外自然——是如何辩证地结合在一起的。

这个一种/两种体系的矛盾怎样才能克服？笔者的答案始于重新理解价值关系。在这个概念中，价值规律的三个因素非常重要。第一，我们发现，在价值中有一种把特殊商品的“自然独特性”转化为“经济性等值”（Marx，1973，p. 141）、特殊劳动过程转化为“劳动运动的一般类型”（Braverman，1974，p. 125）的张力。这种张力带来自然各部分的各种枯竭、抵制和反抗，虽然大部分都是由人类之中“危险阶级”（工人和农民）来执行。资本主义作为一个历史方案，寻求按资本的形象创立一个世界——在新古典经济学中反应明显，在其中所有人类和人之外自然的因素都可以有效地互换。在新古典经济学的幻想中，一个“因素”（factor）（货币、土地、资源）可以被彼此替代，生产的各种因素可以很容易地、毫不费力地跨越地球移动（Perelman，2007）。这种按资本的形象创造世界的努力就是笔者称之为资本主义的对应方案（correspondence project）；资本努力强迫人之外的世界对其想象的（但却很真实）建立一个“经济的等价物”的欲望做出反应。但是，当然世界——人之外的各种自然，当然也包括生产阶级——并不想要一个经济等价物的世界。现代世界体系中关于人类与人之外自然的关系斗争必然是阶级斗争。因此，关于商品化控制力的斗争首先是生命的斗争视角（contending version）和劳动之间的竞争。人之外自然也抵制经济性等值的残忍：超级杂草让转基因农业头疼，动物们抵制它们“只是”物体和生产的力量的角色（Moore，2012；Hribal，2003，2012）。因此资本主义的对应方案，为了创造一个充满矛盾的历史过程，要面对各种竞争和抵制。历史地说，这些矛盾是如何解决的？总体来说，源于价值力图在其历史方案和世界现存社会之间创造一种一致的矛盾已经通过地理扩张和重建解决。

第二，从价值关系的视角看，资本主义连续的空间修复——这是解决连续的积累过剩状况必需的——是通过双重运动构建的：（1）商品化区域的拓宽和加深（价值生产/抽象社会劳动）；（2）在更大规模上，拓宽和加深吞并地区。后者的运动正是笔者称之为抽象社会自然的生产。在这个视角下，抽象社会自然是通过确保廉价劳力、粮食、能源和原材料的生产条件（“四个廉价”）必要的生物政治的、地理的和科学技术的知识产生（Moore，2012）。这意味着，一定要找到一个“无偿劳动”的新边疆，然后使之服务于资本积累。关键是，无偿劳动包括人类和人之外自然的生命活动：“女人、自然和殖民地”（Mies，1986）。

第三，正如我们在前面章节中看到的，价值规律是一种组织自然的方法。它是一个世界—历史方案，重组资本主义历史的自然的过程，例如，一个生物物理的因素被内化为人类劳动力（重新分类为社会的），另一个因素，通过使人之外自然的逐渐屈服，被外化为资本的免费礼物。价值，换一句话说，由人类和人之外自然的共同生产，人之外自然的关系通过价值作为一种组织生命的方式重组。

我们从探讨作为历史*方案*的资本主义和作为历史*过程*的资本主义之间的关系入手。作为方案，资本主义文明既带来象征形式，也带来物质关系（笛卡尔的二元论是其核心）；价值规律的确再生了一种看待二元论的现实的方法。作为过程，资本主义创造了一种观念：环境是外部的物体。环境是外部的看法——而不是*奥伊寇斯*、物种和环境制造的创造性关系。这并不是错误的，而是资本主义世界—生态的历史创造。环境研究的错误在于把作为外部物体的环境的观念的真正的历史创造混淆为现实：现实的情况是环境既是内在于我们的，也是外在于我们的，物质上和现象上*同时并存*。这也就是笔者强调资本主义是方案（价值规律希望做的，是创造一个对价值的内部交换做出反应的世界）和过程的一种辩证关系的原因。资本主义，作为世界历史过程，是人类及人之外自然的合作产物。这就带来了历史的现实强迫资本主义*方案*与自然（作为*奥伊寇斯*）打交道，尽管存在价值有普世经济性等值的乌托邦的幻想。作为一个资本积累过程，资本主义一定在其贪婪地内化和重置各种无偿劳动——人类与人之外自然（特别是妇女、驮畜的工作，等等）——的过程中无休止地溶解生命的边界，以服务于抽象社会劳动的无止境的贪婪的乌托邦愿景。这就是抽象社会自然和抽象社会劳动辩证地结合。

价值和无偿劳动，通过无偿劳动获得的价值

确定和分析主导抽象社会劳动（剥削领域）和抽象社会自然（吞并领域）之间的“运动规律”，当然是有争论的，这是马克思之后马克思主义的圣杯。这些运动规律如何对资本积累起作用的问题，通常都被含蓄地提出来。但是这个问题却像一个红线贯穿20世纪早期马克思主义的主要著作中（Kautsky，1998；Lenin，1916；Luxemburg，1913；Bukharin，1915）、战后关于生产不足和依赖关系的争论中（Frank，1967），以及出现在20世纪70年代以来的女性主义、世界—历史的、生态马克思主义的浪潮中（Vogel，1983；Dalla-Costa and James，

1972；Hartmann，1981；Wallerstein，1974，1983；O'Connor，1998；Foster，1994；Burkett，1999）。在所有这些不同的观点中，却有一个共同点，即资本主义仅仅支付其剥削的生命活动的一小部分（Dyer-Witheford，1999，p. 81）。

人类和人之外自然的“无偿劳动”有多重要？自 20 世纪 80 年代以来我们已经有了很多试图证明无偿劳动对所谓的“经济”活动和发展的正常进行有多大贡献的研究。在 90 年代中期，联合国开发署认为无偿劳动——主要是女性的工作——是 16 万亿、世界 GDP 是 21 万亿（UNDP，1995）；后来的估计数字是无偿劳动占世界 GDP 的 80%（Safri and Graham，2010）。在另一个领域，几乎与女性主义的批评完全无关，[①] 生态经济学家把同期的“生态体系的服务”价值确定为 16—55 万亿（Costanza，et al.，1997）。笔者认为这两个数字都低估了无偿劳动的实际价值，这部分劳动在今天的资本主义世界—生态中的重要性相对于积累过剩——资本获利的投资机会很少——的资本而言在下降。

目前是努力找到一种可以把无偿劳动（既包括人类的也包括人之外自然的）的巨大领域统一起来的模式，这对历史资本主义非常重要。这就需要逆转资本主义是如何扩展的注意力。我们可以这样说，资本主义不是单独通过扩大商品化和剥削领域来扩展的，商品化的扩展有时有，但不总是主要的。相反，资本主义是通过拓宽吞并的区域而扩大。在商品生产过程中，通过吞并的剥削与劳动力的剥削不同。它包括资本主义计划、量化、确保可以免费（或基本上免费）开发最小或还没有商品化的自然一系列的过程。如果说通过吞并的积累是目标，抽象社会自然是达到那个目标的手段。

如何定位抽象社会劳动体制（通过商品生产和交换决定竞争的适宜度）与社会—生态再生产领域（被抽象社会自然的体制控制）之间的历史—地理关系，是马克思主义最具挑战性的问题。后者持续地被资本（总是部分地——有很好的理由）入侵、渗透及占有。资本主义劳动生产力提高的条件——例如在漫长的 19 世纪英国引导的工业革命，或在漫长的 20 世纪美国引导的福特制——都是极大规模地吞并人类（首先是家内劳力）的及人之外自然的无偿劳动。为了使这样大规模的工业革命开展，一定需要在商品生产中对增加的劳动生产力（剥削比例）进行配置，以及极大地吞并无偿劳动。通过吞并的积累主要集中于两个无偿劳动范围：日常及代际基础上人类生命的最小商品化的再生产，人之外的生物圈的和地理的“劳动”的最小商品化再生产。再回到我们举的两个例子：英国和美国引

① 参见韦灵（1988）。

导的工业革命都是通过划时代的吞并地理—生物化石燃料的成品（煤，然后是石油），以及吞并主要是农村妇女生命活动的无偿再生产劳动（既在国家范围内，也在边缘区，例如爱尔兰、东欧）而实现。

笔者想强调的是在资本主义的历史上人类和人之外自然的再生产的本体论上的统一——但有分析上的区别。从这个视角来看，劳动不仅限于直接参与商品生产。相反，劳动也包括人类和人之外自然在资本主义权力（这种权力使得"一切商品化"成为可能）（Wallerstein，1983）范围值内所有无偿劳动的一切。无偿的"自然的劳动"——包括农业的短工，抚养孩子的跨代的时间，或化石燃料形成的地理时间——是有偿的"资本的劳动"发挥作用的基石。两个因素都嵌于价值规律之中，即使大多数马克思主义者都忽视了这种无偿劳动对资本积累巨大的贡献（运动中的价值）。而出现在直接生产过程中的价值形式（商品）、价值关系——包括社会必要劳动时间的系统决定因素[①]——不仅包括生产关系，而且也包括吞并（这种吞并对于不断地驱动增加剩余价值生产是必要的）的更广的关系。换一句话说，剥削的比例根本性地由吞并自然劳动的规模、速度和范围来决定，如果有"免费的"或尽可能免费的自然（Marx，1977，p. 751，ch. 24，part 4）。重要的是，剥削和吞并的关系并不是对称的。商品生产中增加的劳动生产率意味着劳力平均每小时消耗的能源和原材料（流动资本）极大的增加。

当然，无偿劳动剥削（剩余价值生产率）和吞并之间不对称的关系是极大的浪费。但什么是浪费？人们也许会说，价值是只有当与其他东西对比时，才能决定价格，这就是浪费（Wright，2006，p. 73）。这给我们指出了正确的方向：浪费是资本本身的一个构成关系。赖特（Wright）的观点超越了笛卡尔关于浪费的看法，并且认为人类人口的"生活形式"也是浪费（Wright，2006；Davis，2006；Niblett，2013b）。这里，笔者也只对范围越来越广的价值规律作为剥削和吞并的辩证关系提出两点观察。一方面，资本主义历史上大多数环境学家称之为"浪费"的东西事实上是资本主义"效率"的一个过程——资本规律中计算的唯一的浪费是代表一种直接的、无竞争的、生产的成本的消耗。浪费，从历史上来说，对资本积累并不是主要的束缚，一切都与我们前面几章谈过的边疆过程有关。简言之，每一个巨大的商品边疆都必然带来一个浪费的边疆。（例如，17 世纪秘鲁水银污染河流，或 19 世纪伦敦严重的空气污染。）正是浪费边疆的消失

---

① "如果说种植亚麻的土壤枯竭的后果是生产亚麻的必要劳动时间的加倍，那么亚麻的价值也会翻倍。"（Marx，1977，ch. 1）

——不仅是廉价劳力、粮食、能源和原材料——给世界政治最前沿带来了全球变暖的问题。当然，这不是因为资本主义特别关心气候，而是因为全球变暖预示了一系列对于维持“廉价自然”来说潜在的和正在发生的挑战，廉价自然的无偿劳力的要求是资本主义世界—生态的基础。

笔者的第二个观察从浪费作为一种产出转为浪费作为一种投入。但这里，笔者的批判不是来自资本的观点，而是来自其更广意义上生物多样性的观点。资本主义生产模式对生命带来的决定性的暴力是其寻求激烈的简化，主要是因为生命的形成是关于适应、变化，甚至是正在进行的生物的、地理的不同的出现。[①] 从这点看，我们可以立即看到消耗性资本主义价值以吞并为核心，这一过程中只有“极其量化的生命形式”才有用（Caffentzis，2005）。工业化农业的早期批评家注意到了能源投入不足事实上是资本积累的普遍规律。即使在 20 世纪 60 年代，随着时间的推移，很明显地粮食生产的每卡路里都要求越来越多的能源（Pimentel，et al.，1973；Canning，et al.，2010；Acker，et al.，2013；Cuellar and Webber，2010）。更严重的是，所生产的食物的 1/3—1/2 从未被人类消费（Institution of Mechanical Engineers，2013；*also* Gustavsson，et al.，2011）。

按这些术语来说，资本主义不是一个效率体系，而是挥霍、浪费的体系。并且这样的浪费是资本固有的；与资本本身的构成有关，不仅是对生物圈，而且也对特殊景观都会带来显而易见的后果。而后者被笛卡尔式的马克思主义者承认（e.g. Foster，2012，Dowd，1989），并把它与今天生物圈的问题相关联，例如气候变化，这个故事是产出之一。消耗是可能的，因为“产出”只是到这样的程度，即无偿劳动被浪费性地作为“投入”吞并（生产之前或之中）；浪费，换另外一句话来说，即是资本积累的生产者，也是产品。这样大规模的浪费（生产之后）的生产条件是资本主义浪费性地吞并生命和能源（生产之中）——极端的量化。19 世纪美国大草原上的野牛猎手们的历史——只要兽皮，留下其余部分腐烂（Isenberg，2001）[②] ——就是资本主义世界—生态的巨大的、浪费历史的恰当的比喻。

这样说来，浪费是一个谈论吞并问题的关键点。

---

① 笔者并不想建议一种生命制造的技术。毫无疑问，生命制造和适应，在某些条件下会朝着生命多样性简化和减少的方向发展（Levins and Lewontin，1985）。但是即便这种简化的运动发生，只要有为生命提供太阳的、地理的和生态的机会，生命就会朝向复杂的运动恢复。

② 当然是事实，正如伊森伯格（Isenberg）所说（2001），土著美洲人的世界—生态也可能以同样的方式浪费，但是美国内战后规模、速度以及野牛的灭绝显然有质的不同，这与土著美洲人的相似性极其微弱。

对于马克思著名的观察，我们现在可以加上[①]：资本积累是劳动力的无产阶级化，是无偿劳动的吞并（是消耗的积累）。这种辩证的三段论代表着一个非常复杂的历史过程的编织。这种解释可以使我们把积累的长期浪潮与四大投入（劳动力、粮食、能源和原材料）的价值构成（作为抽象社会劳动）紧密联系在一起。由于通过吞并的积累使得劳力 、粮食、能源和原材料变得很便宜，成为笔者所说的四个廉价，资本积累的新机会出现了：例如，19 世纪的铁路革命或 20 世纪的汽车革命。假以时日，四个廉价不再廉价，因为挤榨积累循环上升中的无偿劳动，枯竭了再生产的非商品关系的弹性。由此，劳动成本上升，同样，粮食、能源、原材料价格上涨（这种情况在历史上是不均匀出现的；虽然这种情况今天可能改变，因为 2003 年开始的商品繁荣还没有崩溃的迹象）（Erten and Ocampo，2013）。随着四大投入不再便宜，并开始变得稀少，物质生产领域的积累的机会（M-C-M’）停滞，并开始收缩。当四大投入变得更昂贵时，金融扩张（M-M’）开始——劳力、粮食、能源和原材料的价值构成上升，而不是下降（这是积累过剩危机的“隐藏”的社会—生态因素。）

粮食/劳力的关系特别重要，因为“廉价”粮食和劳力是由商品生产的转型决定的（通过农业革命的资本密集运动），也是由在商品体系之外但在资本主义体系之内资本能确保吞并无偿劳动的新机会决定的。这就是 19 世纪晚期美国引导的家庭农场革命（1840—1900 年）的天才之处，把无偿的家庭劳力和人之外自然的无偿劳动结合在一起，特别是美国西北部的边疆土壤，在那里已经沉睡千年，没有被农业触动过（Friedman，1978；2000）。廉价能源很关键，因为，特别是自蒸汽革命以来，随着大量廉价能源涌入，劳动生产率获得极大提高，并随着能源价格上升而停止，正如我们在 20 世纪 70 年代看到的那样（Jorgenson，1981；1984）。北美核心区的衰退与 20 世纪 70 年代以来石油价格的提高紧密相连（Hamilton，2009）。最后，廉价的劳力和能源都不是特别有用，如果没有能转化为商品的大量廉价原材料。

资本主义生产模式的明显倾向是瓦解四个廉价之间的边界，特别是粮食、能源和原材料之间的边界，这些东西近几十年变得越来越可互换了。其中一个因素

---

① “劳动力的再生产一定是不停地重新合并到资本中，作为其稳定物价的措施（资本的自我扩张），（劳动力的再生产）不能离开资本，资本对其的奴役被众多资本家隐藏，对这些人而言，资本出售自身，事实上形成了资本本身再生产的重要因素。所以资本积累是资产阶级的增加。”（Marx，1977，pp. 763—764，ch. 25，part I；*bracketed words from* Moore and Aveling translation，1887/1967，I，pp. 575—576；*emphasis added*）

是生物材料。最初用于美国玉米的种植，现在用于酒精、粮食和工业生产，就是一个很好的例子（Pollan，2006）。另一个例子是世界农业中能源密集的氮肥料的普及，这使得越来越多的人类吃“油”和天然气（Manning，2004）。另一个瓦解四大投入之间界限的因素出现在2000年之后金融化的新阶段。也许更重要的是世界最主要的商品市场在21世纪之前很大程度上是独立于“金融市场外部，并独立于彼此的”，例如，石油价格并不与铜的价格密切相关。2000年后，金融资本（投资者指数）“突然在商品市场带来金融化的一个重要过程”，由此商品价格变得越来越与金融资产的价格相关，并且它们彼此相关……。这种金融化的结果是……单独商品的价格不再简单由其供应和需求决定（Tang and Xiong，2012）。这不是偶然的，2003年开始的商品繁荣即使在笔者写作时（2013年11月），也继续是持续时间最长的、最不稳定的，超过了上个世纪（事实上可能是过去五个世纪）所有的商品繁荣（World Bank，2009，ch. 2；Erten and Ocampo，2013）。生物材料和金融结合在一起，表明一个21世界的全球方案，在其中，由于物理耗竭、农业—生态劳动率降低，新的反系统的运动及金融化不同寻常的、不稳定的结合，生产不足的趋势再次出现。

吞并无偿劳动，以及其长时段中循环的、积累的枯竭，使我们可以提出生产不足的理论是如何在资本主义世界—生态的长期历史中运作的。生产不足表明一种汇聚（conjoncture），在其中，四大投入的之一或之二越来越昂贵，开始影响积累过程。让我们一开始就弄清楚关于生产不足的两个问题。第一，在资本主义的历史上生产不足总与生产过剩并存。关键的问题不是生产不足或生产过剩，而是两者如何彼此适应。过去两个世纪被生产过剩控制。这标志着相对避免了早期资本主义的问题。早期资本主义最大的问题是四大投入的供应——因此，也就是残忍的圈地运动，欧洲和美洲的原始积累，银、糖、森林产品和谷物的伟大商品边疆。沃勒斯坦称这种扩张为资本主义兴起的“最根本的因素”不是没有理由的（1974，p. 69）。四大投入很少在同一时间廉价，这至少部分解释了近代早期欧洲征服和商品化非凡的规模和速度。但如果早期资本主义的问题是工人或资源太少，1800年之后资本主义的大问题就是顾客太少——太多的商品追逐很少的顾客，总是（并且一定是）以增加生产的价值构成为条件（同一过程的两个方面）。如果说19世纪欧洲资本主义和帝国重塑世界生态相对来说比较容易，四大投入也经常廉价（必要时还可以更廉价），从19世纪晚期的农业和生存危机（Wolf，1982；Davis，2001）到休克主义（shock doctrine），（有一本以此为名的书：《休克主义：灾难资本主义的兴起》，作者为加拿大人娜欧米·克莱恩［Naomi

Klein]，此书描绘了近几十年来全球范围内兴起的一种新型灾难资本主义——私人财团与政治权力结盟，以新自由主义为思想旗帜，利用战争、政变，乃至自然灾害造成的休克状态，实行激进彻底的自由市场与私有化政策，其结果并未带来民主与繁荣，反而加剧社会断裂，置人民于悲惨处境。——译者注）则体现了新自由主义时代的剥夺（Klein，2007；Harvey，2003，2005）。由于这个历史的原因——1800—2000年四个廉价的相对廉价，生产不足没有被充分理解，经常被说成“匮乏”。

所以笔者关于生产不足的第二个说明是驳斥主流的概念（即使在绿色的思想中）——自然中存在着匮乏。匮乏是人类和人之外自然共同产生的，总是有历史的特殊性。对一个文明的匮乏可能对另外一个文明来说不是匮乏。现代世界体系的“匮乏”是价格和金钱的匮乏——2005年以后粮食价格的通胀不是世界粮食供应的功能不足，而是分配、权力和金融化功能的不足（McMichael，2009；Kaufmann，2012）。以价格通胀形式出现的匮乏并不是由于外部自然的耗尽产生的，即使我们承认，例如，由于气候变化，生物圈的“净初级生产力”可能会下降（Zhao，et al.，2010）。至少，我们看到初级生产力的巨大规模的地理重新分配，以及赤道地区的大混乱（Hou，et al.，2013）。无须说，全部变暖的趋势，以及其生物—地理的重新分配，会削弱赤道地区人类和人之外自然产生无偿劳动的能力，这恰巧发生在资本主义比过去五个世纪任何时候都需要廉价自然的时刻。

一切坚固的东西都可以烟消云散，但耗竭却是一个真实的现象。它不能简单地说成是匮乏。在当今大多数耗竭的重要领域——石油极限——容易开采的巨大油田在地理上的减少是资本主义世界—生态中正在发生的生产不足的再现（e.g. Heinberg，2003）。易于开采当然意味着廉价，[①] 廉价石油不会再有，即使我们这个星球有大量石油（或是沥青砂中的类似的东西）（Retort，2005，ch.3）。总之，耗竭只是通过资本主义市场才变成匮乏，资本主义市场由各种非市场的因素调节（例如，社会不稳定、国际冲突、石油发展主义、金融化）。在相对匮乏的副产品生产中，承认狭义的耗竭是重要的，笔者要提醒读者，资本只是通过价格承认匮乏。（在这种意义上，匮乏对资本主义大多数人来说是正常的状态）并且，价格信号反映了资本内部的冲突（金融资本投机于商品，损害工业生产者），以及阶

① “从价值理论的视角来看，也许最重要的因素是开采石油的社会必要劳动时间的增加——表现在更难到达储蓄层以及资本成本的增加。”（Huber，2008，p.467）

级、帝国和国家发展方案的矛盾——耗竭的地理是重要的，但不是决定性的。因此，欧洲和北美的工人阶级运动决定性地影响了20世纪60、70年代的劳动力价格。这是劳力“短缺”吗？是的，从城市资本来说当然是，城市资本立即着手“新自由的防卫反击”，力图重新分配财富——掠夺工人惠及资本家（Harvey，2005）。我们可以看到过去十年以来石油价格的提高是由于开采，生产成本提高的地理条件造成的，但也是由于美国在伊拉克（最近在利比亚）引导的帝国主义冒险活动，以及石油生产国能源密集型的发展战略（例如沙特阿拉伯和伊朗）引起的。总之，四大投入的价格是由人之外自然的地质、地理和生物物理决定的，也同时是由人类创造的关系——阶级、帝国和发展——共同决定的。这两个因素总是联系在一起，他们内部的统一被笛卡尔的词汇——没有自然（社会）的人类和没有人类（环境）的环境——所割裂。含义很简单，但也带来一个范例：资本主义时代“增长的极限”既不是“自然的”也不是“社会的”，相反是资本主义作为奥伊寇斯的历史局限——奥伊寇斯是一种组织人类和人之外自然关系的方法。

有了这些说明，我们现在可以看清生产不足的两个主要矢量，一个与劳动力的再生产有关，一个与原材料有关。

在把“血变成资本”（1977，p. 382）的过程中，资本关系展示了作为价值的财富的生产，以及吞并无偿劳动（生命的生产）是价值的条件。资本主义在一定的地理条件下才可以这样。抽象社会劳动体制的出现——即使在大型工业之前——是在快速地理扩张的条件下进行的。但这种关系的含义比关于全球扩张是资本主义增长的基石的普通观点更深刻（e. g. Frank，1978；Pomeranz，2000）。抽象社会劳动不创造边疆——商品化的边疆和吞并的边疆——因为其本身就是一个边疆的过程。那个边疆是商品化和非商品化的生命的边界，资本作为抽象社会劳动只有通过抽象社会自然的计划和量化的技术穿越那道边界。（这一点现代更明显）对所有资本“自我限制的”特点来说，剩余价值的生产不仅是劳力的无产阶级化和资本积累，而且也是资本化和吞并全球空间的生产。

虽然马克思经常被批判把劳动力的再生产溶解进商品体系，在这一过程中忽略了无偿劳动的贡献（特别是家内劳动）（Meillasoux，1981；Federici，2012），但这似乎是不正确的。在其经典的关于“劳动日”的讨论中，马克思说得很明白，商品体系中劳动力的再生产会很快导致劳动成本的增加和积累的动摇，“似乎资本本身的利益指向了一个正常工作日的方向”（1977，p. 377），工作时间更长、工作强度更大、“劳动力更加恶化”（1977，p. 376）。资本主义并不是一无所成——即使在大型工业之前，它是“为工业病变提供动力的第一个体系”（1977，p. 484）。乍一看，这种劳动力的恶化似乎与资本自身利益相矛盾，因为“用尽”的劳动力一定需要被替代，这是一个“昂贵”的计划（1977，p. 377）。但是，虽然“劳动力的价值包括工人再生产必要的商品价值”，这些商品的价值是由资本化的和吞并的——有偿和无偿劳动的——劳动共同决定的。稳定的劳动力直接决定工人再生产所必要的商品的价值。同时，再生产中的无偿劳动共同决定那些商品价值的社会必要劳动时间。认为劳动生产力的提高只由固定资本份额的增加决定，或主要由社会必要劳动时间决定，是错误的。必要劳动时间事实上是通过资本化和吞并的动力共同确定。

为何是共同确定？因为资本一定会拉动非商品化劳动的区域（无偿劳动）；劳动力的再生产只是部分地发生在商品生产和交换领域。为了在商品体系中维持家庭再生产全部劳动成本，会很快使积累过程停止。有充足的理由相信，资本主义社会中完全“无产者”家庭非常少见，即使在今天，几乎完全限于收入高的专门职业者（律师、医生、大学教授，等等）。从历史上来说，即使在无产阶级化的心脏，劳动力的再生产也依赖于各种无偿劳动，或依赖一个不足以自己再生劳动力的有偿劳动。最后一点非常重要，因为我们正在讨论无偿劳动的相对程度，以及“准无产者家庭”中有偿和无偿劳动的配置转型（Smith and Wallerstein，1992）。例如，在20世纪早期的美国，美国城市中所有移民妇女的一半——在当时，移民是大城市中的大多数——都从事仅可勉强糊口的生计，包括清洁、烹饪和情绪劳动（Gordon，1990，p. 271）。事实上，即使在中等规模的工业城市——例如曼西、印第安纳，几乎一半的工人阶级家庭耕种小的蔬菜园直到20世纪20年代（ibid）。

当然有一种倾向认为抽象社会劳动是通过资本化和吞并共同产生的，同时否定马克思看出了问题。部分的问题出自许多人没有仔细阅读《资本论》（e. g. Federici，2012），特别是由于对马克思的方法只有表面上的了解。因为马克思连续地从普遍抽象——例如普遍意义上的生产、人口或交换——向更特殊的（或确定的）抽象转移（Marx，1973；*see especially* Murray，1988）。在一个解释性的段落中，马克思既提出一个普遍的也提出了一个确定性的抽象劳动，并且从前者转到后者：

> 劳动作为以某种形式占有自然物的有目的的活动，是人类生存的自然条件，是同一切社会形式无关的、人和自然之间的物质变换的条件。生产交换价值的劳动则相反，它是劳动的一种特殊的社会形式。

在《资本论》中，我们发现马克思主义连续地从资本积累的“纯粹”模式，转移到更特殊的抽象。关于“劳动日”的观点为资本主义倾向劳动力生产不足以及缩小这种冲突的非市场机制提供了暗示的理论。这一点在其谈到劳动力再生产时特别明显。马克思最初把“劳动力价值”的抽象定义为商品价值（1977，pp. 276—277），后来被修改为一种新的历史决定的抽象，在其中吞并区域是关键。这里，劳动后备军的“潜在”层特别重要（1977，p. 796）。“在最根基上抓住重要的人力……工业人口的退化由经常抽取乡村原始的和自然的（“身体上没有腐败的”人类）因素而减缓”（Marx，1977，p. 380），这种运动后来在马克思关于原始积累的著名的讨论中提到。马克思赞同并引用凯恩斯的话语，他看到，如果劳动力可以

> 从外地的黑人“自然保护区”得到补充，他们的寿命也就不如他们活着时的生产率那样重要了。因此，在奴隶输入国，管理奴隶的格言是：最有效的经济，就是在最短的时间内从当牛马的人身上榨出最多的劳动。在种植热带作物的地方，种植园的年利润往往与总资本相等，正是在这些地方，黑人的生命被视同草芥。

对此，马克思补充：“虽然名字变了，但故事说的还是你!”说到奴隶贸易，让我们看一下劳动力市场，说到肯塔基和弗吉尼亚的奴隶市场，我们可以看一下爱尔兰和英格兰、苏格兰和威尔士的农业区，说到非洲，我们需要看看德国（Marx，1977，p. 378）。

说到劳动力，我们需要看一下自然。马克思做的关联非常直接：“资本不关心劳动力生命的长度。资本主义感兴趣的是其可以投入工作日的劳动力的最大化。其获得这个目标是通过缩短劳动力的生命，同样，一个贪婪的农夫为了从土地获得更多收获而破坏土壤的肥力。”（Marx，1977，p. 376）。

在《资本论》的第三卷中，劳动力生产不足的暗示的理论与讨论资本主义倾向于原材料生产不足的详细阐述一起出现。在这个“普遍规律”中，马克思指明了“机器生产过剩”和“原材料相对生产不足”之间的一种张力（1967，III，pp. 119—121；见本书第五章“超越新陈代谢断裂”）。资本主义的工业动力与原材料生产——这个部门直接依赖于人之外自然的无偿劳动，特别是，但不仅仅是，地理时间规模上的劳动——之间的张力，从16世纪到现在，通过一系列的世界生态革命历史地解决了。这些革命马上成就了两件事情：(1) 扩张了商品化区域，特别是四个廉价（劳力、粮食、能源和原材料）的生产；(2) 甚至在更大的规模上扩展和加深了吞并区域，没有这些区域四个廉价不可能“廉价”。

这里的廉价，表明四大投入的价值构成的相对减少——体系范围内资本化和吞并配置的相对转向无偿劳动。商品生产的几何级数的增长、剩余价值的增多，通过迫使剥削（有偿劳动力）和吞并（无偿劳动）扩大的价值规律发生作用。让我们说得更明确些：特别是在开采行业，吞并自然的无偿劳动不仅包括矿产和燃料，也包括人类再生产中无偿劳动的巨大的贡献，这些工作几乎完全由女人完成（Moore，2007，ch. 3；Nash，1979）。由"开采模式"（Bunker，1984）主导的地区——最主要的是石油开采国——都有"非典型的强烈的父权制的规范"，这是偶然的吗？（Ross，2008；*also* Farrelly，2011）。

吞并无偿家内劳动和人之外自然的馈赠——两者都是无偿劳动——并不是资本主义中真正生产的剩余；而是吞并无偿劳动区域的、循环的和无休止的扩张，与之一起的还有商品生产的革命化，这是资本主义世界—生态中积累的绝对需要。资本扩张到无偿劳动区域快于奥伊寇斯的资本化必须面对的是资本主义权力把对"女人、自然和殖民地"的划时代的吞并结合在一起（Mies，1985；*also* Rowbotham，1973；Merchant，1980）的历史基础。没有女人、自然和殖民地——当然是一种程式化的列表——积累就会动摇。吞并贬值的劳动一定要超过劳动的资本化，以免四大投入（劳力、粮食、能源和原材料）的成本开始增加，通过商品生产和交换进行积累（M-C-M'）的机会开始减少。

四个廉价，积累过剩和生态剩余下降的趋势

所以四个廉价之循环上升和下降为我们提供了一个理解历史资本主义更加深刻的世界—生态的视角。我们应该记得"廉价"体现了四大投入的价值构成（劳动力、粮食、能源和原材料）。低的价值构成代表着在一般商品中平均人类劳动的构成相对低（抽象社会劳动）——也即无偿劳动的比例更高。"价值"被理解为抽象社会劳动，是由平均劳动时间衡量，或者是由马克思所说的社会必要劳动时间衡量。在这种背景下，价值规律是一个世界—历史的倾向。这个倾向，"在其发挥作用时，被许多因素影响"（Marx，1977，ch. 25），把自然财富转化成价值，作为可互换的、可量化的财富单位，*在商品生产中*由可互换的、可量化的人类劳动时间单位确定。

后者是指社会必要劳动时间。虽然所有的物种都按某种方式"劳动"，所有的物种都在更广的意义上制造时间（节奏），只有人类在社会必要劳动时间下创造和劳动。*只有人类*，并且只有一些人类如此。价值规律——不是价值*理论*，而

是其实际的历史运作——是特殊意义上的人类中心论。只有人的劳动力才可以直接生产价值。一棵树，或者一匹马，或者一个地理的通道不会获得酬劳。然而，没有无偿劳动，商品化的劳动力不能生产任何东西；无偿劳动是有偿劳动的前提条件。（事实上，在资本主义条件下，大多数工作都不会获得报酬）社会地说，必要无酬劳动是社会必要有偿劳动的基础。

"但是，稍等"，环境学家说，"这是否意味着价值只是一部分，并不起作用?"当然，反驳的第一部分完全正确：价值是部分的。一定是部分的。原则上，无偿劳动可以被支付，不像马或者树。但是资本家们并不想支付他们的账单，并且理由充分。完全商品化劳动力的再生产会削弱资本主义文明的基础。这个基础是价值规律，在一个可以接受的利润率下，价值规律通过使价值积累成为可能（作为抽象社会劳动）的资本化和吞并进行历史配置成为可能。这种配置再次带来人类的两大分流：资本和直接生产者之间，商品化区域（有偿劳动）和再生产区域（无偿劳动）之间。马克思主义者有时会把资本主义刻画为一个体系，在其中"社会大量的工作都是被迫出卖自己的劳动力的、无财产的劳动者完成"（Wood，2002，p. 3）。但这正是在资本主义条件下不能发生的情况！如果资本主义条件下大量劳动都曾被货币化，劳动力成本将会飙升，廉价劳动力将不再存在，只会有最惨淡的资本增长率。这个游戏会得不偿失。这并不是说工资劳动是附带现象。恰恰相反，无产阶级化可能最好被理解为对资本主义世界生态非常重要的"相关的历史过程"（McMichael，1991，p. 343）。"无财产"工人人数少，廉价工资劳力就不再；"无财产"工人太多，再生产成本就会增加。如此看来，价值规律的出现，并不是完全集中于现代无产阶级的出现，而是集中于工资劳动不平等的全球化上，这种工资劳动辩证地与"再生产条件的普遍化相联"（McMichael，1991，p. 343）。价值，作为抽象的社会劳动，并不起作用（尽管有其不完整性）；价值起作用，因为其既是部分的又是相连的。

社会必要劳动时间通过其与无偿劳动的关系出现和扩展，这一定不能用人类中心论的术语定义。任何物种都可从事非价值（not-value）（价值关系中固有的）的无偿劳动。甚至生物的或地理的过程也是无偿劳动。[①] 商品生产之外的生命活动（但很明显与其一道），可能被称为*社会必要无偿劳动*，但其不能按与商品化的劳动力一样的模式被量化，因为可量化的抽象社会劳动的条件是大量不可量化

---

① 人们可能会有理由反对生命活动与"劳动"的合并。笔者的意图不是特别把生命活动与劳动合并，而是指出资本如何把生命活动合并到劳动中。

的劳动。[①] 资本想努力成就的是减少这种劳动的时间。这种减少是资本存在固有的：因此资本主义更看重劳动生产力而不是土地生产力，为了提高劳动力更强调资本动用“土地”的能力。地理景观变化的加速和庞大但虚弱的抽象社会劳动体制的出现，是16世纪资本主义上升的两个方面。在传统的论述中（Landes，1969），增加的劳动生产力是工业生产中技术进步和组织革新的故事。这的确是千真万确。但这是故事的全部吗？生产中的新机器和能源资源只有通过减少四大投入中的价值构成的新能源（工艺）的技术才能提高劳动生产力——长期来看减少社会必要的劳动时间。四大廉价只能部分通过确定商品生产区的革新恢复；历史地来讲，它依赖吞并的新战略。这里，在确立一种与价值规律一致的文明的过程中，我们找到资本积累与资本家权力上升之间的体系联系。为了减少社会必要劳动时间，资本使——努力通过各种强迫和同意带来——一种文明运转（这种文明寻求最大化资本循环之外的但却在资本家权力范围之内的生命的无偿劳动）。

通过商品化减少社会必要劳动时间，笔者称之为*资本化*；无偿劳动最大化以服务于资本主义，乃为*吞并*。正如我们看到的，资本化和吞并之间的关系并不符合笛卡尔的二元论及其现实的秩序。因为我们在考察特殊的劳动——通过价值规律/非价值定义——人自身的再生时，我们被迫颠覆笛卡尔思想中的大问题。笛卡尔的结构认为人类与自然分离，世界—生态的视角认为两者统一，尽管是辩证的统一（源于生命之网中人与许多其他物种一样的独特性）。因此，笔者的注意力是作为再生产的模式和规则的资本化和吞并的方法。这给我们一种方法去看清楚并解释历史资本主义长时段的环境制造的模式。这是一个非常简单的模式，可以称之为一刀切。[②] 我们正在发掘资本积累的最基本的历史动力，我们把资本积累看作通过人类与人之外自然（价值规律）特殊关联的关系演进的模式。价值关系特别有用，因为允许我们立即看到三个历史因素：（1）人类（阶级）之间的不同；（2）财富生产和积累（资本积累）的“经济”过程；（3）自然的合作生产和再生产（环境形成）。

我们可以从把商品化和吞并看作再生产的关系着手。从这里，我们可以考察两者的关系。第一，再生产关系的资本化显然是通过人类劳动的无产阶级化发生

---

① 所以，全民增长不足说明人类和人之外自然的无偿劳动不只是意识形态的错误，而是资本主义实际上如何通过价值/非价值辩证关系运作启发性的表现。

② “我们可以绝对确定的是马克思把利润下降规律表述为资本主义条件下危机形成理论的‘初割’，”我说初割因为……他没能整合《资本论》前两卷的视角，这使他在第三卷不能充分阐述资本主义的内部矛盾（Harvey，1982，p. 192）。

的。“无产阶级化”是说劳动力再生产通过资本——主要是以有偿劳动的形式——流动的另一种说法。[①] 当然，如果北半球的无产阶级家庭也继续依赖无偿劳动的巨大付出（洗衣、做饭、养孩子，等等）维系。人类通过劳动、劳动的商品化——直接的和间接的——使人之外自然转型，所以历史地来看，把人之外自然商品化是非常重要的。但是不仅是资本化的劳动力再生产，也是人之外自然的再生产。在过去的五个世纪，资本主义农业揭示了农业—经济体系对全球资本流动的依赖（特别是通过信贷），正如其依赖营养循环和水循环一样。20 世纪发生的非凡的转型——通过连续的水文的、化学的、生物技术的“革命”——是原来处在商品体系之外的农业生态—关系（无偿劳动）的资本化过程（Kloppenburg，1988）。21 世纪资本主义农场主每年一定买新的种子，而不是保留种子；他每年一定买许多杀虫剂和除草剂来确保产量；家庭农场一定努力生产越来越多来赔偿农业—生态模式的债务欠款——这种农业—生态模式越来越“在资本循环中不断再生”（Boyd，Prudham，and Schurman，2001，p. 560）。营养流动、人类流动及资本流动创造了一个历史的整体，其中每一个流动都意味着另一种流动——这一点经常被资本主义的绿色批评家所忽略（e. g. Foster，et al.，2010；Daly and Farley，2004）。资本主义，首先是“各种流动的流动” （Caffentzis，2013 [1980]，p. 32）。

不仅资本化超越并打破了笛卡尔的二元论。无偿劳动的剥削也是如此。关键的历史划分不是人类与自然的其余部分的分离，而是两个方面的分离：商品体系中的生命活动与商品化区域之外的生命活动，但是仍旧陷在资本主义权力之中。作为世界—生态的资本主义通过共同决定社会必要劳动时间的资本化和剥削的运动展开。第一个运动发生在商品生产的“有机整体”中，包括与直接生产一道的分配、交换和分配（Marx，1973，p. 100）。另一个运动是剥削无偿劳动以服务于提高劳动生产力的“有机整体”。换句话说，价值规律下剥削比例不仅是由商品生产中的阶级斗争（资本家和直接生产者之间）决定，也不仅由商品生产的组织和价值构成决定，而且是由人类和人之外自然*无偿劳动的贡献决定的*。这里也有阶级斗争。

所以，抽象社会劳动体制的形成也开启了生产和再生产世界的积极的重新配置。从这个观点来看，价值关系通过价值/非价值的辩证关系展开，在其中，“非价值”是抽象社会劳动体制必要条件的直接产物。这意味着资本主义的技术——

---

① 资格（条件）是决定性的。笔者说“主要以有偿劳动的形式”，因为资产阶级和无产阶级的关系有许多固定的形式，包括近代早期甘蔗种植园的主人与奴隶的关系（Mintz，1978）；说到 20 世纪晚期资本主义农民，列万廷走得更远，认为（有一定程度的夸张）农民变成了无产阶级（Lewontin，1998）。

按芒福德的术语（1934）来理解是工具、自然和权力的特殊的结晶——不仅仅只是捡取“唾手可得的果实”（Cowen，2011）。资本主义的技术寻求去动员和吞并（无偿的）“自然力量”，因此可以使得（有偿的）劳动力在现代的形式下（剩余价值生产）产出更多。这是自然生产的重要性；自然对资本来说不是一个预先形成的客体，但是资本再次形成了一个关系网，因此可以为资本积累推动生物圈的“劳动”做出贡献。

所以无偿劳动的吞并——通过四个廉价上升下降的循环历史地出现——对任何想认真考虑历史资本主义局限的人来说都是一个重要的问题。这是因为资本主义真正的历史局限源于资本是资本化和剥削的关系。“增长的局限”（limits to growth）（Meadows，et al.，1972）并不是外部的，而是源于资本主义文明的内部关系。为什么是内部的？显然，我们并不是说内部是一种固定的边界，而是指资本主义是一种内部化（内向化）的文明。[①] 我们说内化是指一种方法论的前提，不是历史的说法。生态经济学家们经常谈论资本主义如何“外化”成本。大气层成了绿色气体排放的垃圾场是一个好例子。从马克思方法的视角看（e.g. Ollman，1971；Sayer，1987），值得强调的是成本的外化也是资本积累必要条件的空间的内化。这些空间可能就在资本循环中；这样的空间可能是油田（内置于资本），或者可能是边疆地区，在那里，废物积累，无偿劳动被吞并。虽然废物边疆现在被部分承认，正如我们前面讨论的，资本主义文明内化的特点还远未被承认，这主要是因为资本的积累依赖于积极吞并再生产的“物理上健康”的关系（Marx，1977，p. 380）。

当相对于巨大积累的资本而言，吞并（剥削）的机会减少时，通过世界市场调节——正如我们在早期资本主义连续的商品边疆中所见——会出现几个问题。首先，生产成本上升，因为工人、土壤、森林和其他无偿劳动物质上枯竭或者集体不合作（collective uncooperative），以及有偿劳动（价值构成）的份额增加。其次，原来的地区生产复合体的利润下降。第三，更新资本积累的可能性——在一个特定的部门或资本作为一个整体——愈来愈依赖找到新的吞并边疆。有理由确信世界资本主义发展的每个新时代都始于“新帝国主义”（new imperialism）（Harvey，2003；Cain and Hopkins，1987；Magdoff，1978）。

资本积累的巨大秘密是其依赖廉价劳力、粮食、能源和材料。这是吞并的边

① “按马克思辩证的观点，资本积累的生态的和其他社会成本都是，人—自然再生产（共同演进）普遍新陈代谢断裂过程的本质（以其特殊的资本主义形式）。”（Burkett，2006，p. 89）

疆所关注的商品边疆，这可以让我们从过去五个世纪做出观察。特别是，关注价值关系术语上的四大投入使我们可以看到其历史配置中的价值/非价值。随着价值/非价值的配置越来愈转到吞并（剥削），以及全球利润率增加（特别是在新的工业中心），资本主义的“黄金时代”开始。随着价值/非价值的配置越来愈资本化，平均利润率下投资的机会减少，资本主义停滞的各种特征出现（例如不平等增加、金融化，等等）。16世纪以来，每个积累循环的出现和消失都开启了资本化和吞并历史—地理的配置。

当资本家可以投入少量的资本而剥削到大量无偿劳动时，生产成本下降，利润率上升。① 在这些情况下，会有大量的世界—生态剩余（或简单地说，“生态剩余”）。生态剩余是体系范围的资本量与体系范围的无偿劳动贡献的比例，由人类和人之外自然贡献。② 在积累循环的过程中，无偿劳动的贡献趋于减少。这意味着，资本在做生意时一定为其成本付出更大份额。用正式的术语来说，每次大的积累波都从更高的生态剩余开始，这是通过把资本（运动中的价值）和资本家的权力（既指领土的，也指文化上的）结合起来实现的 。总之，资本和资本家权力的运动确保了无偿劳动新的和更加广阔的来源，以服务于积累。这是与马克思所说的原始积累是阶级形成的过程（资产阶级和无产阶级）的传统观点的一个辩证的相对立点。阶级形成是原始积累的一个结果。这一结果依赖于——也是通过共同产生——吞并“女性、自然和殖民地”提供的无偿劳动。因此，资本主义的原始积累和地理扩张，不仅仅是关于财富从非资本家手中转移到资本家的过程，也不仅仅是关于资产阶级与无产阶级的关系。原始积累也是关于再生产关系的重建（人类的和人之外的），因此使得更新的、扩大的“廉价”劳力、粮食和原材料流入商品体系成为可能。

资本的问题是创造四个廉价的战略是“一次性的”。你不可能两次找到同一个东西。因此，自然是外部的观点非常流行是因为资本一定经常把自然置于资本之外。因为这些自然是历史的 ，所以是有限的，一个历史的自然的枯竭马上会促动发现一个新的无偿劳动未被攫取的自然。这意味着，不仅资本主义是有历史

① 笔者在使用资本和自然简化的方式，按世界—生态的术语理解为资本扩大积累和生命简单再生产之间的矛盾。人们自然会希望，在某个机会下，基于许多决定因素更丰富的整体性把这种简单的模式扩展解释成一系列世界历史的特殊和修订，把国家权力、阶级斗争、文化转型等问题带进资本—自然模式。

② 人们承认这是一个不完美的阐释，主要是因为在商品体系（劳动时间段单位）中量化的条件是无法量化的无偿劳动的世界。人们可能可以在估算价格时考虑到女性（e. g. Safri and Graham，2010）无偿劳动或生态体系（Costanza，et al.，1997）的贡献，但这严格说来只是启发式的办法，不是对抽象社会劳动领域量化的反应。

特殊性的，而且资本主义发展阶段也有特殊性。每个积累的漫长世纪并没有“攫取”作为资源仓库的永久的和外部的自然。相反，每一次这样的长波都创造——也被创造——一个提供新的、一系列特殊的机会和限制的历史性的自然。在循环开始时发挥作用的积累战略——通过科学、技术、领土和统治的新形式创造特殊的历史性的自然——逐渐枯竭了供应“廉价”劳力、粮食、能源和原材料的再生产的关系。在某时，这种枯竭体现在商品价格上涨中。

这里我们关键的概念是*枯竭*。[①] *枯竭*包括人类和人之外自然（例如健康问题、土壤流失）物理的恶化，但不能仅指这种恶化。恶化是一个经验性的现实（侧重关系动力）——在世界积累中无偿劳动（剥削）和有偿劳动（资本化）份额的关系。枯竭是“繁荣”的另一种表达。两者都关注特殊物种、经济体系（包括人类），甚至地理形成提供无偿劳动的能力。但是这种能力并不是“在那里”。它通过资本和资本家权力的关系共同生产。这意味着枯竭，用世界—生态的术语来说，体现了历史性特殊的*积累战略*的枯竭。这种战略提出了新的“组织革命”，这一革命在一系列积累的漫长世纪中重塑了资本、权力和自然的特殊形式（见本书第二章“生态、资本及我们时代的自然”）。因此，当笔者提到人类和人之外自然的*相对*枯竭，以及影响这些相对枯竭的吞并战略的枯竭时，笔者指的是与系统范围的积累的变化需求的关系。

那些变化的需求总是需要得越来越多。因为资本主义是一个需要增长的体系——资本主义的“稳定的状态”是不可能的（Daly，1977），其对无偿劳动的需求并不适应下降（减少）。相反，对无偿劳动的需求持续增加。增加需求的历史动力——不仅对增长（用商品关系的术语定义）而言，而且对维持其增长的无偿劳动而言——带来了一个违反常识的、对现实狭隘观察的理论图景。正式来说，*大量*无偿劳动的份额可能增加，虽然相对于通过资本化进行的积累而言其*份额*下降。这就是我们在第五章（“超越新陈代谢断裂”）中看到的全球自然的资本化构成的增加的图景。

几个例子证实了这种违背常识的理论图景。正如我们看到的，生产力增加可以继续，但比以往慢很多。我们在资本主义农业革命的模式中也看到此景（第九章“穷途末路”）。生产力增长的比例在下降——增长在继续，但是步伐很慢，慢到

---

① “环境的恶化”在绿色的讨论中是最欠理论化的术语。这似乎是一个不言自明的事实，而不是需要概念的澄清，以及详细解释的问题。说到恶化，如果不加以说明，很容易指耗竭。这其实是错误的，因为一个关于耗竭的历史理论可能帮助我们理解在特殊资本主义、世界—生态形式里影响“稀缺”和“富足”的关系。

不足以满足资本对廉价粮食的需要。缓慢的增长率代表枯竭，如果对无偿劳动需求增加，农业粮食体系不再能恢复廉价粮食。第二个海市蜃楼出现在全球能源的当代讨论中。支持“一切极限”的人指出了在石油、煤炭扩大生产中迫近的衰落。这种衰落是肯定要发生的，这一现实的确是图景的一部分。如果忽略另一个历史现实，只关注“石油极限”、“煤炭极限”地理的和生物物理维度是（现实的）一部分，这个现实就是价值规律。资本主义关心的“极限”是“吞并（剥削）极限”：相对于资本动用的份额而言，无偿劳动的贡献达到最大。从这个视角来看，煤炭的吞并极限 20 世纪早期的某时就出现了，石油的吞并极限发生在大约 2000 年。枯竭标志着球形曲线向下运动，布罗代尔称之为汇聚（conjoncture）（这里指多条曲线一起出现）。例如世界煤炭产量会继续增长一段时间，但是物质生产想要恢复廉价，只有以相对于体系范围的能源产出资本化而言的无偿劳动——地理（“劳动”）——增加为条件。

最后，我们可能看到枯竭的动力也同样适用劳动力。今天美国劳动阶级不是在身体日益崩溃意义上的枯竭；而是在为资本输送越来越多无偿劳动的能力上枯竭。他们提供无偿劳动的潜力已经达到最高极限。“转型”的增多——有偿和无偿劳动的第二次和第三次转型——以及新自由主义的工作周的延长，有足够理由相信美国工人不可能工作更多或更努力（e.g. Hochschild，1989；Schor，1991）。（可能有很小的改变，但仅此而已）社会—物理的“崩溃”蕴含在枯竭中。这一点在 20 世纪 80 年代以来北半球精神健康问题剧增中可以看到（HHS，2010），即使吸烟人口减少，癌症发病率仍旧增加（Davis，2007）。这里的含义直截了当：枯竭有很多形式，不能简单归结为任何生物物理崩溃的模式。除了带来健康问题，还可以看看生育率下降带来的“婴儿罢工”（baby strike）——最近几十年发生在北半球的无产阶级妇女中，现在扩展到工业化的东亚（Lvingstoni and Cohn，2010；*The Economist*，2013）。从这个视角我们可以看到，经过积累循环的过程，一度在金钱关系之外的再生产关系越来越货币化了。结果，再生产通过商品关系引导，无偿劳动的份额下降或停滞。当这一切发生的时候，扩大的资本积累越来越依赖商品化的，而不是非商品化的生命的再生产。

这个动力是生态剩余下降的趋势。

生态剩余下降的趋势是资本主义世界—生态循环部分。生态剩余下降最明显的指标是四大投入价格的提高。劳力、粮食、能源和原材料越来越贵。[①] 四个廉

① 当然，每笔投入之间总有不平衡，也总有地理上的变化。

价不再廉价。这通常并不会一次发生，尽管这是2003年以后我们看到的事实。四个廉价不再廉价，并且开始越来越昂贵是资本主义阶段的信号危机。这些危机标志着积累体系的枯竭（Moore，2012）。对于资本主义新自由主义阶段来说，这种信号危机——比2008年几乎瓦解金融体系的危机重要得多——始于2003年左右。自此之后，生态剩余开始下降，几乎没有迹象表明衰落不久会被逆转，主要是因为商品边疆已经枯竭，同时，资本集中继续增加。

这种积累过剩危机的循环解决（几乎在所有的政治经济文献中都被忽略）——危机是指不能获利地再次投入的"剩余"资本的大量增加——依赖于四大廉价的循环恢复。换句话说，生态剩余的下降，代表着资本剥削无偿劳动的机会减少，这一点与实体经济中获利的投机机会减少紧密相连（M-C-M'）。[①] 廉价石油，或廉价粮食，或廉价金属，使新产品廉价成为可能——例如，在它们各自不同时代的铁路、蒸汽机、汽车。蕴含在这些新产品中的生产体系、城市空间以及基础建设的发展吸收了巨量的剩余资本。事实上，1790—1960年北大西洋连续工业化的历史——跨越第一次、第二次和福特制的工业革命——可以通过这些划时代的发明（煤炭/蒸汽机，汽车/石油）讲述，这些发明重新组织了这一时期全球奥伊寇斯和无偿劳动的增加。最神奇的是，过去40年的信息技术"革命"显然不足以吸收剩余资本（Foster and McChesney，2012，p. 38）。四个廉价——使工业化的伟大潮流成为可能——对于解决历史资本主义反复出现的积累过剩危机特别重要，这些危机以不能再次投资取利的资本（剩余资本）的大量增加为特点。结果，在连续的积累循环中，四个廉价的循环"终结"是与没有投资渠道的剩余资本的增加相呼应的。结果，商品边疆的枯竭——无偿劳动系统范围的枯竭——与20世纪70年代出现的金融化的特殊形式紧密相关。随着实体经济中积累的衰退，越来越多的资本被卷入金融性的，而非生产性的活动（M-M'，而不是M-C-M'）（Leyshon and Thrift，2007；Bryan and Rafferty，2006；Phillips，2009；Arrighi，1991；Lohmann，2009）。[②]

---

① 这里，我倾向阿瑞基采用的马克思关于资本的一般公式。在"M-C-M"中，货币资本（M）意味着选择的流动、灵活和自由。商品资本（C）意味着考虑到利润，资本投入一个特殊的投入—产出组合中。因此，它意味着固定、严格、逐渐缩小或关闭的选择。后面一个货币资本（M）意味着选择更大的流动、灵活和自由（1994，p. 5）。

② M-M在阿瑞基所说的金融扩张中开始卷入，金融扩张成为20世纪70年代以后资本主义世界—生态的特点。这样的金融扩张"象征着一种局面，在其中投资到贸易扩张和生产中的（M-C-M）金钱不再服务于资本家阶层资金流动的增加，以使其如纯粹金融交易一样有效。在这种情况下，在贸易和生产中的资本投资倾向于恢复其货币形式，积累更直接，正如马克思缩减的公式M-M。"（Arrighi，1994，pp. 8—9）

下降的生态剩余——对资本积累来说无偿劳动贡献的相对下降——可能由多种原因引发。当然，其中之一的原因是金钱关系倾向于解构权力和生产的前资本主义安排。有时，这种破坏（瓦解）以殖民的政治经济形式出现，正如我们在17世纪秘鲁的殖民村落中看到的劳力剩余榨取（本书第八章“阿姆斯特丹立于挪威之上”第一部分）。这种瓦解是资本主义世界—生态的循环现象，即使三个世纪后仍旧在非洲殖民地上演（Meillasoux，1981）。阶级斗争本身是下降的生态剩余的另一个重要的矢量。工人阶级本身要求“家庭工资”，也要求再生产成本的社会化，以及健康保险、养老金，特别是教育（Wallerstein，1983）。这就把资本“锁进”更高的再生产成本，特别是20世纪70年代以来的北半球（Smith，1987）。[①] 20世纪70年代以来，我们也看到全球环境运动的增加。这些运动呼吁国家和资本家必须限制或停止污染，必须清理以前的污染。这些环境主义者在限制毒化方面起的作用有限，但他们强迫资本承担比以往再生产成本的更大份额。环境研究强调的第四个因素是激进简化战略的趋势，例如单一种植，从农业生态中去除了营养，培养了对害虫和杂草有利的环境。这会带来能源和毒物的投入增加，其本身就使得成本越来越昂贵。下降的生态剩余的因素也包括能源和矿产资源的减少，这一点在农业中的表现是需要越来越多的能源和毒物的投入（例如，用氰化法生产的金矿，水力劈裂，海底钻探）。

如果无偿劳动的相对贡献下降是一个重要的问题，资本为何容忍，甚至有时非常鼓励再生产关系的资本化？公平地说，资本这样做有两个原因。一个原因是把再生产过程带进资本的循环可以使特定的资本家代理（公司）在世界剩余价值份额的竞争中获得短期的收益。另一个原因是正在商品化的劳动力，特别是在停止时期，增加了体系范围内的商品消费（Wallerstein，Martin，and Dickson，1982）。在接下来的几段，笔者将集中论述劳动力的再生产。正如笔者在本章的其他地方及整本书中谈到的，一种更广泛的、相似的动力扩张到了农业—生态体系，甚至资源开采部门。[②]

自相矛盾的是，再生产成本的内化倾向于在短时间内最大化无偿劳动，通常

---

① “对工人阶级而言直接增加实际收入最有效的办法是把他们的劳动力进一步商品化。他们经常努力用家庭生产加工（可以带来少量的实际收入）的一部分替代工资劳动，特别对各种小生产者而言。无产阶级化背后主要的力量是世界上工人阶级本身。他们理解——经常比自称的知识分子代言人理解得更好——对半无产阶级那里的剥削（笔者会用吞并一词）比对完全无产阶级化家庭的剥削多得多。”（Wallerstein，1983，pp. 36—37）

② 经济作物的单一种植加速了土壤的流失，影响土壤肥力的摄取，如果耕种继续，这一定需要被廉价地替换；资本主义对矿物和能源的开采业导致矿坑坍塌，毒物扩散，油田破坏。

在任何地点都不会超过 50 年，超过这一点，相对于资本化生产和再生产的无偿劳动的份额就开始下降，一旦无偿劳动的份额开始下降，两件事情之一就会发生：资本的再生成本增加，或者资本流向新的廉价劳力边疆。（20 世纪晚期之前——这是美国资本主义和全球移民的历史——新的劳力边疆朝着有活力的资本主义的中心移动）这种矛盾可以通过商品生产和社会—生态再生产的独特当代节奏解释。虽然有偿劳动的时间是线性的、钟表控制的，但家庭再生产的无偿劳动"基于循环的节奏和活动模式进行——这些行为经常循环而不是线性的、基于任务的而不是时钟的，重要性体现在其意义上"（Hilbrecht，et al.，2008，pp. 456—457；*also* Ingold，1995）。当资本侵入日常生活时再生产劳动的灵活性——直到某一点，可以按照抽象时间的原则塑造——被抓住，并且在抽象社会劳动的商品逻辑中包括越来越多的劳动。但这种灵活性不是无限的。实际工作日——有偿的或无偿的——不可能被无限延长。

简单来说，商品生产的循环只在非常短的时间有效，其最长是一个商业循环期（7—12 年）。当然，生产循环甚至更短，特别是在最近几十年更是如此，体现在资本主义生产"灵活形式"的增多。正如梅丽莎·赖特（Melissa Wiight，2006）证明的，这种灵活性是以迅速剥削和随后枯竭南半球女性劳工为前提的。在新自由主义积累体系下，"可任意使用的第三世界女性劳工"成为廉价劳力的重要支柱之一（ibid，p. 29）。塞克姆（Seuombe）描述了 19 世纪英格兰和法国工业化地区一个相似的图景（1995，pp. 71—80）。塞克姆和赖特所说的——笔者认为还没有被政治经济和环境变化领域的学者充分理解——是廉价劳力商品边疆的根本局限特点。在某种程度上，无偿再生产的劳动的灵活性不再足以满足维持对资本积累相对贡献的增加。

含义没有特别之处，但强调了 1990 年以来世界劳动力及劳动力后备军"极大的翻番"（Freeman，2010）。廉价劳动力不是资本主义文明永恒的条件。劳动力和无偿劳力的供应不只是一个"社会"问题，而且是一个世界—生态的问题：劳动力的价值（或廉价）直接与人类和人之外自然的无偿劳动紧密相连。人类劳力和人之外的劳作的联系不是遥远的，而是密切的、辩证的、直接的。尽管批评家们，例如海因伯格（Heinberg）（2007）、福斯特（2009）和斯佩思（Speth）（2008）都强调了与粮食、能源和原材料相关的问题，以及气候变化等一些相关的问题，廉价劳动力一直是附带现象，一直是另外一个问题。笔者将逆转那个重点。不是从笛卡尔的视角看问题——其视角强调"对劳动力和自然的剥削"（Foster，et al.，2010，p. 80）。笔者将从自然中的劳力的两种形式开始：商品体系中的有偿劳动和直接商品生产之外的，却又在资本主义劳动分工之内的无偿劳动。为了达到此目的，笔者建议一种方法论的原则：无论什么时候我们考虑到劳力（自然中的劳力），我们立即考虑到劳力中的自然，反之亦然。自然中的劳力是劳力中的自然。劳作是人类与人之外自然的合作生产，正如马克思说的，这的确是新陈代谢。这种新新陈代谢采取了价值规律的形式，也是“紧密相关的历史过程”，通过抽象社会劳动体制和抽象社会自然维持，并通过资本化和吞并（剥削）的关系再生。

这种矛盾的关系本质上是一支蜡烛两头点燃的作法。一面是资本的生产时间，另一面是生命的再生产时间。只要有大量蜡烛可燃，只要制作新的蜡烛很容易，这种战略就有效。资本主义的生命命脉是可以成为工人的人类再生产的生命活动。如果这点不能很廉价地达到，相反成本越来越贵，那么作为抽象社会劳力的商品化的劳动力就成为一个问题。跨代间的劳动力再生产出现在舞台上。考虑到工业革命的时代，塞克姆准确地观察到：

> 工业资本主义如何在其胜利突破的时刻揭示了其黑暗的一面。私人资本家在竞争的鞭策下，对无产阶级生命再生产的最基本先决条件表现了毁灭性的漠不关心，首先是对女人的漠视，强迫她们调和劳动力日常的和代际循环的矛盾的需求。（1983，p. 44）

当然，这种论断很容易用于20世纪工业化的各个方面，直到今天。

这种“竞争的鞭策”既发生在生产领域，也发生在市场，并对资本主义所有生产过程提出一种时间规定。这种时间规定也是价值的一部分。资本使劳动生产力成为财富的尺度，这一点揭示资本主义首先是一种短暂的体制：这种体制带来“时间吞并空间”（Marx，1973，p. 524）。吞并空间，当然也是生命活动被抽象时间吞并，即迫使所有生命活动按资本的节奏工作。汤普森所说的“工业时间”（1967）的出现——事实上早于工业革命出现——并不是简单的工厂现象。它同样是一种家庭现象，工厂和家庭的转型紧密地与甘蔗种植园体系相连，它也是按工业时间组织的。明茨（Mintz）用清晰的语言总结了这些联系。19世纪大不列颠

> 食物选择部分是按可用时间术语计算的，不只是按相对成本的术语。家庭内部的劳动分工构成了英国粮食选择的改进；妻子离开家庭外出挣钱，对家庭的食谱影响有限，虽然她的收入可能增加家庭收入……似乎毫无疑问，工厂体系为工人提供了不同寻常的对蔗糖及其附属产品的获取，因为这些粮食可以节约时间，所以这是对女人和孩子的劳累的工作

> 的部分弥补。家庭烤面包的减少代表从传统的烹饪体系（耗费燃料和时间），向“方便饮食”转化。甜的、耐放的果酱，可以在外面存放很长时间，而无须放进冰箱，既廉价，孩子们也爱吃，其味道尝起来比商店买的面包和更贵的黄油味道更好，这些食物胜过或代替了麦片粥，正如茶代替了牛奶一样。实际上，方便食品解放了挣工资的妻子，她们不必一天准备一顿或两顿带肉的饮食，同时却可以为整个家庭提供大量的路洛里。（Mintz，1985，p. 130）

女性主义学者经常提到生命的再生产时间与资本的再生产时间矛盾的重要性。但其含义还没有延伸至生命之网中的资本主义。如果我们认为生命和资本之间暂时的矛盾是资本主义文明的限制，那样我们不再能固守笛卡尔关于社会和自然的二元论。也不可能说外部的自然是文明的限制，因为有足够的理由认为那样的限制是自然中的人类共同创造的。自然也是共同创造的。资本主义也是共同创造的。限制也是共同创造的。

如果到此为止，环境史学家们一直关心的是空间（*see* Cronon，1991），也许现在我们应该把我们的重点转向时间；或更准确点说，重点从空间中的时间转移到时间中的空间。价值规律的重点是资本努力把周转时间减少到零——这种野心在21世纪高频的货币贸易中几近成为事实。事实上，把资本的周转时间减少到零的动力，是资本主义环境史的一个重要因素。我们也应该看到减少周转时间的动力延伸至交换、运输和通讯领域（Harvey，1989；Warf，2008）。时间吞并空间转型了价值规律引力场的所有生命和空间。例如，考虑一下肉类生产中的“工厂农业”，这一革命带来了北美1955年73天小鸡出栏，到1995年42天小鸡出栏的转型（Boyd，2002）。也许更剧烈的，我们可以从中国猪肉的生产中看到，在那里，1978年猪需要12个月出栏，到2011年只需要6个月（Schneider，2011；MacDonald and Iyer，2011）。中国，“作为环境的工厂”表现得最充分（Sellers，1994）。

对工人来说这一点是不是很不同？危险是认为“工厂农业”是环境问题、“工厂生产”是社会问题。这样的区分只是简单地模糊了资本主义时间、空间和自然生产的许多问题。在美国，从福特制到新自由主义时代的肉类包装——我们还可以回想一下美国肉类包装中现代生产线的19世纪起源（Cronon，1991）——是从工资收入高、相对安全的工作向1980年后的“持续增加的线性速度”转型（Gouveia and Juska，2002，p. 386）。生产的加速不仅使得肉类包装成为美国最危险的行业，也极大地削弱了食品安全，细菌污染事故频发

(Gouveia and Juska，2002)。(考虑到廉价劳力在我们讨论中的重要性，我们也应该指出拉丁美洲移民在新自由主义时代肉类包装部门发挥的重要作用）为了避免我们对权力过于天真，我们应该注意到所有这一切都是通过美国资产阶级非凡的阶级进攻取得的，其目的是破坏农业小资产阶级和工人阶级力量（Moody，1988）——即中等规模的家庭猪肉饲养者和高度组织化的肉类包装工（Food & Water Watch，2012；Rachleff，1933）。时间吞并空间——及其空间—时间和时间—空间新配置中的协调——标志着资本的积累、权力的追求及自然的合作生产……都在同一时间！

这种历史变化的加速——生命和空间的时空压缩（Harvey，1989）——是资本主义兴起的一部分（Moore，2007；Warf，2008，pp. 40—77）。这里抽象时间的出现是非常重要的；只有时间被当作一个“独立的”变量抓住时，时间吞并空间才能发生（Postone，1993）。独立于什么？首先，独立于土地生产力是文明的一个基础。当权力基于土地的控制，正如封建的欧洲或中国的宋朝，文明的时间是季节的时间、播种和收获的时间、出生和死亡的时间、灾难和节日的时间（Whitrow，1989，p. 110；Cimpel，1976；Le Goff，1980）。这是一个不规则的时间。即使在这里，我们应该记得女人和男人在权力和日常生活中，积极地创造了共同生产时间；他们不仅只是自然循环的被动的物体。但是后者的影响巨大，在这种文明中，创造一种抽象时间的能力或动力（或两者）缺乏。能力和动力在14世纪的欧洲开始转型。第一个机械化的时钟在13世纪末出现，在漫长的14世纪的危机中，钟表在城市—工业的欧洲成为日常生活的一部分。这种从钟表到钟表时间的转移的确是新事物。这不是一个技术（technology）的问题（Landes，1983）而是技能（technics）的问题——钟表就是钟表。它成为钟表时间，只是在有限的环境下转换了技术、权力和自然。例如，11世纪中国的苏颂发明了机械钟，但只是为皇帝设计的，不是为了用于日常生活（Needham，Ling and Price，1986；Landes，1998）。

以金钱和劳动时间为前提的文明要求一种非常不同的时间。总的来说，欧洲的封建主义仍旧遵循前现代的繁荣与萧条模式，以土地生产力的活力、边疆扩张和领主—农民关系为前提。但这种文明也是以权力和财富的极端碎片化为前提的。这使得无产阶级化和生产的新的集中成为可能，特别是从13世纪后期开始，这预示了16世纪资本主义的起源（Carus-Wilson，1941；1952）。每一个伟大的纺织中心，例如杜埃（Douai）、伊普尔（Ypres）或布鲁塞尔……都可以与一个巨大工厂相比，每个工作日都是铃声宣布开始和结束（Carus-Wilson，1952，

p. 644)。到 14 世纪早期的几十年，钟表时间到来前钟声制度退出，这是类似的抽象时间，但与 10 世纪的农业时间越来越不一样。到 14 世纪中期，在纺织行业“60 分钟的标准小时”很快代替一天，成为纺织行业劳动时间的标准单位，这种新的、时间划分的工作日成为延长的封建危机时期剧烈阶级斗争的目标(Whitrow，1989，p. 108；Le Goff，1980，pp. 43—52)。正是在这个划时代的危机中，我们看到劳动生产力的观点起源，并且有了“时间就是金钱”的概念(Landes，1998，pp. 49—50)。

当然，朝向抽象时间的过程仍旧是微弱和尝试性的。笔者不认为中世纪晚期的欧洲可以说成是现代的（pace Levine，2001)，主要是因为“现代”生活的封建主义的预示性因素仍旧是可逆的。商品关系的传播，以及时间和空间合理化过程的必然结果，事实上在漫长的 14 世纪被逆转。但是，似乎钟表时间体现在欧洲生活、权力和生产的关键节点上。到 14 世纪晚期，钟表时间，60 分钟的小时，已经在西欧主要的城市中心牢固确立，代替了基本的时间单位——天（Postone，1983，p. 212；Le Goff，1980，pp. 43—52)。如果抽象时间最初起源于修道院，到 1370 年，至少在法国，钟表时间完全世俗化了，“新的时间成为国家的时间”(Le Goff，1980，p. 50)。这种新时间的独特之处不仅是其线性和规律性，而且在于时间代表“生命的外化”方式（Gurevich，1976，p. 241)。钟表（作为技能）对时间的意义正如文艺复兴的视角对空间的意义。其“把时间从人类事件中分离……在一个在数学上可以测量顺序的独立世界创造信仰”（Mumford，1934，p. 15)。

到漫长的 16 世纪的出现，欧洲资本家和国家的外向型动力把钟表时间与“商人时间”融合在更广的意义上（Le Goff，1980)。我们开始看到世界时间的新形式——抽象时间——不仅是记载小时的方式（Mumford，1934，p. 14)，抽象时间已成为一种“同步人的行为”（synchronizing the actions of men）与自然的一种方式（ibid)，用一种新的方式把金钱与信用、商品生产和国家权力编织在一起。

正是这种“时间上的革命”（Landes，1983）巩固了早期资本主义空间上的革命，首先是在本章开头谈过景观变化的剧烈加速中。这种加速根植于价值作为一种乌托邦方案的历史关系中，它在加速的环境变化中有世界性的后果，同样也体现了资本的相应方案的重要性。正如我们看到的，这个方案努力把生命再生产的短暂性减少到积累的暂时性，这很明显是不可能的，但是对短暂资本主义的渴望赋予世界积累的冷酷无情以生命力。因此，不仅揭露价值关系的景观和其他自然的“激进简化”在发生作用，而且也促使“自然的时间”更接近“资本的时间。”[①] 事实上，资本主义生产时间和空间的特殊方式对于过去五个世纪环境的形成至关重要。控制空间的努力——正如在工业工厂和农业—工业农场——事实上是努力控制时间。因此，空间中的时间，时间中的空间。

这是我们已经确定的对应方案，凭此资本寻求以其自己的形象、根据其自己的节奏重塑现实。农业景观枯竭，因为资本抽取其无偿劳动的速度一定快于景观关系可以再生其自身的速度。工人阶级必定枯萎，因为资本尽可能快地榨取剩余劳动。在这一过程中，某个资本家可能在这一过程中获利，但假以时日，资本整体会遭殃，因为体系范围的再生产成本的资本化飞速进行，无偿劳动的份额下降。这是生态剩余下降的趋势。

毋庸置疑，这种倾向遭到各种历史—地理发展的反对。这些反对倾向中最重要的是继续向资本积累漩涡供应廉价自然（四个廉价）的吞并的边疆。在积累循环的扩张运动中，四个廉价代表了高度的世界—生态剩余。在这个例子中，价值规律特别有用，因为世界—生态的资本化构成的运动（在资本主义再生产整体中有偿劳动的份额）——在本书第五章中（“超越新陈代谢断裂”）——既体现了世界生产的资本化，也体现了无偿劳动的贡献。因此，价值，作为抽象的社会劳动，提出了一个后笛卡尔的、在人类的枯竭和人之外自然枯竭中找到共同点的方法。随着枯竭的继续，价值构成增加。共同点是，在资本主义权力范围内，非商品化自然的枯竭不能提供无偿劳动。

结语：作为世界—生态的资本的局限

始于漫长19世纪的一系列工业革命的确为资本积累的新时代提供了舞台，以长期的生产过剩危机而不是生产不足危机为特点。正如笔者在本章开始提出的，大多数经济思想和大多数社会理论都对资本主义早期的历史视而不见；世界范围的社会科学，很大程度上一直是现代的两个世纪的模式的囚徒。这种忽视带来一个按生产过剩的术语定义的“经济”危机的理论——当然它不只是经济的，正如我们看到的。生产过剩只是资本主义危机趋势的一个表述。它不是危机趋势的根源。主要的矛盾是体系范围内大量资本增加的趋势与吞并自然无偿劳动能力

① 这是马克思为之困扰的主题（1967，II），后来又被曼恩（Mann）和迪金森（Dickinson）（1978）、曼恩（1992）、亨德森（Henderson）（1998）、博伊德（Boyd）、舒尔曼（Schurman）和普鲁达姆（Prudham）（2001）探索，探索引人入胜但含义没有完全被理解。

的下降。这意味着一定要找到无偿劳动的新的“边疆”，然后迫使其服务于资本积累。关键是，无偿劳动既包括人，也包括人之外自然的生命活动：“女人、自然和殖民地”（Mies，1986）。随着边疆的结束，吞并妇女、自然和殖民地无偿劳动的机会减少，大量资本寻求新的投资机会增加。这意味着资本主义的危机是“积累过剩”的危机，在其中生产过剩和生产不足发挥了关键作用。

正如马克思所说，狭隘地集中于生产过剩是片面的。在这里，两个世纪模式隔绝了我们时代确定内容之一：从（关注）生产过剩的重要性转到（关注）生产不足的重要性，转向早期资本主义的条件（Moore，2007；2011a）。只是在这时，边疆很少。资本量比以往都大，能带来无偿劳动的洪流的边疆比以往任何时候都少。

不幸的是，人类中心论和研究全球环境变化的主要方法都坚持不鼓励研究关系的方法——体系的再生产的原则，这些关系带来了气候变化，以及各种“星球边界”的交叉（e. g. Rockstrom，et. al.，2009）。因此人类中心论的观点阻碍了探索，这种探索对证明积累过剩危机的历史的和关系的特殊性是必要的，历史地看，积累过剩危机既源于生产不足，也源于生产不足危机。

如果我们不考虑“前工业社会”——对“矿物资本主义”激进批评家来说是这是一种隐性标准——固定的概念可能会更有帮助。（e. g. Altvater，2006；Huber，2008）。首先，我们思考“前工业”世界是否都完美地符合新马尔萨斯的假设。资本主义早期的能源、食物生产和局限不符合新马尔萨斯的理论，并且也不接近他们提出的技术—生物局限（de Vries，2001）。[①]的确有许多障碍，部分地从实际的景观转型中出现。土壤肥力的确下降，森林被砍伐。但是如果把故事局限于这些后果，就是创造了一个历史的海市蜃楼——这不仅是新马尔萨斯的，而且也反映了新笛卡尔视角解释的局限。把环境变化看作资本主义分析过程的一个算数过程（arithmetic procedure）——社会加自然——是在社会简化主义与环境决定论之间摇摆。这在笛卡尔那里是不可避免的。一个辩证的方法使我们从环境作为一个客体转到环境创造（作者这里的意思是环境作为主体——译者注），一个创造和超越人和人之外自然共同创造的历史局限的过程。因为能源的短缺，或者因为阶级力量平衡，煤炭能来救场吗？英国纺织业中直到19世纪30年代，蒸汽

① “许多英国农民学到的如何最好地维持土壤的肥力，同时增加产量的办法实际上没有在英格兰实行，因为其涉及高度劳动力密集的方法，英国资本主义农民……满足于劳动力成本最少，利润最大。他们采取的方法，提高了劳动生产率，但与文本上讲的最好的耕作实践决然不同，并且实际上破坏了土壤肥力的保持。”（Pomeranz，2000，p. 216）

动力没有决定性取代水力，主要是因为生产集中在城市，那里有相对易于支配的劳动力（Malm，2013）。煤炭解决了英国18世纪晚期农业生态危机吗？由于英国农业1760年以后停滞，谷物进口越来越多，最初从爱尔兰，随后从北美，但直到19世纪50年代（特别是1870年以后）蒸汽船才替代大多数商品的运输——除了棉花（Headrick，1988，pp. 18—48；Sharp，2008；Jacks and Pendakur，2010；Herley，1988）。如果19世纪30年代标志着纺织业决定性的转折点，甚至晚至1850年，"前工业"的革新和实践只在运输业中起主导作用。

早期资本主义的非凡的材料转换和科学文化革命并不完全符合新马尔萨斯关于"前工业"的视角。不要问什么是工业的，什么不是工业的，如果我们把注意力集中于统驭现代世界—体系中权力、再生产与自然的关系，将会更有成效。

超越后果论者的偏见，或者，在现代世界—体系的沉浮中自然为何重要

绿色唯物主义只剩自己的手段了，它倾向于胡乱拼凑在一起的元力量（meta-forces）的全球经验主义，接受一些描述性的分类——工业化、程式化、运输体系等等（e. g. Steffen，et al.，2011a），只是考虑到"自然的巨大力量"（Steffen，Crutzen，and McNeill，2007）。（用马克思精炼的词句就是，似乎工业化本身不是"一种特殊的驾驭自然的力量"）但是相互关系不是因果关系。在现代世界—体系中各种证明重要趋势的描述性说法没有——也不能——累加成为16世纪以来自然中的人类的解释。

有一种方法超越叠加吗？人类中心论的观点属于绿色唯物主义（形成于自然并不被看重的那个时代）。从其20世纪70年代形成以来，激进的和中立的绿色思想的主要的方法都不是辩证的，而是算数的。社会加自然的视角曾经特别成功，并带来极其丰富的经验研究和理论探讨。然而，研究环境变化的学者的经验表明，从关注资本主义和自然到关注自然中的资本主义的行动迟缓，即资本主义是人类和人之外自然合作产生的（并且是通过人类和人之外自然合作）。这种缓慢的运动没有哪里比全球社会—生态变化更明显了，在其中，我们时代大的危机——金融的、气候的、能源的、粮食的和许多其他的——否定了传统的环境的和社会危机的秩序。

如果说人类中心论和与其相关的论断试图说明危机——人类的？资本主义的？工业文明的？那么他们经常没有在历史上建构这些局限而谈论局限。笔者在其他地

方曾经说过资本的“生态”局限是资本本身（本书第二章“生态、资本及我们时代的自然”）这个观点只有我们认为资本同时是阶级、财富和自然的关系才有意义。自然一定要合并到资本本身的概念中。大约十年前，福斯特（2000）和伯克特（1999）以一种独特的和互补的方法提出了这个辩证综合的观点（Moore，2014b）。但没有几个人接受这种观点。直到今天。

这种辩证的综合被世界—生态的视角继承。从生命之网中资本和其局限的关系视角出发，会使我们的注意力转向资本——作为现代环境形成的引力中心，其正努力重建资本积累的条件。从这个视角出发，人们不应该在社会的或环境的领域寻找资本的局限，而应该在生命之网中寻找帝国和资本、阶级和国家、商品生产和社会—生态再生产的共同产生的局限。存在一些局限，即使绿色激进主义者也经常指出那是抽象的短缺而不是带来短缺（阶级—规诫的形式）的资本主义关系。

这一点是关键的问题。历史地识别、讲述、解释这些局限——以及其出现、发展和超越——的最好的方法是什么？由此也能看清什么是目前形势的真正新奇之处。

今天许多的临界点（e. g. Rockstrom，et al.，2009）可以通过把资本主义历史的伟大运动组织成一捆捆人类与人之外自然的关系——被无限的商品化引导，从而获得更有效的理解。这里，一切的商品化是不可减少的人类与人之外自然的关系。今天全球混乱的主要问题是由于这些以商品为中心的关系不能做到其过去五个世纪做到的事情：带来生产力的大跃进，并且恢复劳动力、粮食、能源和原材料的“四个廉价”（Moore，2012；2013b）。这个问题的很大一部分原因是人之外自然越来越不能免费提供劳动；生产粮食、开采石油的成本愈来愈昂贵，还远不止如此。毫无疑问，气候变化加剧了这些体系范围的问题，这仍旧是一个无法回避的全球变暖的问题。

如果我们把“局限的讨论”作为一个方法论的观点，而不是一个经验论的表述，我们可以把局限和危机看作历史的和相关的。物质的确重要。局限并不是否认地理的和生物圈的现实，资源短缺和资本的廉价自然战略的枯竭所表现的局限可以在资本、权力和自然的长期模式中更好地被理解。资本主义文明的局限包括生物物理的现实，但又不仅仅如此。被广泛接受的极限一切的概念所提供的事实的核心，按照资本主义特殊的文明方案（以劳动生产力是财富的决定尺度为前提）的术语解释会更容易掌握。把人类的行为解释成社会的，人类活动的客体解释成是自然的，这种做法只是对文明表面的解释——认为文明在蒸汽机发明几个世纪前的地形转型的规模、范围和速度上划时代的转型中表现充分。

今天的问题并非人类是征服自然的伟大力量之一。相反，问题是资本主义是枯竭“廉价自然”的战略之一，它以非商品化自然为资本积累提供无偿劳动的能力为基础（这是在讨论生态体系服务中杂乱无章内容中一小部分事实的核心）。这种把人之外自然的无偿劳动——也包括人类的——引导进资本积累的条件，是资本主义伟大商品边疆的历史。边疆土地和劳力的吞并是资本积累浪潮必不可少的条件，从 17 世纪荷兰的时代到 20 世纪七八十年代新自由主义的兴起。这些商品边疆的重要“工作”是重建了四个廉价（劳力、粮食、能源和原材料）更新的条件。在资本主义连续发展的浪潮中，边疆吞并——主要在殖民扩张的历史中被分析，但并不是全部——把劳力、粮食、能源和原材料的巨大保留地卷进资本积累的全球漩涡（Moore，2014）。

自然、价值和四个廉价的终结

从历史来看，商品化程度很低或最低的边疆地区代表了资本降低“四大”（劳力、粮食、能源和原材料）投入价格的最大机会。非农业化、农业朝向世界市场的重新定位、大量能源和其他矿产财富的枯竭——这些世界现代史的伟大运动——都是边疆运动，一些其他地区更明显。这些吞并运动扩大了劳动力后备军，把粮食供应扩展到世界市场，使大量商品能源流入——在劳动生产力提高的过程中——商品生产；并把大量原材料引入工业生产。所有这一切降低了固定资本和流动资本的价值构成，因为资本的技术构成极大增加（esp. Moore，2011a，2011b；Bank of International Settlements，2006）。使人震惊的是，整个 20 世纪商品价格每年下降 1.2%（Grantham，2011）！这种下降自 2003 年以后被急剧逆转，那一年最近一次商品繁荣开始（Moore，2014a）。

简单来说，开启资本主义时代的*伟大边疆*，是通过使自然免费礼物可以或多或少便宜地被资本和权力利用来做到这一点的。今天边疆的结束意味着自然免费礼物的结束，同时也是资本主义免费搭车的结束。今天，这意味着，资本主义一定要付费，这正是边疆想避免的：边疆是带来其他一切的决定条件——处于资本循环之外，但在资本主义权力范围之内，它支付资本积累无休止的账单。资本主义生产模式的伟大秘密和伟大成就是不支付其账单，空手套白狼——即使不是免费获取，也是尽可能地免费。

马克思曾经说资本积累是劳动力无产阶级化的过程（1977，p. 764）。对此，我们可以补充：资本积累是无产阶级化，这又是对全球自然吞并的过程。资本无休止的积累和对地球无休止的吞并是一枚硬币的两面。没有彼就没有此。这里的辩证关系由通过吞并的积累的倾向——由此四大投入（劳力、粮食、能源和原材料）以最小的资本和国家权力支出被吞并——和通过资本化的积累的倾向构成，由此四个廉价被资本密集的、生产力提高的革新投入使用（Moore，2011a；2011b；2012）。对边疆地区的掠夺和城市劳动生产力的提高形成一个有机整体。

为什么会这样？一个词：价值。价值关系验证了作为世界—生态的资本主义的基本逻辑——一种文明把自然的生产、资本的积累和权力的追求统一在一起。价值关系调节资本积累和生命再生产中不稳定的关系——通过创造史无前例的东西："廉价"的自然。自然被理解为生命之网，当然从不廉价。"廉价自然"是资本主义方案的划时代的概念；它是一种文明的战略，它是资本的上帝把戏。[①] 这个方案的核心是动员所有自然——包括人类的，目的是成就三重目标：（1）通过吞并无偿劳动减少粮食、劳力、能源和原材料的价值构成；（2）扩大生产的物质量；并且（3）成就生产力的极大提高（同一过程中有三个视角）。第一个因素——四个廉价的循环创造——是现代世界伟大工业革命的前提条件，工业革命取得了扩大全球商品生产，很快提高劳动生产力的成就。没有这第一个因素，生产的价值构成就会增加，利润就会波动，积累的速度就会放慢。

今天全球的混乱，包括气候变化和地球的海侵（由于海平面上升或地壳构造下沉引起的海水缓慢从海岸侵入陆地的过程——译者注）（Rockstrom，et al.，2009），不是自然带来的外部的危机，而是根植于最初带来现代划时代转型的关系的枯竭。自然的——包括人类——现代评价源于漫长的16世纪。这是从土地生产力向劳动生产力（作为文明的财富尺度）的转型。通过这种世界—生态革命的各阶段，欧洲国家和资本把时间看成线性的（linear），空间看成是平面的和同源的，自然是外在于人类关系的。"廉价自然"不是自动出现，需要被创造，自然需要被创造、被发明，生物圈的现实屈服于一系列科学的、植物的、制图的、测量的和其他革命的理性的和约束的逻辑。正是这些革命确立和便利对这些廉价自然的吞并——这些吞并对于维持提高的劳动生产力和物质生产量的增加是必需的。没有更大范围的吞并，生产成本就会增加，利润就会动摇，正如马克思在劳动生产不足的一般规律和关于工作日的论述中警告的一样（1967，III and I）。正是由于这个原因，直到20世纪70年代，世界资本主义所有伟大时代都是以新的

① "上帝的把戏"是哈拉维（Haraway）的用语（1988）。

生产复合体——这些生产复合体以及“四个廉价”（廉价劳力、粮食、能源和原材料）的恢复极大地提高了劳动生产力——为前提的。资本密集型的生产和通过吞并的积累在资本主义历史上携手同行。

今天，资本化和吞并的辩证关系已经到了一个临界点。整个新自由主义时代，劳动生产力的增长是下降的而不是增加的，尽管有1996—2004年的生产力提高（Gordon，2012）。如果没有历史原因带来的粮食和金属低价，增长曲线会更低，通过吞并积累的果实用两种主要方法巩固了廉价粮食战略：（1）通过廉价粮食（剥夺关系）使劳动力廉价；（2）1980—2005年使固定资本贬值（Araghi，2000；Moore，2010c，2012；Grantham，2011；Bank for International Settlements，2006）。事实上，2008年以后美国生产力的后期恢复（post-recovery）“不同寻常地虚弱”，自2004年以后低于1972—1996年的曲线（Madigan，2012；Sivy，2013；Gordon，2012）。在欧洲也有同样的故事（Roberts，2013）。即使在主流经济学家中对“增长的结束”的关注也很普遍——至少在北半球（e.g. Summers，2013；Krugman，2013；Cowen，2011）。如果不是因为资本努力为了榨取廉价剩余自然最后的碎屑进行最后的攫取来逆转生产力下降的趋势，这本来是受欢迎的。例如，排行前200名的油气公司2012年花费6 740亿美元“找到、发展”新能源（Leaton，et al.，2013，p.4；*also* Klare，2012；Moore，2014），这场运动逆转了原来的模式。过去经济危机减少碳的排放，这种情况不会再有（Peters，et al.，2012）！

今天的这种情况对新的“黄金时代”非常不利，即使气候不再是一个因素。但气候是一个很重要的因素，这是人类中心论的观点非常有说服力地予以强调的，并且很有说服力。已经说明了“什么”——气候变化和生物圈的倾斜点，我们现在可以解释“为何”——资本主义在过去五个世纪是如何转型生物圈的？也许有些人倾向不同的表现——也许是现代，或工业文明，我们不要提太多名称，只要能确定、解释长时段以来非武断的、准再生的、权力、财富和（再）生产持续的全球化模式。在努力确定、解释现代漫长的历史的，我们可能需要特别地看到权力、财富和（再）生产已经表明人类是“自然的力量”，已经（和正在）与自然其他力量和条件结合在一起。为了用这些术语掌握资本主义的历史（目前的观点是开始这个问题，而不是结束此问题）我们需要把自然/社会、基础/上层结构、生产/再生产的边界重塑进新的辩证关系，其独特性是通过各部分的相关运动构成的。我们通过重塑价值思考这个问题，也经常思考了扩大再生产的历史条件的独立性。

笔者这里想指出的是价值关系思考的辩证扩展，此观点认为历史过程包含其自身的对立面。因此就价值来说大多数工作都不重要。对劳动生产力来说土地生产力不重要。资本主义生产的划时代的效率是以废物的指数积累为前提的。所有这一切意味着一种边疆也是另一种边疆，但是否这个最后的因素现在移到舞台中心是有争论的。因为我们已经到了资本主义发展的这样一个时刻，当废物生产的几何级数增长威胁到生物圈的稳定性时，就开启了全新纪。每一个商品边疆也是废物边疆。

伟大的历史学家瓦特·普雷斯科特·韦伯（1964）称之为“伟大边疆”——由新大陆的鲁莽征服开启，这不只是殖民—商品关系的后果，而且是资本主义本身兴起的建设条件。边疆的本质是把地方与全球连在一起（同时建设）：用历史学家的语言就是“地点”和“过程”（“place” and “process”）（Cronon，et al.，1993）。这些边疆不只是“在那里”，而且被资产阶级的知识积极生产，从林奈的分类法到基因排列。正是这种边疆战略带来唾手可得的果实减少——这正是21世纪剩余资本的问题。“黄金时代”和“伟大边疆”是一枚硬币的两面。随着廉价自然边疆的终止，剩余资本汹涌膨胀，在膨胀的金融部门找到一个暂时的落脚点（Chang，2014）。这似乎是我们过去十年看到的金融扩张（Arrighi，1994），但其实相反，我们今天见证了历史资本主义划时代的转型。

这种转型不仅是21世纪金融化的特殊之处，而且也是资本主义劳动生产力模式的枯竭表现（Gordon，2012；Balakrishnan，2009）。这其实是一枚银币的两面。一方面，金融化从把剩余资本引进工业化的新中心的过程（例如热那亚人、荷兰人和英国人引导的金融扩张），转移到拆了东墙补西墙的过程。简单来说，这意味着，金融化就是剩余价值份额重新分配的主要机制，从生产的到金融的资本（Moore，2012）。① 这种重新分配转型的体系的表现是世界商品市场的沧海桑田——“商品的金融化”。在始于2003年、看似无休止的商品繁荣中转型，并且在本书的写作中，似乎还没有崩溃的迹象（Tang and Xiong，2012；Moore，2014）（除了类似20世纪30年代的危机，这当然是完全有可能的［Chang，2014］）。但这样的危机不会在廉价自然的新时代产生，因为“市场出清”不仅是一个因素，而且与长达几个世纪的容易开采和收获廉价自然的枯竭缠绕在一起。

① 笔者了解“生产的”和“金融的”资本主义之间的界限在过去四个世纪已经模糊。例如汽车制造工业，通过金融活动的汽车销售比卖汽车本身赚更多的钱。

但是耗竭并不是一个不言自明的生态现象；它涉及“把我们的劳力与地球混合在一起”（Williams，1980）。这里我们从金融化的另一面谈起。循环的——也许是长期的——资本主义廉价自然运气的逆转（大约在2003年左右）巩固了始于20世纪70年代劳动生产力增长下降的趋势。这种下降的重要性很少在全球政治经济中被考虑——虽然经常被暗示（e.g. McMichael，2012）。正如金融化的转型意味着从生产性的到重新分配的积累战略的转变，因此劳动生产力模式的转型意味着另一个重要的转型：从相对到绝对的剩余价值。也许是反直觉的，新自由主义时代不是有利于劳动生产力中和自动化生产中更新的革命，而是恰恰相反：对那些生命—再生产边疆的大量攫取——包括那些新出现的“剩余人类”（Davis，2006）——的目的是挤压绝对剩余价值的最后一滴，无偿劳动边疆的最后一点。认为新自由主义时代掠夺第一、建设第二不是没有道理的，这是在没有生产力革命条件下重新分配的最后行动。

所有这一切表明我们时代的现实不是人类中心论的（人和自然的时代），而是资本中心论的时代（资本在自然中的时代）（Moore，2014b；2014c）。绿色反对意见的共识是因为人们认为不需要为了表明全球环境变化挑战的残酷性来解释一切。当然这是事实。但是共识只在某种程度上是共识。为了表明极端的生物圈变化提出的挑战（由占统治地位的人类中心论的观点）一定会需要解释带来这些环境变化的权力、（再）生产的关系。提出这些关系不能被简化为技术的（资源决定主义），也不能当作杰文斯的悖论的价格决定论——所有这些都被主要的绿色学者接受。相反，这些关系关注把劳作（有偿的和无偿的）转化为剩余价值必须的价值、条件和机制。生命之网中价值关系的重要的体系含义是由马克思提出的，阿尔特瓦特（1993）用社会—生态的术语更清楚地阐述：价值规律，随着其历史的发展，意味着社会必要劳动时间的每个单位需要越来越多的人之外的能源/材料的生产量。当然这不是故事的结束。价值规律的发展——带来下降的抽象劳动与增加的能源投入比例——只可能通过廉价自然（劳动力、粮食、能源和原材料）确定、解码和量化实现。抽象空间、抽象时间和抽象人之外自然的重要性根植于价值规律（正如抽象社会自然），但不等同于价值形式（商品）和价值的实质（抽象劳动）。

总之，价值关系不仅构成对资本如何在生命之网中运作的理论的说法，而且还是一种历史的方法来说明资本主义世界—生态的历史，这一过程中把积累、权力和自然的关系通过现代的综合症状统一起来。为了理解今天问题的本质，我们一定要把我们的分析基于这一问题起源的严肃的历史考察中——从工业革命的中间出发不仅经验上有问题，也巩固了使我们认为历史变化就是社会变化的双重视角。但是历史变化不是一系列有环境后果的社会事件，它是人类与人之外自然合作生产的一个长期过程，被理解为存在、了解和作用的不可破的循环过程（Maturana and Varela，1987，p. 25）。本书强调“了解”和“作用”的联系，是出于两个紧密相关的原因。第一，全球环境变化的文献体现的特点是庸俗的唯物主义。在全球环境史中思想很少受到重视；当其受到重视时（e. g. Grove，1995；Drayton，2001），也是典型地与国家权力相关，而与资本积累无关。人类中心论的观点对现代知识实践毫无耐心；马克思主义的新陈代谢学派也是如此（e. g. Foster，et al.，2010）。其次，从自然中人类的哲学转型到历史的结构，使我们不仅带来对自然/社会二元论的批判，而且也可以批判经济基础/上层建筑的二元论。科学、资本和权力的三位一体（Brockway，1979，p. 461）意味着对现代世界史进行比人们通常认为的更激进的重新思考。因此，当我们思考人类中心论和资本中心论时，我们不仅需要历史的解释，我们也面临重新评价现代思想结构——继续形成知识的，所以是政治的，甚至是激进批评家的习惯——的挑战。我们中的许多人喜欢引用爱因斯坦的观点：“我们不能用昨日的思维来解决今日的问题。”大多数激进主义者——以及大多数以人类为中心的分析家——现在敏锐地了解到这些。如何用实际的方法超越笛卡尔的二元论是伟大的问题。坏消息是我们发现我们自己处在现代世界体系的许多倾斜点上，包括自 12 000 年前全新纪降临以来就支撑人类的生物圈的不稳定。好消息是我们认知的方法处于转型和激进变化的伟大时代。

参考文献

Acker, Thomas L., Chelsea Atwater, and Dean Howard Smith (2013). "Energy Inefficiency In Industrial Agriculture: You Are What You Eat," *Energy Sources, Part B: Economics, Planning, and Policy*, 8 (4), 420-430.

Allen, Robert C. (2011). *Global economic history: A very short introduction*. Oxford: Oxford University Press.

Altvater, Elmar (1993). *The Future of the Market*. London: Verso.

Altvater, Elmar (2006). "The Social and Natural Environment of Fossil Capitalism," in Leo Panitch and Colin Leys, eds., *Coming to Terms with Nature: Socialist Register* 2007. London: Merlin Press.

Anderson, Perry (1974a). *Passages from Antiquity to Feudalism*. London: New Left Books.

Anderson, Perry (1974b). *Lineages of the Absolutist State*. London: New Left Books.

Araghi, Farshad (2000). "The great global enclosure of our times," in F. Buttel, et al., eds, *Hungry for Profit*. New York: Monthly Review Press.

Arrighi, Giovanni (1994). *The Long Twentieth Century*. London: Verso.

Bairoch, Paul (1973). "Agriculture and the Industrial Revolution, 1700-1914," in Carlo M. Cipolla, ed. *The Fontana Economic History of Europe, III: The Industrial Revolution*. London: Fontana/Collins, 452-506.

Bakewell, Peter J. (1984). *Miners of the Red Mountain: Indian Labor in Potosí*, 1545-1650. Albuquerque: University of New Mexico Press.

Bakewell, Peter J. (1987). "Mining," in Leslie Bethell, ed., *Colonial Spanish America*. Cambridge: Cambridge University Press, 203-249.

Balakrishnan, Gopal (2009). "Speculations on the stationary state," *New Left Review*, II/59, 5-26.

Balter, Michael (2013). "Archaeologists Say the 'Anthropocene' Is Here — But It Began Long Ago," Science, 340 (19 April), 261-262.

Bank for International Settlements (2006). 76th Annual Report. Basil: Switzerland. www. bis. org/publ/arpdf/ar2006e. htm.

Barca, Stefania (2010). "Energy, property, and the industrial revolution narrative," *Ecological Economics*, 70 (7), 1309-1315.

Bavington, Dean (2010). "From Hunting Fish to Managing Populations," *Science as Culture*, 19 (4), 509-528.

Beard, Charles (1901). *The Industrial Revolution*. London: George Allen & Unwin.

Beinart, William, and Lotte Hughes (2007). *Environment and Empire*. Oxford: Oxford University Press.

Birch, Charles, and John B. Cobb (1981). *The Liberation of Life*. Cambridge: Cambridge University Press.

Blanchard, Ian (1995). *International Lead Production and Trade in the 'Age of the Saigerprozess': 1460-1560*. Wiesbaden: Franz Steiner Verlag.

Blomley, Nicholas (forthcoming). "Disentangling property, making space," in Rueben Rose-Redwood and Michael Glass, ed., *Performativity, space and politics*. New York: Routledge.

Bourdieu, Pierre and Loic J. D. Wacquant (1992). *An Invitation to Reflexive Sociology*. Chicago: University of Chicago Press.

Boxer, Charles R. (1965). *The Dutch seaborne empire*, 1600-1800. London: Hutchinson.

Boyd, William. 2002. Making meat. *Technology and Culture* 42 (4), 631-664.

Boyd, William, W. Scott Prudham, and Rachel A. Schurman (2001). "Industrial dynamics and the problem of nature," *Society & Natural Resources* 14 (7), 555-570.

Braudel, Fernand (1953). "Qu'est-ce que le XVIe siècle?" *Annales E. S. C.*, 8 (1): 69-73.

Braudel, Fernand (1961). "European Expansion and Capitalism, 1450-1650," in Contemporary Civilization Staff of Columbia College, Columbia University, eds., *Chapters in Western Civilization*. New York: Columbia University Press, 245-288.

Braudel, Fernand (1972). *The Mediterranean and the Mediterranean World in the Age of Philip II*. Vol. I. Siân Reynolds, trans. New York: Harper & Row.

Braudel, Fernand (1977). *Afterthoughts on Material Civilization and Capitalism*. Baltimore: Johns Hopkins University Press.

Braudel, Fernand (1981). *The Structures of Everyday Life: The Limits of the Possible*. New York: Harper & Row.

Braudel, Fernand (1982). *The Wheels of Commerce*. Siân Reynolds, trans. New York: Harper & Row.

Braudel, Fernand (2009/1958 orig.). "History and the Social Sciences: The Longue Durée," *Review*, 32 (3), 171-203.

Braun, Bruce (2006). "Towards a New Earth and a New Humanity: Nature, Ontology, Politics," in Noel Castree and Derek Gregory, eds., *David Harvey: A Critical Reader*. Oxford: Blackwell, 191-222.

Braun, Bruce, and Noel Castree, eds. (1998). *Remaking reality: nature at the millenium*. New York: Routledge.

Braverman, Harry (1974). *Labor and Monopoly Capital*. New York: Monthly Review Press.

Brenner, Robert (2001). "The Low Countries in the Transition to Capitalism," *Journal of Agrarian Change* 1 (2), 169-241.

Brockway, L. H. (1979). "Science and Colonial Expansion: The Role of the British Royal Botanic Gardens," *American Ethnologist*, 6 (3), 449-465.

Bryan, Dick, and Michael Rafferty (2006). "Financial Derivatives: The New Gold?" *Competition & Change*, 10 (3), 265-282.

Bukharin, Nikolai (1929/1917 original). *Imperialism and World Economy*. New York: International Publishers.

Bunker, Stephen G. (1984). "Modes of extraction, unequal exchange, and the progressive underdevelopment of an extreme periphery," *American Journal of Sociology* 89 (5), 1017-1064.

Bunker, Stephen G., and Paul S. Ciccantell (1999). "Economic Ascent and the Global Environment," in Walter L. Goldfrank, D. Goodman, and A. Szasz, eds., *Ecology and the World-System*. Westport, CT: Greenwood Press, 107-123.

Bunker, Stephen G., and Paul S. Ciccantell (2005). *Globalization and the Race for Resources*. Baltimore: Johns Hopkins University Press.

Burkett, Paul (1999). *Marx and Nature*. New York: St. Martin's Press.

Burkett, Paul (2006). *Marxism and ecological economics: Toward a red and green political economy*. Leiden: Brill.

Caffentzis, George (2005). "Immeasurable Value? An Essay on Marx's Legacy," *The Commoner*, 10, 87-114.

Caffentzis, George (2013; 1980 original). "The Work/Energy Crisis and theApocalypse," in *In Letters of Blood and Fire: Work, Machines, and the Crisis of Capitalism*. Oakland: PM Press, 11-57.

Cain, P. J., and A. G. Hopkins (1980). "The political economy of British expansion overseas, 1750-1914," *Economic History Review*, 33 (4), 463-490.

Cairnes, John (1862). *The Slave Power*. London: Parker, Son, and Bourn.

Campbell, Bruce M. S. (2010). "Nature as historical protagonist," *Economic History Review*, 63 (2), 281-314.

Canning, P., et al. 2010. *Energy use in the US food system*. Economic Research Report Number 94. Washington: United States Department of Agriculture.

Capra, Fritjof (1982). *The Turning Point: Science, Society, and the Rising Culture*. New York: Simon & Schuster.

Carlstein, Tommy (2003). "Why 'Society' is an Ecosystem and what this Implies for the Social Sciences and the Disciplines of Culture," in Eric Clark, Per Olof Hallin, and Mats Widgren, eds., *Tidrumsfragment*. Stockholm: Stockholm University Press, 45-70.

Carr, E. H. (1962). *What is History?* New York: Penguin.

Carus-Wilson, E. M. (1941). "An industrial revolution of the thirteenth century," *Economic History Review*, (1st series) 11 (1), 39-60.

Carus-Wilson, E. M. (1952). "The Woolens Industry," in M. Postan and E. E. Rich, eds., *The Cambridge Economic History of Europe*, vol. 2. Cambridge: Cambridge University Press, 614-692.

Catton, jr., William R. 1980. *Overshoot: The Ecological Basis of Revolutionary Change*. Urbana: University of Illinois Press.

Certini, Giacomo, and Riccardo Scalenghe (2011). "Anthropogenic soils are the goldenspikes for the Anthropocene," *The Holocene*, 21 (8) 1269-1274.

Chakrabarty, Dipesh (2009). "The Climate of History: Four Theses," *Critical Inquiry*, 35, 197-222.

Chang, Ha-Joon (2014). "This is no recovery, this is a bubble - and it will burst," The Guardian (February 26), http://www.theguardian.com/commentisfree/2014/feb/24/recovery-bubble-crash-uk-us-investors.

Cipolla, Carlo M. (1976). *Before the Industrial Revolution: European Society 1000-1700*. New York: W. W. Norton.

Clark, Gregory (2009). *Farewell to Alms*. Princeton: Princeton University Press.

Costanza, Robert, et al. (1997). "The value of the world's ecosystem services and natural capital," *Nature*, 387 (6630), 253-260.

Cowen, Tyler (2011). *The Great Stagnation*. New York: Penguin.

Cronon, William (1983). *Changes in the Land: Indians, Colonists, and the Ecology of New England*. New York: Hill and Wang.

Cronon, William (1991). *Nature's Metropolis*. New York: W. W. Norton.

Cronon, William, George A. Miles, Jay Gitlin, eds. (1993). *Under an Open Sky: Rethinking America's Western Past*. New York: W. W. Norton.

Crosby, Alfred W., jr. (1972). *The Columbian exchange: Biological and cultural consequences of 1492*. Westport, CT: Greenwood Press.

Crosby, Alfred W., jr. (1986). *Ecological Imperialism*. Cambridge: Cambridge Univ. Press.

Crosby, Alfred W., jr. (1997). *The Measure of Reality*. Cambridge: Cambridge Univ. Press.

Crutzen, Paul J. (2002). "Geology of Mankind: The Anthropocene," *Nature*, 415, 23.

Crutzen, Paul J., and Eugene F. Stoermer (2000). "The Anthropocene," *IGBP* [International Geosphere-Biosphere Programme] *Newsletter*, 41, 17-18.

Cuéllar, Amanda D., and Michael E. Webber (2010). "Wasted food, wasted energy: The embedded energy in food waste in the United States," *Environmental science & technology* 44 (16), 6464-6469.

Dalla Costa, Mariarosa and Selma James (1972). *The Power of Women and the Subversion of the Community*. Bristol, UK: Falling Wall Press.

Daly, Herman E. (1977). *Steady-state economics: The economics of biophysical equilibrium and moral growth*. San Francisco: Freeman.

Daly, Herman E., and Joshua Farley (2004). *Ecological Economics*. Washington, D. C.: Island Press.

Daly, Herman E., and Kenneth N. Townsend, eds. (1993). *Valuing the earth: economics, ecology, ethics*. Boston: MIT press.

Daniels, John, and Christian Daniels (1988). "The Origin of the Sugarcane Roller Mill," *Technology and Culture*, 29 (3): 493-535.

Darby, H. C. (1956). "The Clearing of Woodland in Europe," in William L. Thomas, Jr., ed. *Man's Role in Changing the Face of the Earth*. Chicago: University of Illinois Press, 183-216.

Davids, Karel (2003). "Innovations in Windmill Technology in Europe, c. 1500-1800: The State of Research and Future Directions of Inquiry," *NEHA-Jaarboek voor Economische, Bedrijfs-en Techniekgeschiedenis*, 66, 43-57.

Davis, Devra (2007). *The Secret History of the War on Cancer*. New York: Basic.

Davis, John A. (2006). "The European economies in the eighteenth century," in Antonio Di Vittorio, ed., *An Economic History of Europe: From expansion to development*. New York: Routledge, 92-134.

Davis, Mike (2006). *Planet of Slums*. London: Verso.

Davis, Mike (2010). "Who will build the ark?" *New Left Review*, II/61, 29-46.

Davis, Ralph (1973). *The Rise of the Atlantic Economies*. Ithaca, NY: Cornell University Press.

Dean, Warren (1995). *With Broad Ax and Firebrand: The Destruction of the Brazilian Atlantic Forest*. Berkeley: Univ. of California Press.

Deckard, Sharae (*forthcoming*). "Mapping the World-Ecology," *Ecologies Technics & Civilizations*.

Dehing, Pit, and Marjolein 't Hart (1997). "Linking the fortunes: currency and banking 1550-1800," in Marjolein Hart, Joost Jonker, and Jan Luiten van Zanden, eds., *A financial history of the Netherlands*. Cambridge: Cambridge University Press, 37-63.

Descartes, René (2006/1637 original). *A Discourse on the Method of Correctly ConductingOne's Reason and Seeking Truth in the Sciences*. Ian Maclean, ed. Oxford: Oxford University Press.

de Vries, Jan (2001). "Economic Growth before and after the Industrial Revolution," in Maarten Prak, ed., *Early Modern Capitalism: Economic and Social Change in Europe*, 1400-1800. New York: Routledge, 175-191.

de Vries, Jan, and Ad van der Woude (1997). *The First Modern Economy: Success, Failure, and Perseverance of the Dutch Economy*, 1500-1815. Cambridge: Cambridge University Press.

de Zeeuw, J. W., (1978). "Peat and the Dutch Golden Age: The Historical Meaning of Energy Attainability," *A. A. G. Bijdragen*, 21, 3-31.

Dowd, Douglas (1989). *The Waste of Nations*. Boulder, CO: Westview Press.

Drayton, Richard (2001). *Nature's Government: Science, Imperial Britain, and the 'Improvement' of the World*. New Haven: Yale University Press.

Dunlap, Riley E., and William R. Catton, Jr. (1979). "Environmental Sociology," *Annual Reviews in Sociology*, 5, 243-273.

DuPlessis, Robert S. (1997). *Transitions to Capitalism in Early Modern Europe*. Cambridge: Cambridge University Press.

Dyer-Witheford, Nick (1999). *Cyber-Marx: Cycles and Circuits of Struggle in High-Technology Capitalism*. Urbana: University of Illinois Press.

Engels, Fredrick (1934). "Engels to J. Bloch in Berlin, London, September 21, 1890," *New International*, 1 (3), 81-85.

Enzensberger, H. M. (1974). "A critique of political ecology," *New Left Review*, I/84, 3-31.

Erten, Bilge, and José Antonio Ocampo (2013). "Super cycles of commodity prices since the mid-nineteenth century," *World Development*, 44, 14-30.

Farrelly, Colin (2011). "Patriarchy and Historical Materialism," *Hypatia*, 26 (1), 1-21.

Febvre, Lucien, and Henri Martin (1976 [1958]). *The Coming of the Book: The Impact of*

Printing, 1450-1800. David Gerard, trans. London: Verso.

Federici, Silvia (2012) *Revolution at Point Zero: Housework, Reproduction, and Feminist Struggle*. Oakland: PM Press.

Fischer-Kowalski, Marina, and Helmut Haberl (1997). "Tons, joules, and money: Modes of production and their sustainability problems," *Society & Natural Resources*, 10, 1, 61-85.

Fischer-Kowalski, Marina, and Helmut Haberl (1998). "Sustainable Development: Socio-economic metabolism and the colonization of nature," *International Social Science Journal*, 158, 573-587.

Food & Water Watch (2012). *The Economic Cost of Food Monopolies*. Washington, DC: Food & Water Watch, http://documents. foodandwaterwatch. org/doc/CostofFoodMonopolies. pdf # _ga=1. 171377955. 2080537113. 1402174350, access 3 February 2014.

Foster, John Bellamy (1994). *The Vulnerable Planet: A Short Economic History of the Environment*. New York: Monthly Review Press.

Foster, John Bellamy (2000). *Marx's Ecology: Materialism and Nature*. New York: Monthly Review Press.

Foster, John Bellamy (2002). "Capitalism and ecology: The nature of the contradiction," *Monthly Review*, 54 (4), 6-16.

Foster, John Bellamy (2009). *The Ecological Revolution*. New York: Monthly Review Press.

Foster, John Bellamy (2012). "A Missing Chapter of Monopoly Capital: Some Theoretical Implications," Monthly Review 64 (3), http://monthlyreview. org/2012/07/01/a-missing-chapter-of-monopoly-capital, accessed 20 November, 2013.

Foster, John Bellamy, and Robert McChesney (2012). *The Endless Crisis*. New York: Monthly Review Press.

Foster, John Bellamy, Brett Clark, and Richard York (2010). *The Ecological Rift: Capitalism's War on the Earth*. New York: Monthly Review Press.

Foucault, Michel (2003). *Society must be defended*. New York: Picador.

Foucault, Michel (2007). *Security, Territory, Population*. New York: Picador.

Frank, Ander Gunder (1967). *Capitalism and Underdevelopment in Latin America*. New York: Monthly Review Press.

Frank, Andre Gunder (1978). *World Accumulation*, 1492-1798. New York: Monthly Review Press.

Freeman, Richard. 2010. "What Really Ails Europe (and America): The Doubling of the Global Workforce," *The Globalist*, June 3. URL: http://www. theglobalist. com/whatreally-ails-europe-and-america-the-doubling-of-the-global-workforce/, accessed February 10, 2014.

Friedmann, Harriet (1978). "World market, state, and family farm: Social bases of household production in the era of wage labor," *Comparative Studies in Society and History*, 20 (4), 545-586.

Friedmann, Harriet. 2000. "What on Earth is the Modern World-System?" *Journal of World-Systems Research*, 6 (2): 480-515.

Friedmann, Harriet, and Philip McMichael (1989). "Agriculture and the state system: The rise and decline of national agricultures, 1870 to the present," *Sociologia Ruralis*, 29 (2),

93-117.

Funes Monzote, Reinaldo (2008). *From Rainforest to Cane Fielde in Cuba: An Environmental History since* 1492. Alex Martin, trans. Chapel Hill: University of North Carolina Press.

Galeano, Eduardo (1973). *The Open Veins of Latin America*. New York: Monthly Review Press.

Gimpel, Jean (1976). *The Medieval Machine: The Industrial Revolution of the Middle Ages*. New York: Penguin.

Gordon, Linda (1990). "US women's history," in Eric Foner, ed. *The New American History*. Philadelphia: Temple University Press, 185-210.

Gordon, Robert J. (2012). "Is US economic growth over? Faltering innovation confronts the six headwinds," Working Paper 18315. National Bureau of Economic Research, http://www.nber.org/papers/w18315, accessed 14 January 2014.

Gould, Stephen Jay (1981). *The Mismeasure of Man*. New York: W. W. Norton.

Gouveia, Lourdes, and Arunas Juska (2002). "Taming nature, taming workers: Constructing the separation between meat consumption and meat production in the US," *Sociologia Ruralis* 42 (4), 370-390.

Grantham, Jeremy (2011). "Time to Wake Up: Days of Abundant Resources andFalling Prices Are Over Forever," *GMO Quarterly Newsletter*, April.

Grove, Richard H. (1995). *Green Imperialism*. Cambridge: Cambridge University Press.

Gurevich, A. J. "Time as a problem of cultural history," in L. Gardet, et al., eds., *Cultures and Time*. Paris: UNESCO Press, 229-243.

Gustavsson, Jenny, Christel Cederberg, Ulf Sonesson, Robert Van Otterdijk, and Alexandre Meybeck (2011). *Global food losses and food waste*. Rome: Food and Agriculture Organization of the United Nations.

Haberl, Helmut, et al. (2007). "Quantifying and mapping the human appropriation of net primary production in earth's terrestrial ecosystems," *Proceedings of the National Academy of Sciences* 104 (31), 12942-12947.

Haberl, Helmut, Marina Fischer-Kowalski, Fridolin Krausmann, Joan Martinez-Alier, and Verena Winiwarter (2011). "A socio-metabolic transition towards sustainability? Challenges for another Great Transformation," *Sustainable Development*, 19 (1), 1-14.

Hamilton, James D. (2009). "Causes and Consequences of the Oil Shock of 2007-2008," *Brookings Papers on Economic Activity*, 1, 215-261.

Haraway, Donna J. (1988). "Situated Knowledges: The Science Question in Feminism and the Privilege of Partial Perspective," *Feminist Studies*, 14 (3), 575-599.

Harley, C. Knick (1988). "Ocean Freight Rates and Productivity, 1740-1913," *Journal of Economic History*, 48 (4): 851-876.

Hartmann, Heidi (1981). "The Family as the Locus of Gender, Class, and Political Struggle: The Example of Housework," *Signs*, 6 (3), 366-394.

Harvey, David (1974). "Population, Resources, and the Ideology of Science," *Economic Geography* 50 (3), 256-277.

Harvey, David (1996). *Justice, Nature, and the Geography of Difference*. Oxford: Basil

Blackwell.

Harvey, David (2003). *The New Imperialism*. Oxford: Oxford Univ. Press.

Harvey, David (2005). *A Brief History of Neoliberalism*. Oxford: Oxford Univ. Press.

Harvey, David (2010). *The Enigma of Capital and the Crises of Capitalism*. London: Profile Books

Harvey, P. D. A. (1993). *Maps in Tudor England*. Cambridge: Cambridge University Press.

Headrick, Daniel R. (1988). *The tentacles of progress: technology transfer in the age of imperialism*, 1850-1940. Oxford: Oxford University Press.

Heaton, Herbert (1948). *Economic History of Europe*. 2nd ed. New York: Harper.

Hegel, G. W. F. (1971/1830 original). *The philosophy of mind*. Oxford, UK: Oxford University Press.

Heinberg, Richard (2003). *The Party's Over*. Gabriola Island, BC: New Society.

Heinberg, Richard (2007). *Peak Everything*. Gabriola Island, BC: New Society.

Henderson, George L. (1998). *California and the Fictions of Capital*. Oxford: Oxford University Press.

Heynen, Nick, James McCarthy, Scott Prudham, and Paul Robbins, eds. (2007). *Neoliberal Environments*. New York: Routledge.

HHS (U. S. Department of Health and Human Services). 2010. *Health United States* 2010. Washington, DC: U. S. Government Printing Office.

Hilbrecht, Margo, Susan M. Shaw, Laura C. Johnson, and Jean Andrey (2008). "I' m Home for the Kids: Contradictory Implications for Work-Life Balance of Teleworking Mothers," *Gender, Work & Organization*, 15 (5), 454-476.

Hildebrand, Karl-Gustaf (1992). *Swedish Iron in the Seventeenth and Eighteenth Centuries: Export Industry before Industrialization*. Paul Britten Austin, trans. Stockholm: Jernkontorets bergshistoriska skriftserie.

Himmelweit, Susan (2002). Making visible the hidden economy: The case for gender-impact analysis of economic policy. *Feminist Economics*, 8 (1), 49-70.

Hobhouse, Henry (2005). *Seeds of Wealth: Five Plants that Made Men Rich*. Emeryville, CA: Shoemaker and Hoard.

Hobsbawm, Eric J. (1975). *The Age of Capital* 1848-1875. New York: Meridian.

Hochschild, Arlie (1989). *The Second Shift*. New York: Viking.

Hochschild, Arlie (2002). "The Commodity Frontier," Working Paper No. 1, Center for Working Families, University of California, Berkeley.

Hollister-Short, Graham (1994). "The First Half-Century of the Rod-Engine (c. 1540-1600)," *Bulletin of the Peak District Mines Historical Society*, 12 (3), 83-90.

Hou, Shanshan, Liping Lei, and Zhaocheng Zeng. "The response of global net primary productivity (NPP) to CO." *Journal of Food, Agriculture & Environment*11. 1 (2013): 937-944.

Hribal, Jason (2003). "Animals are part of the working class: A challenge to labor history," *Labor History*, 44 (4), 435-454.

Hribal, Jason (2012). "Animals are Part of the Working Class Reviewed," *Borderlands*, 11

(2), 1-37.

Huber, Matthew T. (2009). "Energizing historical materialism: Fossil fuels, space and the capitalist mode of production," *Geoforum*, 40, 105-115.

Huber, Matthew T. (2012). "Refined Politics: Petroleum Products, Neoliberalism, and the Ecology of Entrepreneurial Life," *Journal of American Studies*, 46, 295-312.

Ingold, Tim (1993). "Globes and spheres: The topology of environmentalism," in Kay Milton, ed., *Environmentalism: The view from anthropology*. New York, Routledge, 31-42.

Institution of Mechanical Engineers (2013). *Global food: Waste not, want not*. London: Institute of Mechanical Engineers.

Isenberg, Andrew C. (2001). *The destruction of the bison: an environmental history*, 1750-1920. Cambridge: Cambridge University Press.

Jacks, David S., and Krishna Pendakur (2010). "Global trade and the maritime transport revolution," *Review of Economics and Statistics*, 92 (4), 745-755.

Jackson, R. V. (1985). "Growth and deceleration in English agriculture, 1660-1790," *Economic History Review*, 38, 333-351.

Jensen, Derrick (2006). *Endgame, Volume 1: The Problem of Civilization*. New York: Seven Stories Press.

Jones, Eric L. (1987). *The European Miracle*. Cambridge: Cambridge University Press.

Jonsson, Fredrik Albritton (2012). "The Industrial Revolution in the Anthropocene," *The Journal of Modern History*, 84 (3), 679-696.

Jorgenson, Dale W. (1981). "Energy Prices and Productivity," *Scandinavian Journal of Economics*, 83 (2), 165-179.

Jorgenson, Dale W. (1984). "The Role of Energy in Productivity," American Economic Review, 74 (2), 26-30.

Kaufman, Frederick (2012). *Bet the farm: How food stopped being food*. New York: John Wiley & Sons.

Kautsky, Karl (1988; 1898 original). *The Agrarian Question: In Two Volumes*. Zwan Publications.

Kellenbenz, Hermann (1974). "Technology in the Age of the Scientific Revolution 1500-1700," in Carlo M. Cipolla, ed., *The Fontana Economic History of Europe*, *II*. London: Fontana/Collins, 177-272.

Klare, Michael T. (2012). *The race for what's left: the global scramble for the world's last resources*. New York: Picador.

Klein, Naomi (2007). *The Shock Doctrine*. New York: Metropolitan Books.

Komlos, John (1990). "Height and Social Status in Eighteenth-Century Germany," *Journal of Interdisciplinary History*, 20 (4), 607-621.

Komlos, John (1998). "Shrinking in a Growing Economy? The Mystery of Physical Stature during the Industrial Revolution," *Journal of Economic History*, 58 (3), 779-802.

Komlos, John (2000) "The Industrial Revolution as the Escape from the Malthusian Trap," *Journal of European Economic History*, 29, 307-331.

Kreidte, Peter, Hans Medick , and Ju̇̈rgen Schlumbohm (1981). *Industrialization before in-*

dustrialization: Rural industry in the genesis of capitalism. Cambridge: Cambridge University Press.

Kriedte, Peter (1983). *Peasants, Landlords, and Merchant Capitalists*. Cambridge: Cambridge University Press.

Krugman, Paul (2013). "Secular Stagnation, Coalmines, Bubbles, and Larry Summers," http://krugman. blogs. nytimes. com/2013/11/16/secular-stagnation-coalmines-bubbles-and-larry-summers/? _php=true& _type=blogs& _r=0.

Landes, David (1983). *Revolution in time: clocks and the making of the modern world*. Cambridge, MA: Harvard University Press.

Landes, David S. (1969). *Prometheus Unbound: Technological Change and Industrial Development in Western Europe from 1750 to the Present*. Cambridge: Cambridge University Press.

Landes, David S. (1998). *The Wealth and Poverty of Nations*. New York: W. W. Norton.

Langley, Paul (2002). *World Financial Orders: An Historical International Political Economy*. New York: Routledge.

Leaton, James, et al. (2013). *Unburnable Carbon 2013: Wasted capital and stranded assets*. Grantham Research Institute, London School of Economics.

Le Goff, Jacques (1980). *Time, Work & Culture in the Middle Ages*. Arthur Goldhammer, trans. Chicago: University of Chicago Press.

Leitner, Jonathan (2005). "Commodity Frontier as Contested Periphery: The Fur Trade in Iroquoia, New York and Canada, 1664-1754," in Paul S. Ciccantell, David A. Smith, Gay Seidman, eds., *Nature, Raw Materials, and Political Economy*, Emerald Group Publishing Limited, 231-252.

Lenin, V. I. 1963. *Imperialism: The Highest Stage of Capitalism*. In *Selected Works*, Vol. I. Moscow: Progress Publishers, 667-768.

Leonardi, Emmanuele. 2012. *Biopolitics Of Climate Change*. PhD dissertation, University of Western Ontario.

Levine, David (2001). *At the dawn of modernity: Biology, culture, and material life in Europe after the year 1000*. Berkeley: University of California Press, 2001.

Levins, Richard, and Richard Lewontin (1985). *The Dialectical Biologist*. Cambridge, MA: Harvard University Press.

Leyshon, Andrew, and Nigel Thrift. 2007. "The Capitalization ofAlmost Everything," *Theory, Culture & Society*, 24 (7-8): 97-115.

Lieberman, Victor (2009). *Strange Parallels: Southeast Asia in Global Context, c. 800-1830. Vol. 2: Mainland Mirrors: Europe, Japan, South Asia, and the Islands*. Cambridge: Cambridge University Press.

Livingston, Gretchen, and D'Vera Cohn. 2010. *The New Demography of American Motherhood*. Pew Research center. URL: http://www. pewsocialtrends. org/2010/05/06/the-new-demography-of-american-motherhood/, accessed November 10, 2013.

Lohmann, Larry (2009). *When markets are poison*. Dorsey, UK: The Corner House.

Luke, Timothy W. (2009). "Developing planetarian accountancy: Fabricating nature as stock, service, and system for green governmentality," in Harry F. Dahms, ed., *Nature, Knowledge and Negation (Current Perspectives in Social Theory*, Vol. 26), New York: Emerald Group Publishing, 129-159.

Luxemburg, Rosa (1913/2003 ed.). *The Accumulation of Capital*. New York: Routledge.

MacDonald Mia, and Sangamithra Iyer (2011). *Skillful Means: The Challenges of China's Encounter with Factory Farming*. New York: BrighterGreen.

Madigan, Kathleen (2012). "Weak Productivity Is Another Bane of Recovery," WSJ. Com, Sept. 5, http://blogs. wsj. com/economics/2012/09/05/weak-productivity-is-another-bane-of-recovery/, accessed 17 February, 2014.

Malanima, Paolo (2006). "Energy crisis and growth 1650-1850: The European deviation in a comparative perspective," *Journal of Global History*, 1 (1), 101-121.

Malm, Andreas (2013). "The Origins of Fossil Capital: From Water to Steam in the British Cotton Industry," *Historical Materialism*, 21 (1), 15-68.

Mandel, Ernest (1975). *Late Capitalism*. London: New Left Books.

Manning, Richard (2004). "The Oil We Eat. " *Harper's*, 308 (February), 37-45.

Mann, Susan (1992). *Agrarian Capitalism in Theory and Practice*. Chapel Hill: University of North Carolina Press.

Mann, Susan A., and James M. Dickinson (1978). "Obstacles to the development of a capitalist agriculture," *Journal of Peasant Studies* 5 (4), 466-481.

Marcuse, Herbert (1972). "Ecology and revolution," *Liberation*, 16, 10-12.

Marley, Benjamin (2013). *Battle for the Mountains: Restructuring Extractive Production and the Socio-ecological Crisis in West Virginia's Coalfields*. M. A. thesis, Department of Geography, Syracuse University, 2013.

Marley, Benjamin, and Samantha Fox (*forthcoming*). "Exhausting Socio-Ecological Relations: Conditions of Economic Viability in the Era of Mountaintop Removal in West Virginia," *Journal of World-Systems Research*.

Martinez-Alier, Joan (2002). *The environmentalism of the poor*. Cheltenham, UK: Edward Elgar.

Marx, Karl (1967). *Capital*. 3 vols. Frederick Engels, ed. New York: International Publishers.

Marx, Karl (1967). *Critique of the Gotha Programme*. New York: International Publishers.

Marx, Karl (1973). *Grundrisse: Introduction to the Critique of Political Economy*. Martin Nicolaus, trans. New York: Vintage.

Marx, Karl (1977). *Capital*, Vol. I. Ben Fowkes, trans. New York: Vintage.

Marx, Karl (1978). *Capital*, Vol. II. David Fernbach, trans. New York: Pelican.

Marx, Karl (1981). *Capital*, Vol. III. David Fernbach, trans. New York: Pelican.

Marx, Karl, and Frederick Engels (1970). *The German Ideology*. New York: International Publishers.

Maturana, Humberto, and Francisco Varela (1987). *The Tree of Knowledge*. Berkeley: Shambhala.

McCracken, Eileen (1971). *The Irish Woods Since Tudor Times*. Newton Abbot, Ireland: David & Charles.

McMichael, Philip (1990). "Incorporating Comparison within a World-Historical Perspective: An Alternative Comparative Method," *American Sociological Review*, 55 (3), 385-397.

McMichael, Philip (1991). "Slavery in Capitalism," *Theory and Society*, 20 (3), 321-349.

McMichael, Philip (2009). "A food regime analysis of the 'world food crisis'," *Agriculture & Human Values*, 26 (4), 281-295.

McMichael, Philip (2012). *Development and Social Chanage*. Fifth ed. Beverly Hills: Sage.

McNeill, J. R. (1998). "China's environmental history in world perspective," in Mark Elvin and Liu Ts'ui-jung, eds., *Sediments of time: Environment and society in Chinese history*. Cambridge: Cambridge University Press, 31-49.

McNeill, J. R. (2008). "Global Environmental History in the Age of Fossil Fuels (1800-2007)," in K. Mizoguchi, ed., *The Environmental Histories of Europe and Japan*. Kobe: Nagoya University Press, 1-11.

Meadows, Donella H., Dennis L. Meadows, Jorgen Randers, and William W. Behrens III (1972). *The Limits to Growth*. New York: Signet/Mentor.

Meillasoux, Claude (1981). *Maidens, Meal and Money*. Cambridge: Cambridge University Press.

Merchant, Carolyn (1980). *The Death of Nature: Women, Ecology, and the Scientific Revolution*. New York: Harper & Row.

Merchant, Carolyn (1989). *Ecological Revolutions*. Chapel Hill: University of North Carolina Press.

Meszaros, Istvan (1970). *Marx's Theory of Alienation*. London: Merlin Press.

Mielants, Eric H. (2007). *The Origins of Capitalism and the 'Rise of the West'*. Philadelphia: Temple University Press.

Mies, Maria (1986). *Patriarchy and Accumulation on a World Scale: Women in the International Division of Labour*. London: Zed.

Miller, J. C., 1988. *Way of Death: Merchant: Capitalism and the Angolan Slave Trade* 1730-1830. Madison: University of Wisconsin Press.

Mintz, Sidney W. (1985). *Sweetness and Power: The Place of Sugar in Modern History*. New York: Penguin.

Mokyr, Joel (1990). *The Lever of Riches: Technological Creativity and Economic Progress*. Oxford: Oxford University Press.

Moody, Kim (1988). *An Injury to All*. London: Verso.

Moore, Jason W. (2000). "Sugar and the Expansion of the Early Modern World-Economy: Commodity Frontiers, Ecological Transformation, and Industrialization," *Review: A Journal of the Fernand Braudel Center*, 23 (3), 409-433.

Moore, Jason W. (2007). *Ecology and the Rise of Capitalism*. PhD dissertation. Department of Geography, University of California, Berkeley.

Moore, Jason W. (2011). "Wall Street is a Way of Organizing Nature: Interview," *Upping the Anti* 12, 47-61.

Moore, Jason W. (2012). "Cheap Food & Bad Money: Food, Frontiers, and Financialization in the Rise and Demise of Neoliberalism," *Review*, 33 (2-3), 125-161.

Moore, Jason W. (2013a). "From Object to Oikeios: Environment-Making in the Capitalist World-Ecology," unpublished paper. Department of Sociology, Binghamton University.

Moore, Jason W. (2013b). "Crisis: Ecological or World-Ecological?" in CarolinWiedemann and Soenke Zehle, eds., *Depletion Design: A Glossary of Network Ecologies*. Amsterdam: Institute of Network Cultures.

Moore, Jason W. (2013c). "El Auge de la Ecologia-Mundo Capitalista, I, " *Laberinto*, 38, 9-26.

Moore, Jason W. (2013d). "El Auge de la Ecologia-Mundo Capitalista, II, " *Laberinto*, 39, 6-14.

Moore, Jason W. (2014a). "The End of Cheap Nature, or, How I learned to Stop Worrying about 'the' Environment and Love the Crisis of Capitalism," in *Structures of the World Political Economy and the Future of Global Conflict and Cooperation*, edited byC. Suter and C. Chase-Dunn (Berlin: LIT, 2014), 285-314.

Moore, Jason W. (2014b). "The Capitalocene, Part I: On the Nature and Origins of Our Ecological Crisis," unpublished paper, Fernand Braudel Center, Binghamton University, www. jasonwmoore. com.

Moore, Jason W. (2014c). "The Capitalocene, Part II: Abstract Social Nature and the Limits to Capital," unpublished paper, Fernand Braudel Center, Binghamton University, www. jasonwmoore. com.

Moore, Jason W. (2014d). "Towards a Singular Metabolism: Epistemic Rifts and Environment-Making in the Capitalist World-Ecology," *New Geographies*, 6, 10-19.

Mumford, Lewis (1934). *Technics and Civilization*. London: Routledge and Kegan Paul.

Murray, Patrick (1988). *Marx's Theory of Scientiflc Knowledge*. Atlantic Highlands, NJ: Humanities Press.

Nash, June C. (1979). *We eat the mines and the mines eat us: Dependency and exploitation in Bolivian tin mines*. New York: Columbia University Press.

Needham, Joseph, Ling Wang, and Derek John de Solla Price (1986/1960 original). *Heavenly Clockwork: the great astronomical clocks of medieval China*. Second edition. Cambridge: Cambridge University Press.

Nef, John U. (1964). *The Conquest of the Material World*. New York: Meridian.

Nef, John U. (1966/1932 original). *The Rise of the British Coal Industry*. London: Routledge.

Niblett, Michael (2013a). "The 'impossible quest for wholeness', " *Journal of Postcolonial Writing*, 49 (2), 148-160.

Niblett, Michael (2013b). "A Waste of Time: Refuse and Revenants in the Capitalist World-Ecology," paper presented to the conference, *World-Ecology, World-Economy, World-Literature*, University College Dublin, 26-27 October.

O'Brien, Patrick K., and Caglar Keyder (1978). *Economic Growth in Britain and France*, 1780-1914. London: George Allen and Unwin.

O'Connor, James (1998). *Natural Causes: Essays in Ecological Socialism*. New York: Guilford.

Ollman, Bertell (1971). *Alienation: Marx's conception of man in capitalist society*.

Cambridge: Cambridge University Press.

Ollman, Bertell (1993). *Dialectical Investigations*. New York: Routledge.

Ollman, Bertell (2003). *Dance of the Dialectic: Steps in Marx's Method*. Urbana: University of Illinois Press.

Oloff, Kerstin (2012). " 'Greening' the Zombie," *Green Letters*, 16 (1), 31-45.

Ortiz, Roberto José (*forthcoming*). "Latin American Agro-Industrialization, Petrodollar Recycling, and the Transformation of World Capitalism in the Long 1970s," *Critical Sociology*.

Osborn, Matthew (2003). " 'The Weirdest of All Undertakings': The Land and the Early Industrial Revolution in Oldham, England," *Environmental History*, 8 (2), 246-269.

Overton, Mark (1996). *Agricultural Revolution in England. The Transformation of the Agrarian Economy*, 1500-1850. Cambridge: Cambridge University Press.

Parenti, Christian (2014). "The*Inherently* Environmental State: Nature, Territory, and Value," Unpublished paper, School for International Training.

Parry, J. H. (1966). *The Spanish Seaborne Empire*. Berkeley: University of California Press.

Peet, Richard (1985). "The social origins of environmental determinism," *Annals of the Association of American Geographers*, 75 (3), 309-333.

Perelman, Michael (1978). *Farming for profit in a hungry world: Capital and the crisis in agriculture*. Totowa, NJ: Allenheld, Osman, & Co.

Perelman, Michael (2007). "Scarcity and Environmental Disaster: Why Hotelling's Price Theory Doesn't Apply," *Capitalism Nature Socialism*, 18 (1), 81-98.

Perlin, John (1989). *A Forest Journey*. Cambridge, MA: Harvard University Press.

Peters, Glen P., Gregg Marland, Corinne Le Quéré, Thomas Boden, Josep G. Canadell, and Michael R. Raupach (2012). "Rapid growth in CO2 emissions after the 2008-2009 global financial crisis," *Nature Climate Change*, 2 (1), 2-4.

Petram, L. O. (2011). *The world's first stock exchange: How the Amsterdam market for Dutch East India Company shares became a modern securities market*, 1602-1700. PhD dissertation, University of Amsterdam.

Phillips, Kevin (2009). *Bad money: Reckless finance, failed politics, and the global crisis of American capitalism*. Second ed. New York: Viking.

Pickles, John (2004). *A History of Spaces: Cartographic reason, mapping and the geo-coded world*. New York: Routledge.

Pimentel, David, et al. (1973). "Food production and the energy crisis," *Science*, 182, 443-449.

Pollan, Michael (2006). *The omnivore's dilemma: a natural history of four meals*. New York: Penguin.

Pomeranz, Kenneth. 2000. *The Great Divergence: China, Europe, and the Making of the Modern World Economy*. Princeton: Princeton University Press.

Ponting, Clive (1991). *A Green History of the World*. New York: St. Martin's Press.

Postone, Moishe (1993). *Time, Labor, and Social Domination*. Cambridge: Cambridge University Press.

Poulsen, Bo (2008). "Talking Fish: Cooperation and Communication in the Dutch North Sea

Herring Fisheries, *c*. 1600-1850," in *Beyond the Catch: Fisheries of the North Atlantic, theNorth Sea and the Baltic*, 900-1850, eds L. Sicking and D. Abreu-Ferreira, 387-412. Leiden: E. J. Brill.

Prak, Maarten, ed. (2001). *Early Modern Capitalism: Economic and Social Change in Europe* 1400-1800. New York: Routledge.

Rachleff, Peter J. (1993). *Hard-pressed in the heartland: The Hormel strike and the future of the labor movement*. Boston: South End Press.

Retort (2005). *Afflicted Powers*. London: Verso.

Richards, J. F. (2003). *The Unending Frontier*. Berkeley: Univ. of California Press.

Roberts, Michael (2013). "The Rentier Economy," January 28, http://thenextrecession.wordpress. com/2013/01/28/the-rentier-economy/, accessed 17 February, 2014.

Rockström, Johan, et al. (2009). "Planetary boundaries: Exploring the safe operating space for humanity," *Ecology and Society*, 14 (2).

Rogers, T. D. (2005). *The Deepest Wounds. Labouring Landscapes of Sugar in Northeastern Brazil*. PhD dissertation, Department of History, Duke University, Durham, NC.

Ross, Michael L. "Oil, Islam, and women," *American Political Science Review*102. 01 (2008): 107-123.

Rowbotham, Sheila (1973). *Woman's consciousness, man's world*. Harmondsworth: Penguin.

Ruddiman, William F. (2005). *Plows, Plagues Petroleum: How Humans Took Control of the Climate*. Princeton: Princeton University Press.

Ruddiman, William F. (2013). "The Anthropocene," *Annual Reviews in Earth and Planetary Science*, 41, 4. 1-4. 24 [Review in Advance].

Safri, Maliha, and Julie Graham (2010). "The global household: toward a feminist postcapitalist international political economy," *Signs*, 36 (1), 99-125.

Sayer, Derek (1987). *The Violence of Abstraction*. Oxford: Blackwell.

Schmidt, Alfred (1973). *The Concept of Nature in Marx*. London: New Left Books.

Schnaiberg, Allan (1980). *The Environment: From Surplus to Scarcity*. Oxford: Oxford University Press.

Schnaiberg, Allan, and Kenneth Alan Gould (1994). *Environment and society: The enduring conflict*. New York: St. Martin's Press.

Schneider, Mindi (2011). *Feeding China's Pigs*. Minneapolis: Institute for Agriculture and Trade Policy.

Schor, Juliet. 1991. *The Overworked American*. New York: Basic Books.

Schwartz, Stuart B. (1985). *Sugar Plantations in the Formation of Brazilian Society*. Cambridge: Cambridge University Press.

Seccombe, Wally (1983). "Marxism and demography," *New Left Review*, I/137, 22-47.

Seccombe, Wally (1995). *Weathering the Storm*. London: Verso.

Sellers, Christopher (1994) "Factory as Environment: Industrial Hygiene, Professional Collaboration and the Modern Sciences of Pollution," *Environmental History Review* 18 (1), 55-83.

Semple, Ellen C. (1911). *Influences of geographic environment on the basis of Ratzel's system of anthropo-geography*. New York: Russell and Russell.

Sieferle, Rolf Peter (2001). *The Subterranean Forest: Energy Systems and the Industrial Revolution*. Michael P. Osman, trans. Cambridge: The White Horse Press.

Sivy, Michael (2013). "Why Many Americans Feel Like They're Getting Poorer," *Time*, March 5, http://business. time. com/2013/03/05/why-many-americans-feel-like-theyre-getting-poorer/, accessed 17 Feb, 2014.

Smith, Joan (1987). "Transforming Households: Working-Class Women and Economic Crisis," Social Problems, Vol. 34, No. 5 (Dec., 1987), pp. 416-436.

Smith, Joan, and Immanuel Wallerstein, eds. (1992). *Creating and transforming households: the constraints of the world-economy*. Cambridge: Cambridge University Press.

Speth, James Gustave (2008). *The bridge at the end of the world: Capitalism, the environment, and crossing from crisis to sustainability*. New Haven: Yale University Press.

Steffen, Will, et al., (2011b). "The Anthropocene: From global change to planetary stewardship," *Ambio*, 40 (7), 739-761.

Steffen, Will, Jacques Grinevald, Paul Crutzen and John McNeill (2011a). "The Anthropocene: Conceptual and historical perspectives," *Philosophical Transactions of the Royal Society A*, 369, 842-867.

Steffen, Will, Paul J. Crutzen and John R. McNeill (2007). "The Anthropocene: Are Humans Now Overwhelming the Great Forces of Nature?" *Ambio*, 36 (8), 614-621.

Steinberg, Theodore L. (1986). "An Ecological Perspective on the Origins of Industrialization," *Environmental Review: ER*, 10 (4), 261-276.

Studnicki-Gizbert, Daviken, & D. Schecter (2010). "The environmental dynamics of a colonial fuel-rush: Silver mining and deforestation in New Spain, 1522 to 1810," *Environmental History*, 15 (1), 94-119.

Summers, Larry (2013). "Transcript of Larry Summers speech at the IMF Economic Forum, Nov. 8, 2013," https://m. facebook. com/notes/randy-fellmy/transcript-of-larry-summers-speech-at-the-imf-economic-forum-nov-8-2013/585630634864563 and http://www. youtube. com/watch? v=KYpVzBbQIX0.

Sundberg, Ulf (1991). "An Energy Analysis of the Production at the Great Copper Mountain of Falun During the Mid-seventeenth Century," *International Journal of Forest Engineering* 1 (3), 4-16.

Swyngedouw, Erik (1996). "The city as a hybrid: on nature, society and cyborg urbanization," *Capitalism Nature Socialism*, 7 (2), 65-80.

Swyngedouw, Erik (2013). "Apocalypse Now! Fear and Doomsday Pleasures," *Capitalism Nature Socialism*, 24 (1), 9-18.

Szcygielski, W. (1967). "Die Okonomische Aktivitat des Polnischen Adels im 16-18. Jahrhundert," *Studia Historiae Oeconomicae*, 2, 83-101.

Tang, Ke, and Wei Xiong (2012). "Index Investment and Financialization of Commodities," *Financial Analysts Journal*, 68 (6), 54-74.

The Economist (2013). "Women in South Korea: A Pram Too Far," *The Economist*, October 26. URL: http://www. economist. com/news/special-report/21588207-facedoverwhelming-pressuressouth-korean-women-have-gone-baby-strike-pram-too, accessed 10 December, 2013.

Thompson, E. P. (1967). "Time, Work-Discipline, and Industrial Capitalism," *Past and Present*, 38, 56-97.

Toynbee, Arnold (1894/1884 original/1881 lectures). *Lectures on the Industrial Revolution of the Eighteenth Century in England*. London: Longmans, Green, and Co.

Unger, Richard W. (1975). "Technology and Industrial Organization: Dutch Shipbuilding to 1800," *Business History*, 17 (1), 56-72.

Vernadsky, Vladimir I. (1997/1926 original). *The Biosphere*. New York: Copernicus.

Vlachovic, J., (1963). "Slovak Copper Boom inWorld Markets of the Sixteenth and in the First Quarter of the Seventeenth Centuries," *Studia Historica Slovaca*, 1: 63-95.

Vogel, Lise (1983). *Marxism and the Oppression of Women*. New Brunswick, NJ: Rutgers University Press.

Voosen, Paul (2012). "Geologists drive golden spike toward Anthropocene's base," *Greenwire*, Sept. 17, http://eenews. net/public/Greenwire/2012/09/17/1? page _ type = print, accessed 5 May, 2013.

Walker, Richard A. (1979). "Human-Environment Relations: Editor's Introduction," *Antipode*, 11 (2), 1-16.

Wallerstein, Immanuel (1974). *The Modern World-System I: Capitalist Agriculture and the Origins of the European World-Economy in the Sixteenth Century*. New York: Academic Press.

Wallerstein, Immanuel (1980). *The Modern World-System II*. New York: Academic Press.

Wallerstein, Immanuel (1982). "Revolutionary Movements in the Era of US Hegemony and After," *Contemporary Marxism*, 5, 120-128.

Wallerstein, Immanuel (1983). *Historical Capitalism*. London: Verso.

Wallerstein, Immanuel (1986). "The IndustrialRevolution: Cui Bono?" *Thesis Eleven*, 13 (1), 67-76.

Wallerstein, Immanuel, William G. Martin, and Torry Dickinson (1982). "Household structures and production processes: Preliminary theses and findings," *Review*, 5 (3), 437-458.

Warde, Paul, and Antonio Marra (2007). *Energy Consumption in England & Wales*, 1560-2000. Naples: Consiglio nazionale delle ricerche, Istituto di studi sulle società del Mediterraneo.

Warf, B. (2008). *Time-space compression: historical geographies*. Routledge.

Waring, Marylin (1988). *If women counted: A new feminist economics*. San Francisco: Harper and Row.

Watts, David (1987). *The West Indies: Patterns of Development, Culture, and Environmental Change since* 1492. Cambridge: Cambridge University Press.

Webb, Walter Prescott (1964). *The Great Frontier*. Austin: University of Texas Press.

Weissenbacher, Manfred (2009). *Sources of power: How energy forges human history*. New York: Praeger.

Weis, Tony (2013). *The Ecological Hoofprint*. London: Zed.

Whitrow, Gerald James. *Time in history: Views of time from prehistory to the present day*.

Oxford University Press, 1989.

Williams, Michael (2003). *Deforesting the Earth*. Chicago: University of Chicago Press.

Williams, Raymond (1972). "Ideas of Nature," inJ. Benthall, ed., *Ecology*. London: Longman, 146-164.

Wilson, Charles H. (1968). *The Dutch Republic and the Civilisation of the Seventeenth Century*. New York: McGraw Hill.

Wilson, Charles H. (1973). "Transport as a Factor in the History of European Economic Development," *Journal of European Economic History*, 2 (2), 320-337.

Wing, John T. (2012). "Keeping Spain Afloat: State Forestry and Imperial Defense in the Sixteenth Century," *Environmental History*, 17, 116-145.

Wolf, Eric R. (1982). *Europe and the People without History*. Berkeley: Univ. of California Press.

World Bank (2009). *Global Economic Prospects* 2009. Washington, DC: World Bank.

Worster, Donald (1977). *Nature's economy: A history of ecological ideas*. San Francisco: Sierra Club Books.

Worster, Donald (1990). "Transformations of the Earth," *Journal of American History* 76 (4), 1087-1106.

Wright, Melissa (2006). *Disposable Women and Other Myths of Global Capitalism*. New York: Routledge.

Wrigley, E. A. (2010). *Energy and the English Industrial Revolution*. Cambridge: Cambridge University Press.

Wrigley, Edward Anthony (1990). *Continuity, Chance and Change: The character of the industrial revolution in England*. Cambridge: Cambridge University Press.

Young, Robert M. (1973). "The Human Limits of Nature," in Jonathan Bethell, ed., *The Limits of Human Nature*. London: Allen Lane.

Young, Robert M. (1979). "Science is a Labor Process," *Science for the People*, 43-44, 31-37.

Young, Robert M. (1985). "Is Nature a Labor Process?" In: L. Levidow and R. M. Young, eds. *Science, technology, and the labor process*, Volume 2. London: Free Association Books, 206-232.

Zalasiewicz, Jan, et al., (2008). "Are we now living in the Anthropocene?" *GSA Today*, 18 (2), 4-8.

Zhao, Maosheng, and Steven W. Running (2010). "Drought-induced reduction in global terrestrial net primary production from 2000 through 2009," *Science*, 329 (5994), 940-943.

图书在版编目（CIP）数据

地球的转型：在现代世界形成和解体中自然的作用/（美）摩尔著；赵秀荣译.—北京：商务印书馆，2015

ISBN 978-7-100-11642-8

Ⅰ.①地… Ⅱ.①摩… ②赵… Ⅲ.①资本主义—研究 Ⅳ.①D091.5

中国版本图书馆CIP数据核字（2015）第240528号

地球的转型

——在现代世界形成和解体中自然的作用

〔美〕杰森·摩尔 著

赵秀荣 译

商 务 印 书 馆 出 版

（北京王府井大街36号 邮政编码100710）

商 务 印 书 馆 发 行

北京艺辉印刷有限公司印刷

ISBN 978-7-100-11642-8

2015年12月第1版　　开本787×1092 1/16

2015年12月北京第1次印刷　　印张26

定价：56.00元